Schriftenreihe
der Juristischen Schulung

Band 61

Mustertexte zum Zivilprozess

Band II

Besondere Verfahren erster und zweiter Instanz, Relationstechnik

Begründet von

Dr. Otto Tempel †

Vorsitzender Richter am Landgericht Frankfurt am Main a. D.

Fortgeführt von

Dr. Clemens Theimer

Direktor des Amtsgerichts Königstein im Taunus a. D.

und

Anette Theimer

Vorsitzende Richterin am Landgericht Frankfurt am Main

9., überarbeitete Auflage 2023

C.H.BECK

Zitiervorschlag: Theimer/Theimer Mustertexte II

Es haben bearbeitet:
Dr. Clemens Theimer: §§ 9–12
Anette Theimer: §§ 13–17

www.beck.de

ISBN 978 3 406 80821 0

Wilhelmstraße 9, 80801 München
Druck und Bindung: Beltz Grafische Betriebe GmbH
Am Fliegerhorst 8, 99947 Bad Langensalza

Satz und Umschlaggestaltung: Druckerei C. H. Beck Nördlingen

CO_2 neutral
chbeck.de/nachhaltig

Gedruckt auf säurefreiem, alterungsbeständigem Papier
(hergestellt aus chlorfrei gebleichtem Zellstoff)

Vorwort

In der neunten Auflage des Werkes werden, wie bei allen vorangegangenen Auflagen des Werks, die zwischenzeitlich erfolgten Gesetzesänderungen eingearbeitet.

Änderungen waren danach insbesondere im Bereich des Verfahrens in Familiensachen, der Zwangsvollstreckungsentscheidungen und des Kostenwesens erforderlich. Des Weiteren wurden die zivilprozessualen Bestimmungen zum elektronischen Rechtsverkehr eingearbeitet. Durch die flächendeckende Einführung der E-Akte, die derzeit im Gang ist, sowie die Möglichkeit bzw. Verpflichtung zur Einreichung elektronischer Dokumente rückt das Ziel einer digitalen Justiz näher.

Die Muster wurden aktualisiert und zur leichteren Handhabung weiterhin auch Online-Kommentare zitiert.

Bedanken möchten wir uns an dieser Stelle erneut für die Anmerkungen und Verbesserungsvorschläge, die wir aus dem Leserkreis erhalten haben und über die wir uns auch in Zukunft freuen.

Bad Camberg und Eppstein, im Mai 2023 *Dr. Clemens und Anette Theimer*

Inhaltsverzeichnis

§ 10. Arrest und einstweilige Verfügung

§ 11. Die Zwangsvollstreckungsentscheidungen

§ 12. Das Kostenwesen

§ 13. Die Prozesskostenhilfe

§ 14. Das Berufungsverfahren

§ 15. Das Verfahren der sofortigen Beschwerde

§ 16. Der Prozessvergleich

§ 17. Die Grundzüge der Relationstechnik

Abkürzungsverzeichnis

abzgl.	abzüglich
AG	Aktiengesellschaft
AnfG	Anfechtungsgesetz
Anh.	Anhang
AktG	Aktiengesetz
a. a. O.	am angegebenen Ort
ARB	Allgemeine Bedingungen für die Rechtsschutzversicherung
BBG	Bundesbeamtengesetz
BGB	Bürgerliches Gesetzbuch
BGH	Bundesgerichtshof
Bl. … d. A.	Blatt … der Akten
BRAO	Bundesrechtsanwaltsordnung
BeurkG	Beurkundungsgesetz
BKGG	Bundeskindergeldgesetz
BVerfG	Bundesverfassungsgericht
bzw.	beziehungsweise
DB-PKHG	Durchführungsbestimmungen zum Gesetz über die Prozesskostenhilfe
EB	Empfangsbekenntnis
EFZG	Entgeltfortzahlungsgesetz
EGBGB	Einführungsgesetz zum Bürgerlichen Gesetzbuch
EGStGB	Einführungsgesetz zum Strafgesetzbuch
EStG	Einkommensteuergesetz
etc.	et cetera
EuGVÜ	Übereinkommen (EWG) über die gerichtliche Zuständigkeit und die Vollstreckung gerichtlicher Entscheidungen in Zivil- und Handelssachen vom 27. September 1968
EuGVVO	Verordnung (EG) Nr. 44/2001 vom 22.12.2000 des Rates über die gerichtliche Zuständigkeit und die Anerkennung und Vollstreckung von Entscheidungen in Zivil- und Handelssachen
EStG	Einkommensteuergesetz
FamFG	Familienverfahrensgesetz
FamGKG	Familiengerichtskostengesetz
ff.	folgende (Paragraphen oder Seiten)
FGG	Gesetz über die Angelegenheiten der freiwilligen Gerichtsbarkeit
GBO	Grundbuchordnung
GG	Grundgesetz für die Bundesrepublik Deutschland
GmbH	Gesellschaft mit beschränkter Haftung
GmbH & Co. KG	Kommanditgesellschaft, bei der eine GmbH einziger persönlich haftender Gesellschafter ist und andere Rechtspersonen – meist die Gesellschafter der GmbH – Kommanditisten sind.
GKG	Gerichtskostengesetz
GVG	Gerichtsverfassungsgesetz
GVGA	Geschäftsanweisung für Gerichtsvollzieher
HausratsVO	Verordnung über die Behandlung der Ehewohnung und des Hausrats
HGB	Handelsgesetzbuch
InsO	Insolvenzordnung
i. H. v.	in Höhe von
i. V. m.	in Verbindung mit
JBeitrO	Justizbeitreibungsordnung
JGG	Jugendgerichtsgesetz

JVEG	Justizvergütungs- und -entschädigungsgesetz
KapMuG	Kapitalanleger-Musterverfahrensgesetz
KG	Kommanditgesellschaft
KV	Kostenverzeichnis, Anlage 1 zu § 3 II GKG
LPartG	Lebenspartnerschaftsgesetz
LugÜ	Lugano Übereinkommen v. 16.9.1988 über die gerichtliche Zuständigkeit und die Vollstreckung gerichtlicher Entscheidungen in Zivil- und Handelssachen
n. F.	neue Fassung
NJW	Neue Juristische Wochenschrift
NJW-RR	NJW-Rechtsprechungsreport
oHG	offene Handelsgesellschaft
OLG	Oberlandesgericht
PKHFV	Prozesskostenhilfeformularverordnung
p. a.	lat. *per annum = jährlich*
p. p.	lat. *perge, perge = fahre fort:* Anweisung an die Kanzlei zum Abschreiben bestimmter Aktenteile
Rn.	Randnummer
RPflG	Rechtspflegergesetz
RVG	Rechtsanwaltsvergütungsgesetz
SGB X	Sozialgesetzbuch (SGB) Zehntes Buch (X) – Sozialverwaltungsverfahren und Sozialdatenschutz
SGB XII	Sozialgesetzbuch (SGB) Zwölftes Buch (XII) – Sozialhilfe
sog.	sogenannte/r
StVG	Straßenverkehrsgesetz
UKlaG	Unterlassungsklagegesetz
u. a.	unter anderem
usw.	und so weiter
UWG	Gesetz gegen den unlauteren Wettbewerb
VersAusglG	Versorgungsausgleichsgesetz
vgl.	vergleiche
Vorb.	Vorbemerkungen
VKH	Verfahrenskostenhilfe
VV	Vergütungsverzeichnis des RVG
VVG	Versicherungsvertragsgesetz
z. B.	zum Beispiel
ZPO	Zivilprozessordnung
ZU	Zustellungsurkunde

Schrifttumsverzeichnis

Anders/Gehle/*Bearbeiter*	*Anders/Gehle,* Zivilprozessordnung, 81. Aufl. 2023
BDZ/*Bearbeiter*	*Binz/Dörndorfer/Zimmermann,* Gerichtskostengesetz, Gesetz über Gerichtskosten in Familiensachen, Justizvergütungs- und -entschädigungsgesetz und weitere kostenrechtliche Vorschriften, 5. Aufl. 2021
BeckOK ZPO/*Bearbeiter* ...	*Vorwerk/Wolf,* Beck'scher Online-Kommentar ZPO, 47. Ed. Stand 1.2.2023
MüKoBGB/*Bearbeiter*	Münchener Kommentar zum BGB, 9. Aufl. 2021
MüKoFamFG/*Bearbeiter*	Münchener Kommentar zum FamFG, 3. Aufl. 2018
MüKoZPO/*Bearbeiter*	Münchener Kommentar zur ZPO, 6. Aufl. 2020
Musielak/Borth/Frank/ *Bearbeiter*	*Musielak/Borth/Frank,* Familiengerichtliches Verfahren: FamFG, 7. Aufl. 2022
Musielak/Voit/*Bearbeiter*	*Musielak/Voit,* ZPO, 20. Aufl. 2023
Oberheim	*Oberheim,* Zivilprozessrecht für Referendare, 15. Aufl. 2023
Thomas/Putzo/*Bearbeiter* ...	*Thomas/Putzo,* Zivilprozessordnung, 44. Aufl. 2023
Zöller/*Bearbeiter*	*Zöller,* Zivilprozessordnung, 34. Aufl. 2022

§ 9. Die Grundzüge des Verfahrens in Familiensachen

I. Die Zuständigkeit

1. Die Familiengerichte

Bei den Amtsgerichten (jedoch nicht notwendigerweise bei jedem Amtsgericht, § 23d GVG) werden Abteilungen für Familiensachen gebildet, die Familiengerichte (§ 23b I GVG). 1

Die Familiengerichte werden mit Familienrichtern besetzt, wobei ein Richter auf Probe im ersten Jahr nach seiner Ernennung die Geschäfte des Familienrichters nicht wahrnehmen darf (§ 23b III GVG).

2. Die sachliche Zuständigkeit

Die Familiengerichte sind sachlich ausschließlich zuständig für Familiensachen (§ 23a I S. 1 Nr. 1, S. 2 GVG). Das sind alle in § 111 des Familienverfahrensgesetzes (FamFG) aufgezählten Familiensachen, nämlich 2

- Ehesachen
  (Verfahren betreffend die Scheidung, Aufhebung oder Feststellung des Bestehens bzw. Nichtbestehens der Ehe; §§ 121 ff. FamFG),
- Kindschaftssachen
  (Verfahren betreffend die elterliche Sorge, Umgangsrecht, Kindesherausgabe, Vormundschaft, Pflegschaft etc., Genehmigung oder Anordnung der freiheitsentziehenden Unterbringung eines Minderjährigen, Aufgaben nach dem Jugendgerichtsgesetz; §§ 151 ff. FamFG),
- Abstammungssachen
  (Verfahren betreffend die Feststellung des Bestehens bzw. Nichtbestehens eines Eltern-Kind-Verhältnisses, Ersetzung der Einwilligung in eine genetische Abstammungsuntersuchung und Anordnung der Duldung einer Probeentnahme, Einsicht in Abstammungsgutachten bzw. Aushändigung einer Abschrift, Anfechtung der Vaterschaft; §§ 169 ff. FamFG),
- Adoptionssachen
  (Verfahren betreffend die Annahme als Kind, Ersetzung der Einwilligung zur Annahme als Kind, die Aufhebung des Annahmeverhältnisses, Befreiung vom Eheverbot des § 1308 I BGB; §§ 186 ff. FamFG),
- Ehewohnungs- und Haushaltssachen
  (Verfahren betreffend die Zuweisung der Ehewohnung nach § 1361b BGB bei Getrenntleben bzw. nach § 1568a BGB anlässlich der Scheidung, Verteilung der Haushaltsgegenstände nach § 1361a BGB bei Getrenntleben und nach § 1568b BGB anlässlich der Scheidung; §§ 200 ff. FamFG),
- Gewaltschutzsachen
  (Verfahren betreffend gerichtliche Maßnahmen zum Schutz vor Gewalt und Nachstellungen sowie die Überlassung einer gemeinsam genutzten Wohnung nach dem GewSchG; §§ 210 ff. FamFG),
- Versorgungsausgleichssachen
  (Verfahren betreffend den Ausgleich der in der Ehezeit erworbenen Versorgungsanrechte; §§ 217 ff. FamFG),
- Unterhaltssachen
  (Verfahren betreffend die durch Verwandtschaft bzw. Ehe begründete gesetzliche Unterhaltspflicht, Betreuungsunterhaltsverfahren zwischen nicht verheirateten Eltern, Verfahren betreffend die Kosten der Beerdigung der Mutter, Verfahren zur Bestimmung des Kindergeldberechtigten nach § 3 II 3 BKGG bzw. § 64 II 3 EStG; §§ 231 ff. FamFG),

- Güterrechtssachen
  (Verfahren betreffend die Ansprüche aus dem ehelichen Güterrecht, auch wenn Dritte an dem Verfahren beteiligt sind; §§ 261 ff. FamFG),
- sonstige Familiensachen
  (Verfahren betreffend aus dem Verlöbnis herrührende Ansprüche, auch gegenüber Dritten, im Zusammenhang mit der Beendigung des Verlöbnisses, Verfahren betreffend aus der Ehe herrührende Ansprüche, auch gegenüber Eltern, im Zusammenhang mit Trennung oder Scheidung oder Aufhebung der Ehe, Verfahren betreffend die aus dem Eltern-Kind-Verhältnis herrührenden Ansprüche, Verfahren betreffend die aus dem Umgangsrecht herrührenden Ansprüche; §§ 266 ff. FamFG),
- Lebenspartnerschaftssachen
  (Verfahren der vorgenannten Art betreffend Lebenspartner, §§ 269 f. FamFG).

3 Familiensachen sind auch die nach dem ausdrücklichen Wortlaut von § 112 FamFG zu den Familiensachen zählenden Familienstreitsachen, nämlich
- Unterhaltssachen nach § 231 I FamFG und Lebenspartnerschaftssachen nach § 269 I Nr. 8 und 9 FamFG,
- Güterrechtssachen nach § 261 I FamFG und Lebenspartnerschaftssachen nach § 269 I Nr. 10 FamFG und
- sonstige Familiensachen nach § 266 I FamFG und Lebenspartnerschaftssachen nach § 269 II FamFG.

Diese Familiensachen werden durch die Verwendung des Begriffs Familienstreitsache deshalb besonders hervorgehoben und von den übrigen Familiensachen abgegrenzt, weil für sie nach § 113 FamFG weitestgehend die Allgemeinen Vorschriften der Zivilprozessordnung und die Vorschriften der Zivilprozessordnung über das Verfahren vor den Landgerichten gelten und nur ausnahmsweise die Regeln des FamFG.[1]

Ob es sich bei einem Verfahren um eine Familiensache handelt, bestimmt sich grundsätzlich nach deutschem Recht. Dabei ist die tatsächliche Begründung des geltend gemachten Anspruchs maßgeblich, nicht die rechtliche Einordnung durch den Antragsteller. Ein Verteidigungsvorbringen familienrechtlicher Art macht das Verfahren nicht zur Familiensache, ebenso wenig die Aufrechnung mit einer familienrechtlichen Gegenforderung. Bei mehrfacher Anspruchsbegründung genügt es, dass eine Begründung unter § 111 FamFG fällt.[2]

Unter § 111 FamFG fallen wegen dessen weiter Fassung alle Ansprüche, die in einem Sachzusammenhang mit den in dieser Vorschrift genannten Verfahren stehen, insbesondere also etwa Ansprüche auf Verfahrenskostenvorschuss, auf Erstattung bei begrenztem Realsplitting und auf Auskunftserteilung zwecks Geltendmachung von Unterhaltsansprüchen oder von Ansprüchen aus dem ehelichen Güterrecht. Auch das Zwangsvollstreckungsverfahren in einer Familiensache ist dem Familiengericht übertragen (§§ 95 I FamFG, 704 ff. ZPO).

3. Die funktionelle Zuständigkeit

4 Familiensachen, die denselben Personenkreis betreffen, sollen derselben Abteilung (bzw. demselben Richter) zugewiesen werden, wenn wegen des Umfangs der Geschäfte oder wegen der Zuweisung von Vormundschafts-, Betreuungs- und Unterbringungssachen mehrere Abteilungen für Familiensachen zu bilden sind (§ 23b II 1 GVG).

---

[1] MüKoFamFG/*Fischer* § 112 Rn. 1; Musielak/Borth/Frank/*Borth* FamFG § 112 Rn. 1.
[2] MüKoFamFG/*Fischer* § 111 Rn. 20 ff.; Musielak/Borth/Frank/*Borth* FamFG § 112 Rn. 3 ff.

4. Die örtliche Zuständigkeit

Die örtliche Zuständigkeit der Familiengerichte ist in den einzelnen Abschnitten des zweiten Buchs des FamFG geregelt, die die in § 111 FamFG aufgezählten Familiensachen betreffen und zwar jeweils in der zweiten Vorschrift mit Ausnahme der Lebenspartnerschaftssachen, bei denen auf die vorstehenden Regelungen Bezug genommen wird. 5

a) Für Ehesachen ergibt sich die örtliche Zuständigkeit aus § 122 FamFG, der an den gewöhnlichen Aufenthalt eines bzw. beider Ehegatten anknüpft, wobei nach § 113 I 2 FamFG in Verbindung mit § 261 III Nr. 2 ZPO der insoweit maßgebliche Zeitpunkt der der Rechtshängigkeit ist.

Danach ist für Ehesachen das ausschließlich zuständige Familiengericht anhand folgender Anknüpfungen zu bestimmen, wobei die jeweils folgende nur dann eingreift, wenn die vorangehende nicht vorliegt:[3]

- gewöhnlicher Aufenthalt eines Ehegatten mit allen gemeinschaftlichen minderjährigen Kindern im Bezirk des angerufenen Gerichts,
- gewöhnlicher Aufenthalt eines Ehegatten mit einem Teil der gemeinschaftlichen minderjährigen Kinder im Bezirk des angerufenen Gerichts, sofern bei dem anderen Ehegatten keine gemeinschaftlichen minderjährigen Kinder ihren gewöhnlichen Aufenthalt haben,
- letzter gemeinsamer gewöhnlicher Aufenthalt der Ehegatten im Bezirk des angerufenen Gerichts, wenn einer der Ehegatten im Bezirk dieses Gerichts seinen gewöhnlichen Aufenthalt hat,
- gewöhnlicher Aufenthalt des Antragsgegners im Bezirk des angerufenen Gerichts,
- gewöhnlicher Aufenthalt des Antragstellers im Bezirk des angerufenen Gerichts,
- Aufenthalt des Ehegatten, der im Zeitpunkt der Eheschließung das 16., aber nicht das 18. Lebensjahr vollendet hatte, im Bezirk des angerufenen Gerichts, wenn es um die Aufhebung der Ehe nach Art. 13 II Nr. 2 EGBGB geht.

Ist die Zuständigkeit eines deutschen Familiengerichts danach nicht begründet, so ist das Familiengericht beim Amtsgericht Schöneberg in Berlin ausschließlich zuständig.

b) Für Kindschaftssachen ergibt sich die örtliche Zuständigkeit aus § 152 FamFG. 6
Diese Vorschrift differenziert danach, ob zum Zeitpunkt des Eintritts der Rechtshängigkeit eine Ehesache anhängig ist und gemeinschaftliche Kinder betroffen sind oder nicht. Im letztgenannten Fall knüpft sie an den gewöhnlichen Aufenthalt des Kindes bzw. subsidiär an das Bekanntwerden des Bedürfnisses der Fürsorge zum Zeitpunkt des Eintritts der Rechtshängigkeit an.

Danach ist während der Anhängigkeit einer Ehesache für Kindschaftssachen, die gemeinschaftliche Kinder der Ehegatten betreffen, das Familiengericht ausschließlich zuständig, bei dem die Ehesache im ersten Rechtszug anhängig ist oder war. Ansonsten ist für Kindschaftssachen das Familiengericht ausschließlich zuständig, in dessen Bezirk das Kind seinen gewöhnlichen Aufenthalt hat.

Ist die Zuständigkeit eines deutschen Familiengerichts danach nicht gegeben, ist das Familiengericht ausschließlich zuständig, in dessen Bezirk das Bedürfnis der Fürsorge bekannt wird. Gleiches gilt für die Maßnahmen nach §§ 1693 und 1802 II 3 i. V. m. § 1867 BGB, für die ebenfalls das Familiengericht ausschließlich zuständig ist, in dessen Bezirk das Bedürfnis der Fürsorge bekannt wird.

c) Für Abstammungssachen ergibt sich die örtliche Zuständigkeit aus § 170 FamFG, 7
der an den gewöhnlichen Aufenthalt des Kindes bzw. der Mutter oder des Vaters zum Zeitpunkt des Eintritts der Rechtshängigkeit anknüpft.

Danach ist für Abstammungssachen das ausschließlich zuständige Familiengericht anhand folgender Anknüpfungen zu bestimmen, wobei die jeweils folgende nur dann eingreift, wenn die vorangehende nicht vorliegt:[4]

---

[3] MüKoFamFG/*Lugani* § 122 Rn. 1; Musielak/Borth/Frank/*Borth* FamFG § 122 Rn. 1.

[4] MüKoFamFG/*Coester-Waltjen*/*Lugani* § 170 Rn. 5 f.; Musielak/Borth/Frank/*Frank* FamFG § 170 Rn. 2.

- gewöhnlicher Aufenthalt des Kindes im Bezirk des angerufenen Gerichts,
- gewöhnlicher Aufenthalt der Mutter im Bezirk des angerufenen Gerichts,
- gewöhnlicher Aufenthalt des Vaters im Bezirk des angerufenen Gerichts.

Ist die Zuständigkeit eines deutschen Familiengerichts danach nicht begründet, so ist das Familiengericht beim Amtsgericht Schöneberg in Berlin ausschließlich zuständig.

8 d) Für Adoptionssachen ergibt sich die örtliche Zuständigkeit aus § 187 FamFG, der an den gewöhnlichen Aufenthalt des oder der Annehmenden bzw. des Kindes bzw. eines der Verlobten zum Zeitpunkt des Eintritts der Rechtshängigkeit anknüpft.

Danach ist für die Annahme als Kind, die Ersetzung der Einwilligung zur Annahme als Kind und die Aufhebung des Annahmeverhältnisses das Familiengericht ausschließlich zuständig, in dessen Bezirk bei Eintritt der Rechtshängigkeit der Annehmende oder einer der Annehmenden seinen gewöhnlichen Aufenthalt hat.

Ist die Zuständigkeit eines deutschen Familiengerichts danach nicht begründet, so ist das Familiengericht ausschließlich zuständig, in dessen Bezirk bei Eintritt der Rechtshängigkeit das anzunehmende Kind seinen gewöhnlichen Aufenthalt hat.

Für die Befreiung vom Eheverbot des § 1308 I BGB dagegen ist das Familiengericht ausschließlich zuständig, in dessen Bezirk bei Eintritt der Rechtshängigkeit einer der Verlobten seinen gewöhnlichen Aufenthalt hat.

Liegt der gewöhnliche Aufenthalt der Beteiligten im Ausland oder hatte der Anzunehmende in den letzten zwei Jahren vor der Antragstellung seinen gewöhnlichen Aufenthalt im Ausland, so ist vorrangig das Familiengericht ausschließlich zuständig, in dessen Bezirk ein Oberlandesgericht seinen Sitz hat und zwar für den gesamten Bezirk des Oberlandesgerichts, wenn es sich bei dem Anzunehmenden um einen Minderjährigen handelt.

Ist die Zuständigkeit eines deutschen Familiengerichts danach nicht begründet, so ist das Familiengericht beim Amtsgericht Schöneberg in Berlin ausschließlich zuständig.

9 e) Für Ehewohnungs- und Haushaltssachen ergibt sich die örtliche Zuständigkeit aus § 201 FamFG, der danach differenziert, ob eine Ehesache anhängig ist oder nicht bzw. an die Belegenheit der gemeinsamen Wohnung bzw. den gewöhnlichen Aufenthalt des Antragsgegners oder Antragstellers zum Zeitpunkt des Eintritts der Rechtshängigkeit anknüpft.

Danach ist während der Anhängigkeit einer Ehesache für Ehewohnungs- und Haushaltssachen das Familiengericht ausschließlich zuständig, bei dem die Ehesache im ersten Rechtszug anhängig ist oder war.

Ansonsten ist für Ehewohnungs- und Haushaltssachen das ausschließlich zuständige Familiengericht anhand folgender Anknüpfungen zu bestimmen, wobei die jeweils folgende nur dann eingreift, wenn die vorangehende nicht vorliegt:[5]

- Belegenheit der gemeinsamen Wohnung im Bezirk des angerufenen Gerichts,
- gewöhnlicher Aufenthalt des Antragsgegners im Bezirk des angerufenen Gerichts,
- gewöhnlicher Aufenthalt des Antragstellers im Bezirk des angerufenen Gerichts.

10 f) Für Gewaltschutzsachen ergibt sich die örtliche Zuständigkeit aus § 211 FamFG, der an den Tatort bzw. die gemeinsame Wohnung der Beteiligten bzw. den gewöhnlichen Aufenthalt des Antragsgegners zum Zeitpunkt des Eintritts der Rechtshängigkeit anknüpft.

Danach ist für Gewaltschutzsachen nach Wahl des Antragstellers das Familiengericht ausschließlich zuständig, in dessen Bezirk die Tat begangen wurde, sich die gemeinsame Wohnung der Beteiligten bei Eintritt der Rechtshängigkeit befindet oder in dessen Bezirk der Antragsgegner bei Eintritt der Rechtshängigkeit seinen gewöhnlichen Aufenthalt hat.[6]

---

[5] Musielak/Borth/Frank/*Frank* FamFG § 170 Rn. 1 ff.

[6] MüKoFamFG/*Erbarth* § 211 Rn. 4; Musielak/Borth/Frank/*Frank* FamFG § 211 Rn. 1 ff.

g) Für Versorgungsausgleichssachen ergibt sich die örtliche Zuständigkeit aus § 218 FamFG, der danach differenziert, ob eine Ehesache anhängig ist oder nicht bzw. an den gewöhnlichen Aufenthalt der Ehegatten bzw. den gewöhnlichen Aufenthalt oder Sitz des Antragsgegners oder des Antragstellers zum Zeitpunkt des Eintritts der Rechtshängigkeit anknüpft. 11

Danach ist während der Anhängigkeit einer Ehesache für Versorgungsausgleichssachen das Familiengericht ausschließlich zuständig, bei dem die Ehesache im ersten Rechtszug anhängig ist oder war.

Ansonsten ist für Versorgungsausgleichssachen das ausschließlich zuständige Familiengericht anhand folgender Anknüpfungen zu bestimmen, wobei die jeweils folgende nur dann eingreift, wenn die vorangehende nicht vorliegt:[7]

- gemeinsamer oder letzter gemeinsamer gewöhnlicher Aufenthalt der Ehegatten im Bezirk des angerufenen Gerichts, wenn einer der Ehegatten im Bezirk dieses Gerichts seinen gewöhnlichen Aufenthalt hat,
- gewöhnlicher Aufenthalt oder Sitz des Antragsgegners im Bezirk des angerufenen Gerichts,
- gewöhnlicher Aufenthalt oder Sitz des Antragstellers im Bezirk des angerufenen Gerichts.

Ist die Zuständigkeit eines deutschen Familiengerichts danach nicht begründet, so ist das Familiengericht beim Amtsgericht Schöneberg in Berlin ausschließlich zuständig.

h) Für Unterhaltssachen ergibt sich zunächst die örtliche Zuständigkeit aus § 232 FamFG, der danach differenziert, ob eine Ehesache anhängig ist oder nicht bzw. danach, ob es sich um Kindes- oder Ehegattenunterhalt handelt, wobei der insoweit maßgebliche Zeitpunkt der der Rechtshängigkeit ist.[8] 12

Danach ist während der Anhängigkeit einer Ehesache für Verfahren betreffend den Unterhalt gemeinsamer Kinder der Ehegatten und Verfahren betreffend den Ehegattenunterhalt das Familiengericht ausschließlich zuständig, bei dem die Ehesache im ersten Rechtszug anhängig ist oder war, es sei denn, der Kindesunterhalt wird im vereinfachten Verfahren geltend gemacht.

Ist keine Ehesache (mehr) anhängig, so ist für Verfahren betreffend den Unterhalt minderjähriger oder diesen nach § 1603 II 2 BGB gleichgestellter Kinder das Familiengericht ausschließlich zuständig, in dessen Bezirk das Kind oder dessen verfahrensführungsbefugter Elternteil bei Eintritt der Rechtshängigkeit seinen gewöhnlichen Aufenthalt hat, es sei denn, dieser Aufenthalt liegt im Ausland.

Einer etwaigen ausschließlichen Zuständigkeit eines anderen Gerichts gehen die beiden vorgenannten ausschließlichen Zuständigkeiten vor.

Im Übrigen verweist § 232 III 1 FamFG auf die Vorschriften der ZPO betreffend die Zuständigkeit mit der Maßgabe, dass in den Vorschriften über den allgemeinen Gerichtsstand an die Stelle des Wohnsitzes der gewöhnliche Aufenthalt tritt.

Anwendbar sind danach also insbesondere die Regeln des § 12 ZPO (allgemeiner Gerichtsstand), des § 20 ZPO (besonderer Gerichtsstand des Aufenthaltsorts) sowie des § 23 ZPO (besonderer Gerichtsstand des Vermögens und des Gegenstands).

§ 232 III 2 FamFG begründet darüber hinaus weitere besondere Gerichtsstände, zwischen denen der Antragsteller die Wahl hat.[9]

Danach ist zusätzlich zu den Gerichtsständen nach der ZPO

- für ein Verfahren betreffend Ehegatten- oder Betreuungsunterhalt nach § 1615l BGB der Eltern des Kindes auch das Gericht zuständig, bei dem ein Verfahren über den Unterhalt des Kindes im ersten Rechtszug anhängig ist;
- für ein Verfahren betreffend Kindesunterhalt gegen beide Elternteile auch das Gericht zuständig, das für ein Verfahren über Kindesunterhalt gegen einen Elternteil zuständig ist;

---

[7] Musielak/Borth/Frank/*Borth* FamFG § 218 Rn. 6.
[8] MüKoFamFG/*Pasche* § 232 Rn. 5ff., 8, 10ff.; Musielak/Borth/Frank/*Borth* FamFG § 232 Rn. 3ff.
[9] MüKoFamFG/*Pasche* § 232 Rn. 18ff.; Musielak/Borth/Frank/*Borth* FamFG § 232 Rn. 13ff.

- für ein Verfahren betreffend den Unterhalt, auch das Gericht zuständig, bei dem der Antragsteller seinen gewöhnlichen Aufenthalt hat, wenn der Antragsgegner im Inland keinen Gerichtsstand hat.

13 i) Für Güterrechtssachen ergibt sich die örtliche Zuständigkeit aus § 262 FamFG, der danach differenziert, ob eine Ehesache anhängig ist oder nicht bzw. auf die Vorschriften der ZPO betreffend die Zuständigkeit mit der Maßgabe verweist, dass in den Vorschriften über den allgemeinen Gerichtsstand an die Stelle des Wohnsitzes der gewöhnliche Aufenthalt tritt, wobei der insoweit maßgebliche Zeitpunkt wiederum der der Rechtshängigkeit ist.

Danach ist während der Anhängigkeit einer Ehesache für Verfahren betreffend Güterrechtssachen das Familiengericht ausschließlich zuständig, bei dem die Ehesache im ersten Rechtszug anhängig ist oder war, wobei diese Zuständigkeit einer etwaigen ausschließlichen Zuständigkeit eines anderen Gerichts vorgeht.

Im Übrigen verweist § 262 II FamFG auf die Vorschriften der ZPO betreffend die Zuständigkeit. Anwendbar sind danach also insbesondere die Regeln des § 12 ZPO (allgemeiner Gerichtsstand), des § 20 ZPO (besonderer Gerichtsstand des Aufenthaltsorts) sowie des § 23 ZPO (besonderer Gerichtsstand des Vermögens und des Gegenstands).

14 j) Für sonstige Familiensachen ergibt sich die örtliche Zuständigkeit aus § 267 FamFG, der ebenfalls danach differenziert, ob eine Ehesache anhängig ist oder nicht bzw. auf die Vorschriften der ZPO betreffend die Zuständigkeit mit der Maßgabe verweist, dass in den Vorschriften über den allgemeinen Gerichtsstand an die Stelle des Wohnsitzes der gewöhnliche Aufenthalt tritt, wobei der insoweit maßgebliche Zeitpunkt auch hier der der Rechtshängigkeit ist.

Danach ist während der Anhängigkeit einer Ehesache für Verfahren betreffend sonstige Familiensachen das Familiengericht ausschließlich zuständig, bei dem die Ehesache im ersten Rechtszug anhängig ist oder war. Auch hier geht diese Zuständigkeit einer etwaigen ausschließlichen Zuständigkeit eines anderen Gerichts vor.

Im Übrigen verweist auch § 267 II FamFG wieder auf die Vorschriften der ZPO betreffend die Zuständigkeit. Anwendbar sind danach also auch hier insbesondere die Regeln des § 12 ZPO (allgemeiner Gerichtsstand), des § 20 ZPO (besonderer Gerichtsstand des Aufenthaltsorts) sowie des § 23 ZPO (besonderer Gerichtsstand des Vermögens und des Gegenstands).

15 k) Für Lebenspartnerschaftssachen schließlich ergibt sich die örtliche Zuständigkeit aus der Verweisungsvorschrift des § 270 FamFG.

Danach sind für Verfahren betreffend die Aufhebung der Lebenspartnerschaft die für Verfahren auf Scheidung der Ehe geltenden Vorschriften und für Verfahren auf Feststellung des Bestehens bzw. Nichtbestehens der Lebenspartnerschaft die für die entsprechenden Verfahren betreffend die Ehe geltenden Vorschriften entsprechend anzuwenden.

Im Übrigen verweist § 270 I 2 FamFG für die Lebenspartnerschaftssachen nach § 269 I Nr. 3 bis 12 FamFG auf die Vorschriften, die für die Familiensachen nach § 111 Nr. 2 (Kindschaftssachen), 4 (Adoptionssachen), 5 (Ehewohnungs- und Haushaltssachen) und 7 bis 9 (Versorgungsausgleichs-, Unterhalts-, Güterrechtssachen) FamFG gelten und damit auf vorstehend beschriebenen Zuständigkeitsregeln nach § 152 FamFG (Kindschaftssachen), § 187 (Adoptionssachen), § 201 FamFG (Ehewohnungs- und Haushaltssachen), § 218 FamFG (Versorgungsausgleichssachen), § 232 FamFG (Unterhaltssachen) und § 262 FamFG (Güterrechtssachen).

§ 270 II FamFG schließlich verweist für die Lebenspartnerschaftssachen nach § 269 II, III FamFG auf die Vorschriften, die für die Familiensachen nach § 111 Nr. 10 FamFG (sonstige Familiensachen) gelten und damit auf vorstehend beschriebenen Zuständigkeitsregeln nach § 267 FamFG (sonstige Familiensachen).

16 l) Sind Ehesachen, die dieselbe Ehe betreffen, bei verschiedenen Gerichten im ersten Rechtszug anhängig und ist nur eines der Verfahren eine Scheidungssache, so sind die übrigen Verfahren an das Gericht der Scheidungssache von Amts wegen abzugeben.

In allen anderen Fällen sind die übrigen Verfahren an das Gericht von Amts wegen abzugeben, dessen Ehesache zuerst rechtshängig wurde (§ 123 FamFG).

Sind Ehesachen, die dieselbe Ehe betreffen, bei demselben Gericht im ersten Rechtszug anhängig, so sind sie regelmäßig miteinander zu verbinden; eine Verbindung von Ehesachen mit anderen Verfahren ist unzulässig (§ 126 FamFG).

Verbinden wird man Ehesachen, die dieselbe Ehe betreffen, allerdings erst, wenn eine der anhängigen Ehesachen rechtshängig geworden ist, denn deren Aktenzeichen führt. Im Übrigen führt im Falle der Verbindung – wie sonst auch – das Aktenzeichen der Ehesache, die zuerst rechtshängig geworden ist.

5. Die internationale Zuständigkeit

Die internationale Zuständigkeit der Familiengerichte ist in den §§ 97ff. FamFG für 17 Ehesachen und den Verbund von Scheidungs- und Folgesachen, für Kindschaftssachen, Abstammungssachen, Adoptionssachen, Versorgungsausgleichssachen, Lebenspartnerschaftssachen und für andere Verfahren geregelt.

a) Für Ehesachen und den Verbund von Scheidungs- und Folgesachen ergibt sich die internationale Zuständigkeit aus § 98 FamFG, der an die Staatsangehörigkeit bzw. den gewöhnlichen Aufenthalt der Ehegatten anknüpft. Maßgeblich sind dabei die Verhältnisse zum Zeitpunkt des Schlusses der mündlichen Verhandlung; war jedoch ein Ehegatte bei Eintritt der Rechtshängigkeit der Ehesache oder zu einem späteren Zeitpunkt vor Schluss der mündlichen Verhandlung Deutscher, so dass die internationale Zuständigkeit gegeben war, bleibt sie nach § 113 I 2 FamFG in Verbindung mit § 261 II Nr. 2 ZPO bestehen.[10]

Danach ist für Ehesachen und den Verbund von Scheidungs- und Folgesachen die internationale Zuständigkeit des Familiengerichts dann gegeben, wenn
- ein Ehegatte Deutscher ist oder bei der Eheschließung war,
- beide Ehegatten ihren gewöhnlichen Aufenthalt im Inland haben,
- ein Ehegatte Staatenloser mit gewöhnlichem Aufenthalt im Inland ist oder
- ein Ehegatte seinen gewöhnlichen Aufenthalt im Inland hat, es sei denn, dass die zu fällende Entscheidung offensichtlich nach dem Recht keines der Staaten anerkannt würde, denen einer der Ehegatten angehört.

Zudem ist die internationale Zuständigkeit des Familiengerichts auch dann gegeben, wenn ein Ehegatte, der im Zeitpunkt der Eheschließung das 16., aber nicht das 18. Lebensjahr vollendet hatte, seinen Aufenthalt im Inland hat und es um die Aufhebung der Ehe nach Art. 13 II Nr. 2 EGBGB geht (§ 98 II 2 EGBGB).

Die internationale Zuständigkeit erstreckt sich im Falle des Verbunds von Scheidungs- und Folgesachen auch auf die Folgesachen (§ 98 III FamFG).

§ 98 FamFG wird allerdings in seinem Anwendungsbereich durch die Verordnung (EU) Nr. 2019/1111 des Rates vom 25. Juni 2019 über die Zuständigkeit, die Anerkennung und Vollstreckung von Entscheidungen in Ehesachen und in Verfahren betreffend die elterliche Verantwortung und über internationale Kindesentführungen (Brüssel-IIb-VO) verdrängt, was sich aus den §§ 97, 106 FamFG ergibt.[11]

Für Entscheidungen über die Ehescheidung, die Trennung ohne Auflösung des Ehebandes oder die Ungültigerklärung einer Ehe sind nach Art. 3 Brüssel-IIb-VO (EuEheVO) die Gerichte des Mitgliedstaats international zuständig,

---

[10] MüKoFamFG/*Rauscher* § 98 Rn. 56ff., 69f.; Musielak/Borth/Frank/*Frank* FamFG § 98 Rn. 8ff.

[11] MüKoFamFG/*Rauscher* § 98 Rn. 8ff.; Musielak/Borth/Frank/*Frank* FamFG § 98 Rn. 1, EuEheVO Art. 1ff.

- in dessen Hoheitsgebiet beide Ehegatten ihren gewöhnlichen Aufenthalt haben oder
- in dessen Hoheitsgebiet die Ehegatten zuletzt beide ihren gewöhnlichen Aufenthalt hatten, sofern einer von ihnen dort noch seinen gewöhnlichen Aufenthalt hat, oder
- in dessen Hoheitsgebiet der Antragsgegner seinen gewöhnlichen Aufenthalt hat oder
- in dessen Hoheitsgebiet einer der Ehegatten seinen gewöhnlichen Aufenthalt hat, wenn ein gemeinsamer Antrag gestellt wird oder
- in dessen Hoheitsgebiet der Antragsteller seinen gewöhnlichen Aufenthalt hat, wenn er sich dort seit mindestens einem Jahr unmittelbar vor der Antragstellung aufgehalten hat, oder
- in dessen Hoheitsgebiet der Antragsteller seinen gewöhnlichen Aufenthalt hat, wenn er sich dort seit mindestens sechs Monaten unmittelbar vor der Antragstellung aufgehalten hat und entweder Staatsangehöriger des betreffenden Mitgliedstaats ist oder, im Fall des Vereinigten Königreichs und Irlands, dort sein „domicile" hat;
- dessen Staatsangehörigkeit beide Ehegatten besitzen.

Soweit sich danach keine Zuständigkeit eines Gerichts eines Mitgliedstaats ergibt, bestimmt sich die Zuständigkeit in jedem Mitgliedstaat nach dem Recht dieses Staates (Art. 6 EuEheVO).

18 b) Für Kindschaftssachen ergibt sich die internationale Zuständigkeit aus § 99 FamFG, der an die Staatsangehörigkeit bzw. den gewöhnlichen Aufenthalt des Kindes bzw. an das Bedürfnis der Fürsorge anknüpft.

Danach ist für Kindschaftssachen die internationale Zuständigkeit des Familiengerichts dann gegeben, wenn das Kind
- Deutscher ist,
- seinen gewöhnlichen Aufenthalt im Inland hat oder
- der Fürsorge durch ein deutsches Gericht bedarf.

Sind für die Anordnung einer Vormundschaft sowohl die deutschen Gerichte als auch die Gerichte eines anderen Staates zuständig und
- ist die Vormundschaft in dem anderen Staat anhängig, kann die Anordnung der Vormundschaft im Inland unterbleiben, wenn dies im Interesse des Mündels liegt (§ 99 II FamFG),
- besteht die Vormundschaft im Inland, kann das Gericht, bei dem die Vormundschaft anhängig ist, sie an den Staat, dessen Gerichte für die Anordnung der Vormundschaft zuständig sind, abgeben, wenn dies im Interesse des Mündels liegt, der Vormund seine Zustimmung erteilt und dieser Staat sich zur Übernahme bereit erklärt (§ 99 III FamFG).

Dies gilt entsprechend für Verfahren betreffend die Anordnung einer Pflegschaft etc. und die Genehmigung einer freiheitsentziehenden Unterbringung eines Minderjährigen (§ 99 IV FamFG).

Auch § 99 FamFG wird allerdings in seinem Anwendungsbereich durch die Verordnung (EU) Nr. 2019/1111 des Rates vom 25. Juni 2019 über die Zuständigkeit, die Anerkennung und Vollstreckung von Entscheidungen in Ehesachen und in Verfahren betreffend die elterliche Verantwortung und über internationale Kindesentführungen (Brüssel-IIb-VO) verdrängt, was sich aus den §§ 97, 106 FamFG ergibt.

Für Entscheidungen, die die elterliche Verantwortung betreffen, sind nach Art. 7 I Brüssel-IIb-VO (EuEheVO) grundsätzlich die Gerichte des Mitgliedstaats international zuständig, in dem das Kind zum Zeitpunkt der Antragstellung seinen gewöhnlichen Aufenthalt hat.

Dies ist ausnahmsweise dann anders, wenn
- die Voraussetzungen für die Aufrechterhaltung der Zuständigkeit des früheren gewöhnlichen Aufenthaltsorts des Kindes nach Art. 8 EuEheVO vorliegen,
- ein Fall des widerrechtlichen Verbringens oder Zurückhaltens eines Kindes nach Art. 9 EuEheVO vorliegt,
- wenn eine wesentliche Bindung des Kindes zu diesem Mitgliedstaat nach Art. 10 EuEheVO besteht oder
- eine Vereinbarung über die Zuständigkeit nach Art. 10 EuEheVO vorliegt.

Kann weder der gewöhnliche Aufenthalt eines Kindes festgestellt noch die Zuständigkeit gemäß Art. 10 EuEheVO bestimmt werden, sind die Gerichte des Mitgliedstaats zuständig, in dem sich das Kind befindet (Art. 11 Abs. 1 EuEheVO).

c) Für Abstammungssachen ergibt sich die internationale Zuständigkeit aus § 100 FamFG, der an die Staatsangehörigkeit bzw. den gewöhnlichen Aufenthalt des Kindes, der Mutter, des Vaters bzw. des Mannes anknüpft, der eidesstattlich versichert, der Mutter während der Empfängniszeit beigewohnt zu haben. 19

Danach ist für Abstammungssachen die internationale Zuständigkeit des Familiengerichts dann gegeben, wenn das Kind, die Mutter, der Vater oder der Mann, der an Eides statt versichert, der Mutter während der Empfängniszeit beigewohnt zu haben,
- Deutscher ist oder
- seinen gewöhnlichen Aufenthalt im Inland hat.

d) Für Adoptionssachen ergibt sich die internationale Zuständigkeit aus § 101 FamFG, der ebenfalls an die Staatsangehörigkeit bzw. den gewöhnlichen Aufenthalt des bzw. der Annehmenden bzw. des Kindes anknüpft.

Danach ist für Adoptionssachen die internationale Zuständigkeit des Familiengerichts dann gegeben, wenn der Annehmende, einer der annehmenden Ehegatten oder das Kind
- Deutscher ist oder
- seinen gewöhnlichen Aufenthalt im Inland hat.

e) Für Versorgungsausgleichssachen ergibt sich die internationale Zuständigkeit aus § 102 FamFG, der an den gewöhnlichen Aufenthalt der Beteiligten bzw. die Art der Anrechte bzw. daran anknüpft, dass die Ehe der Beteiligten von einem deutschen Gericht geschieden wurde. 20

Danach ist für Versorgungsausgleichssachen die internationale Zuständigkeit des Familiengerichts dann gegeben, wenn
- der Antragsteller oder der Antragsgegner seinen gewöhnlichen Aufenthalt im Inland hat,
- über inländische Anrechte zu entscheiden ist oder
- ein deutsches Gericht die Ehe zwischen Antragsteller und Antragsgegner geschieden hat.

f) Für Lebenspartnerschaftssachen ergibt sich die internationale Zuständigkeit aus § 103 FamFG, der für die Aufhebung der Lebenspartnerschaft und die Feststellung des Bestehens oder Nichtbestehens einer Lebenspartnerschaft wiederum an die Staatsangehörigkeit bzw. den gewöhnlichen Aufenthalt der Lebenspartner bzw. daran anknüpft, dass die Lebenspartnerschaft vor einer zuständigen deutschen Stelle begründet worden ist.

Danach ist für die Aufhebung der Lebenspartnerschaft und die Feststellung des Bestehens oder Nichtbestehens einer Lebenspartnerschaft die internationale Zuständigkeit des Familiengerichts dann gegeben, wenn
- ein Lebenspartner Deutscher ist oder bei Begründung der Lebenspartnerschaft war,
- einer der Lebenspartner seinen gewöhnlichen Aufenthalt im Inland hat oder
- die Lebenspartnerschaft vor einer zuständigen deutschen Stelle begründet worden ist.

Diese Zuständigkeit erstreckt sich im Falle des Verbunds von Aufhebungs- und Folgesachen auf die Folgesachen (§ 103 II FamFG).

Im Übrigen verweist § 103 III FamFG für die internationale Zuständigkeit des Familiengerichts im Falle der Beteiligung von Lebenspartnern für Kindschaftssachen auf § 99 FamFG, für Adoptionssachen auf § 101 FamFG, für Versorgungsausgleichssachen auf § 102 FamFG und für alle anderen Verfahren auf § 105 FamFG.

g) Für alle anderen Verfahren ergibt sich die internationale Zuständigkeit aus der Verweisungsvorschrift des § 105 FamFG. 21

Danach ist die internationale Zuständigkeit des Familiengerichts dann gegeben, wenn das Familiengericht örtlich zuständig ist.

II. Das Verfahren in Ehe- und Folgesachen

1. Die Verfahrenseinleitung

22 a) Die Einleitung des Verfahrens in Ehesachen erfolgt durch Einreichung einer Antragsschrift, für die die Vorschriften der ZPO über die Klageschrift entsprechend gelten (§ 124 FamFG). Handelt es sich bei der Ehesache um eine Scheidungssache, muss die Antragsschrift nach § 133 I FamFG folgende Angaben und Erklärungen enthalten:

- den Namen und die Geburtsdaten der gemeinschaftlichen minderjährigen Kinder, also deren Geburtsdatum und -ort, sowie die Mitteilung ihres gewöhnlichen Aufenthalts,
- die Erklärung, ob die Ehegatten eine Regelung über die elterliche Sorge, den Umgang und die Unterhaltspflicht gegenüber den gemeinschaftlichen minderjährigen Kindern sowie die durch die Ehe begründete gesetzliche Unterhaltspflicht, die Rechtsverhältnisse an der Ehewohnung und an den Haushaltsgegenständen getroffen haben und
- die Angabe, ob Familiensachen, an denen beide Ehegatten beteiligt sind, anderweitig anhängig sind.

Ist ein Scheidungsantrag wegen einer nach § 133 FamFG notwendigen, aber unterbliebenen Angabe oder Erklärung unzulässig, hat das Gericht den Antragsteller hierauf nach § 113 I FamFG i.V.m. § 139 III ZPO hinzuweisen.

§ 133 FamFG ist eine reine Formvorschrift. Deshalb genügt die Erklärung, dass die Beteiligten eine Regelung über die elterliche Sorge, den Umgang und die Unterhaltspflicht gegenüber den gemeinschaftlichen minderjährigen Kindern sowie die durch die Ehe begründete gesetzliche Unterhaltspflicht, die Rechtsverhältnisse an der Ehewohnung und an den Haushaltsgegenständen getroffen bzw. nicht getroffen haben. Über den Inhalt einer etwaigen Einigung müssen die Beteiligten das Gericht nicht informieren.

Die Familiengerichte können deshalb die Scheidung in allen Fällen aussprechen, in denen die Ehegatten seit mindestens einem Jahr getrennt leben und beide die Scheidung beantragen oder ein Ehegatte die Scheidung beantragt und der andere der Scheidung zustimmt. Weitere Feststellungen zum Scheitern der Ehe sind nicht mehr erforderlich; erst recht ist hinsichtlich der Scheidungsfolgen Kindes- und Ehegattenunterhalt sowie Ehewohnung und Haushaltsgegenstände kein Vollstreckungstitel mehr zu schaffen bzw. vorzulegen.

Neben den vorgenannten Angaben und Erklärungen sollen der Antragsschrift nach § 133 II FamFG auch die Heiratsurkunde und die Geburtsurkunden der gemeinschaftlichen minderjährigen Kinder beigefügt werden.

Da das Familiengericht mit diesen Urkunden einen Urkundsbeweis betreffend die Eheschließung und die Geburt der gemeinsamen Kinder der Beteiligten erhebt, müssen die Urkunden im Original oder in beglaubigter Kopie vorgelegt werden (§ 113 I FamFG, § 435 ZPO). Vorgelegte Originale wird man kopieren, mit dem Vermerk versehen lassen, dass das Original vorlag und sodann gegen Empfangsbekenntnis bzw. Zustellungsurkunde zurücksenden. Die Verpflichtung zur Vorlage der Urkunden besteht allerdings nur, wenn dem Antragsteller die Urkunden zugänglich sind.

23 b) Die Einleitung des Verfahrens in Folgesachen erfolgt grundsätzlich durch Einreichung einer Antragsschrift (§§ 113 I, 23 FamFG).

Für die Durchführung des Versorgungsausgleichs im Verbund mit der Scheidungssache bedarf es in den Fällen der §§ 6 bis 19 und 28 VersAusglG jedoch keines Antrags (§ 137 II 2 FamFG).

2. Die Verfahrensfähigkeit

24 In Ehesachen ist auch ein beschränkt geschäftsfähiger Ehegatte verfahrensfähig; für einen geschäftsunfähigen Ehegatten wird das Verfahren durch dessen gesetzlichen Vertreter, mithin durch dessen Betreuer geführt, der für den Antrag auf Scheidung oder Aufhebung der Ehe der Genehmigung des Familien- oder des Betreuungsgerichts bedarf (§ 125 FamFG).

3. Der Anwaltszwang

25 Nach § 114 I FamFG müssen sich die Ehegatten in Ehesachen und Folgesachen vor dem Familiengericht und dem OLG durch einen Rechtsanwalt vertreten lassen. Nach § 114 IV FamFG bedarf es allerdings der rechtsanwaltlichen Vertretung nicht

- für die Zustimmung zur Scheidung und zur Rücknahme des Scheidungsantrags und für den Widerruf der Zustimmung zur Scheidung,
  weshalb diese Erklärungen auch zur Niederschrift der Geschäftsstelle oder in der mündlichen Verhandlung zur Niederschrift des Gerichts erklärt werden können (§ 134 FamFG), so dass eine einvernehmliche Scheidung mit oder ohne Versorgungsausgleich aber ohne weitere Folgesachen mit nur einem Rechtsanwalt möglich ist,
- für einen Antrag auf Abtrennung einer Folgesache von der Scheidung,
  also in den Fällen des § 140 II FamFG,
- im Verfahren über die Verfahrenskostenhilfe (VKH)
  also in den Fällen der §§ 76ff. FamFG,
- sowie in den Fällen des § 78 III ZPO
  also in dem Verfahren vor einem beauftragten oder ersuchten Richter und bei Verfahrenshandlungen, die vor einem Urkundsbeamten der Geschäftsstelle vorgenommen werden können.[12]

4. Die Verfahrensführungsbefugnis

26 Hinsichtlich der Verfahrensführungsbefugnis ist zu beachten, dass in Unterhaltsverfahren betreffend den Verwandtenunterhalt § 1629 III BGB eine gesetzliche Verfahrensstandschaft vorsieht:

Sind nämlich die Eltern eines minderjährigen Kindes miteinander verheiratet, so kann ein Elternteil, solange die Eltern getrennt leben oder eine Ehesache zwischen ihnen anhängig ist, Unterhaltsansprüche des Kindes gegen den anderen Elternteil nur im eigenen Namen geltend machen und nicht als dessen gesetzlicher Vertreter.

Zudem wirken eine von einem Elternteil erwirkte gerichtliche Entscheidung und ein zwischen den Eltern geschlossener gerichtlicher Vergleich auch für und gegen das Kind.

5. Der Verfahrensablauf

Beim Verfahrensablauf sind die Verfahren in Ehesachen, also die Verfahren auf Scheidung der Ehe (Scheidungssachen), auf Aufhebung der Ehe und auf Feststellung des Bestehens oder Nichtbestehens einer Ehe zwischen den Beteiligten (§ 121ff. FamFG) von den Verfahren in Scheidungs- und Folgesachen (§ 133ff. FamFG) zu unterscheiden.

27 a) In Verfahren betreffend Ehesachen sind die §§ 2 bis 22, 23 bis 37, 40 bis 45, 46 Satz 1 und 2 sowie die §§ 47 und 48 sowie 76 bis 96 FamFG nicht anzuwenden. Es

[12] MüKoFamFG/*Fischer* § 114 Rn. 17; Musielak/Borth/Frank/*Borth* FamFG § 114 Rn. 12.

gelten vielmehr die Allgemeinen Vorschriften der ZPO und die Vorschriften der ZPO über das Verfahren vor den Landgerichten entsprechend (§ 113 I FamFG).

(1) Nicht anzuwenden sind in Ehesachen jedoch die zivilprozessualen Vorschriften über

- die Folgen der unterbliebenen bzw. verweigerten Tatsachenerklärung,
- die Voraussetzungen einer Klageänderung,
- die Bestimmung der Verfahrensweise, den frühen ersten Termin, das schriftliche Vorverfahren und die Klageerwiderung,
- die Güteverhandlung,
- die Wirkung des gerichtlichen Geständnisses,
- das Anerkenntnis,
- die Folgen der unterbliebenen bzw. verweigerten Erklärung zur Urkundenechtheit und
- den Verzicht auf die Beeidigung des Gegners sowie von Zeugen oder Sachverständigen (§ 113 IV FamFG)
- und auch die Regeln über die Terminsverlegung zur Sommerzeit gelten hier nicht (§ 113 III FamFG).

Zudem tritt bei der Anwendung der ZPO an die Stelle der Bezeichnung

- Prozess oder Rechtsstreit die Bezeichnung Verfahren,
- Klage die Bezeichnung Antrag,
- Kläger die Bezeichnung Antragsteller,
- Beklagter die Bezeichnung Antragsgegner und
- Partei die Bezeichnung Beteiligter (§ 113 V FamFG).

In Ehesachen wird das Familiengericht also regelmäßig zunächst ohne weiteres die Antragsschrift nach Eingang des Gerichtskostenvorschusses (§ 14 I 1 FamGKG) bzw. nach Bewilligung von Verfahrenskostenhilfe (§ 113 I FamFG, §§ 114 ff. ZPO) dem anderen Ehegatten bzw. dann dessen Verfahrensbevollmächtigtem förmlich zustellen, wenn die anwaltliche Vertretung bereits nachgewiesen wurde.

Anders ist dies jedoch, wenn die zuständige Verwaltungsbehörde oder bei Verstoß gegen § 1306 BGB ein Dritter die Aufhebung der Ehe beantragt. In diesem Fall ist der Antrag gegen beide Ehegatten zu richten und diesen zuzustellen (§ 129 I FamFG).

Außerdem ist in den Fällen des § 1316 I Nr. 1 BGB, wenn ein Ehegatte oder ein Dritter den Antrag stellt, die zuständige Verwaltungsbehörde über den Antrag zu unterrichten (§ 129 II 1 FamFG). Bei einem Antrag auf Feststellung des Bestehens oder Nichtbestehens einer Ehe zwischen den Beteiligten gilt dies entsprechend (§ 129 II 3 FamFG).

28 (2) Sind Ehesachen, die dieselbe Ehe betreffen, bei verschiedenen deutschen Gerichten im ersten Rechtszug anhängig, hat von Amts wegen eine Zusammenführung dieser Verfahren stattzufinden (§ 123 FamFG). Dabei hat eine Abgabe des Verfahrens an das Gericht der Scheidungssache zu erfolgen, wenn nur eines der Verfahren eine Scheidungssache ist. Ansonsten erfolgt die Abgabe an das Gericht der Ehesache, die zuerst rechtshängig geworden ist.

Unabhängig davon, welches Verfahren zuerst rechtshängig geworden ist, kommt dem Scheidungsverfahren stets der Vorrang zu. Ist keine der dieselbe Ehe betreffenden im ersten Rechtszug anhängigen Ehesachen eine Scheidungssache oder ist mehr als eine Scheidungssache anhängig, hat die Abgabe von Amts wegen an dasjenige Gericht zu erfolgen, bei dem die zuerst rechtshängig gewordene Ehesache noch anhängig ist. Der Beschluss ist unanfechtbar und für das in dem Beschluss bezeichnete Gericht bindend.

29 (3) In Ehesachen können Angriffs- und Verteidigungsmittel, die nicht rechtzeitig vorgebracht werden, nur zurückgewiesen werden, wenn ihre Zulassung nach der freien Überzeugung des Gerichts die Erledigung des Verfahrens verzögern würde und die Verspätung auf grober Nachlässigkeit beruht. Ansonsten sind die Angriffs- und Verteidigungsmittel abweichend von den allgemeinen Vorschriften zuzulassen (§ 115 FamFG).

Ferner hat das Gericht in Ehesachen von Amts wegen die zur Feststellung der entscheidungserheblichen Tatsachen erforderlichen Ermittlungen durchzuführen (§ 127 I FamFG). Dabei dürfen in Verfahren auf Scheidung oder Aufhebung der Ehe von den Beteiligten nicht vorgebrachte Tatsachen nur berücksichtigt werden, wenn sie geeignet sind, der Aufrechterhaltung der Ehe zu dienen oder wenn der Antragsteller einer Berücksichtigung nicht widerspricht (§ 127 II FamFG). Zudem kann das Gericht in Verfahren auf Scheidung außergewöhnliche, der Scheidung der Ehe entgegenstehende Umstände nach § 1568 BGB nur berücksichtigen, wenn sie von dem Ehegatten vorgebracht worden sind, der die Scheidung ablehnt (§ 127 III FamFG).

Nach Eingang der Zustellungsurkunde bzw. des Empfangsbekenntnisses betreffend die Ehesache wird das Familiengericht dementsprechend die im Einzelfall erforderlichen Ermittlungen von Amts wegen anstellen und dabei den Beteiligten und gegebenenfalls auch Dritten Auflagen machen und Fristen setzen.

(4) Das Familiengericht soll in Ehesachen das persönliche Erscheinen der Ehegatten anordnen und sie anhören (§ 128 I 1 FamFG). Sind gemeinschaftliche minderjährige Kinder vorhanden, hat das Gericht die Ehegatten auch zur elterlichen Sorge und zum Umgangsrecht anzuhören und auf bestehende Möglichkeiten der Beratung hinzuweisen (§ 128 II FamFG). Dabei hat die Anhörung der Ehegatten jeweils in Abwesenheit des anderen Ehegatten stattzufinden, wenn dies zum Schutz des anzuhörenden Ehegatten oder aus anderen Gründen erforderlich ist. 30

Sind die im Einzelfall erforderlichen Amtsermittlungen betreffend die Ehesache bis auf die Anhörung der Beteiligten und etwa im Termin noch vorzulegende Urkunden abgeschlossen, wird das Familiengericht folglich regelmäßig Termin zur mündlichen Verhandlung bestimmen und dabei das persönliche Erscheinen der Beteiligten anordnen, um diese anzuhören. Dabei kann es erforderlichenfalls von Amts wegen einen oder beide Ehegatten als Beteiligte vernehmen, selbst wenn die Voraussetzungen des § 448 ZPO nicht vorliegen (§ 128 I 3 FamFG).

Ist ein Ehegatte am Erscheinen verhindert oder hält er sich in so großer Entfernung vom Sitz des Gerichts auf, dass ihm das Erscheinen nicht zugemutet werden kann, kann die Anhörung oder Vernehmung durch einen ersuchten Richter erfolgen (§ 128 III FamFG).

Ist ein Beteiligter im Termin zur mündlichen Verhandlung säumig, so ist wie folgt zu differenzieren: Handelt es sich bei dem Säumigen um den Antragsteller, ist die Versäumnisentscheidung dahin zu erlassen, dass der Antrag als zurückgenommen gilt; handelt es sich bei dem Säumigen um den Antragsgegner, ist eine Versäumnisentscheidung sowie eine Entscheidung nach Aktenlage unzulässig (§ 130 FamFG).

Bei Säumnis des Antragsgegners ist folglich Termin zur Fortsetzung der mündlichen Verhandlung zu bestimmen, wobei der Antragsgegner darauf hingewiesen werden kann, dass beabsichtigt ist, auch im Falle seiner Säumnis im Fortsetzungstermin zu entscheiden.

b) In Verfahren betreffend Scheidungs- und Folgesachen gelten hinsichtlich der Scheidungssachen zunächst die vorstehend erläuterten Besonderheiten, denn Scheidungssachen sind Ehesachen (§ 121 Nr. 1 FamFG). 31

Die §§ 2 bis 22, 23 bis 37, 40 bis 45, 46 S. 1 u. 2 sowie die §§ 47 und 48 sowie 76 bis 96 FamFG sind also auf Scheidungssachen nicht anzuwenden. Vielmehr gelten die Allgemeinen Vorschriften der ZPO und die Vorschriften der ZPO über das Verfahren vor den Landgerichten entsprechend mit den oben dargestellten Ausnahmen und Besonderheiten.

(1) Hinzu kommt, dass das Familiengericht das Verfahren insgesamt, also das Scheidungsverfahren einschließlich der Folgesachen, für bis zu sechs Monate bzw. für bis zu ein Jahr aussetzen und den Eheleuten die Inanspruchnahme einer Eheberatung nahelegen kann, wenn nach seiner Überzeugung Aussicht auf Fortsetzung der Ehe besteht (§ 136 FamFG).

Ferner kann das Familiengericht anordnen, dass die Ehegatten einzeln oder gemeinsam an einem kostenfreien Informationsgespräch über Mediation oder eine sonstige Möglichkeit der außergerichtlichen Streitbeilegung anhängiger Folgesachen bei einer von dem Gericht benannten Person oder Stelle teilnehmen und eine Bestätigung hierüber vorlegen (§ 135 FamFG).

Zur Teilnahme an dem Informationsgespräch und Vorlage der Bescheinigung hierüber können die Eheleute ebenso wenig gezwungen werden, wie zur Inanspruchnahme einer Mediation oder sonstige Möglichkeit der außergerichtlichen Streitbeilegung. Die Anordnung der Teilnahme an dem Informationsgespräch und Vorlage der Bescheinigung hierüber kann nicht mit Zwangsmitteln durchgesetzt werden (§ 135 I 2 FamFG). Die Inanspruchnahme einer Mediation oder sonstige Möglichkeit der außergerichtlichen Streitbeilegung kann das Familiengericht in geeigneten Fällen den Ehegatten lediglich vorschlagen.

Allerdings kann das Familiengericht die Anordnung der Teilnahme an dem Informationsgespräch und Vorlage der Bescheinigung hierüber mit der Androhung nachteiliger Kostenfolgen verbinden (§ 150 IV 2 FamFG). Dabei hat es zu prüfen, ob eine solche Streitbeilegung überhaupt sinnvoll, insbesondere, ob die Teilnahme zumutbar ist. Hieran kann es im Einzelfall z. B. deshalb fehlten, weil die Streitbeilegung nicht kostenlos, eine längere Anreise zu der Streitbeilegung notwendig oder weil es zwischen den Eheleuten zu häuslicher Gewalt gekommen ist.

32 (2) Im Verfahren betreffend Scheidungs- und Folgesachen ist die Scheidungssache das zentrale Verfahren:

Sie wird in der Hauptakte geführt; die Folgesachen dagegen werden in Unterakten zu der Hauptakte geführt, die zwar dasselbe Aktenzeichen wie die Hauptakte tragen, jedoch ergänzt um ein Buchstabenkürzel, um kenntlich zu machen, um welche Art von Folgesache es sich handelt.

Die Antragsschrift betreffend die Scheidungssachen wird, wie sonst auch in Ehesachen, bei Vorliegen der entsprechenden Voraussetzungen, entweder dem anderen Ehegatten oder dessen Verfahrensbevollmächtigtem förmlich zugestellt.

Sind gemeinsame minderjährige Kinder der Beteiligten vorhanden, erhält das Jugendamt bzw. das Kreisjugendamt ebenfalls eine Abschrift der Antragsschrift zur Kenntnis (§ 17 III SGB VIII) bzw. dann mit der Bitte um Mitwirkung (§§ 162 FamFG, 50 SGB VIII), wenn die Übertragung oder Entziehung der elterlichen Sorge, das Umgangsrecht oder die Herausgabe eines gemeinschaftlichen Kindes der Ehegatten oder das Umgangsrecht eines Ehegatten mit dem Kind des anderen Ehegatten als Folgesache beantragt wird.

33 (3) Mit Eingang der Zustellungsurkunde bzw. des Empfangsbekenntnisses betreffend die Antragsschrift der Scheidungssache wird den Eheleuten die für die Folgesache Versorgungsausgleich wichtige Ehezeit mitgeteilt und es werden ihnen die Fragebögen zum Versorgungsausgleich nebst Erläuterungen sowie die Entgeltbescheinigungsvordrucke übersandt mit der Bitte um Rücksendung, wozu man eine Frist von vier Wochen setzen kann.

Als Ehezeit im Sinne der Vorschriften über den Versorgungsausgleich gilt die Zeit vom Beginn des Monats, in dem die Ehe geschlossen worden ist, bis zum Ende des Monats, der dem Eintritt der Rechtshängigkeit des Scheidungsantrags vorausgeht (§ 3 I VersAusglG).

Der Mitteilung der Ehezeit bedarf es nicht, wenn
- die Ehe von kurzer Dauer war, wenn also die Ehezeit nicht länger als drei Jahre ist und keiner der Ehegatten die Durchführung des Versorgungsausgleichs beantragt (§ 3 III VersAusglG) oder
- die Ehegatten eine Vereinbarung betreffend den Versorgungsausgleich geschlossen haben bzw. ankündigen, eine solche Vereinbarung beim Notar oder im Scheidungstermin zu schließen, wenn nach der Vereinbarung der Versorgungsausgleich nicht durchgeführt oder dem schuldrechtlichen Versorgungsausgleich vorbehalten werden soll (§ 6 VersAusglG). Dabei ist zu beachten, dass eine solche Vereinbarung formelle und materielle Wirksamkeitsvoraussetzungen hat (§§ 7, 8 VersAusglG), insbesondere also von einem Notar beurkundet oder in einem gerichtlichen Vergleich enthalten sein muss.

c) Folgesachen sind entweder von Amts wegen mit der Scheidung durchzuführen 34
oder werden zugleich mit der Scheidungssache anhängig gemacht bzw. später nach Anhängigkeit der Scheidungssache. Dabei können folgende Verfahren Folgesachen einer Scheidungssache sein:
- Versorgungsausgleichssachen,
- Unterhaltssachen, sofern sie die Unterhaltspflicht gegenüber einem gemeinschaftlichen Kind oder die durch Ehe begründete gesetzliche Unterhaltspflicht betreffen mit Ausnahme des vereinfachten Verfahrens über den Unterhalt Minderjähriger,
- Ehewohnungs- und Haushaltssachen und
- Güterrechtssachen,

wenn (jeweils) eine Entscheidung für den Fall der Scheidung zu treffen ist und die Familiensache spätestens zwei Wochen vor der mündlichen Verhandlung im ersten Rechtszug in der Scheidungssache von einem Ehegatten anhängig gemacht wird (§ 137 I, II FamFG) sowie
- Kindschaftssachen, die die Übertragung oder Entziehung der elterlichen Sorge, das Umgangsrecht oder die Herausgabe eines gemeinschaftlichen Kindes der Ehegatten oder das Umgangsrecht eines Ehegatten mit dem Kind des anderen Ehegatten betreffen,

wenn ein Ehegatte vor Schluss der mündlichen Verhandlung im ersten Rechtszug in der Scheidungssache die Einbeziehung in den Verbund beantragt, es sei denn, das Gericht hält die Einbeziehung aus Gründen des Kindeswohls nicht für sachgerecht (§ 137 III FamFG).

(1) Für die Durchführung des Versorgungsausgleichs im Verbund mit der Scheidungssache bedarf es in den Fällen der §§ 6 bis 19 und 28 VersAusglG keines Antrags (§ 137 II 2 FamFG); er ist somit mangels wirksamer abweichender Vereinbarung regelmäßig von Amts wegen zusammen mit der Scheidung durchzuführen. 35

In allen anderen Fällen bedarf die Durchführung des Versorgungsausgleichs zusammen mit der Scheidung eines rechtzeitigen Antrags, eines Antrags also, der zwei Wochen vor der mündlichen Verhandlung im ersten Rechtszug in der Scheidungssache von einem Ehegatten anhängig gemacht wird (§ 137 II 1 Nr. 1 FamFG).

Dies betrifft insbesondere Verfahren, mit einer Ehezeit von bis zu drei Jahren (§ 3 III VersAusglG) und Verfahren, in denen der Versorgungsausgleich abweichend von dem auf die Scheidung anzuwendenden ausländischem Recht nach deutschen Recht durchzuführen ist (Art. 17 III 2 EGBGB).[13]

Im Übrigen gelten die §§ 1ff., 217ff. FamFG, also anders als in Ehesachen auch die §§ 2 bis 22, 23 bis 37, 40 bis 45, 46 S. 1 u. 2 sowie die §§ 47 und 48 sowie 76 bis 96 FamFG, denn das Versorgungsausgleichsverfahren ist weder eine Ehe- noch eine Familienstreitsache, sondern eine Familiensache (§§ 111 Nr. 7, 112, 113 I 1 FamFG).

---

[13] MüKoFamFG/*Heiter* § 137 Rn. 74f.; Musielak/Borth/Frank/*Borth* FamFG § 137 Rn. 27.

Dabei ist die Einzahlung eines Gerichtskostenvorschusses betreffend die Folgesache Versorgungsausgleich weder in dem Fall erforderlich, in dem der Versorgungsausgleich von Amts wegen durchzuführen ist, noch in dem Fall, in dem er nur auf Antrag durchzuführen ist, denn § 14 FamGKG ist auf Scheidungsfolgesachen (§ 137 FamFG) nicht anwendbar.

Liegen die bei Mitteilung der Ehezeit von den Eheleuten angeforderten Auskünfte betreffend den Versorgungsausgleich vor, werden sie an die Gegenseite zur eventuellen Stellungnahme übersandt. Anschließend holt das Familiengericht unter Mitteilung der Ehezeit die Auskünfte zu den Versorgungsanwartschaften bei den Versorgungsträgern ein. Nach Vorliegen der Auskünfte sämtlicher Versorgungsträger berechnet das Gericht den Versorgungsausgleich und teilt diese Berechnung den Eheleuten, erforderlichenfalls auch den Versorgungsträgern, zur eventuellen Stellungnahme mit. In der mündlichen Verhandlung über die Scheidung und die Folgesachen kann es dann auf diese Berechnung und die zugrundeliegenden Auskünfte Bezug nehmen und zusammen mit der Scheidung über den Versorgungsausgleich entscheiden.

Sofern die Eheleute oder die sonstigen Beteiligten am Versorgungsausgleichsverfahren ihren Mitwirkungspflichten nach § 220 V FamFG nicht nachkommen, kann das Familiengericht gegen sie – auch wiederholt – nach entsprechender Androhung ein Zwangsgeld von bis zu 25.000,– € festsetzen und für den Fall, dass dieses nicht beigetrieben werden kann, Zwangshaft oder sogleich Zwangshaft, wenn die Anordnung von Zwangsgeld keinen Erfolg verspricht (§ 35 FamFG).

36 (2) Für die Geltendmachung von Unterhaltssachen und Güterrechtssachen im Verbund mit der Scheidungssache bedarf es eines Antrags, der spätestens zwei Wochen vor der mündlichen Verhandlung im ersten Rechtszug in der Scheidungssache von einem Ehegatten anhängig gemacht wird (§ 137 II 1 Nr. 2 und Nr. 4 FamFG).

Zudem können hier nur bestimmte Unterhaltssachen geltend gemacht werden, nämlich nur Unterhaltssachen betreffend die Unterhaltspflicht gegenüber einem gemeinschaftlichen Kind und betreffend die durch die Ehe begründete gesetzliche Unterhaltspflicht, also die nach der Scheidung gegenüber einem Ehegatten nach den §§ 1569ff. BGB bestehende Unterhaltspflicht.

Nicht möglich ist es, im Verbund mit der Scheidungssache, die durch die Ehe begründete gesetzliche Unterhaltspflicht betreffend den Trennungsunterhalt (§ 1361 BGB) geltend zu machen, denn diese Unterhaltspflicht erlischt mit der Scheidung, so dass über sie keine Entscheidung für den Fall der Scheidung zu treffen ist. Dies aber ist nach § 137 II 1 FamFG Voraussetzung für das Vorliegen einer Folgesache.

37 In Verfahren betreffend die Folgesachen Kindesunterhalt, Ehegattenunterhalt und Güterrecht gelten wie in Ehesachen die §§ 2 bis 22, 23 bis 37, 40 bis 45, 46 S. 1 u. 2 sowie die §§ 47 und 48 sowie 76 bis 96 FamFG nicht, denn diese Verfahren sind Familienstreitsachen (§§ 111 Nr. 8 und Nr. 9, 112 Nr. 1 und Nr. 2, 113 I 1 FamFG). Vielmehr gelten die Allgemeinen Vorschriften der ZPO und die Vorschriften der ZPO über das Verfahren vor den Landgerichten entsprechend und zwar ohne die für Ehesachen geltenden Ausnahmen (§ 113 IV FamFG) aber mit den oben dargestellten Besonderheiten betreffend die abweichenden Bezeichnungen in Familiensachen.

Hinzu kommt, dass im Verbund mit der Scheidungssache Kindesunterhalt nicht im vereinfachten Verfahren über den Unterhalt Minderjähriger geltend gemacht werden kann (§ 137 II Nr. 2 FamFG).

Ferner ist die Einzahlung eines Gerichtskostenvorschusses betreffend die Folgesachen Kindesunterhalt, Ehegattenunterhalt und Güterrecht nicht erforderlich, denn § 14 FamGKG ist auf Scheidungsfolgesachen (§ 137 FamFG) nicht anwendbar.

In den Folgesachen Kindesunterhalt, Ehegattenunterhalt und Güterrecht wird das Familiengericht also regelmäßig zunächst die Antragsschrift dem anderen Ehegatten bzw. dann dessen Verfahrensbevollmächtigtem förmlich zustellen, wenn die anwaltliche Vertretung bereits nachgewiesen wurde. Dabei hat es grundsätzlich entweder frühen ersten Termin zur mündlichen Verhandlung zu bestimmen oder ein schriftliches Vorverfahren zu veranlassen (§ 272 II ZPO).

Die Bestimmung eines frühen ersten Termins zur mündlichen Verhandlung (§ 275 ZPO) ist in den Folgesachen Kindesunterhalt, Ehegattenunterhalt und Güterrecht allerdings nur ausnahmsweise sinnvoll. Vielmehr dürfte es in der Regel im Interesse aller Verfahrensbeteiligter und auch des Gerichts liegen, in einem einzigen Termin über die Scheidung und sämtliche Scheidungsfolgen zu verhandeln. Deshalb bietet es sich an, einen solchen umfassenden Termin hinsichtlich der Folgesachen Kindesunterhalt, Ehegattenunterhalt und Güterrecht durch die Veranlassung des schriftlichen Vorverfahrens vorzubereiten (§ 276 ZPO), in dem auch die in diesen Folgesachen häufig erhobenen Stufenklagen (§ 254 ZPO) hinsichtlich der Auskunftsstufe durch Teil-Anerkenntnis- oder Teil-Versäumnisurteil erledigt werden können, falls dies nicht bereits im schriftlichen Vorverfahren geschehen ist.

(3) Für die Geltendmachung von Ehewohnungs- und Haushaltssachen im Verbund mit der Scheidungssache bedarf es ebenfalls eines Antrags, der spätestens zwei Wochen vor der mündlichen Verhandlung im ersten Rechtszug in der Scheidungssache von einem Ehegatten anhängig gemacht wird (§ 137 II 1 Nr. 3 FamFG). 38

In diesen Verfahren gelten die §§ 1ff., 200ff. FamFG, also anders als in Ehesachen und in den Folgesachen Kindesunterhalt, Ehegattenunterhalt und Güterrecht auch die §§ 2 bis 22, 23 bis 37, 40 bis 45, 46 S. 1 u. 2 sowie die §§ 47 und 48 sowie 76 bis 96 FamFG, denn diese Verfahren sind weder Ehe- noch Familienstreitsachen, sondern Familiensachen (§§ 111 Nr. 5, 112, 113 I 1 FamFG).

Zu beachten ist hier insbesondere, dass neben den Eheleuten, je nach Lage des Falles, auch der Vermieter, der Grundstückseigentümer, Dritte und Personen, mit denen die Ehegatten oder einer von ihnen hinsichtlich der Wohnung in Rechtsgemeinschaft stehen, an dem Verfahren zu beteiligen sind (§ 204 I FamFG) und, wenn Kinder im Haushalt der Ehegatten leben, das Jugendamt anzuhören sowie auf seinen Antrag hin auch zu beteiligen ist (§§ 205, 204 II FamFG).

Die Einzahlung eines Gerichtskostenvorschusses betreffend die Folgesachen Wohnungszuweisung und Hausratsaufteilung ist nicht erforderlich, denn § 14 FamGKG ist auf Scheidungsfolgesachen (§ 137 FamFG) nicht anwendbar.

In den Folgesachen Ehewohnung und Haushalt wird das Familiengericht regelmäßig zunächst die Antragsschrift dem anderen Ehegatten bzw. dann dessen Verfahrensbevollmächtigtem förmlich zustellen, wenn die anwaltliche Vertretung bereits nachgewiesen wurde. Ferner wird es die Antragsschrift den etwa vorhandenen weiteren Beteiligten förmlich zustellen und erforderlichenfalls das Jugendamt anhören und es auf seinen Antrag hin ebenfalls am Verfahren beteiligen, ihm also die Antragsschrift förmlich zustellen.

Im Übrigen wird das Familiengericht regelmäßig versuchen, den grundsätzlich erforderlichen Erörterungstermin (§ 207 FamFG) durch fristgebundene Auflagen vorzubereiten (§ 206 FamFG) und im Interesse aller Verfahrensbeteiligter wie im eigenen Interesse in einem einzigen Termin über die Scheidung und sämtliche Scheidungsfolgen verhandeln.

(4) Für die Geltendmachung von Kindschaftssachen im Verbund mit der Scheidungssache schließlich bedarf es keines Antrags, der spätestens zwei Wochen vor der mündlichen Verhandlung im ersten Rechtszug in der Scheidungssache von einem Ehegatten anhängig gemacht wird. Vielmehr genügt es, wenn ein Ehegatte vor Schluss der mündlichen Verhandlung im ersten Rechtszug in der Scheidungssache die Einbeziehung in den Verbund beantragt (§ 137 II 1, III FamFG). 39

Zudem können hier nur bestimmte Kindschaftssachen geltend gemacht werden, nämlich nur Kindschaftssachen, die die Übertragung oder Entziehung der elterlichen Sorge, das Umgangsrecht oder die Herausgabe eines gemeinschaftlichen Kindes der Ehegatten oder das Umgangsrecht eines Ehegatten mit dem Kind des anderen Ehegatten betreffen.

In diesen Verfahren gelten die §§ 1ff., 151ff. FamFG, also anders als in Ehesachen und in den Folgesachen Kindesunterhalt, Ehegattenunterhalt und Güterrecht auch die §§ 2 bis 22, 23 bis 37, 40 bis 45, 46 S. 1 u. 2 sowie die §§°47 und 48 sowie 76 bis 96 FamFG, denn diese Verfahren sind weder Ehe- noch Familienstreitsachen, sondern Familiensachen (§§ 111 Nr. 2, 112, 113 I 1 FamFG).

Zu beachten ist hier insbesondere, dass das Jugendamt anzuhören und auf seinen Antrag hin zu beteiligen ist (§ 162 I, II FamFG). Ferner sind die Eltern und gegebenenfalls auch das Kind anzuhören (§§ 159, 160 FamFG). Auch ist dem Kind ein geeigneter Verfahrensbeistand zu bestellen, soweit dies zur Wahrnehmung seiner Interessen erforderlich ist (§ 158 FamFG).

Die Einzahlung eines Gerichtskostenvorschusses betreffend die Folgesachen Sorge, Umgang und Kindesherausgabe ist nicht erforderlich, denn § 14 FamGKG ist auf Scheidungsfolgesachen (§ 137 FamFG) nicht anwendbar.

In den Folgesachen Sorge, Umgang und Kindesherausgabe wird das Familiengericht regelmäßig ebenfalls zunächst die Antragsschrift dem anderen Ehegatten bzw. dann dessen Verfahrensbevollmächtigtem förmlich zustellen, wenn die anwaltliche Vertretung bereits nachgewiesen wurde. Ferner wird es das Jugendamt anhören und es auf seinen Antrag hin am Verfahren beteiligen, ihm also die Antragsschrift förmlich zustellen.

Im Übrigen wird das Familiengericht das Verfahren unterschiedlich handhaben, je nachdem, ob die Sache vorrangig und beschleunigt zu behandeln ist oder nicht. So wird es z. B. bei einer einvernehmlichen Sorgerechtsübertragung auf die Mutter (§ 1671 II Nr. 1 BGB) im Interesse aller Verfahrensbeteiligter wie im eigenen Interesse in einem einzigen Termin über die Scheidung und sämtliche Scheidungsfolgen verhandeln und die erforderlichen Anhörungen in diesem Termin vornehmen. Dagegen wird es z. B. in einem Fall, in dem die Mutter, bei der das Kind lebt, dessen Recht auf Umgang mit dem Vater vereitelt, einen zeitnahen Termin nur in der Folgesache Umgang bestimmen, der innerhalb eines Monats nach dem Beginn des Verfahrens liegt und die Sache mit den Eltern und einem Vertreter des Jugendamts eingehend erörtern (§ 155 FamFG) und auf eine einvernehmliche Lösung hinwirken (§ 156 FamFG).

6. Die Abtrennung

40 Wird in einer Unterhalts- oder Güterrechtsfolgesache außer den Ehegatten eine weitere Person Beteiligter des Verfahrens, so hat das Gericht diese Folgesache abzutrennen (§ 140 I FamFG).

Im Übrigen kann das Gericht eine Folgesache vom Verbund abtrennen (§ 140 II 1 FamFG), wenn

- in einer Versorgungsausgleichs- oder Güterrechtsfolgesache vor der Auflösung der Ehe eine Entscheidung nicht möglich ist (§ 140 II 2 Nr. 1 FamFG),
- in einer Versorgungsausgleichsfolgesache das Verfahren ausgesetzt ist, weil ein Rechtsstreit über den Bestand oder die Höhe eines Anrechts vor einem anderen Gericht anhängig ist (§ 140 II 2 Nr. 2 FamFG),
- in einer Kindschaftsfolgesache das Gericht dies aus Gründen des Kindeswohls für sachgerecht hält,

  was in Umgangsverfahren regelmäßig der Fall sein dürfte, weil es üblicherweise gilt, den Umgang des Kindes auch mit dem Elternteil sicherzustellen, bei dem es nicht wohnt,

  oder das Verfahren ausgesetzt ist (§ 140 II 2 Nr. 3 FamFG),
- seit der Rechtshängigkeit des Scheidungsantrags ein Zeitraum von drei Monaten verstrichen ist, beide Ehegatten die erforderlichen Mitwirkungshandlungen in der Versorgungsausgleichsfolgesache vorgenommen haben,

  was ebenfalls regelmäßig der Fall sein dürfte, da bis zur Auskunftserteilung seitens der Eheleute oftmals bereits ein Monat vergeht und sodann üblicherweise weitere drei Monate, bis alle Versorgungsträger Auskunft erteilt haben,

  und beide übereinstimmend deren Abtrennung beantragen (§ 140 II 2 Nr. 4 FamFG) oder

- sich der Scheidungsausspruch so außergewöhnlich verzögern würde, dass ein weiterer Aufschub unter Berücksichtigung der Bedeutung der Folgesache eine unzumutbare Härte darstellen würde,

  was ab einer Verfahrensdauer von über zwei Jahren möglich sein kann, wobei dieser Zeitraum nicht starr anzuwenden, sondern immer eine Einzelfallprüfung vorzunehmen ist und zu der außergewöhnlichen Verzögerung eine unzumutbare Härte hinzukommen muss, beispielsweise wegen Verhinderung der erneuten Heirat durch schleppende Mitwirkung,

  und ein Ehegatte die Abtrennung beantragt (§ 140 II 2 Nr. 5 FamFG).

Zusammen mit einer Kindschaftsfolgesache kann das Gericht auf Antrag eines Ehegatten auch eine Unterhaltsfolgesache abtrennen, wenn dies wegen des Zusammenhangs mit der Kindschaftsfolgesache geboten erscheint (§ 140 III FamFG).

Bei der Berechnung der Dreimonatsfrist für die Abtrennung einer Versorgungsausgleichsfolgesache bleibt ebenso wie bei der Berechnung der außergewöhnlichen Verzögerung des Scheidungsausspruchs der Zeitraum des Trennungsjahres außer Betracht, es sei denn, es handelt sich um eine Härtefallscheidung nach § 1565 II BGB (§ 140 IV FamFG).

Für einen Antrag auf Abtrennung einer Folgesache vom Verbund bedarf es der anwaltlichen Vertretung nicht (§ 114 IV Nr. 4 FamFG). Er kann zur Niederschrift der Geschäftsstelle oder in der mündlichen Verhandlung zur Niederschrift des Gerichts gestellt werden (§°140 V FamFG).

Über den Abtrennungsantrag entscheidet das Gericht durch einen gesonderten Beschluss, der nicht selbstständig anfechtbar ist (§ 140 VI FamFG). 41

Nach der Abtrennung bleiben Folgesachen nach § 137 II FamFG, also
- Versorgungsausgleichssachen,
- Unterhaltssachen, sofern sie die Unterhaltspflicht gegenüber einem gemeinschaftlichen Kind oder die durch Ehe begründete gesetzliche Unterhaltspflicht betreffen mit Ausnahme des vereinfachten Verfahrens über den Unterhalt Minderjähriger,
- Wohnungszuweisungs- und Haushaltssachen und
- Güterrechtssachen,

Folgesachen und behalten das bisherige Aktenzeichen; sind mehrere Folgesachen abgetrennt, so besteht der Verbund auch unter ihnen fort (§ 137 V 1 FamFG).

Folgesachen nach § 137 III FamFG, also
- Kindschaftssachen, die die Übertragung oder Entziehung der elterlichen Sorge, das Umgangsrecht oder die Herausgabe eines gemeinschaftlichen Kindes der Ehegatten oder das Umgangsrecht eines Ehegatten mit dem Kind des anderen Ehegatten betreffen,

werden nach der Abtrennung als selbstständige Verfahren fortgeführt und erhalten ein neues Aktenzeichen (§ 137 V 2 FamFG).

7. Die mündliche Verhandlung und Entscheidung

Bei den Ehe- und Folgesachen ergeben sich vom Grundsatz her keine Besonderheiten hinsichtlich der mündlichen Verhandlung und Entscheidung.

Auf die entsprechenden Ausführungen zum Verfahren erster Instanz ist deshalb zunächst zu verweisen. Im Detail ergeben sich sodann jedoch sowohl hinsichtlich der mündlichen Verhandlung als auch hinsichtlich der Entscheidung verschiedene Besonderheiten, auf die im Folgenden eingegangen wird.

a) In Familiensachen und damit auch in Ehe- bzw. Scheidungs- und Folgesachen ist die mündliche Verhandlung gemäß § 170 I 1 GVG nicht öffentlich. Das Gericht kann die Öffentlichkeit zulassen, nicht aber gegen den Willen eines Beteiligten (§ 170 I 2 GVG). 42

Praktisch relevant wird die Frage der Öffentlichkeit der mündlichen Verhandlung in Ehe- bzw. Scheidungs- und Folgesachen nur selten. Regelmäßig will außer den Beteiligten und ihren Bevollmächtigten niemand an der mündlichen Verhandlung teilnehmen.

Gelegentlich ist es jedoch so, dass die Beteiligten die Anwesenheit von Familienmitgliedern oder Freunden in der mündlichen Verhandlung wünschen. Dies ist dann unproblematisch, wenn alle mit der Anwesenheit der weiteren Personen einverstanden sind.

Das Familiengericht wird in diesem Fall das Erscheinen der weiteren Personen und das allseitige Einverständnis mit deren Anwesenheit ins Protokoll aufnehmen. Besteht kein allseitiges Einverständnis, so wird das Familiengericht regelmäßig die Personen unter Hinweis auf die Nichtöffentlichkeit der Verhandlung bitten, den Verhandlungsraum zu verlassen.

Weiter ist bei der mündlichen Verhandlung in Ehe- bzw. Scheidungs- und Folgesachen zu beachten, dass bei der Anwendung der ZPO an die Stelle der Bezeichnung
- Prozess oder Rechtsstreit die Bezeichnung Verfahren,
- Klage die Bezeichnung Antrag,
- Kläger die Bezeichnung Antragsteller,
- Beklagter die Bezeichnung Antragsgegner und
- Partei die Bezeichnung Beteiligter

tritt (§ 113 V FamFG).

43 b) In Familiensachen und damit auch in Ehe- bzw. Scheidungs- und Folgesachen entscheidet das Familiengericht zudem immer durch Beschluss, selbst wenn die ZPO Anwendung findet (§ 116 I FamFG).

(1) Im Fall der Scheidung ist über sämtliche im Verbund stehenden Familiensachen durch einheitlichen Beschluss zu entscheiden, auch soweit eine Versäumnisentscheidung zu treffen ist (§ 142 I FamFG).

Wird der Scheidungsantrag abgewiesen, so werden die Folgesachen grundsätzlich gegenstandslos (§ 142 II 1 FamFG). Dies gilt ausnahmsweise nicht für Folgesachen nach § 137 III FamFG (Kindschaftssachen) sowie für Folgesachen, hinsichtlich derer ein Beteiligter vor der Entscheidung ausdrücklich erklärt hat, sie fortführen zu wollen; diese werden als selbständige Familiensachen fortgeführt (§ 142 II 2, 3 FamFG).

(2) Die Form des Beschlusses richtet sich nach den §§ 38, 39 FamFG. Der Beschluss enthält dementsprechend
- die Bezeichnung der Beteiligten, ihrer gesetzlichen Vertreter und der Bevollmächtigten,
- die Bezeichnung des Gerichts und die Namen der Gerichtspersonen, die bei der Entscheidung mitgewirkt haben und
- die Beschlussformel (§ 38 II FamFG).

Die Beschlussformel entspricht dem Urteilstenor.

44 Zudem ist der Beschluss zu begründen und zu unterschreiben (§ 38 III FamFG).

Ferner ist das Datum der Übergabe des Beschlusses an die Geschäftsstelle oder der Bekanntgabe durch Verlesen der Beschlussformel (Erlass) auf dem Beschluss zu vermerken (§ 38 III FamFG).

Bei der Begründung bietet es sich an, nach I. (Sachverhalt), II. (Entscheidungsgründe) und III. (Rechtsbehelfsbelehrung) zu differenzieren. Weiter kann man dann unter II. (Entscheidungsgründe) mittels Überschriften eine Gliederung vornehmen, also zu gliedern nach Ehescheidung, Versorgungsausgleich, Sorgerecht, Umgangsrecht u. s. w.

Einer Begründung bedarf es grundsätzlich nicht
- soweit mit der Entscheidung die Scheidung einer Ehe ausgesprochen wird, wenn der Beschluss in Gegenwart aller Beteiligten mündlich bekannt gegeben wurde

und alle Beteiligten auf Rechtsmittel verzichtet haben (§ 38 IV Nr. 3, V Nr. 1 FamFG) oder
- soweit die Entscheidung auf Grund eines Anerkenntnisses oder Verzichts oder als Versäumnisentscheidung ergeht und entsprechend bezeichnet ist (§ 38 IV Nr. 1 FamFG).

Zu beachten ist insoweit allerdings, dass mit der Möglichkeit, auf eine Begründung der Entscheidung zu verzichten, nicht zugleich die Möglichkeit eröffnet wird, auf eine Rechtsbehelfsbelehrung verzichten zu können.

Ist zu erwarten, dass der Beschluss im Ausland geltend gemacht werden wird, so darf auf eine Begründung nicht verzichtet werden. Ferner gelten die Vorschriften über die Vervollständigung von Versäumnis- und Anerkenntnisentscheidungen entsprechend, wenn ein ohne Begründung hergestellter Beschluss im Ausland geltend gemacht werden soll (§ 38 V Nr. 4, VI FamFG).

Bei Ehe- und Folgesachen mit Auslandsbezug wird das Familiengericht also auf eine Begründung seiner Entscheidung nicht verzichten.

(3) Für die Entscheidung über die Kosten des Verfahrens gibt es in Ehe- bzw. Scheidungs- und Folgesachen eine von den in den §§ 80ff. FamFG geregelten allgemeinen Vorschriften zu den Verfahrenskosten abweichende spezielle Regelung in § 150 FamFG. 45

Nach dieser Regelung werden die Verfahrenskosten in Ehe- bzw. Scheidungs- und Folgesachen regelmäßig gegeneinander aufgehoben (§ 150 I FamFG) oder entsprechend einer von den Beteiligten getroffenen Vereinbarung geteilt (§ 150 IV 3 FamFG) und nur ausnahmsweise insbesondere im Hinblick auf das Ergebnis einer als Folgesache geführten Unterhaltssache oder Güterrechtssache nach billigem Ermessen anderweitig verteilt (§ 150 IV 1, 2 FamFG).

(4) Zur Wirksamkeit von Beschlüssen in Ehe- bzw. Scheidungs- und Folgesachen 46 gibt es ebenfalls von den allgemeinen Vorschriften zur Wirksamkeit von Beschlüssen in Familiensachen abweichende Regelungen, wonach diese grundsätzlich mit Bekanntgabe wirksam werden (§ 40 I FamFG).

In Ehesachen bestimmt § 116 II FamFG, dass Endentscheidungen mit Rechtskraft des Beschlusses wirksam werden; in Folgesachen bestimmt § 148 FamFG, dass Entscheidungen nicht vor Rechtskraft des Scheidungsausspruchs wirksam werden.

Da erstinstanzliche Endentscheidungen nicht mit der Verkündung in Rechtskraft erwachsen, weil ein Rechtsmittel statthaft ist, kann das Familiengericht nach § 116 III 2 FamFG die sofortige Wirksamkeit anordnen. Dies ist mit der Anordnung der vorläufigen Vollstreckbarkeit im Sinne des § 704 ZPO vergleichbar.

In Unterhaltssachen soll das Familiengericht sogar die sofortige Wirksamkeit anordnen (§ 116 III 3 FamFG). Dies dient der Sicherung des Lebensunterhalts des Unterhaltsberechtigten.

(5) In dem die Endentscheidung enthaltenden Beschluss betreffend Ehe- bzw. Schei- 47 dungs- und Folgesachen kann auch die Festsetzung des Verfahrenswerts und des Vergleichswerts erfolgen.

Dies bietet sich vor allen Dingen dann an, wenn die Verfahrenswertfestsetzung (und die Vergleichswertfestsetzung) nebst entsprechendem Rechtsmittelverzicht am Ende der mündlichen Verhandlung nicht möglich sind.

Der Verfahrens- bzw. Vergleichswert ist dabei regelmäßig wie folgt festzusetzen:

- Scheidung (§ 43 FamGKG): 3 × gemeinsames Nettoeinkommen abzüglich 300,– € je Kind + [(gemeinsames Vermögen abzüglich 25.000,– € Freibetrag je Ehegatte) × 5 %], insgesamt mindestens 3.000,– €,
- Versorgungsausgleich (§ 50 FamGKG): 3 × gemeinsames Nettoeinkommen × 10 % für jedes Anrecht, mindestens 1.000,– €,
- Kindesunterhalt / Ehegattenunterhalt (§ 51 FamGKG): Jahresbetrag, höchstens jedoch der Gesamtbetrag der geforderten Leistung zuzüglich Rückstände bei Antragseingang.
- Ehewohnung (§ 48 I 2. Hs. FamGKG): 4.000,– €.
- Haushalt (§ 48 II 2. Hs. FamGKG): 3.000,– €.
- Güterrecht (§ 35 FamGKG): Zugewinnausgleichsbetrag.
- Sorgerecht / Umgang (§ 44 II FamGKG): 3 × gemeinsames Nettoeinkommen abzüglich 300,– € je Kind + [(gemeinsames Vermögen abzüglich 25.000,– € Freibetrag je Ehegatte) × 5 %] × 20 % für jede Kindschaftssache, höchstens jeweils 4.000,– €.

48 (6) Jede Endentscheidung betreffend Ehe- bzw. Scheidungs- und Folgesachen hat vor der Unterschrift bzw. den Unterschriften grundsätzlich eine Rechtsbehelfsbelehrung zu enthalten (§§ 39, 113 I FamFG).

Ausnahmsweise kann auf eine Rechtsbehelfsbelehrung verzichtet werden, wenn alle Beteiligte auf Rechtsmittel gegen die Endentscheidung verzichten. Dies ist regelmäßig allerdings nur bei einvernehmlichen Ehesachen der Fall, bei denen allerdings nur dann auf die Rechtsbehelfsbelehrung verzichtet werden kann, wenn am Verfahren beteiligte Dritte ebenfalls auf Rechtsmittel verzichtet haben, insbesondere also bei Durchführung des Versorgungsausgleichs in der Endentscheidung auch die Versorgungsträger, die üblicherweise nicht auf Rechtsmittel verzichten.

In der Rechtsbehelfsbelehrung ist über die Rechtsbehelfe und Rechtsmittel betreffend Ehesache und über die Rechtsbehelfe betreffend jede Folgesache zu belehren, über die zusammen mit der Ehesache entschieden wird.

Die Formulierung der Rechtsbehelfsbelehrung ist Sache des Richters bzw. der Richter. Es ist weder möglich, die Auswahl unter den möglichen Rechtsbehelfsbelehrungen den Mitarbeiter in der Serviceeinheit treffen zu lassen, noch ist es möglich, die Beteiligten diese Auswahl treffen zu lassen, indem man in die Endentscheidung alle möglichen Rechtsbehelfsbelehrungen aufnimmt.

8. Die Rechtsmittel

49 Der Ausspruch betreffend die Ehe- bzw. Scheidungssache und jeder Ausspruch betreffend eine Folgesache kann grundsätzlich mit der Beschwerde angefochten werden, die innerhalb eines Monats bei dem Gericht einzulegen ist, dessen Beschluss angefochten wird, wobei die Frist mit der Zustellung der Entscheidung beginnt (§§ 58, 63, 64 I FamFG).

Die Beschwerde ist ausnahmsweise dann nicht möglich, wenn alle Beteiligte auf Rechtsmittel gegen die Endentscheidung verzichten.

Soweit es sich um eine Teilversäumnisentscheidung handelt, gilt für den Einspruch hiergegen – wie sonst auch – die Frist von zwei Wochen ab Zustellung der Entscheidung (§ 113 I FamFG, §§ 338, 339 ZPO).

50 a) Beschwerdeberechtigt ist, wer durch die Entscheidung in seinen Rechten beeinträchtigt ist (§ 59 FamFG).

In Kindschaftssachen, die die Übertragung oder Entziehung der elterlichen Sorge, das Umgangsrecht oder die Herausgabe eines gemeinschaftlichen Kindes der Ehegatten oder das Umgangsrecht eines Ehegatten mit dem Kind des anderen Ehegatten betreffen steht einem über 14 Jahre alten Kind (§ 60 FamFG) und dem zuständigen Jugendamt (§ 162 III 2 FamFG) ein selbständiges Beschwerderecht zu.

In vermögensrechtlichen Angelegenheiten, insbesondere also in Unterhaltssachen, die Unterhaltspflicht gegenüber einem gemeinschaftlichen Kind oder die durch Ehe begründete gesetzliche Unterhaltspflicht betreffen, mit Ausnahme des vereinfachten Verfahrens über den Unterhalt Minderjähriger, und in Güterrechtssachen sowie in Ehewohnungs- und Haushaltssachen ist die Beschwerde nur zulässig, wenn der Beschwerdegegenstand 600,– € übersteigt oder das Familiengericht die Beschwerde in dem angefochtenen Beschluss zugelassen hat (§ 61 I FamFG).

In Versorgungsausgleichsachen gilt das Vorstehende nur für die Anfechtung der Kostenentscheidung (§ 228 FamFG).

b) Die Beschwerde wird durch Einreichung einer Beschwerdeschrift eingelegt **51**
(§ 64 II FamFG).

In Versorgungsausgleichssachen und den vorgenannten Kindschaftssachen sowie in Ehewohnungs- und Haushaltssachen kann die Beschwerde zudem durch Niederschrift der Geschäftsstelle des Gerichts eingelegt werden, dessen Beschluss angefochten wird.

Sie kann auch zur Niederschrift der Geschäftsstelle eines jeden anderen Amtsgerichts erklärt werden, wobei es für die Einhaltung der Frist auf den Eingang bei dem Gericht ankommt, dessen Beschluss angefochten wird.

In Ehe- bzw. Scheidungssachen, in den vorgenannten Unterhaltssachen und in Güterrechtssachen kann die Beschwerde nur durch einen Rechtsanwalt eingelegt werden (§§ 64 II, 114 FamFG).

Die Beschwerde muss die Bezeichnung des angefochtenen Beschlusses und die Erklärung enthalten, dass Beschwerde gegen diesen Beschluss eingelegt wird. Soll die Entscheidung nur zu einem Teil angefochten werden, so ist der Umfang der Anfechtung anzugeben.

In Ehe- bzw. Scheidungssachen, in den vorgenannten Unterhaltssachen und in Güterrechtssachen hat der Beschwerdeführer einen bestimmten Sachantrag zu stellen und diesen zu begründen. Die Frist zur Begründung beträgt zwei Monate und beginnt mit der Zustellung der Entscheidung. Die Begründung ist bei dem Beschwerdegericht einzureichen (§ 117 I FamFG).

In Versorgungsausgleichssachen und den vorgenannten Kindschaftssachen sowie in Ehewohnungs- und Haushaltssachen soll die Beschwerde begründet werden (§ 65 I FamFG), muss aber nicht.

Die Beschwerde ist von dem Beschwerdeführer oder seinem Bevollmächtigten zu unterzeichnen (§ 64 II 4 FamFG).

III. Das Verfahren in selbstständigen Familiensachen

1. Die Verfahrenseinleitung

In Familienstreitsachen erfolgt die Einleitung des Verfahrens durch Einreichung ei- **52**
ner Antragsschrift nach den Allgemeinen Vorschriften der ZPO und den Vorschriften der ZPO über das Verfahren vor den Landgerichten, allerdings mit den oben dargestellten Besonderheiten betreffend die abweichenden Bezeichnungen in Familiensachen (§ 113 I, V FamFG).

Die Einleitung des Verfahrens in Familiensachen nach § 111 Nr. 2 bis 7 FamFG erfolgt dagegen entweder durch Einreichung einer Antragsschrift (§ 23 FamFG) oder durch Anregung des Verfahrens (§ 24 FamFG).

Die Verfahrenseinleitung durch Einreichung einer Antragsschrift ist dabei die Regel. Ausnahmsweise auf Anregung bzw. von Amts wegen werden Kindschaftssachen unter den Voraussetzungen der §§ 1671 III, 1666 I BGB eingeleitet.

2. Der Anwaltszwang

53 Nach § 114 I FamFG müssen sich die Beteiligten in Familienstreitsachen vor dem Familiengericht und dem OLG durch einen Rechtsanwalt vertreten lassen. Nach § 114 IV FamFG bedarf es allerdings der rechtsanwaltlichen Vertretung u. a. nicht

- im Verfahren über die Verfahrenskostenhilfe (VKH)

  also in den Fällen der §§ 113 I FamFG, 114 ff. ZPO in Ehe- bzw. Familienstreitsachen und in den Fällen der §§ 76 ff. FamFG in Familiensachen nach § 111 Nr. 2 bis 7 FamFG,

- sowie in den Fällen des § 78 III ZPO

  also in dem Verfahren vor einem beauftragten oder ersuchten Richter und bei Verfahrenshandlungen, die vor einem Urkundsbeamten der Geschäftsstelle vorgenommen werden können.[14]

In den Familiensachen nach § 111 Nr. 2 bis 7 FamFG dagegen besteht in erster Instanz kein Anwaltszwang (§§ 114, 10 FamFG).

Dies ändert sich erst dann, wenn sie Folgesache einer Ehe- bzw. Lebenspartnerschaftssache werden und zwar grundsätzlich auch dann, wenn diese später nach § 140 FamFG abgetrennt werden (§ 137 V 1 FamFG). Ausnahmsweise ist dies nur dann anders, wenn sie nach der Abtrennung als selbständige Familiensache weitergeführt werden (§ 137 V 2 ZPO).

3. Die Verfahrensführungsbefugnis

54 In Unterhaltsverfahren betreffend den Verwandtenunterhalt sieht § 1629 III BGB eine gesetzliche Verfahrensstandschaft vor:

Solange die verheirateten Eltern eines minderjährigen Kindes getrennt leben oder eine Ehesache zwischen ihnen anhängig ist, kann ein Elternteil Unterhaltsansprüche des Kindes gegen den anderen Elternteil nur im eigenen Namen geltend machen und nicht als dessen gesetzlicher Vertreter.

Eine von einem Elternteil erwirkte gerichtliche Entscheidung und ein zwischen den Eltern geschlossener gerichtlicher Vergleich wirken auch für und gegen das Kind.

4. Der Amtsermittlungsgrundsatz

55 Der Amtsermittlungsgrundsatz gilt nach § 26 FamFG in allen Familiensachen, die keine Familienstreitsachen sind, also in den Familiensachen nach § 111 Nr. 2 bis 7 FamFG. Das Gericht hat hier nach pflichtgemäßem Ermessen zu entscheiden, welche Ermittlungen anzustellen sind. Die Form der Beweiserhebung ist nicht vorgeschrieben.

Beweise erhebt das Familiengericht nach § 29 FamFG in geeigneter Form und macht das Ergebnis der Beweisaufnahme aktenkundig. Eine Pflicht zur Durchführung einer förmlichen Beweisaufnahme nach § 30 FamFG besteht dann, wenn eine formlose Ermittlung keine ausreichende Klärung des Sachverhalts ermöglicht.

---

[14] MüKoFamFG/*Fischer* § 114 Rn. 17; Musielak/Borth/Frank/*Borth* FamFG § 114 Rn. 12.

5. Der Verfahrensablauf

a) In Verfahren betreffend Familienstreitsachen, also in Unterhalts-, Güterrechts- und sonstigen Familiensachen (§ 111 Nr. 8 bis 10 FamFG) gelten die §§ 2 bis 22, 23 bis 37, 40 bis 45, 46 S. 1 u. 2 sowie die §§ 47 und 48 sowie 76 bis 96 FamFG nicht (§ 113 I 1 FamFG). Vielmehr gelten die Allgemeinen Vorschriften der ZPO und die Vorschriften der ZPO über das Verfahren vor den Landgerichten entsprechend, nicht jedoch die Regeln über die Terminverlegung zur Sommerzeit (§ 113 III FamFG). 56

Zu beachten ist hier (wie in Ehesachen) die Besonderheit, dass an die Stelle der Bezeichnung
- Prozess oder Rechtsstreit die Bezeichnung Verfahren,
- Klage die Bezeichnung Antrag,
- Kläger die Bezeichnung Antragsteller,
- Beklagter die Bezeichnung Antragsgegner und
- Partei die Bezeichnung Beteiligter

tritt (§ 113 V FamFG).

Im Übrigen ist hinsichtlich des Verfahrensablaufs in Familienstreitsachen auf die Ausführungen betreffend das erstinstanzliche Verfahren in Band I der Mustertexte zum Zivilprozess zu verweisen.

b) In Verfahren betreffend die Familiensachen nach § 111 Nr. 2 bis 7 FamFG, also in Kindschafts-, Abstammungs-, Adoptions-, Ehewohnungs- und Haushalts-, Gewaltschutz- sowie Versorgungsausgleichssachen gelten die §§ 2 bis 22, 23 bis 37, 40 bis 45, 46 S. 1 u. 2 sowie die §§ 47 und 48 sowie 76 bis 96 FamFG. 57

Die aus der ZPO bekannten Regeln über den Verfahrensablauf, insbesondere die Regeln über die Bestimmung der Verfahrensweise (Bestimmung eines frühen ersten Termins oder Anordnung des schriftlichen Vorverfahrens) gelten also nicht.

Hinsichtlich des Verfahrensablaufs ist hier danach zu unterscheiden, wer an dem Verfahren beteiligt ist, ob Anhörungen erforderlich sind und ob zunächst Ermittlungen anzustellen sind oder möglichst zeitnah ein Termin zur Erörterung bzw. mündlichen Verhandlung stattfinden sollte.

(1) In Kindschaftssachen gelten die §§ 1 ff., 151 ff. FamFG, weshalb zur Verfahrenseinleitung kein Antrag erforderlich ist, aber regelmäßig gestellt wird. 58

Verfahren, die den Aufenthalt des Kindes, das Umgangsrecht oder die Herausgabe des Kindes betreffen, sowie Verfahren wegen Gefährdung des Kindeswohls sind vorrangig und beschleunigt durchzuführen (§ 155 I FamFG).

In diesen Verfahren – wie regelmäßig auch in den übrigen Kindschaftssachen – erörtert das Gericht die Sache mit den Eltern bzw. Pflegepersonen und einem Vertreter des Jugendamts binnen Monatsfrist nach dem Beginn des Verfahrens in einem Termin (§ 155 II FamFG). Dabei bietet es sich an, alle Beteiligten zu bitten, auf schriftliche Stellungnahmen (und darin enthaltene Verletzungen) vor dem Termin zu verzichten, denn dies erleichtert das nach § 156 I FamFG gewünschte Hinwirken auf ein Einvernehmen.

Beteiligt sind an Kindschaftssachen neben dem Kind grundsätzlich die Eltern, Pflegepersonen, die nach § 161 FamFG beteiligt werden können und das Jugendamt, was jedoch von ihm regelmäßig beantragt werden muss (§ 162 II FamFG).

Das Gericht wird in diesen Verfahren also die beteiligten Eltern bzw. die nach § 161 FamFG zu beteiligenden Pflegepersonen und das Jugendamt zu einem zeitnahen Erörterungstermin förmlich laden, das persönliche Erscheinen der Eltern anordnen und eine etwa vorhandene Antragsschrift den übrigen Beteiligten und dem Jugendamt beifügen.

Die Einzahlung eines Gerichtskostenvorschusses ist nicht erforderlich, denn § 14 III FamGKG sieht dies nur für Verfahren vor, in denen der Antragsteller die Kosten schuldet und in Kindschaftssachen bedarf es zur Verfahrenseinleitung keines Antrags.

Erzielen die Beteiligten Einvernehmen über den Umgang oder die Herausgabe des Kindes, ist die einvernehmliche Regelung als Vergleich aufzunehmen, wenn das Gericht diese billigt; dies ist dann der Fall, wenn sie dem Kindeswohl nicht widerspricht (§ 156 II FamFG). Mit der Billigung verbunden werden sollte dann auch der nach § 89 II FamFG erforderliche Hinweis darauf, dass bei einer Zuwiderhandlung gegen den Vergleich Ordnungsgeld von bis zu 25.000,– €, ersatzweise Ordnungshaft oder sogleich Ordnungshaft angeordnet werden kann (§ 89 FamFG).

Erzielen die Beteiligten kein Einvernehmen, hat nach der Anhörung der Eltern (§ 160 FamFG) und des Jugendamts (§ 162 FamFG) regelmäßig die Anhörung des Kindes stattzufinden (§ 159 FamFG).

Ab dem 14. Lebensjahr sind Kinder, die geschäftsfähig sind, stets anzuhören. Aus schwerwiegenden Gründen kann die Anhörung unterbleiben, so zum Beispiel bei der Gefahr einer schweren psychischen Belastung des Kindes. In diesem Fall ist eine Anhörung insbesondere dann entbehrlich, wenn bereits ein Sachverständigengutachten vorliegt, in das das Kind einbezogen wurde.

59 Spätestens jetzt, vor seiner Anhörung, sollte das Familiengericht dem Kind unter den Voraussetzungen des § 158 FamFG einen geeigneten Verfahrensbeistand zur Wahrung seiner Interessen bestellen. Dieser wird durch seine Bestellung Beteiligter des Verfahrens (§ 158 III 2 FamFG) und hat als einziger Beteiligter das Recht, an der Anhörung teilzunehmen (§ 159 IV 3 FamFG).

Im Anschluss an den Erörterungstermin mit den Eltern und dem Vertreter des Jugendamts sowie gegebenenfalls im Anschluss an die Bestellung des Verfahrensbeistandes und die Kindesanhörung ist ein etwa erforderliches Sachverständigengutachten einzuholen bzw. sind weitere Ermittlungen anzustellen und sodann ist die mündliche Verhandlung fortzusetzen.

Im Einzelfall kann es sinnvoll sein, zu dem Fortsetzungstermin den Sachverständigen zwecks Erläuterung seines Gutachtens zu laden. Auch für diesen Fortsetzungstermin gilt, dass das Gericht auf ein Einvernehmen hinzuwirken hat (§ 156 I FamFG).

60 Macht ein Elternteil geltend, dass der andere Elternteil die Durchführung einer gerichtlichen Entscheidung oder eines gerichtlich gebilligten Vergleichs über den Umgang mit dem gemeinschaftlichen Kind vereitelt oder erschwert, kann als Alternative zur Festsetzung von Ordnungsmitteln nach § 89 II FamFG die gerichtliche Vermittlung nach § 165 FamFG beantragt werden.

Hier ergeben sich grundsätzlich keine Unterschiede zu den vorstehend beschriebenen Verfahrensablauf: Das Gericht erörtert die Sache mit den Eltern und gegebenenfalls einem Vertreter des Jugendamts und wirkt dabei auf eine einvernehmliche Lösung hin.

Wird weder eine einvernehmliche Regelung des Umgangs noch Einvernehmen über eine nachfolgende Inanspruchnahme außergerichtlicher Beratung erreicht oder erscheint mindestens ein Elternteil in dem Vermittlungstermin nicht, stellt das Gericht durch nicht anfechtbaren Beschluss fest, dass das Vermittlungsverfahren erfolglos geblieben ist (§ 165 V FamFG). Hierauf ist bereits in der Ladung der Eltern hinzuweisen (§ 165 II 3 FamFG). Fortbestehende Streitpunkte sind im Protokoll bzw. einem Vermerk festzuhalten (§ 165 IV 3 FamFG).

61 (2) In Abstammungssachen gelten die §§ 1ff., 169ff. FamFG, weshalb zur Verfahrenseinleitung ein Antrag erforderlich ist (§ 171 I FamFG).

Beteiligt sind an Abstammungssachen das Kind, die Eltern und das Jugendamt, wenn es dies beantragt (§ 172 FamFG). Wird das Kind durch das Jugendamt als Beistand vertreten, ist die Vertretung durch den sorgeberechtigten Elternteil ausgeschlossen (§ 173 FamFG).

Einem minderjährigen Beteiligten, insbesondere also dem Kind, hat das Familiengericht unter den Voraussetzungen des § 174 FamFG einen geeigneten Verfahrensbeistand zur Wahrung seiner Interessen zu bestellen. Dieser wird durch seine Bestellung Beteiligter des Verfahrens (§§ 158 III 2, 174 S. 2 FamFG).

Vor einer Beweisaufnahme über die Abstammung soll das Gericht die Angelegenheit in einem Termin erörtern und hierzu das persönliche Erscheinen der verfahrensfähigen Beteiligten anordnen (§ 175 I FamFG).

Im Falle der Vaterschaftsanfechtung wird das Gericht zu diesem Termin neben den Beteiligten regelmäßig auch den möglichen leiblichen Vater als Zeugen laden und vernehmen.

Die Eltern und unter den Voraussetzungen des § 175 II FamFG auch das Kind, das das 14. Lebensjahr vollendet hat, sowie unter den Voraussetzungen des § 176 I FamFG auch das Jugendamt sind anzuhören.

Das Gericht wird also in diesen Verfahren die Eltern und gegebenenfalls das Jugendamt zu einem zeitnahen Erörterungstermin förmlich laden, das persönliche Erscheinen der Eltern anordnen und die Antragsschrift den übrigen Beteiligten und gegebenenfalls dem Jugendamt beifügen.

Die Einzahlung eines Gerichtskostenvorschusses ist hier erforderlich, denn § 14 III FamGKG sieht dies für Verfahren vor, in denen der Antragsteller die Kosten schuldet und in Abstammungssachen bedarf es zur Verfahrenseinleitung eines Antrags.

Im Verfahren auf Anfechtung der Vaterschaft dürfen von den Beteiligten nicht vorgebrachte Tatsachen allerdings nur berücksichtigt werden, wenn sie geeignet sind, dem Fortbestand der Vaterschaft zu dienen, oder wenn der die Vaterschaft Anfechtende einer Berücksichtigung nicht widerspricht.

Zudem hat über die Abstammung in Verfahren nach § 169 Nr. 1 und 4 FamFG eine förmliche Beweisaufnahme stattzufinden.

Die Begutachtung durch einen Sachverständigen kann durch die Verwertung eines von einem Beteiligten mit Zustimmung der anderen Beteiligten eingeholten Gutachtens über die Abstammung ersetzt werden, wenn das Gericht keine Zweifel an der Richtigkeit und Vollständigkeit der im Gutachten getroffenen Feststellungen hat und die Beteiligten zustimmen.

Bei der nach Vorliegen des Sachverständigengutachtens anstehenden Entscheidung ist zu beachten, dass diese regelmäßig im Dezernatsweg ergehen kann, weil die Beteiligten die Fortsetzung der mündlichen Verhandlung nicht wünschen.

Die Anerkennung der Vaterschaft, die Zustimmung der Mutter zur Anerkennung, die nach § 1597 I BGB der öffentlichen Beurkundung bedürfen, sowie der Widerruf der Anerkennung können auch in einem Erörterungstermin zur Niederschrift des Gerichts erklärt werden (§ 180 S. 1 FamFG). Da eine solche Anerkennung (und Zustimmung) jedoch regelmäßig erst nach Vorliegen des Sachverständigengutachtens erfolgt, ist hier die mündliche Verhandlung fortzusetzen.

(3) In Adoptionssachen gelten die §§ 1 ff., 186 ff. FamFG. Auch hier ist zur Verfah- 62
renseinleitung grundsätzlich ein Antrag erforderlich (§ 1752 BGB), den regelmäßig der Annehmende oder, im Falle einer Adoption durch Eheleute, die Annehmenden und bei einer Volljährigenadoption auch der Anzunehmende zu stellen hat (§ 1768 I 1 BGB).

Ausnahmsweise entbehrlich ist ein Antrag im Falle der Aufhebung einer Adoption von Amts wegen, wenn dies aus schwerwiegenden Gründen zum Wohle des Kindes erforderlich ist (§ 1763 BGB).

Beteiligt sind an Adoptionssachen regelmäßig der Annehmende oder, im Falle einer Adoption durch Eheleute, die Annehmenden und der Anzunehmende, ferner die Eltern und der Ehegatte des Anzunehmenden sowie im Falle der Ersetzung der Einwilligung zur Annahme als Kind auch derjenige, dessen Einwilligung ersetzt werden soll (§ 188 I FamFG). Auf ihren Antrag sind auch das Jugendamt und das Landesjugendamt zu beteiligen (§ 188 II FamFG).

Einem minderjährigen Beteiligten, insbesondere also dem Anzunehmenden, hat das Familiengericht unter den Voraussetzungen des § 191 FamFG einen geeigneten Verfahrensbeistand zur Wahrung seiner Interessen zu bestellen. Dieser wird durch seine Bestellung Beteiligter des Verfahrens (§§ 158 III 2, 191 S. 2 FamFG).

Anzuhören sind regelmäßig der Annehmende oder die Annehmenden und der Anzunehmende (§ 192 I FamFG) sowie deren Kinder (§ 193 I FamFG) und das Jugendamt, wenn der Annehmende oder der Anzunehmende minderjährig ist sowie die zentrale Adoptionsstelle des Landesjugendamts, insbesondere bei Adoptionen mit Auslandsbezug (§ 195 FamFG). Die übrigen Beteiligten sollen angehört werden (§ 192 II FamFG).

Bei minderjährigen Beteiligten kann von der Anhörung abgesehen werden, wenn Nachteile für ihre Entwicklung, Erziehung oder Gesundheit zu befürchten sind oder wenn wegen ihres geringen Alters von einer Anhörung eine Aufklärung nicht zu erwarten ist (§§ 192 III, 193 S. 2 FamFG).

Ist eine Adoptionsvermittlungsstelle tätig geworden, so ist deren fachliche Äußerung einzuholen; ist keine Adoptionsvermittlungsstelle tätig geworden, so ist die fachliche Äußerung des Jugendamts einzuholen (§ 189 FamFG), das dann nicht mehr anzuhören ist (§ 194 I 2 FamFG).

Das Gericht wird also in Adoptionssachen die anzuhörenden Beteiligten zu einem Anhörungstermin förmlich laden, sobald neben dem notariell beurkundeten Adoptionsantrag (§ 1752 II 2 BGB) alle für die Adoption erforderlichen Urkunden (Geburtsurkunden, Heiratsurkunden etc.) und notariell beurkundeten Einwilligungserklärungen (§ 1750 I 2 BGB) bzw. deren gerichtliche Ersetzung (§ 1748 BGB) sowie die erforderlichen fachlichen Äußerungen vorliegen.

Voraussetzung für ein Tätigwerden des Familiengerichts ist im Falle einer Volljährigenadoption (KV FamGKG, Vorbemerkung 1.3.2 (1) zu Nr. 1320) allerdings, dass der bzw. die Antragsteller den Gerichtskostenvorschuss eingezahlt haben. § 14 III FamGKG sieht dies für Verfahren vor, in denen der Antragsteller die Kosten schuldet und in Adoptionssachen bedarf es zur Verfahrenseinleitung eines Antrags.

63 (4) In Ehewohnungs- und Haushaltssachen gelten die §§ 1 ff., 200 ff. FamFG, weshalb zur Verfahrenseinleitung ein Antrag erforderlich ist (§ 203 I FamFG).

In Haushaltssachen soll der Antrag die Angabe der Gegenstände enthalten, deren Zuteilung begehrt wird. Geht es um die endgültige Zuteilung von Haushaltsgegenständen für die Zeit nach der Scheidung der Ehe, soll zudem eine Aufstellung sämtlicher Haushaltsgegenstände beigefügt werden, die auch deren genaue Bezeichnung enthält (§ 203 II FamFG).

Werden die zuzuteilenden Haushaltsgegenstände nicht so genau benannt, dass sie auch von einem Dritten bestimmt werden können, so kann, nach entsprechendem gerichtlichem Hinweis, der Antrag als unzulässig zurückgewiesen werden. Die Aufstellung sämtlicher Haushaltsgegenstände muss den Familienrichter in die Lage versetzen, deren Wert ermitteln zu können, um so zu einem gerechten Ausgleich zu kommen und Ausgleichszahlungen nach § 1568b III BGB zu vermeiden.

Das Familiengericht kann hierzu auch nach § 206 I FamFG unter Fristsetzung den Ehegatten Auflagen machen und ihr Vorbringen unter den Voraussetzungen des § 206 I FamFG als verspätet zurückweisen und ist dann zur weiteren Aufklärung des Sachverhalts nicht mehr verpflichtet (§ 206 III FamFG).

Der Antrag in Ehewohnungssachen soll die Angabe enthalten, ob Kinder im Haushalt der Ehegatten leben (§ 203 III FamFG), denn dann ist das Jugendamt anzuhören (§ 205 I FamFG) und auf seinen Antrag hin zu beteiligen (§ 204 II FamFG).

Neben den in Ehewohnungs- und Haushaltssachen beteiligten Ehegatten sind in Ehewohnungssachen, in denen die Zuweisung der Ehewohnung für die Zeit nach der Scheidung der Ehe begehrt wird, auch der Vermieter der Wohnung, der Grundstückseigentümer, der Dritte (§ 1568a IV BGB) und Personen, mit denen die Ehegatten oder einer von ihnen hinsichtlich der Wohnung in Rechtsgemeinschaft stehen, zu beteiligen (§ 204 I FamFG).

Das Gericht wird also in diesen Verfahren die Ehegatten und gegebenenfalls weitere Beteiligte zu einem zeitnahen Erörterungstermin förmlich laden, das persönliche Erscheinen der Ehegatten anordnen und die Antragsschrift den übrigen Beteiligten und gegebenenfalls dem Jugendamt beifügen.

Die Einzahlung eines Gerichtskostenvorschusses ist hier erforderlich, denn § 14 III FamGKG sieht dies für Verfahren vor, in denen der Antragsteller die Kosten schuldet und in Ehewohnungs- und Haushaltssachen bedarf es zur Verfahrenseinleitung eines Antrags.

(5) In Gewaltschutzsachen gelten die §§ 1ff., 210ff. FamFG. Hier ist ebenfalls zur 64
Verfahrenseinleitung ein Antrag erforderlich (§ 1 I 1 GewSchG).

Beteiligt in Gewaltschutzsachen ist neben dem Antragsteller und dem Antragsgegner, falls die Überlassung der gemeinsam benutzen Wohnung begehrt wird, auch das Jugendamt auf seinen Antrag hin, wenn ein Kind in dem Haushalt lebt (§ 212 FamFG), wobei das Jugendamts unabhängig davon, ob es sich an dem Verfahren beteiligt, beim Vorhandensein eines Kindes jedenfalls anzuhören ist (§ 213 I FamFG).

Das Gericht wird also in diesen Verfahren den Antragsteller und den Antragsgegner und gegebenenfalls das Jugendamt zu einem zeitnahen Erörterungstermin förmlich laden, das persönliche Erscheinen der Beteiligten anordnen und die Antragsschrift den übrigen Beteiligten und gegebenenfalls dem Jugendamt beifügen.

Die Einzahlung eines Gerichtskostenvorschusses ist hier nicht erforderlich, denn § 14 III FamGKG sieht dies zwar für Verfahren vor, in denen der Antragsteller die Kosten schuldet, aber in Gewaltschutzsachen ist der Antragsteller gemäß § 21 I 2 Nr. 1 FamFG nicht der Kostenschuldner.

(6) In Versorgungsausgleichssachen gelten die §§ 1ff., 217ff. FamFG, weshalb zur 65
Verfahrenseinleitung ein Antrag erforderlich ist (§§ 223, 137 II 2 FamFG).

Beteiligte in Versorgungsausgleichssachen sind die Ehegatten, die Versorgungsträger, bei denen ein auszugleichendes Anrecht besteht bzw. bei denen ein Anrecht zum Zweck des Ausgleichs begründet werden soll und gegebenenfalls auch die Hinterbliebenen und die Erben der Ehegatten (§ 219 FamFG).

Das Gericht soll in Versorgungsausgleichssachen die Angelegenheit mit den Ehegatten in einem Termin erörtern und das Verfahren unter den Voraussetzungen des § 221 II, III FamFG auszusetzen.

In der Regel wird es jedoch die erforderlichen Ermittlungen anstellen, insbesondere die notwendigen Auskünfte einholen und sodann im Dezernatsweg entscheiden, weil die Beteiligten eine mündliche Verhandlung nicht wünschen.

Voraussetzung für ein Tätigwerden des Familiengerichts ist allerdings, dass der Antragsteller den Gerichtskostenvorschuss eingezahlt hat, denn § 14 III FamGKG sieht dies für Verfahren vor, in denen der Antragsteller die Kosten schuldet und in Versorgungsausgleichssachen bedarf es zur Verfahrenseinleitung eines Antrags.

Kommen die Eheleute oder die sonstigen Beteiligten am Versorgungsausgleichsverfahren ihren Mitwirkungspflichten nach § 220 V FamFG nicht nach, so kann das Familiengericht gegen sie – auch wiederholt – nach entsprechender Androhung ein Zwangsgeld von bis zu 25.000,– € festsetzen und für den Fall, dass dieses nicht beigetrieben werden kann, Zwangshaft oder sogleich Zwangshaft anordnen, wenn die Anordnung von Zwangsgeld keinen Erfolg verspricht (§ 35 FamFG).

6. Die mündliche Verhandlung und Entscheidung

Bei den selbstständigen Familiensachen ergeben sich vom Grundsatz her keine Besonderheiten hinsichtlich der mündlichen Verhandlung und Entscheidung.

Auf die entsprechenden Ausführungen zum Verfahren erster Instanz ist deshalb zunächst zu verweisen. Im Detail ergeben sich sodann jedoch sowohl hinsichtlich der mündlichen Verhandlung als auch hinsichtlich der Entscheidung – wie bei den Ehe- bzw. Scheidungs- und Folgesachen – verschiedene Besonderheiten aus dem Umstand, dass hier über selbstständige Familiensachen verhandelt und entscheiden wird.

66 a) In Familiensachen und damit auch in selbstständigen Familiensachen ist die mündliche Verhandlung gemäß § 170 I 1 GVG nicht öffentlich. Das Gericht kann die Öffentlichkeit zulassen, nicht aber gegen den Willen eines Beteiligten (§ 170 I 2 GVG).

Zu der Frage, wann dies praktisch relevant wird und wie dann vorzugehen ist, ist auf die vorstehenden Ausführungen zu den Ehe- bzw. Scheidungs- und Folgesachen zu verlassen.

Weiter ist bei der mündlichen Verhandlung in selbstständigen Familiensachen zu beachten, dass bei der Anwendung der ZPO an die Stelle der Bezeichnung
- Prozess oder Rechtsstreit die Bezeichnung Verfahren,
- Klage die Bezeichnung Antrag,
- Kläger die Bezeichnung Antragsteller,
- Beklagter die Bezeichnung Antragsgegner und
- Partei die Bezeichnung Beteiligter

tritt (§ 113 V FamFG).

67 b) In Familiensachen und damit auch in selbstständigen Familiensachen entscheidet das Familiengericht zudem immer durch Beschluss, selbst wenn die ZPO Anwendung findet (§ 116 I FamFG).

(1) Die Form des Beschlusses richtet sich nach den §§ 38, 39 FamFG, weshalb eine Rechtsbehelfsbelehrung zu erfolgen hat. Der Beschluss enthält dementsprechend
- die Bezeichnung der Beteiligten, ihrer gesetzlichen Vertreter und der Bevollmächtigten,
- die Bezeichnung des Gerichts und die Namen der Gerichtspersonen, die bei der Entscheidung mitgewirkt haben und
- die Beschlussformel (§ 38 II FamFG).

Die Beschlussformel entspricht dem Urteilstenor.

68 Zudem ist der Beschluss zu begründen und zu unterschreiben (§ 38 III FamFG).

Ferner ist das Datum der Übergabe des Beschlusses an die Geschäftsstelle oder der Bekanntgabe durch Verlesen der Beschlussformel (Erlass) auf dem Beschluss zu vermerken (§ 38 III FamFG).

Bei der Begründung bietet es sich an, nach I. (Sachverhalt), II. (Entscheidungsgründe) und III. (Rechtsbehelfsbelehrung) zu differenzieren.

Einer Begründung bedarf es grundsätzlich nicht, soweit
- die Entscheidung auf Grund eines Anerkenntnisses oder Verzichts oder als Versäumnisentscheidung ergeht und entsprechend bezeichnet ist (§ 38 IV Nr. 1 FamFG),
- gleichgerichteten Anträgen der Beteiligten stattgegeben wird oder der Beschluss nicht dem erklärten Willen eines Beteiligten widerspricht (§ 38 IV Nr. 2 FamFG) oder
- der Beschluss in Gegenwart aller Beteiligten mündlich bekannt gegeben wurde und alle Beteiligten auf Rechtsmittel verzichtet haben (§ 38 IV Nr. 3 FamFG).

Zu beachten ist insoweit allerdings, dass mit der Möglichkeit, auf eine Begründung der Entscheidung zu verzichten, nicht zugleich die Möglichkeit eröffnet wird, auf eine Rechtsbehelfsbelehrung verzichten zu können.

Handelt es sich um eine Abstammungssache oder ist zu erwarten, dass der Beschluss im Ausland geltend gemacht werden wird, so darf auf eine Begründung nicht verzichtet werden. Ferner gelten die Vorschriften über die Vervollständigung von Versäumnis- und Anerkenntnisentscheidungen entsprechend, wenn ein ohne Begründung hergestellter Beschluss im Ausland geltend gemacht werden soll (§ 38 V Nr. 2 und 4, VI FamFG).

Bei Abstammungssachen und selbstständigen Familiensachen mit Auslandsbezug wird das Familiengericht also auf eine Begründung seiner Entscheidung nicht verzichten.

(2) Für die Entscheidung über die Kosten des Verfahrens ist in selbstständigen Fami- 69
liensachen grundsätzlich auf die in den §§ 80ff. FamFG geregelten allgemeinen Vorschriften zu den Verfahrenskosten zurückzugreifen.

Dies gilt jedoch nicht für Familienstreitsachen, also in Unterhalts-, Güterrechts- und sonstigen Familienverfahren (§ 111 Nr. 8 bis 10 FamFG), weil in diesen Verfahren die §§ 2 bis 22, 23 bis 37, 40 bis 45, 46 S. 1 u. 2 sowie die §§ 47 und 48 sowie 76 bis 96 FamFG nicht gelten (§ 113 I 1 FamFG). Hier ist dann für die Entscheidung über die Verfahrenskosten über § 113 I 2 FamFG auf die §§ 91ff. ZPO zurückzugreifen.

Von diesen Regelungen abweichende spezielle Regelungen gibt es allerdings in Abstammungssachen für den Fall der erfolgreichen Vaterschaftsanfechtung (§ 183 FamFG) und in Unterhaltssachen (§ 243 FamFG).

Zu beachten ist, dass in Familiensachen in jedem Fall eine Entscheidung über die Kosten zu erfolgen hat, selbst wenn etwa von der Erhebung von Gerichtskosten abgesehen wird und außergerichtliche Kosten nicht erstattet werden (§ 81 I 3 FamFG bzw. §§ 91ff. ZPO).

(3) Hinsichtlich der Wirksamkeit von Beschlüssen in selbstständigen Familiensachen 70
ist danach zu differenzieren, ob es sich um eine selbstständige Familienstreitsache oder um eine selbstständige Familiensache handelt.

Endentscheidungen in selbstständigen Familienstreitsachen werden mit Rechtskraft wirksam. Das Familiengericht kann jedoch die sofortige Wirksamkeit anordnen. Soweit die Endentscheidung eine Verpflichtung zur Leistung von Unterhalt enthält, soll das Gericht die sofortige Wirksamkeit anordnen (§ 116 III FamFG), ebenso bei Zuweisung der Ehewohnung für die Dauer des Getrenntlebens (§ 209 II 2 FamFG) und in Gewaltschutzsachen (§ 116 I 2 FamFG).

Endentscheidungen in selbstständigen Familiensachen werden grundsätzlich mit Bekanntgabe wirksam (§ 40 I FamFG). Ausführungen zur Wirksamkeit des Beschlusses bedarf es deshalb regelmäßig nicht.

Dies ist ausnahmsweise insbesondere in Unterhaltssachen dann anders, wenn die Endentscheidung eine Verpflichtung zur Leistung von Unterhalt enthält, weil dann abweichend vom Regelfall die sofortige Wirksamkeit angeordnet werden soll.

71 (4) In dem die Endentscheidung enthaltenden Beschluss betreffend selbstständige Familiensachen kann auch die Festsetzung des Verfahrenswerts und des Vergleichswerts erfolgen.

Insoweit ist zunächst auf die entsprechenden Ausführungen zu den Ehe- bzw. Scheidungs- und Folgesachen zu verweisen. Soweit dort die Festsetzung des Verfahrens- bzw. Vergleichswerts nicht bereits erläutert wurde, ist dieser regelmäßig wie folgt festzusetzen:

- sonstige Familiensachen (§ 35 FamGKG): Zahlbetrag.
- Kindschaftssachen (§ 45 FamGKG): 4.000,– €.
- Abstammungssachen (§ 47 FamGKG): 2.000,– € bzw. 1.000,– €.
- Adoptionssachen (§ 42 III FamGKG): 5.000,– €.
- Ehewohnungssachen (§ 48 I FamGKG): 4.000,– bzw. 3.000,– €.
- Haushaltssachen (§ 48 II FamGKG): 3.000,– € bzw. 2.000,– €.
- Gewaltschutzsachen (§ 49 FamGKG): 3.000,– € bzw. 2.000,– €.

72 (5) Jede Endentscheidung betreffend selbstständige Familiensachen hat vor der Unterschrift bzw. den Unterschriften grundsätzlich eine Rechtsbehelfsbelehrung zu enthalten (§§ 39, 113 I FamFG).

Ausnahmsweise kann auf eine Rechtsbehelfsbelehrung verzichtet werden, wenn alle Beteiligte auf Rechtsmittel gegen die Endentscheidung verzichten, was jedoch regelmäßig nicht der Fall ist.

Ferner bedarf ein Adoptionsbeschluss keiner Rechtsmittelbelehrung, weil dieser nicht anfechtbar ist (§ 197 III FamFG).

In der Rechtsbehelfsbelehrung ist über die Rechtsbehelfe und Rechtsmittel betreffend die selbstständige Familiensachen zu belehren.

Insoweit ist auf die entsprechenden Ausführungen zu den Ehe- bzw. Scheidungs-und Folgesachen zu verweisen.

7. Die Rechtsmittel

73 Der Ausspruch betreffend die selbstständige Familiensache kann grundsätzlich mit der Beschwerde angefochten werden, die innerhalb eines Monats bei dem Gericht einzulegen ist, dessen Beschluss angefochten wird, wobei die Frist mit der Zustellung der Entscheidung beginnt (§§ 58, 63, 64 I FamFG).

Die Beschwerde ist ausnahmsweise bei dem nicht anfechtbaren Adoptionsbeschluss und im Falle eines Rechtsmittelverzichts nicht möglich.

Soweit es sich um eine Versäumnis- oder Teilversäumnisentscheidung handelt, gilt für den Einspruch hiergegen – wie sonst auch – die Frist von zwei Wochen ab Zustellung der Entscheidung (§ 113 I FamFG, §§ 338, 339 ZPO).

74 a) Beschwerdeberechtigt ist, wer durch die Entscheidung in seinen Rechten beeinträchtigt ist (§ 59 FamFG).

In Kindschaftssachen steht einem über 14 Jahre alten Kind (§ 60 FamFG) und dem zuständigen Jugendamt (§ 162 III 2 FamFG) ein selbständiges Beschwerderecht zu.

In Abstammungssachen setzt die Beschwerde eine Beeinträchtigung des Beschwerdeführers in seinen Rechten nicht voraus, sondern steht jedem Beteiligten zu, weshalb auch Jugendamt (§ 172 II FamFG) und Verfahrensbeistand (§§ 174 S. 2, 158 III 2, IV 5 FamFG) die Beschwerde einlegen können.

In vermögensrechtlichen Angelegenheiten, insbesondere also in Unterhaltssachen und in Güterrechtssachen sowie in Ehewohnungs- und Haushaltssachen ist die Beschwerde nur zulässig, wenn der Beschwerdegegenstand 600,– € übersteigt oder das Familiengericht die Beschwerde in dem angefochtenen Beschluss zugelassen hat (§ 61 I FamFG).

In Versorgungsausgleichsachen gilt dies jedoch nur für die Anfechtung der Kostenentscheidung (§ 228 FamFG).

b) Die Beschwerde wird durch Einreichung einer Beschwerdeschrift eingelegt (§ 64 II FamFG). 75

In Kindschafts-, Abstammungs- sowie in Ehewohnungs- und Haushaltssachen und in Gewaltschutz- sowie Versorgungsausgleichssachen kann die Beschwerde zudem durch Niederschrift der Geschäftsstelle des Gerichts eingelegt werden, dessen Beschluss angefochten wird.

Sie kann auch zur Niederschrift der Geschäftsstelle eines jeden anderen Amtsgerichts erklärt werden, wobei es für die Einhaltung der Frist auf den Eingang bei dem Gericht ankommt, dessen Beschluss angefochten wird.

In selbstständigen Familienstreitsachen, also in also in Unterhalts-, Güterrechts- und sonstigen Familienverfahren (§ 111 Nr. 8 bis 10 FamFG), kann die Beschwerde nur durch einen Rechtsanwalt eingelegt werden (§§ 64 II, 114 FamFG).

Die Beschwerde muss die Bezeichnung des angefochtenen Beschlusses und die Erklärung enthalten, dass Beschwerde gegen diesen Beschluss eingelegt wird. Soll die Entscheidung nur zu einem Teil angefochten werden, so ist der Umfang der Anfechtung anzugeben.

In selbstständigen Familienstreitsachen hat der Beschwerdeführer einen bestimmten Sachantrag zu stellen und diesen zu begründen. Die Frist zur Begründung beträgt zwei Monate und beginnt mit der Zustellung der Entscheidung. Die Begründung ist bei dem Beschwerdegericht einzureichen (§ 117 I FamFG).

In selbstständigen sonstigen Familiensachen soll die Beschwerde begründet werden (§ 65 I FamFG), muss aber nicht.

Die Beschwerde ist von dem Beschwerdeführer oder seinem Bevollmächtigten zu unterzeichnen (§ 64 II 4 FamFG).

IV. Die einstweiligen Anordnungen

1. Das Verfahren, mündliche Verhandlung, Entscheidung

Das Verfahren der einstweiligen Anordnung ist ein selbständiges Verfahren, auch wenn eine Hauptsache anhängig ist (§ 51 III 1 FamFG). 76

Durch einstweilige Anordnung kann das Familiengericht eine vorläufige Maßnahme treffen, soweit dies nach den für das Rechtsverhältnis maßgebenden Vorschriften gerechtfertigt ist und ein dringendes Bedürfnis für ein sofortiges Tätigwerden besteht (§ 49 I FamFG).

Die vorläufige Maßnahme kann einen bestehenden Zustand sichern oder vorläufig regeln. Außerdem kann einem Beteiligten eine Handlung geboten oder verboten, insbesondere die Verfügung über einen Gegenstand untersagt werden. Das Gericht kann mit der einstweiligen Anordnung auch die zu ihrer Durchführung erforderlichen Anordnungen treffen (§ 49 II FamFG).

Zuständig ist das Familiengericht, das für die Hauptsache im ersten Rechtszug zuständig wäre. Bei Anhängigkeit einer Hauptsache ist das Gericht des ersten Rechtszugs, während der Anhängigkeit beim Beschwerdegericht das Beschwerdegericht zuständig (§ 50 I FamFG).

In besonders dringenden Fällen kann auch das Familiengericht entscheiden, in dessen Bezirk das Bedürfnis für ein gerichtliches Tätigwerden bekannt wird oder sich die Person oder die Sache befindet, auf die sich die einstweilige Anordnung bezieht. Es hat das Verfahren dann jedoch unverzüglich von Amts wegen an das Familiengericht der Hauptsache abzugeben (§ 50 II FamFG).

77 Die einstweilige Anordnung wird nur auf Antrag erlassen, wenn ein entsprechendes Hauptsacheverfahren nur auf Antrag eingeleitet werden kann (§ 51 I 1 FamFG).

Anordnungsverfahren in Gewaltschutzsachen (§ 214 FamFG) und in Versorgungsausgleichsachen betreffend die Zahlung einer Ausgleichsrente (§ 226 FamFG) sowie in Unterhaltssachen (§ 246 I FamFG) bedürfen stets eines Antrags.

Der Antragsteller hat den Antrag zu begründen und die Voraussetzungen für die Anordnung glaubhaft zu machen (§ 51 I 2 FamFG).

Das Verfahren richtet sich nach den Vorschriften, die für eine entsprechende Hauptsache gelten, soweit sich nicht aus den Besonderheiten des einstweiligen Rechtsschutzes etwas anderes ergibt (§ 51 II 1 FamFG).

Auf die vorstehenden Ausführungen betreffend den Verfahrensablauf, die mündliche Verhandlung und Entscheidung in Ehe- und Folgesachen bzw. selbstständigen Familiensachen ist deshalb hier zu verweisen.

Das Gericht kann allerdings ohne mündliche Verhandlung entscheiden; eine Versäumnisentscheidung ist ausgeschlossen (§ 51 II 2, 3 FamFG).

78 Hinsichtlich der Kosten des Anordnungsverfahrens gelten die allgemeinen Regeln (§ 51 IV FamFG), ebenso hinsichtlich der Wirksamkeit des Beschlusses.

Das Gericht kann allerdings in Gewaltschutzsachen sowie in sonstigen Fällen, in denen hierfür ein besonderes Bedürfnis besteht, anordnen, dass die Vollstreckung der einstweiligen Anordnung vor Zustellung an den Verpflichteten mit der Folge zulässig ist, dass die einstweilige Anordnung bereits mit ihrem Erlass wirksam ist (§ 53 II FamFG).

Hinsichtlich der Festsetzung des Verfahrenswertes in Verfahren der einstweiligen Anordnung gelten ebenfalls die allgemeinen Regeln, jedoch mit der Besonderheit, dass der Wert in der Regel unter Berücksichtigung der geringeren Bedeutung gegenüber der Hauptsache zu ermäßigen ist, wobei von der Hälfte des für die Hauptsache bestimmten Werts auszugehen ist (§ 41 FamGKG).

Jede Endentscheidung in Anordnungsverfahren hat vor der Unterschrift grundsätzlich eine Rechtsbehelfsbelehrung zu enthalten (§§ 39, 113 I, 51 II 1 FamFG).

Einer Rechtsbehelfsbelehrung bedarf es ausnahmsweise nicht, wenn die Entscheidung nicht anfechtbar ist (§ 57 FamFG) bzw. mangels Entscheidung ohne mündliche Verhandlung nur beantragt werden kann, aufgrund mündlicher Verhandlung erneut zu entscheiden (§ 54 II FamFG)

79 Das Gericht kann die Entscheidung in Anordnungsverfahren aufheben oder ändern (§ 54 I 1 FamFG).

Die Aufhebung oder Änderung erfolgt nur auf Antrag, wenn ein entsprechendes Hauptsacheverfahren nur auf Antrag eingeleitet werden kann. Dies gilt jedoch nicht, wenn die Entscheidung ohne vorherige Durchführung einer nach dem Gesetz notwendigen Anhörung erlassen wurde (§ 54 I 2 FamFG).

Die Aufhebung oder Änderung einer einstweiligen Anordnung ist ein eigenes, von dem ursprünglichen Anordnungsverfahren unabhängiges Verfahren.[15]

Zuständig ist das Gericht, das die einstweilige Anordnung erlassen hat. Während der Anhängigkeit der einstweiligen Anordnungssache beim Beschwerdegericht, ist die Aufhebung oder Änderung der angefochtenen Entscheidung durch das erstinstanzliche Gericht unzulässig (§ 54 III, IV FamFG).

2. Die Rechtsmittel

Entscheidungen in Verfahren der einstweiligen Anordnung in Familiensachen sind grundsätzlich nicht anfechtbar (§ 57 S. 1 FamFG). 80

Dies gilt ausnahmsweise dann nicht, wenn die einstweilige Anordnung
- die Genehmigung von freiheitsentziehender Unterbringung oder freiheitsentziehenden Maßnahmen nach § 1631b BGB, auch in Verbindung mit den §§ 1795 I 3, 1813 I BGB oder
- die Genehmigung oder Anordnung einer freiheitsentziehenden Unterbringung, freiheitsentziehenden Maßnahme oder ärztlichen Zwangsmaßnahme bei einem Minderjährigen nach den Landesgesetzen über die Unterbringung psychisch Kranker

betrifft (§ 57 S. 2 FamFG).

Vor allen Dingen gilt dies ausnahmsweise auch dann nicht, wenn das Gericht des ersten Rechtszugs auf Grund mündlicher Erörterung
- über die elterliche Sorge für ein Kind,
- über die Herausgabe des Kindes an den anderen Elternteil,
- über einen Antrag auf Verbleiben eines Kindes bei einer Pflege- oder Bezugsperson,
- über einen Antrag nach den §§ 1 oder 2 des GewSchG oder
- in einer Ehewohnungssache über einen Antrag auf Zuweisung der Wohnung

entschieden hat (§ 57 S. 2 FamFG).

Auf die vorstehenden Ausführungen betreffend die Rechtsmittel in Ehe- und Folgesachen bzw. selbstständigen Familiensachen ist deshalb hier wiederum zu verweisen.

Zu beachten ist hier, dass nicht nur in Kindschaftssachen, sondern auch in Ehewohnungssachen und in Gewaltschutzsachen, die die Wohnungszuweisung betreffen, dem zuständigen Jugendamt ein selbständiges Beschwerderecht zusteht, wenn Kinder in dem Haushalt leben (§§ 205 II 2, 213 II 2 FamFG).

Zu beachten ist ferner, dass die Beschwerdefrist in Anordnungsverfahren auf zwei Wochen verkürzt ist (§ 63 II Nr. 1 FamFG).

V. Das Verfahren in Lebenspartnerschaftssachen

Hinsichtlich des Verfahrens in Lebenspartnerschaftssachen ist danach zu differenzieren, ob es sich um Lebenspartnerschaftssachen nach § 269 I Nr. 1 bis 12 FamFG oder um sonstige Lebenspartnerschaftssachen nach § 269 II, III FamFG handelt. 81

In Lebenspartnerschaftssachen nach § 269 I Nr. 1 FamFG sind die für Verfahren auf Scheidung geltenden Vorschriften, in Lebenspartnerschaftssachen nach § 269 I Nr. 2 FamFG die für Verfahren auf Feststellung des Bestehens oder Nichtbestehens einer

[15] MüKoFamFG/*Soyka* § 54 Rn. 15.

Ehe zwischen den Beteiligten geltenden Vorschriften entsprechend anzuwenden (§ 270 I 1 FamFG).

In den Lebenspartnerschaftssachen nach § 269 I Nr. 3 bis 12 FamFG sind die in Familiensachen nach § 111 Nr. 2, 4, 5 und 7 bis 9 FamFG jeweils geltenden Vorschriften entsprechend anzuwenden (§ 270 I 2 FamFG).

In sonstigen Lebenspartnerschaftssachen nach § 269 II, III FamFG sind die in sonstigen Familiensachen nach § 111 Nr. 10 FamFG geltenden Vorschriften entsprechend anzuwenden (§ 270 II FamFG).

Muster 133: Zustellung des Scheidungsantrags

Amtsgericht Frankfurt am Main
Aktenzeichen: …

Verfügung

1. ☐ Schreiben an Antragsgegner… gegen ZU: 1

In p.p.
wird Ihnen in der Anlage ein Antrag auf Ehescheidung zugestellt.

☐ Anwaltliche Vertretung
Für das vorliegende Verfahren besteht Anwaltszwang. Nur ein bei einem Amts- oder Landgericht zugelassener Rechtsanwalt kann wirksam Verfahrenserklärungen für Sie abgeben. Sie werden daher aufgefordert, einen Rechtsanwalt als Verfahrensbevollmächtigten zu beauftragen, wenn Sie sich gegen den Scheidungsantrag verteidigen wollen oder eigene Anträge – auch in den Folgesachen – stellen wollen. Soweit Sie lediglich dem Scheidungsantrag zustimmen und keine eigenen Anträge stellen wollen, ist eine Vertretung durch einen Rechtsanwalt nicht zwingend erforderlich. Geben Sie bitte bei allen Eingaben das oben genannte Aktenzeichen an und fügen Sie zwei Abschriften für die Gegenseite bei.

☐ Minderjährige Kinder[16]
Das Familiengericht unterrichtet das Jugendamt von der Zustellung des Scheidungsantrags. Sie und Ihre Kinder haben Anspruch auf kostenlose Beratung und Unterstützung in Fragen der Partnerschaft, Trennung und Scheidung sowie der Ausübung der elterlichen Sorge und des Umgangsrechtes durch das Jugendamt.

☐ Minderjährige Kinder[17]
Das Familiengericht beteiligt das Jugendamt im Verfahren zur Regelung der elterlichen Sorge. Das Jugendamt wirkt im familiengerichtlichen Verfahren mit und unterstützt die Eltern bei der Entwicklung eines Konzeptes zur Wahrnehmung der elterlichen Sorge und des Umgangsrechts. Auf eine solche kostenlose Beratung besteht ein Rechtsanspruch.

2. ☐ Schreiben an Antragsgegnervertreter gegen EB:

In p.p.
wird Ihnen in der Anlage ein Antrag auf Ehescheidung zugestellt.

3. Dem Schreiben zu Ziffer 1 bzw. Ziffer 2 die beglaubigten Abschriften der Antragsschrift beifügen.

4. ☐ Einfache Abschrift der Antragsschrift an Antragsgegnervertreter mit folgendem Schreiben:

In p.p.
wird mitgeteilt, dass die förmliche Zustellung des Scheidungsantrages an d… Antragsgegner… persönlich erfolgt ist, da eine anwaltliche Vertretung bisher nicht nachgewiesen wurde.

5. Schreiben an Antragstellervertreter: 2

In p.p.
wird mitgeteilt, dass die förmliche Zustellung des Scheidungsantrages veranlasst wurde.

---

[16] Hinweis zum Sorgerecht ohne Antrag.
[17] Hinweis zum Sorgerecht mit Antrag.

☐ D… Antragsteller… wird aufgefordert, folgende Unterlagen dem Gericht binnen zwei Wochen vorzulegen:
☐ Die Heiratsurkunde im Original oder beglaubigter Kopie.
☐ Die Geburtsurkunde… d… minderjährigen Kind… im Original oder beglaubigter Kopie.
☐ Eine Kopie des notariellen Vertrages vom …
☐ Eine Kopie der Vereinbarung vom …
☐ …

☐ Es bestehen Bedenken gegen die Zulässigkeit des Scheidungsantrags. Es fehlt die Erklärung dazu, ob die Ehegatten eine Regelung getroffen haben über (§ 133 I Nr. 2 FamFG):
☐ die elterliche Sorge gegenüber den gemeinschaftlichen minderjährigen Kindern
☐ den Umgang mit den gemeinschaftlichen minderjährigen Kindern
☐ die Unterhaltspflicht gegenüber den gemeinschaftlichen minderjährigen Kindern
☐ die durch die Ehe begründete gesetzliche Unterhaltspflicht
☐ die Rechtsverhältnisse an der Ehewohnung
☐ die Rechtsverhältnisse am Hausrat
☐ Es wird Gelegenheit gegeben, hierzu binnen zwei Wochen Stellung zu nehmen.

6. ☐ Beglaubigte Kopie der Heiratsurkunde
☐ und der Geburtsurkunde(n)
fertigen und zu der Akte nehmen; Original(e) zurück an Antragstellervertreter mit EB.

7. ☐ Abschrift der Antragsschrift an
☐ Kreisjugendamt … ☐ Jugendamt …
In p.p.
ist die Zustellung des Scheidungsantrages veranlasst worden.
Die Personalien der Ehegatten lauten:
(bitte volle Personalien der Ehegatten einfügen).
Es sind folgende gemeinsame minderjährige Kinder vorhanden: (bitte volle Personalien der Kinder einfügen).
Ein Antrag zum Sorgerecht ist bislang nicht gestellt worden.

8. ☐ Abschrift der Antragsschrift an
☐ Kreisjugendamt … ☐ Jugendamt …
In p.p.
erhalten Sie in der Anlage einen Sorgerechtsantrag mit der Bitte um Mitwirkung im Verfahren (§§ 162 FamFG, 50 SGB VIII).

9. Wiedervorlage nach Eingang ZU/EB, spätestens in
☐ zwei Wochen.
☐ … Wochen.

Frankfurt am Main, den …
Amtsgericht, Abteilung …

…………………

Muster 134: Mitteilung der Ehezeit und Übersendung des Fragebogens zum Versorgungsausgleich

Amtsgericht Frankfurt am Main
Aktenzeichen: …

Verfügung

1. Unterakte für den Versorgungsausgleich anlegen. 1

2. Schreiben an Antragstellervertreter gegen EB
und an Antragsgegner(-Vertreter) gegen ZU/EB:

In p.p.
wird mitgeteilt, dass die Antragsschrift am … zugestellt worden ist. Als Ehezeit im Sinne des § 3 I VersAusglG gilt der Zeitraum vom …[18] bis zum …[19] Das Familiengericht hat für den Fall der Scheidung den Versorgungsausgleich unter den Beteiligten vorzunehmen. Bitte senden Sie die Fragebögen zum Versorgungsausgleich unter Berücksichtigung der Ehezeit vollständig ausgefüllt und (von dem Beteiligten) persönlich unterschrieben unverzüglich, spätestens **binnen vier Wochen** an das Familiengericht zurück. Eingaben zum Versorgungsausgleich kennzeichnen Sie bitte mit der Geschäftsnummer … der gesondert gebildeten Verfahrensakte zum Versorgungsausgleich.

3. Den beiden Schreiben zu Ziffer 2 beifügen:
4 × Fragebogen zum Versorgungsausgleich

4. ☐ Amtsgericht – Familiengericht … von der Rechtshängigkeit der Ehesache informieren mit der Bitte um weitere Veranlassung.[20]

5. Wiedervorlage in ☐ fünf Wochen ☐ … Wochen.

Frankfurt am Main, den …
Amtsgericht, Abteilung …

…………………

[18] Beginn: Erster Tag des Monats der Eheschließung.
[19] Ende: Letzter Tag des Monats vor Zustellung des Scheidungsantrags.
[20] Betrifft den Fall, dass eine Ehesache rechtshängig wird, während eine andere Familiensache bei einem anderen Gericht im ersten Rechtszug bereits anhängig ist.

Muster 135: Mitwirkungsanordnung betreffend die Mitwirkung beim Versorgungsausgleich

Amtsgericht Frankfurt am Main
Aktenzeichen: …

Verfügung

1 1. Schreiben an
☐ Antragstellervertreter gegen EB:
☐ Antragsgegner(-Vertreter) gegen ZU/EB:

In p.p.
wird ☐ Ihnen ☐ d… Antragsteller… ☐ d… Antragsgegner…
☐ aufgegeben, innerhalb von zwei Wochen die vollständig ausgefüllten Unterlagen zum Versorgungsausgleich zu den Akten zu reichen.
☐ unter Bezugnahme auf das Schreiben der
☐ Deutschen Rentenversicherung Bund
☐ Deutschen Rentenversicherung …
☐ …
vom … aufgegeben, **innerhalb von zwei Wochen** der Mitwirkungspflicht in folgender Weise nachzukommen:
☐ Stellungnahme zu den Lücken im Versicherungsverlauf.
☐ Vorlage der Unterlagen beim Rentenversicherungsträger.
☐ …
☐ Bei Unklarheiten über den Versicherungsverlauf hilft die örtliche Beratungsstelle des Versorgungsträgers.
Die Mitwirkungspflicht ergibt sich aus § 220 II, III FamFG.
Für den Fall des fruchtlosen Fristablaufes wird darauf hingewiesen, dass gegen
☐ Sie ☐ d… Antragsteller… ☐ d… Antragsgegner…
gemäß § 35 FamFG ein Zwangsgeld von bis zu 25.000,– € ersatzweise Zwangshaft oder Zwangshaft von bis zu 6 Monaten angeordnet werden kann.

2. Abschrift von Ziffer 1 an
☐ Antragstellervertreter.
☐ Antragsgegner(-Vertreter).

3. Abschrift von Ziffer 1 an
☐ Deutschen Rentenversicherung Bund
☐ Deutschen Rentenversicherung …
☐ …
mit der Bitte, einen Monat nach Zugang dieses Schreibens mitzuteilen, ob die erforderlichen Unterlagen dort eingegangen sind und wann mit der Auskunft gerechnet werden kann.
☐ Eine Auskunft aus dem ungeklärten Konto soll nicht erfolgen.

2 4. Den Schreiben zu Ziffer 1 und Ziffer 2 jeweils eine Kopie von Bl. … d. A. beifügen.

5. ☐ Anfrage an das Amtsgericht – Vollstreckungsgericht …, ob
   ☐ d… Antragsteller… ☐ d… Antragsgegner…
   im Schuldnerverzeichnis eingetragen ist.

6. Wiedervorlage in ☐ drei Wochen ☐ … Wochen.

Frankfurt am Main, den …
Amtsgericht, Abteilung …

…………………

Muster 136: Zwangsmittelbeschluss betreffend die Mitwirkung beim Versorgungsausgleich

Amtsgericht Frankfurt am Main
Aktenzeichen: …

☐ Zur Geschäftsstelle gelangt ☐ Bekanntgegeben durch Verlesen der Beschlussformel am … ________________________ als Urkundsbeamt… der Geschäftsstelle

Beschluss

1 In der Familiensache

d… …,

Antragsteller…,

Verfahrensbevollmächtigter: Rechtsanwalt …,
gegen
d… …,

Antragsgegner…,

Verfahrensbevollmächtigter: Rechtsanwalt …,
hat das Amtsgericht Frankfurt am Main durch die Richterin am Amtsgericht … am … beschlossen:

> Gegen d… ☐ Antragsteller… ☐ Antragsgegner…
> wird zur Erzwingung der gerichtlichen Anordnung vom …
> ☐ Zwangsgeld von … ersatzweise Zwangshaft von …
> ☐ Zwangshaft von …
> angeordnet.
>
> Die Vollstreckung des Zwangsmittels entfällt, sobald die Auflage erfüllt wird.
>
> Die Kosten dieses Verfahrens hat d… ☐ Antragsteller… ☐ Antragsgegner… zu tragen.

Gründe

Zwischen den Beteiligten ist der Versorgungsausgleich durchzuführen.

Das Versorgungsausgleichsverfahren kann derzeit nicht betrieben werden, weil d… ☐ Antragsteller… ☐ Antragsgegner… die nach § 220 III FamFG erforderliche Mitwirkung verweigert.

Durch Anordnung vom … wurde d… ☐ Antragsteller… ☐ Antragsgegner… deshalb aufgegeben …

Gleichzeitig wurde auf das nunmehr angeordnete Zwangsmittel hingewiesen.

Da d… ☐ Antragsteller… ☐ Antragsgegner… auch daraufhin nicht tätig geworden ist, war das Zwangsmittel gemäß § 35 I FamFG anzuordnen.

☐ Die Anordnung eines Zwangsgeldes versprach keinen Erfolg weil, …, weshalb Zwangshaft unmittelbar anzuordnen war.

Die Kostenentscheidung beruht auf § 35 III 2 FamFG.

Rechtsbehelfsbelehrung 2

Diese Entscheidung kann mit der sofortigen Beschwerde[21] angefochten werden. Sie ist innerhalb einer Notfrist von zwei Wochen bei dem Amtsgericht Frankfurt am Main oder dem Oberlandesgericht Frankfurt am Main, ... einzulegen. Die Frist beginnt mit der schriftlichen Bekanntgabe der Entscheidung.

Richtet sich die sofortige Beschwerde gegen die Entscheidung über die Kosten, ist sie nur zulässig, wenn der Wert des Beschwerdegegenstands 200,– € übersteigt. Beschwerdeberechtigt ist, wer durch diese Entscheidung in seinen Rechten beeinträchtigt ist. Darüber hinaus können Behörden Beschwerde einlegen, soweit dies gesetzlich bestimmt ist.

Die Beschwerde wird durch Einreichung einer Beschwerdeschrift oder zur Niederschrift der Geschäftsstelle der genannten Gerichte eingelegt. Sie kann auch zur Niederschrift der Geschäftsstelle eines jeden Amtsgerichts erklärt werden, wobei es für die Einhaltung der Frist auf den Eingang bei dem genannten Gericht ankommt. Sie ist von dem Beschwerdeführer oder seinem Bevollmächtigten zu unterzeichnen. Die Beschwerde muss die Bezeichnung des angefochtenen Beschlusses sowie die Erklärung enthalten, dass Beschwerde gegen diesen Beschluss eingelegt wird. Soll die Entscheidung nur zum Teil angefochten werden, so ist der Umfang der Anfechtung zu bezeichnen. Die Beschwerde soll begründet werden.

....

Verfügung

1. Sonderheft Zwangsmittel d... ☐ Antragsteller... ☐ Antragsgegner... anlegen. 3
2. Ausfertigung des Beschlusses an
   ☐ Antragsteller (-Vertreter) ☐ (ZU/EB)
   ☐ Antragsgegner (-Vertreter) ☐ (ZU/EB)
3. Beschlussabschrift zur Sonderakte Versorgungsausgleich.
4. Wiedervorlage in vier Wochen (Frau Rechtspflegerin / Herrn Rechtspfleger?).

Frankfurt am Main, den ...
Amtsgericht, Abteilung ...

....

---

[21] Zum einschlägigen Rechtsmittel der sofortigen Beschwerde vgl. § 35 V FamFG.

Muster 137: Anordnung des schriftlichen Vorverfahrens in Familienstreitverfahren (§ 112 FamFG)

Amtsgericht Frankfurt am Main
Aktenzeichen: …

Verfügung

1 1. Das schriftliche Vorverfahren wird angeordnet.

D… Antragsgegner… wird/werden aufgefordert, innerhalb einer **Frist von zwei Wochen** nach Zustellung der Antragsschrift dem Gericht anzuzeigen, ob sie/er sich gegen den Antrag verteidigen will/wollen.

Geht innerhalb der Frist keine Anzeige bei Gericht ein, dass d… Antragsgegner… sich gegen den Antrag verteidigen will/wollen, kann auf Antrag d… Antragsteller… ohne mündliche Verhandlung eine **Versäumnisentscheidung** ergehen.

Bei einem derartigen Beschluss können d… Antragsgegner… auch die Gerichtskosten und die notwendigen Kosten der Gegenseite auferlegt werden (§ 113 FamFG i. V. m. § 91 ZPO bzw. § 243 FamFG). Das Gericht kann die sofortige Wirksamkeit des Beschlusses anordnen. Die Gegenseite kann dann schon vor Rechtskraft des Beschlusses die Zwangsvollstreckung betreiben (§§ 116 III, 120 II FamFG).

Die Frist zur schriftlichen Antragserwiderung wird auf **weitere**
☐ zwei Wochen ☐ ___________ festgesetzt.

Die Frist zur Antragserwiderung beginnt nach Ablauf der Frist zur Verteidigungsanzeige.

Innerhalb der Antragserwiderungsfrist sind alle Verteidigungsmittel vorzubringen, die gegen den Antrag vorgebracht werden sollen, insbesondere eine andere Sachdarstellung, rechtliche Einwände, Beweisanträge und Rügen, die die Zulässigkeit des Antrages betreffen. D… Antragsgegner… wird/werden darauf hingewiesen, dass allein die Nichteinhaltung der Antragserwiderungsfrist zum Unterliegen im Verfahren führen kann, auch wenn sie/er im Recht ist/sind.

Für das vorliegende Verfahren besteht **Anwaltszwang.** Nur ein Rechtsanwalt kann wirksam Verfahrenserklärungen abgeben. Handlungen, die ein Beteiligter selbst vornimmt, sind verfahrensrechtlich unwirksam. D… Antragsgegner… wird/werden daher aufgefordert, einen Rechtsanwalt zu bestellen.[22]

2 2. ☐ Die Beteiligten werden auf folgendes hingewiesen: …
Zu diesem Hinweis kann binnen
☐ zwei Wochen ☐ … Wochen Stellung genommen werden.

3. ☐ D… Antragsteller…
☐ D… Antragsgegner…
☐ wird/werden auf folgendes hingewiesen: …

---

[22] §§ 113 I FamFG, 277 IV, II ZPO. Zur Notwendigkeit der Belehrungen siehe MüKoZPO/*Prütting* § 277 Rn. 7 ff.; BeckOK ZPO/*Bacher* § 277 Rn. 7 ff.

Zu diesem Hinweis kann binnen
☐ zwei Wochen ☐ … Wochen Stellung genommen werden.
☐ wird aufgegeben, binnen
☐ zwei Wochen ☐ … Wochen
☐ seinen/ihren Klageantrag darauf zu überprüfen, ob …
☐ folgende Urkunden vorzulegen: …
☐ das Aktenzeichen des … anzugeben.
☐

D… ☐ Antragsteller… ☐ Antragsgegner… wird/werden darauf hingewiesen, dass verspätetes Vorbringen zurückgewiesen werden kann (§§ 113 FamFG, 296 I ZPO); allein die Nichteinhaltung der Frist kann zum Unterliegen im Verfahren führen, auch wenn er/sie im Recht ist/sind.

4. ☐ Folgende Akten sollen beigezogen werden: …

5. Beglaubigte Abschrift von Ziffer 1.–4. dieser Verfügung an: 3
☐ Antragsteller… (-Vertreter) (ZU/EB)
☐ Zusatz: Wird der Antrag nach §§ 113 FamFG, 331 III ZPO gestellt?
☐ Antragsgegner… mit Antragsabschriften (ZU).
☐ Zusatz: Das für Sie in der Klageschrift angegebene Anwaltsbüro wurde vom Gericht nicht benachrichtigt; es hat dem Gericht Ihre Vertretung bislang nicht angezeigt.
☐ Antragsgegnervertreter mit Antragsabschriften (EB).

6. Wiedervorlage:
☐ zwei Wochen nach ZU/EB mit VB-Entwurf (Bl. … d. A.).
☐ …

Frankfurt am Main, den …
Amtsgericht, Abteilung …

…………………

Muster 138: Einstweilige Anordnung betreffend den Kindesunterhalt

Amtsgericht Frankfurt am Main
Aktenzeichen: …

☐ Zur Geschäftsstelle gelangt
☐ Bekanntgegeben durch Verlesen der Beschlussformel
am …

als Urkundsbeamt… der Geschäftsstelle

Beschluss

1 In der Familiensache

des …,

Antragstellers,

Verfahrensbevollmächtigter: Rechtsanwalt …,

gegen

die …,

Antragsgegnerin,

Verfahrensbevollmächtigter: Rechtsanwalt …,

hat das Amtsgericht-Familiengericht Frankfurt am Main durch den Richter am Amtsgericht … am … beschlossen:

Der Antragsgegner wird im Wege der einstweiligen Anordnung bis zur endgültigen rechtskräftigen Regelung verpflichtet, monatlich im Voraus, spätestens zu jedem dritten Werktag eines jeden Monats, beginnend ab dem … an die Antragstellerin

- für die gemeinsame eheliche Tochter der Beteiligten …, geboren am … in …, über den durch Urkunde Nr. … des Jugendamts … vom … titulierten Kindesunterhalt hinaus, weitere 300,– € sowie 393,– € Internatskosten zu zahlen.
- für den gemeinsamen ehelichen Sohn der Beteiligten …, geboren am … in …, über den durch Urkunde Nr. … des Jugendamts … vom … titulierten Kindesunterhalt hinaus, weitere 300,– € sowie 335,– € Internatskosten zu zahlen.
- für den gemeinsamen ehelichen Sohn der Beteiligten …, geboren am … in …, über den durch Urkunde Nr. … des Jugendamts … vom … titulierten Kindesunterhalt hinaus, weitere 300,– € zu zahlen.

Im Übrigen werden die Anträge vom … zurückgewiesen.

Von den Kosten des Verfahrens haben die Antragstellerin 40 % und der Antragsgegner 60 % zu tragen.

Die sofortige Wirksamkeit der Entscheidung wird angeordnet.

Gründe

I.

Die Beteiligten sind getrennt lebende Eheleute. Aus der Ehe sind drei Kinder hervorgegangen, nämlich die Tochter der Beteiligten …, geboren am … in …, der Sohn der Beteiligten …, geboren am … in … und der Sohn der Beteiligten …, geboren am … in …, die alle bei der Mutter leben. 2

Das Scheidungsverfahren der Beteiligten ist seit dem … vor dem erkennenden Gericht unter dem Aktenzeichen … anhängig. Eine vorläufige Berechnung des Versorgungsausgleichs liegt seit dem … vor.

Seit dem … ist im Scheidungsverbund eine Stufenklage der Ehefrau betreffend den Zugewinnausgleich und unter dem Aktenzeichen … eine Klage auf Zahlung von Trennungs- und Kindesunterhalt vor dem erkennenden Gericht anhängig. Der vorliegende Antrag ist seit dem … anhängig.

Am … hat im vorliegenden Verfahren ebenso wie im Verfahren betreffend den Trennungs- und Kindesunterhalt im Scheidungsverfahren eine mündliche Verhandlung stattgefunden mit dem Ziel, gemeinsam mit den Eheleuten und ihren Bevollmächtigten eine gütliche Lösung für alle Verfahren und sämtliche Scheidungsfolgen zu finden.

Geeinigt haben sich die Eheleute bislang lediglich hinsichtlich der Scheidungsfolgen Ehewohnung und Hausrat. Im Übrigen wünscht sich der Ehemann eine Gesamtlösung, wohingegen die Ehefrau sich auch Teillösungen vorstellen kann; die Vorstellung der Eheleute betreffend die gütliche Lösung aller Verfahren und sämtlicher Scheidungsfolgen liegen jedoch derzeit noch erheblich auseinander.

Der Antragsgegner hat unter dem … beim Jugendamt … drei Urkunden betreffend den Unterhalt der drei gemeinsamen Kinder errichten lassen und sich hierin zur Zahlung von 200 % des jeweiligen Mindestunterhalts der jeweiligen Altersstufe abzüglich des jeweiligen hälftigen Kindergelds verpflichtet. Er verfügt unstreitig über ein bereinigtes monatliches Nettoeinkommen von mindestens 11.000,– €.

Die Antragstellerin behauptet, der konkrete Bedarf der drei gemeinsamen Kinder der Beteiligten liege deutlich über dem titulierten Kindesunterhalt, wozu sie im Detail vorträgt.

Die Antragstellerin beantragt,

den Antragsgegner zu verpflichten

- für die am … geborene … weitere 951,35 € an Kindesunterhalt zu Händen der Antragstellerin jeweils monatlich im Voraus zum jeweils ersten eines jeden Monats ab … zu zahlen;
- für den am … geborenen … weitere 917,32 € an Kindesunterhalt zu Händen der Antragstellerin jeweils monatlich im Voraus zum jeweils ersten eines jeden Monats ab … zu zahlen;
- für den am … geborenen … weitere 861,54 € an Kindesunterhalt zu Händen der Antragstellerin jeweils monatlich im Voraus zum jeweils ersten eines jeden Monats ab … zu zahlen.

Der Antragsgegner beantragt,

die Anträge auf Erlass einer einstweiligen Anordnung zurückzuweisen.

II.

3 Der Antrag auf Erlass einer einstweiligen Anordnung ist gemäß § 246 FamFG zulässig.

Insbesondere ist die Antragstellerin nach § 1629 II 2, III 1 BGB verfahrensführungsbefugt, denn die gemeinsamen ehelichen Kinder der beteiligten Eheleute befinden sich in ihrer Obhut und die Eheleute sind miteinander verheiratet.

In der Sache hat der Antrag allerdings nur teilweise Erfolg.

Der Antragsgegner ist gemäß §§ 1601, 1610 BGB verpflichtet, an die Antragstellerin den im Tenor genannten Kindesunterhalt zu zahlen.

Bei den drei Kindern … handelt es sich unstreitig um die gemeinsamen ehelichen Kinder der beteiligten Eheleute; der Antragsgegner ist ihr Vater.

Unstreitig beläuft sich der angemessene Kindesunterhalt für die drei Kinder zumindest auf 200 % des jeweiligen Mindestunterhalts der jeweiligen Altersstufe abzüglich des jeweiligen hälftigen Kindergelds. Der Antragsgegner hat unter dem … beim Jugendamt … drei Urkunden betreffend den Unterhalt der drei gemeinsamen Kinder errichten lassen und sich hierin zur Zahlung von 200 % des jeweiligen Mindestunterhalts der jeweiligen Altersstufe abzüglich des jeweiligen hälftigen Kindergelds verpflichtet.

Den darüber hinausgehenden konkreten Bedarf der drei Kinder schätzt das Gericht aufgrund des Vorbringens der Beteiligten und den insoweit vorgelegten Belegen nach §§ 113 FamFG, 287 ZPO auf 300,– € je Kind im Monat sowie 393,– € Internatskosten für die Tochter … und 335,– € Internatskosten für den Sohn … .

Mangelnde Leistungsfähigkeit des Antragsgegners ist nicht erkennbar. Er verfügt unstreitig über ein bereinigtes monatliches Nettoeinkommen von zumindest 11.000,– €.

Die Entscheidung zu den Verfahrenskosten folgt aus § 243 FamFG.

Die Entscheidung zur sofortigen Wirksamkeit basiert auf § 116 III 3 FamFG.

…………………

Muster 139: Einstweilige Anordnung betreffend das Umgangsrecht

Amtsgericht Frankfurt am Main
Aktenzeichen: …

☐ Zur Geschäftsstelle gelangt ☐ Bekanntgegeben durch Verlesen der Beschlussformel am … ______________________ als Urkundsbeamt… der Geschäftsstelle

Beschluss

In der Familiensache 1

des …,

Antragstellers,

Verfahrensbevollmächtigter: Rechtsanwalt …,

gegen

die …,

Antragsgegnerin,

hat das Amtsgericht-Familiengericht Frankfurt am Main durch die Richterin am Amtsgericht … am … beschlossen:

> Im Wege der einstweiligen Anordnung wird bis zur endgültigen Regelung in der Hauptsache Folgendes angeordnet:
>
> Der Antragsteller hat das Recht und die Pflicht zum persönlichen Umgang mit dem gemeinsamen Kind der Beteiligten … jedes zweite Wochenende von Freitag, 17.30 Uhr bis Sonntag, 18.00 Uhr, erstmals am … .
>
> Der Antragsteller hat das Kind freitags nach dem Handball-Training von dort abzuholen und pünktlich zur Antragsgegnerin zurückzubringen. Nimmt das Kind nicht am Handball-Training teil, holt der Antragsteller das Kind bei der Antragsgegnerin persönlich ab. Die Antragsgegnerin hat dann das Kind bereitzuhalten und zu übergeben.
>
> Die Gerichtskosten haben die Beteiligten je zur Hälfte zu tragen; außergerichtliche Auslagen werden nicht erstattet.
>
> Der Verfahrenswert wird auf 2.000,– € festgesetzt.
>
> Bei schuldhafter Zuwiderhandlung gegen die sich aus diesem Beschluss ergebenden Verpflichtungen kann das Gericht gegenüber jedem Beteiligten Ordnungsgeld bis zu 25.000,– € ersatzweise Ordnungshaft bis zu sechs Monaten oder sogleich Ordnungshaft bis zu sechs Monaten anordnen.

Gründe

I.

Der Antragsteller begehrt Umgang mit seinem minderjährigen Kind … . 2

Die Antragsgegnerin ist die Mutter des weiteren Kindes …, dessen Vater nicht der Antragsteller ist. Beide Kinder spielen Handball.

In der Zeit zwischen … und … führten die Beteiligten eine nichteheliche Lebensgemeinschaft und lebten auch zusammen. Aus dieser Verbindung ist das Kind … hervorgegangen.

Nach der Trennung im Jahre … erhielt der Antragsteller zunächst ein Umgangsrecht. Seit Mai … kam es zu Problemen bei der Gewährung des Umganges, der von der Antragsgegnerin immer wieder verweigert worden ist.

Die Antragsgegnerin hat grundsätzlich keine Einwände gegen einen Umgang mit dem Kindesvater. Sie weigert sich jedoch, den Umgang so zu gestalten, dass sie persönlich während des Handballtrainings am Freitagnachmittag und während des Handballspiels am Samstagvormittag auf den Antragsteller trifft.

II.

3 Dem Antragsteller steht gegen die Antragsgegnerin im zuerkannten Umfang ein Anspruch auf Umgang mit dem gemeinsamen Sohn der Beteiligten … gemäß § 1684 I, III BGB zu.

§ 1684 I BGB spricht die grundsätzliche Berechtigung und Verpflichtung der Eltern zum Umgang mit ihren Kindern aus. Für den Fall, dass eine Einigung der Eltern diesbezüglich nicht zustande kommt, hat das Gericht gemäß § 1684 III BGB eine entsprechende Regelung zu erlassen.

Eine solche ist hier geboten.

Auf der Grundlage der durchgeführten Ermittlungen, insbesondere der Anhörung der Beteiligten und des Jugendamtes … ist das Umgangsrecht wie aus dem Tenor ersichtlich zu regeln. Mit dieser Entscheidung wird das Wohl des Kindes am besten gewahrt.

Unter Abwägung der Interessen der Beteiligten und insbesondere unter Berücksichtigung des Kindeswohls besteht für das Gericht keine Veranlassung, wegen des Wunsches der Kindesmutter, nach dem Handballtraining am Freitagnachmittag und während des Handballspiels am Samstagvormittag nicht auf den Antragsteller zu treffen, den Wochenendumgang des Kindesvaters auf die Zeit vom Samstag bis Sonntag zu begrenzen.

Die Antragsgegnerin hat letztlich keine nachvollziehbaren Gründe vorbringen können, warum es ihr nicht möglich sein soll, auf dem Handballplatz nicht auf den Antragsteller zu treffen. Ihre Erklärung, von so einer Begegnung ginge zu großer Druck für sie aus, war gegenüber dem Interesse des Antragstellers an der Ausübung seines Umgangsrechtes mit dem Kind nachrangig, insbesondere aber gegenüber dem Anspruch des Kindes auf ausreichenden Umgang mit seinem Vater.

Auch der Vorschlag der Antragsgegnerin, das Kind solle während der Umgangswochenenden des Vaters nicht am Handball-Training und an Handballspielen teilnehmen, ist mit dem Kindeswohl nicht zu vereinbaren.

Es wäre dem Kind nicht zu vermitteln, aus welchen Gründen sein Wunsch zum Handballspielen gerade bei den Umgangswochenenden des Vaters nicht realisiert werden könnte, weshalb die Gefahr bestünde, dass die Beziehung zwischen Kind und Vater Schaden nehmen könnte.

Im Übrigen ist es für die Antragsgegnerin zumutbar, die Teilnahme ihres zweiten Kindes … am Handball-Training und Handballspielen so zu organisieren, dass Begegnungen mit dem Antragsteller nicht erforderlich werden. Der Antragsteller ist ohne weiteres dazu in der Lage, beide Kinder vom Handballtraining abzuholen und zu den Handballspielen zu bringen.

Die Kostenentscheidung beruht auf § 81 I FamFG. Es entspricht der Billigkeit, dass beide Beteiligte die Hälfte der Gerichtskosten tragen. Im Übrigen sollen sie beide ihre außergerichtlichen Kosten selbst tragen.

Die Entscheidung über den Verfahrenswert beruht auf §§ 45 I Nr. 2, 41 FamGKG.

Der Hinweis auf die Folgen einer Zuwiderhandlung gegen diese gerichtliche Umgangsregelung basiert auf § 89 II FamFG.

....

Muster 140: Einstweilige Anordnung betreffend den Verfahrenskostenkostenvorschuss in einer Unterhaltssache

Amtsgericht Frankfurt am Main
Aktenzeichen: …

☐ Zur Geschäftsstelle gelangt ☐ Bekanntgegeben durch Verlesen der Beschlussformel am …
______________________ als Urkundsbeamt… der Geschäftsstelle

Beschluss

1 In der Familiensache

der …,

Antragstellerin,

Verfahrensbevollmächtigter: Rechtsanwalt …,

gegen

den …,

Antragsgegner,

hat das Amtsgericht-Familiengericht Frankfurt am Main durch den Richter am Amtsgericht … am … beschlossen:

Dem Antragsgegner wird im Wege der einstweiligen Anordnung aufgegeben, an die Antragstellerin einen Verfahrenskostenvorschuss in Höhe von … € zu zahlen.

Die Kosten des Verfahrens hat der Antragsgegner zu tragen.

Gründe

Der Antrag auf Erlass einer einstweiligen Anordnung ist gemäß § 246 I FamFG zulässig.

2 Auch in der Sache hat der Antrag Erfolg.

Der Antragstellerin steht gegen den Antragsgegner in dem aus dem Tenor ersichtlichen Umfang ein Anspruch auf Zahlung von Verfahrenskostenvorschuss gemäß § 1360a IV BGB zu.

Mangelnde Leistungsfähigkeit des Antragsgegners ist nicht erkennbar. Anhaltspunkte dafür, dass die Auferlegung des Verfahrenskostenvorschusses unbillig ist, sind nicht ersichtlich.

Unstreitig verfügt der Antragsgegner über ein überdurchschnittliches Einkommen, wohingegen die Antragstellerin mit dem Beschluss des angerufenen Gerichts vom … lediglich einen Titel betreffend den Trennungsunterhalt in Höhe von 2.500,– € monatlich in Händen hält, auf den der Antragsgegner nur vereinzelt und nicht in titulierter Höhe Zahlungen leistet.

Ohne Erfolg beruft sich der Antragsgegner demgegenüber darauf, dass die Antragstellerin von dritter Seite alimentiert werde, wie sich aus den im Termin vom … vorgelegten Kreditkartenabrechnungen ergebe:

Entweder handelt es sich bei den dort abgerechneten Beträgen um Alimentationsleistungen, wie der Antragsgegner behauptet, oder um Teilauszahlungen betreffend ein Darlehen, wie die Antragstellerin behauptet.

In jedem Fall hat die Antragstellerin die Beträge jedoch offensichtlich aufgebraucht, so dass sie nicht zur Finanzierung des vorliegenden Rechtsstreits herangezogen werden können. Hiervon geht auch der Antragsgegner aus, denn seine Anhörung im Termin vom … ergab, dass die Antragstellerin seiner Einschätzung nach nicht über Vermögen verfügt.

Einen Anhaltspunkt dafür, dass die Antragstellerin künftig regelmäßig Alimentationsleistungen erhält, begründen die Kreditkartenabrechnungen nicht – eine entsprechende Verpflichtung des Kontoinhabers betreffend die Kreditkarte ist weder dargetan noch ersichtlich.

Die Aufnahme eines Darlehens zur Finanzierung des vorliegenden Rechtsstreits ist der Antragstellerin nicht zuzumuten – der angemessene Unterhalt, so wie mit Beschluss des angerufenen Gerichts vom … tituliert, hat ihr zu verbleiben.

Zur Höhe des Verfahrenskostenvorschusses wird auf die zutreffenden Ausführungen in der Antragsschrift vom … Bezug genommen, die sich das Gericht zu eigen macht.

Die Kostenentscheidung basiert auf § 243 FamFG.

…………………

Muster 141: Einstweilige Anordnung betreffend den Gewaltschutz (§§ 1, 2 GewSchG)

Amtsgericht Frankfurt am Main
Aktenzeichen: …

☐ Zur Geschäftsstelle gelangt ☐ Bekanntgegeben durch Verlesen der Beschlussformel am …
____________________ als Urkundsbeamt… der Geschäftsstelle

Beschluss

1 In der Familiensache

der …,

Antragstellerin,

Verfahrensbevollmächtigter: Rechtsanwalt …,

gegen

den …,

Antragsgegner,

hat das Amtsgericht-Familiengericht Frankfurt am Main durch den Richter am Amtsgericht … aufgrund der mündlichen Verhandlung vom … beschlossen:

Im Wege der einstweiligen Anordnung wird bis zur endgültigen Regelung in der Hauptsache folgendes angeordnet:

Der Antragsgegner hat der Antragstellerin die früher gemeinsam genutzte Ehewohnung … sofort zur alleinigen Nutzung zu überlassen.

Der Antragsgegner hat es zu unterlassen,
- die frühere Ehewohnung zu betreten,
- sich in einem Umkreis von 150 Metern um die frühere Ehewohnung aufzuhalten,
- sich der Arbeitsstelle der Antragstellerin in … auf eine Entfernung weniger als 150 Metern zu nähern,
- sonst ein Zusammentreffen mit der Antragstellerin herbeizuführen und sich der Antragstellerin weniger als 150 Meter zu nähern bzw. bei einem zufälligen Zusammentreffen diesen Abstand nicht sofort wieder herzustellen.

Die Antragstellerin kann zur Beseitigung einer jeden andauernden Zuwiderhandlung des Antragsgegners gegen die Gewaltschutzanordnung einen Gerichtsvollzieher zuziehen, der befugt ist, bei Widerstand dem Antragsgegner gegenüber Gewalt anzuwenden und zu seiner Unterstützung Polizeibeamte hinzuzuziehen.

Zusätzlich droht das Gericht für den Fall einer jeden Zuwiderhandlung gegen die Gewaltschutzanordnung dem Antragsgegner ein Ordnungsgeld bis zu 250.000,– € und für den Fall, dass dieses nicht beigetrieben werden kann, Ordnungshaft oder sogleich Ordnungshaft bis zu 6 Monaten an.

Die Dauer der Anordnung wird auf sechs Monate begrenzt.

Die sofortige Wirksamkeit und die Zulässigkeit der Vollstreckung vor der Zustellung an den Antragsgegner werden angeordnet.

Die Kosten des Verfahrens hat der Antragsgegner zu tragen.

Der Verfahrenswert wird auf 1.500,– € festgesetzt.

Gründe

Der Antrag ist gemäß § 214 I FamFG zulässig.

Das angerufene Amtsgericht – Familiengericht ist nach § 211 FamFG örtlich und nach §§ 23a I Nr. 1 GVG, 111 Nr. 6 FamFG sachlich zuständig.

Den Antrag ist zudem begründet. 2

Der Antragstellerin steht gegen den Antragsgegner gemäß § 1 I 3 GewSchG in Verbindung mit § 2 GewSchG ein Anspruch auf die zuerkannte Wohnungsüberlassung und in Verbindung mit § 1 I 1 GewSchG ein Anspruch auf die zuerkannten Unterlassungen zu.

Der Antragsgegner hat vorsätzlich den Körper und die Gesundheit der Antragstellerin widerrechtlich verletzt.

Die Antragstellerin hat mit ihrer eidesstattlichen Versicherung vom … glaubhaft gemacht, dass der Antragsgegner ihr am … gegen 10.45 Uhr heftig in den Bauch boxte, sie mit der flachen Hand heftig gegen den Kopf und ins Gesicht schlug, sie mit beiden Händen so gegen die Schulter stieß, dass sie gegen die geschlossene Schlafzimmertür fiel und diese sich durch die Wucht des Aufpralls öffnete und sie schließlich ins Bett trat und boxte, um dort auf ihr liegend sie mit der Faust zu schlagen.

Die angeordneten Schutzmaßnahmen sind zur Abwendung weiterer bzw. künftiger Verletzungen erforderlich.

Eine Anhörung des Antragsgegners vor dem Erlass der einstweiligen Anordnung konnte nicht erfolgen, weil aufgrund der Abwägung zwischen der Schwere der Tat, der Intensität der Verletzungshandlungen, der Wiederholungsgefahr und den weiteren Interessen der Antragstellerin einerseits und den Interessen des Antragsgegners andererseits eine sofortige Entscheidung erforderlich war.

Die Anordnung der Möglichkeit der Hinzuziehung eines Gerichtsvollziehers erforderlichenfalls unterstützt durch Polizeibeamte basiert auf § 96 I 1, 2 FamFG, die Anordnung des Ordnungsgeldes bzw. der Ordnungshaft auf § 96 I 3 FamFG und die Anordnung der sofortigen Wirksamkeit und der Zulässigkeit der Vollstreckung vor Zustellung an den Antragsgegner auf § 216 I 2, II 2 FamFG.

Die Kostenentscheidung stützt sich auf § 81 I FamFG, die Geschäftswertfestsetzung au die §§ 49 I, 41 FamGKG.

Rechtsbehelfsbelehrung 3

Diese Entscheidung kann mit der Beschwerde angefochten werden. Sie ist innerhalb von zwei Wochen bei dem Amtsgericht Frankfurt am Main einzulegen. Die Frist beginnt mit der schriftlichen Bekanntgabe der Entscheidung.

Beschwerdeberechtigt ist, wer durch diese Entscheidung in seinen Rechten beeinträchtigt ist. Darüber hinaus können Behörden Beschwerde einlegen, soweit dies gesetzlich bestimmt ist. Einem über 14 Jahre alten Kind steht in allen seine Person betreffenden Angelegenheiten das selbständige Beschwerderecht zu. Das gleiche gilt in sonstigen Angelegenheiten, in denen das Kind vor einer Entscheidung des Gerichts gehört werden soll.

Die Beschwerde wird durch Einreichung einer Beschwerdeschrift oder zur Niederschrift der Geschäftsstelle des genannten Gerichts eingelegt. Sie kann auch zur Niederschrift der Geschäftsstelle eines jeden Amtsgerichts erklärt werden, wobei es für die Einhaltung der Frist auf den Eingang bei dem genannten Gericht ankommt. Sie ist von dem Beschwerdeführer oder seinem Bevollmächtigten zu unterzeichnen. Die Beschwerde muss die Bezeichnung des angefochtenen Beschlusses sowie die Erklärung enthalten, dass Beschwerde gegen diesen Beschluss eingelegt wird. Soll die Entscheidung nur zum Teil angefochten werden, so ist der Umfang der Anfechtung zu bezeichnen. Die Beschwerde soll begründet werden.

....

Verfügung

4 1. Vermerk: Der Antrag auf Erlass dieser einstweiligen Anordnung gilt mangels mündlicher Erörterung als Auftrag zur Zustellung durch den Gerichtsvollzieher und als Auftrag zur Vollstreckung (§ 214 II 3 FamFG).
2. Ausfertigung des Beschlusses an
   - ☐ Antragsteller (-Vertreter) mit Nachricht von Ziffer 1 ☐ (ZU/EB) ☐ vorab per Fax
   - ☐ Antragsgegner ☐ durch Gerichtsvollzieher
   - ☐ …
3. Zuständige Polizeistation benachrichtigen (§ 216a FamFG).
4. Kosten, Register, weglegen.

Frankfurt am Main, den …
Amtsgericht, Abteilung …

....

Muster 142: Vermerk betreffend die Kindesanhörung in Kindschaftssachen

Amtsgericht Frankfurt am Main
Aktenzeichen: …

Verfügung

1. Vermerk: Ich habe heute, den … das gemeinsame Kind der Beteiligten … im Beisein des Verfahrensbeistands … angehört. **1**
   Eindruck?
   (offen / unbefangen / verschlossen / gehemmt / ängstlich)
   Warum bei Gericht?
   (Eltern können sich nicht einigen, wo das Kind wohnen soll – Gericht soll helfen)
   Umfeld?
   (Kindergarten / Schule / Freunde / Besuche / Geburtstag / Feiertage)
   Kontakte zum Antragsgegner?
   (Besuche: wann, wo, wie lange, nachts, von den Eltern abgesprochen)
   Bindungen an den Antragsgegner?
   (sich bei ihm wohl fühlen / ihn lieb haben, vermissen, mehr besuchen)
   Wie würde da Kind entscheiden, wenn es das Gericht wäre?
   (klare / unklare / keine, schnelle / zögerliche Antwort)
2. Abschrift Ziffer 1
   - ☐ Antragsteller (-Vertreter)
   - ☐ Antragsteller (-Vertreter)
   - ☐ Verfahrensbeistand
   - ☐ Jugendamt
3. Wiedervorlage zum Termin.

Frankfurt am Main, den …
Amtsgericht, Abteilung …

…………………

Muster 143: Ladung in Familiensachen (ohne Familienstreit- und Ehesachen)

Amtsgericht Frankfurt am Main
Aktenzeichen: …

Verfügung

1 1. Termin zur ☐ Erörterung ☐ Anhörung
wird bestimmt auf …, den …, … Uhr, Raum …

2. ☐ Das persönliche Erscheinen d…
☐ Beteiligten ☐ Antragsteller… ☐ Antragsgegner…
wird angeordnet.

3. ☐ D… Antragsteller… wird aufgegeben, …

4. ☐ D… Antragsgegner… wird aufgegeben, ….

5. ☐ Es wird darauf hingewiesen, dass …

6. ☐ Die Akten … werden beigezogen.

7. ☐ Laden:

☐ Antragsteller…	☐ formlos	☐ ZU).
☐ Antragstellervertreter	☐ (EB).	
☐ Antragsgegner…	☐ formlos	☐ ZU).
☐ Antragsgegnervertreter	☐ (EB).	

8. Zum Termin.

Frankfurt am Main, den …
Amtsgericht, Abteilung …

…………………

Muster 144: Ladung in Familienstreit- und Ehesachen

Amtsgericht Frankfurt am Main
Aktenzeichen: …

Verfügung

1. ☐ Vermerk: Güteverhandlung entbehrlich, da sie erkennbar aussichtslos erscheint, weil … 1

2. ☐ Güteverhandlung und
☐ Früher erster Termin zur mündlichen Verhandlung
☐ Haupttermin zur mündlichen Verhandlung
☐ Termin zur mündlichen Verhandlung über den Scheidungsantrag und die Folgesachen
wird/werden bestimmt auf …, den …, … Uhr, Raum …

3. ☐ Das persönliche Erscheinen d…
☐ Beteiligten ☐ Antragsteller… ☐ Antragsgegner…
wird angeordnet.

4. ☐ D… Antragsteller… wird aufgegeben, …

5. ☐ D… Antragsgegner… wird aufgegeben, ….

6. ☐ Den Eheleuten wird aufgegeben, ihre Ausweise in den Termin mitzubringen.

7. ☐ Es wird darauf hingewiesen, dass …

8. ☐ Verfahrensleitend wird/werden als Zeug… geladen: …
Voraussichtliches Beweisthema: …

9. ☐ Die Akten … werden beigezogen.

10. ☐ Laden:

☐ Antragsteller…	☐ formlos	☐ (ZU).
☐ Antragstellervertreter	☐ (EB).	
☐ Antragsgegner…	☐ formlos	☐ (ZU).
☐ Antragsgegnervertreter	☐ (EB).	

11. Zum Termin.

Frankfurt am Main, den …
Amtsgericht, Abteilung …

…………………

Muster 145: Protokoll betreffend Termin zur mündlichen Verhandlung über den Scheidungsantrag und die Folgesachen

Amtsgericht Frankfurt am Main
Aktenzeichen: …

Niederschrift über die nichtöffentliche Verhandlung vom …

Gegenwärtig: Vorsitzender: …
☐ Urkundsbeamter der Geschäftsstelle …[23]
☐ Von der Zuziehung eines Urkundsbeamten der Geschäftsstelle wurde abgesehen.

in der Familiensache ☐ p. p.
☐ volles Rubrum wie Bl. … d. A.[24]

1 *Präsenz*

erschienen

☐ d… Antragsteller… in Person	☐ und
☐ für d… Antragsteller…	☐ RA …
☐ d… Antragsgegner… in Person	☐ und
☐ für d… Antragsgegner …	☐ RA …
☐ als Dolmetscher: …	

☐ Dieser nahm Bezug auf seinen allgemein geleisteten Eid und erklärte, dass er treu und gewissenhaft übertragen werde.[25]

☐ Der Dolmetscher wurde dahin vereidigt, dass er treu und gewissenhaft übertragen werde.[26]

☐ Der Dolmetscher erklärte, dass er aus Glaubens- bzw. Gewissensgründen keinen Eid leisten wolle. Er bekräftigte, dass er treu und gewissenhaft übertragen werde. Der Dolmetscher wurde darauf hingewiesen, dass diese Bekräftigung einem Eid gleichsteht.[27]

☐ Es wurde festgestellt, dass d… Antragsteller…, d… Antragsgegner…, … Zeug… der deutschen Sprache hinreichend mächtig und deshalb die Hinzuziehung eines Dolmetschers nicht erforderlich ist. Die Beteiligten und ihre Verfahrensbevollmächtigten erheben hiergegen keine Einwendungen. Der erschienene Dolmetscher wurde daraufhin um … Uhr entlassen.

2 *Erklärung zum „Fluranwalt"*

☐ D… Antragsgegner… erklärt, dass er/sie Rechtsanwalt/Rechtsanwältin … nur zur Abgabe eines Fristenverzichts, zum Abschluss eines Scheidungsfolgenvergleichs und zur Abgabe eines Rechtsmittelverzichts einschließlich des Verzichts auf die Begründung des Beschlusses betreffend die Ehescheidung und die Scheidungsfolgen bevollmächtige.

---

[23] §§ 113 I FamFG, 159 I 2 ZPO.

[24] Im Regelfall wird nur ein sog. abgekürztes Rubrum eingesetzt (z. B. Müller ./. Schulze). Ein „volles Rubrum" ist nur erforderlich, wenn das Protokoll einen Verfahrensvergleich enthält, der einen Vollstreckungstitel darstellt (§§ 113 I FamFG, 794 I Nr. 1 ZPO).

[25] § 189 I 1 GVG.

[26] § 189 I 1 GVG.

[27] § 189 I 2, 3 GVG.

Terminanberaumung bei Fristenverzicht 3

☐ Die Beteiligtenvertreter bitten unter Verzicht auf die Einhaltung aller Fristen um Anberaumung eines Termins zur mündlichen Verhandlung über den Scheidungsantrag und die Folgesachen auf sofort.

☐ Beschlossen und verkündet:

Termin zur mündlichen Verhandlung der Ehescheidung und der Scheidungsfolgen wird auf sofort bestimmt.

Ermittlungen zur Eheschließung und Staatsangehörigkeit 4

☐ Die Eheschließung der Beteiligten am … vor dem Standesbeamten in … unter der Heiratsregisternummer … wird anhand der Heiratsurkunde, die deutsche Staatsangehörigkeit durch Einsicht in die Personalausweise festgestellt.

Erörterung betreffend die Ehescheidung 5

☐ Die Sach- und Rechtslage bezüglich der Ehescheidung wird mit
- ☐ den Beteiligten und ihren Vertretern
- ☐ den Beteiligten und dem Antragstellervertreter
- ☐ dem Antragstellervertreter und d… Antragsgegner…
- ☐ beiden Beteiligtenvertretern

erörtert.

Stellen der Anträge betreffend die Ehescheidung 6

☐ D… Antragstellervertreter…
- ☐ verlas ☐ nahm Bezug auf[28]

den Antrag aus der Antragsschrift vom … (Bl. … d. A.).
- ☐ jedoch mit der Maßgabe, dass …
- ☐ jedoch mit dem handschriftlichen Zusatz vom …
  Laut diktiert, vorgelesen/wieder vorgespielt und genehmigt.[29]

☐ D… Antragsgegnervertreter…
- ☐ verlas ☐ nahm Bezug auf[30]
- ☐ d… Antrag/Anträge aus dem Schriftsatz vom … (Bl. … d. A.).
- ☐ stellte keinen Antrag.[31]

☐ D… Antragsgegner… erklärte:
- ☐ Ich stimme dem Scheidungsantrag zu.[32]
- ☐ Ich stimme dem Scheidungsantrag nicht zu.[33]

Laut diktiert, vorgelesen/wieder vorgespielt und genehmigt.[34]

---

[28] §§ 113 I FamFG, 137 I, 297 II ZPO.
[29] §§ 113 I FamFG, 162 I 1 ZPO.
[30] §§ 113 I FamFG, 137 I, 297 II ZPO.
[31] § 1566 II BGB.
[32] § 1566 I BGB.
[33] § 1566 II BGB.
[34] § 113 I FamFG, §§ 160 III Nr. 3, 162 I 1 ZPO.

7 *Anhörung der Beteiligten zur Ehescheidung*[35]

☐ Beschlossen und verkündet:
Die Beteiligten sollen zum Getrenntleben persönlich angehört werden.[36]

D… Antragsteller… erklärte: Wir leben seit … voneinander getrennt. Ich bin der Auffassung, dass unsere Ehe gescheitert ist und dass sie nicht wieder hergestellt werden kann.

D… Antragsgegner… erklärte: Die Angaben zur Trennung sind zutreffend. Auch ich bin der Auffassung, dass unsere Ehe gescheitert ist und dass sie nicht wieder hergestellt werden kann.

☐ Beschlossen und verkündet:
Die Beteiligten sollen zur Trennung und zur Zerrüttung persönlich angehört werden.[37]

D… Antragsteller… erklärte: Wir leben seit … voneinander getrennt. Zu diesem Zeitpunkt bin ich aus der Ehewohnung ausgezogen. Ich möchte geschieden werden. Ich halte eine Versöhnung unter anderem deswegen für ausgeschlossen, weil …

D… Antragsgegner… erklärte: …

8 *Erörterung betreffend die elterliche Sorge und das Umgangsrecht*[38]

☐ Die Sach- und Rechtslage bezüglich der Scheidungsfolgen Sorgerecht und Umgangsrecht wurde mit
☐ den Beteiligten und ihren Vertretern
☐ den Beteiligten und dem Antragstellervertreter
☐ dem Antragstellervertreter und d… Antragsgegner…
☐ beiden Beteiligtenvertretern
☐ …
erörtert.

Gegenstand der Erörterung war auch die Stellungnahme des Jugendamts … vom …

Die Beteiligten wurden auf die Möglichkeit der Beratung durch die Beratungsstellen und die Dienste der Träger der Jugendhilfe hingewiesen.[39]

---

[35] § 128 I FamFG. Im Einzelfall kann von der persönlichen Anhörung abgesehen werden, wenn der Beteiligte hierauf ausdrücklich verzichtet. Das Familiengericht sollte sich dann aber eine (hand-)schriftliche Erklärung des verzichtenden Beteiligten dazu vorlegen lassen, wann sich die Eheleute getrennt haben und ob er die Ehe für nicht wiederherstellbar gescheitert hält.

[36] Betrifft die einverständliche Scheidung.

[37] Betrifft die streitige Scheidung.

[38] § 128 II FamFG.

[39] § 128 II FamFG.

Stellen der Anträge betreffend die elterliche Sorge und das Umgangsrecht 9

☐ D… Antragstellervertreter…
☐ verlas ☐ nahm Bezug auf
den Antrag aus der Antragsschrift vom … (Bl. … d.A.).

☐ jedoch mit der Maßgabe, dass …
☐ jedoch mit dem handschriftlichen Zusatz vom …
Laut diktiert, vorgelesen/wieder vorgespielt und genehmigt.

☐ D… Antragsgegnervertreter…
☐ verlas ☐ nahm Bezug auf
☐ d… Antrag/Anträge aus dem Schriftsatz vom … (Bl. … d.A.).
☐ stellte keinen Antrag.

☐ D… Antragsgegner… erklärte:
☐ Ich stimme dem Antrag auf … zu.
☐ Ich stimme dem Antrag … nicht zu.
Laut diktiert, vorgelesen/wieder vorgespielt und genehmigt.

Anhörung der Beteiligten zur elterlichen Sorge und zum Umgangsrecht[40] 10

☐ Beschlossen und verkündet:
Die Beteiligten sollen zur elterlichen Sorge für und das Umgangsrecht betreffend d… gemeinsame… Kind… … persönlich angehört werden.

☐ Die Beteiligten erklärten übereinstimmend: Wir wollen die elterliche Sorge für unser(e) gemeinsames/gemeinsamen Kind… weiterhin gemeinsam ausüben. Das Umgangsrecht unsere… gemeinsamen Kinde… mit dem Vater/der Mutter ist geregelt. Der Umgang findet regelmäßig und reibungslos statt.[41]

☐ D… Antragsteller… erklärte: Der Antragsgegner hat seit … nur sehr wenig an der Ausübung der gemeinsamen elterlichen Sorge teilgehabt und ist künftig nicht an einer Teilhabe interessiert.
D… Antragsgegner… erklärte: Die Angaben zur gemeinsamen Ausübung der elterlichen Sorge sind zutreffend.[42]

☐ …

Erörterung betreffend den Versorgungsausgleich 11

☐ Die Sach- und Rechtslage bezüglich der Scheidungsfolge Versorgungsausgleich wurde mit
☐ den Beteiligten und ihren Vertretern
☐ den Beteiligten und dem Antragstellervertreter
☐ dem Antragstellervertreter und d… Antragsgegner…

---

[40] § 128 II FamFG.
[41] Betrifft den Fall, dass kein Antrag gestellt wird.
[42] Betrifft den Fall, dass ein Antrag zum Sorgerecht gestellt wird.

☐ beiden Beteiligtenvertretern
☐ …
erörtert.

Gegenstand/Gegenstände der Erörterung war(en)
☐ die Stellungnahmen der Versorgungsträger.
☐ die Wirksamkeit der notariellen Vereinbarung der Beteiligten.[43]

12 *Erörterung betreffend die weiteren Scheidungsfolgen*[44]

☐ Die Sach- und Rechtslage bezüglich der weiteren Scheidungsfolgen wird mit
☐ den Beteiligten und ihren Vertretern
☐ den Beteiligten und dem Antragstellervertreter
☐ dem Antragstellervertreter und d… Antragsgegner…
☐ beiden Beteiligtenvertretern
☐ …
erörtert.

Gegenstand/Gegenstände der Erörterung war(en):
– das Umgangsrecht,
– der Kindesunterhalt,
– der Ehegattenunterhalt,
– die Ehewohnung,
– der Hausrat,
– das Güterrecht.

13 *Stellen der Anträge betreffend die Scheidungsfolgenabtrennung*

☐ D… Antragstellervertreter…
☐ verlas ☐ nahm Bezug auf
d… Antrag/Anträge aus dem Schriftsatz vom … (Bl. … d.A.).

☐ D… Antragsgegnervertreter…
☐ verlas ☐ nahm Bezug auf
☐ d… Antrag/Anträge aus dem Schriftsatz vom … (Bl. … d.A.).
☐ stellte keinen Antrag.

☐ D… Antragsgegner… erklärte:
☐ Ich stimme dem Antrag auf … zu.
☐ Ich stimme dem Antrag auf … nicht zu.
Laut diktiert, vorgelesen/wieder vorgespielt und genehmigt.

14 *Abtrennung von Scheidungsfolgen*

☐ Beschlossen und verkündet:

Das Verfahren betreffend … wird zur gesonderten Verhandlung und Entscheidung gemäß § … FamFG[45] abgetrennt.

---

[43] §§ 6ff. VersAusglG.
[44] Der Erörterung bedarf es, soweit die Erklärung nach § 133 I Nr. 2 FamFG in der Antragsschrift fehlt oder unklar ist bzw. soweit ein Antrag gestellt werden soll.
[45] In Frage kommt hier insbesondere eine Abtrennung nach § 140 II, III FamFG.

Abschluss des Scheidungsfolgenvergleichs 15

☐ Nunmehr tritt Rechtsanwalt/Rechtsanwältin... für d... Antragsgegner ... auf. Sodann schließen die Beteiligten folgenden Vergleich: ...

☐ Nunmehr schließen die Beteiligten

☐ den als Anlage zu diesem Protokoll genommenen Scheidungsfolgenvergleich. Er lag ihnen zu Einsicht vor und wurde von ihnen genehmigt.[46]

☐ folgenden Scheidungsfolgenvergleich:

1. ☐ D... ... wird ein großzügiges Umgangsrecht eingeräumt.
2. ☐ D... ... verpflichtet sich für das gemeinsame Kind der Beteiligten ..., geboren am ... in ... an d... ... monatlich im Voraus, spätestens am dritten Tag eines jeden Monats Kindesunterhalt in Höhe von ...% des jeweiligen Mindestunterhalts abzüglich des jeweils geltenden hälftigen Kindergeldes zu zahlen, das sind derzeit ... € abzüglich hälftigen Kindergeldes von ... €, mithin ... € monatlich.
3. ☐ Die Beteiligten verzichten wechselseitig auf die Durchführung des Versorgungsausgleichs, nehmen diesen Verzicht wechselseitig an.
4. ☐ Die Beteiligten verzichten wechselseitig auf Unterhalt auch für den Fall der Not, der Gesetzesänderung und der Änderung der obergerichtlichen Rechtsprechung und nehmen diesen Verzicht wechselseitig an.
5. ☐ Die Rechtsverhältnisse bezüglich der Ehewohnung sind geregelt.
6. ☐ Der Hausrat ist geteilt; jeder behält zu Eigentum, was er in Besitz hat.
7. ☐ Zugewinn ist nicht erwirtschaftet worden.
8. ☐ ...

Laut diktiert, vorgelesen/wieder vorgespielt und genehmigt.[47]

Anhörung der Beteiligten bei Versorgungsausgleichverzicht 16

☐ Beschlossen und verkündet:

Die Beteiligten sollen zum Versorgungsausgleichsverzicht persönlich angehört werden.

Die Beteiligten erklären übereinstimmend, dass sie während der Ehe für einen angemessenen Ausgleich der Leistungen betreffend den Versorgungsausgleich gesorgt bzw. beiderseitig hinreichende eigene Anwartschaften erworben haben.

Laut diktiert, vorgelesen/wieder vorgespielt und genehmigt.[48]

Stellen der Anträge betreffend die weiteren Scheidungsfolgen 17

☐ D... Antragstellervertreter...

☐ verlas hinsichtlich ... ☐ nahm hinsichtlich ... Bezug auf

d... Antrag/Anträge aus dem Schriftsatz vom ... (Bl. ... d.A.).

---

[46] Betrifft umfangreiche, von den Beteiligtenvertretern vorbereitete Scheidungsfolgenvergleiche, deren Inhalt allerdings vor der Protokollierung mit den Beteiligten und ihren Vertretern zu erörtert und insbesondere auf eine etwaige Unwirksamkeit wegen Sittenwidrigkeit zu überprüfen ist.

[47] §§ 113 I FamFG, 160 III Nr. 1, § 162 I 1 ZPO.

[48] §§ 113 I FamFG, 160 III Nr. 3, § 162 I 1 ZPO.

☐ D… Antragsgegnervertreter…
☐ verlas hinsichtlich … ☐ nahm hinsichtlich … Bezug auf
d… Antrag/Anträge aus dem Schriftsatz vom … (Bl. … d.A.).
☐ stellte keinen Antrag.

18 *Verkündung der Entscheidung*

☐ Nach Herstellung der Öffentlichkeit wird der dem Protokoll anliegende Beschluss durch Verlesung des Beschlusstenors verkündet.

☐ Beschlossen und verkündet:
☐ Eine Entscheidung soll am Schluss der Sitzung verkündet werden.
☐ Termin zur Verkündung einer Entscheidung wird anberaumt auf …, den …, … Uhr, Raum …

19 *Verfahrens- und Vergleichswertfestsetzung*

☐ Nach Ausschluss der Öffentlichkeit und weiterer Erörterung der Sach- und Rechtslage:[49]

☐ Beschlossen und verkündet:
Der Verfahrenswert wird hinsichtlich d… … auf … €, der Vergleichswert wird hinsichtlich d… … auf … € festgesetzt.

20 *Rechtsmittelverzicht*[50]

☐ Die Verfahrensbevollmächtigten erklären sodann übereinstimmend und jeder für sich:
Wir verzichten auf Rechtsmittel und Anschlussrechtsmittel gegen den soeben verkündeten Beschluss zur Ehescheidung und den Scheidungsfolgen. Ferner verzichten wir auf eine Begründung dieses Beschlusses, soweit dies zulässig ist. Außerdem verzichten wir auf Rechtsmittel gegen die Verfahrens- und Vergleichswertfestsetzung.
Laut diktiert, vorgelesen/wieder vorgespielt und genehmigt.[51]

☐ Zugleich für die Richtigkeit der Übertragung vom Tonband:[52]

………………… …………………
(Der Vorsitzende) (Der Urkundsbeamte der Geschäftsstelle)

[49] Betrifft den Fall, dass zuvor die Öffentlichkeit zwecks Verkündung des Scheidungsbeschlusses hergestellt wurde.

[50] Ein Rechtsmittelverzicht ist nach § 67 I FamFG erst nach Bekanntgabe des Beschlusses möglich; er unterliegt als Verfahrenshandlung dem Anwaltszwang.

[51] §§ 113 I FamFG, 160 III Nr. 9, § 162 I 1 ZPO.

[52] §§ 113 I FamFG, 163 I 2 ZPO.

Muster 146: Scheidungsbeschluss bei einvernehmlicher Ehescheidung mit Verzicht auf eine Begründung

Amtsgericht Frankfurt am Main
Aktenzeichen: …

Beschluss

In der Familiensache 1

d…

Antragsteller…,

Verfahrensbevollmächtigter: Rechtsanwalt …,

gegen

d…

Antragsgegner…,

Verfahrensbevollmächtigter: Rechtsanwalt …,

hat das Amtsgericht – Familiengericht Frankfurt am Main durch Richter am Amtsgericht … aufgrund der mündlichen Verhandlung vom … beschlossen:

Die am … vor dem Standesbeamten in … unter der Heiratsregisternummer … geschlossene Ehe der Beteiligten wird geschieden.

☐ Die elterliche Sorge für das gemeinsame Kind …, geb. am … in … wird d… … übertragen.

☐ Im Wege der internen Teilung …

☐ Ein Versorgungsausgleich findet nicht statt.[53]

☐ Über den Versorgungsausgleich wird nach Abtrennung gesondert entschieden.[54]

Die Kosten des Verfahrens werden gegeneinander aufgehoben.

Gründe

Die Beteiligten haben auf eine Begründung des Beschlusses verzichtet. Dieser Verzicht ist hinsichtlich der die Scheidung aussprechenden Entscheidung gemäß § 38 IV Nr. 3, V Nr. 1 FamFG wirksam.

☐ Elterliche Sorge 2

Im Scheidungsverbundverfahren war auf Antrag über die elterliche Sorge für das noch minderjährige gemeinsame Kind der Beteiligten zu entscheiden.

Dabei war die elterliche Sorge d… … zu übertragen (§ 1671 I, II Nr. 1 BGB). Diese Regelung wurde von beiden Eltern dem Familiengericht vorgeschlagen. Diesem Vorschlag folgt das Gericht nach Anhörung der Eltern und des Jugendamtes, da entgegenstehende Gründe des Kindeswohls nicht ersichtlich sind.

---

[53] Betrifft den Ausschluss des Versorgungsausgleichs nach §§ 6 ff. VersAusglG.

[54] Betrifft die Abtrennung des Versorgungsausgleichs nach § 140 FamFG.

3 Versorgungsausgleich

☐ …

☐ Über den Versorgungsausgleich ist auf übereinstimmenden Antrag nach Abtrennung gesondert zu entscheiden (§ 140 II Nr. 4 FamFG). Die Beteiligten haben die erforderlichen Mitwirkungshandlungen betreffend den Versorgungsausgleich vorgenommen und seit Rechtshängigkeit des Scheidungsantrags sind mehr als drei Monate vergangen.

☐ Die Ehegatten haben durch Vereinbarung vom … den Ausgleich der in der Ehezeit erworbenen Anrechte ausgeschlossen (§ 6 I Nr. 2 VersAusglG). Die Vereinbarung wurde vor Rechtskraft der Entscheidung über den Wertausgleich bei der Scheidung als isolierte Vereinbarung notariell beurkundet und erfüllt damit die Formerfordernisse des § 7 I VersAusglG. Die Vereinbarung hält der nach § 8 I VersAusglG vorgeschriebenen Inhalts- und Ausübungskontrolle gemessen an den Maßstäben der §§ 138, 242 BGB stand, denn …

Kosten

Die Kostenentscheidung beruht auf § 150 FamFG.

4 ☐ Rechtsbehelfsbelehrung

☐ Der Ausspruch zur Ehescheidung kann mit der Beschwerde angefochten werden. Sie ist innerhalb eines Monats bei dem Amtsgericht Frankfurt am Main, … einzulegen. Die Frist beginnt mit der Zustellung der Entscheidung. Beschwerdeberechtigt ist, wer durch diese Entscheidung in seinen Rechten beeinträchtigt ist. Die Beschwerde wird durch Einreichung einer Beschwerdeschrift eingelegt. Die Beschwerde kann nur durch einen Rechtsanwalt eingelegt werden. Die Beschwerde muss die Bezeichnung des angefochtenen Beschlusses sowie die Erklärung enthalten, dass Beschwerde gegen diesen Beschluss eingelegt wird. Soll die Entscheidung nur zum Teil angefochten werden, so ist der Umfang der Anfechtung zu bezeichnen. Der Beschwerdeführer hat einen bestimmten Sachantrag zu stellen und diesen zu begründen. Die Frist zur Begründung beträgt zwei Monate und beginnt mit der Zustellung der Entscheidung. Die Begründung ist einzureichen bei dem Oberlandesgericht Frankfurt am Main, …

☐ Der Ausspruch zum Sorgerecht kann mit der Beschwerde angefochten werden. Sie ist innerhalb eines Monats bei dem Amtsgericht Frankfurt am Main, … einzulegen. Die Frist beginnt mit der Zustellung der Entscheidung. Beschwerdeberechtigt ist, wer durch diese Entscheidung in seinen Rechten beeinträchtigt ist. Einem über 14 Jahre alten Kind und dem zuständigen Jugendamt steht das selbständige Beschwerderecht zu. Die Beschwerde wird durch Einreichung einer Beschwerdeschrift oder zur Niederschrift der Geschäftsstelle des genannten Gerichts eingelegt. Sie kann auch zur Niederschrift der Geschäftsstelle eines jeden Amtsgerichts erklärt werden, wobei es für die Einhaltung der Frist auf den Eingang bei dem genannten Gericht ankommt. Sie ist von dem Beschwerdeführer oder seinem Bevollmächtigten zu unterzeichnen. Die Beschwerde muss die Bezeichnung des angefochtenen Beschlusses sowie die Erklärung enthalten, dass Beschwerde gegen diesen Beschluss eingelegt wird. Soll die Entscheidung nur zum Teil angefochten werden, so ist der Umfang der Anfechtung zu bezeichnen. Die Beschwerde soll begründet werden.

☐ Der Ausspruch zum Versorgungsausgleich kann mit der Beschwerde angefochten werden. Sie ist innerhalb eines Monats bei dem Amtsgericht Frankfurt am Main, … einzulegen. Die Frist beginnt mit der Zustellung der Entscheidung. Beschwerdeberechtigt ist, wer durch diese Entscheidung in seinen Rechten beeinträchtigt ist. Die Beschwerde wird durch Einreichung einer Beschwerdeschrift oder zur Niederschrift der Geschäftsstelle des genannten Gerichts eingelegt. Sie kann auch zur Niederschrift der Geschäftsstelle eines jeden Amtsgerichts erklärt werden, wobei es für die Einhaltung der Frist auf den Eingang bei dem genannten Gericht ankommt. Sie ist von dem Beschwerdeführer oder seinem Bevollmächtigten zu unterzeichnen. Die Beschwerde muss die Bezeichnung des angefochtenen Beschlusses sowie die Erklärung enthalten, dass Beschwerde gegen diesen Beschluss eingelegt wird. Soll die Entscheidung nur zum Teil angefochten werden, so ist der Umfang der Anfechtung zu bezeichnen. Die Beschwerde soll begründet werden.

☐ Soweit mehrere Teile der Entscheidung angefochten werden sollen, so gelten die oben aufgeführten Form- und Fristvorschriften für jeden Teil der Entscheidung gesondert.

…………………

Muster 147: Scheidungsbeschluss bei einvernehmlicher Ehescheidung mit Begründung

Amtsgericht Frankfurt am Main
Aktenzeichen: …

Beschluss

1 In der Familiensache

d…

Antragsteller…,

Verfahrensbevollmächtigter: Rechtsanwalt …,

gegen

d…

Antragsgegner…,

Verfahrensbevollmächtigter: Rechtsanwalt …,

hat das Amtsgericht – Familiengericht Frankfurt am Main durch Richterin am Amtsgericht … aufgrund der mündlichen Verhandlung vom … beschlossen:

Die am … vor dem Standesbeamten in … unter der Heiratsregisternummer … geschlossene Ehe der Beteiligten wird geschieden.

Ein Versorgungsausgleich findet nicht statt.

Die Kosten des Verfahrens werden gegeneinander aufgehoben.

Gründe

I.

Die Beteiligten haben die deutsche Staatsangehörigkeit. Sie haben am … vor dem Standesbeamten in … unter der Heiratsregisternummer … die Ehe geschlossen. Aus der Ehe sind keine noch minderjährigen Kinder hervorgegangen.

Die Beteiligten leben seit … getrennt voneinander. Die Beteiligten sind der Auffassung, dass ihre Lebensgemeinschaft gescheitert ist und eine Wiederherstellung nicht erwartet werden kann.

Die Scheidungsfolgen haben die Beteiligten durch notariellen Vertrag vom … (Bl. …ff. d.A.) geregelt.

Die Antragstellerin beantragt,

die am … vor dem Standesbeamten in … unter der Heiratsregisternummer … geschlossene Ehe der Beteiligten zu scheiden.

Der Antragsgegner

hat dem Antrag zugestimmt.

II.

Ehescheidung 2

Die Ehe war wie beantragt zu scheiden, weil sie gescheitert ist (§§ 1565 I, 1566 I BGB).

Das Gericht ist nach der erfolgten persönlichen Anhörung der Beteiligten davon überzeugt, dass ihre Ehe zerrüttet ist. Die Beteiligten haben übereinstimmend und nachvollziehbar dargelegt, dass die eheliche Gemeinschaft seit … beendet ist.

Versorgungsausgleich

Die Ehegatten haben durch Vereinbarung vom … den Ausgleich der in der Ehezeit erworbenen Anrechte ausgeschlossen (§ 6 I Nr. 2 VersAusglG).

Die Vereinbarung wurde vor Rechtskraft der Entscheidung über den Wertausgleich bei der Scheidung als isolierte Vereinbarung notariell beurkundet und erfüllt damit die Formerfordernisse des § 7 I VersAusglG.

Die Vereinbarung hält der nach § 8 I VersAusglG vorgeschriebenen Inhalts- und Ausübungskontrolle gemessen an den Maßstäben der §§ 138, 242 BGB stand.

Sie entspricht den Anforderungen der Rechtsprechung des BGH und des BVerfG, wonach vertragliche Vereinbarungen über den Versorgungsausgleich nicht zu einer einseitigen, nicht gerechtfertigten Lastenverteilung führen dürfen. Die Lastenverteilung ist dann nicht gerechtfertigt, wenn sie für den belasteten Ehegatten unter Berücksichtigung der Belange des anderen Ehegatten und seines Vertrauens in die Wirksamkeit der getroffenen Vereinbarung unzumutbar erscheint. Da der Versorgungsausgleich letztlich eine Art vorweggenommener Altersunterhalt ist, gelten für Vereinbarungen über ihn dieselben Kriterien wie bei einem vollständigen oder teilweisen Ausschluss des Unterhalts wegen Alters. Dieser gehört zum Kernbereich der gesetzlichen Scheidungsfolgen. Deshalb ist maßgebliches Kriterium für die Wirksamkeit, ob und inwieweit der Ausschluss des Versorgungsausgleichs mit dem Gebot der ehelichen Solidarität vereinbar ist.

Die vorliegende Vereinbarung führt aus Sicht des Zeitpunktes ihres Zustandekommens – losgelöst von der weiteren Entwicklung – nicht zu einer offenkundig einseitigen Lastenverteilung, denn …

Die vorliegende Vereinbarung ist auch nach den Wertungen des § 242 BGB wirksam, weil die dem begünstigten Ehegatten eingeräumte Rechtsmacht nicht missbraucht wird, da sich auch aus der Sicht im Zeitpunkt des Scheiterns der Ehe keine unzumutbare Lastenverteilung ergibt. Eine unzumutbare Lastenverteilung ist insbesondere dann anzunehmen, wenn die Vereinbarung dazu führt, dass ein Ehegatte aufgrund einer grundlegenden Veränderung der gemeinsamen Lebensumstände über keine hinreichende Altersversorgung verfügt und dieses Ergebnis mit dem Gebot der ehelichen Solidarität nicht unvereinbar erscheint. Diese Voraussetzungen liegen nicht vor, denn …

Kosten

Die Entscheidung über die Kosten des Verfahrens beruht auf § 150 I FamFG.

III.

3 Der Ausspruch zur Ehescheidung kann mit der Beschwerde angefochten werden. Sie ist innerhalb eines Monats bei dem Amtsgericht Frankfurt am Main, ... einzulegen. Die Frist beginnt mit der Zustellung der Entscheidung. Beschwerdeberechtigt ist, wer durch diese Entscheidung in seinen Rechten beeinträchtigt ist. Die Beschwerde wird durch Einreichung einer Beschwerdeschrift eingelegt. Die Beschwerde kann nur durch einen Rechtsanwalt eingelegt werden. Die Beschwerde muss die Bezeichnung des angefochtenen Beschlusses sowie die Erklärung enthalten, dass Beschwerde gegen diesen Beschluss eingelegt wird. Soll die Entscheidung nur zum Teil angefochten werden, so ist der Umfang der Anfechtung zu bezeichnen. Der Beschwerdeführer hat einen bestimmten Sachantrag zu stellen und diesen zu begründen. Die Frist zur Begründung beträgt zwei Monate und beginnt mit der Zustellung der Entscheidung. Die Begründung ist einzureichen bei dem Oberlandesgericht Frankfurt am Main, ...

Der Ausspruch zum Versorgungsausgleich kann mit der Beschwerde angefochten werden. Sie ist innerhalb eines Monats bei dem Amtsgericht Frankfurt am Main, ... einzulegen. Die Frist beginnt mit der Zustellung der Entscheidung. Beschwerdeberechtigt ist, wer durch diese Entscheidung in seinen Rechten beeinträchtigt ist. Die Beschwerde wird durch Einreichung einer Beschwerdeschrift oder zur Niederschrift der Geschäftsstelle des genannten Gerichts eingelegt. Sie kann auch zur Niederschrift der Geschäftsstelle eines jeden Amtsgerichts erklärt werden, wobei es für die Einhaltung der Frist auf den Eingang bei dem genannten Gericht ankommt. Sie ist von dem Beschwerdeführer oder seinem Bevollmächtigten zu unterzeichnen. Die Beschwerde muss die Bezeichnung des angefochtenen Beschlusses sowie die Erklärung enthalten, dass Beschwerde gegen diesen Beschluss eingelegt wird. Soll die Entscheidung nur zum Teil angefochten werden, so ist der Umfang der Anfechtung zu bezeichnen. Die Beschwerde soll begründet werden.

Soweit mehrere Teile der Entscheidung angefochten werden sollen, so gelten die oben aufgeführten Form- und Fristvorschriften für jeden Teil der Entscheidung gesondert.

....

Muster 148: Beschluss in Sorgerechtsverfahren

Amtsgericht Frankfurt am Main
Aktenzeichen: ...

Beschluss

In der Familiensache 1

d...

Antragsteller...,

Verfahrensbevollmächtigter: Rechtsanwalt ...,

gegen

d...

Antragsgegner...,

Verfahrensbevollmächtigter: Rechtsanwalt ...,

hat das Amtsgericht – Familiengericht Frankfurt am Main durch Richterin am Amtsgericht ... aufgrund der mündlichen Verhandlung vom ... beschlossen:

Die elterliche Sorge für das minderjährige Kind ..., geboren am ... in ... wird der Mutter übertragen.

Die Gerichtskosten und die gerichtlichen Auslagen haben die Beteiligten je zur Hälfte zu tragen. Jeder Beteiligte trägt seine außergerichtlichen Kosten selbst.

Der Geschäftswert wird auf 4.000,– € festgesetzt.

Gründe

I.

Die Beteiligten sind geschiedene Eheleute. Aus der Ehe ist das gemeinsame Kind der Beteiligten ..., geboren am ... in ... hervorgegangen. ... lebt bei seiner Mutter, der Antragstellerin.

Bereits während ihrer Trennungszeit kam es wiederholt zu Konfliktsituationen zwischen den Eltern. Am ... eskalierte der Konflikt: Anlässlich der Übergabe des Sohnes zerstach dessen Vater, der Antragsgegner, die Reifen des Autos der Mutter, in dem diese und der gemeinsame Sohn eingeschlossen waren.

In der mündlichen Verhandlung vom ... – auf das entsprechende Protokoll (Bl. ... ff. d. A.) wird Bezug genommen – hat die Antragstellerin unter anderem beantragt, das Umgangsrecht des Antragsgegners betreffend das minderjährige Kind bis auf weiteres auszuschließen. Dem ist der Antragsgegner entgegengetreten.

In der mündlichen Verhandlung vom ... – auf das entsprechende Protokoll (Bl. ... ff. d. A.) wird ebenfalls Bezug genommen – haben die Beteiligten insoweit das Verfahren übereinstimmend für erledigt erklärt.

Die Antragstellerin beantragt nunmehr noch,

ihr die elterliche Sorge für das minderjährige Kind ..., geboren am ... in ... zu übertragen.

Der Antragsgegner beantragt

die Zurückweisung dieses Antrags.

Mit Beschluss vom ... (Bl. ... d. A.) hat das Gericht dem gemeinsamen Kind der Beteiligten Frau Rechtsanwältin ... zum Verfahrensbeistand bestellt.

Das Gericht hat Beweis erhoben gemäß Beweisbeschluss vom ... (Bl. ... d. A.) durch Einholung eines Sachverständigengutachtens. Wegen des Ergebnisses der Beweisaufnahme wird auf das Gutachten des Sachverständigen Dr. L., vom ... (Bl. ... ff. d. A.) Bezug genommen.

Wegen der weiteren Einzelheiten des beiderseitigen Beteiligtenvorbringens wird ergänzend auf den Inhalt der gewechselten Schriftsätze nebst Anlagen, die Stellungnahme der Verfahrensbeiständin vom ... (Bl. ... ff. d. A.) und die Stellungnahmen der Eltern, des Sachverständigen und der Verfahrensbeiständin in der mündlichen Verhandlung vom ... – auf das entsprechende Protokoll (Bl. ... ff. d. A.) wird nochmals Bezug genommen – sowie den Bericht des Jugendamts ... vom ... (Bl. ... ff. d. A.) Bezug genommen.

II.

2 Auf der Grundlage der durchgeführten Ermittlungen, insbesondere der Anhörung der Beteiligten, der Stellungnahmen der Verfahrensbeiständin, des Ergebnisses der Beweisaufnahme und des Berichts des Jugendamts ... ist das Sorgerecht gemäß § 1671 II Nr. 2 BGB auf die Antragstellerin, die Mutter zu übertragen.

Mit dieser Entscheidung wird das Wohl des Sohnes am besten gewahrt. ... lebt bei seiner Mutter, der Antragstellerin. Umstände, die gemäß § 1671 III BGB der getroffenen Regelung entgegenstehen könnten, sind nicht ersichtlich.

Eine weitere Ausübung der gemeinsamen elterlichen Sorge durch die beteiligten Eltern kam nicht in Betracht.

Das Gericht geht aufgrund ihres wechselseitigen Vorbringens davon aus, dass die Eltern weder gewillt noch in der Lage sind, gemeinsame Lösungen zu erarbeiten, die ihren gemeinsamen Sohn ... betreffen.

Nicht zuletzt die mündliche Verhandlung vom ... hat gezeigt, dass die Eltern in dem Bewusstsein, mit ihrem Verhalten in erster Linie ihrem gemeinsamen Kind zu schaden – hierauf hatten der Sachverständige, die Verfahrenspflegerin und das Gericht hingewiesen – weder eigene psychologische Hilfe in Anspruch nehmen noch von wechselseitigen Vorwürfen, die gemeinsame elterliche Sorge betreffend, Abstand nehmen bzw. Abstand nehmen können.

Die Entscheidung über die Kosten stützt sich – auch soweit die Beteiligten das Verfahren übereinstimmend für erledigt erklärt haben – auf § 81 I FamFG. Die Verfahrenswertfestsetzung basiert auf § 45 I FamGKG.

III.

3 Diese Entscheidung kann mit der Beschwerde angefochten werden. Sie ist innerhalb eines Monats bei dem Amtsgericht Frankfurt am Main, ... einzulegen. Die Frist beginnt mit der schriftlichen Bekanntgabe der Entscheidung.

Beschwerdeberechtigt ist, wer durch die Entscheidung in eigenen Rechten beeinträchtigt wird. Einem über 14 Jahre alten Kind steht in allen seine Person betreffenden Angelegenheiten das selbständige Beschwerderecht zu. Außerdem ist das zuständige Jugendamt beschwerdeberechtigt.

Die Beschwerde wird durch Einreichung einer Beschwerdeschrift oder zur Niederschrift der Geschäftsstelle des genannten Gerichts eingelegt. Sie kann auch zur Niederschrift der Geschäftsstelle eines jeden Amtsgerichts erklärt werden, wobei es für die Einhaltung der Frist auf den Eingang bei dem genannten Gericht ankommt. Sie ist von dem Beschwerdeführer oder seinem Bevollmächtigten zu unterzeichnen. Die Beschwerde muss die Bezeichnung des angefochtenen Beschlusses sowie die Erklärung enthalten, dass Beschwerde gegen diesen Beschluss eingelegt wird. Soll die Entscheidung nur zum Teil angefochten werden, so ist der Umfang der Anfechtung zu bezeichnen.

Die Beschwerde soll begründet werden.

....

Muster 149: Versorgungsausgleich nach Abtrennung von der Ehesache

Amtsgericht Frankfurt am Main
Aktenzeichen: …

Beschluss

1 In der Familiensache

d…

Antragsteller…,

Verfahrensbevollmächtigter: Rechtsanwalt …,

gegen

d…

Antragsgegner…,

hat das Amtsgericht – Familiengericht Frankfurt am Main durch Richter am Amtsgericht … am … beschlossen:

> Im Wege der internen Teilung wird zu Lasten des Anrechts der Antragstellerin bei der Deutschen Rentenversicherung Bund Versicherungsnummer … zu Gunsten des Antragsgegners ein Anrecht in Höhe von 1,7731 Entgeltpunkten auf das vorhandene Konto … bei der Deutschen Rentenversicherung Bund bezogen auf den … übertragen.
>
> Im Wege der internen Teilung wird zu Lasten des Anrechts des Antragsgegners bei der Deutschen Rentenversicherung Bund Versicherungsnummer … zu Gunsten der Antragstellerin ein Anrecht in Höhe von 3,9444 Entgeltpunkten auf das vorhandene Konto … bei der Deutschen Rentenversicherung Bund bezogen auf den … übertragen.
>
> Der Ausgleich des Anrechts der Antragstellerin bei der Deutschen Rentenversicherung Bund in Höhe von 0,1021 Entgeltpunkten (Ost) unterbleibt.
>
> Die Kosten des Verfahrens werden gegeneinander aufgehoben.
>
> Der Verfahrenswert wird auf 2.070,– € festgesetzt.

Gründe

I.

Das erkennende Gericht hat die Ehe der Beteiligten durch Beschluss vom … geschieden. Das Verfahren und die Entscheidung über den Versorgungsausgleich wurden zur gesonderten Verhandlung und Entscheidung abgetrennt.

Nunmehr liegen sämtliche Auskünfte der Versorgungsträger vor. Das Gericht hat aufgrund der Angaben der Beteiligten und der von ihnen nicht beanstandeten Auskünfte der Träger der Versorgungslasten die Versorgungsanwartschaften überprüft. Auf den Inhalt dieser Auskünfte wird wegen der Einzelheiten Bezug genommen.

II.

Nach § 1 VersAusglG sind im Versorgungsausgleich die in der Ehezeit erworbenen Anteile von Anrechten jeweils zur Hälfte zwischen den geschiedenen Ehegatten zu teilen. 2

Die Ehezeit beginnt mit dem ersten Tag des Monats der Eheschließung und endet am letzten Tag des Monats vor Zustellung des Scheidungsantrags (§ 3 I VersAusglG). Die Ehezeit begann am … Sie endete am …

In der Ehezeit haben die Beteiligten folgende Anrechte erworben:

Die Antragstellerin:

1. Bei der Deutschen Rentenversicherung Bund hat die Antragstellerin ein Anrecht mit einem Ehezeitanteil von 3,5462 Entgeltpunkten erlangt. Der Versorgungsträger hat gem. § 5 III VersAusglG vorgeschlagen, den Ausgleichswert mit 1,7731 Entgeltpunkten zu bestimmen. Der korrespondierende Kapitalwert nach § 47 VersAusglG beträgt 10.404,75 €.

2. Bei der Deutschen Rentenversicherung Bund hat die Antragstellerin ein Anrecht mit einem Ehezeitanteil von 0,1021 Entgeltpunkten (Ost) erlangt. Der Versorgungsträger hat gem. § 5 III VersAusglG vorgeschlagen, den Ausgleichswert mit 0,0511 Entgeltpunkten (Ost) zu bestimmen. Der korrespondierende Kapitalwert nach § 47 VersAusglG beträgt 258,01 €.

Der Antragsgegner:

3. Bei der Deutschen Rentenversicherung Bund hat der Antragsgegner ein Anrecht mit einem Ehezeitanteil von 7,8887 Entgeltpunkten erlangt. Der Versorgungsträger hat gem. § 5 III VersAusglG vorgeschlagen, den Ausgleichswert mit 3,9444 Entgeltpunkten zu bestimmen. Der korrespondierende Kapitalwert nach § 47 VersAusglG beträgt 23.146,18 €.

Übersicht:

Antragstellerin

Die Deutsche Rentenversicherung Bund, Kapitalwert: 10.404,75 €

Ausgleichswert: .... 1,7731 Entgeltpunkte

Die Deutsche Rentenversicherung Bund, Kapitalwert: 258,01 €

Ausgleichswert: .... 0,0511 Entgeltpunkte (Ost)

Antragsgegner

Die Deutsche Rentenversicherung Bund, Kapitalwert: 23.146,18 €

Ausgleichswert: .... 3,9444 Entgeltpunkte

Nach Kapitalwerten hat der Ausgleich in Höhe von 12.483,42 € zu Lasten des Antragsgegners zu erfolgen.

Ausgleich:

Bagatellprüfung:

Der Ausgleichswert des Anrechts der Antragstellerin bei der Deutschen Rentenversicherung Bund mit einem Kapitalwert von 258,01 € übersteigt nicht den Grenzwert von … €. Diese Versorgung wird nicht ausgeglichen, weil die Wertgrenze nach § 18 II, III VersAusglG nicht überschritten ist und keine besonderen Gründe den Ausgleich erfordern.

Die einzelnen Anrechte:

Zu 1.: Das Anrecht der Antragstellerin bei der Deutschen Rentenversicherung Bund ist nach § 10 I VersAusglG durch interne Teilung mit einem Ausgleichswert von 1,7731 Entgeltpunkten zugunsten des Antragsgegners auszugleichen.

Zu 2.: Für das Anrecht der Antragstellerin bei der Deutschen Rentenversicherung Bund mit dem Ausgleichswert von 0,0511 Entgeltpunkten (Ost) unterbleibt nach § 18 II VersAusglG der Ausgleich.

Zu 3.: Das Anrecht des Antragsgegners bei der Deutschen Rentenversicherung Bund ist nach § 10 I VersAusglG durch interne Teilung mit einem Ausgleichswert von 3,9444 Entgeltpunkten zugunsten der Antragstellerin auszugleichen.

Die Kostenentscheidung basiert auf §§ 150 V 1, I FamFG.

Der Verfahrenswert errechnet sich nach § 50 I 1 FamGKG.

III.

3 Diese Entscheidung kann mit der Beschwerde angefochten werden. Sie ist innerhalb eines Monats bei dem Amtsgericht Frankfurt am Main, … einzulegen. Die Frist beginnt mit der schriftlichen Bekanntgabe der Entscheidung.

Beschwerdeberechtigt ist, wer durch die Entscheidung in eigenen Rechten beeinträchtigt wird.

Die Beschwerde wird durch Einreichung einer Beschwerdeschrift oder zur Niederschrift der Geschäftsstelle des genannten Gerichts eingelegt. Sie kann auch zur Niederschrift der Geschäftsstelle eines jeden Amtsgerichts erklärt werden, wobei es für die Einhaltung der Frist auf den Eingang bei dem genannten Gericht ankommt. Sie ist von dem Beschwerdeführer oder seinem Bevollmächtigten zu unterzeichnen. Die Beschwerde muss die Bezeichnung des angefochtenen Beschlusses sowie die Erklärung enthalten, dass Beschwerde gegen diesen Beschluss eingelegt wird. Soll die Entscheidung nur zum Teil angefochten werden, so ist der Umfang der Anfechtung zu bezeichnen.

Die Beschwerde soll begründet werden.

…………………

Muster 150: Beschluss betreffend die Vaterschaftsanfechtung

Amtsgericht Frankfurt am Main
Aktenzeichen: …

Beschluss

In der Familiensache 1

die …
vertreten durch das Jugendamt … als Ergänzungspfleger

Antragstellerin,

gegen
den …

Antragsgegner,

hat das Amtsgericht – Familiengericht Frankfurt am Main durch Richter am Amtsgericht … am … beschlossen:

> Es wird festgestellt, dass der Antragsgegner nicht der Vater der am … in … geborenen Antragstellerin … ist.
>
> Die Beteiligten, mit Ausnahme des minderjährigen Kindes, haben die Gerichtskosten zu gleichen Teilen und ihre außergerichtlichen Kosten selbst zu tragen.

Gründe

I.

Die Antragstellerin wurde am … in … als gemeinsames Kind der Frau … und des Antragsgegners geboren.

Vor dem erkennenden Gericht ist unter dem Aktenzeichen … das Scheidungsverfahren der Frau … und des Antragsgegners anhängig.

Die Antragstellerin beantragt,

> festzustellen, dass der Antragsgegner nicht der Vater der am … in … geborenen Antragstellerin … ist.

Der Antragsgegner

> hat keinen Antrag gestellt.

Das Gericht hat Beweis erhoben gemäß Beweisbeschluss vom … (Bl. … d. A.) durch Einholung eines schriftlichen Sachverständigengutachtens.

Wegen des Ergebnisses der Beweisaufnahme wird auf das Gutachten des Sachverständigen … vom … (Bl. … d. A.) Bezug genommen.

II.

Der Antrag ist zulässig. 2

Zwar ist die Mutter der Antragstellerin mit dem Antragsgegner verheiratet und deshalb mit diesem gemeinsam sorgeberechtigt. Auch sind infolgedessen sowohl die Mutter der Antragstellerin als auch der Antragsgegner von der gesetzlichen Vertretung der Antragstellerin ausgeschlossen. Die Antragstellerin ist jedoch durch den vom Gericht bestellten Ergänzungspfleger in vorliegenden Verfahren ordnungsgemäß vertreten.

Der Antrag ist zudem begründet.

Die Antragstellerin ist als Kind gemäß § 1600 I Nr. 4 BGB berechtigt, die Vaterschaft anzufechten. Die Anfechtungsfrist von zwei Jahren ab Kenntnis des Anfechtenden von den Umstanden, die gegen die Vaterschaft sprechen (§§ 1600b I BGB), ist gewahrt. Die Antragstellerin hat das zweite Lebensjahr noch nicht vollendet.

Es ist festzustellen, dass der Antragsgegner nicht der Vater der am ... in ... geborenen Antragstellerin ... ist (§ 1599 I BGB). Die Vermutung, dass das am ... in ... geborene Kind ... vom Antragsgegner abstammt, weil dieser mit der Kindesmutter zur Zeit der Geburt verheiratet war (§§ 1592 Nr. 1, 1600c BGB), ist als entkräftet anzusehen. Dies steht aufgrund des Ergebnisses der Beweisaufnahme zur Überzeugung des Gerichts fest. Nach dem Gutachten des Sachverständigen ... vom ... ist der Antragsgegner als Erzeuger des am ... in ... geborenen Kindes ... auszuschließen.

Die Kostenentscheidung folgt aus § 183 FamFG.

III.

3 Diese Entscheidung kann mit der Beschwerde angefochten werden. Sie ist innerhalb eines Monats bei dem Amtsgericht Frankfurt am Main, ... einzulegen. Die Frist beginnt mit der schriftlichen Bekanntgabe der Entscheidung.

Beschwerdeberechtigt ist, wer durch die Entscheidung in eigenen Rechten beeinträchtigt wird sowie jeder, der an dem Verfahren beteiligt war oder zu beteiligen gewesen wäre (§ 184 III FamFG).

Die Beschwerde wird durch Einreichung einer Beschwerdeschrift oder zur Niederschrift der Geschäftsstelle des genannten Gerichts eingelegt. Sie kann auch zur Niederschrift der Geschäftsstelle eines jeden Amtsgerichts erklärt werden, wobei es für die Einhaltung der Frist auf den Eingang bei dem genannten Gericht ankommt. Sie ist von dem Beschwerdeführer oder seinem Bevollmächtigten zu unterzeichnen.

Die Beschwerde muss die Bezeichnung des angefochtenen Beschlusses sowie die Erklärung enthalten, dass Beschwerde gegen diesen Beschluss eingelegt wird. Soll die Entscheidung nur zum Teil angefochten werden, so ist der Umfang der Anfechtung zu bezeichnen. Die Beschwerde soll begründet werden.

....

Muster 151: Rechtsbehelfsbelehrungen im Verbund von Scheidungs- und Folgesachen

Amtsgericht Frankfurt am Main
Aktenzeichen: ...

Beschluss

In der Familiensache

d...

Antragsteller...,

Verfahrensbevollmächtigter: Rechtsanwalt ...,

gegen

d...

Antragsgegner...,

hat das Amtsgericht – Familiengericht Frankfurt am Main durch Richterin am Amtsgericht ... am ... beschlossen:

<einfügen wie Diktat/Anlage>.

Rechtsbehelfsbelehrung Ehescheidung 1

Der Ausspruch zur Ehescheidung kann mit der Beschwerde angefochten werden. Sie ist innerhalb eines Monats bei dem Amtsgericht Frankfurt am Main, ... einzulegen. Die Frist beginnt mit der Zustellung der Entscheidung.

Beschwerdeberechtigt ist, wer durch diese Entscheidung in seinen Rechten beeinträchtigt ist.

Die Beschwerde wird durch Einreichung einer Beschwerdeschrift eingelegt. Die Beschwerde kann nur durch einen Rechtsanwalt eingelegt werden.

Die Beschwerde muss die Bezeichnung des angefochtenen Beschlusses sowie die Erklärung enthalten, dass Beschwerde gegen diesen Beschluss eingelegt wird. Soll die Entscheidung nur zum Teil angefochten werden, so ist der Umfang der Anfechtung zu bezeichnen. Der Beschwerdeführer hat einen bestimmten Sachantrag zu stellen und diesen zu begründen. Die Frist zur Begründung beträgt zwei Monate und beginnt mit der Zustellung der Entscheidung. Die Begründung ist bei dem Oberlandesgericht Frankfurt am Main, ... einzureichen.

☐ Rechtsbehelfsbelehrung Versorgungsausgleich 2

Der Ausspruch zum Versorgungsausgleich kann mit der Beschwerde angefochten werden. Sie ist innerhalb eines Monats bei dem Amtsgericht Frankfurt am Main, ... einzulegen. Die Frist beginnt mit der Zustellung der Entscheidung.

Beschwerdeberechtigt ist, wer durch diese Entscheidung in seinen Rechten beeinträchtigt ist.

Die Beschwerde wird durch Einreichung einer Beschwerdeschrift oder zur Niederschrift der Geschäftsstelle des genannten Gerichts eingelegt. Sie kann auch zur

Niederschrift der Geschäftsstelle eines jeden Amtsgerichts erklärt werden, wobei es für die Einhaltung der Frist auf den Eingang bei dem genannten Gericht ankommt. Sie ist von dem Beschwerdeführer oder seinem Bevollmächtigten zu unterzeichnen.

Die Beschwerde muss die Bezeichnung des angefochtenen Beschlusses sowie die Erklärung enthalten, dass Beschwerde gegen diesen Beschluss eingelegt wird. Soll die Entscheidung nur zum Teil angefochten werden, so ist der Umfang der Anfechtung zu bezeichnen. Die Beschwerde soll begründet werden.

3 ☐ Rechtsbehelfsbelehrung Unterhalt

Der Ausspruch zum Unterhalt kann mit der Beschwerde angefochten werden. Sie ist innerhalb eines Monats bei dem Amtsgericht Frankfurt am Main, … einzulegen. Die Frist beginnt mit der Zustellung der Entscheidung.

Die Beschwerde ist nur zulässig, wenn der Beschwerdegegenstand 600,– € übersteigt oder das Familiengericht die Beschwerde in diesem Beschluss zugelassen hat.

Beschwerdeberechtigt ist, wer durch diese Entscheidung in seinen Rechten beeinträchtigt ist.

Die Beschwerde wird durch Einreichung einer Beschwerdeschrift eingelegt. Die Beschwerde kann nur durch einen Rechtsanwalt eingelegt werden.

Die Beschwerde muss die Bezeichnung des angefochtenen Beschlusses sowie die Erklärung enthalten, dass Beschwerde gegen diesen Beschluss eingelegt wird. Soll die Entscheidung nur zum Teil angefochten werden, so ist der Umfang der Anfechtung zu bezeichnen. Der Beschwerdeführer hat einen bestimmten Sachantrag zu stellen und diesen zu begründen. Die Frist zur Begründung beträgt zwei Monate und beginnt mit der Zustellung der Entscheidung. Die Begründung ist bei dem Oberlandesgericht Frankfurt am Main, … einzureichen.

4 ☐ Rechtsbehelfsbelehrung Zugewinnausgleich

Der Ausspruch zum Zugewinnausgleich kann mit der Beschwerde angefochten werden. Sie ist innerhalb eines Monats bei dem Amtsgericht Frankfurt am Main, … einzulegen. Die Frist beginnt mit der Zustellung der Entscheidung.

Die Beschwerde ist nur zulässig, wenn der Beschwerdegegenstand 600,– € übersteigt oder das Familiengericht die Beschwerde in diesem Beschluss zugelassen hat.

Beschwerdeberechtigt ist, wer durch diese Entscheidung in seinen Rechten beeinträchtigt ist.

Die Beschwerde wird durch Einreichung einer Beschwerdeschrift eingelegt. Die Beschwerde kann nur durch einen Rechtsanwalt eingelegt werden.

Die Beschwerde muss die Bezeichnung des angefochtenen Beschlusses sowie die Erklärung enthalten, dass Beschwerde gegen diesen Beschluss eingelegt wird. Soll die Entscheidung nur zum Teil angefochten werden, so ist der Umfang der Anfechtung zu bezeichnen. Der Beschwerdeführer hat einen bestimmten Sachantrag zu stellen und diesen zu begründen. Die Frist zur Begründung beträgt zwei Monate und beginnt mit der Zustellung der Entscheidung. Die Begründung ist bei dem Oberlandesgericht Frankfurt am Main, … einzureichen.

☐ Rechtsbehelfsbelehrung Sorgerecht 5

Der Ausspruch zum Sorgerecht kann mit der Beschwerde angefochten werden. Sie ist innerhalb eines Monats bei dem Amtsgericht Frankfurt am Main, … einzulegen. Die Frist beginnt mit der Zustellung der Entscheidung.

Beschwerdeberechtigt ist, wer durch diese Entscheidung in seinen Rechten beeinträchtigt ist. Einem über 14 Jahre alten Kind und dem zuständigen Jugendamt steht das selbständige Beschwerderecht zu.

Die Beschwerde wird durch Einreichung einer Beschwerdeschrift oder zur Niederschrift der Geschäftsstelle des genannten Gerichts eingelegt. Sie kann auch zur Niederschrift der Geschäftsstelle eines jeden Amtsgerichts erklärt werden, wobei es für die Einhaltung der Frist auf den Eingang bei dem genannten Gericht ankommt. Sie ist von dem Beschwerdeführer oder seinem Bevollmächtigten zu unterzeichnen.

Die Beschwerde muss die Bezeichnung des angefochtenen Beschlusses sowie die Erklärung enthalten, dass Beschwerde gegen diesen Beschluss eingelegt wird. Soll die Entscheidung nur zum Teil angefochten werden, so ist der Umfang der Anfechtung zu bezeichnen. Die Beschwerde soll begründet werden.

☐ Rechtsbehelfsbelehrung Umgangsrecht 6

Der Ausspruch zum Umgangsrecht kann mit der Beschwerde angefochten werden. Sie ist innerhalb eines Monats bei dem Amtsgericht Frankfurt am Main, … einzulegen. Die Frist beginnt mit der Zustellung der Entscheidung.

Beschwerdeberechtigt ist, wer durch diese Entscheidung in seinen Rechten beeinträchtigt ist. Einem über 14 Jahre alten Kind und dem zuständigen Jugendamt steht das selbständige Beschwerderecht zu.

Die Beschwerde wird durch Einreichung einer Beschwerdeschrift oder zur Niederschrift der Geschäftsstelle des genannten Gerichts eingelegt. Sie kann auch zur Niederschrift der Geschäftsstelle eines jeden Amtsgerichts erklärt werden, wobei es für die Einhaltung der Frist auf den Eingang bei dem genannten Gericht ankommt. Sie ist von dem Beschwerdeführer oder seinem Bevollmächtigten zu unterzeichnen.

Die Beschwerde muss die Bezeichnung des angefochtenen Beschlusses sowie die Erklärung enthalten, dass Beschwerde gegen diesen Beschluss eingelegt wird. Soll die Entscheidung nur zum Teil angefochten werden, so ist der Umfang der Anfechtung zu bezeichnen. Die Beschwerde soll begründet werden.

☐ Rechtsbehelfsbelehrung Haushalt und Ehewohnung 7

Der Ausspruch zum Haushalt und/oder der Ehewohnung kann mit der Beschwerde angefochten werden. Sie ist innerhalb eines Monats bei dem Amtsgericht Frankfurt am Main, … einzulegen. Die Frist beginnt mit der Zustellung der Entscheidung.

Die Beschwerde ist nur zulässig, wenn der Beschwerdegegenstand 600,– € übersteigt oder das Familiengericht die Beschwerde in diesem Beschluss zugelassen hat.

Beschwerdeberechtigt ist, wer durch diese Entscheidung in seinen Rechten beeinträchtigt ist. Darüber hinaus können Behörden Beschwerde einlegen, soweit dies gesetzlich bestimmt ist.

Die Beschwerde wird durch Einreichung einer Beschwerdeschrift oder zur Niederschrift der Geschäftsstelle des genannten Gerichts eingelegt. Sie kann auch zur Niederschrift der Geschäftsstelle eines jeden Amtsgerichts erklärt werden, wobei es für die Einhaltung der Frist auf den Eingang bei dem genannten Gericht ankommt. Sie ist von dem Beschwerdeführer oder seinem Bevollmächtigten zu unterzeichnen.

Die Beschwerde muss die Bezeichnung des angefochtenen Beschlusses sowie die Erklärung enthalten, dass Beschwerde gegen diesen Beschluss eingelegt wird. Soll die Entscheidung nur zum Teil angefochten werden, so ist der Umfang der Anfechtung zu bezeichnen. Die Beschwerde soll begründet werden.

8 ☐ Rechtsbehelfsbelehrung Teilversäumnisentscheidung

Soweit in der Folgesache Unterhalt bzw. Zugewinnausgleich durch Teilversäumnisbeschluss entschieden worden ist, kann dieser Teil der Entscheidung nur mit dem Einspruch angefochten werden. Der Einspruch ist innerhalb von zwei Wochen bei dem Amtsgericht Frankfurt am Main, … einzulegen. Die Frist beginnt mit der Zustellung der Entscheidung.

Der Einspruch wird durch Einreichung einer Einspruchsschrift bei dem genannten Gericht eingelegt. Nur ein Rechtsanwalt kann den Einspruch einlegen.

Die Einspruchsschrift muss die Bezeichnung des Beschlusses, gegen den der Einspruch gerichtet wird, sowie die Erklärung, dass gegen diesen Beschluss Einspruch eingelegt wird, enthalten. Soll die Versäumnisentscheidung nur zum Teil angefochten werden, so ist der Umfang der Anfechtung zu bezeichnen.

Ferner sind innerhalb der Frist von zwei Wochen sämtliche Angriffs- und Verteidigungsmittel einschließlich Beweisantritten sowie Rügen, die die Zulässigkeit des Antrags betreffen, vorzutragen.

Ein Einspruch führt nicht zu einer Verlängerung einer Beschwerde- oder Beschwerdebegründungsfrist. Gegen andere Teile der Entscheidung müssen daher gegebenenfalls die insoweit zulässigen Rechtsmittel eingelegt werden.

9 ☐ Rechtsbehelfsbelehrung Anfechtung mehrerer Teile der Entscheidung

Soweit mehrere Teile der Entscheidung angefochten werden sollen, so gelten die oben aufgeführten Form- und Fristvorschriften für jeden Teil der Entscheidung gesondert.

…………………

Muster 152: Rechtsbehelfsbelehrungen in einzelnen Familiensachen

Amtsgericht Frankfurt am Main
Aktenzeichen: …

Beschluss

In der Familiensache

d…

Antragsteller…,

Verfahrensbevollmächtigter: Rechtsanwalt …,

gegen

d…

Antragsgegner…,

hat das Amtsgericht – Familiengericht Frankfurt am Main durch Richter am Amtsgericht … am … beschlossen:

<einfügen wie Diktat/Anlage>.

☐ Rechtsbehelfsbelehrung Ehesache 1

Diese Entscheidung kann mit der Beschwerde angefochten werden. Sie ist innerhalb eines Monats bei dem Amtsgericht Frankfurt am Main, … einzulegen. Die Frist beginnt mit der Zustellung der Entscheidung.

Beschwerdeberechtigt ist, wer durch die Entscheidung in eigenen Rechten beeinträchtigt wird.

Die Beschwerde wird durch Einreichung einer Beschwerdeschrift eingelegt. Die Beschwerde kann nur durch einen Rechtsanwalt eingelegt werden. Die Beschwerde muss die Bezeichnung des angefochtenen Beschlusses sowie die Erklärung enthalten, dass Beschwerde gegen diesen Beschluss eingelegt wird. Soll die Entscheidung nur zum Teil angefochten werden, so ist der Umfang der Anfechtung zu bezeichnen.

Der Beschwerdeführer hat einen bestimmten Sachantrag zu stellen und diesen zu begründen. Die Frist zur Begründung beträgt zwei Monate und beginnt mit der Zustellung der Entscheidung. Die Begründung ist bei dem Oberlandesgericht Frankfurt am Main, … einzureichen.

☐ Rechtsbehelfsbelehrung Kindesunterhalt 2

Diese Entscheidung kann mit der Beschwerde angefochten werden. Sie ist innerhalb eines Monats bei dem Amtsgericht Frankfurt am Main, … einzulegen. Die Frist beginnt mit der Zustellung der Entscheidung.

In vermögensrechtlichen Angelegenheiten ist die Beschwerde nur zulässig, wenn der Beschwerdegegenstand 600,– € übersteigt oder das Gericht die Beschwerde in diesem Beschluss zugelassen hat. Beschwerdeberechtigt ist, wer durch die Entscheidung in eigenen Rechten beeinträchtigt wird.

Die Beschwerde wird durch Einreichung einer Beschwerdeschrift eingelegt. Die Beschwerde kann nur durch einen Rechtsanwalt eingelegt werden. Das gilt nicht für einen Beteiligten, der durch das Jugendamt als Beistand vertreten ist. Die Beschwerde muss die Bezeichnung des angefochtenen Beschlusses sowie die Erklärung enthalten, dass Beschwerde gegen diesen Beschluss eingelegt wird. Soll die Entscheidung nur zum Teil angefochten werden, so ist der Umfang der Anfechtung zu bezeichnen.

Der Beschwerdeführer hat einen bestimmten Sachantrag zu stellen und diesen zu begründen. Die Frist zur Begründung beträgt zwei Monate und beginnt mit der Zustellung der Entscheidung. Die Begründung ist bei dem Oberlandesgericht Frankfurt am Main, … einzureichen.

3 ☐ Rechtsbehelfsbelehrung Kindesunterhalt mit Teilversäumnisentscheidung

Diese Entscheidung kann mit der Beschwerde angefochten werden. Sie ist innerhalb eines Monats bei dem Amtsgericht Frankfurt am Main, … einzulegen. Die Frist beginnt mit der Zustellung der Entscheidung.

In vermögensrechtlichen Angelegenheiten ist die Beschwerde nur zulässig, wenn der Beschwerdegegenstand 600,– € übersteigt oder das Gericht die Beschwerde in diesem Beschluss zugelassen hat. Beschwerdeberechtigt ist, wer durch die Entscheidung in eigenen Rechten beeinträchtigt wird.

Die Beschwerde wird durch Einreichung einer Beschwerdeschrift eingelegt. Die Beschwerde kann nur durch einen Rechtsanwalt eingelegt werden. Das gilt nicht für einen Beteiligten, der durch das Jugendamt als Beistand vertreten ist. Die Beschwerde muss die Bezeichnung des angefochtenen Beschlusses sowie die Erklärung enthalten, dass Beschwerde gegen diesen Beschluss eingelegt wird. Soll die Entscheidung nur zum Teil angefochten werden, so ist der Umfang der Anfechtung zu bezeichnen.

Der Beschwerdeführer hat einen bestimmten Sachantrag zu stellen und diesen zu begründen. Die Frist zur Begründung beträgt zwei Monate und beginnt mit der Zustellung der Entscheidung. Die Begründung ist bei dem Oberlandesgericht Frankfurt am Main, … einzureichen.

Soweit durch Teilversäumnisbeschluss entschieden worden ist, kann dieser Teil der Entscheidung nur mit dem Einspruch angefochten werden. Er ist innerhalb von zwei Wochen bei dem Amtsgericht Frankfurt am Main, … einzulegen. Die Frist beginnt mit der Zustellung der Entscheidung.

Der Einspruch wird durch Einreichung einer Einspruchsschrift bei dem genannten Gericht eingelegt. Nur ein Rechtsanwalt kann den Einspruch einlegen. Die Einspruchsschrift muss die Bezeichnung des Beschlusses, gegen den der Einspruch gerichtet wird, sowie die Erklärung, dass gegen diesen Beschluss Einspruch eingelegt wird, enthalten. Soll die Versäumnisentscheidung nur zum Teil angefochten werden, so ist der Umfang der Anfechtung zu bezeichnen.

Ferner sind innerhalb der Frist von zwei Wochen sämtliche Angriffs- und Verteidigungsmittel einschließlich Beweisantritten sowie Rügen, die die Zulässigkeit des Antrags betreffen, vorzutragen.

Ein Einspruch führt nicht zu einer Verlängerung einer Beschwerde- oder Beschwerdebegründungsfrist. Gegen andere Teile der Entscheidung müssen daher gegebenenfalls die insoweit zulässigen Rechtsmittel eingelegt werden.

Soweit mehrere Teile der Entscheidung angefochten werden sollen, so gelten die oben aufgeführten Form- und Fristvorschriften für jeden Teil der Entscheidung gesondert.

☐ Rechtsbehelfsbelehrung Unterhalt (außer Kindesunterhalt) 4

Diese Entscheidung kann mit der Beschwerde angefochten werden. Sie ist innerhalb eines Monats bei dem Amtsgericht Frankfurt am Main, … einzulegen. Die Frist beginnt mit der Zustellung der Entscheidung.

In vermögensrechtlichen Angelegenheiten ist die Beschwerde nur zulässig, wenn der Beschwerdegegenstand 600,– € übersteigt oder das Gericht die Beschwerde in diesem Beschluss zugelassen hat. Beschwerdeberechtigt ist, wer durch die Entscheidung in eigenen Rechten beeinträchtigt wird.

Die Beschwerde wird durch Einreichung einer Beschwerdeschrift eingelegt. Die Beschwerde kann nur durch einen Rechtsanwalt eingelegt werden. Die Beschwerde muss die Bezeichnung des angefochtenen Beschlusses sowie die Erklärung enthalten, dass Beschwerde gegen diesen Beschluss eingelegt wird. Soll die Entscheidung nur zum Teil angefochten werden, so ist der Umfang der Anfechtung zu bezeichnen.

Der Beschwerdeführer hat einen bestimmten Sachantrag zu stellen und diesen zu begründen. Die Frist zur Begründung beträgt zwei Monate und beginnt mit der Zustellung der Entscheidung. Die Begründung ist bei dem Oberlandesgericht Frankfurt am Main, … einzureichen.

☐ Rechtsbehelfsbelehrung Unterhalt (außer Kindesunterhalt) mit Teilversäumnisentscheidung 5

Diese Entscheidung kann mit der Beschwerde angefochten werden. Sie ist innerhalb eines Monats bei dem Amtsgericht Frankfurt am Main, … einzulegen. Die Frist beginnt mit der Zustellung der Entscheidung.

In vermögensrechtlichen Angelegenheiten ist die Beschwerde nur zulässig, wenn der Beschwerdegegenstand 600,– € übersteigt oder das Gericht die Beschwerde in diesem Beschluss zugelassen hat. Beschwerdeberechtigt ist, wer durch die Entscheidung in eigenen Rechten beeinträchtigt wird.

Die Beschwerde wird durch Einreichung einer Beschwerdeschrift eingelegt. Die Beschwerde kann nur durch einen Rechtsanwalt eingelegt werden. Die Beschwerde muss die Bezeichnung des angefochtenen Beschlusses sowie die Erklärung enthalten, dass Beschwerde gegen diesen Beschluss eingelegt wird. Soll die Entscheidung nur zum Teil angefochten werden, so ist der Umfang der Anfechtung zu bezeichnen.

Der Beschwerdeführer hat einen bestimmten Sachantrag zu stellen und diesen zu begründen. Die Frist zur Begründung beträgt zwei Monate und beginnt mit der Zustellung der Entscheidung. Die Begründung ist bei dem Oberlandesgericht Frankfurt am Main, … einzureichen.

Soweit durch Teilversäumnisbeschluss entschieden worden ist, kann dieser Teil der Entscheidung nur mit dem Einspruch angefochten werden. Er ist innerhalb von zwei Wochen bei dem Amtsgericht Frankfurt am Main, … einzulegen. Die Frist beginnt mit der Zustellung der Entscheidung.

Der Einspruch wird durch Einreichung einer Einspruchsschrift bei dem genannten Gericht eingelegt. Nur ein Rechtsanwalt kann den Einspruch einlegen. Die

Einspruchsschrift muss die Bezeichnung des Beschlusses, gegen den der Einspruch gerichtet wird, sowie die Erklärung, dass gegen diesen Beschluss Einspruch eingelegt wird, enthalten. Soll die Versäumnisentscheidung nur zum Teil angefochten werden, so ist der Umfang der Anfechtung zu bezeichnen.

Ferner sind innerhalb der Frist von zwei Wochen sämtliche Angriffs- und Verteidigungsmittel einschließlich Beweisantritten sowie Rügen, die die Zulässigkeit des Antrags betreffen, vorzutragen.

Ein Einspruch führt nicht zu einer Verlängerung einer Beschwerde- oder Beschwerdebegründungsfrist. Gegen andere Teile der Entscheidung müssen daher gegebenenfalls die insoweit zulässigen Rechtsmittel eingelegt werden.
Soweit mehrere Teile der Entscheidung angefochten werden sollen, so gelten die oben aufgeführten Form- und Fristvorschriften für jeden Teil der Entscheidung gesondert.

6 ☐ Rechtsbehelfsbelehrung Zugewinnausgleich und sonstige Familienstreitsachen

Diese Entscheidung kann mit der Beschwerde angefochten werden. Sie ist innerhalb eines Monats bei dem Amtsgericht Frankfurt am Main, … einzulegen. Die Frist beginnt mit der Zustellung der Entscheidung.

In vermögensrechtlichen Angelegenheiten ist die Beschwerde nur zulässig, wenn der Beschwerdegegenstand 600,– € übersteigt oder das Gericht die Beschwerde in diesem Beschluss zugelassen hat. Beschwerdeberechtigt ist, wer durch die Entscheidung in eigenen Rechten beeinträchtigt wird.

Die Beschwerde wird durch Einreichung einer Beschwerdeschrift eingelegt. Die Beschwerde kann nur durch einen Rechtsanwalt eingelegt werden. Die Beschwerde muss die Bezeichnung des angefochtenen Beschlusses sowie die Erklärung enthalten, dass Beschwerde gegen diesen Beschluss eingelegt wird. Soll die Entscheidung nur zum Teil angefochten werden, so ist der Umfang der Anfechtung zu bezeichnen.

Der Beschwerdeführer hat einen bestimmten Sachantrag zu stellen und diesen zu begründen. Die Frist zur Begründung beträgt zwei Monate und beginnt mit der Zustellung der Entscheidung. Die Begründung ist bei dem Oberlandesgericht Frankfurt am Main, … einzureichen.

7 ☐ Rechtsbehelfsbelehrung Zugewinnausgleich und sonstige Familienstreitsachen mit Teilversäumnisentscheidung

Diese Entscheidung kann mit der Beschwerde angefochten werden. Sie ist innerhalb eines Monats bei dem Amtsgericht Frankfurt am Main, … einzulegen. Die Frist beginnt mit der Zustellung der Entscheidung.

In vermögensrechtlichen Angelegenheiten ist die Beschwerde nur zulässig, wenn der Beschwerdegegenstand 600,– € übersteigt oder das Gericht die Beschwerde in diesem Beschluss zugelassen hat. Beschwerdeberechtigt ist, wer durch die Entscheidung in eigenen Rechten beeinträchtigt wird.

Die Beschwerde wird durch Einreichung einer Beschwerdeschrift eingelegt. Die Beschwerde kann nur durch einen Rechtsanwalt eingelegt werden. Die Beschwerde muss die Bezeichnung des angefochtenen Beschlusses sowie die Erklärung enthalten, dass Beschwerde gegen diesen Beschluss eingelegt wird. Soll die Entscheidung nur zum Teil angefochten werden, so ist der Umfang der Anfechtung zu bezeichnen.

Der Beschwerdeführer hat einen bestimmten Sachantrag zu stellen und diesen zu begründen. Die Frist zur Begründung beträgt zwei Monate und beginnt mit der Zustellung der Entscheidung. Die Begründung ist bei dem Oberlandesgericht Frankfurt am Main, ... einzureichen.

Soweit durch Teilversäumnisbeschluss entschieden worden ist, kann dieser Teil der Entscheidung nur mit dem Einspruch angefochten werden. Er ist innerhalb von zwei Wochen bei dem Amtsgericht Frankfurt am Main, ... einzulegen. Die Frist beginnt mit der Zustellung der Entscheidung.

Der Einspruch wird durch Einreichung einer Einspruchsschrift bei dem genannten Gericht eingelegt. Nur ein Rechtsanwalt kann den Einspruch einlegen. Die Einspruchsschrift muss die Bezeichnung des Beschlusses, gegen den der Einspruch gerichtet wird, sowie die Erklärung, dass gegen diesen Beschluss Einspruch eingelegt wird, enthalten. Soll die Versäumnisentscheidung nur zum Teil angefochten werden, so ist der Umfang der Anfechtung zu bezeichnen.

Ferner sind innerhalb der Frist von zwei Wochen sämtliche Angriffs- und Verteidigungsmittel einschließlich Beweisantritten sowie Rügen, die die Zulässigkeit des Antrags betreffen, vorzutragen.

Ein Einspruch führt nicht zu einer Verlängerung einer Beschwerde- oder Beschwerdebegründungsfrist. Gegen andere Teile der Entscheidung müssen daher gegebenenfalls die insoweit zulässigen Rechtsmittel eingelegt werden.

Soweit mehrere Teile der Entscheidung angefochten werden sollen, so gelten die oben aufgeführten Form- und Fristvorschriften für jeden Teil der Entscheidung gesondert.

☐ Rechtsbehelfsbelehrung Versorgungsausgleich 8

Diese Entscheidung kann mit der Beschwerde angefochten werden. Sie ist innerhalb eines Monats bei dem Amtsgericht Frankfurt am Main, ... einzulegen. Die Frist beginnt mit der schriftlichen Bekanntgabe der Entscheidung.

Beschwerdeberechtigt ist, wer durch die Entscheidung in eigenen Rechten beeinträchtigt wird.

Die Beschwerde wird durch Einreichung einer Beschwerdeschrift oder zur Niederschrift der Geschäftsstelle des genannten Gerichts eingelegt. Sie kann auch zur Niederschrift der Geschäftsstelle eines jeden Amtsgerichts erklärt werden, wobei es für die Einhaltung der Frist auf den Eingang bei dem genannten Gericht ankommt. Sie ist von dem Beschwerdeführer oder seinem Bevollmächtigten zu unterzeichnen. Die Beschwerde muss die Bezeichnung des angefochtenen Beschlusses sowie die Erklärung enthalten, dass Beschwerde gegen diesen Beschluss eingelegt wird. Soll die Entscheidung nur zum Teil angefochten werden, so ist der Umfang der Anfechtung zu bezeichnen.

Die Beschwerde soll begründet werden.

☐ Rechtsbehelfsbelehrung Sorge- und Umgangsrecht 9

Diese Entscheidung kann mit der Beschwerde angefochten werden. Sie ist innerhalb eines Monats bei dem Amtsgericht Frankfurt am Main, ... einzulegen. Die Frist beginnt mit der schriftlichen Bekanntgabe der Entscheidung.

Beschwerdeberechtigt ist, wer durch die Entscheidung in eigenen Rechten beeinträchtigt wird. Einem über 14 Jahre alten Kind steht in allen seine Person betreffenden Angelegenheiten das selbständige Beschwerderecht zu. Außerdem ist das zuständige Jugendamt beschwerdeberechtigt.

Die Beschwerde wird durch Einreichung einer Beschwerdeschrift oder zur Niederschrift der Geschäftsstelle des genannten Gerichts eingelegt. Sie kann auch zur Niederschrift der Geschäftsstelle eines jeden Amtsgerichts erklärt werden, wobei es für die Einhaltung der Frist auf den Eingang bei dem genannten Gericht ankommt. Sie ist von dem Beschwerdeführer oder seinem Bevollmächtigten zu unterzeichnen. Die Beschwerde muss die Bezeichnung des angefochtenen Beschlusses sowie die Erklärung enthalten, dass Beschwerde gegen diesen Beschluss eingelegt wird. Soll die Entscheidung nur zum Teil angefochten werden, so ist der Umfang der Anfechtung zu bezeichnen.

Die Beschwerde soll begründet werden.

10 ☐ Rechtsbehelfsbelehrung Haushalt und Ehewohnung

Diese Entscheidung kann mit der Beschwerde angefochten werden. Sie ist innerhalb eines Monats bei dem Amtsgericht Frankfurt am Main, … einzulegen. Die Frist beginnt mit der schriftlichen Bekanntgabe der Entscheidung.

In vermögensrechtlichen Angelegenheiten ist die Beschwerde nur zulässig, wenn der Beschwerdegegenstand 600,– € übersteigt oder das Gericht die Beschwerde in diesem Beschluss zugelassen hat. Beschwerdeberechtigt ist, wer durch die Entscheidung in eigenen Rechten beeinträchtigt wird.

Die Beschwerde wird durch Einreichung einer Beschwerdeschrift oder zur Niederschrift der Geschäftsstelle des genannten Gerichts eingelegt. Sie kann auch zur Niederschrift der Geschäftsstelle eines jeden Amtsgerichts erklärt werden, wobei es für die Einhaltung der Frist auf den Eingang bei dem genannten Gericht ankommt. Sie ist von dem Beschwerdeführer oder seinem Bevollmächtigten zu unterzeichnen. Die Beschwerde muss die Bezeichnung des angefochtenen Beschlusses sowie die Erklärung enthalten, dass Beschwerde gegen diesen Beschluss eingelegt wird. Soll die Entscheidung nur zum Teil angefochten werden, so ist der Umfang der Anfechtung zu bezeichnen.

Die Beschwerde soll begründet werden.

11 ☐ Rechtsbehelfsbelehrung einstweilige Anordnung in Familiensachen

Diese Entscheidung kann mit der Beschwerde angefochten werden. Sie ist innerhalb von zwei Wochen bei dem Amtsgericht Frankfurt am Main, … einzulegen. Die Frist beginnt mit der schriftlichen Bekanntgabe der Entscheidung.

Beschwerdeberechtigt ist, wer durch diese Entscheidung in seinen Rechten beeinträchtigt ist. Darüber hinaus können Behörden Beschwerde einlegen, soweit dies gesetzlich bestimmt ist. Einem über 14 Jahre alten Kind oder einem unter Vormundschaft stehenden, nicht geschäftsunfähigem Mündel steht in allen seine Person betreffenden Angelegenheiten das selbständige Beschwerderecht zu. Das gleiche gilt in sonstigen Angelegenheiten, in denen das Kind oder der Mündel vor einer Entscheidung des Gerichts gehört werden soll.

Die Beschwerde wird durch Einreichung einer Beschwerdeschrift oder zur Niederschrift der Geschäftsstelle des genannten Gerichts eingelegt. Sie kann auch zur Niederschrift der Geschäftsstelle eines jeden Amtsgerichts erklärt werden, wobei es für die Einhaltung der Frist auf den Eingang bei dem genannten Gericht ankommt. Sie ist von dem Beschwerdeführer oder seinem Bevollmächtigten zu unterzeichnen. Die Beschwerde muss die Bezeichnung des angefochtenen Beschlusses sowie die Erklärung enthalten, dass Beschwerde gegen diesen Beschluss eingelegt wird. Soll die Entscheidung nur zum Teil angefochten werden, so ist der Umfang der Anfechtung zu bezeichnen.

Die Beschwerde soll begründet werden.

....

§ 10. Arrest und einstweilige Verfügung

I. Die Voraussetzungen

1. Der Sicherungscharakter

Arrest und einstweilige Verfügung sind Eilverfahren zur Sicherstellung von Ansprüchen bzw. zur Regelung von streitigen Rechtsverhältnissen. Beide Institute dienen der Durchsetzung des materiellen Rechts. Es bedarf also bei der Entscheidung stets eines Eingehens auf die materielle Rechtslage, wobei der Inhalt der „Eilentscheidung" grundsätzlich – mangels Rechtsschutzbedürfnis – das Ergebnis des späteren Hauptprozesses nicht vorwegnehmen darf.

a) Der Arrest dient der Sicherstellung von Geldforderungen und solcher Ansprüche, 1
die in eine Geldforderung übergehen können (§ 916 ZPO). Nach § 916 II ZPO gilt dies – unter gewissen Voraussetzungen – auch für bedingte und betagte Ansprüche. Die einstweilige Verfügung dient der Sicherung sonstiger Ansprüche (§ 935 ZPO) und der einstweiligen Regelung streitiger Rechtsverhältnisse (§ 940 ZPO).

(1) Arrest und einstweilige Verfügung schließen sich nach der gesetzlichen Regelung gegenseitig aus.[1]

Dem steht aber nicht entgegen, dass ein Antrag auf Erlass eines Arrestes in einen Antrag auf Erlass einer einstweiligen Verfügung umgedeutet werden und ein Übergang von dem einen zum anderen Verfahren analog den Vorschriften über die Klageänderung (§§ 263, 264 ZPO) erfolgen kann. Dass nach den gleichen Vorschriften auch ein Übergang vom Eilverfahren zum Hauptsacheprozess zulässig ist, wird teilweise verneint mit der Begründung, die Verfahrensarten und Streitgegenstände seien völlig unterschiedlich.

(2) Die Abgrenzung der verschiedenen Arten der einstweiligen Verfügung, insbesondere zwischen § 935 und § 940 ZPO, ist unsicher, aber in der Praxis nicht erheblich.

Sowohl die einstweilige Verfügung nach § 935 ZPO als auch die nach § 940 ZPO unterliegen den Regelungen in §§ 936 bis 939 ZPO und ergänzen sich gegenseitig zu einer umfassenden Generalklausel für das Eilverfahren.

b) Im Vordergrund der richterlichen Praxis steht die einstweilige Verfügung. Sie 2
kommt für eine ganze Reihe von Ansprüchen und Regelungen in Frage:[2]

(1) Herausgabeansprüche, bei denen die Anordnung wegen des Verbots der Vorwegnahme der Hauptsache regelmäßig auf Herausgabe an den Gerichtsvollzieher oder einen Sequester (§ 154 GVGA) geht, es sei denn, dass verbotene Eigenmacht vorliegt.

(2) Unterlassungsansprüche, insbesondere auf den Gebieten des unlauteren Wettbewerbs und des gewerblichen Rechtsschutzes, des Arbeitsrechts, des Ehrenschutzes, des Nachbarrechts, des Mietrechts, und des Bankrechts.

(3) Leistungsansprüche, insbesondere Eintragung von Vormerkungen und Widersprüchen im Grundbuch, dinglichen Erwerbsverboten, Auskunfts- und Beseitigungsansprüche.

---

[1] MüKoZPO/*Drescher* Vorb. zu § 916 Rn. 34ff.; BeckOK ZPO/*Mayer* § 916 Rn. 4ff.

[2] MüKoZPO/*Drescher* §§ 935 Rn. 27ff., 938 Rn. 24ff.; BeckOK ZPO/*Mayer* § 935 Rn. 3ff., § 938 Rn. 7ff.

(4) Regelung bestimmter Zustände; zu erwähnen sind Gebrauchsregelungen im Mietrecht, Entzug von Geschäftsführung und Vertretung im Gesellschaftsrecht, sowie Stimmabgaben im Gesellschaftsrecht.

(5) Auf dem Gebiet des Presserechts kommen neben Unterlassung bestimmter Tatsachenbehauptungen und vorläufigem Widerruf vor allem Gegendarstellungsrechte in Frage.

3 c) Entsprechend dem Sicherungscharakter darf das Eilverfahren grundsätzlich noch nicht zu einer Befriedigung des Gläubigers führen. Bei dem Arrest ist dies durch die besonderen Vollziehungsvorschriften der §§ 930–934 ZPO in jedem Fall gewährleistet. Für die einstweilige Verfügung geht man zwar im Grundsatz ebenfalls davon aus, dass der Inhalt der einstweiligen Verfügung die Hauptsache nicht vorwegnehmen darf. § 938 ZPO, der dem Gericht hinsichtlich der Art der zu treffenden Anordnungen einen Ermessensspielraum einräumt, hat jedoch zu einer zunehmenden Aufweichung dieses Grundsatzes geführt.[3]

(1) Einmal gilt dies für die oben bereits erwähnten Unterlassungsansprüche, bei denen die Vorläufigkeit der Regelung in Form der zeitlichen Komponente dadurch gewahrt wird, dass die Titulierung des Unterlassungsanspruchs auf die Zeit bis zur rechtskräftigen Entscheidung im Hauptprozess beschränkt wird. Verzichtet der Schuldner durch sogenannte „Abschlusserklärung" auf die Einlegung des Widerspruchs und die Rechte aus §§ 926, 927 ZPO, so läuft die auf Unterlassung gerichtete einstweilige Verfügung auf eine endgültige Regelung hinaus.

(2) Eine Sonderstellung nehmen die Herausgabeansprüche wegen verbotener Eigenmacht ein, bei denen die volle Wiederherstellung des früheren Zustands unter Berücksichtigung der besonderen Art des Bruchs des Rechtsfriedens gefordert wird. § 940a ZPO hat dies mittelbar durch die Einschränkung anerkannt, dass die Räumung von Wohnraum durch einstweilige Verfügung nur im Falle verbotener Eigenmacht oder bei einer konkreten Gefahr für Leib und Leben angeordnet werden darf.

(3) Im Anschluss an die Sonderregelung des § 247 FamFG hat die Rechtsprechung eine sogenannte Leistungsverfügung entwickelt, bei der der Gläubiger im Wege der einstweiligen Verfügung befriedigt wird und an die sich nicht unbedingt ein Hauptprozess anzuschließen braucht. Es geht hier vor allem um Geldzahlungen zur Befriedigung dringender Bedürfnisse, insbesondere um Unterhalt, Lohn, Gehalt, Rentenzahlungen, Schadensersatzansprüche (Heilungskosten), Herausgabe (Besitzschutz) sowie die Vornahme von Handlungen (Lieferung von Gas, Wasser, Strom). Um den Charakter der Vorläufigkeit der Regelung zu gewährleisten, sollte die Leistungsverfügung zeitlich begrenzt werden.

(4) Im Bereich der Regelungsverfügung (§ 940 ZPO) hat die Rechtsprechung zunehmend einstweilige Verfügungen erlassen, die der Erfüllung des Hauptsacheanspruchs nahekommen. Dies wird man bejahen können, wenn ohne Anordnung wesentliche Nachteile zu befürchten sind, die bis zum Erlass der Hauptsacheentscheidung nicht hingenommen werden können. Als Beispiele sind zu erwähnen: der vorübergehende Entzug von Geschäftsführung und Vertretung im Gesellschaftsrecht, Betretungsverbote hinsichtlich der Wohnung und Kontaktverbote bei drohender Gewalt, Verbote zur Durchsetzung von Konkurrenzschutzklauseln, Betriebsverbote.

2. Die Voraussetzungen

4 a) Arrest und einstweilige Verfügung setzen einen nach materiellem Recht bestehenden Anspruch voraus, der im Eilverfahren gesichert werden soll. Der Anspruch bedarf – ebenso wie im Hauptsacheprozess – einer genauen rechtlichen Prüfung hinsichtlich der Schlüssigkeit des Vorbringens des Antragstellers. Daran ändert sich nicht deshalb etwas, weil hier das Bestehen der Tatsachen regelmäßig lediglich glaubhaft zu machen ist und nicht bewiesen werden muss (§§ 920 II, 936, 294 ZPO).

[3] MüKoZPO/*Drescher* § 935 Rn. 27ff., § 938 Rn. 8ff.; BeckOK ZPO/*Mayer* § 935 Rn. 3ff., § 938 Rn. 14ff.

b) Neben dem zu sichernden Anspruch muss ein sogenannter Arrest- bzw. Verfügungsgrund vorliegen, der in den §§ 917, 918, 935, 940 ZPO im Einzelnen umschrieben ist. 5

Es handelt sich hierbei nicht um eine Prozessvoraussetzung, sondern um eine Sachurteilsvoraussetzung, also eine verfahrensrechtliche Voraussetzung besonderer Art. Daraus folgt, dass kein prozessualer Vorrang gegeben ist: das Gericht kann den Verfügungsgrund dahingestellt sein lassen und den Antrag wegen fehlenden Anspruchs (aus rechtlichen oder tatsächlichen Gründen) zurückweisen.

Im Grundsatz ist Voraussetzung, dass ohne den vorläufigen Rechtsschutz der Anspruch des Gläubigers vereitelt oder erheblich erschwert würde.

(1) Der dingliche Arrest soll vor unlauterem Verhalten des Schuldners schützen, wobei es hier jedoch entscheidend auf die Würdigung der Umstände des Einzelfalles ankommt.

Nach § 917 II ZPO ist es als zureichender Arrestgrund anzusehen, wenn das Urteil im Ausland vollstreckt werden müsste, sofern die Gegenseitigkeit nicht verbürgt ist.

(2) Beim persönlichen Arrest, der besonders stark in die Persönlichkeitssphäre des Schuldners eingreift, ist der Arrestgrund besonders verschärft. Der persönliche Arrest findet nur statt, um die gefährdete Zwangsvollstreckung in das Vermögen des Schuldners zu sichern (§ 918 ZPO). Er ist also gegenüber dem dinglichen Arrest subsidiär.

Entgegen einer weitverbreiteten Ansicht ist der persönliche Arrest kein „Schuldturm", um den Schuldner zur Erfüllung seiner Verbindlichkeiten zu zwingen. Er dient nur dazu, die vorhandenen Vermögenswerte zu sichern, vor allem den Schuldner davon abzuhalten, sich durch Flucht in das Ausland der Abgabe der eidesstattlichen Versicherung (§ 807 ZPO) zu entziehen.

(3) Auch bei der einstweiligen Verfügung ist der Verfügungsgrund maßgeblich von den Umständen des Einzelfalles abhängig. Dabei gilt es zu beachten, dass in einzelnen Fällen, in denen die Gefährdung aus tatsächlichen oder rechtlichen Gründen offensichtlich ist, die Glaubhaftmachung (§ 294 ZPO) des Verfügungsgrundes kraft Gesetz entbehrlich ist. Hierzu zählen insbesondere die Fälle der §§ 885 I 2, 899 II 2 BGB, § 5 UKlaG i.V.m. § 12 I UWG.

c) Ausnahmsweise kann dem Antrag auf Erlass des Arrestes oder der einstweiligen Verfügung das Rechtsschutzbedürfnis fehlen, so insbesondere regelmäßig dann, wenn der Inhalt der „Eilentscheidung" das Ergebnis des späteren Hauptprozesses vorwegnimmt. 6

d) Die Tätigkeit des Gerichts wird durch ein „Gesuch" eingeleitet, das beim Arrest die Bezeichnung des Anspruchs unter Angabe des Geldbetrages (oder des Geldwertes) sowie die Bezeichnung des Arrestgrundes zu enthalten hat (§ 920 I ZPO). Außerdem ist im Arrestgesuch anzugeben, ob ein dinglicher oder persönlicher Arrest beantragt wird. Für die einstweilige Verfügung gilt dies entsprechend (§§ 936, 920 I ZPO): der zu sichernde Anspruch bzw. das zu regelnde Rechtsverhältnis und der Verfügungsgrund sind zu bezeichnen.

Im Hinblick auf § 938 ZPO wird bei der einstweiligen Verfügung ein bestimmter Antrag nicht für erforderlich erachtet. In der Praxis sind solche Anträge aber üblich und im Hinblick auf die Dispositionsmaxime auch hier zu fordern. Bei Unterlassungsverfügungen ist es unerlässlich, dass der Antragsteller die störende Handlung des Schuldners, die ihm untersagt werden soll, genau umschreibt.

Das Gesuch kann mit der Kostenfolge des § 269 III 2 ZPO bzw. des § 269 III 3 ZPO jederzeit bis zum rechtskräftigen Abschluss des Verfahrens ohne Zustimmung des Gegners zurückgenommen werden und zwar auch noch nach einem Widerspruch und einer mündlichen Verhandlung sowie im

Rechtsmittelverfahren. Der Schutzzweck des § 269 I ZPO greift hier nicht, denn das Gesuch kann wegen des vorläufigen Charakters des Verfahrens ohnehin erneut angebracht werden.[4]

7 (1) Das Gesuch kann nach § 920 III, § 936 ZPO zu Protokoll der Geschäftsstelle erklärt werden. Es unterliegt damit nicht dem Anwaltszwang (§ 78 III ZPO).

Somit kann das Verfahren so lange ohne die Einschaltung eines Anwaltes durchgeführt werden, als es im Beschlussverfahren verbleibt, während bei Anordnung der mündlichen Verhandlung in einem Verfahren am Landgericht ein dort zugelassener Rechtsanwalt auftreten muss.

(2) Der Anspruch ist schlüssig vorzutragen, wobei der Antragsteller sich zunächst auf eine allgemeine Darlegung beschränken kann, während im Urteilsverfahren nach substanziiertem Bestreiten des Antragsgegners die Darlegungslast erweitert wird. Es gilt nichts anderes als im Hauptprozess.

8 (3) Die tatsächlichen Voraussetzungen für Anspruch und Grund sind nicht zu beweisen, sondern nur glaubhaft zu machen (§§ 920 II, 936, 294 ZPO). Dabei kann die Glaubhaftmachung hinsichtlich des Grundes entfallen, wenn sie kraft Gesetzes entbehrlich ist.

Die Glaubhaftmachung erfordert einen geringeren Grad der richterlichen Überzeugung gegenüber dem vollen Beweis nach § 286 ZPO: Ausreichend für die Glaubhaftmachung ist eine überwiegende Wahrscheinlichkeit, nicht erforderlich ist eine vollständige Überzeugung.

Hinsichtlich des Anspruchs muss ein Obsiegen des Antragstellers im Hauptprozess wahrscheinlich sein. Hinsichtlich des Arrest- bzw. Verfügungsgrundes muss die Gefährdung der prozessualen Rechtsstellung für das Gericht die beantragte Maßnahme erforderlich erscheinen lassen.

Die Glaubhaftmachung ist auf präsente Beweismittel beschränkt (294 II ZPO). Dazu gehören neben vorgelegten Urkunden auch von dem Antragsteller vorgelegte Sachverständigengutachten sowie eine anwaltliche Versicherung. Ausgeschlossen sind Zeugen, die nicht präsent sind; als Ersatz dient die eidesstattliche Versicherung dieser Beweispersonen, die der Antragsteller selbst beschaffen muss. Auch der Antragsteller selbst kann eine eidesstattliche Versicherung abgeben.

In Ausnahmefällen, insbesondere bei Drohen einer besonderen Gefahr oder bei besonderer Eilbedürftigkeit, kann das Gericht einen Arrest oder eine einstweilige Verfügung auch dann anordnen, wenn der Anspruch oder der Arrestgrund (bzw. Verfügungsgrund) nicht glaubhaft gemacht sind, sofern wegen der dem Gegner drohenden Nachteile Sicherheit geleistet wird (§ 921 S. 1 ZPO).

9 e) Zuständig für den Erlass des Arrestes ist sowohl das Gericht der Hauptsache (§ 943 ZPO) als auch das Amtsgericht, in dessen Bezirk sich der Arrestgegenstand – bzw. beim persönlichen Arrest der Antragsgegner – befindet (§ 919 ZPO). Bei der einstweiligen Verfügung ist im Grundsatz nur das Gericht der Hauptsache zuständig (§ 937 ZPO), das Amtsgericht der belegenen Sache grundsätzlich nur bei besonderer Dringlichkeit (§ 942 ZPO).

Ist das Landgericht als Gericht der Hauptsache zuständig, so entscheidet die Kammer, in dringenden Fällen deren Vorsitzender alleine (§ 944 ZPO), soweit nicht der originäre Einzelrichter gemäß § 348 ZPO zuständig ist.

10 f) Der Streitwert für die Eilverfahren ist nach § 3 ZPO zu schätzen (§ 53 I Nr. 1 GKG).

Da der Antragsteller im Regelfall nur eine Sicherung seines Anspruchs erreicht, bleibt sein Interesse gegenüber dem des Hauptverfahrens zurück und ist auf einen Bruchteil dessen Wertes reduziert. Dabei werden in der Rechtsprechung Bruchteile von $^1/_4$ bis $^1/_2$ des Hauptsachewerts angenommen. Im Einzelfall kann sich das Interesse des Antragstellers allerdings dem Wert der Hauptsache annähern und diesen sogar erreichen; vor allem gilt dies für die sogenannten Leistungsverfügungen mit Befriedigungswirkung.

---

[4] MüKoZPO/*Drescher* Vorb. zu § 916 Rn. 23; BeckOK ZPO/*Drescher* § 920 Rn. 11.

3. Die Verfahrensarten

Das Gesetz stellt dem Gericht zwei verschiedene Verfahrensarten zur Auswahl.

a) Die Entscheidung kann nach §§ 922 I 1, 128 IV ZPO bzw. § 937 II ZPO ohne mündliche Verhandlung im Beschlussverfahren ergehen. In diesem Falle wird der Schuldner grundsätzlich nicht gehört. Dem hierdurch benachteiligten Schuldner wird rechtliches Gehör nachträglich gewährt, indem er gegen die erlassene Entscheidung Widerspruch einlegen kann (§ 924 ZPO), der zur Überprüfung der Maßnahme aufgrund mündlicher Verhandlung führt. 11

Unabhängig von dieser Rechtslage ist es dem Schuldner nach § 945a ZPO gestattet, vor Erlass des Arrestes bzw. der einstweiligen Verfügung eine sogenannte „Schutzschrift" einzureichen, in der er seine Einwendungen gegen den Anspruch und den Arrest- bzw. Verfügungsgrund vorträgt, um das Gericht zur Zurückweisung des Gesuchs zu veranlassen. Die Landesjustizverwaltung Hessen führt für alle Bundesländer ein zentrales, länderübergreifendes elektronisches Register für Schutzschriften (§ 945a I 1 ZPO). Eine Schutzschrift gilt als bei allen ordentlichen Gerichten der Länder eingereicht, sobald sie in das Schutzschriftenregister eingestellt ist (§ 945a II 1 ZPO).

Das Gericht muss den gesamten Vortrag in einer solchen Schutzschrift berücksichtigen, also auch die Ausführungen, die die Unbegründetheit des Antrags dartun sollen. Soweit dies unter dem Gesichtspunkt des rechtlichen Gehörs bedenklich erscheint, weil der Antragsteller sich nicht äußern kann, sollte zur Entscheidung über den Antrag mündliche Verhandlung anberaumt werden.[5]

b) Das Gericht kann nach § 922 I 1 ZPO aber auch eine mündliche Verhandlung anordnen, wenn es dies für erforderlich erachtet; geschehen sollte dies, wenn das Gericht dem Antrag auf Erlass einer einstweiligen Verfügung stattgeben will, der nicht dringend ist (§ 937 II ZPO). 12

In diesem Fall wird der Schuldner zu der mündlichen Verhandlung unter Einhaltung der Ladungsfrist (§ 217 ZPO) geladen, die auf Antrag abgekürzt werden kann (§ 224 II ZPO); eine Einlassungsfrist ist – im Gegensatz zum Hauptprozess (§ 274 III ZPO) – nicht zu wahren. Der Schuldner kann sich dann gegen den Erlass des Arrests bzw. der einstweiligen Verfügung verteidigen, bevor über den entsprechenden Antrag entschieden wird.

Die mündliche Verhandlung dient dabei der Erörterung des Streitstoffes wie im Hauptprozess und der Aufklärung des Sachverhalts im Rahmen der durch die Glaubhaftmachung gesetzten Grenzen. Das Gericht kann prozessleitende Anordnungen nach § 273 ZPO treffen, wenn es auch hierzu nicht verpflichtet ist. So kann es von den Parteien benannte Zeugen laden, ebenso einen benannten Sachverständigen. Diese sind – wenn sie im Termin erscheinen – als präsente Beweismittel zu hören. Gleiches gilt aber auch für von den Parteien „sistierte" Zeugen und Sachverständige, da sie ebenfalls präsente Beweismittel sind.

Die Entscheidung ergeht nach mündlicher Verhandlung durch Urteil (§ 922 I 1 ZPO).

II. Das Beschlussverfahren

1. Die Zurückweisung des Antrags

Der einen Arrest oder eine einstweilige Verfügung ablehnende Beschluss enthält neben Rubrum und Tenor in den Gründen eine kurze Darlegung der für die Ablehnung maßgebenden Gesichtspunkte (Verneinung des Arrest- bzw. Verfügungsgrundes und/oder der zu sichernden Forderung). Die Kosten des Verfahrens sind dem 13

[5] MüKoZPO/*Drescher* § 945a Rn. 1 ff.; BeckOK ZPO/*Mayer* § 945a Rn. 1 ff.

Antragsteller aufzuerlegen (§ 91 ZPO). Eine vorläufige Vollstreckbarkeit des Beschlusses wird nicht angeordnet, da die Zwangsvollstreckung nach § 794 I Nr. 3 ZPO ohne weiteres möglich ist. Zweckmäßigerweise wird gleichzeitig der Streitwert festgesetzt.

Der Beschluss wird nur dem Antragsteller zugestellt (§ 922 III ZPO), der dagegen das Rechtsmittel der sofortigen Beschwerde hat (§ 567 I Nr. 2 ZPO). Mit der Beschwerde kann der Antragsteller neben der Darlegung anderer Rechtsansichten auch den im ablehnenden Beschluss enthaltenen Bedenken Rechnung tragen und durch weiteren Vortrag und weitere Glaubhaftmachung das Gericht erster Instanz zum Erlass der Maßnahme im Wege des Abhilfeverfahrens veranlassen (§ 572 I ZPO). Diese Abhilfe kann allerdings nur in dem Erlass der beantragten Entscheidung bestehen, nicht in der Anordnung einer mündlichen Verhandlung, denn diese ist nur die Vorbereitung einer neuen Entscheidung. Hilft das Gericht nicht ab, wird die Sache dem Beschwerdegericht zur Entscheidung vorgelegt.

2. Der Arrestbefehl

14 Der Arrestbefehl enthält in der Beschlussform:

a) ein volles Rubrum (Vollstreckungstitel);

b) einen Tenor, bestehend aus:

(1) der Angabe der zu sichernden Forderung; wegen des Kostenerstattungsanspruchs des Antragstellers wird üblicherweise eine Kostenpauschale geschätzt und eingesetzt;

(2) der Angabe, ob der dingliche oder persönliche Arrest erlassen wird;

Der dingliche Arrest kann nicht auf einzelne Vermögensgegenstände beschränkt werden. Eine Ausnahme hiervon besteht bei Anrufung des Amtsgerichts der belegenen Sache und für die Aufnahme des Vorbehalts der beschränkten Erbenhaftung (§ 780 ZPO), die aber beantragt sein muss und deshalb in diesem Stadium des Verfahrens von dem Antragsteller im Wege der Antragsbeschränkung vorgenommen sein müsste.

(3) bei dem dinglichen Arrest kann das Prozessgericht gleichzeitig auf Antrag des Gläubigers eine Forderung des Arrestschuldners pfänden (§ 930 I 3 ZPO), insoweit gilt § 829 I ZPO;

Soweit die Forderungspfändung nicht gleichzeitig mit dem Erlass des Arrestbefehls erfolgt, verbleibt es bei der Zuständigkeit des Rechtspflegers (§ 20 Nr. 16 RPflG).

(4) bei dem persönlichen Arrest kann das Gericht nähere Anordnungen über die Art der Vollziehung treffen (§ 933 ZPO);

(5) in jedem Falle muss der Arrest die Hinterlegungssumme enthalten (§ 923 ZPO).

Die Höhe der Sicherheitsleistung bestimmt das Gericht nach § 108 ZPO. Hat der Antragsteller in seinem Gesuch eine bestimmte Lösungssumme angegeben, so darf das Gericht über diesen Betrag nicht hinausgehen.

(6) der Kostenentscheidung; sie richtet sich nach §§ 91, 92 ZPO.

(7) Ausnahmsweise enthält der Arrest die Anordnung einer Sicherheitsleistung, von deren Leistung der Vollzug des Arrestes abhängig ist (§ 921 ZPO).

(8) Streitwertfestsetzung.

Die Anordnung einer vorläufigen Vollstreckbarkeit des Arrestes ist nicht notwendig und auch nicht üblich. Die sofortige Vollsteckbarkeit des Arrestes ergibt sich aus seiner Funktion als Eil- und Sicherungsmaßnahme (§ 794 I Nr. 3 ZPO).

c) Der Arrestbefehl enthält unter der Überschrift „Gründe" eine kurze Angabe des Sachverhalts und der Anspruchsgrundlage sowie der Beweismittel, aufgrund derer das Gericht den Arrestanspruch und den Arrestgrund als gegeben und glaubhaft gemacht ansieht. 15

Nach § 922 I 2 ZPO ist die Entscheidung jedenfalls zu begründen, wenn ihre Vollstreckung im Ausland erfolgen soll. Im Hinblick auf den mit dem Arrestbefehl verbundenen schweren Eingriff und die Notwendigkeit einer sofortigen Unterrichtung des Schuldners über deren Gründe sollte eine wenigstens kurze Begründung allerdings auch bei einem Inlandsfall erfolgen. Bei zutreffender Begründung des Anspruchs in der Antragsschrift kann dazu im Beschluss auf die diesem beigefügte Antragsschrift verweisen werden, die dann dem Schuldner ebenfalls zugestellt wird.

d) Die Begleitverfügung regelt die Übermittlung des Arrestbefehls an den Gläubiger, dem seinerseits die Zustellung an den Schuldner obliegt (§ 922 II ZPO). Der Arrestbefehl wird also nicht vom Gericht an den Schuldner zugestellt. Die Zustellung im Auftrag des Gläubigers durch den Gerichtsvollzieher ermöglicht es, gleichzeitig Vollstreckungsmaßnahmen zu treffen und damit den Überraschungseffekt zu gewährleisten. 16

(1) Im Hinblick auf die Ingangsetzung der Frist des § 929 II ZPO erfolgt eine förmliche Zustellung des Arrestbefehls durch das Gericht an den Gläubiger bzw. seinen Prozessbevollmächtigten (§ 329 II 2, III ZPO), und zwar entweder durch den Gerichtswachmeister oder die Post (§ 168 I ZPO), gegen Empfangsbekenntnis oder elektronisches Empfangsbekenntnis an den Rechtsanwalt (§§ 173 III, 175 ZPO) oder durch direkte Aushändigung des Arrestbefehls an der Amtsstelle (§ 174 ZPO); letzteres ist sehr häufig, da der Gläubiger meist auf eine unverzügliche Vollstreckung des Arrestbefehls Wert legt und man den zeitraubenden Postweg vermeiden will. Hier kann das Gericht die Geschäftsstelle anweisen, den Gläubiger (bzw. den bevollmächtigten Rechtsanwalt) vom Erlass des Arrestbefehls zu verständigen, um dessen Abholung zu veranlassen.

(2) Die Vollziehung des Arrestbefehls obliegt sodann dem Gläubiger. Er hat den Arrestbefehl durch Zwangsvollstreckung binnen eines Monats nach der ihm (dem Gläubiger) gegenüber erfolgten Zustellung zu realisieren (§ 929 II ZPO).

(3) Ist der Arrestbefehl vor der Zustellung an den Schuldner vollzogen worden (§ 929 III 1 ZPO), so ist die Zustellung an ihn binnen einer Woche nach Vollziehung und vor Ablauf der Monatsfrist des § 929 II ZPO nachzuholen (§ 929 III 2 ZPO).

3. Die einstweilige Verfügung

Bei der einstweiligen Verfügung ist entsprechend der Vielfalt der möglichen Regelungen der Inhalt des Tenors sehr unterschiedlich. § 938 ZPO gibt dem Gericht die Handhabe, im Rahmen des gestellten Antrags nach freiem Ermessen die Anordnungen zu treffen, die zur Erreichung des Sicherungszweckes erforderlich sind. Damit wird dem Gericht ein Beurteilungsspielraum eingeräumt, der aber stark eingeschränkt ist: die Maßnahme muss sich im Rahmen des Antrags halten (§ 308 I ZPO) und darf den Inhalt des Hauptsacheanspruchs nicht überschreiten. Sie muss zur Erreichung des Sicherungszwecks erforderlich sein, darf also nicht über diesen Sicherungszweck hinausgehen.[6]

Die einstweilige Verfügung enthält in der Beschlussform: 17

a) ein volles Rubrum (Vollstreckungstitel);

b) einen Tenor, wobei als Beispiele für die unterschiedlichen Arten der einstweiligen Verfügung angeführt seien:

---

[6] MüKoZPO/*Drescher* § 938 Rn. 1 ff.; BeckOK ZPO/*Mayer* § 938 Rn. 1 ff.

18 (1) Die Anordnung der Eintragung einer Vormerkung zur Sicherung des Anspruchs auf Eintragung einer Bauunternehmersicherungshypothek (§§ 650e, 883 BGB), bei der im Tenor anzugeben sind:
- das betroffene Grundstück; § 28 GBO ist zu beachten;
- die zu sichernde Forderung, gegebenenfalls mit Kostenpauschale;
- gegebenenfalls das Eintragungsersuchens an das Grundbuchamt (§ 941 ZPO);
- die Kostenentscheidung;
- die Streitwertfestsetzung.

Im Beschlussverfahren dürfte eine Anordnung nach § 939 ZPO, die Anordnung der Eintragung bei Leistung einer Sicherheit aufzuheben, im Regelfall nicht in Betracht kommen, da hierzu ein Antrag des Schuldners erforderlich ist. Ausnahmsweise wäre dies möglich, wenn der Gläubiger dies selbst beantragt (§ 308 I ZPO).

19 (2) Das dingliche Erwerbsverbot, bei dessen Erlass im Tenor anzugeben sind:
- das betroffene Grundstück; § 28 GBO ist zu beachten;
- das Erwerbsverbot;
- falls eine Auflassungsvormerkung im Grundbuch eingetragen ist, kann gleichzeitig die Eintragung eines Widerspruchs gegen die Richtigkeit des Grundbuchs eingetragen werden;
- gegebenenfalls die Anordnung der direkten Übermittlung der Entscheidung bzw. (zusätzlich) des Ersuchens auf Eintragung des Widerspruchs an das Grundbuchamt;
- die Kostenentscheidung;
- die Streitwertfestsetzung.

Die Gestellung einer Sicherheitsleistung nach § 939 ZPO dürfte hier – ebenso wie bei der Vormerkung nicht in Betracht kommen.

20 (3) Die einstweilige Verfügung betreffend die Unterlassung bestimmter Handlungen, die im Tenor folgende Angaben enthält:
- die genaue Wiedergabe der verbotenen Handlung;

  Bei einer Unterlassung von Lärmbeeinträchtigungen ist im Einzelnen anzugeben, welcher Art Lärm (Lärmquelle) zu unterlassen ist, gegebenenfalls ist auch eine Eingrenzung nach Zeiten und Geräuschpegeln vorzunehmen.

  Bei einer Unterlassung wettbewerbswidriger Handlungen oder ehrverletzender Äußerungen bedarf die Wiedergabe der verbotenen Handlung – im Anschluss an das Erfordernis des bestimmten Klageantrages (§ 253 II Nr. 2 ZPO) – einer konkreten Umschreibung. Dabei wird an die konkrete Verletzungshandlung angeknüpft, das Verbot aber im Hinblick auf eine mögliche Umgehung hinsichtlich der Verletzungshandlung und/oder der Verletzungsform erweitert; insoweit muss das Verbot den Kern der verletzenden Handlung treffen.
- gegebenenfalls eine Befugnis zur Veröffentlichung des Tenors der einstweiligen Verfügung (§ 7 UKlaG);

  Anzugeben sind der Ort und die Größe der Veröffentlichung, gegebenenfalls auch eine zeitliche Begrenzung der Befugnis.
- in Ausnahmefällen eine Beseitigungsanordnung;
- die Androhung des Ordnungsmittels nach § 890 ZPO;
- die Kostenentscheidung;
- die Streitwertfestsetzung.

21 (4) Die presserechtliche Gegendarstellung, bei deren Erlass der Tenor folgenden Inhalt hat:

- den eigentlichen Text der Gegendarstellung, der von dem Antragsteller im Antrag vorgeschrieben wird und der vom Gericht nur in gewissen, geringfügigen Grenzen gemäß § 938 ZPO umformuliert werden darf;
- Einzelheiten des Abdrucks (Zeitpunkt der Veröffentlichung, Überschrift, Ort, Schriftbild, Veröffentlichung eines Gegenfotos);
- die Kostenentscheidung;
- die Streitwertfestsetzung.

(5) Die Herausgabeverfügung, die im Tenor folgende Angaben enthält: 22
- die Anordnung der Herausgabe unter genauer Angabe der herauszugebenden Sache(n);
- die Angabe, an wen die Herausgabe zu erfolgen hat;

  Im Hinblick auf das Verbot der Vorwegnahme der Hauptsache kann – mit Ausnahme des Vorliegens von verbotener Eigenmacht – nur Herausgabe an einen Dritten zur Sicherung des Herausgabeanspruchs angeordnet werden. In der Regel ist dies der Gerichtsvollzieher, eventuell ein Dritter, der für die entsprechende Lagerung und Verwahrung geeignet ist. Soll der Dritte die Sache auch verwalten, so ist nach § 938 II ZPO die Sequestration anzuordnen und ein geeigneter Dritter als Sequester einzusetzen – der Gerichtsvollzieher ist nicht verpflichtet, das Amt eines Sequesters zu übernehmen (§ 154 I 3 GVGA).
- die Kostenentscheidung;
- die Streitwertfestsetzung.

(6) Die Regelungsverfügung, deren inhaltliche Formulierung sich nach dem zu regelnden Rechtsverhältnis unter Berücksichtigung des Sicherungszwecks richtet. 23

Die Maßnahme muss sich im Rahmen des Notwendigen halten und vor allem auf einen vorläufigen Zeitraum begrenzt sein.

(7) Die Leistungsverfügung, bei der der Tenor dem des Urteils in der Hauptsache entspricht (z.B. Verurteilung zur Zahlung einer Unterhaltsrente), gegebenenfalls mit einer zeitlichen Einschränkung (bis zur erstinstanzlichen Entscheidung in der Hauptsache). 24

Eine Fristsetzung zur Erhebung der Hauptklage erfolgt nicht von Amts wegen. Es bleibt dem Antragsgegner vorbehalten, die Fristsetzung nach § 926 I ZPO zu beantragen.

c) Die Gründe der einstweiligen Verfügung enthalten wie bei dem Arrest eine kurze Angabe des Sachverhalts und der Anspruchsgrundlage sowie der Beweismittel, aus denen das Gericht das Vorliegen und die Glaubhaftmachung des Anspruchs und des Verfügungsgrundes hergeleitet hat.

Eine kurze Begründung ist zwingend erforderlich, wenn die einstweilige Verfügung im Ausland zu vollstrecken ist (§§ 922 I 2, 936 ZPO). Auch außerhalb dieses Bereichs sollte eine kurze Begründung gegeben werden; es gilt das Gleiche wie bei dem Arrest.

d) Die Begleitverfügung regelt zunächst ebenso wie beim Arrest die Übermittlung der einstweiligen Verfügung an den Gläubiger (§§ 922 II, 936 ZPO). 25

Auch hier erfolgt förmliche Zustellung an den Gläubiger (§ 329 II 2, III ZPO) bzw. an den Prozessbevollmächtigten, um die Vollziehungsfrist des § 929 II ZPO in Lauf zu setzen. Die einstweilige Verfügung muss dann innerhalb der Fristen des § 929 II, III ZPO vollzogen werden. Ist der Gläubiger anwaltlich nicht vertreten, erscheint es zweckmäßig, ihn darauf hinzuweisen.

Besondere Anordnungen muss die Begleitverfügung treffen, wenn das Grundbuchamt um eine Eintragung ersucht oder ihm ein dingliches Erwerbsverbot mitgeteilt wird.

Das Eintragungsersuchen ist von dem Richter persönlich zu unterschreiben; eine von der Geschäftsstelle unterschriebene Mitteilung reicht nicht aus. Es muss deshalb sichergestellt werden, dass die Geschäftsstelle das Ersuchen dem Richter zur Unterschrift vorlegt. Sieht das Gericht von der Möglichkeit des § 941 ZPO ab, so sollte es den Antragsteller bzw. seinen Prozessbevollmächtigten darauf hinweisen, dass er selbst die Eintragung bei dem Grundbuchamt herbeiführen muss.

4. Der Widerspruch des Schuldners

26 a) Gegen den erlassenen Arrest bzw. die erlassene einstweilige Verfügung kann der Schuldner Widerspruch einlegen (§§ 924 I, 936 ZPO).

(1) Der Widerspruch ist an keine Frist gebunden. Er wird jedoch unzulässig, wenn der Antragsgegner auf ihn verzichtet, was besonders häufig in Wettbewerbssachen im sogenannten Abschlussschreiben geschieht. Außerdem kann in Einzelfällen eine Verwirkung des Widerspruchs in Frage kommen.

(2) Der Widerspruch kann, wenn der Arrest bzw. die einstweilige Verfügung von dem Amtsgericht erlassen wurde, schriftlich oder zu Protokoll der Geschäftsstelle erklärt werden (§§ 924 II 3, 936 ZPO), unterliegt also nicht dem Anwaltszwang (§ 78 III ZPO); dagegen ist der Widerspruch dem Anwaltszwang unterworfen, wenn der Arrest bzw. die einstweilige Verfügung von dem Landgericht erlassen wurde.

(3) Der Widerspruch kann zudem auf die Kostenentscheidung beschränkt werden, insbesondere um über ein sofortiges Anerkenntnis nach § 93 ZPO die Kostenlast auf den Gläubiger abzuwälzen.[7]

(4) Der Widerspruch ist gemäß § 924 II 1 ZPO zu begründen; es handelt sich aber hierbei nicht um eine Zulässigkeitsvoraussetzung.

27 b) Nach Einlegung des Widerspruchs ist mündliche Verhandlung anzuberaumen (§ 924 II 2 ZPO). Ist der Arrest oder die einstweilige Verfügung auf die sofortige Beschwerde durch die nächsthöhere Instanz erlassen worden, so ist das Gericht erster Instanz zur Anordnung der mündlichen Verhandlung zuständig.[8] Bei der Terminsanberaumung können wie im normalen Erkenntnisverfahren vorbereitende Anordnungen nach § 273 ZPO getroffen werden. Bei der Terminierung ist die Ladungsfrist des § 217 ZPO zu beachten.

c) Auf Antrag des Schuldners kann die Vollziehung des Arrests bzw. der einstweiligen Verfügung durch eine einstweilige Anordnung ausgesetzt werden (§ 924 III 2 ZPO).

Die Entscheidung erfolgt nach Anhörung des Gläubigers in der Regel durch Formularbeschluss, der – mangels Anfechtbarkeit (§ 707 II 2 ZPO) – in der Regel nicht näher begründet wird. Die Einstellung hängt im Wesentlichen von den Erfolgsaussichten des Widerspruchs ab, wie sie sich nach dessen Begründung darstellt. Soweit es sich um Sicherungsmaßnahmen handelt (Arrest, Hinterlegung, Sequestration), dürfte eine Aussetzung der Vollziehung kaum in Frage kommen. Die Einstellung einer Unterlassungsverfügung wird in der Praxis sehr zurückhaltend gehandhabt. Sie kommt jedenfalls nicht in Frage, wenn sich der Schuldner nur damit verteidigt, dass er die Verletzungshandlung bestreitet und damit die Wiederholungsgefahr in Abrede stellt. Im Übrigen ist eine hinreichende Erfolgsaussicht notwendig. Das Gericht kann nach freiem Ermessen gegen oder ohne Sicherheitsleistung einstellen.

---

[7] MüKoZPO/*Drescher* § 924 Rn. 7; BeckOK ZPO/*Mayer* § 924 Rn. 6.
[8] MüKoZPO/*Drescher* § 924 Rn. 10; BeckOK ZPO/*Mayer* § 924 Rn. 11.

5. Die mündliche Verhandlung

a) In der mündlichen Verhandlung wird darüber entschieden, ob der erlassene Arrest bzw. die erlassene einstweilige Verfügung bestätigt oder wieder aufgehoben werden soll. Maßgebend ist hierfür die Sach- und Rechtslage im Zeitpunkt dieser Verhandlung, so dass Veränderungen gegenüber der Sachlage im Zeitpunkt des angegriffenen Beschlusses zu berücksichtigen sind. 28

(1) Der Ablauf der mündlichen Verhandlung entspricht derjenigen im Hauptprozess.

(2) Besondere Bedeutung kommt hierbei der Glaubhaftmachung der bestrittenen Tatsachen zu.

Hierzu sollte man die anwesenden Parteien (bzw. deren Vertreter, z. B. Geschäftsführer) kurz anhören. Soweit nach diesen Anhörungen bestimmte Tatsachen betreffend Anspruch oder Arrest- bzw. Verfügungsgrund nicht bestritten werden, entfällt die Notwendigkeit der Glaubhaftmachung; § 138 ZPO findet Anwendung.

Sodann sollte festgestellt werden, welche eidesstattliche Versicherungen bisher vorliegen und eventuell noch in der mündlichen Verhandlung vorgelegt oder abgegeben werden. Auch die Parteien selbst können eidesstattliche Versicherungen abgeben; das Gericht kann hierzu nach § 139 ZPO anregen. Geladene oder sistierte Zeugen und Sachverständige sind zu hören. Das Gericht wird außerdem erklären, welche Urkunden für die Glaubhaftmachung von Bedeutung sind (vorgelegte Registerauszüge, Vertragsurkunden, beigezogene Akten etc.).

b) Die Entscheidung über die Aufrechterhaltung des Arrestes bzw. der einstweiligen Verfügung geschieht durch Endurteil (§ 925 I ZPO). Je nach Sach- und Rechtslage kommen folgende Entscheidungen in Betracht: 29

(1) Ein unzulässiger Widerspruch wird verworfen.

In Frage kommt dies bei einem vor dem Landgericht ohne Anwalt eingelegten Widerspruch sowie bei einem ausnahmsweise verwirkten Widerspruch. In diesem Fall werden die weiteren Kosten des Verfahrens dem Arrest- bzw. Verfügungsbeklagten auferlegt.

(2) Der Arrest (bzw. die einstweilige Verfügung) wird in vollem Umfang bestätigt.

In diesem Fall werden dem Arrest- bzw. Verfügungsbeklagten die weiteren Kosten des Verfahrens auferlegt. Ein besonderer Ausspruch über die vorläufige Vollstreckbarkeit findet nicht statt; sie ergibt sich ohne weiteres aus der Natur der Bestätigung. Deshalb gibt es auch keinen Vollstreckungsschutz nach § 711 ZPO.

Trotz Bestätigung können zusätzliche Anordnungen in Frage kommen, z. B. eine Anordnung nach § 939 ZPO, ein Vorbehalt der beschränkten Erbenhaftung oder die Gewährung einer Aufbrauchfrist in Wettbewerbssachen.

(3) Der Arrest (bzw. die einstweilige Verfügung) wird aufgehoben. 30

In diesem Fall wird der Antrag auf Erlass des Arrestes bzw. der einstweiligen Verfügung zurückgewiesen. Der Arrest- bzw. Verfügungskläger hat die Kosten des Verfahrens zu tragen. Das Urteil ist nach § 708 Nr. 6 ZPO ohne Sicherheitsleistung für vorläufig vollstreckbar zu erklären; gleichzeitig ist von Amts wegen Vollstreckungsschutz nach § 711 ZPO anzuordnen.

(4) Der Arrest (bzw. die einstweilige Verfügung) kann teilweise bestätigt, teilweise aufgehoben werden.

Die Tenorierung ergibt sich aus einer Kombination der ersten beiden oben beschriebenen Fallkonstellationen.

(5) Der Arrest (bzw. die einstweilige Verfügung) wird unter der Bedingung bestätigt, dass der Kläger Sicherheit leistet (§ 925 II ZPO).

Diese Art der Entscheidung entspricht dem Vorgehen nach § 921 ZPO im Beschlussverfahren. Zweckmäßigerweise wird für die Leistung der Sicherheit eine Frist gesetzt. Ein teilweises Unterliegen des Arrest- bzw. Verfügungsklägers mit der Folge einer Teilabweisung und einer teilweisen Kostenlast des Arrest- bzw. Verfügungsklägers liegt in der bedingten Bestätigung nicht.

(6) Der Arrest (bzw. die einstweilige Verfügung) wird bestätigt und lediglich hinsichtlich der Vollziehung von einer Sicherheitsleistung abhängig gemacht.

Dies ist im Wege einer analogen Anwendung des § 925 II ZPO möglich. Auch hier sollte für die Sicherheitsleistung eine Frist gesetzt werden. Ein Teilunterliegen mit der Folge einer Teilabweisung und einer teilweisen Kostenlast des Arrest- bzw. Verfügungsklägers liegt hier ebenfalls nicht vor.

(7) Der Arrest wird unter der Bedingung aufgehoben, dass der Arrest- bzw. Verfügungsbeklagte Sicherheit in einer bestimmten Höhe leistet.

Eine Frist zur Leistung der Sicherheit ist hier nicht notwendig, da es dem Schuldner überlassen bleiben kann, ob er von der Befugnis zur Sicherheitsleistung Gebrauch macht. Die weiteren Kosten des Verfahrens hat der Arrest- bzw. Verfügungsbeklagte zu tragen, weil er trotz der Befugnis zur Sicherheitsleistung in dem Verfahren unterlegen ist. Das Urteil hat deshalb nicht für den Fall, dass die Sicherheit geleistet wird, den Antrag auf Erlass des Arrestes zurückzuweisen. Ebenso wenig ist das Urteil nach § 708 Nr. 6 ZPO für vorläufig vollstreckbar zu erklären und Vollstreckungsschutz nach § 711 ZPO anzuordnen.

Bei der einstweiligen Verfügung gilt diese gesamte Regelung nach § 939 ZPO nur unter besonderen Umständen.

(8) Bei Erledigung der Hauptsache ist über die Kosten des Rechtsstreits nach § 91a ZPO zu entscheiden.

(9) Im Falle des Kostenwiderspruchs ist nur noch über die Kosten des Verfahrens unter Beachtung des § 93 ZPO zu befinden.

Für Tatbestand und Entscheidungsgründe des Urteils gelten keine Besonderheiten.

6. Das Amtsgericht der belegenen Sache

31 In dringenden Fällen kann das Amtsgericht der belegenen Sache eine vorläufige einstweilige Verfügung erlassen (§ 942 I ZPO). Gleiches gilt, wenn aufgrund einer einstweiligen Verfügung eine Vormerkung oder ein Widerspruch gegen die Richtigkeit des Grundbuchs betreffend ein Grundstück im Bezirk dieses Amtsgerichts eingetragen werden soll (§ 942 II ZPO). Es handelt sich um eine vorläufige Entscheidung, an die sich ein Rechtfertigungsverfahren vor dem nach § 937 ZPO zuständigen Gericht der Hauptsache anschließt.

a) Aus der Vorläufigkeit der Maßnahme folgt, dass diese stets durch Beschluss angeordnet wird, selbst wenn eine mündliche Verhandlung stattgefunden hat (§ 942 IV ZPO).

b) Die einstweilige Verfügung enthält nach § 942 I ZPO eine Frist, innerhalb derer der Gläubiger bei dem Gericht der Hauptsache die mündliche Verhandlung über die Rechtmäßigkeit der einstweiligen Verfügung zu beantragen hat. Bei einstweiligen Verfügungen, die die Eintragung einer Vormerkung oder eines Widerspruchs anordnen, erfolgt die Fristsetzung nur auf Antrag des Schuldners, also naturgemäß später durch besonderen Beschluss.

c) Die einstweilige Verfügung nach § 942 ZPO ist hinsichtlich ihrer Anfechtung wie jede andere einstweilige Verfügung zu behandeln: Das Amtsgericht der belegenen Sache ist für den Erlass und die Aufhebung wegen fruchtlosem Fristablaufs (§ 942 III ZPO) zuständig – über andere Rechtsbehelfe, insbesondere den Widerspruch gegen die von dem Amtsgericht der belegenen Sache erlassene einstweilige Verfügung entscheidet das Gericht der Hauptsache.

III. Das Urteilsverfahren

1. Die Voraussetzungen

Das Urteilsverfahren findet statt, wenn das Gericht nach Eingang des Antrags auf Erlass des Arrestes eine mündliche Verhandlung für erforderlich erachtet (§ 922 I 1 ZPO) bzw. wenn es dem Antrag auf Erlass einer einstweiligen Verfügung stattgeben will, der nicht dringend ist (§ 937 II ZPO). Gleiches gilt, wenn das Beschwerdegericht die ablehnende Entscheidung des unteren Gerichts aufhebt und dieses unter Zurückverweisung der Sache anweist, eine mündliche Verhandlung anzuberaumen. 32

2. Die Vorbereitung

Hält das Gericht eine mündliche Verhandlung für erforderlich, so wird dies in einem Beschluss – in der Regel ohne nähere Begründung – festgehalten. Ihm schließt sich die Terminverfügung an. Die Ladungsfrist (§ 217 ZPO) ist einzuhalten. Eine Einlassungsfrist (§ 274 III ZPO) besteht dagegen nicht. Auch hier kann das Gericht im Einzelfall vorbereitende Anordnungen nach § 273 ZPO treffen. 33

3. Die mündliche Verhandlung

Der Gang der mündlichen Verhandlung ist der gleiche wie im Falle nach Einlegung des Widerspruchs.

4. Das Urteil

In der mündlichen Verhandlung wird über den Antrag durch Urteil entschieden (§ 922 I ZPO). 34

a) Ordnet das Gericht den Arrest bzw. die einstweilige Verfügung an, so gelten bezüglich des Tenors die Ausführungen zum Inhalt im Beschluss entsprechend. Die Parteien werden im Rubrum, Tatbestand und Entscheidungsgründen als Arrestkläger (Verfügungskläger) und Arrestbeklagter (Verfügungsbeklagter) bezeichnet. Für Tatbestand und Entscheidungsgründe gelten im Übrigen keine Besonderheiten.

b) Wird der Arrest bzw. die einstweilige Verfügung abgelehnt, so ist das den Antrag zurückweisende Urteil nach § 708 Nr. 6 ZPO für vorläufig vollstreckbar zu erklären. Gleichzeitig ist dem Arrest- bzw. Verfügungskläger Vollstreckungsschutz nach § 711 ZPO zu gewähren.

c) Das Urteil ist beiden Parteien von Amts wegen zuzustellen (§ 317 I ZPO).

(1) Da die Vollziehungsfrist von dem Zeitpunkt der Verkündung des Urteils an läuft, ist das Gericht verpflichtet, für eine sofortige Absetzung des Urteils und Übermittlung an die Partei Sorge zu tragen.

Um der Partei die Vollziehungsfristen voll zur Verfügung zu stellen, ist zu erwägen, das Urteil nicht am Schluss der Verhandlung zu verkünden, sondern hierzu einen besonderen (kurzfristigen) Verkündungstermin anzuberaumen.

(2) Der durch Urteil erlassene Arrest bzw. die durch Urteil erlassene einstweilige Verfügung ist dann innerhalb der Fristen des § 929 II, III ZPO zu vollziehen.

d) Gegen das Urteil findet die Berufung statt, wenn der Wert des Beschwerdegegenstands 600,– € übersteigt (§ 511 II Nr. 1 ZPO) oder die Berufung im Urteil zugelassen wurde (§ 511 II Nr. 2 ZPO).

IV. Die sonstigen Entscheidungen des Prozessgerichts

1. Die Frist zur Klageerhebung

35 Nach §§ 926 I, 936 ZPO kann das Gericht auf Antrag des Schuldners dem Gläubiger eine Frist zur Erhebung der Klage in der Hauptsache setzen.

a) Zuständig für die Fristsetzung ist das Gericht, das den Arrest bzw. die einstweilige Verfügung erlassen hat, und zwar der Rechtspfleger (§ 20 Nr. 14 RPflG).

b) Die Entscheidung des Rechtspflegers legt die Dauer der Frist für die Erhebung der Hauptklage nach billigem Ermessen fest. Maßgebend sind der Umfang des Streitstoffs und die daraus folgende Vorbereitungszeit für die Anfertigung und Einreichung der Klageschrift.

c) Gegen die Entscheidung des Rechtspflegers ist die sofortige Erinnerung gegeben (§ 11 II 1 RPflG). Der Gläubiger kann Erinnerung einlegen, wenn die Frist zu kurz bemessen ist. Der Schuldner kann Erinnerung einlegen, wenn der Antrag abgelehnt wurde oder die Frist zu lang bemessen ist.

d) Wird die Hauptsacheklage nicht oder nicht fristgerecht erhoben, so ist auf Antrag des Schuldners der Arrest bzw. die einstweilige Verfügung aufgrund mündlicher Verhandlung durch Urteil aufzuheben (§§ 926 II, 936 ZPO).

Es ergeht auch dann ein Urteil, wenn die aufzuhebende Entscheidung ein Beschluss war. In dem Urteil werden die Kosten des gesamten Eilverfahrens dem Antragsteller (des Eilverfahrens) also dem Arrest- bzw. Verfügungskläger auferlegt. Das Urteil ist nach § 708 Nr. 6 ZPO für vorläufig vollstreckbar zu erklären.

2. Die Aufhebung wegen veränderter Umstände

36 Der Schuldner kann nach §§ 927 I, 936 ZPO die Aufhebung des Arrestes bzw. der einstweiligen Verfügung wegen veränderter Umstände verlangen. Es geht hierbei in erster Linie um eine nachträgliche Veränderung der Sach- oder Rechtslage, so dass die Rechtmäßigkeit der ursprünglichen Entscheidung nicht in Frage gestellt wird.

a) Als veränderte Umstände im Sinne des § 927 I ZPO kommen in Frage:
- nachträglicher Wegfall des gesicherten Anspruchs;
- nachträglicher Wegfall des Arrest- bzw. Verfügungsgrundes;
- unterlassene fristgerechte Vollziehung der Eilentscheidung im Sinne des § 929 II, III ZPO;
- unterlassene Leistung der im Arrest bzw. der einstweiligen Verfügung dem Gläubiger auferlegten Sicherheit;
- rechtskräftige Abweisung der Klage im Hauptprozess;
- rechtskräftige Verurteilung im Hauptprozess.

b) Zuständig ist das Gericht, das die Eilentscheidung erlassen hat; ist die Hauptsache anhängig, so ist das Gericht der Hauptsache zuständig. Die Entscheidung ergeht stets durch Urteil, so dass eine mündliche Verhandlung notwendig ist.

c) Der unbegründete Antrag wird zurückgewiesen. Die Kosten des Aufhebungsverfahrens werden dem Schuldner auferlegt. Das Urteil ist je nach Höhe des Kostenerstattungsanspruchs nach § 708 Nr. 11 ZPO ohne, bzw. nach § 709 ZPO gegen Sicherheitsleistung für vorläufig vollstreckbar zu erklären.

d) Liegen die Voraussetzungen des § 927 I ZPO vor, so wird der Arrest bzw. die einstweilige Verfügung durch Urteil aufgehoben. Das Urteil ist nach § 708 Nr. 6 ZPO ohne Sicherheitsleistung für vorläufig vollstreckbar zu erklären; Vollstreckungsschutz nach § 711 ZPO ist anzuordnen. Hinsichtlich der Kosten gilt folgendes:

Ist der Arrest bzw. die einstweilige Verfügung jetzt unbegründet, so muss der Gläubiger jetzt die Kosten des Aufhebungsverfahrens tragen. Bestanden dagegen die Aufhebungsgründe von Anfang an, so muss das Gericht über die Kosten des gesamten Verfahrens entscheiden.[9]

---

[9] MüKoZPO/*Drescher* § 927 Rn. 16f.; BeckOK ZPO/*Mayer* § 927 Rn. 16f.

Muster 153: Ablehnung des dinglichen Arrestes (§§ 916, 917 ZPO)

☐ Amtsgericht Frankfurt am Main
☐ Landgericht Frankfurt am Main
Aktenzeichen: …

Beschluss

1 In dem Arrestverfahren
d… …,

Antragsteller…,

Prozessbevollmächtigter: Rechtsanwalt …,
gegen
d… …,

Antragsgegner…,

Prozessbevollmächtigter: Rechtsanwalt …,
☐ hat das Amtsgericht Frankfurt am Main durch den Richter am Amtsgericht …
☐ hat die … Zivilkammer des Landgerichts Frankfurt am Main durch
  ☐ den Vorsitzenden Richter am Landgericht … und die Richter am Landgericht … und …
  ☐ den Richter am Landgericht … als Einzelrichter
  am … beschlossen:

Der Antrag vom … auf Erlass eines dinglichen Arrestes wird zurückgewiesen.
Die Kosten des Verfahrens hat/haben d… Antragsteller… zu tragen.
Der Streitwert wird auf … € festgesetzt.

Gründe[10]

☐ I.[11]

☐ …

☐ II.

☐ Der Antrag ist unzulässig, weil …

☐ Der Antrag ist unbegründet.

☐ Der Arrestanspruch ist
  ☐ nach dem eigenen Vorbringen d… Antragsteller … zu verneinen.
  ☐ nicht glaubhaft gemacht (§ 920 II ZPO).

---

[10] Der Beschluss sollte begründet werden, da er als zurückweisender Beschluss vom Gläubiger mit der sofortigen Beschwerde nach § 567 I Nr. 2 ZPO angegriffen werden kann.

[11] In Ziffer I. des Beschlusses ist kurz der Sachverhalt darzustellen, soweit dies im Einzelfall erforderlich ist.

☐ Ein Arrestgrund für den dinglichen Arrest ist
  ☐ nicht gegeben.
  ☐ nicht glaubhaft gemacht (§ 920 II ZPO).

☐ Nach dem bisherigen Vorbringen ist nicht die Besorgnis gerechtfertigt, dass ohne die Verhängung des Arrestes die Vollstreckung des Urteils vereitelt oder wesentlich erschwert würde (§ 917 I ZPO).

☐ Nach dem bisherigen Vorbringen müsste das Urteil zwar im Ausland vollstreckt werden. Dies ist jedoch kein zureichender Grund für den dinglichen Arrest, da das Urteil nicht außerhalb eines die Gegenseitigkeit verfügenden Auslandstaats vollstreckt werden müsste.

Zur Begründung ist folgendes anzuführen: …

Die Kostenentscheidung beruht auf § 91 ZPO. Die Streitwertfestsetzung richtet sich nach §§ 53 I Nr. 1 GKG, 3 ZPO.

Rechtsbehelfsbelehrung

☐ Diese Entscheidung kann mit der sofortigen Beschwerde angefochten werden. Sie ist einzulegen innerhalb einer Notfrist von zwei Wochen bei dem Amtsgericht Frankfurt am Main, … oder dem Landgericht Frankfurt am Main, ...

☐ Diese Entscheidung kann mit der sofortigen Beschwerde angefochten werden. Sie ist einzulegen innerhalb einer Notfrist von zwei Wochen bei dem Landgericht Frankfurt am Main, … oder dem Oberlandesgericht Frankfurt am Main, ...

Die Frist beginnt mit der Zustellung der Entscheidung. Richtet sich die sofortige Beschwerde gegen die Entscheidung über die Kosten, ist sie nur zulässig, wenn der Wert des Beschwerdegegenstands 200,– € übersteigt.

Beschwerdeberechtigt ist, wer durch diese Entscheidung in seinen Rechten beeinträchtigt ist. Die Beschwerde wird durch Einreichung einer Beschwerdeschrift oder zur Niederschrift der Geschäftsstelle der genannten Gerichte eingelegt. Sie kann auch zur Niederschrift der Geschäftsstelle eines jeden Amtsgerichts erklärt werden, wobei es für die Einhaltung der Frist auf den Eingang bei einem der genannten Gerichte ankommt. Sie ist von dem Beschwerdeführer oder seinem Bevollmächtigten zu unterzeichnen. Die Beschwerde muss die Bezeichnung des angefochtenen Beschlusses sowie die Erklärung enthalten, dass Beschwerde gegen diesen Beschluss eingelegt wird. Soll die Entscheidung nur zum Teil angefochten werden, so ist der Umfang der Anfechtung zu bezeichnen. Die Beschwerde soll begründet werden.

…………………

Verfügung

1. Ausfertigung des Beschlusses an **2**
   ☐ Antragsteller (-Vertreter) ☐ (ZU/EB).
2. Kosten.

Frankfurt am Main, den …

☐ Amtsgericht, Abteilung …

☐ Landgericht, … Zivilkammer
☐ Der Vorsitzende
☐ Der Einzelrichter

…………………

Muster 154: Ablehnung des persönlichen Arrestes (§§ 916, 918 ZPO)

☐ Amtsgericht Frankfurt am Main
☐ Landgericht Frankfurt am Main
Aktenzeichen: ...

Beschluss

1 In dem Arrestverfahren
d... ...,

Antragsteller...,

Prozessbevollmächtigter: Rechtsanwalt ...,
gegen
d... ...,

Antragsgegner...,

Prozessbevollmächtigter: Rechtsanwalt ...,
☐ hat das Amtsgericht Frankfurt am Main durch den Richter am Amtsgericht ...
☐ hat die ... Zivilkammer des Landgerichts Frankfurt am Main durch
  ☐ den Vorsitzenden Richter am Landgericht ... und die Richter am Landgericht ... und ...
  ☐ den Richter am Landgericht ... als Einzelrichter
  am ... beschlossen:

Der Antrag vom ... auf Erlass eines persönlichen Arrestes wird zurückgewiesen.

Die Kosten des Verfahrens hat/haben d... Antragsteller... zu tragen.

Der Streitwert wird auf ... € festgesetzt.

Gründe[12]

☐ I.[13]

☐ ...

☐ II.

☐ Der Antrag ist unzulässig, weil ...

☐ Der Antrag ist unbegründet.

☐ Der Arrestanspruch ist
  ☐ nach dem eigenen Vorbringen d... Antragsteller... zu verneinen.
  ☐ nicht glaubhaft gemacht (§ 920 II ZPO).

---

[12] Der Beschluss sollte begründet werden, da er als zurückweisender Beschluss vom Gläubiger mit der sofortigen Beschwerde nach § 567 I Nr. 2 ZPO angegriffen werden kann.

[13] In Ziffer I. des Beschlusses ist kurz der Sachverhalt darzustellen, soweit dies im Einzelfall erforderlich ist.

☐ Ein Arrestgrund für den persönlichen Arrest ist
   ☐ nicht gegeben. Nach § 918 ZPO findet der persönliche Sicherheitsarrest nur statt, wenn er erforderlich ist, um die gefährdete Zwangsvollstreckung in das Vermögen d… Antragsgegner… und Schuldner… zu sichern. Diese Voraussetzungen liegen hier nicht vor.
   ☐ nicht glaubhaft gemacht (§ 920 II ZPO).

Zur Begründung ist folgendes anzuführen: …

Die Kostenentscheidung beruht auf § 91 ZPO. Die Streitwertfestsetzung richtet sich nach §§ 53 I Nr. 1 GKG, 3 ZPO.

Rechtsbehelfsbelehrung

☐ Diese Entscheidung kann mit der sofortigen Beschwerde angefochten werden. Sie ist einzulegen innerhalb einer Notfrist von zwei Wochen bei dem Amtsgericht Frankfurt am Main, … oder dem Landgericht Frankfurt am Main, …

☐ Diese Entscheidung kann mit der sofortigen Beschwerde angefochten werden. Sie ist einzulegen innerhalb einer Notfrist von zwei Wochen bei dem Landgericht Frankfurt am Main, … oder dem Oberlandesgericht Frankfurt am Main, …

Die Frist beginnt mit der Zustellung der Entscheidung. Richtet sich die sofortige Beschwerde gegen die Entscheidung über die Kosten, ist sie nur zulässig, wenn der Wert des Beschwerdegegenstands 200,– € übersteigt.

Beschwerdeberechtigt ist, wer durch diese Entscheidung in seinen Rechten beeinträchtigt ist. Die Beschwerde wird durch Einreichung einer Beschwerdeschrift oder zur Niederschrift der Geschäftsstelle der genannten Gerichte eingelegt. Sie kann auch zur Niederschrift der Geschäftsstelle eines jeden Amtsgerichts erklärt werden, wobei es für die Einhaltung der Frist auf den Eingang bei einem der genannten Gerichte ankommt. Sie ist von dem Beschwerdeführer oder seinem Bevollmächtigten zu unterzeichnen. Die Beschwerde muss die Bezeichnung des angefochtenen Beschlusses sowie die Erklärung enthalten, dass Beschwerde gegen diesen Beschluss eingelegt wird. Soll die Entscheidung nur zum Teil angefochten werden, so ist der Umfang der Anfechtung zu bezeichnen. Die Beschwerde soll begründet werden.

…………………

Verfügung

1. Ausfertigung des Beschlusses an 2
   ☐ Antragsteller (-Vertreter) ☐ (ZU/EB).
2. Kosten.

Frankfurt am Main, den …
☐ Amtsgericht, Abteilung …

☐ Landgericht, … Zivilkammer
☐ Der Vorsitzende
☐ Der Einzelrichter

…………………

Muster 155: Ablehnung der einstweiligen Verfügung (§§ 935, 940 ZPO)

☐ Amtsgericht Frankfurt am Main
☐ Landgericht Frankfurt am Main
Aktenzeichen: …

Beschluss

1 In dem einstweiligen Verfügungsverfahren
d… …,

Antragsteller…,

Prozessbevollmächtigter: Rechtsanwalt …,
gegen
d… …,

Antragsgegner…,

Prozessbevollmächtigter: Rechtsanwalt …,
☐ hat das Amtsgericht Frankfurt am Main durch den Richter am Amtsgericht …
☐ hat die … Zivilkammer des Landgerichts Frankfurt am Main durch
 ☐ den Vorsitzenden Richter am Landgericht … und die Richter am Landgericht … und …
 ☐ den Richter am Landgericht … als Einzelrichter
am … beschlossen:

Der Antrag vom … auf Erlass einer einstweiligen Verfügung wird zurückgewiesen.

Die Kosten des Verfahrens hat/haben d… Antragsteller… zu tragen.

Der Streitwert wird auf … € festgesetzt.

Gründe[14]

☐ I.[15]

☐ …

☐ II.

☐ Der Antrag ist unzulässig.
 ☐ Für den vorliegenden Anspruch ist das Arrestverfahren, nicht das einstweilige Verfügungsverfahren gegeben (§ 916 ZPO).
 ☐ Das angerufene Gericht ist nicht zuständig.
 ☐ Gericht der Hauptsache im Sinne der §§ 937 I, 943 ZPO ist nicht das ☐ Amtsgericht ☐ Landgericht …, sondern das … .
 ☐ Ein dringender Fall, in dem das Amtsgericht der belegenen Sache ausnahmsweise anstelle des Gerichts der Hauptsache gemäß § 942 ZPO tätig werden könnte, ist nicht gegeben.[16]

---

[14] Der Beschluss sollte begründet werden, da er als zurückweisender Beschluss vom Gläubiger mit der sofortigen Beschwerde nach § 567 I Nr. 2 ZPO angegriffen werden kann.

[15] In Ziffer I. des Beschlusses ist kurz der Sachverhalt darzustellen, soweit dies im Einzelfall erforderlich ist.

[16] MüKoZPO/*Drescher* § 942 Rn. 4 f.; BeckOK ZPO/*Mayer* § 942 Rn. 2 ff.

- ☐ Die verlangte Maßnahme würde bereits zur Befriedigung d… Antragsteller… führen. Im Verfahren der einstweiligen Verfügung können aber grundsätzlich nur solche Maßnahmen angeordnet werden, die den Anspruch des Antragstellers sichern, ohne die Entscheidung in der Hauptsache vorwegzunehmen. Einer der Ausnahmefälle, in denen die Rechtsprechung Leistungsverfügungen mit dem Ziel der Befriedigung des Gläubigers zugelassen hat, liegt nicht vor.

☐ Der Antrag ist unbegründet.
- ☐ Der Verfügungsanspruch ist
  - ☐ nach dem eigenen Vorbringen d… Antragsteller… zu verneinen.
  - ☐ nicht glaubhaft gemacht (§§ 920 II, 936 ZPO).
- ☐ Ein Verfügungsgrund für die einstweilige Verfügung ist
  - ☐ nicht gegeben.
  - ☐ nicht glaubhaft gemacht (§§ 920 II, 936 ZPO).

Zur Begründung ist folgendes anzuführen: …

Die Kostenentscheidung beruht auf § 91 ZPO. Die Streitwertfestsetzung richtet sich nach §§ 53 I Nr. 1 GKG, 3 ZPO.

Rechtsbehelfsbelehrung

☐ Diese Entscheidung kann mit der sofortigen Beschwerde angefochten werden. Sie ist einzulegen innerhalb einer Notfrist von zwei Wochen bei dem Amtsgericht Frankfurt am Main, … oder dem Landgericht Frankfurt am Main, ...

☐ Diese Entscheidung kann mit der sofortigen Beschwerde angefochten werden. Sie ist einzulegen innerhalb einer Notfrist von zwei Wochen bei dem Landgericht Frankfurt am Main, … oder dem Oberlandesgericht Frankfurt am Main, ...

Die Frist beginnt mit der Zustellung der Entscheidung. Richtet sich die sofortige Beschwerde gegen die Entscheidung über die Kosten, ist sie nur zulässig, wenn der Wert des Beschwerdegegenstands 200,– € übersteigt.

Beschwerdeberechtigt ist, wer durch diese Entscheidung in seinen Rechten beeinträchtigt ist. Die Beschwerde wird durch Einreichung einer Beschwerdeschrift oder zur Niederschrift der Geschäftsstelle der genannten Gerichte eingelegt. Sie kann auch zur Niederschrift der Geschäftsstelle eines jeden Amtsgerichts erklärt werden, wobei es für die Einhaltung der Frist auf den Eingang bei einem der genannten Gerichte ankommt. Sie ist von dem Beschwerdeführer oder seinem Bevollmächtigten zu unterzeichnen. Die Beschwerde muss die Bezeichnung des angefochtenen Beschlusses sowie die Erklärung enthalten, dass Beschwerde gegen diesen Beschluss eingelegt wird. Soll die Entscheidung nur zum Teil angefochten werden, so ist der Umfang der Anfechtung zu bezeichnen. Die Beschwerde soll begründet werden.

…………………

Verfügung

2 1. Ausfertigung des Beschlusses an
☐ Antragsteller (-Vertreter) ☐ (ZU/EB).
2. Kosten.

Frankfurt am Main, den …
☐ Amtsgericht, Abteilung … ☐ Landgericht, … Zivilkammer
☐ Der Vorsitzende
☐ Der Einzelrichter

Muster 156: Ablehnung einer einstweiligen Verfügung durch das Amtsgericht der belegenen Sache (§ 942 ZPO)

Amtsgericht Frankfurt am Main
Aktenzeichen: …

Beschluss

In dem einstweiligen Verfügungsverfahren 1
d… …,

Antragsteller…,

Prozessbevollmächtigter: Rechtsanwalt …,
gegen
d… …,

Antragsgegner…,

hat das Amtsgericht Frankfurt am Main durch den Richter am Amtsgericht … am … beschlossen:

Der Antrag vom … auf Erlass einer einstweiligen Verfügung wird zurückgewiesen.

Die Kosten des Verfahrens hat/haben d… Antragsteller… zu tragen.

Der Streitwert wird auf … € festgesetzt.

Gründe

Der Antrag ist unzulässig.

Das angerufene Gericht ist nicht zuständig.

Für den Erlass einstweiliger Verfügungen ist nach § 937 I ZPO das Gericht der Hauptsache zuständig. Dies ist in vorliegendem Falle das ☐ Amtsgericht ☐ Landgericht …

Die Voraussetzungen für eine Zuständigkeit des Amtsgerichts der belegenen Sache (§ 942 ZPO) sind nicht gegeben.

☐ D… Antragsteller… hat/haben nicht

☐ genügend substanziiert ☐ vorgetragen ☐ glaubhaft gemacht,

dass sich im Bezirk des angerufenen Gerichts der Streitgegenstand befindet. Unklar bleibt insbesondere …

☐ Das von d… Antragsteller… im Antrag bezeichnete Grundstück ist nicht im Bezirk des angerufenen Gerichts, sondern im Bezirk des Amtsgerichts … belegen.

☐ Eine besondere Dringlichkeit, die die Vorschrift des § 942 I ZPO voraussetzt, ist nach dem Vorbringen in dem Antrag
☐ nicht ersichtlich ☐ zumindest ☐ nicht glaubhaft gemacht.
☐ D… Antragsteller… übersieht, dass die in § 942 I ZPO geforderte Dringlichkeit nicht mit dem Verfügungsgrund des § 935 ZPO identisch ist, sondern darüber hinaus verlangt, dass der zu sichernde Anspruch bei Anrufung des zu-

ständigen Gerichts der Hauptsache infolge der damit verbundenen Verzögerung besonders erheblich gefährdet. Das ist hier nicht der Fall, denn ...

☐ Es kann auch für die Beurteilung der besonderen Dringlichkeit nicht außer Betracht bleiben, dass

  ☐ d... Antragsteller... nach seinem/ihrem Vorbringen in dem Antrag schon geraume Zeit von dem Vorliegen des Verfügungsgrundes weiß/wissen, ohne dass er/sie daraus die Konsequenz gezogen hätte/hätten, einen Antrag auf Erlass der einstweiligen Verfügung alsbald zu stellen.

  ☐ der Antrag das Datum vom ... trägt und infolge Übermittlung mit der Post – voraussehbar – erst am ... bei Gericht eingegangen ist. Dies spricht gegen die besondere Dringlichkeit im Sinne des § 942 I ZPO.

Die Kostenentscheidung beruht auf § 91 ZPO.

Die Streitwertfestsetzung richtet sich nach §§ 53 I Nr. 1 GKG, 3 ZPO.

Rechtsbehelfsbelehrung

Diese Entscheidung kann mit der sofortigen Beschwerde angefochten werden. Sie ist einzulegen innerhalb einer Notfrist von zwei Wochen bei dem Amtsgericht Frankfurt am Main, ... oder dem Landgericht Frankfurt am Main, ...

Die Frist beginnt mit der Zustellung der Entscheidung. Richtet sich die sofortige Beschwerde gegen die Entscheidung über die Kosten, ist sie nur zulässig, wenn der Wert des Beschwerdegegenstands 200,– € übersteigt.

Beschwerdeberechtigt ist, wer durch diese Entscheidung in seinen Rechten beeinträchtigt ist. Die Beschwerde wird durch Einreichung einer Beschwerdeschrift oder zur Niederschrift der Geschäftsstelle der genannten Gerichte eingelegt. Sie kann auch zur Niederschrift der Geschäftsstelle eines jeden Amtsgerichts erklärt werden, wobei es für die Einhaltung der Frist auf den Eingang bei einem der genannten Gerichte ankommt. Sie ist von dem Beschwerdeführer oder seinem Bevollmächtigten zu unterzeichnen. Die Beschwerde muss die Bezeichnung des angefochtenen Beschlusses sowie die Erklärung enthalten, dass Beschwerde gegen diesen Beschluss eingelegt wird. Soll die Entscheidung nur zum Teil angefochten werden, so ist der Umfang der Anfechtung zu bezeichnen. Die Beschwerde soll begründet werden.

....

Verfügung

2 1. Ausfertigung des Beschlusses an
☐ Antragsteller (-Vertreter) ☐ (ZU/EB).
2. Kosten.

Frankfurt am Main, den ...
Amtsgericht, Abteilung ...

....

Muster 157: Arrestanordnung durch Beschluss (§§ 916, 917, 918 ZPO)

☐ Amtsgericht Frankfurt am Main
☐ Landgericht Frankfurt am Main
Aktenzeichen: …

Arrestbefehl

In dem Arrestverfahren 1
d… …,

Antragsteller…,

Prozessbevollmächtigter: Rechtsanwalt …,
gegen
d… …,

Antragsgegner…,

Prozessbevollmächtigter: Rechtsanwalt …,
☐ hat das Amtsgericht Frankfurt am Main durch den Richter am Amtsgericht …
☐ hat die … Zivilkammer des Landgerichts Frankfurt am Main durch
  ☐ den Vorsitzenden Richter am Landgericht … und die Richter am Landgericht … und …
  ☐ den Richter am Landgericht … als Einzelrichter
  am … beschlossen:

Wegen und in Höhe eines Anspruchs d… Antragsteller… von … €
☐ nebst … Zinsen p.a. daraus seit dem …
☐ und einer Kostenpauschale von … €
wird

☐ der dingliche Arrest angeordnet
  ☐ in das Vermögen d… Antragsgegner…
  ☐ in folgende Vermögensgegenstände d… Antragsgegner…

☐ In Vollzug dieses Arrests[17] wird die angebliche Forderung d… Antragsgegner… und Schuldner… gegen … aus … in Höhe von … € gepfändet. Der Drittschuldner darf an d… Schuldner… nicht mehr leisten. D… Schuldner… hat sich jeder Verfügung über die Forderung, insbesondere der Einziehung zu enthalten.

☐ der persönliche Arrest gegen d… Antragsgegner… angeordnet.

☐ In Vollzug dieses Arrestes[18] wird
  ☐ die Haft gegen d… Antragsgegner… und Schuldner… angeordnet.
  ☐ angeordnet, dass der Gerichtsvollzieher d… Antragsgegner… und Schuldner… verhaften und dem Amtsgericht … – Vollstreckungsgericht zur Ableistung der Eidesstattlichen Versicherung nach § 807 ZPO vorzuführen hat.

---

[17] Für die Pfändung einer Forderung ist das Arrestgericht das ausschließlich zuständige Vollstreckungsgericht, §§ 930 I 3, 802 ZPO. Zur Vollziehung des dinglichen Arrests: §§ 930, 931, 932 ZPO.

[18] Zur Vollziehung des persönlichen Arrests: § 933 ZPO.

☐ angeordnet, dass d… Antragsgegner… und Schuldner… d… ihm/ihr/ihnen … gehörigen …ausweis(e) an den Gerichtsvollzieher abzuliefern hat/haben, der ihn/sie bei der Geschäftsstelle des Prozessgerichts hinterlegen soll.

☐ d… Antragsgegner… und Schuldner… folgende Freiheitsbeschränkung auferlegt:

☐ Er/Sie hat/haben sich jede Woche am … bei der örtlich zuständigen Meldebehörde zu melden und die hierüber ausgestellte Bescheinigung dem Prozessgericht vorzulegen.

☐ …

Durch Hinterlegung von … € wird die Vollziehung dieses Arrestes gehemmt und d… Antragsgegner… und Schuldner… berechtigt, die Aufhebung des vollzogenen Arrestes zu beantragen.

Die Kosten des Verfahrens hat/haben d… Antragsgegner… zu tragen.

☐ Die Vollziehung dieses Arrestes ist davon abhängig, dass d… Antragsteller… und Gläubiger… Sicherheit in Höhe von … € leistet.

Die Kosten des Verfahrens hat/haben d… Antragsgegner… zu tragen.

Der Streitwert wird auf … € festgesetzt.

Gründe[19]

☐ I.[20]

☐ …

☐ II.

Der Antrag ist begründet.

Dem Antragsteller steht gegen den Antragsgegner ein Anspruch auf Anordnung des Arrestes gemäß §§ 916ff. ZPO zu.

2 D… Antragsteller… hat/haben

☐ durch Vorlage

☐ des Vertrages vom …

☐ der Rechnung vom …

☐ der eidesstattlichen Versicherung vom …

☐ des Privatgutachtens des Sachverständigen … vom …

☐ der Schuldurkunde vom …

☐ der zwischen den Parteien gewechselten Korrespondenz

☐ durch Bezugnahme auf die vom Gericht beigezogenen Akten …

glaubhaft gemacht, dass ihm/ihr/ihnen gegen d… Antragsgegner… gemäß … ein Anspruch auf Zahlung von … € zusteht.

☐ D… Antragsteller… hat/haben zudem das Vorliegen der Voraussetzungen für die Anordnung eines dinglichen Arrests (§ 917 I ZPO) glaubhaft dargetan. Es besteht die Besorgnis, dass ohne Verhängung des Arrestes die Vollstreckung des Urteils vereitelt oder wesentlich erschwert würde.

---

[19] Der Beschluss sollte begründet werden, da der Antragsgegner gegen ihn gemäß § 924 ZPO sowie gemäß §§ 926 und 927 ZPO vorgehen kann.

[20] In Ziffer I. des Beschlusses ist kurz der Sachverhalt darzustellen, soweit dies im Einzelfall erforderlich ist.

☐ Dies folgt schon daraus, dass das Urteil im Ausland vollstreckt werden müsste und die Gegenseitigkeit nicht verbürgt ist (§ 917 II ZPO).

☐ Nach dem durch
 ☐ die eidesstattliche Versicherung vom …
 ☐ die vorgelegte Urkunde …
belegten Vortrag ist glaubhaft gemacht, dass
 ☐ d… Antragsgegner… Anstalten trifft, sich ins Ausland abzusetzen.
 ☐ Vermögensgegenstände verschleudert und veräußert, um sie dem Zugriff der Gläubiger zu entziehen.

☐ Das Gericht hat gemäß § 930 I 3 ZPO die von d… Antragsteller… und Gläubiger… bezeichnete Forderung gepfändet.

☐ D… Antragsteller… hat/haben zudem das Vorliegen der Voraussetzungen für die Anordnung eines persönlichen Arrests (§ 918 ZPO) glaubhaft dargetan. Die Arrestanordnung ist erforderlich, um die gefährdete Zwangsvollstreckung in das Vermögen d… Antragsgegner… und Schuldner… zu sichern. Nach dem durch
 ☐ die eidesstattliche Versicherung vom …
 ☐ die vorgelegte Urkunde …
belegten Vortrag ist glaubhaft gemacht, dass …

Im Hinblick auf das bisherige Verhalten d… Antragsgegner… und Schuldner… ist es erforderlich,
 ☐ die Haft gegen ihn/sie anzuordnen, um ihn/sie an dem Wegschaffen von Vermögensgegenständen zu hindern.
 ☐ den persönlichen Arrest mit der Maßgabe anzuordnen, dass d… Antragsgegner… und Schuldner… zwangsweise durch den Gerichtsvollzieher dem Amtsgericht zur Ableistung der eidesstattlichen Versicherung nach § 807 ZPO vorgeführt wird.

☐ Gegen die Anordnung der unbeschränkten Haft bestehen unter dem Gesichtspunkt der Verhältnismäßigkeit und den Rechtsschutzgarantien der Art. 103, 104 GG verfassungsrechtliche Bedenken, weshalb es ausreichend erscheint, die im Beschlusstenor angeordneten geringeren Freiheitsbeschränkungen anzuordnen. Ein berechtigtes Interesse d… Antragsteller… und Gläubiger… an einer weitergehenden Freiheitsbeschränkung besteht nicht.

Die Anordnung der Abwendungsbefugnis beruht auf § 923 ZPO.

Die Kostenentscheidung beruht auf § 91 ZPO.

☐ Das Gericht hat gemäß § 921 ZPO die Vollziehung des Arrestes von einer Sicherheitsleistung abhängig gemacht, weil
 ☐ der Arrestanspruch ☐ der Arrestgrund
 ☐ nicht ☐ nicht genügend glaubhaft gemacht ist.
 ☐ bei der Höhe der geltend gemachten Forderung ein durch die Vollziehung des Arrestes entstehender Schaden besonders hoch sein würde.

Die Kostenentscheidung gründet sich auf § 91 ZPO.

Die Streitwertfestsetzung beruht auf §§ 53 I Nr. 1 GKG, 3 ZPO.

Rechtsbehelfsbelehrung[21]

☐ Diese Entscheidung kann mit dem Widerspruch angefochten werden. Er ist einzulegen bei dem Amtsgericht Frankfurt am Main, ...

Widerspruchsberechtigt ist, wer durch diese Entscheidung in seinen Rechten beeinträchtigt ist.

Der Widerspruch wird durch Einreichung einer Widerspruchsschrift oder zur Niederschrift der Geschäftsstelle des genannten Gerichts eingelegt. Er kann auch zur Niederschrift der Geschäftsstelle eines jeden Amtsgerichts erklärt werden. Er ist von der widersprechenden Partei oder ihrem Bevollmächtigten zu unterzeichnen. Die widersprechende Partei hat die Gründe darzulegen, die sie für die Aufhebung der Entscheidung geltend machen will.

☐ Diese Entscheidung kann mit dem Widerspruch angefochten werden. Er ist einzulegen bei dem Landgericht Frankfurt am Main, ...
Widerspruchsberechtigt ist, wer durch diese Entscheidung in seinen Rechten beeinträchtigt ist.

Der Widerspruch wird durch Einreichung einer Widerspruchsschrift eingelegt. Der Widerspruch kann nur durch einen Rechtsanwalt eingelegt werden. Die widersprechende Partei hat die Gründe darzulegen, die sie für die Aufhebung der Entscheidung geltend machen will.

....

Verfügung

3 1. Ausfertigung des Beschlusses an
   ☐ Antragsteller (-Vertreter)
   ☐ (ZU/EB).
   ☐ durch Aushändigung an Gerichtsstelle gegen Empfangsbestätigung.
   ☐ Zusatz: Sie werden darauf hingewiesen, dass Zustellung und Vollzug des Arrestes der Partei selbst obliegen (§ 922 II ZPO). Auf die Einhaltung der in § 929 II, III ZPO niedergelegten Fristen werden Sie besonders hingewiesen.
2. Kosten.

Frankfurt am Main, den ...
☐ Amtsgericht, Abteilung ...

☐ Landgericht, ... Zivilkammer
☐ Der Vorsitzende
☐ Der Einzelrichter

....

[21] Rechtsbehelfsbelehrung im Falle einer Arrestanordnung des Amtsgerichts bzw. des Landgerichts.

Muster 158: Einstweilige Verfügung betreffend die Vormerkung für eine Bauunternehmersicherungshypothek (§§ 650e, 883 BGB, 935 ZPO)

☐ Amtsgericht Frankfurt am Main
☐ Landgericht Frankfurt am Main
Aktenzeichen: …

Beschluss

In dem einstweiligen Verfügungsverfahren 1

d… …,

Antragsteller…,

Prozessbevollmächtigter: Rechtsanwalt …,

gegen

d… …,

Antragsgegner…,

Prozessbevollmächtigter: Rechtsanwalt …,

☐ hat das Amtsgericht Frankfurt am Main durch den Richter am Amtsgericht …
☐ hat die … Zivilkammer des Landgerichts Frankfurt am Main durch
  ☐ den Vorsitzenden Richter am Landgericht … und die Richter am Landgericht … und …
  ☐ den Richter am Landgericht … als Einzelrichter
am … beschlossen:

Zugunsten d… Antragsteller… und Gläubiger… ist auf d… Grundstück … d… Antragsgegner… und Schuldner… Gemarkung …, Flur …, Flurstück …, eingetragen im Grundbuch von …, Bezirk …, Band …, Blatt …, wegen einer Forderung von … € nebst … Zinsen p. a. daraus seit dem …

☐ sowie wegen einer Kostenpauschale von … €
eine Vormerkung zur Sicherung des Anspruchs auf Einräumung einer Sicherungshypothek einzutragen.

☐ Das Grundbuchamt soll um die Eintragung der Vormerkung ersucht werden.

Die Kosten des Verfahrens hat/haben d… Antragsgegner… zu tragen.

Der Streitwert wird auf … € festgesetzt.

Gründe[22]

☐ I.[23]

☐ …

☐ II.

Der Antrag ist begründet.

---

[22] Der Beschluss sollte begründet werden, da der Antragsgegner gegen ihn gemäß § 924 ZPO sowie gemäß §§ 926 und 927 ZPO vorgehen kann.

[23] In Ziffer I. des Beschlusses ist kurz der Sachverhalt darzustellen, soweit dies im Einzelfall erforderlich ist.

D… Antragsteller… steht gegen d… Antragsgegner… ein Anspruch auf Anordnung der Eintragung einer Vormerkung zur Sicherung des Anspruchs auf Eintragung einer Bauunternehmersicherungshypothek gemäß §§ 650e, 883 BGB, 935ff. ZPO zu.

2 D… Antragsteller… hat/haben

☐ durch Vorlage
  ☐ des Vertrages vom …
  ☐ der Rechnung vom …
  ☐ der eidesstattlichen Versicherung vom …
  ☐ des Privatgutachtens des Sachverständigen … vom …
  ☐ der Schuldurkunde vom …
  ☐ der zwischen den Parteien gewechselten Korrespondenz

☐ durch Bezugnahme auf die vom Gericht beigezogenen Akten …
glaubhaft gemacht, dass ih… gegen d… Antragsgegner… gemäß … ein Anspruch auf Zahlung von … € zusteht und dass er/sie Berechtigte… im Sinne des § 650e BGB ist/sind.

☐ Das Eigentum d… Antragsgegner… und Schuldner… an d… obengenannten Grundstück… ist glaubhaft gemacht durch
  ☐ Vorlage eines Grundbuchauszuges per … .
  ☐ Bezugnahme auf die Grundakten, die beigezogen waren.
  ☐ Vorlage der eidesstattlichen Versicherung vom … .

☐ D… Antragsgegner… und Schuldner… ist/sind
  ☐ nach dem Vorbringen d… Antragssteller…
  ☐ nach den beigezogenen Grundakten
zwar nicht Eigentümer… d… obengenannten Grundstück…, wie dies § 650e BGB für den Regelfall voraussetzt. Er/Sie kann/können sich aber hier ausnahmsweise nicht auf die fehlende rechtliche Identität zwischen Besteller und Eigentümer berufen, weil die Berufung hierauf, wegen der wirtschaftlichen Verflechtung zwischen Besteller und Eigentümer, gegen Treu und Glauben (§ 242 BGB) verstoßen würde. Dies ergibt sich hier aus folgenden Erwägungen: …

☐ Das Eintragungsersuchen beruht auf § 941 ZPO.

Das Gericht hat die einstweilige Verfügung wegen Dringlichkeit ohne mündliche Verhandlung erlassen (§ 937 II ZPO).

Die Kostenentscheidung gründet sich auf § 91 ZPO.

Die Streitwertfestsetzung beruht auf §§ 53 I Nr. 1 GKG, 3 ZPO.

Rechtsbehelfsbelehrung[24]

☐ Diese Entscheidung kann mit dem Widerspruch angefochten werden. Er ist einzulegen bei dem Amtsgericht Frankfurt am Main, ...

Widerspruchsberechtigt ist, wer durch diese Entscheidung in seinen Rechten beeinträchtigt ist.

---

[24] Rechtsbehelfsbelehrung im Falle einer Arrestanordnung des Amtsgerichts bzw. des Landgerichts.

Der Widerspruch wird durch Einreichung einer Widerspruchsschrift oder zur Niederschrift der Geschäftsstelle des genannten Gerichts eingelegt. Er kann auch zur Niederschrift der Geschäftsstelle eines jeden Amtsgerichts erklärt werden. Er ist von der widersprechenden Partei oder ihrem Bevollmächtigten zu unterzeichnen. Die widersprechende Partei hat die Gründe darzulegen, die sie für die Aufhebung der Entscheidung geltend machen will.

☐ Diese Entscheidung kann mit dem Widerspruch angefochten werden. Er ist einzulegen bei dem Landgericht Frankfurt am Main, ...

Widerspruchsberechtigt ist, wer durch diese Entscheidung in seinen Rechten beeinträchtigt ist.

Der Widerspruch wird durch Einreichung einer Widerspruchsschrift eingelegt. Der Widerspruch kann nur durch einen Rechtsanwalt eingelegt werden. Die widersprechende Partei hat die Gründe darzulegen, die sie für die Aufhebung der Entscheidung geltend machen will.

....

Verfügung

1. Ausfertigung des Beschlusses an Antragsteller (-Vertreter) **3**
   ☐ (ZU/EB).
   ☐ durch Aushändigung an Gerichtsstelle gegen Empfangsbestätigung.
   ☐ Zusatz: Sie werden darauf hingewiesen, dass Zustellung und Vollzug des Arrestes der Partei selbst obliegen (§ 922 II ZPO). Auf die Einhaltung der in § 929 II, III ZPO niedergelegten Fristen werden Sie besonders hingewiesen.
2. ☐ Ausfertigung des Beschlusses an das Grundbuchamt ...
   ☐ durch besonderen Wachtmeister
   ☐ per Eilboten
   ☐ per Fax
   mit folgendem Anschreiben:

   In p. p. (volles Rubrum wie Bl. ... d. A.)
   wird dem Grundbuchamt anbei eine Ausfertigung des Beschlusses vom ... übersandt mit dem Ersuchen, die darin angeordnete Vormerkung auf dem im Beschlusstenor genannten Grundstück einzutragen. Es wird gebeten, das Gericht von dem Vollzug der Eintragung zu verständigen und etwaige Hinderungsgründe unverzüglich mitzuteilen.
3. Schreiben Ziffer 2 zur persönlichen Unterschrift vorlegen und sodann absenden.
4. Kosten.

Frankfurt am Main, den ...

☐ Amtsgericht, Abteilung ...

☐ Landgericht, ... Zivilkammer
☐ Der Vorsitzende
☐ Der Einzelrichter

....

Muster 159: Einstweilige Verfügung betreffend ein dingliches Erwerbsverbot

☐ Amtsgericht Frankfurt am Main
☐ Landgericht Frankfurt am Main
Aktenzeichen: …

Beschluss

1 In dem einstweiligen Verfügungsverfahren
d… …,

Antragsteller…,

Prozessbevollmächtigter: Rechtsanwalt …,
gegen
d… …,

Antragsgegner…,

Prozessbevollmächtigter: Rechtsanwalt …,
☐ hat das Amtsgericht Frankfurt am Main durch den Richter am Amtsgericht …
☐ hat die … Zivilkammer des Landgerichts Frankfurt am Main durch
  ☐ den Vorsitzenden Richter am Landgericht … und die Richter am Landgericht … und …
  ☐ den Richter am Landgericht … als Einzelrichter
am … beschlossen:

D… Antragsgegner… wird verboten,
1. d… Grundstück…, Gemarkung …, Flur …, Flurstück …, eingetragen im Grundbuch von …, Bezirk …, Band …, Blatt …, zu erwerben,
2. den Antrag auf Eintragung der Eigentumsumschreibung bei dem Grundbuchamt zu stellen bzw. aufrechtzuerhalten.

☐ Zugleich wird angeordnet, dass hinsichtlich der auf obigem Grundbuchblatt in Abt. II laufende Nr. … zugunsten d… Antragsteller… eingetragenen Auflassungsvormerkung ein Widerspruch gegen die Richtigkeit des Grundbuchs einzutragen ist.

☐ Das Grundbuchamt soll
☐ direkt eine Mitteilung von dem Erlass des obigen Erwerbsverbots erhalten
☐ und um Eintragung des Widerspruchs ersucht werden.

☐ Gegen Leistung einer Sicherheit von … € kann d… Antragsgegner… die Aufhebung der einstweiligen Verfügung verlangen.

Die Kosten des Verfahrens hat/haben d… Antragsgegner… zu tragen.

Der Streitwert wird auf … € festgesetzt.

Gründe[25]

☐ I.[26]

☐ …

☐ II.

Der Antrag ist begründet.

D… Antragsteller… hat/haben durch Vorlage 2
☐ des Kaufvertrages vom …
☐ der eidesstattlichen Versicherung
glaubhaft gemacht, dass der Kaufvertrag vom … wegen …
☐ nichtig ☐ unwirksam ☐ wirksam angefochten
ist und damit ein Anspruch d… Antragsgegner… auf Auflassung d… oben genannten Grundstück… nicht besteht. Nach gefestigter Rechtsprechung kann in diesem Fall durch Erlass eines Erwerbsverbots gemäß § 938 II ZPO und analog § 136 BGB der Erwerb des Eigentums und die Umschreibung desselben im Grundbuch verhindert werden.[27]

Der Verfügungsgrund folgt
☐ aus dem Zweck der einstweiligen Verfügung, eine Heilung des formungültigen Kaufvertrages nach § 311b I 2 BGB zu verhindern.
☐ aus dem Umstand, dass bei einer Umschreibung des Eigentums der Erwerber legitimiert wäre, einem gutgläubigen Dritten das Eigentum an dem Grundstück zu verschaffen.

☐ Gleichzeitig war auf Antrag die Eintragung eines Widerspruchs gegen die Richtigkeit der im Grundbuch eingetragenen Auflassungsvormerkung anzuordnen (§ 899 BGB).

☐ Die direkte Mitteilung des Erwerbsverbots beruht auf der analogen Anwendung des § 941 ZPO, ☐ das Eintragungsersuchen hinsichtlich des Widerspruchs auf § 941 ZPO.

Das Gericht hat die einstweilige Verfügung wegen Dringlichkeit ohne mündliche Verhandlung erlassen (§ 937 II ZPO)

☐ Die Entscheidung über die Gestattung einer Sicherheitsleistung beruht auf § 939 ZPO.

Die Kostenentscheidung gründet sich auf § 91 ZPO. Die Streitwertfestsetzung richtet sich nach §§ 53 I Nr. 1 GKG, 3 ZPO.

Rechtsbehelfsbelehrung[28]

☐ Diese Entscheidung kann mit dem Widerspruch angefochten werden. Er ist einzulegen bei dem Amtsgericht Frankfurt am Main, …

---

[25] Der Beschluss sollte begründet werden, da der Antragsgegner gegen ihn gemäß § 924 ZPO sowie gemäß §§ 926 und 927 ZPO vorgehen kann.

[26] In Ziffer I. des Beschlusses ist kurz der Sachverhalt darzustellen, soweit dies im Einzelfall erforderlich ist.

[27] MüKoZPO/*Drescher* § 938 Rn. 37; BeckOK ZPO/*Mayer* § 942 Rn. 13.

[28] Rechtsbehelfsbelehrung im Falle einer Arrestanordnung des Amtsgerichts bzw. des Landgerichts.

Widerspruchsberechtigt ist, wer durch diese Entscheidung in seinen Rechten beeinträchtigt ist.

Der Widerspruch wird durch Einreichung einer Widerspruchsschrift oder zur Niederschrift der Geschäftsstelle des genannten Gerichts eingelegt. Er kann auch zur Niederschrift der Geschäftsstelle eines jeden Amtsgerichts erklärt werden. Er ist von der widersprechenden Partei oder ihrem Bevollmächtigten zu unterzeichnen. Die widersprechende Partei hat die Gründe darzulegen, die sie für die Aufhebung der Entscheidung geltend machen will.

☐ Diese Entscheidung kann mit dem Widerspruch angefochten werden. Er ist einzulegen bei dem Landgericht Frankfurt am Main, ...

Widerspruchsberechtigt ist, wer durch diese Entscheidung in seinen Rechten beeinträchtigt ist.

Der Widerspruch wird durch Einreichung einer Widerspruchsschrift eingelegt. Der Widerspruch kann nur durch einen Rechtsanwalt eingelegt werden. Die widersprechende Partei hat die Gründe darzulegen, die sie für die Aufhebung der Entscheidung geltend machen will.

....

Verfügung

3 1. Ausfertigung des Beschlusses an Antragsteller (-Vertreter)
- ☐ (ZU/EB).
- ☐ durch Aushändigung an Gerichtsstelle gegen Empfangsbestätigung.
- ☐ Zusatz: Sie werden darauf hingewiesen, dass Zustellung und Vollzug des Arrestes der Partei selbst obliegen (§ 922 II ZPO). Auf die Einhaltung der in § 929 II, III ZPO niedergelegten Fristen werden Sie besonders hingewiesen.

2. ☐ Ausfertigung des Beschlusses an das Grundbuchamt ...
- ☐ durch besonderen Wachtmeister
- ☐ per Eilboten
- ☐ per Fax

mit folgendem Anschreiben:

In p.p. (volles Rubrum wie Bl. ... d.A.)
wird dem Grundbuchamt anbei eine Ausfertigung des Beschlusses vom ... übersandt
- ☐ mit dem Hinweis auf das erlassene Erwerbsverbot.
- ☐ mit dem Ersuchen, den darin angeordneten Widerspruch auf dem im Beschlusstenor genannten Grundstück einzutragen.

Es wird gebeten, dem Gericht den Eingang der Mitteilung zu bestätigen
- ☐ und es von dem Vollzug der Eintragung zu verständigen.

Schreiben Ziffer 2 zur persönlichen Unterschrift vorlegen und sodann absenden.

3. Schreiben Ziffer 2 zur persönlichen Unterschrift vorlegen und sodann absenden.
4. Kosten.

Frankfurt am Main, den ...

☐ Amtsgericht, Abteilung ...

☐ Landgericht, ... Zivilkammer
☐ Der Vorsitzende
☐ Der Einzelrichter

....

Muster 160: Einstweilige Verfügung betreffend das Unterlassen von Handlungen

Amtsgericht Frankfurt am Main
Aktenzeichen: …

Beschluss

In dem einstweiligen Verfügungsverfahren 1
des …,

Antragstellers,

Prozessbevollmächtigter: Rechtsanwalt …,
gegen
den …,

Antragsgegner,

hat das Amtsgericht Frankfurt am Main durch den Richter am Amtsgericht … am … beschlossen:

Dem Antragsgegner wird verboten,

1. gegenüber Dritten zu erklären, der Antragsteller sei homosexuell und habe in der Zeit vom … bis … im Hotel … in … mit dem minderjährigen … eine intime homosexuelle Beziehung unterhalten,
2. in der Öffentlichkeit Plakate mit dem in Ziffer 1 genannten Inhalt und dem Foto des Antragstellers anzubringen oder zu zeigen.

Zusätzlich droht das Gericht dem Antragsgegner für jeden Fall der Zuwiderhandlung die Verhängung eines Ordnungsgeldes von bis zu 250.000,– € und für den Fall, dass dieses nicht beigetrieben werden kann, für je 100,– € einen Tag Ordnungshaft oder sogleich Ordnungshaft bis zu 6 Monaten, im Wiederholungsfall bis zu insgesamt zwei Jahren, an.

Der Antragsgegner hat die Kosten des Verfahrens zu tragen.

Der Streitwert wird auf 5.000,– € festgesetzt.

Gründe

Der Antrag ist begründet.

Dem Antragsteller steht gegen den Antragsgegner ein Anspruch auf Unterlassung der im Beschlusstenor angegebenen Handlungen gemäß §§ 935ff. ZPO, 823, 1004 BGB, Art. 1, 2 GG zu, da er hierdurch in seiner Persönlichkeit und Ehre verletzt wird.

Er hat durch Vorlage zweier eidesstattlicher Versicherungen der Zeugen … und … 2
sowie des Fotos eines Plakats glaubhaft gemacht, dass der Antragsgegner die fraglichen Behauptungen über ihn Dritten gegenüber aufstellt und sie durch Aufhängen von Plakaten verbreitet.

Dem Antragsgegner sind für den Fall der Zuwiderhandlung gegen das erlassene Verbot die in § 890 I ZPO vorgesehenen Ordnungsmittel anzudrohen.

Das Gericht hat die einstweilige Verfügung wegen Dringlichkeit ohne mündliche Verhandlung erlassen (§ 937 II ZPO).

Die Kostenentscheidung beruht auf § 91 ZPO, die Streitwertfestsetzung auf §§ 48 II, 53 I Nr. 1 GKG, 3 ZPO.

Rechtsbehelfsbelehrung

Diese Entscheidung kann mit dem Widerspruch angefochten werden. Er ist einzulegen bei dem Amtsgericht Frankfurt am Main, ...

Widerspruchsberechtigt ist, wer durch diese Entscheidung in seinen Rechten beeinträchtigt ist.

Der Widerspruch wird durch Einreichung einer Widerspruchsschrift oder zur Niederschrift der Geschäftsstelle des genannten Gerichts eingelegt. Er kann auch zur Niederschrift der Geschäftsstelle eines jeden Amtsgerichts erklärt werden. Er ist von der widersprechenden Partei oder ihrem Bevollmächtigten zu unterzeichnen. Die widersprechende Partei hat die Gründe darzulegen, die sie für die Aufhebung der Entscheidung geltend machen will.

....

Muster 161: Einstweilige Verfügung in Wettbewerbsstreitigkeiten (§§ 3, 8 UWG)

Landgericht Frankfurt am Main
Aktenzeichen: …

Beschluss

In dem einstweiligen Verfügungsverfahren 1
der …,

Antragstellerin,

Prozessbevollmächtigter: Rechtsanwalt …,
gegen
den …,

Antragsgegner,

Prozessbevollmächtigter: Rechtsanwalt …,
hat die … Zivilkammer des Landgerichts Frankfurt am Main durch den Vorsitzenden Richter am Landgericht … und die Richter am Landgericht … und … am … beschlossen:

> Dem Antragsgegner wird aufgegeben, es bei Meidung eines für jeden Fall der Zuwiderhandlung festzusetzenden Ordnungsgeldes von bis zu 250.000,– € und für den Fall, dass dieses nicht beigetrieben werden kann, für je 100,– € einen Tag Ordnungshaft oder sogleich Ordnungshaft bis zu sechs Monaten, im Wiederholungsfall bis zu insgesamt zwei Jahren, zu unterlassen, als Abschleppunternehmer am Unfallort befindliche Unfallbeteiligte unaufgefordert zwecks
> – Abschluss eines Abschleppvertrages oder
> – Vermittlung eines Reparaturauftrages oder
> – Abschluss oder Vermittlung eines Automietvertrages anzusprechen.
>
> Der Antragsgegner hat die Kosten des Verfahrens zu tragen.
>
> Der Streitwert wird auf 50.000,– € festgesetzt.

Gründe

Der Antrag ist begründet.

Der Antragstellerin steht gegen den Antragsgegner ein Anspruch gemäß §§ 3, 8 UWG auf Unterlassung der im Beschlusstenor angegebenen Handlungen zu, da dieses Verhalten nach gefestigter Rechtsprechung gegen die Grundsätze des lauteren Wettbewerbs verstößt.

Die Antragstellerin hat durch Vorlage von drei eidesstattlichen Versicherungen der Zeugen …, … und … glaubhaft gemacht, dass der Antragsgegner mit seinem Abschleppfahrzeug an Unfallstellen mit ihrem Fahrzeug liegengebliebene Unfallbeteiligte unaufgefordert anspricht, um sie zum Abschluss eines Abschleppvertrages zu veranlassen. In einigen Fällen hat der Antragsgegner darüber hinaus nach den vorgelegten eidesstattlichen Versicherungen auch versucht, Autoreparaturverträge und Mietwagenverträge mit den Unfallbeteiligten abzuschließen. 2

Die Kostenentscheidung beruht auf § 91 ZPO, die Streitwertfestsetzung auf §§ 53 I Nr. 1 GKG, 12 IV UWG, 3 ZPO.

Rechtsbehelfsbelehrung

Diese Entscheidung kann mit dem Widerspruch angefochten werden. Er ist einzulegen bei dem Landgericht Frankfurt am Main, ...

Widerspruchsberechtigt ist, wer durch diese Entscheidung in seinen Rechten beeinträchtigt ist.

Der Widerspruch wird durch Einreichung einer Widerspruchsschrift eingelegt. Er kann nur durch einen Rechtsanwalt eingelegt werden. Die widersprechende Partei hat die Gründe darzulegen, die sie für die Aufhebung der Entscheidung geltend machen will.

....

Muster 162: Einstweilige Verfügung betreffend die Einsichtnahme in Geschäftsbücher

Amtsgericht Frankfurt am Main
Aktenzeichen: …

Beschluss

In dem einstweiligen Verfügungsverfahren 1
des …,

Antragstellers,

Prozessbevollmächtigter: Rechtsanwalt …,
gegen
die …,

Antragsgegnerin,

hat das Amtsgericht Frankfurt am Main durch den Richter am Amtsgericht … am … beschlossen:

> Der Antragsgegnerin wird aufgegeben, dem Antragsteller ihre sämtlichen Geschäftsbücher, Geschäftskonten und Geschäftspapiere zur Einsicht vorzulegen und ihm hierzu den Zutritt zu den Geschäftsräumen in …, … Straße Nr. … zu gestatten.
>
> Die Antragsgegnerin hat die Kosten des Verfahrens zu tragen.
>
> Der Streitwert wird auf 5.000,– € festgesetzt.

Gründe

Der Antrag ist begründet.

Der Antragsteller hat durch Vorlage des Gesellschaftsvertrages vom … und der eidesstattlichen Versicherung vom … glaubhaft gemacht, dass er Kommanditist der Antragsgegnerin ist und infolge verschiedener Umstände – Protest eines Wechsels über 120.000,– € und … – der Verdacht einer nicht ordnungsgemäßen Geschäftsführung besteht.

Daher war auf seinen Antrag hin gemäß § 166 III HGB die Vorlegung der Geschäftsbücher der Antragsgegnerin anzuordnen sowie der hierfür notwendige Zutritt zu den Geschäftsräumen zu gestatten.

Die Kostenentscheidung beruht auf § 91 ZPO, die Streitwertfestsetzung auf §§ 53 I Nr. 1 GKG, 3 ZPO.

Rechtsbehelfsbelehrung

Diese Entscheidung kann mit dem Widerspruch angefochten werden. Er ist einzulegen bei dem Amtsgericht Frankfurt am Main, ...

Widerspruchsberechtigt ist, wer durch diese Entscheidung in seinen Rechten beeinträchtigt ist.

Der Widerspruch wird durch Einreichung einer Widerspruchsschrift oder zur Niederschrift der Geschäftsstelle des genannten Gerichts eingelegt. Er kann auch zur Niederschrift der Geschäftsstelle eines jeden Amtsgerichts erklärt werden. Er ist von der widersprechenden Partei oder ihrem Bevollmächtigten zu unterzeichnen. Die widersprechende Partei hat die Gründe darzulegen, die sie für die Aufhebung der Entscheidung geltend machen will.

....

Muster 163: Einstweilige Verfügung durch das Amtsgericht der belegenen Sache (§ 942 I ZPO)

Amtsgericht Frankfurt am Main
Aktenzeichen: …

Beschluss

In dem einstweiligen Verfügungsverfahren 1

d… …,

Antragsteller…,

Prozessbevollmächtigter: Rechtsanwalt …,

gegen

d… …,

Antragsgegner…,

hat das Amtsgericht Frankfurt am Main durch den Richter am Amtsgericht … am … beschlossen:

> Dem Antragsgegner wird aufgegeben, den Omnibus Marke …, Typ …, Baujahr …, amtliches Kennzeichen …, Fahrgestellnummer … zur Sicherstellung an den von dem Antragsteller beauftragten Gerichtsvollzieher herauszugeben.
>
> Der Antragsgegner hat die Kosten des Verfahrens zu tragen.
>
> Der Antragsteller hat innerhalb einer Frist von zwei Wochen, die mit der an ihn erfolgten Zustellung dieses Beschlusses zu laufen beginnt, bei dem zuständigen Landgericht Frankfurt am Main zu beantragen, den Antragsgegner zur mündlichen Verhandlung über die Rechtmäßigkeit der einstweiligen Verfügung zu laden.
>
> Der Streitwert wird auf 45.000,– € festgesetzt.

Gründe

Der Antrag ist begründet.

Der Antragsteller hat durch Vorlage

a) des Kauf- und Sicherungsübereignungsvertrages vom … (Bl. … d. A.),
b) einer Kontoaufstellung per …,
c) des Kraftfahrzeugbriefs betreffend des im Tenor genannten Fahrzeugs,
d) eines Schreibens des Antragsgegners vom … und
e) der eidesstattlichen Versicherungen des Prokuristen … und des Kraftfahrers …

glaubhaft gemacht, dass ihm gegen den Antragsgegner ein fälliger Anspruch auf Zahlung eines Kaufpreisrestes von 90.516,– € zusteht und ihm der im Tenor genannte Omnibus zur Sicherung übereignet worden ist, dessen Herausgabe zum Zwecke der Verwertung der Antragsgegner verweigert.

Der Verfügungsgrund im Sinne des § 935 ZPO ist gegeben. Der nach § 985 BGB bestehende Herausgabeanspruch ist gefährdet, da bei weiterem Einsatz des Omnibusses bis zur Entscheidung im Hauptsacheprozess derselbe erheblich an Wert verliert. 2

Das angerufene Gericht ist nach § 942 I ZPO zuständig, da nach der eidesstattlichen Versicherung des Kraftfahrers ... der Omnibus nach Betriebsende in der Zweigstelle des Antragsgegners in ... abgestellt ist.

Das Amtsgericht hat die einstweilige Verfügung gemäß §§ 937 II, 942 ZPO wegen Dringlichkeit ohne mündliche Verhandlung erlassen. Nach der eidesstattlichen Versicherung des Prokuristen ... beabsichtigt der Antragsgegner, am ... eine mehrwöchige Urlaubsreise mit dem Bus nach Spanien und Marokko anzutreten, so dass die Sicherstellung des Fahrzeugs in absehbarer Zeit nicht zu erreichen wäre und eine weitere Wertminderung eintreten würde.

Dem Antragsteller war nach § 942 I ZPO eine Frist zur Einleitung des Rechtfertigungsverfahrens vor dem zuständigen Landgericht zu setzen. Nach fruchtlosem Ablauf der Frist kann der Antragsgegner Aufhebung der einstweiligen Verfügung verlangen (§ 942 III ZPO).

Die Kostenentscheidung beruht auf § 91 ZPO, die Streitwertfestsetzung auf §§ 53 I Nr. 1 GKG, 3 ZPO.

Rechtsbehelfsbelehrung

Diese Entscheidung kann mit dem Widerspruch angefochten werden. Er ist einzulegen bei dem Amtsgericht Frankfurt am Main, ...

Widerspruchsberechtigt ist, wer durch diese Entscheidung in seinen Rechten beeinträchtigt ist.

Der Widerspruch wird durch Einreichung einer Widerspruchsschrift oder zur Niederschrift der Geschäftsstelle des genannten Gerichts eingelegt. Er kann auch zur Niederschrift der Geschäftsstelle eines jeden Amtsgerichts erklärt werden. Er ist von der widersprechenden Partei oder ihrem Bevollmächtigten zu unterzeichnen. Die widersprechende Partei hat die Gründe darzulegen, die sie für die Aufhebung der Entscheidung geltend machen will.

....

Muster 164: Verwerfung eines Widerspruchs gegen eine einstweilige Verfügung des Amtsgerichts der belegenen Sache

Amtsgericht Frankfurt am Main
Aktenzeichen: …

Beschluss

In dem einstweiligen Verfügungsverfahren 1
d… …,

Antragsteller…,

Prozessbevollmächtigter: Rechtsanwalt …,
gegen
d… …,

Antragsgegner…,

hat das Amtsgericht Frankfurt am Main durch den Richter am Amtsgericht … am … beschlossen:

☐ Der Widerspruch d… Antragsgegner… vom … gegen die einstweilige Verfügung vom … wird kostenpflichtig als unzulässig verworfen, da gegen die nach § 942 ZPO erlassene einstweilige Verfügung Widerspruch nur zum Gericht der Hauptsache eingelegt werden kann.

☐ Auf Antrag d… Antragsgegner… verweist das Amtsgericht … das einstweilige Verfügungsverfahren zur Entscheidung über die Rechtmäßigkeit der einstweiligen Verfügung vom … an das zuständige
☐ Amtsgericht ☐ Landgericht … .

…………………

Verfügung

1. Ausfertigung des Beschlusses an 2
☐ Antragsteller (-Vertreter) ☐ (ZU/EB).
☐ Antragsgegner (-Vertreter) ☐ (ZU/EB).
2. ☐ Urschriftlich mit Akten an das ☐ Amtsgericht ☐ Landgericht in …
mit der Bitte um Übernahmebestätigung.
3. Kosten.

Frankfurt am Main, den …
Amtsgericht, Abteilung …

…………………

Muster 165: Beschluss betreffend die Anordnung der mündlichen Verhandlung

☐ Amtsgericht Frankfurt am Main
☐ Landgericht Frankfurt am Main
Aktenzeichen: ...

Beschluss

1 In dem
☐ Arrestverfahren
☐ einstweiligen Verfügungsverfahren
... gegen ...
☐ hat das Amtsgericht Frankfurt am Main durch den Richter am Amtsgericht ...
☐ hat die ... Zivilkammer des Landgerichts Frankfurt am Main durch
☐ den Vorsitzenden Richter am Landgericht ... und die Richter am Landgericht ... und ...
☐ den Richter am Landgericht ... als Einzelrichter
am ... beschlossen:

1. Termin zur
☐ Güteverhandlung und
☐ mündlichen Verhandlung über
☐ den Antrag auf Erlass ☐ des Arrestes
☐ der einstweiligen Verfügung
☐ den Widerspruch gegen ☐ den Arrest
☐ die einstweilige Verfügung
wird anberaumt auf ..., den ..., ... Uhr, Raum ...
2. ☐ Die Ladungsfrist wird abgekürzt auf ...
3. ☐ Das persönliche Erscheinen d....
☐ Parteien
☐ Arrest-/Verfügungskläger...
☐ Arrest-/Verfügungsbeklagte...
wird angeordnet.
4. ☐ D... Arrest-/Verfügungskläger...
wird aufgegeben, bis spätestens ...
☐ den zu sichernden Anspruch
☐ den Arrest-/Verfügungsgrund
näher zu substanziieren und glaubhaft zu machen.
☐ zu dem Widerspruch Stellung zu nehmen.
☐ zu dem Antrag auf Aussetzung der Vollziehung Stellung zu nehmen.
☐ folgende Urkunden vorzulegen: ...
5. ☐ D... Arrest-/Verfügungsbeklagte ...
wird aufgegeben, bis spätestens ...
☐ zu dem Antrag vom ... Stellung zu nehmen.
☐ Einwendungen gegen d... Arrest/einstweilige Verfügung substanziiert vorzutragen und glaubhaft zu machen.

☐ Zusatz: Bevor dies nicht geschehen ist, kann über den Antrag auf Aussetzung der Vollziehung nicht entschieden werden.

☐ folgende Urkunden vorzulegen: …

6. Zu dem Termin sollen
   ☐ als Zeugen geladen werden: …
   ☐ folgende Akten beigezogen werden: …

…………………

Verfügung

2

1. Ausfertigung des Beschlusses an
   ☐ Arrest-/Verfügungskläger (-Vertreter) ☐ (ZU/EB).
   ☐ Arrest-/Verfügungsbeklagten (-Vertreter) ☐ (ZU/EB).
   ☐ mit Belehrung über Anwaltszwang.[29]
2. ☐ Zeugen laden[30] und Akten anfordern[31] gemäß Ziffer 6 des Beschlusses.
3. Wiedervorlage
   ☐ Herr/Frau Berichterstatter(in)
   ☐ am … ☐ zum Termin.

Frankfurt am Main, den …
☐ Amtsgericht, Abteilung … ☐ Landgericht, … Zivilkammer
☐ Der Vorsitzende
☐ Der Einzelrichter

…………………

[29] Nur bei Verfahren vor dem Landgericht (§ 78 I ZPO).

[30] Im Hinblick auf die Eilbedürftigkeit der Sache sollte von einer Vorschussanforderung abgesehen werden (§ 379 S. 1 ZPO).

[31] Im Einzelfall kann eine zusätzliche telefonische Anforderung erforderlich sein.

Muster 166: Ablehnung einer einstweiligen Verfügung aufgrund mündlicher Verhandlung

Amtsgericht Frankfurt am Main
Aktenzeichen: …

Urteil

Im Namen des Volkes

1 In dem einstweiligen Verfügungsverfahren
des …,

Verfügungsklägers,

Prozessbevollmächtigter: Rechtsanwalt …,
gegen
den …,

Verfügungsbeklagten,

hat das Amtsgericht Frankfurt am Main durch den Richter am Amtsgericht … aufgrund der mündlichen Verhandlung vom … für Recht erkannt:

Der Antrag vom … auf Erlass einer einstweiligen Verfügung wird zurückgewiesen.

Der Verfügungskläger hat die Kosten des Verfahrens zu tragen.

Das Urteil ist vorläufig vollstreckbar. Der Verfügungskläger darf die Vollstreckung durch Sicherheitsleistung oder Hinterlegung in Höhe von 120 % des aufgrund des Urteils zu vollstreckenden Betrages abwenden, wenn nicht die Verfügungsbeklagte vor der Vollstreckung Sicherheit in Höhe von 120 % des jeweils zu vollstreckenden Betrages leistet.

Tatbestand

Der Verfügungskläger ist Eigentümer des Personenkraftwagens mit dem amtlichen Kennzeichen … . Er verlangt von dem Verfügungsbeklagten dessen Herausgabe. Die Parteien streiten darüber, ob dem Verfügungsbeklagten ein Vermieterpfandrecht an dem Wagen zusteht.

Der Verfügungsbeklagte ist Eigentümer des Wohn- und Geschäftshaus … . Der Verfügungskläger gründete zusammen mit dem Architekten … ein Bauunternehmen, das in Form einer GmbH & Co. KG, betrieben werden sollte.

Am … schloss der Architekt … mit dem Verfügungsbeklagten einen schriftlichen Mietvertrag (Bl. … d.A.) über die im 2. Stock des Hauses gelegenen Räume. Das Mietverhältnis war bis April … befristet. Nach dem Mietvertrag wurden Geschäftsräume für das Bauunternehmen vermietet.

Der von dem Verfügungskläger vorgelegte Mietvertrag ist handschriftlich ausgefüllt und trägt in der Mieterspalte nur die Unterschrift des Architekten … . Der von dem Verfügungsbeklagten vorgelegte Mietvertrag ist mit Schreibmaschine ausgefüllt und weist neben der Unterschrift des Architekten … auch die Unterschrift des Verfügungsklägers aus. Da die angemieteten Räume von dem Bauunternehmen nicht voll benötigt wurden, nutzte der Verfügungskläger ab … einen Teil davon als Wohnung.

Mit Schreiben vom ... teilte die ... GmbH & Co KG dem Verfügungsbeklagten mit, dass die Gesellschaft per ... aufgelöst und deshalb das Mietverhältnis zum ... gekündigt werde. Der Verfügungsbeklagte widersprach der Kündigung. Ende Januar ... räumten die Baufirma und der Verfügungskläger die von ihnen genutzten Räume.

Der Verfügungsbeklagte verlangte die Zahlung des Mietzinses für die Monate Januar und Februar des Jahres ... . Als Sicherheit für seine Mietforderung ließ der Verfügungsbeklagte den streitgegenständlichen Personenkraftwagen des Verfügungsklägers abschleppen und auf sein Grundstück verbringen.

Im Mai ... erwirkte der Verfügungsbeklagte gegen den Verfügungskläger einen Arrest, der jedoch auf Widerspruch des Verfügungsklägers durch Urteil des Amtsgerichts Frankfurt am Main vom ... wieder aufgehoben wurde. Die aufgrund des Arrestes ausgebrachte Pfändung des Personenkraftwagens wurde sodann wieder aufgehoben.

Der Verfügungskläger ist der Ansicht, der Verfügungsbeklagte habe kein Vermieterpfandrecht an dem Personenkraftwagen erwerben können:

Mieter der Räume sei nach dem handschriftlichen Mietvertrag nur der Architekt ...; er, der Verfügungskläger, sei dessen Untermieter. Seine Unterschrift unter den maschinengeschriebenen Vertrag sei auf Veranlassung seines Mitgesellschafters ... erfolgt und habe nur die Überlassung der Räume im Innenverhältnis zwischen ihm und dem Hauptmieter ... bestätigen sollen; das von dem Prozessbevollmächtigten des Verfügungsbeklagten vorgelegte Exemplar des Mietvertrages gehöre dem Architekten ..., den jener gleichzeitig vertrete. Im Übrigen hätte sich ein etwaiges Vermieterpfandrecht nicht auf den Personenkraftwagen erstrecken können, da er nicht in die Mietwohnung eingebracht worden sei. Der Verfügungsbeklagte habe verbotene Eigenmacht begangen.

Der Verfügungskläger beantragt,

> dem Verfügungsbeklagten aufzugeben, den Personenkraftwagen mit dem amtlichen Kennzeichen ... an ihn herauszugeben.

Der Verfügungsbeklagte beantragt,

> den Antrag zurückzuweisen.

Er ist der Auffassung, dass ihm ein Vermieterpfandrecht zustehe, da der Verfügungskläger aufgrund des maschinengeschriebenen Mietvertrages als Mitmieter anzusehen sei. Der Personenkraftwagen sei eingebrachte Sache gewesen. Das Abschleppen sei von dem mitvermieteten Kfz-Abstellplatz aus und in Ausübung des Selbsthilferechts erfolgt.

Das Gericht hat Beweis erhoben durch Vernehmung des Hausmeisters ... und des Architekten ... . Hinsichtlich des Ergebnisses der Beweisaufnahme wird auf das Protokoll der mündlichen Verhandlung vom ... (Bl. ... d. A.) Bezug genommen.

Entscheidungsgründe

Der Antrag ist zulässig.

Insbesondere fehlt es nicht am Rechtsschutzbedürfnis des Verfügungsklägers im Hinblick auf eine Vorwegnahme der Hauptsache, denn dieser behauptet, ihm sei der Besitz des Personenkraftwagens durch verbotene Eigenmacht entzogen worden.

In der Sache hat der Antrag allerdings keinen Erfolg.

Dem Verfügungskläger steht gegen den Verfügungsbeklagten kein Anspruch auf Herausgabe seines streitgegenständlichen Personenkraftwagens gemäß § 985 BGB zu. Verbotene Eigenmacht des Verfügungsbeklagten liegt nicht vor. Dieser ist vielmehr aufgrund seines Vermieterpfandrechts zum Besitz des Personenkraftwagens berechtigt (§ 986 BGB).

2 Dem Verfügungsbeklagten steht für die Monate Januar und Februar … eine Mietzinsforderung von 3.600,– € zu. Im Hinblick auf die vereinbarte Befristung des Mietvertrages bis April … konnte dieser von der … GmbH & Co KG nicht vorzeitig zum … gekündigt werden. Er bestand über diesen Zeitpunkt hinaus fort. Für die Mietzinsforderung hat auch der Verfügungskläger einzustehen, da er dem Mietvertrag vom … als Mitmieter beigetreten ist.

Zunächst spricht hierfür schon die Unterschrift des Verfügungsklägers auf dem maschinengeschriebenen Mietvertrag an der hierfür vorgesehenen Stelle. Die Einlassung des Verfügungsklägers, diese Unterschrift sei nur zur internen Bestätigung eines Untermietverhältnisses zwischen ihm und dem Architekten … erfolgt, erachtet das Gericht nach dem Ergebnis der Beweisaufnahme für widerlegt. Die Zeugen Architekt … und Hausmeister … haben den Ablauf der Vertragsverhandlungen übereinstimmend dahin geschildert, dass zunächst nur Architekt … als Mieter vorgesehen gewesen sei und daraus sich die alleinige Unterschrift unter dem handgeschriebenen Mietvertrag erkläre; nachdem sich herausgestellt habe, dass der Verfügungskläger einen Teil der Räume als Wohnräume benutzen wollte, habe der Verfügungsbeklagte darauf bestanden, dass auch der Verfügungskläger als Mitmieter in den Mietvertrag aufgenommen werde; das dem Zeugen … übergebene, mit Schreibmaschine ausgefertigte Exemplar des Vertrages sei von diesem dem Verfügungskläger mit der Bitte um Unterschrift übergeben und nach Unterschriftsleistung selbst an den Zeugen … zurückgegeben worden. Das Gericht sieht keinen Anlass, an der Glaubwürdigkeit der beiden Zeugen, die den Hergang übereinstimmend schildern, zu zweifeln. Danach kann von einer lediglich internen Bestätigung der Untervermietung keine Rede sein.

Mit der Verpflichtung des Verfügungsklägers aus seiner Stellung als Mitmieter steht auch fest, dass die von ihm in die Mietsache eingebrachten Sachen dem Vermieterpfandrecht des Verfügungsbeklagten unterlagen (§ 562 BGB), zu denen nach dem Ergebnis der Beweisaufnahme auch der Personenkraftwagen des Verfügungsklägers gerechnet werden muss.

Nach der glaubhaften Aussage des Hausmeisters … waren für die Kraftfahrzeuge des Verfügungsklägers und des Zeugen … auf dem Mietgrundstück zwei Parkplätze zur Verfügung gestellt und durch besondere Kennzeichnung für sie eigens reserviert. Mit dem Abstellen des Personenkraftwagens auf diesem Abstellplatz war die besondere Beziehung dieser Sache zu dem Mietobjekt hergestellt, welche Voraussetzung für die Entstehung des Vermieterpfandrechts ist. Die Streitfrage, ob das Vermieterpfandrecht an dem Kraftfahrzeug jeweils mit der Entfernung von dem Mietgrundstück erlischt und sodann mit dem Auffahren auf das Grundstück neu entsteht, kann dahingestellt bleiben. Denn unter Berücksichtigung der Aussage des Zeugen … ist der streitige Personenkraftwagen nicht von einem öffentlichen Parkplatz abgeschleppt worden, sondern von dem Parkplatz auf dem Mietgrundstück. Der Zeuge … hat ausgesagt, dass er den Personenkraftwagen an dem fraglichen Tag um 11 Uhr auf dem Parkplatz hat stehen sehen. Unstreitig ist er um ca. 12 Uhr von der beauftragten Abschleppfirma abgeholt worden. Es erscheint unwahrscheinlich, dass der Personenkraftwagen in der Zwischenzeit noch in seinem Standort verändert worden ist, zumal die Abschleppfirma kaum in der Lage gewesen wäre, den Personenkraftwagen irgendwo ausfindig zu machen. Unter diesen Umständen hätte der Verfügungskläger schon durch konkrete Behauptung und Glaubhaftmachung das Gegenteil unter Beweis stellen müssen.

Der Verfügungsbeklagte war demnach gemäß § 562b I BGB berechtigt, den Personenkraftwagen in seinen Besitz zu nehmen, und zwar auch gegen den Willen des Verfügungsklägers, da dieser aus den Mieträumen ausgezogen war. Dem Herausgabeverlangen des Verfügungsklägers steht das Recht des Verfügungsbeklagten auf Besitz des Pfandgegenstands entgegen (§§ 1257, 1231 S. 1, 986 BGB). Ein Ausschluss des Rechts zum Besitz gemäß § 863 BGB kommt nicht in Frage, da der Verfügungskläger mangels verbotener Eigenmacht den Anspruch auf Herausgabe des Personenkraftwagens nicht auf § 861 BGB stützen kann.

Die Nebenentscheidungen beruhen auf den §§ 91, 708 Nr. 6, 711 S. 1 und 2 ZPO.

Rechtsbehelfsbelehrung

Diese Entscheidung kann mit der Berufung angefochten werden. Sie ist einzulegen innerhalb einer Notfrist von einem Monat bei dem Landgericht Frankfurt am Main, ...

Die Frist beginnt mit der Zustellung der in vollständiger Form abgefassten Entscheidung.

Die Berufung ist nur zulässig, wenn der Beschwerdegegenstand 600,– € übersteigt oder das Gericht die Berufung in diesem Urteil zugelassen hat.

Zur Einlegung der Berufung ist berechtigt, wer durch diese Entscheidung in seinen Rechten beeinträchtigt ist. Die Berufung wird durch Einreichung einer Berufungsschrift eingelegt. Die Berufung kann nur durch einen Rechtsanwalt eingelegt werden.

....

Muster 167: Erlass einer einstweiligen Verfügung aufgrund mündlicher Verhandlung (§§ 922 I, 936 ZPO)

Landgericht Frankfurt am Main
Aktenzeichen: …

Urteil

Im Namen des Volkes

1 In dem einstweiligen Verfügungsverfahren
1. des …,
2. des …,

Verfügungskläger,

Prozessbevollmächtigter: Rechtsanwalt …,
gegen
den …,

Verfügungsbeklagten,

Prozessbevollmächtigter: Rechtsanwalt …,
hat die … Zivilkammer des Landgerichts Frankfurt am Main durch die Vorsitzende Richterin am Landgericht … und die Richterinnen am Landgericht … und … aufgrund der mündlichen Verhandlung vom … für Recht erkannt:

Dem Verfügungsbeklagten wird die durch Gesellschaftsvertrag vom … eingeräumte Alleingeschäftsführungs- und Alleinvertretungsbefugnis vorläufig bis zur Entscheidung erster Instanz im Hauptsacheprozess entzogen.

Der Verfügungsbeklagte hat die Kosten des Verfahrens zu tragen.

Tatbestand

Die Parteien schlossen am … einen Gesellschaftsvertrag (Bl. … d. A.) zum gemeinsamen Betrieb einer oHG. Nach § 6 des Gesellschaftsvertrages hat jeder der drei Gesellschafter alleinige Geschäftsführungs- und Vertretungsbefugnis. Zwischen den Parteien bestehen seit Mitte des Jahres … erhebliche Spannungen.

Eine Klage des Verfügungsbeklagten gegen den jetzigen Verfügungskläger zu 1) auf Auflösung der Gesellschaft wurde durch Urteil des Landgerichts Frankfurt vom … abgewiesen. Die Verfügungskläger haben am … Klage auf Entziehung der dem Verfügungsbeklagten zustehenden alleinigen Geschäftsführungs- und Vertretungsmacht erhoben. Dieser Rechtsstreit ist vor der hier entscheidenden Kammer noch anhängig.

Mit der vorliegenden einstweiligen Verfügung begehren die Verfügungskläger die vorläufige Entziehung der Geschäftsführungs- und Vertretungsmacht. Sie nehmen Bezug auf ihr Vorbringen im Hauptverfahren und tragen vor, der Verfügungsbeklagte habe seine Pflichten als Gesellschafter grob verletzt.

Insbesondere habe er entgegen dem Gesellschafterbeschluss vom … bei der Vereinsbank … ein Darlehen von 40.000,– € aufgenommen, hierbei die kreditgebende Bank über einen Eigentumsvorbehalt an der zur Sicherung übereigneten Maschine getäuscht und den Darlehensbetrag auch noch zweckwidrig für die Anschaffung eines Personenkraftwagen verwendet, den er überwiegend für private Zwecke nutze.

Die Verfügungskläger beantragen,

> dem Verfügungsbeklagten die ihm durch Gesellschaftsvertrag vom ... eingeräumte alleinige Geschäftsführungsbefugnis und alleinige Vertretungsmacht vorläufig zu entziehen.

Der Verfügungsbeklagte beantragt,

> den Antrag zurückzuweisen.

Er habe angenommen, dass die Verfügungskläger die Darlehensaufnahme nachträglich billigen würden; der Verfügungskläger zu 2) habe sie nachträglich in einer mündlichen Aussprache gutgeheißen. Den Eigentumsvorbehalt des Lieferanten habe er für nicht wesentlich gehalten, da dieser mit der Zahlung der letzten Rate des Anschaffungspreises alsbald in Wegfall gekommen wäre. Zudem werde der angeschaffte Personenkraftwagen fast ausschließlich für geschäftliche Zwecke benutzt.

Die Akten des Hauptprozesses (Aktenzeichen ...) und des Vorprozesses (Aktenzeichen ...) waren beigezogen und Gegenstand der mündlichen Verhandlung.

Entscheidungsgründe

Der Antrag ist begründet.

Den Verfügungsklägern steht gegen den Verfügungsbeklagten ein Anspruch auf Entziehung der Geschäftsführungsbefugnis und der Vertretungsmacht gemäß §§ 117, 127 HGB zu. 2

Nach dem Sach- und Streitstand, wie er sich aus dem Vorbringen der Parteien in diesem Verfahren und aus den beigezogenen Akten darstellt, ist ein wichtiger Grund für den Entzug der Geschäftsführungs- und Vertretungsbefugnis gegeben. Ein solcher wichtiger Grund liegt unter anderem dann vor, wenn ein Gesellschafter unter Verstoß gegen die gesellschaftliche Organisationsordnung umfangreiche Geschäfte vornimmt.

Das ist hier der Fall gewesen, denn der Verfügungsbeklagte hat seine Pflichten aus dem Gesellschaftsvertrag grob verletzt, indem er entgegen einem ausdrücklichen Gesellschafterbeschluss im Namen der Gesellschaft ein Darlehen aufgenommen und die kreditgebende Bank hierbei über das Bestehen eines Eigentumsvorbehalts an der sicherungsübereigneten Maschine getäuscht hat.

Dieses Verhalten stellt gegenüber den Verfügungsklägern eine erhebliche Verletzung der Treuepflicht dar, zumal der Verfügungsbeklagte sich nach den Akten des Vorprozesses schon früher eigenmächtig über Gesellschafterbeschlüsse hinweggesetzt hat und der Beschluss vom ... zur Klarstellung nochmals festgelegt hatte, dass ein Darlehen zurzeit nicht aufgenommen werden solle.

Unter diesen Umständen konnte der Verfügungsbeklagte auch nicht mit einer nachträglichen Billigung seines Verhaltens durch die Verfügungskläger rechnen. Dass der Verfügungskläger zu 2) nachträglich sein Einverständnis erklärt hat, ist nicht glaubhaft gemacht; im Hauptprozess hat sich der Verfügungsbeklagte insoweit nur auf zwei Zeugen vom Hörensagen bezogen, die bisher nicht vernommen sind.

Das Verhalten des Verfügungsbeklagten gegenüber der kreditgebenden Bank, die inzwischen den Darlehensvertrag wegen arglistiger Täuschung angefochten hat, stellt ebenfalls eine Verletzung gesellschaftlicher Pflichten dar, da hierdurch der gute Ruf der oHG und damit ihre Kreditwürdigkeit gelitten hat. Unter diesen Umständen braucht hier nicht auf die weitere Streitfrage eingegangen zu werden, ob der Verfügungsbeklagte das Darlehen zweckwidrig verwendet hat und den angeschafften Personenkraftwagen vertragswidrig für private Zwecke benutzt. Das oben genannte Verhalten des Verfügungsbeklagten reicht als Grund für eine vorläufige Entziehung der Befugnisse aus.

Der Verfügungsgrund im Sinne des § 940 ZPO ist ebenfalls zu bejahen. Die Entziehung der Geschäftsführungs- und Vertretungsbefugnis ist zur Verhinderung weiterer Nachteile für die Gesellschaft notwendig.

Nach dem derzeitigen Sach- und Streitstand kann den Verfügungsklägern die weitere Zusammenarbeit mit dem Beklagten nicht zugemutet werden. Eine mildere Maßnahme scheidet aus. Insbesondere kann die Umwandlung der Einzelgeschäftsführungs- und Vertretungsbefugnis in eine Gesamtgeschäftsführungs- und Gesamtvertretungsmacht nicht als sachgerechte Übergangsregelung angesehen werden, denn eine Zusammenarbeit mit dem Verfügungsbeklagten wird von den Verfügungsklägern aus vernünftigen Gründen abgelehnt.

Die Kostenentscheidung beruht auf § 91 ZPO.

....

Muster 168: Erlass einer Leistungsverfügung aufgrund mündlicher Verhandlung

Landgericht Frankfurt am Main
Aktenzeichen: …

Urteil

Im Namen des Volkes

In dem einstweiligen Verfügungsverfahren 1
des …,

Verfügungsklägers,

Prozessbevollmächtigter: Rechtsanwalt …,
gegen
die …,

Verfügungsbeklagte,

Prozessbevollmächtigter: Rechtsanwalt …,

hat die … Zivilkammer des Landgerichts Frankfurt am Main durch die Vorsitzende Richterin am Landgericht … und die Richterinnen am Landgericht … und … aufgrund der mündlichen Verhandlung vom … für Recht erkannt:

Der Verfügungsbeklagten wird aufgegeben, an den Verfügungskläger für die Zeit vom … bis … eine monatliche Rente von 2.000,– €, fällig jeweils am 1. eines jeden Monats im Voraus, sowie weitere 7.000,– € zu zahlen.

Im Übrigen wird der Antrag zurückgewiesen.

Von den Kosten des Verfahrens haben der Verfügungskläger 56 % und die Verfügungsbeklagte 44 % zu tragen.

Das Urteil ist vorläufig vollstreckbar. Der Verfügungskläger darf die Vollstreckung durch Sicherheitsleistung oder Hinterlegung in Höhe von 120 % des aufgrund des Urteils zu vollstreckenden Betrages abwenden, wenn nicht die Verfügungsbeklagte vor der Vollstreckung Sicherheit in Höhe von 120 % des jeweils zu vollstreckenden Betrages leistet.

Tatbestand

Der Verfügungskläger, ein alleinstehender Diabetiker, und der Versicherungsnehmer der Verfügungsbeklagten waren in einen Verkehrsunfall vom … verwickelt, bei dem der Verfügungskläger schwer verletzt wurde. Er ist seit dieser Zeit nicht in der Lage, seinen Beruf als Handelsvertreter auszuüben. Im Hauptverfahren macht er Ersatzansprüche und Schmerzensgeld geltend. Die dortigen Beklagten bestreiten den Anspruch. Die Kammer hat durch Grund- und Teilurteil vom … die Ersatzansprüche dem Grunde nach zu 3/4 für gerechtfertigt erklärt. Gegen diese Entscheidung haben die Beklagten Berufung eingelegt, über die noch nicht entschieden ist. Auf die Forderungen des Verfügungsklägers hat die Verfügungsbeklagte bis heute keine Zahlungen geleistet.

Der Verfügungskläger verlangt von der Verfügungsbeklagten im Wege einer einstweiligen Verfügung die Zahlung einer laufenden monatlichen Rente von 3.000,– € ab dem … sowie eines Teilbetrages von 7.000,– € für einen Kuraufenthalt. Zur Glaubhaftmachung bezieht er sich auf die in dem Hauptverfahren vorgelegten Provisionsabrechnungen, das ärztliche Attest von Prof. Dr. … und das Schreiben der Klinik … in … .

Der Verfügungskläger beantragt,

> die Verfügungsbeklagte zu verurteilen, an ihn ab dem … eine monatliche Rente von 3.000,– € sowie weitere 7.000,– € Kurkosten zu zahlen.

Die Verfügungsbeklagte beantragt,

> den Antrag zurückzuweisen.

Sie wiederholt ihr Vorbringen aus dem Hauptverfahren.

Die Akten des Hauptprozesses (Aktenzeichen …) waren beigezogen und Gegenstand der mündlichen Verhandlung.

Entscheidungsgründe

Der Antrag ist zulässig.

Insbesondere fehlt es nicht am Rechtsschutzbedürfnis des Verfügungsklägers. Zwar kann eine einstweilige Verfügung im Regelfall nur zur Sicherung des Hauptanspruchs oder zur vorläufigen Regelung eines Zustandes in Bezug auf ein streitiges Rechtsverhältnis erlassen werden. Die Rechtsprechung hat aber den allgemeinen Grundsatz entwickelt, dass eine sogenannte Leistungsverfügung auf Zahlung eines Geldbetrages insoweit zuzulassen ist, als der Gläubiger dringend darauf angewiesen ist, den ihm schuldeten Betrag sofort zu erhalten. Voraussetzung ist hierbei eine besondere, durch die Notlage des Gläubigers gekennzeichnete Dringlichkeit. Diese liegt hier vor.

2 Auch in der Sache hat der Antrag überwiegend Erfolg.

Dem Verfügungskläger steht gegen die Verfügungsbeklagte ein Anspruch auf Zahlung von Schadensersatz in dem aus dem Tenor ersichtlichen Umfang gemäß §§ 7 I StVG, 823 I, 253 II BGB, § 115 I Nr. 1 VVG zu.

Nach dem Grund- und Teilurteil der Kammer vom … hat der Verfügungskläger Anspruch auf Ersatz seines Schadens aus dem Unfall vom … in Höhe von $^3/_4$. Insoweit ist der Anspruch dem Grunde nach glaubhaft gemacht, auch wenn das Grundurteil noch nicht rechtskräftig ist.

Hinsichtlich des Verdienstausfalls ist nach den im Hauptprozess vorgelegten Provisionsabrechnungen, die die Verfügungsbeklagte nicht substanziiert angegriffen hat, von einem voraussichtlichen Verdienstausfall von mindestens 4.000,– € monatlich auszugehen. Zieht man hiervon die Mitverschuldensquote von $^1/_4$ ab, so verbleibt ein Anspruch von 3.000,– € monatlich, der nach dem jetzigen Sach- und Streitstand als glaubhaft gemacht anzusehen ist.

Der Verfügungskläger kann im Wege der Leistungsverfügung hiervon den Teil geltend machen, der zur Bestreitung des unbedingt notwendigen Lebensbedarfs erforderlich ist. Diesen Bedarf schätzt das Gericht für einen alleinstehenden Diabetiker auf monatlich 2.000,– €. Zeitlich kann der Verfügungskläger diese Rente nicht für die Vergangenheit, sondern erst ab Eingang des Antrages bei Gericht geltend machen; sie ist auf die Dauer von sechs Monaten zunächst zu begrenzen, da innerhalb dieses Zeitraums mit dem Abschluss des Berufungsverfahrens über den Grund des Anspruchs und dem Erlass einer Entscheidung erster Instanz im Betragsverfahren zu rechnen ist. Der zeitlich weitergehende Antrag war deshalb zurückzuweisen.

Der Antrag auf Zubilligung der Kurkosten ist dagegen in vollem Umfang begründet. Der Verfügungskläger hat durch Vorlage eines Attestes des behandelnden Arztes Prof. Dr. ... vom ... und durch das Schreiben der Klinik ... vom ... die Notwendigkeit der Kur und die Höhe der voraussichtlichen Kurkosten von 10.000,– € glaubhaft gemacht. Selbst wenn man die Mitverschuldensquote von 1/4 berücksichtigt, hält sich der zugesprochene Betrag von 7.000,– € in den Grenzen des voraussichtlichen Ersatzanspruchs.

Die Kostenentscheidung beruht auf § 92 I 1 ZPO. Die Entscheidung über die vorläufige Vollstreckbarkeit hinsichtlich der Teilabweisung beruht auf den §§ 708 Nr. 6, 711 S. 1 und 2 ZPO. Eines Ausspruchs über die Vollziehbarkeit der dem Antrag stattgebenden Verfügung bedarf es nicht.

....

Muster 169: Entscheidung über eine sofortige Erinnerung betreffend Fristsetzung zur Erhebung der Klage in der Hauptsache (§ 926 ZPO, § 11 II RPflG)

Amtsgericht Frankfurt am Main
Aktenzeichen: …

Beschluss

1 In dem einstweiligen Verfügungsverfahren
des …,

Antragstellers,

Prozessbevollmächtigter: Rechtsanwalt …,
gegen
die …,

Antragsgegnerin,

hat das Amtsgericht Frankfurt am Main durch den Richter am Amtsgericht … am … beschlossen:

> Auf die sofortige Erinnerung des Antragstellers wird der Beschluss des Rechtspflegers vom … abgeändert:
> Dem Antragsteller wird zur Erhebung der Klage in der Hauptsache eine Frist bis … gesetzt.
> Das Erinnerungsverfahren ist gerichtsgebührenfrei; die außergerichtlichen Kosten des Antragstellers hat die Antragsgegnerin zu tragen.

Gründe

I.

Der Antragsteller hat gegen die Antragsgegnerin eine einstweilige Verfügung vom … erwirkt, durch die die Eintragung einer Vormerkung für eine Bauunternehmersicherungshypothek auf dem Grundstück der Antragsgegnerin wegen einer Werklohnforderung von 120.000,– € nebst 8 % Zinsen seit … und einer Kostenpauschale von … € angeordnet wurde.

Auf Antrag der Antragsgegnerin hat der Rechtspfleger durch den angefochtenen Beschluss dem Antragsteller eine Frist zur Erhebung der Klage in der Hauptsache von zwei Wochen ab Zustellung des Beschlusses gesetzt, die am … erfolgte.

Der gegen die Entscheidung erhobenen, am … bei Gericht eingegangenen sofortigen Erinnerung hat der Rechtspfleger mit Beschluss vom … nicht abgeholfen und die Sache dem Richter zur Entscheidung vorgelegt.

II.

Die sofortige Erinnerung ist zulässig, weil gegen die Entscheidung des nach § 20 Nr. 14 RPflG insoweit zuständigen Rechtspflegers gemäß § 11 II RPflG statthaft sowie fristgerecht eingelegt.

Sie hat auch in der Sache Erfolg, denn sie führt zu einer Fristverlängerung für die Erhebung der Klage in der Hauptsache bis … . Die von dem Rechtspfleger insoweit gesetzte Frist von zwei Wochen erscheint im Hinblick auf die besonderen Umstände des vorliegenden Falles unangemessen kurz:

Der Antragsteller hat durch Vorlage eines Schreibens der Antragsgegnerin vom … 2
dargetan, dass diese gegen Grund und Höhe der Werklohnforderung eine Reihe von Einwendungen erhebt und mit Gegenansprüchen aufrechnen will. Der Antragsteller hat weiterhin durch Vorlage eines Schreibens vom … glaubhaft gemacht, dass er zur Klärung der Ursachen für die behauptete mangelnde Standfestigkeit des Gebäudes und die Gründe für die Verzögerung des Bauvorhabens den Sachverständigen Dipl.-Ing. … zur Erstattung eines Gutachtens beauftragt hat, das nach dessen Erklärungen nicht vor Ende … vorliegen wird. Unter diesen Umständen ist es dem Antragsteller nicht zuzumuten, die Klage in der Hauptsache vor Ende … einzureichen.

Umgekehrt werden die Rechte der Antragsgegnerin auf zügige Durchführung des Hauptverfahrens nicht unangemessen beschnitten, wenn ihr die Klage in der Hauptsache erst Ende … zugestellt wird.

Es erschien demnach angemessen, die Frist zur Erhebung der Klage in der Hauptsache bis … zu verlängern.

Die Kostenentscheidung beruht auf § 11 IV RPflG und § 91 ZPO.

…………………

Muster 170: Ablehnung einstweiliger Einstellung der Vollziehung bei Arrest bzw. einstweiliger Verfügung (§§ 924 III, 936 ZPO)

☐ Amtsgericht Frankfurt am Main
☐ Landgericht Frankfurt am Main
Aktenzeichen: …

Beschluss

1 In dem
☐ Arrestverfahren
☐ einstweiligen Verfügungsverfahren
… gegen …
☐ hat das Amtsgericht Frankfurt am Main durch den Richter am Amtsgericht …
☐ hat die … Zivilkammer des Landgerichts Frankfurt am Main durch
☐ den Vorsitzenden Richter am Landgericht … und die Richterinnen am Landgericht … und …
☐ die Richterin am Landgericht … als Einzelrichterin
am … beschlossen:

Der Antrag d… Antragsgegner… und Schuldner… vom … auf einstweilige Einstellung der Vollziehung
☐ des Arrestbefehls ☐ der einstweiligen Verfügung vom …
wird zurückgewiesen, da die Begründung nicht ausreicht, den
☐ Arrestanspruch ☐ Verfügungsanspruch
☐ Arrestgrund ☐ Verfügungsgrund
☐ als nicht mehr glaubhaft gemacht anzusehen, weil …
☐ auszuräumen, weil …

…………………

Verfügung

2 1. Ausfertigung des Beschlusses formlos an alle Beteiligten (-Vertreter).[32]
2. Widervorlage … .

Frankfurt am Main, den …
☐ Amtsgericht, Abteilung … ☐ Landgericht, … Zivilkammer
☐ Der Vorsitzende
☐ Der Einzelrichter

…………………

[32] Die Zustellung kann formlos erfolgen, denn eine Anfechtung des Beschlusses findet (grundsätzlich) nicht statt (§ 707 II 2 ZPO).

Muster 171: Einstweilige Einstellung der Vollziehung bei Arrest bzw. einstweiliger Verfügung (§§ 924 III, 936 ZPO)

☐ Amtsgericht Frankfurt am Main
☐ Landgericht Frankfurt am Main
Aktenzeichen: …

Beschluss

In dem 1
☐ Arrestverfahren
☐ einstweiligen Verfügungsverfahren
… gegen …
☐ hat das Amtsgericht Frankfurt am Main durch den Richter am Amtsgericht …
☐ hat die … Zivilkammer des Landgerichts Frankfurt am Main durch
☐ den Vorsitzenden Richter am Landgericht … und die Richter am Landgericht … und …
☐ den Richter am Landgericht … als Einzelrichter
am … beschlossen:

Die Vollziehung
☐ des Arrestbefehls ☐ der einstweiligen Verfügung vom …
wird gemäß § 924 III 2 ZPO
☐ einstweilen bis zur Entscheidung über den Widerspruch
☐ gegen Sicherheitsleistung durch d… Antragsgegner… und Schuldner… in Höhe von … € eingestellt.
☐ ohne Sicherheitsleistung eingestellt.
☐ für die Zukunft von einer Sicherheitsleistung durch d… Antragsteller… und Gläubiger… in Höhe von … € abhängig gemacht. Die bereits angeordneten Vollstreckungsmaßnahmen bleiben bestehen.
☐ von einer Sicherheitsleistung durch d… Antragsteller… und Gläubiger… in Höhe von … € abhängig gemacht. Falls die Sicherheit nicht bis … geleistet ist, sind bereits angeordnete Vollstreckungsmaßnahmen aufzuheben.

☐ Der Antrag auf Einstellung der Vollziehung ohne Sicherheitsleistung wird zurückgewiesen, da d… Antragsteller… und Gläubiger… im Hinblick auf sein hier überwiegendes Sicherungsinteresse eine Einstellung ohne Sicherheitsleistung nicht zumutbar ist.

…………………

Muster 172: Teilweise Aufrechterhaltung des Arrestbefehls nach Widerspruch (§ 925 ZPO)

Amtsgericht Frankfurt am Main
Aktenzeichen: …

Urteil

Im Namen des Volkes

1 In dem Arrestverfahren
des …,

Arrestklägers,

gegen
1. den …,
2. die … KG,

Arrestbeklagten,

hat das Amtsgericht Frankfurt am Main durch die Richterin am Amtsgericht … aufgrund der mündlichen Verhandlung vom … für Recht erkannt:

Der Arrestbefehl vom … bleibt wegen eines Teilanspruchs von 200.000,– € sowie einer Kostenpauschale von 5.000,– € aufrechterhalten.

Durch Hinterlegung von 205.000,– € wird die Vollziehung des Arrestes gehemmt; die Arrestbeklagten sind sodann berechtigt, die Aufhebung des vollzogenen Arrestes zu beantragen.

Im Übrigen wird der Arrestbefehl aufgehoben und der Antrag zurückgewiesen.

Von den Kosten des Verfahrens haben der Arrestkläger $^4/_5$ und die Arrestbeklagten $^1/_5$ zu tragen.

Das Urteil ist vorläufig vollstreckbar. Der Arrestkläger darf die Vollstreckung durch Sicherheitsleistung oder Hinterlegung in Höhe von 120 % des aufgrund des Urteils zu vollstreckenden Betrages abwenden, wenn nicht die Arrestbeklagten vor der Vollstreckung Sicherheit in Höhe von 120 % des jeweils zu vollstreckenden Betrages leisten.

Tatbestand

Der Arrestkläger und der Arrestbeklagte zu 1 waren Gesellschafter der … KG, der Arrestbeklagten zu 2. Am … schied der Arrestkläger aus der Gesellschaft aus. In dem notariellen Auseinandersetzungsvertrag vom … (Bl. … d. A.) verpflichteten sich beide Arrestbeklagten, an den Arrestkläger zur Abgeltung aller Ansprüche aus dem Auseinandersetzungsguthaben einen Betrag von 5 Millionen € in bestimmten, näher festgelegten Modalitäten auszuzahlen. In der Folgezeit stellte sich heraus, dass die Arrestbeklagten die festgelegten Zahlungstermine nicht einhalten konnten. Darauf schlossen die Parteien am … einen privatschriftlichen Vertrag (Bl. … d. A.), in dem die Abfindung auf 2.900.000,– € ermäßigt wurde. Diese Summe sollte durch monatliche Abschlagszahlungen von 10.000,– €, beginnend ab … zur Auszahlung kommen; zusätzlich sollte ab … eine weitere jährliche Abschlagszahlung von 100.000,– € geleistet werden.

Der Arrestkläger hat wegen einer Teilforderung von 1.000.000,– € am … einen Arrestbefehl gegen beide Arrestbeklagten erwirkt mit der vom Amtsgericht als glaubhaft gemacht angesehenen Behauptung, der Arrestbeklagte zu 1) habe sich nach Südfrankreich absetzen wollen, um sich seinen Gläubigern zu entziehen. Dagegen haben beide Arrestbeklagten Widerspruch eingelegt. Auf ihren Antrag hat das Amtsgericht durch Beschluss vom … dem Arrestkläger eine Frist zur Erhebung der Hauptklage bis … gesetzt.

Der Arrestkläger behauptet, seine noch offenstehende Forderung betrage 2.684.387,– €. Der Arrestbeklagte zu 1 beabsichtige, sich nach Südfrankreich und sodann nach Algerien abzusetzen; er beruft sich insoweit zur Glaubhaftmachung auf eidesstattliche Versicherungen seiner Ehefrau vom … und der kaufmännischen Angestellten … vom … . Der Arrestbeklagte zu 1 habe außerdem das Vermögen der Arrestbeklagten zu 2 bewusst ausgehöhlt, um seinem Auseinandersetzungsanspruch die Haftungsgrundlage zu entziehen; so habe er durch Vertrag vom … Kraftfahrzeuge und Büroeinrichtungsgegenstände der Arrestbeklagten zu 2 zum Buchwert von 198.757,– € auf die … GmbH übertragen. Seit … betreibe die Arrestbeklagte zu 2) keine größeren Geschäfte mehr, sondern wickele nur noch die alten Vorhaben ab.

Der Arrestkläger beantragt,

den Arrestbefehl vom … zu bestätigen.

Die Arrestbeklagten beantragen,

den Arrestbefehl vom … aufzuheben und den Antrag zurückzuweisen.

Sie sind der Ansicht, das angerufene Gericht sei nicht örtlich zuständig, so dass der Arrestbefehl jedenfalls aufzuheben sei.

Zudem behaupten die Arrestbeklagten, die Forderung des Arrestklägers betrage rechnerisch höchstens noch 180.000,– €. Der Betrag sei jedoch noch nicht fällig, weil der Arrestkläger das in dem privatschriftlichen Vertrag der Parteien vom … für den Fall des Verzugs vorgesehene Schiedsgutachterverfahren noch nicht durchgeführt habe. Die noch offene Restforderung sei außerdem wegen Störung der Geschäftsgrundlage erloschen; Geschäftsgrundlage der beiden Auseinandersetzungsverträge sei gewesen, dass die Arrestbeklagte zu 2 die eingegangenen Ratenverpflichtungen erfüllen könne; jetzt aber sei sie mangels ausreichender Ertragslage hierzu nicht mehr in der Lage. Zur Glaubhaftmachung beziehen sich die Arrestbeklagten auf eine in der mündlichen Verhandlung vorgelegte eidesstattliche Versicherung des Wirtschaftsprüfers *Dr.* … vom … .

Weiter behaupten die Arrestbeklagten, bei der von dem Arrestkläger erwähnten Reise über Südfrankreich nach Algerien habe es sich um eine normale Geschäftsreise gehandelt; zur Glaubhaftmachung nehmen die Arrestbeklagten Bezug auf eine eigene eidesstattliche Versicherung des Arrestbeklagten zu 1 vom …, seiner Ehefrau vom … sowie der beiden kaufmännischen Angestellten … vom … und vom … . Die Übertragung der Geschäftsausstattung und der Kraftfahrzeuge auf die … GmbH sei zum teilweisen Ausgleich einer Forderung der … GmbH gegen die Arrestbeklagte zu 2 von ca. 800.000,– € erfolgt, um deren Bilanz aufzubessern, da diese Kredite benötigt habe. Die Arrestbeklagten bieten eine eidesstattliche Versicherung des Arrestbeklagten zu 1 dafür an, dass die Arrestbeklagte zu 2 im Zeitpunkt der Stellung des Arrestantrages keinerlei Vermögen gehabt habe, was hätte verschleudert werden können, sondern stattdessen überschuldet gewesen sei.

Die Arrestbeklagten verlangen schließlich Aufhebung des Arrestes nach § 926 II ZPO, da der Arrestkläger die Hauptklage nicht erhoben habe.

Die Akten des Landgerichts Frankfurt am Main (Aktenzeichen: ...) waren beigezogen und Gegenstand der mündlichen Verhandlung.

Entscheidungsgründe

Auf den Widerspruch der Arrestbeklagten war der erlassene Arrestbefehl auf seine Rechtmäßigkeit zu überprüfen; dies führte zu seiner teilweisen Bestätigung.

Das angerufene Gericht ist gemäß § 919 ZPO für die Entscheidung über das Arrestgesuch zuständig. Das etwaige Vermögen der Arrestbeklagten zu 2) befindet sich im Bezirk des angerufenen Amtsgerichts.

2 Der Arrestbefehl ist in Höhe von 200.000,– € unter Anpassung der Kostenpauschale und der Abwendungsbefugnis zu bestätigen, im Übrigen ist er aufzuheben.

In Höhe von 200.000,– € ist der Arrest zu bestätigen, da Arrestanspruch und Arrestgrund glaubhaft gemacht sind und auch die Hauptsacheklage in dieser Höhe rechtshängig ist.

Der Arrestkläger hat durch Bezugnahme auf die Auseinandersetzungsverträge und durch Vorlage einer konkreten, von den Arrestbeklagten nicht substanziiert angegriffenen Abrechnung glaubhaft dargelegt, dass ihm gegen die Arrestbeklagten zumindest eine Forderung in Höhe von 200.000,– € zusteht. Die Einwendungen der Arrestbeklagten gegen die Richtigkeit dieser Abrechnung greifen nicht durch:

Unerheblich ist zunächst, dass die Forderung des Arrestklägers nach Auffassung der Arrestbeklagten noch nicht fällig ist; denn auch eine betagte Forderung kann durch Arrest gesichert werden (§ 916 II ZPO). Aus dem gleichen Grunde ist es ohne Belang, dass das Landgericht Frankfurt am Main, wie sich aus den beigezogenen Akten ergibt, durch Urteil vom ... die Klage abgewiesen hat; denn diese Abweisung ist mangels Fälligkeit als zur Zeit unbegründet erfolgt, weil der Arrestkläger das nach dem privatschriftlichen Vertrag der Parteien vom ... für den Fall des Verzugs vorgesehene Schiedsgutachterverfahren noch nicht durchgeführt habe. Durch diese Klageabweisung ist auch noch nicht der Fall des § 927 II ZPO eingetreten; denn die Klageabweisung ist noch nicht rechtskräftig, die Hauptsache somit noch rechtshängig. Der Arrestkläger hat gegen das Urteil Berufung einlegt.

Die Arrestbeklagten können sich zudem nicht auf eine Störung der Geschäftsgrundlage berufen. Es ist trotz der eidesstattlichen Versicherung des Wirtschaftsprüfers Dr. ... vom ... zweifelhaft, ob die künftige Liquidität der Arrestbeklagten zu 2 von den Vertragsparteien zur Grundlage ihres Vertrages erhoben worden ist. Letzten Endes kann dies jedoch dahingestellt bleiben, denn eine Anpassung des Vertrages gemäß § 313 BGB dahingehend, dass ihre Verpflichtung entfällt, kann seitens der Arrestbeklagten schon deshalb nicht verlangt werden, weil die Parteien in ihrem privatschriftlichen Vertrag vom ... eine konkrete Sonderregelung für diesen Fall getroffen haben. Deren Voraussetzungen sind aber nicht gegeben.

Das gilt zunächst für das dort für den Fall des Verzugs der Arrestbeklagten vorgesehene Schiedsgutachterverfahren, denn dieses ist noch nicht durchgeführt. Weiter gilt dies auch für den Fall des allgemeinen wirtschaftlichen Verfalls, denn dieser ist nicht gegeben. Da bei Abschluss des Vertrages die schleichende Inflation schon vorhanden war, erfordert diese Bestimmung eine grundlegende Veränderung der wirtschaftlichen Verhältnisse; sie liegt aber schon deshalb nicht vor, weil der Arrestbeklagte zu 1 in der mündlichen Verhandlung vorgetragen hat, dass die Arrestbeklagte zu 2 noch eine erhebliche Anzahl von Eigentumswohnungen besitzt, so dass von einem Verlust aller Vermögenswerte nicht gesprochen werden kann.

Ein Arrestgrund im Sinne des § 917 I ZPO ist ebenfalls zu bejahen. Zwar ist nach den jetzt vorgelegten eidesstattlichen Versicherungen der ursprünglich bestehende Verdacht, der Arrestbeklagte zu 1 wolle sich in das Ausland absetzen, ausgeräumt. Gleichwohl ist ein Arrestgrund gegeben, da der Arrestkläger zur Überzeugung des Gerichts glaubhaft gemacht hat, dass der Arrestbeklagte zu 1 die Arrestbeklagte zu 2 finanziell langsam aushöhlt, um sich der Zahlungsverpflichtung aus den Auseinandersetzungsverträgen zu entziehen.

Der Arrestbeklagte zu 1 hat in der mündlichen Verhandlung auf Befragen eingeräumt, dass die Arrestbeklagte zu 2 keine neuen Projekte mehr in Angriff nehme, sondern nur noch alte Vorhaben abwickle, das heißt im Wesentlichen versuche, die noch vorhandenen Eigentumswohnungen zu verkaufen. Wie sich aus dem Vorbringen des Arrestbeklagten zu 1 zur Ausräumung des Fluchtverdachts ergibt, wickelt er seine Geschäfte nunmehr über andere Firmen ab, und zwar einmal über die … GmbH, deren Alleingesellschafter er ist, sowie über die … AG, an der seine Ehefrau beteiligt ist. Damit verstößt der Arrestbeklagte zu 1 aber gegen den Sinn der Auseinandersetzungsverträge, die von der Grundlage ausgehen, dass die Arrestbeklagte zu 2 weitergeführt wird. Erst recht hat der Arrestbeklagte zu 2 durch die Übertragung der Geschäftseinrichtung und der Kraftfahrzeuge zum Buchwert auf die … GmbH gegen seine Pflichten aus dem Auseinandersetzungsvertrag verstoßen. Er hat hierbei versucht, Vermögenswerte der Arrestbeklagten zu 2 beiseitezuschaffen und dem Zugriff des Arrestklägers zu entziehen. Sein Einwand, die … GmbH habe eine Forderung von ca. 800.000,– € gegen die Arrestbeklagte zu 2 gehabt und die Übertragung der Vermögenswerte sei zur Tilgung dieser Forderung erfolgt, ist nicht glaubhaft gemacht und im Übrigen im Arrestverfahren auch nicht nachprüfbar. Auch hätte dies keineswegs einen Grund für die Übertragung der Vermögenswerte zum Buchwert abgegeben.

Das Angebot des Arrestbeklagten zu 1 zur Vorlage einer eidesstattlichen Versicherung, dass die Arrestbeklagte zu 2 im Zeitpunkt der Stellung des Arrestantrages keinerlei Vermögen mehr gehabt habe, was hätte verschleudert werden können, sondern stattdessen überschuldet war, vermag den Arrestgrund ebenfalls nicht auszuräumen:

Einmal steht dieses Vorbringen im Widerspruch zu der von dem Arrestbeklagten zu 1 eingeräumten Tatsache, dass noch Vermögenswerte in Form von Eigentumswohnungen vorhanden sind; ob diese zugunsten von Banken und Bauhandwerkern „überbelastet“ sind, ist ohne Belang, da sich dies erst bei einer Verwertung klären lässt. Vor allem aber kann ein Arrestschuldner, dem eine unreelle, einen Arrestgrund enthaltende Vermögensverschiebung nachgewiesen ist, den damit glaubhaft gemachten Arrestgrund nicht mit dem Argument ausräumen, jetzt sei kein Vermögen mehr vorhanden, was verschleudert werden könne. Diese Frage kann nur durch Vollzug des Arrestes, gegebenenfalls im Verfahren nach § 807 I ZPO, geprüft werden.

Hinsichtlich der die Summe von 200.000,– € übersteigenden Forderung des Arrestklägers war der erlassene Arrest dagegen schon nach § 926 II ZPO aufzuheben, da der Arrestkläger insoweit trotz Beschluss vom … keine Klage in der Hauptsache erhoben hat.

Aus den beigezogenen Akten des Hauptprozesses ergibt sich, dass der Arrestkläger vor dem Landgericht Frankfurt nur eine Forderung von 200.000,– € eingeklagt hat. Auf den Beschluss des Rechtspflegers vom ..., der dem Arrestkläger die Erhebung der Hauptklage bis zum ... aufgegeben hat, hat der Arrestkläger am ... einen Schriftsatz eingereicht, in dem er die Klage auf 1.000.000,– € erhöhte. Über diesen Antrag konnte jedoch im Termin vom ... nicht verhandelt werden, da der Arrestkläger den angeforderten Kostenvorschuss nicht eingezahlt hat. Damit hat der Arrestkläger den Anforderungen des § 926 I ZPO zur Klageerhebung nicht genügt. Dafür reicht die Einreichung der Klage oder der Klageerweiterung nicht aus, wenn nicht gleichzeitig oder wenigstens demnächst im Sinne des § 167 ZPO der erforderliche Kostenvorschuss eingezahlt wird, damit die Voraussetzungen für eine Zustellung der Klage und damit die Möglichkeiten einer streitigen Verhandlung geschaffen werden.

Die Kostenentscheidung beruht auf § 92 I 1 ZPO.

Die vorläufige Vollstreckbarkeit der Zurückweisung des weitergehenden Antrags hat ihre Rechtsgrundlage in § 708 Nr. 6 in Verbindung mit § 711 S. 1 und 2 ZPO. Eines Ausspruchs über die Vollziehbarkeit des dem Antrag stattgebenden Arrests bedarf es nicht.

Rechtsbehelfsbelehrung

Diese Entscheidung kann mit der Berufung angefochten werden. Sie ist einzulegen innerhalb einer Notfrist von einem Monat bei dem Landgericht Frankfurt am Main, ...

Die Frist beginnt mit der Zustellung der in vollständiger Form abgefassten Entscheidung. Die Berufung ist nur zulässig, wenn der Beschwerdegegenstand 600,– € übersteigt oder das Gericht die Berufung in diesem Urteil zugelassen hat.

Zur Einlegung der Berufung ist berechtigt, wer durch diese Entscheidung in seinen Rechten beeinträchtigt ist. Die Berufung wird durch Einreichung einer Berufungsschrift eingelegt. Die Berufung kann nur durch einen Rechtsanwalt eingelegt werden.

....

Muster 173: Teilweise Aufrechterhaltung der einstweiligen Verfügung nach Widerspruch (§§ 925, 936 ZPO)

Amtsgericht Frankfurt am Main
Aktenzeichen: …

Urteil

Im Namen des Volkes

In dem einstweiligen Verfügungsverfahren 1
des …,

Verfügungsklägers,

gegen
die …,

Verfügungsbeklagte,

hat das Amtsgericht Frankfurt am Main durch den Richter am Amtsgericht … aufgrund der mündlichen Verhandlung vom … für Recht erkannt:

> Die einstweilige Verfügung vom … bleibt mit der Maßgabe aufrechterhalten, dass der Verfügungsbeklagten geboten wird, dem Verfügungskläger Einsicht in ihre sämtlichen Geschäftsbücher, Geschäftskonten und Geschäftspapiere zu gewähren, soweit sie geschäftliche Vorgänge bis einschließlich 20.10.2022 betreffen, wobei der Verfügungskläger berechtigt ist, einen Wirtschaftsprüfer, vereidigten Buchprüfer oder Rechtsanwalt zur Einsichtnahme hinzuzuziehen.
>
> Im Übrigen wird der Antrag zurückgewiesen.
>
> Von den Kosten des Verfügungsverfahrens haben der Verfügungskläger 1/4 und die Verfügungsbeklagte 3/4 zu tragen.
>
> Das Urteil ist vorläufig vollstreckbar. Der Verfügungskläger darf die Vollstreckung durch Sicherheitsleistung oder Hinterlegung in Höhe von 120 % des aufgrund des Urteils vollstreckbaren Betrages abwenden, wenn nicht die Verfügungsbeklagte vor der Vollstreckung Sicherheit in Höhe von 120 % des jeweils zu vollstreckenden Betrages leistet.

Tatbestand

Die Parteien schlossen am … einen sogenannten Repräsentanz- und Kommanditvertrag (Bl. 16ff. d. A.), wodurch der Verfügungskläger Kommanditist der beklagten GmbH & Co KG wurde. Nach Anlage 2 des Vertrages (Bl. … d. A.) betrug die Kommanditeinlage 50.000,– €. Davon waren bei Vertragsschluss 10.000,– € fällig. Gleichzeitig übernahm es der Verfügungskläger, als Repräsentant der Verfügungsbeklagten innerhalb der Kreise … geeignete Bauträgerschaften für die KG zu ermitteln und solche Bauvorhaben zu überwachen (Anlage 1 des Repräsentanz- und Kommanditvertrages, Bl. … d. A.).

Die Verfügungsbeklagte betrieb in … ein größeres Bauvorhaben für einen Herrn … . Die Gesamtvergütung für das schlüsselfertige Gebäude betrug ca. 1.100.000,– €. Der Bauherr … zahlte hierauf 800.000,– € in bar und übereignete an die Verfügungsbeklagte außerdem ein Grundstück im Wert von ca. 300.000,– €. Die in bar gezahlte Vergütung ist jedoch bisher den Bauunternehmern nicht in voller Höhe zugeflossen. Ein Wechsel des Bauunternehmers … aus … über 120.894,61 € ging nach dreimaliger Prolongation zu Protest.

Der Verfügungskläger forderte daraufhin die Verfügungsbeklagte vergeblich auf, Auskunft über die Verwendung der von dem Bauherrn … geleisteten Zahlungen zu geben, einen Status neueren Datums vorzulegen und die Bilanz für das Jahr … zu unterbreiten. Außerdem verlangte er die unverzügliche Einberufung einer Gesellschafterversammlung, was ebenfalls nicht geschah. Mit Schreiben vom 20.10.2022 kündigte die Verfügungsbeklagte den mit dem Verfügungskläger abgeschlossenen Gesell-schaftervertrag mit sofortiger Wirkung, womit sich der Verfügungskläger noch am selben Tag einverstanden erklärte. Sein Ausscheiden als Kommanditist ist inzwischen im Handelsregister eingetragen worden.

Auf Antrag des Verfügungsklägers hat das Amtsgericht am … eine einstweilige Verfügung erlassen, in der der Verfügungsbeklagten aufgegeben wird, dem Verfügungskläger Einsicht in ihre sämtlichen Geschäftsbücher, Geschäftskonten und Geschäftspapiere zu gewähren und ihm hierzu den Zutritt zu den Geschäftsräumen der Verfügungsbeklagten zu gestatten. Dagegen hat die Verfügungsbeklagte Widerspruch eingelegt.

Der Verfügungskläger ist der Ansicht, es bestehe ein erheblicher Verdacht für eine unregelmäßige Geschäftsführung durch den hinter der Verfügungsbeklagten stehenden Alleingesellschafter und Geschäftsführer der Komplementär-GmbH der Verfügungsbeklagten … .

Er behauptet, die aus dem Bauvorhaben … eingegangene Vergütung sei zweckwidrig verwendet worden, so dass noch Bauunternehmerforderungen in Höhe von 264.000,– € offen stünden. Bei dem Versuch, die einstweilige Verfügung vom … durchzusetzen, habe sich herausgestellt, dass sämtliche Geschäftspapiere und -unterlagen aus den Geschäftsräumen der Verfügungsbeklagten entfernt worden seien; der Geschäftsführer … habe zur Begründung angegeben, die Unterlagen befänden sich beim Steuerberater, ohne den Namen desselben zu nennen. Weiter habe er zugegeben, die Verfügungsbeklagte habe aus dem Bauvorhaben … noch Schulden in Höhe von 120.000,– €, er wisse nicht, wie er diesen Betrag und die an vier ausgeschiedene Kommanditisten geleisteten Einlagen von insgesamt 200.000,– € zurückzuzahlen gedenke. Zur Glaubhaftmachung bezieht sich der Verfügungskläger auf die von ihm vorgelegten eidesstattlichen Versicherungen des Prokuristen … vom … und des Kaufmanns … vom … .

Der Verfügungskläger beantragt,

> die einstweilige Verfügung vom … mit der Maßgabe aufrechtzuerhalten, dass der Verfügungsbeklagten bei Meidung einer Geldstrafe von unbeschränkter Höhe oder einer Haftstrafe bis zu sechs Monaten geboten wird, ihm, auch zusammen mit den ausgeschiedenen Kommanditisten Rechtsanwalt … aus …, Kaufmann … aus … und Bauingenieur … aus …, den Einblick in sämtliche Geschäftsbücher, Geschäftskonten und Geschäftspapiere, der Verfügungsbeklagten zu dulden, soweit sie geschäftliche Vorgänge bis einschließlich 20.10.2022 betreffen.

Die Verfügungsbeklagte beantragt,

die Antragsänderung als nicht sachdienlich abzulehnen, die einstweilige Verfügung vom … aufzuheben und den Antrag auf Erlass der einstweiligen Verfügung zurückzuweisen.

Sie ist der Meinung, das angerufene Gericht sei unzuständig. Zuständig sei vielmehr das Registergericht.

Außerdem ist die Verfügungsbeklagte der Ansicht, der Verfügungskläger sei nicht aktivlegitimiert, soweit er Einsichtnahme auch zugunsten der anderen drei ausgeschiedenen Kommanditisten verlangt.

Schließlich ist sie der Meinung, die Voraussetzungen für ein Einsichtsrecht nach § 166 III HGB seien nicht gegeben:

Ein Verdacht auf unredliche Geschäftsführung bestehe nicht.

Im Übrigen handele der Verfügungskläger rechtsmissbräuchlich, da er den Wechselprotest des Bauunternehmers … durch Anraten hierzu selbst herbeigeführt habe.

Außerdem habe der Verfügungskläger selbst 20.000,– € an Firmengeldern unterschlagen (Beweis: Beiziehung der Akten der Staatsanwaltschaft bei dem Landgericht … Aktenzeichen: …).

Darüber hinaus habe er die Unterlagen für das Bauvorhaben … aus seinem Büro in … entfernt und weigere sich seitdem, dieselben wieder herauszugeben.

Der Verfügungskläger wolle mit dem vorliegenden Antrag nur von seinen Verfehlungen gegenüber der Verfügungsbeklagten ablenken.

Zur Glaubhaftmachung bezieht sich die Verfügungsbeklagte auf eine eidesstattliche Versicherung ihres Geschäftsführers … vom … .

Entscheidungsgründe

Die einstweilige Verfügung war auf den Widerspruch der Verfügungsbeklagten auf ihre Rechtmäßigkeit zu prüfen; dies führte im Rahmen der Antragsänderung zu ihrer teilweisen Bestätigung.

Das angerufene Gericht ist zuständig. Zu Unrecht beruft sich die Verfügungsbeklagte auf eine Zuständigkeit des Registergerichts nach § 375 Nr. 1 FamFG, denn diese setzt als Anspruchsgrundlage des Einsichtsrechts die Vorschrift des § 166 III HGB voraus. Nach seinem Ausscheiden aus der KG kann der Verfügungskläger sich jedoch nicht mehr mit Erfolg auf § 166 III HGB berufen; Anspruchsgrundlage für sein Einsichtsrecht ist vielmehr § 810 BGB.

Die nach Einlegung des Widerspruchs erfolgte Änderung des Antrags des Verfügungsklägers ist als sachdienlich zuzulassen (§ 264 ZPO). Sie trägt der Tatsache des Ausscheidens des Verfügungsklägers durch eine Beschränkung der Einsicht auf Geschäftsvorfälle vor seinem Ausscheiden und im Übrigen dem Umstand Rechnung, dass die Geschäftspapiere sich nach dem Vorbringen der Verfügungsbeklagten nicht in den Geschäftsräumen der Verfügungsbeklagten befinden.

Der Verfügungsantrag ist allerdings teilweise unzulässig. Der Verfügungskläger ist nämlich insoweit nicht prozessführungsbefugt, als er Einsichtsrechte seiner Mitkommanditisten Rechtsanwalt …, Kaufmann … und Bauingenieur … geltend macht. Diesen drei Personen stehen eigene Einsichtsrechte zu, die sie unter den gegebenen Voraussetzungen selbst geltend machen können. Es sind keine Gründe dafür ersichtlich, dass der Verfügungskläger diese Rechte in eigenem Namen als Prozessstandschaftler für seine Mitkommanditisten geltend machen könnte.

Dagegen ist die einstweilige Verfügung zugunsten des Verfügungsklägers im Rahmen der Antragsänderung zu bestätigen.

Dem Verfügungskläger steht gegen die Verfügungsbeklagte nach dem unstreitigen und von ihm glaubhaft gemachten Vorbringen ein Anspruch auf Einsicht in die Geschäftsbücher gemäß § 810 BGB zu.

2 Ein schützenswertes rechtliches Interesse im Sinne des § 810 BGB ist vorliegend gegeben, denn es liegen Umstände vor, die bei verständiger Würdigung der Sachlage und bei Berücksichtigung der widerstreitenden Interessen von Kommanditist und Gesellschaft die gewünschte Mitteilung gerechtfertigt erscheinen lassen: Es besteht der Verdacht für eine nicht ordnungsgemäße Geschäftsführung der Verfügungsbeklagten. Dies schließt das Gericht aus den folgenden Umständen:

Zunächst ist zwischen den Parteien unstreitig, dass der Wechsel des Bauunternehmers …, der bereits dreimal prolongiert war, zu Protest ging. Dabei ist nicht entscheidend, ob der Verfügungskläger, wie die Gegenseite behauptet, den Wechselgläubiger zu dem Protest ermuntert hat; denn es ist weiter unstreitig, dass dieser Wechsel von der Verfügungsbeklagten nicht bezahlt werden konnte, sondern ein viertes Mal hätte prolongiert werden müssen. Hinzukommt, dass die Verfügungsbeklagte nicht in der Lage ist, die restlichen Bauhandwerkerforderungen aus dem Bauvorhaben … zu bezahlen, weil der Geschäftsführer … die von dem Bauherrn … bezahlten Beträge zumindest teilweise für andere Zwecke verwandt hat; dies geht aus der eidesstattlichen Versicherung des Kaufmanns … hervor.

Außerdem ist die Buchführung der Verfügungsbeklagten nicht in Ordnung, wie die eidesstattlichen Versicherungen des Prokuristen … und des Kaufmanns … ergeben. Die Verfügungsbeklagte hat bisher trotz Aufforderung keine Jahresbilanz für das Jahr … vorgelegt. Auch deutet der Umstand, dass der Verfügungskläger bei dem Versuch, die einstweilige Verfügung vom … zu vollziehen, keine Geschäftsunterlagen in den Geschäftsräumen der Verfügungsbeklagten vorfand, darauf hin, dass deren Verhältnisse nicht geordnet sind. Die nach der eidesstattlichen Versicherung des Kaufmanns … als glaubhaft gemacht anzusehende Äußerung des Geschäftsführers …, er wisse nicht, wie er die Kommanditeinlagen zurückzahlen solle, verstärkt – diesen Eindruck noch. Schließlich ist die Verfügungsbeklagte dem Verlangen des Verfügungsklägers auf Einberufung einer Gesellschafterversammlung nicht nachgekommen, obwohl der Repräsentanz- und Kommanditvertrag vorsieht, dass zumindest einmal jährlich eine solche stattfinden soll.

Die Verfügungsbeklagte kann sich auch nicht darauf berufen, der Verfügungskläger handele rechtsmissbräuchlich, weil er ebenfalls unkorrekt und illoyal gehandelt habe. Selbst wenn der Verfügungskläger in dem einen oder anderen Punkt sich nicht richtig verhalten hätte, würde dies sein Recht auf Bucheinsicht nicht rechtsmissbräuchlich erscheinen lassen. Im Übrigen ist ein gesellschaftswidriges Verhalten des Verfügungsklägers nicht genügend glaubhaft gemacht. Die eidesstattliche Versicherung des Geschäftsführers … ist zu allgemein gehalten und beruht in den wesentlichen Punkten nur auf Vermutungen. Durch einen Antrag auf Beiziehung Akten der Staatsanwaltschaft bei dem Landgericht … (Aktenzeichen: …) kann die Verfügungsbeklagte ihr Vorbringen nicht glaubhaft machen, da es sich hierbei nicht um ein präsentes Beweismittel handelt (§ 294 II ZPO).

Der Verfügungskläger ist allerdings nicht berechtigt, die von ihm in seinem Antrag aufgeführten Personen an der Einsichtnahme zu beteiligen. Nach gefestigter Rechtsprechung gehört das Einsichtsrecht des Kommanditisten zu den sogenannten Verwaltungsrechten, die höchstpersönlicher Art sind und deswegen nur von dem Gesellschafter selbst ausgeübt werden können. Dem Kommanditisten ist lediglich gestattet, einen Sachverständigen hinzuzuziehen, um von seinem Anspruch auf Einsicht überhaupt einen sachgerechten Gebrauch machen zu können. Als Sachverständige sind in diesem Zusammenhang Wirtschafsprüfer, vereidigte Buchprüfer und Rechtsanwälte anzusehen, die der Schweigepflicht unterliegen. Diese Möglichkeit hat das Gericht dem Verfügungskläger im Urteilstenor eingeräumt, ohne dass es hierzu eines konkreten Antrags bedurfte (§ 938 ZPO).

Die von ihm im Antrag erwähnten Mitkommanditisten gehören dagegen nicht zu den Personen, die der Verfügungskläger zur Unterstützung seiner Einsichtnahme in die Geschäftsbücher hinzuziehen darf. Wie sich aus dem Vorbringen des Verfügungsklägers ergibt, hat er diese Personen im Antrag nur deshalb aufgeführt, weil er deren eigene Einsichtsrechte in dem vorliegenden Verfahren mit geltend machen will. Das ist ihm nach den vorstehenden Ausführungen jedoch versagt. Als Gehilfen zur Verwirklichung seines eigenen Einsichtsrechts kann er sie nicht hinzuziehen.

Für die Kommanditisten Kaufmann … und Bauingenieur … folgt dies bereits aus ihrer beruflichen Stellung, wonach sie nicht zu dem von der Rechtsprechung privilegierten Kreis der Hilfspersonen zählen. Das Gericht verneint dies auch hinsichtlich des Rechtsanwalts … . Zwar gehört er zu den Personen, die der Verfügungskläger bei Wahrnehmung seines Einsichtsrechts heranziehen könnte. Das ist aber nach dem Vorbringen des Verfügungsklägers – jedenfalls derzeit – nicht beabsichtigt. Rechtsanwalt … ist nicht als Vertreter zur Wahrnehmung der Interessen des Verfügungsklägers eingeschaltet, sondern im Antrag nur als Mitkommanditist erwähnt.

Die Dringlichkeit des klägerischen Begehrens ist zu bejahen. Sie folgt aus den bereits dargelegten Gründen, die den Anspruch des Verfügungsklägers stützen. Durch Verweisung des Verfügungsklägers auf die Geltendmachung des Einsichtsrechts im Hauptprozess würde die Verwirklichung seines Auseinandersetzungsanspruchs wesentlich erschwert.

Das Gericht hat entgegen dem Antrag des Verfügungsklägers den Tenor des Urteils in Form einer Verurteilung zu einem positiven Tun gefasst. Hierzu ist es nach § 938 ZPO befugt. Die Verpflichtung zur Einsichtnahme in Urkunden ist in entsprechender Anwendung des § 883 ZPO wie ein Herausgabeanspruch zu vollstrecken, so dass auch die beantragte Androhung von Ordnungsgeldern entfällt.

Die Kostenentscheidung folgt aus den §§ 91, 92 I ZPO. Die vorläufige Vollstreckbarkeit zugunsten der Verfügungsbeklagten bezieht sich auf deren Kostenerstattungsanspruch und hat ihre Rechtsgrundlage in § 708 Nr. 6 und 11 ZPO. Der Vollstreckungsschutz des Verfügungsklägers beruht auf § 711 S. 1 und 2 ZPO. Eines Ausspruchs über die sofortige Vollziehbarkeit der im Tenor angeordneten einstweiligen Verfügung bedarf es nicht, da sich dies aus der Natur der einstweiligen Verfügung von selbst versteht.

Rechtsbehelfsbelehrung

Diese Entscheidung kann mit der Berufung angefochten werden. Sie ist einzulegen innerhalb einer Notfrist von einem Monat bei dem Landgericht Frankfurt am Main, …

Die Frist beginnt mit der Zustellung der in vollständiger Form abgefassten Entscheidung. Die Berufung ist nur zulässig, wenn der Beschwerdegegenstand 600,– € übersteigt oder das Gericht die Berufung in diesem Urteil zugelassen hat.

Zur Einlegung der Berufung ist berechtigt, wer durch diese Entscheidung in seinen Rechten beeinträchtigt ist. Die Berufung wird durch Einreichung einer Berufungsschrift eingelegt. Die Berufung kann nur durch einen Rechtsanwalt eingelegt werden.

....

Muster 174: Aufhebung eines Arrestbefehls wegen veränderter Umstände (§ 927 ZPO)

Landgericht Frankfurt am Main
Aktenzeichen: …

Urteil

Im Namen des Volkes

In dem Arrestverfahren 1
des …,

Arrestklägers,

Prozessbevollmächtigter: …,
gegen
den …,

Arrestbeklagten,

Prozessbevollmächtigter: …,
hat die … Zivilkammer des Landgerichts Frankfurt am Main durch die Vorsitzende Richterin am Landgericht … und die Richter am Landgericht … und … aufgrund der mündlichen Verhandlung vom … für Recht erkannt:

Der Arrestbefehl vom 18.3.2022 wird aufgehoben.

Die Kosten des Aufhebungsverfahrens hat der Arrestkläger zu tragen.

Das Urteil ist vorläufig vollstreckbar. Der Arrestkläger darf die Vollstreckung durch Sicherheitsleistung oder Hinterlegung in Höhe von 120 % des aufgrund des Urteils zu vollstreckenden Betrages abwenden, wenn nicht die Arrestbeklagte vor der Vollstreckung Sicherheit in Höhe von 120 % des jeweils zu vollstreckenden Betrages leistet.

Tatbestand

Der Arrestkläger begehrt Aufhebung eines Arrestes.

Das angerufene Gericht hat durch Beschluss vom 18.3.2022 wegen einer Forderung des Arrestbeklagten in Höhe von 6.000,– € den dinglichen Arrest in das Vermögen des Arrestklägers angeordnet. Auf Antrag des Arrestbeklagten vom 18.4.2022 hat das Grundbuchamt Frankfurt am Main auf dem Grundstück des Arrestklägers in … eine Arresthypothek eingetragen.

Der Arrestkläger ist der Meinung, der Arrest sei nicht innerhalb der Monatsfrist des § 929 II ZPO vollzogen worden. Außerdem sei der Arrestgrund weggefallen, da er dem Arrestbeklagten in der Zwischenzeit eine Bankbürgschaft besorgt habe, die zur Sicherung der Forderung ausreichend sei.

Der Arrestkläger beantragt,
den Arrestbefehl vom 18.3.2022 aufzuheben.

Der Arrestbeklagte beantragt,
den Antrag zurückzuweisen.

Er behauptet, der Arrestbefehl sei dem Arrestkläger am 6.5.2022 zugestellt worden. Gleichzeitig habe der Gerichtsvollzieher aufgrund des Arrestbefehls einen Personenkraftwagen bei ihm gepfändet (Beweis: Vorlage des Pfändungsprotokolls); damit sei die Vollziehungsfrist gewahrt. Eine frühere Zustellung und Vollziehung sei nicht möglich gewesen, da sich der Arrestkläger vom März 2022 bis Anfang Mai 2022 im Ausland aufgehalten und damit die Zustellung und Vollziehung arglistig vereitelt habe.

Die Bürgschaft sei nicht ausreichend, da die Bank nicht auf die Einrede der Vorausklage verzichtet habe.

Entscheidungsgründe

Der Antrag ist nach § 927 ZPO zulässig und begründet.

Der Arrestbefehl war wegen veränderter Umstände aufzuheben.

Das Gericht geht zwar davon aus, dass die Vollziehungsfrist von einem Monat (§ 929 II ZPO) gewahrt ist und insoweit kein Grund zur Aufhebung des Arrestbefehls besteht.

Dies beruht allerdings entgegen der Auffassung des Arrestbeklagten nicht darauf, dass der Arrestbefehl vom 18.3.2022 erst durch die Pfändung des Personenkraftwagens am 6.5.2022 vollzogen wurde. Diese Vollziehung war verspätet, da sie außerhalb der Monatsfrist des § 929 II ZPO erfolgte, die am 18.3.2022 mit der Aushändigung des Arrestbefehls an den Arrestbeklagten zu laufen begann und am 18.4.2022 endete. Die Monatsfrist ist aber durch den Antrag des Arrestbeklagten am 18.4.2022 und die noch an diesem Tag eingetragene Arresthypothek gewahrt worden.

2 Der Arrestgrund aber ist dadurch entfallen, dass der Arrestkläger eine Bürgschaft der Volksbank … beigebracht hat. Der Arrestbeklagte kann sich nicht darauf berufen, dass die Bürgschaft keinen Verzicht auf die Einrede der Vorausklage enthalte, da er sie angenommen und damit für gut befunden hat. Dies hat er klar dadurch zum Ausdruck gebracht, dass er den am 6.5.2022 gepfändeten Personenkraftwagen des Arrestklägers wieder freigegeben hat. Auch in der mündlichen Verhandlung hat der Arrestbeklagte auf Befragen erklärt, er sei nicht bereit, die Bürgschaft zurückzugeben.

Die Kostenentscheidung beruht auf § 91 ZPO; sie bezieht sich nur auf die Kosten des Aufhebungsverfahrens. Der Ausnahmefall, dass der Arrest wegen nicht fristgerechter Vollziehung aufgehoben wird und wegen seiner ihm anhaftenden Vollziehbarkeit auch die Kosten des ursprünglichen Verfahrens dem Arrestgläubiger aufzuerlegen sind, ist nach vorstehenden Ausführungen nicht gegeben.

Die vorläufige Vollstreckbarkeit hat ihre Rechtsgrundlage in §§ 708 Nr. 6, 711 S. 1 und 2 ZPO.

…………………

§ 11. Die Zwangsvollstreckungsentscheidungen

I. Die einstweilige Einstellung der Zwangsvollstreckung

1. Die Systematik

Ist eine Entscheidung vorläufig vollstreckbar, so stehen dem Schuldner keine materiellen Abwehrrechte gegen den Gläubiger zu, insbesondere kann er sich dagegen nicht mit einer einstweiligen Verfügung wehren. Bei Einlegung von Rechtsbehelfen oder Rechtsmitteln gegen die Entscheidung kann jedoch auf Antrag des Schuldners die Zwangsvollstreckung bis zur Entscheidung einstweilen eingestellt werden (§§ 707, 719 ZPO).

Das Prozessgericht erster Instanz ist mit einem solchen Antrag vor allem dann befasst, wenn einer der folgenden Rechtsbehelfe eingelegt wird: 1
- Einspruch gegen ein Versäumnisurteil oder gegen einen Vollstreckungsbescheid (§§ 700 I, 719 I ZPO);
- Widerspruch gegen einen Arrest oder eine einstweilige Verfügung (§§ 924 III 2, 936, 707 I 1 ZPO).

Daneben gibt es eine Vielzahl weiterer, in der Praxis weniger häufig vorkommender Fälle, in denen die Zwangsvollstreckung auf Antrag des Schuldners einstweilen eingestellt werden kann.[1]

2. Die Voraussetzungen für die einstweilige Einstellung

Für die Entscheidung über die einstweilige Einstellung sind folgende Kriterien von Bedeutung: 2
- Der Schuldner muss die Einstellung der Zwangsvollstreckung beantragen, nicht der Gläubiger; für diesen gilt § 718 ZPO.
- Die Zwangsvollstreckung darf noch nicht beendet sein – notwendig begonnen haben muss sie allerdings noch nicht.
- Der Rechtsbehelf bzw. das Rechtsmittel muss eingelegt, an sich statthaft und zulässig sein.
- Die einstweilige Einstellung muss nach Abwägung der beiderseitigen Interessenlage gerechtfertigt sein; dies ist regelmäßig dann der Fall, wenn der eingelegte Rechtsbehelf bzw. das eingelegte Rechtsmittel hinreichende Aussicht auf Erfolg hat.

  Ebenso wie bei der Prozesskostenhilfe muss das Gericht hier eine vorläufige rechtliche Beurteilung und eine Prognose in tatsächlicher Hinsicht vornehmen. Im Einzelfall kann das dazu führen, dass die Zwangsvollstreckung nur hinsichtlich bestimmter Vermögensteile einstweilen einzustellen ist.

3. Der Inhalt der einstweiligen Einstellung

Inhaltlich sind folgende Entscheidungsmöglichkeiten gegeben: 3

a) In der Regel erfolgt die einstweilige Einstellung nur gegen Sicherheitsleistung des Schuldners.

---

[1] MüKoZPO/*Götz* § 707 Rn. 2ff.; BeckOK ZPO/*Ulrici* § 707 Rn. 2ff.

Eine solche Einstellung kommt in Betracht, wenn es sich bei der angegriffenen Entscheidung um ein Urteil handelt, das ohne Sicherheitsleistung, aber mit Vollstreckungsschutz zugunsten des Schuldners und Abwendungsbefugnis des Gläubigers (§ 711 S. 1, 2 ZPO) vorläufig vollstreckbar ist. Dagegen scheidet dieser Fall aus, wenn die Abwendungsbefugnis des Gläubigers nach § 712 I ZPO in Wegfall gekommen ist; hier kann der Schuldner bereits aufgrund des ihm zustehenden Vollstreckungsschutzes zu dem gleichen Ziel kommen. Ist das Urteil nur gegen Sicherheitsleistung des Gläubigers vorläufig vollstreckbar (§§ 709 S. 1, 2; 712 II 2 ZPO), so kann nur unter besonderen Umständen die Zwangsvollstreckung gegen Sicherheit des Schuldners einstweilen eingestellt werden.

b) Ausnahmsweise kann auch ohne Sicherheitsleistung eingestellt werden.

Voraussetzung ist nach § 707 I 2 ZPO, dass der Schuldner glaubhaft macht, er sei zur Sicherheitsleistung nicht in der Lage und die Vollstreckung werde ihm einen nicht zu ersetzenden Nachteil bringen; hierbei sind strenge Maßstäbe abzulegen. Bei einem Versäumnisurteil ist die einstweilige Einstellung ohne Sicherheitsleistung nur zulässig, wenn das Versäumnisurteil nicht in gesetzlicher Weise ergangen ist oder die säumige Partei glaubhaft macht, dass ihre Säumnis unverschuldet war (§ 719 I 2 ZPO); in diesem Fall müssen daneben nicht auch noch die Voraussetzungen des § 707 I 2 ZPO gegeben sein.

c) Das Gericht kann – bei einem ohne Sicherheitsleistung vorläufig vollstreckbaren Urteil, das keinen Vollstreckungsschutz enthält (§ 712 I 1 ZPO) – die weitere Vollstreckung von einer Sicherheitsleistung abhängig machen. Bei einem gegen Sicherheitsleistung vorläufig vollstreckbaren Urteil kann eine Erhöhung der Sicherheit angeordnet werden.

d) Das Gericht kann – bei einer auf die Sicherungsmaßnahmen nach § 720a ZPO beschränkten vorläufigen Vollstreckbarkeit (§ 712 I 2 ZPO) – die Aufhebung der Vollstreckungsmaßnahmen gegen Sicherheitsleistung des Schuldners anordnen.

4. Das Verfahren

4 a) Grundsätzlich ist der Gegner vorher zu hören.

Kann dies in Einzelfällen (unmittelbar bevorstehende Vollstreckung) nicht rechtzeitig geschehen, so kann eine vorläufige Einstellung angeordnet und diese nach Anhörung des Gegners bestätigt, geändert oder aufgehoben werden.

b) Die Entscheidung ergeht in der Praxis regelmäßig durch einen Formularbeschluss, bei dem im Einzelfall einige kurze Gründe angefügt werden.

Nach § 707 II 2 ZPO findet eine Anfechtung des Beschlusses nicht statt; der Beschluss kann aber von Amts wegen und auf Antrag einer Partei z. B. wegen veränderter Umstände abgeändert werden; auch deshalb erscheint eine kurze Begründung angezeigt.[2]

c) Eine Gegenvorstellung gegen den Beschluss ist möglich und kann zu einer Abänderung der getroffenen Entscheidung führen. Eine unzulässige Beschwerde kann in eine Gegenvorstellung umgedeutet werden.

d) Ist aufgrund eines Einstellungsbeschlusses von dem Gläubiger Sicherheit geleistet worden und wird das Urteil später rechtskräftig, so ordnet das Gericht auf Antrag die Rückgabe der Sicherheit, bei einer Bürgschaft deren Erlöschen an (§ 715 ZPO). Hat der Schuldner Sicherheit geleistet, so gilt § 109 ZPO.

Auch diese Entscheidungen erfolgen in der Regel durch Formularbeschluss. Sie obliegen dem Rechtspfleger (§ 20 Nr. 3 RPflG).

---

[2] MüKoZPO/*Götz* § 707 Rn. 22ff.; BeckOK ZPO/*Ulrici* § 707 Rn. 35f.

II. Die Entscheidungen bei Erteilung der Vollstreckungsklausel

Die Erteilung der Vollstreckungsklausel gehört zwar noch nicht zum eigentlichen Bereich der Zwangsvollstreckung, sondern bereitet diese nur vor. Gleichwohl ist die Tätigkeit des Prozessgerichts im Rahmen der Erteilung der Vollstreckungsklausel hier einzuordnen, da sie jedenfalls nicht mehr zum Erkenntnisverfahren gehört.

1. Die Bedeutung der vollstreckbaren Ausfertigung

Nach § 724 ZPO findet die Zwangsvollstreckung aus Urteilen statt, wenn eine vollstreckbare Ausfertigung erteilt worden ist. Für andere Vollstreckungstitel gilt dies nach § 795 ZPO grundsätzlich ebenfalls. Zu unterscheiden ist die einfache und die qualifizierte Vollstreckungsklausel.

a) Bei der Erteilung der einfachen Vollstreckungsklausel wird geprüft: 5
- Äußere Wirksamkeit und Fortbestand des Titels.
- Vollstreckbarkeit des Titels (Rechtskraft, vorläufige Vollstreckbarkeit).
- Eignung des Titelinhalts zur Vollstreckung.
- Übereinstimmung der im Titel genannten Parteien mit denen des Vollstreckungsverfahrens.

Zuständig für die Erteilung der einfachen Vollstreckungsklausel ist bei Urteilen, Prozessvergleichen und gerichtlichen Urkunden der Urkundsbeamte der Geschäftsstelle (§§ 724 II, 795 S. 1, 797 I Nr. 1 ZPO), bei vollstreckbaren Urkunden der Notar, der die Urkunde verwahrt (§ 797 I Nr. 2a ZPO).

b) Im Falle einer qualifizierten Vollstreckungsklausel treten als Voraussetzung für die Erteilung der Klausel weitere Umstände hinzu. Zu unterscheiden sind hierbei drei Fallgruppen. 6

(1) Bei der titelergänzenden Vollstreckungsklausel ist deren Erteilung nach dem Titel von einer weiteren, von dem Gläubiger zu beweisenden Voraussetzung abhängig (§ 726 I ZPO).

Hauptbeispiele sind die aufschiebende Bedingung, zu der bei einem Räumungsvergleich auch die Ersatzraumklausel gehört, sowie das Vorliegen einer Kündigung. Nicht hierher gehören die übliche Verfallklausel sowie auflösende Bedingungen und die Verurteilung im Falle des § 510b ZPO.

Kraft Gesetzes sind auch ausgenommen die Leistung der dem Gläubiger im Urteil auferlegten Sicherheit (§ 726 I ZPO) und die von dem Gläubiger zu bewirkende Zug-um-Zug-Leistung (§ 726 II ZPO). In diesen Fällen obliegt dem zuständigen Vollstreckungsorgan die Prüfung, ob die Sicherheit geleistet ist bzw. die vom Gläubiger zu erbringende Leistung gleichzeitig erfolgt. Deshalb besteht eine Gegenausnahme für den Fall, dass die von dem Schuldner zu bewirkende Leistung in der Abgabe seiner Willenserklärung besteht, die nach § 894 ZPO mit der Rechtskraft des Urteils als gegeben gilt; hier verbleibt es bei der Notwendigkeit der Prüfung bei Erteilung der Vollstreckungsklausel.

(2) Bei der titelumschreibenden Klausel können neben den ursprünglichen Parteien weitere Personen als Gläubiger oder Schuldner einbezogen werden (§§ 727, 728, 729, 738, 742, 744, 744a, 745 II, 749 ZPO). Bei einer nachträglichen Namensänderung einer Partei kann die Vollstreckungsklausel analog § 727 ZPO ergänzt werden.

Voraussetzung für die Titelumschreibung ist grundsätzlich, dass die Rechtsnachfolge bei Gericht offenkundig oder durch öffentliche oder öffentlich beglaubigte Urkunden nachgewiesen ist.

(3) Bei Erteilung einer weiteren vollstreckbaren Ausfertigung bedarf es im Interesse des Schuldners einer genauen Prüfung, ob eine solche Erteilung notwendig ist (§ 733 ZPO).

Die Hauptbeispiele für die Erteilung einer weiteren vollstreckbaren Ausfertigung sind der Verlust der ersten Ausfertigung, die versehentliche Aushändigung der ersten Ausfertigung an den Schuldner trotz fehlender voller Befriedigung des Gläubigers, die Vollstreckung gegen mehrere Gesamtschuldner, die notwendige Vornahme von Vollstreckungsmaßnahmen an verschiedenen Orten.

Wegen der Bedeutung der qualifizierten Vollstreckungsklausel ist bei Urteilen statt des Urkundsbeamten der Geschäftsstelle der Rechtspfleger zuständig (§ 20 Nr. 12, 13 RPflG). Bei notariellen Urkunden ist der Notar zuständig, wenn er die Urkunden verwahrt (§ 797 II Nr. 2a ZPO).

2. Die Prozessgerichtstätigkeiten bei Erteilung der Vollstreckungsklausel

Das Prozessgericht wird in den folgenden Fällen mit der Entscheidung über die Erteilung der Vollstreckungsklausel befasst:

7 a) Gegen die Entscheidung ist die befristete Erinnerung, die sofortige Beschwerde oder die Erinnerung an das Prozessgericht gegeben.

(1) Bei Verweigerung der Klauselerteilung durch den Urkundsbeamten ist befristete Erinnerung gemäß § 573 ZPO, bei Verweigerung durch den Rechtspfleger sofortige Beschwerde gemäß § 567 ZPO in Verbindung mit § 11 I RPflG möglich.

Beide können abhelfen (§§ 573 I 3, 572 ZPO); bei Nichtabhilfe ist die Beschwerde unverzüglich dem Beschwerdegericht vorzulegen. Soweit nicht durch den Urkundsbeamten oder den Rechtspfleger abgeholfen wird, entscheidet also nicht das Prozessgericht, sondern das Beschwerdegericht.

(2) Bei Erteilung der Vollstreckungsklausel findet die Erinnerung nach § 732 ZPO statt, gleich ob der Urkundsbeamte oder der Rechtspfleger tätig geworden ist.

Beide können abhelfen. Bei Nichtabhilfe entscheidet das Gericht, dessen Urkundsbeamter oder Rechtspfleger die Vollstreckungsklausel erteilt hat; eine Vorlage an das Beschwerdegericht ist nicht möglich – das Prozessgericht entscheidet also in jedem Fall. Es kann bei einer Erinnerung nach § 732 ZPO vor der Entscheidung eine einstweilige Anordnung erlassen, insbesondere die Zwangsvollstreckung gegen oder ohne Sicherheitsleistung einstweilen einstellen.

8 b) Kann der Gläubiger in den Fällen der §§ 726 I, 727ff. ZPO die Voraussetzungen der Klauselerteilung nicht durch öffentliche oder öffentlich beglaubigte Urkunden nachweisen, so kann er nach § 731 ZPO Klage auf Feststellung erheben, dass die Vollstreckungsklausel zu erteilen ist und die Voraussetzungen der Klauselerteilung mit allen anderen Beweismitteln nachweisen.

Die Klage leitet einen ganz neuen, selbständigen Prozess vor dem ausschließlich zuständigen (§ 802 ZPO) Prozessgericht erster Instanz ein, das in der Sache erstinstanzlich erkannt hat. Das Rechtsschutzbedürfnis für diese prozessuale Feststellungsklage ist gegeben, wenn die Voraussetzungen des § 256 ZPO vorliegen und zudem das Verfahren nach § 727 ZPO ohne Erfolg durchgeführt wurde. Der Kläger muss darlegen, dass er die für das Verfahren nach § 727 ZPO erforderlichen Urkunden nicht besitze und sie nur unter erheblichen Schwierigkeiten beschaffen könne.

Einer selbständigen Leistungsklage – durch bzw. gegen den Rechtsnachfolger – dagegen fehlt wegen der Umschreibungsmöglichkeit des Titels das Rechtsschutzbedürfnis.

9 c) Umgekehrt kann der Schuldner in den Fällen der §§ 726 I, 727ff. ZPO nach Erteilung der Klausel statt des Verfahrens nach § 732 ZPO gegen die Erteilung derselben eine Klage nach § 768 ZPO erheben, um die aufgrund der erteilten Vollstreckungsklausel mögliche Zwangsvollstreckung für unzulässig erklären zu lassen und den durch öffentliche oder öffentlich beglaubigte Urkunden geführten Beweis durch sonstige Beweismittel zu entkräften.

Die Klage leitet ebenfalls einen ganz neuen, selbständigen Prozess vor dem ausschließlich zuständigen (§ 802 ZPO) Prozessgericht erster Instanz ein, das in der Sache erstinstanzlich erkannt hat. Materielle Einwendungen gegen den titulierten Anspruch können im Klageverfahren nach § 768 ZPO allerdings nicht geltend gemacht werden, hierfür ist allein die Vollstreckungsgegenklage nach § 767 ZPO der richtige Rechtsbehelf. Vielmehr können nur sachliche Einwendungen gegen die Erteilung der Vollstreckungsklausel geltend gemacht werden.

III. Die besonderen prozessualen Gestaltungsklagen

1. Die Funktion der prozessualen Gestaltungsklagen

Das Zwangsvollstreckungsverfahren ist formalisiert: Die Organe der Zwangsvollstreckung sind grundsätzlich an den Titel gebunden; beim Zugriff auf das Schuldnervermögen wird auf äußere Tatbestände (Gewahrsam, Eintragung im Grundbuch) abgestellt. 10

Nur die Art und Weise der Zwangsvollstreckung kann im Verfahren der Erinnerung (§ 766 ZPO) überprüft werden. Im Übrigen stellt die ZPO bestimmte Klageverfahren zur Verfügung, um die Diskrepanzen zwischen Titel und Zugriff einerseits und materiellem Recht andererseits wieder in Einklang zu bringen.

2. Die einzelnen prozessualen Klagen

a) Die Vollstreckungsgegenklage (§ 767 ZPO): 11

(1) Es handelt sich um eine prozessuale Gestaltungsklage für den Schuldner, die darauf gerichtet ist, die Zwangsvollstreckung aus einem Titel für unzulässig erklären zu lassen, weil nach Erlass des Titels neue, materielle Einwendungen gegen den titulierten Anspruch entstanden sind.

Deshalb kommen als Angriffsobjekte nur Leistungsurteile, nicht aber Feststellungs- und Gestaltungsurteile in Frage. Gleichgestellt sind Vollstreckungsbescheide (§ 700 I ZPO) sowie alle anderen Vollstreckungstitel, z. B. Prozessvergleiche, vollstreckbare Urkunden, Kostenfestsetzungsbeschlüsse.

Der Schuldner hat bei laufendem Erkenntnisverfahren die Wahl, ob er zwecks Geltendmachung einer Einwendung Berufung einlegen oder Vollstreckungsgegenklage erheben will. Legt er Berufung ein und macht er den Einwand gegen den im angefochtenen Urteil festgestellten Anspruch im Berufungsverfahren geltend, so fehlt ihm allerdings für die Klage aus § 767 ZPO das Rechtsschutzbedürfnis.[3]

(2) Ausschließlich zuständig für die Vollstreckungsgegenklage ist örtlich wie sachlich das Prozessgericht erster Instanz (§§ 767, 802 ZPO).

Parteien der Vollstreckungsgegenklage sind der Schuldner und der Gläubiger, wie sie sich aus dem Titel und der erteilten Vollstreckungsklausel ergeben.

Kläger ist demnach der Vollstreckungsschuldner, der im angegriffenen Titel verurteilt worden ist oder auf den die Vollstreckungsklausel umgeschrieben worden ist. Beklagter ist der Vollstreckungsgläubiger, d. h. der im Titel als Berechtigter genannte Gläubiger oder diejenige Person, auf die die Vollstreckungsklausel umgeschrieben worden ist.

Die Klage ist nur statthaft während des Zeitraums, in dem der Gläubiger aus dem angegriffenen Titel vollstrecken kann. Mit Beendigung der Zwangsvollstreckung wird die Klage unzulässig.

---

[3] MüKoZPO/*Schmidt*/*Brinkmann* § 767 Rn. 14; BeckOK ZPO/*Preuß* § 767 Rn. 65.

Nach diesem Zeitpunkt kann der Schuldner nur Klage aus materiellem Recht erheben (sogenannte „verlängerte Vollstreckungsgegenklage"). Wird die erhobene Vollstreckungsgegenklage wegen Beendigung der Zwangsvollstreckung unzulässig, so muss der Klageantrag im Wege der Klageänderung auf den Ausgleichsanspruch umgestellt werden.[4]

(3) Begründet ist die Vollstreckungsgegenklage, wenn dem Schuldner eine Einwendung gegen den titulierten Anspruch zusteht und er mit ihr nicht präkludiert ist.

Bei Urteilen und Vollstreckungsbescheiden ist die besondere Präklusionswirkung dieser Titel zu beachten: Bei Urteilen kommen zur Begründung nur Einwendungen in Frage, die nach dem Schluss der letzten mündlichen Verhandlung im Vorprozess entstanden sind (§ 767 II ZPO). Auf ein Verschulden hinsichtlich der unterlassenen Geltendmachung kommt es hierbei nicht an. Bei Versäumnisurteilen und Vollstreckungsbescheiden ist der Schuldner gehalten, etwaige Einwendungen durch den Einspruch geltend zu machen (§§ 767 II, 796 II ZPO).

Bei anderen Titeln, denen keine materielle Rechtskraftwirkung zukommt, ist dagegen eine solche Präklusionswirkung ausgeschlossen, z.B. bei vollstreckbaren Urkunden (§ 797 IV ZPO), Prozessvergleichen, Kostenfestsetzungsbeschlüssen; hier können auch Einwendungen aus der Zeit vor Entstehung des Titels geltend gemacht werden, es sei denn, dass sie durch Vereinbarung ausgeschlossen sind.

§ 767 III ZPO fordert, dass alle Einwendungen, die der Schuldner hat, in einer Klage geltend gemacht werden. Eine Häufung von Vollstreckungsgegenklagen ist demnach unzulässig. Nach dem Sinn der Vorschrift sollen alle Einwendungen, die im Zeitpunkt der mündlichen Verhandlung über die Vollstreckungsgegenklage vorliegen, in diesem Verfahren geltend gemacht werden. Es handelt sich ebenso wie bei § 767 II ZPO um eine objektive Präklusion; auf eine Kenntnis des Schuldners von den Einwendungen kommt es nicht an.

(4) Der Tenor des stattgebenden Urteils lautet dahin, dass die Zwangsvollstreckung aus dem angegriffenen Titel – ganz oder teilweise – für unzulässig erklärt oder (ausnahmsweise) eingeschränkt wird.

Das Urteil ist nach den §§ 708ff. ZPO für vorläufig vollstreckbar zu erklären. Die Höhe der Sicherheitsleistung richtet sich nach der Höhe der Forderung, deren Vollstreckbarkeit das Urteil beseitigt. Der Streitwert bemisst sich nach dem Umfang des erstrebten Ausschlusses der Vollstreckbarkeit. Das Gericht kann zusätzlich besondere Maßnahmen nach § 770 ZPO treffen, die von der vorläufigen Vollstreckbarkeit, insbesondere einer angeordneten Sicherheitsleistung, unabhängig sind.

12 b) Die Drittwiderspruchsklage (§ 771 ZPO):

(1) Sie ist eine prozessuale Gestaltungsklage für einen außerhalb des Vollstreckungsverhältnisses stehenden Dritten, dessen Vermögen von einem Vollstreckungsverfahren betroffen ist, gegen den die Zwangsvollstreckung betreibenden Gläubiger mit dem Ziel, die Vollstreckung in einen bestimmten Gegenstand für unzulässig zu erklären.

(2) Ausschließlich zuständig für die Drittwiderspruchsklage ist örtlich das Gericht, in dessen Bezirk der Gläubiger vollstreckt (§§ 771, 802 ZPO). Die sachliche Zuständigkeit dagegen ist keine ausschließliche; sie richtet sich nach den allgemeinen Regeln (§§ 23, 71 GVG).

Die Drittwiderspruchsklage kommt bei jeder Art von Zwangsvollstreckung in Betracht, durch die ein Dritter in seiner Vermögenssphäre betroffen wird.

---

[4] MüKoZPO/*Schmidt*/*Brinkmann* § 767 Rn. 21; BeckOK ZPO/*Preuß* § 767 Rn. 74.

Das gilt für die Pfändung beweglicher Sachen, die Vollstreckung in Grundstücke, die Pfändung von Rechten, aber auch die Herausgabe von Sachen. Ein Rechtsschutzbedürfnis besteht, sobald die Vollstreckungsklausel erteilt ist und der Gegenstand der Vollstreckung feststeht; das ist bei einer Herausgabevollstreckung der Vollstreckungsauftrag, bei einer sonstigen Vollstreckung dagegen erst der Zugriff auf das bestimmte Vollstreckungsobjekt, d.h. die Pfändung beweglicher Sachen oder Rechte, bei der Immobiliarvollstreckung der Antrag auf Zwangsversteigerung bzw. Zwangsverwaltung.

(3) Die Drittwiderspruchsklage ist begründet, wenn dem Dritten ein „die Veräußerung hinderndes Recht" zusteht. Dies ist der Fall, wenn der von der Zwangsvollstreckung betroffene Vermögensgegenstand nach materiellem Recht nicht dem Vollstreckungsschuldner gehört, sondern dem klagenden Dritten zuzurechnen ist.[5]

(4) Das stattgebende Urteil lautet im Tenor dahin, dass die Zwangsvollstreckung des Beklagten in – genau zu bezeichnende – Gegenstände für unzulässig erklärt wird.

Das Urteil ist nach §§ 708 ff. ZPO für vorläufig vollstreckbar zu erklären. Die Höhe der Sicherheitsleistung richtet sich nach dem Schaden, der durch die Aufhebung der Vollstreckungsmaßnahmen (§ 775 Nr. 1 ZPO) für den die Vollstreckung betreibenden Beklagten entstehen kann; Mindestbetrag ist der Schätzwert der gepfändeten Sachen bzw. der Nennbetrag der freizugebenden Forderung. Der Streitwert der Drittwiderspruchsklage richtet sich nach § 3 ZPO; im Regelfall ist dies der Wert der Gegenstände, deren Freigabe der Kläger begehrt. Das Gericht kann – ebenso wie bei § 767 ZPO – zusätzliche Anordnungen nach § 770 ZPO treffen (§ 771 III ZPO).

c) Vollstreckungsgegenklage des Erben (§ 785 ZPO): **13**

(1) Ist der Erbe des Schuldners unter Vorbehalt der beschränkten Erbenhaftung verurteilt (§ 780 I ZPO) oder ist ein solcher Vorbehalt ausnahmsweise nicht erforderlich (§ 780 II ZPO), so kann der verurteilte Erbe gegen die ohne Berücksichtigung der Haftungsbeschränkung in sein Eigenvermögen durchgeführte Zwangsvollstreckung (§ 781 ZPO) die Beschränkung der Haftung durch eine besondere prozessuale Gestaltungsklage geltend machen (§ 785 ZPO).

(2) In diesem Verfahren muss der klagende Erbe nachweisen, dass er die Haftung nach den Regeln des materiellen Erbrechts gemäß §§ 1973, 1975, 1989, 1990, 1992, 2059 BGB beschränkt hat – was ihm in den Fällen der §§ 1994 I 2, 2005 I BGB nicht mehr möglich ist – und der gepfändete Gegenstand nicht in den Nachlass fällt.

(3) Das stattgebende Urteil erklärt die Zwangsvollstreckung in bestimmte Gegenstände, die zum Eigenvermögen des Erben gehören, für unzulässig. In den Fällen der aufschiebenden Einreden des Erben (§§ 2014, 2015 BGB) wird die Zwangsvollstreckung für die mit einem Endzeitpunkt anzugebende Dauer auf die sogenannten Arrestmaßnahmen beschränkt (§§ 782, 783 ZPO). Das Urteil ist nach §§ 708 ff. ZPO für vorläufig vollstreckbar zu erklären.

d) Die Klage auf vorzugsweise Befriedigung (§ 805 ZPO): **14**

(1) Ein Dritter, der an der gepfändeten Sache ein Pfandrecht oder Vorzugsrecht hat, sich aber nicht im Besitz der Sache befindet, kann zwar nicht die Verwertung durch den Vollstreckungsgläubiger verhindern. Er kann jedoch mit der Klage aus § 805 ZPO erreichen, dass er aus dem Erlös vorzugsweise befriedigt wird. Es handelt sich um eine prozessuale Gestaltungsklage.

(2) Der Tenor des stattgebenden Urteils lautet dahin, dass der Kläger wegen seiner Forderung in Höhe von … € aus dem Reinerlös der Verwertung der (unter Hinweis auf das Pfändungsprotokoll) genau bezeichneten Sachen vor dem Beklagten zu befriedigen ist.

Das Urteil ist nach den §§ 708 ff. ZPO für vorläufig vollstreckbar zu erklären.

e) Die Klage auf Abänderung eines vom Vollstreckungsgericht aufgestellten Teilungsplans (§ 878 ZPO): **15**

---

[5] MüKoZPO/*Schmidt*/*Brinkmann* § 771 Rn. 17 ff.; BeckOK ZPO/*Preuß* § 771 Rn. 5 ff.

Haben mehrere Gläubiger in den gleichen Gegenstand des beweglichen Vermögens des Schuldners vollstreckt und reicht der erzielte Erlös nicht aus, um sie alle zu befriedigen, so wird der Erlös zunächst hinterlegt (§§ 827 II, 853, 854 II, 858 V ZPO).

Das Amtsgericht stellt daraufhin einen Teilungsplan auf (§ 874 ZPO), über den in einem Termin verhandelt wird. Widerspricht im Termin ein Gläubiger dem Teilungsplan und wird dieser Widerspruch von den übrigen Beteiligten nicht anerkannt (§ 876 ZPO), so muss der widersprechende Gläubiger binnen eines Monats ab dem Termin eine Widerspruchsklage nach § 878 ZPO erheben und dies dem Vollstreckungsgericht nachweisen.

Das Gericht prüft sodann die Rangverhältnisse und stellt bei Stattgeben der Klage im Urteil in Abänderung des Teilungsplans fest, an welche Gläubiger und in welchen Beträgen der streitige Teil der Masse auszuzahlen ist (§ 880 S. 1 ZPO); bei schwierigen Berechnungen kann das Gericht aber auch nur den angefochtenen Plan aufheben und die Anfertigung eines neuen Planes anordnen (§ 880 S. 2 ZPO).

Das stattgebende Urteil wird als prozessuales Gestaltungsurteil angesehen. Es ist gleichwohl in der Hauptsache nicht für vorläufig vollstreckbar zu erklären, da der im Urteil festgestellte Teilungsplan erst nach Rechtskraft des Urteils gemäß § 882 ZPO ausgeführt wird.

16 f) Die Abänderungsklage (§ 323 ZPO):

(1) Bei Verurteilung zu künftig fällig werdenden Leistungen lässt § 323 I ZPO für beide Parteien bei einer wesentlichen Änderung der Verhältnisse eine Klage auf entsprechende Abänderung des Urteils zu.

Es handelt sich um eine prozessuale Gestaltungsklage, bei der grundsätzlich nur für die Zukunft – Ausnahmen gibt es bei Unterhaltstiteln – die materielle Rechtskraft und die Vollstreckbarkeit des angefochtenen Urteils den veränderten Verhältnissen angepasst werden (§ 323 III ZPO). Grundgedanke der Regelung ist – ähnlich wie bei § 313 BGB (Störung der Geschäftsgrundlage) – die Erwägung, dass das Gericht bei Festsetzung der Leistungen für die Zukunft eine Prognose angestellt hat, die sich später als nicht mehr richtig herausstellt.

§ 323 ZPO findet auch Anwendung, wenn das Urteil im Vorprozess der Klage voll entsprochen hat, da auch in diesem Fall der Richter eine Prognose für die Zukunft angestellt hat; eine von den Voraussetzungen des § 323 ZPO unabhängige „Zusatzklage" ist nur dann zulässig, wenn der Kläger im Vorprozess ausdrücklich oder klar aus den Umständen ersichtlich nur eine Teilklage erhoben hatte.

(2) Nach § 323a ZPO ist die Abänderungsklage auch bei anderen Schuldtiteln, nämlich bei Vergleichen und Urkunden, zulässig.

(3) Zweifelhaft ist die Abgrenzung der Abänderungsklage gegenüber der Vollstreckungsgegenklage nach § 767 ZPO.[6]

Nach der Rechtsprechung stellt § 323 ZPO eine Sonderregelung dar, die in ihrem Bereich die Vollstreckungsabwehrklage ausschließt. Es bedarf also jeweils der Prüfung, ob die Einwendung des Schuldners auf eine Veränderung der für die Bemessung maßgebenden Umstände gestützt wird. Im Hinblick auf die zweifelhafte Abgrenzung lässt die Rechtsprechung einen Hilfsantrag in beiden Richtungen zu.

(4) Voraussetzung für eine Abänderung ist eine wesentliche Veränderung derjenigen Verhältnisse, die für die Bestimmung der Höhe oder der Dauer der wiederkehrenden Leistung im Urteil maßgebend waren. In der Regel ist dies eine Änderung, die in etwa 10 % des Anspruchs beträgt.[7]

Nach § 323 II ZPO wird – ähnlich wie bei § 767 II ZPO – nur diejenige Änderung der Verhältnisse berücksichtigt, die nach dem Schluss der letzten mündlichen Verhandlung im Vorprozess eingetreten ist. Ob eine solche wesentliche Änderung der Verhältnisse vorliegt, entscheidet das Gericht im Rahmen einer Gesamtabwägung. In Frage kommen sowohl allgemein geänderte Umstände als auch sol-

---

[6] MüKoZPO/*Gottwald* § 323 Rn. 32 ff.; BeckOK ZPO/*Gruber* § 323 Rn. 12 ff.

[7] MüKoZPO/*Gottwald* § 323 Rn. 63 f.; BeckOK ZPO/*Gruber* § 323 Rn. 25 f.

che, die in der Person des Berechtigten oder Verpflichteten liegen. Auch eine grundlegende Änderung der Rechtsprechung kann genügen.

Bei Vorliegen einer wesentlichen Änderung findet im Grundsatz keine Neufestsetzung, sondern nur eine entsprechende Anpassung statt; eine unrichtige Beurteilung der Verhältnisse durch das Gericht im Vorprozess kann also mit der Abänderungsklage nicht korrigiert werden.

(5) Bei stattgebendem Urteil wird die im angegriffenen Titel festgesetzte Höhe und/oder Dauer der wiederkehrenden Leistung unter Angabe des Zeitpunkts des Inkrafttretens der Änderung neu festgesetzt. Dabei erfolgt die Änderung grundsätzlich ab Erhebung der Abänderungsklage für die Zukunft. Die Angabe eines Endzeitpunktes kommt im Regelfall nicht in Betracht, da die weitere Entwicklung nicht vorausgesehen werden kann.

Die vorläufige Vollstreckbarkeit des stattgebenden Urteils richtet sich nach den §§ 708 ff. ZPO. Dabei dürfte § 708 Nr. 8 ZPO nur anzuwenden sein, wenn das stattgebende Urteil eine Erhöhung der bisherigen Rente ausspricht, während bei einer Herabsetzung der Rente § 708 Nr. 8 ZPO nicht eingreift, sondern § 708 Nr. 11 ZPO oder § 709 S. 1, 2 ZPO anzuwenden ist.

g) Sonstige prozessuale Klagen:

Weitere (selten vorkommende) Fälle prozessualer Gestaltungsklagen finden sich in den §§ 772, 773, 774, 784 ZPO.

3. Die einstweiligen Maßnahmen

Ebenso wie bei der Einlegung von Rechtsbehelfen bzw. Rechtsmitteln kann das Prozessgericht bei den prozessualen Gestaltungsklagen einstweilige Anordnungen treffen, wenn dies im Interesse des Klägers erforderlich ist, um die weitere Vollstreckung bis zur Entscheidung in der Hauptsache aufzuschieben (§ 769 ZPO).

a) Die einstweilige Einstellung ist an folgende Voraussetzungen geknüpft: 17

(1) Die eingereichte Klage muss zulässig sein, insbesondere muss sie an sich statthaft und die klagende Partei postulationsfähig, das heißt ordnungsgemäß vertreten sein.

(2) Die Klage muss zudem hinreichende Aussicht auf Erfolg haben.

b) Hinsichtlich des Verfahrens ist folgendes zu beachten: 18

(1) Zuständig ist in der Regel das Prozessgericht, das über die Klage in der Hauptsache entscheiden soll. In dringenden Fällen kann allerdings auch das Vollstreckungsgericht eine vorläufige Anordnung erlassen unter Bestimmung einer Frist, innerhalb deren die Entscheidung des Prozessgerichts herbeizuführen ist (§ 769 II ZPO).

Vollstreckungsgericht ist das Amtsgericht (§ 764 ZPO), so dass insoweit kein Anwaltszwang besteht. Die Dringlichkeit ist vom Antragsteller glaubhaft zu machen. Sie ist vor allem dann gegeben, wenn eine Entscheidung des Prozessgerichts so schnell nicht eingeholt werden kann, um eine drohende Zwangsvollstreckung zu verhindern. Allerdings wird die Dringlichkeit zu verneinen sein, wenn der Antragsteller (Schuldner) bei einer Vollstreckungsgegenklage bewusst den Antrag spät stellt, um sich auf diesen Ausnahmefall zu berufen. Eine Dringlichkeit im Sinne von § 769 II ZPO ist vor allem bei einer Drittwiderspruchsklage gegeben, wenn der Dritte erst sehr spät von der bevorstehenden Vollstreckung erfahren hat.

(2) Eine mündliche Verhandlung ist nicht erforderlich (§§ 769 III, 128 IV ZPO).

Etwas anderes kommt in der Praxis vor, wenn der Antrag kurzfristig vor dem Termin in der Hauptsache eingereicht wird; dann kann es zweckmäßig sein, gleichzeitig aufgrund der mündlichen Verhandlung in der Hauptsache über den Einstellungsantrag zu befinden.

(3) Der Beklagte muss im Regelfall vorher gehört werden.

In Eilfällen kann – ebenso wie bei § 707 ZPO – eine vorläufige Einstellung ohne Anhörung des Beklagten erfolgen; in diesen Fällen wird die Anhörung nachgeholt und sodann endgültig über die Einstellung entschieden.

(4) Die tatsächlichen Behauptungen, die den Antrag begründen, sind glaubhaft zu machen (§ 769 I 3 ZPO).

Soweit allerdings der Gegner bei der Anhörung die tatsächliche Behauptung zugesteht oder nicht genügend bestreitet (§ 138 ZPO), entfällt das Erfordernis der Glaubhaftmachung. Unabdingbar ist die Glaubhaftmachung aber bei der vorläufigen Einstellung ohne Anhörung.

(5) Die Entscheidung ergeht durch Beschluss (§ 769 III ZPO), der der förmlichen Zustellung bedarf (§ 329 III ZPO), obwohl er grundsätzlich analog § 707 II 2 ZPO nicht der Anfechtung unterliegt.[8] Beschlüsse, die ausnahmsweise aufgrund mündlicher Verhandlung ergehen, werden verkündet (§ 329 I 1 ZPO).

19 c) Die inhaltlich zulässigen Maßnahmen ergeben sich aus § 769 I ZPO und decken sich im Grundsatz mit den Maßnahmen aus § 707 ZPO.

(1) Die Zwangsvollstreckung kann gegen Sicherheitsleistung des Klägers eingestellt werden.

(2) Die Zwangsvollstreckung kann ausnahmsweise auch ohne Sicherheitsleistung eingestellt werden; dies wird vor allem dann in Frage kommen, wenn der Beklagte durch eine Zwangsvollstreckungsmaßnahme schon einen Vermögenswert in Händen hat. Im Gegensatz zu § 707 I 2 ZPO setzt die Einstellung ohne Sicherheitsleistung gemäß § 769 ZPO nicht die Glaubhaftmachung voraus, dass der Schuldner zur Sicherheitsleistung nicht in der Lage ist und dass die Vollstreckung einen nicht zu ersetzenden Nachteil bringen würde.

(3) Es kann angeordnet werden, dass der Beklagte die Zwangsvollstreckung nur gegen Sicherheitsleistung fortsetzen darf.

(4) Es kann schließlich angeordnet werden, dass erfolgte Zwangsvollstreckungsmaßnahmen gegen Sicherheitsleistung des Klägers wieder aufzuheben sind.

In den Fällen der Klage auf vorzugsweise Befriedigung (§ 805 ZPO) wird nicht die Einstellung der Zwangsvollstreckung angeordnet, sondern nur die Hinterlegung des Erlöses, um die Wahrung der vorzugsweisen Befriedigung sicherzustellen (§ 805 IV ZPO).

IV. Das Prozessgericht erster Instanz als Vollstreckungsorgan

Soweit es um die Vollstreckung vertretbarer oder unvertretbarer Handlungen geht, ist das zuständige Vollstreckungsorgan das Prozessgericht erster Instanz. Bei der Vollstreckung von Duldungen oder Unterlassungen gilt dies ebenso.

1. Die vertretbaren Handlungen

20 Die Erwirkung vertretbarer Handlungen ist dem Prozessgericht nach § 887 ZPO übertragen.

---

[8] MüKoZPO/*Schmidt*/*Brinkmann* § 769 Rn. 27, 34 ff.; BeckOK ZPO/*Preuß* § 769 Rn. 14 f.

a) Eine vertretbare Handlung liegt vor, wenn es bei rechtlicher und wirtschaftlicher Betrachtung für den Gläubiger unerheblich ist, ob der Schuldner oder ein Dritter die Handlung vornimmt.

b) Erforderlich ist ein Antrag des Gläubigers, der die vorgeschlagene Maßnahme der Ersatzvornahme genau bezeichnen muss. Der Antrag ist an das Prozessgericht der ersten Instanz zu richten; falls der Einzelrichter entschieden hat, ist dieser zuständig (ausschließliche Zuständigkeit, § 802 ZPO). Für das Verfahren vor dem Landgericht besteht Anwaltszwang. Der Schuldner ist vor der Entscheidung zu hören (§ 891 ZPO).

c) Die Durchführung der Vollstreckung besteht in der Ermächtigung des Gläubigers, die geschuldete Maßnahme durch einen Dritten oder durch ihn selbst vorzunehmen und die entstehenden (erforderlichen) Kosten von dem Schuldner beizutreiben (§ 887 I, II ZPO).

Der Gläubiger kann nach § 887 II ZPO verlangen, dass der Schuldner zur Zahlung eines Kostenvorschusses verurteilt wird vorbehaltlich der Nachforderung eines höheren Differenzbetrages. Voraussetzung der Durchführung ist das Vorliegen der allgemeinen Zwangsvollstreckungsvoraussetzungen.

Die Entscheidung ergeht durch Beschluss, der im Hinblick auf eine sofortige Beschwerde der förmlichen Zustellung bedarf (§§ 567 I Nr. 1, 793 ZPO).

2. Die nicht vertretbaren Handlungen

Die Durchsetzung nicht vertretbarer Handlungen obliegt ebenfalls dem Prozessgericht nach § 888 ZPO. 21

a) Es handelt sich um die Handlungen, die ausschließlich von dem Willen des Schuldners abhängen, d.h. mit deren Vornahme nicht ersatzweise ein Dritter beauftragt werden kann. Ausgeschlossen ist nach § 888 III ZPO die Vollstreckung zu bestimmten höchstpersönlichen Handlungen, unter anderem die Leistung von Diensten aufgrund eines Dienstvertrags.

b) Erforderlich ist auch hier ein Antrag des Gläubigers, der weder Zwangsmittel noch Zwangsmaß bezeichnen muss. Der Antrag ist an das Prozessgericht der ersten Instanz zu richten; falls der Einzelrichter entschieden hat, ist dieser zuständig (ausschließliche Zuständigkeit, § 802 ZPO). Für das Verfahren vor dem Landgericht besteht Anwaltszwang. Der Schuldner ist vor der Entscheidung zu hören (§ 891 ZPO).

c) Die Durchführung der Vollstreckung besteht in der Verhängung von Zwangsmitteln, die den Schuldner zur Vornahme der geschuldeten Handlung veranlassen sollen. Dabei handelt es sich bei den Zwangsmitteln ausschließlich um Zwangs- und Beugemaßnahmen und nicht um repressive Rechtsfolgen für einen vorangegangenen Ordnungsverstoß.[9]

Das Gericht muss bei der Verhängung des Zwangsmittels zwischen Zwangsgeld, ersatzweise für den Fall der Nichtbeitreibbarkeit, Ersatzhaft und Zwangshaft wählen. Der Umfang, in dem Zwangsmittel festgesetzt werden können, ergibt sich dabei aus Art. 6 EGStGB und § 888 ZPO.

Voraussetzung der Durchführung ist das Vorliegen der allgemeinen Zwangsvollstreckungsvoraussetzungen; eine Androhung der Zwangsmittel findet nicht statt (§ 888 II ZPO). Die Entscheidung ergeht ebenfalls durch Beschluss, der im Hinblick

---

[9] MüKoZPO/*Gruber* § 888 Rn. 25ff.; BeckOK ZPO/*Stürner* § 888 Rn. 22ff.

auf eine sofortige Beschwerde der förmlichen Zustellung bedarf (§§ 567 I Nr. 1, 793 ZPO).

3. Die Unterlassungen und Duldungen

22 a) Die zwangsweise Durchsetzung von Unterlassungs- und Duldungstiteln erfolgt nach § 890 ZPO durch Verhängung von Ordnungsgeld oder Ordnungshaft, bei denen es sich anders als bei den Zwangsmitteln des § 888 ZPO nicht lediglich um Beugemaßnahmen handelt, sondern auch um strafrechtliche (repressive) Maßnahmen.[10]

b) Erforderlich ist hier ebenfalls ein Antrag des Gläubigers, der weder Ordnungsmittel noch Ordnungsmaß bezeichnen muss. Der Antrag ist an das Prozessgericht der ersten Instanz zu richten; falls der Einzelrichter entschieden hat, ist dieser zuständig (ausschließliche Zuständigkeit, § 802 ZPO). Für das Verfahren vor dem Landgericht besteht Anwaltszwang. Der Schuldner ist vor der Entscheidung zu hören (§ 891 ZPO).

Die Anhörung geschieht durch Übermittlung des Antrags des Gläubigers mit der Aufforderung, hierzu binnen einer bestimmten Frist Stellung zu nehmen. Obwohl gesetzlich nicht vorgeschrieben, sollte wegen der teilweise repressiven Natur des zu verhängenden Ordnungsmittels und zum Nachweis der erfolgten Anhörung die Aufforderung förmlich zugestellt werden. Ist der Schuldner anwaltlich nicht vertreten, sollte er auch über die Folge belehrt werden, die sich aus einem Nichtbestreiten der behaupteten Zuwiderhandlung nach § 138 III ZPO für ihn ergeben können.

c) Bei der Durchführung der Vollstreckung ist Folgendes zu beachten:

(1) Die Durchführung der Vollstreckung besteht in der Verhängung von Ordnungsmitteln, die den Schuldner zur titulierten Unterlassung bzw. Duldung veranlassen sollen.

Wie bei der Verhängung des Zwangsmittels im Sinne von § 888 ZPO, muss das Gericht bei der Verhängung des Ordnungsmittels im Sinne von § 890 ZPO zwischen Ordnungsgeld – ersatzweise für den Fall der Nichtbeitreibbarkeit Ersatzhaft – und Ordnungshaft wählen. Auch hier ergibt sich der Umfang, in dem Ordnungsgeld festgesetzt werden kann, aus Art. 6 EGStGB und § 890 ZPO.

(2) Voraussetzung der Durchführung ist das Vorliegen der allgemeinen Zwangsvollstreckungsvoraussetzungen; eine vorangegangene Androhung der Ordnungsmittel ist erforderlich (§ 890 II ZPO).

Der notwendige Titel ist in der Regel ein Urteil oder eine einstweilige Verfügung in Beschlussform; in Frage kommt aber auch ein Prozessvergleich. Die Androhung erfolgt regelmäßig bereits im Urteil. Ein besonderer Androhungsbeschluss kommt nur ausnahmsweise in Frage, wenn die Androhung des Ordnungsmittels im Urteil – versehentlich oder weil es im Ausland zu vollstrecken ist – unterblieben ist oder in einem Prozessvergleich nicht getroffen werden konnte. Die Androhung muss sowohl die Art der für den Fall der Zuwiderhandlung vorgesehenen Rechtsfolgen als auch deren gesetzliches Höchstmaß (oder eine vom Gläubiger nur beantragte niedrigere Höchstgrenze) konkret bezeichnen. Eine Kostenentscheidung ist in dem Androhungsbeschluss nicht erforderlich.

(3) Die Verhängung des Ordnungsmittels setzt weiterhin voraus, dass der Schuldner nach der Androhung der im Titel genannten Unterlassungs- bzw. Duldungsverpflichtung objektiv zuwidergehandelt hat. Hinsichtlich des Verstoßes selbst bedarf es einer Auslegung des Titels, welche Handlung dem Schuldner im Einzelnen verboten ist. Eine gegenüber der Titelfassung leicht abgewandelte Form des Verstoßes fällt ebenfalls in den Vollstreckungsbereich, wenn sie den „Kern der Verletzungsform“

---

[10] MüKoZPO/*Gruber* § 890 Rn. 34 ff.; BeckOK ZPO/*Stürner* § 890 Rn. 48 ff.

unberührt lässt. Dieser Auslegung sind aber im Hinblick auf die teilweise repressive Natur des zu verhängenden Ordnungsmittels (Art. 103 I GG) Grenzen gesetzt.

(4) Der Verstoß des Schuldners gegen die im Titel auferlegte Verpflichtung muss schuldhaft erfolgt sein, was aus der teilweise repressiven Natur des Ordnungsmittels folgt.[11]

(5) Objektiver Verstoß und Verschulden des Schuldners müssen feststehen. Sie müssen entweder unstreitig oder nachgewiesen sein. Hierzu muss gegebenenfalls eine Beweisaufnahme stattfinden.

Bei einem Nichtbestreiten kann die Geständnisfiktion des § 138 III ZPO eingreifen. Auch kommt im Einzelfall ein Anscheinsbeweis in Frage.

(6) Auch hier ergeht die Entscheidung durch Beschluss, der im Hinblick auf eine sofortige Beschwerde der förmlichen Zustellung bedarf (§§ 567 I Nr. 1, 793 ZPO).

---

[11] MüKoZPO/*Gruber* § 890 Rn. 9ff.; BeckOK ZPO/*Stürner* § 890 Rn. 20ff.

Muster 175: Einstweilige Einstellung der Zwangsvollstreckung (§§ 707, 719 ZPO)

☐ Amtsgericht Frankfurt am Main
☐ Landgericht Frankfurt am Main
Aktenzeichen: …

Beschluss

1 In dem Rechtsstreit
d…,

Kläger…,

Prozessbevollmächtigter: Rechtsanwalt …,
gegen
d…,

Beklagte…,

Prozessbevollmächtigter: Rechtsanwalt …,
☐ hat das Amtsgericht Frankfurt am Main durch den Richter am Amtsgericht …
☐ hat die … Zivilkammer des Landgerichts Frankfurt am Main durch
☐ den Vorsitzenden Richter am Landgericht … und die Richter am Landgericht … und …
☐ den Richter am Landgericht … als Einzelrichter
am … beschlossen:

Die Zwangsvollstreckung aus dem
☐ Urteil ☐ Prozessvergleich ☐ Vorbehaltsurteil
☐ Versäumnisurteil ☐ Vollstreckungsbescheid des
☐ Amtsgerichts ☐ Landgerichts … vom … , Aktenzeichen …
☐ wird einstweilen eingestellt bis zur Entscheidung über
☐ den Wiedereinsetzungsantrag vom …
☐ die Wiederaufnahmeklage vom … ☐ im Nachverfahren
☐ die Rüge nach § 321a ZPO ☐ den Einspruch
☐ die Berufung ☐ die Wirksamkeit des Prozessvergleichs
vom …
☐ ohne Sicherheitsleistung.
☐ gegen Sicherheitsleistung d… Kläger…/Beklagte… in Höhe von … €.
☐ Die getroffenen Vollstreckungsmaßregeln
☐ bleiben bestehen.
☐ sind – nach Sicherheitsleistung – aufzuheben.
☐ darf nur gegen Sicherheitsleistung d… Kläger…/Beklagte… in Höhe von … € fortgesetzt werden.
☐ Die getroffenen Vollstreckungsmaßregeln sind aufzuheben, falls nicht d… Kläger…/Beklagte… die Leistung der Sicherheit bis … dem zuständigen Vollstreckungsorgan nachweist/nachweisen.
☐ Der Antrag auf Einstellung der Zwangsvollstreckung ohne Sicherheitsleistung wird zurückgewiesen, da d… Kläger… /Beklagte… nicht glaubhaft gemacht

hat/haben, dass er/sie zur Sicherheitsleistung nicht in der Lage ist/sind und die Vollstreckung einen nicht zu ersetzenden Nachteil bringen würde.

☐ Die vorstehende Entscheidung ergeht vorläufig. Das Gericht behält sich vor, nach Anhörung des Gegners die Entscheidung zu überprüfen und gegebenenfalls aufzuheben oder abzuändern.

☐ D… Kläger… /Beklagte… wird aufgegeben, bis spätestens …, … Uhr (Eingang auf der Geschäftsstelle) zu dem Antrag auf einstweilige Einstellung zu nehmen.

Gründe[12]

☐ …

…………………

Verfügung

1. Ausfertigung des Beschlusses an 2
   ☐ Kläger (-Vertreter) ☐ (ZU/EB) ☐ vorab per Fax;
   ☐ Beklagten (-Vertreter) ☐ (ZU/EB) ☐ vorab per Fax;
   ☐ mit Abschriften des Schriftsatzes vom … (Bl. … d. A.).
2. Wiedervorlage: … ☐ genau.

Frankfurt am Main, den …
☐ Amtsgericht, Abteilung … ☐ Landgericht, … Zivilkammer
☐ Der Vorsitzende
☐ Der Einzelrichter

…………………

[12] Gründe sind nicht erforderlich, weil nach § 707 II 2 ZPO eine Anfechtung des Beschlusses nicht stattfindet.

Muster 176: Entscheidung über die Erinnerung im Klauselerteilungsverfahren (§ 732 ZPO)

Amtsgericht Frankfurt am Main
Aktenzeichen: …

Beschluss

1 In der Zwangsvollstreckungssache
des …,

Gläubigers,

Prozessbevollmächtigter: …,
gegen
die …,

Schuldnerin,

Prozessbevollmächtigter: …,
hat das Amtsgericht Frankfurt am Main durch die Richterin am Amtsgericht … am … beschlossen:

Die von dem Urkundsbeamten der Geschäftsstelle am … hinsichtlich des Prozessvergleichs vom … erteilte Vollstreckungsklausel wird auf die Ziffern 1, 2 und 3a des Prozessvergleichs beschränkt; hinsichtlich Ziffer 3b des Prozessvergleichs wird die Vollstreckungsklausel aufgehoben.

Im Übrigen wird die Erinnerung der Schuldnerin zurückgewiesen.

Die Entscheidung ergeht gerichtsgebührenfrei; die außergerichtlichen Kosten der Erinnerung werden gegeneinander aufgehoben.

Gründe

I.

Die Parteien schlossen am … einen Prozessvergleich (Bl. … d. A.).

Danach erkennt die Beklagte und Schuldnerin an, dem Kläger und Gläubiger einen Betrag von 2.800,– € zu schulden (Ziffer 1) und verpflichtet sich, zur Abgeltung dieser Forderung 2.000,– € in fünf aufeinanderfolgenden Raten von monatlich 400,– € beginnend ab dem auf den Vergleichsschluss folgenden Monat zu zahlen (Ziffer 2), bei Verzug jedoch den gesamten restlichen Betrag sofort (Ziffer 3a) sowie die zunächst erlassene Differenz von 800,– € binnen eines Monats (Ziffer 3b).

Der Urkundsbeamte der Geschäftsstelle hat auf Antrag des Klägers noch im Monat des Vergleichsschlusses am … eine Vollstreckungsklausel für den gesamten Vergleich erteilt. Dagegen hat die Schuldnerin Erinnerung eingelegt.

Die Schuldnerin beantragt,
die Vollstreckungsklausel auf Ziffer 1 und 2 des Vergleichs zu beschränken.

Der Gläubiger beantragt,
die Erinnerung zurückzuweisen.

Der Urkundsbeamte der Geschäftsstelle hat der Erinnerung nicht abgeholfen.

II.

Die Erinnerung ist gemäß § 732 I ZPO zulässig.

In der Sache hat die Erinnerung allerdings nur teilweise Erfolg.

Die Erinnerung ist begründet, soweit sich die Schuldnerin gegen die Erteilung der Vollstreckungsklausel zu Nr. 3b des Prozessvergleichs wendet.

Bei der hier vorliegenden Wiederauflebensklausel darf die Vollstreckungsklausel nicht von vornherein erteilt werden; vielmehr hat der Gläubiger nach § 726 I ZPO den Eintritt der Bedingung nachzuweisen. Für die Erteilung der Klausel ist sodann der Rechtspfleger zuständig (§ 20 Nr. 12 RPflG).

Für diese Handhabung spricht, dass der Gläubiger auf den Differenzbetrag zwischen anerkannter Forderung und Vergleichssumme zunächst verzichtet hat und erst unter besonderen Voraussetzungen die Schuldnerin zur Zahlung dieses Differenzbetrages verpflichtet wird. Hier spricht die Interessenlage zugunsten des Schuldners, dass erst nach Prüfung dieser Voraussetzungen durch den Rechtspfleger (§ 20 Nr. 12 RPflG) die Vollstreckungsklausel erteilt und damit die Zwangsvollstreckung zugelassen wird.

Die Erinnerung ist dagegen unbegründet, soweit sich die Schuldnerin gegen die Erteilung der Vollstreckungsklausel zu Nr. 3a des Prozessvergleichs wendet.

Insoweit handelt es sich um die übliche, in Ratenzahlungsvergleichen enthaltene Verfallklausel, bei der die in bestimmten Raten zu zahlende Vergleichssumme auf einmal zur sofortigen Vollstreckung fällig wird, wenn der Schuldner die vereinbarten Raten nicht einhält. In diesem Fall ist nach ständiger Praxis die Vollstreckungsklausel ohne den Nachweis zu erteilen, dass die Voraussetzungen der Verfallklausel bereits eingetreten sind.

Nach dem Willen der Parteien handelt es sich bei der Verfallklausel in der Regel nicht um eine Stundung der einzelnen Raten, sondern um die Befugnis des Schuldners, den Anspruch auf die volle Vergleichssumme durch pünktliche Zahlung der Raten abzuwenden. Falls der Gläubiger die volle Vergleichssumme unter Berufung auf die Verfallklausel vorzeitig vollstreckt, obliegt es dem Schuldner, im Wege der §§ 767, 775 Nr. 4, 5 ZPO hiergegen vorzugehen und die rechtzeitige Erfüllung der Raten nachzuweisen.

Die Kostenentscheidung beruht auf §§ 1 GKG, 92, 97 ZPO.

Rechtsbehelfsbelehrung[13]

Diese Entscheidung kann mit der sofortigen Beschwerde angefochten werden. Sie ist einzulegen innerhalb einer Notfrist von zwei Wochen bei dem Amtsgericht Frankfurt am Main, … oder dem Landgericht Frankfurt am Main, …

Die Frist beginnt mit der Zustellung der Entscheidung. Richtet sich die sofortige Beschwerde gegen die Entscheidung über die Kosten, ist sie nur zulässig, wenn der Wert des Beschwerdegegenstands 200,– € übersteigt.

Beschwerdeberechtigt ist, wer durch diese Entscheidung in seinen Rechten beeinträchtigt ist. Die Beschwerde wird durch Einreichung einer Beschwerdeschrift oder

---

[13] Gegen die Entscheidung kann sofortige Beschwerde eingelegt werden, weil sie im ersten Rechtszug ohne mündliche Verhandlung ergeht und ein das Verfahren betreffendes Gesuch (teilweise) zurückweist (§ 567 I Nr. 1 ZPO).

zur Niederschrift der Geschäftsstelle der genannten Gerichte eingelegt. Sie kann auch zur Niederschrift der Geschäftsstelle eines jeden Amtsgerichts erklärt werden, wobei es für die Einhaltung der Frist auf den Eingang bei einem der genannten Gerichte ankommt. Sie ist von dem Beschwerdeführer oder seinem Bevollmächtigten zu unterzeichnen. Die Beschwerde muss die Bezeichnung des angefochtenen Beschlusses sowie die Erklärung enthalten, dass Beschwerde gegen diesen Beschluss eingelegt wird. Soll die Entscheidung nur zum Teil angefochten werden, so ist der Umfang der Anfechtung zu bezeichnen. Die Beschwerde soll begründet werden.

……………………..

Muster 177: Urteil bei einer Klage betreffend die Erteilung der Vollstreckungsklausel (§ 731 ZPO)

Amtsgericht Frankfurt am Main
Aktenzeichen: …

Urteil

Im Namen des Volkes

In dem Rechtsstreit 1
des …,

Klägers,

Prozessbevollmächtigter: …,
gegen
die …,
den …,

Beklagten,

Prozessbevollmächtigter: …,
hat das Amtsgericht Frankfurt am Main durch den Richter am Amtsgericht … aufgrund der mündlichen Verhandlung vom … für Recht erkannt:

Dem Kläger ist die Vollstreckungsklausel zu dem Urteil des Amtsgerichts Frankfurt am Main vom … – Aktenzeichen: … – nebst Kostenfestsetzungsbeschluss vom … gegen die Beklagten zu erteilen.

Den Beklagten bleibt die Geltendmachung der beschränkten Erbenhaftung vorbehalten.

Die Kosten des Rechtsstreits haben die Beklagten zu tragen.

Das Urteil ist gegen Sicherheitsleistung in Höhe von 120 % des jeweils zu vollstreckenden Betrages vorläufig vollstreckbar.

Tatbestand

Die Beklagte zu 1) ist die Witwe, der Beklagte zu 2) der Sohn des am … verstorbenen Autoverkäufers … . Der Kläger erwirkte gegen den Letztgenannten ein Urteil des Amtsgerichts Frankfurt am Main vom … auf Zahlung von 2.000,– € nebst Zinsen (Bl. … d. A.); die dagegen eingelegte Berufung des damaligen Beklagten wurde durch Urteil des Landgerichts Frankfurt am Main vom … zurückgewiesen (Bl. … d. A.). Nach dem Kostenfestsetzungsbeschluss vom … (Bl. … d. A.) beträgt der Kostenerstattungsanspruch des Klägers 2.111,90 € nebst Zinsen.

Der Kläger begehrt nunmehr die Umschreibung der beiden Titel gegen die Beklagten als gesetzliche Erben. Eine Verfügung des Erblassers von Todes wegen liegt nicht vor. Nach den beigezogenen Nachlassakten des Amtsgerichts Frankfurt am Main – Aktenzeichen: … – gab die Beklagte zu 1) am … vor dem Rechtspfleger folgende Erklärung ab: „Am … ist in … mein Mann … verstorben. Ich habe innerhalb der Sechswochenfrist die Erbschaft nicht ausgeschlagen. Danach gilt die Erbschaft als von mir angenommen. Vom Vorhandensein einer Frist zur Ausschlagung war mir jedoch nichts bekannt. Ich fechte hiermit die Annahme der Erbschaft an und schlage sie aus allen Berufungsgründen aus. Zur Begründung führe ich an, dass mir die Frist nicht bekannt war. Von der möglichen Überschuldung des Nachlasses habe ich Kenntnis seit … ."

Der Beklagte zu 2) ließ am … bei dem Notar … in … folgende Erklärung beglaubigen und am … bei dem Nachlassgericht einreichen: „Ich fechte als Sohn des Erblassers die Annahme der mir durch den Tod meines Vaters zugefallenen Erbschaft hiermit an. Ich habe die Ausschlagungsfrist versäumt, weil ich in Rechtsunkenntnis glaubte, dass ich ohne ausdrückliche Annahme der Erbschaft nicht Erbe sein würde. Erst durch die Belehrung des Nachlassgerichts wurde ich über die wahre Rechtslage aufgeklärt. Ich war bislang aufgrund der abgegebenen Sterbefallanzeige der Ansicht, dass erst nach Bearbeitung und weiterer Stellungnahme des Nachlassgerichts über die Erbfolge entschieden werden würde. Der Nachlass dürfte überschuldet sein."

Der Kläger ist der Auffassung, dass die Beklagten durch Ablauf der in § 1944 BGB festgelegten Ausschlagungsfrist endgültig Erben des ursprünglichen Vollstreckungsschuldners geworden seien. Die Voraussetzungen für eine Anfechtung nach § 1956 BGB seien nicht gegeben. Es sei auch nicht ersichtlich, dass ein Irrtum der Beklagten über den Anfall der Erbschaft und die Überschuldung des Nachlasses vorgelegen habe.

Der Kläger beantragt,

festzustellen, dass die Vollstreckungsklausel bezüglich des Urteils des Amtsgerichts Frankfurt am Main vom … – Aktenzeichen: … – nebst Kostenfestsetzungsbeschluss vom … gegen beide Beklagten zu erteilen ist.

Die Beklagten beantragen,

die Klage abzuweisen;
hilfsweise die Beschränkung der Haftung auf den Nachlass vorzubehalten.

Sie sind der Auffassung, durch die Erklärungen vom … bzw. … die Annahme der Erbschaft wirksam angefochten zu haben.

Das Gericht hat Beweis erhoben gemäß Beweisbeschluss vom … (Bl. … d. A.). Hinsichtlich des Ergebnisses der Beweisaufnahme wird auf das Protokoll der mündlichen Verhandlung vom … (Bl. … d. A.) Bezug genommen. Die Nachlassakten des Amtsgerichts Frankfurt am Main – Aktenzeichen: … – waren beigezogen und Gegenstand der mündlichen Verhandlung.

Entscheidungsgründe

Die Klage ist begründet.

Dem Kläger steht ein Anspruch auf Umschreibung der Vollstreckungsklausel bezüglich des Urteils des Amtsgerichts Frankfurt am Main vom … – Aktenzeichen: … – nebst Kostenfestsetzungsbeschluss vom … gegen die Beklagten zu (§§ 727, 731 ZPO).

2 Nach dem Ergebnis der Beweisaufnahme ist das Gericht davon überzeugt, dass die Beklagten endgültig Erben des in dem vorgenannten Rechtsstreit unterlegenen Beklagten geworden sind. Sie haben die ihnen kraft Gesetzes (§§ 1922, 2032, 1942 BGB) angefallene Erbschaft nicht rechtzeitig ausgeschlagen. Die von ihnen abgegebenen

Erklärungen vom … bzw. … sind nicht innerhalb der Sechswochenfrist des § 1944 I BGB erfolgt.

Nach § 1944 II BGB beginnt die Frist mit dem Zeitpunkt, in welchem der Erbe von dem Anfall und dem Grund der Berufung Kenntnis erlangt. Hierzu gehört, dass dem gesetzlichen Erben bekannt sein muss, dass keine letztwillige Verfügung vorhanden ist, die das gesetzliche Erbrecht ausschließt. Diese Kenntnis der Beklagten lag nach deren mündlichen Anhörung spätestens am … vor. Die Beklagten haben angegeben, dass sie davon ausgegangen sind, dass der Erblasser mangels Aktivvermögens kein Testament hinterlassen habe. Dies entspricht auch den Angaben der Beklagten zu 1) in der von ihr ausgefüllten und an das Ortsgericht eingereichten Sterbefallanzeige vom …, in der die Frage, ob ein Testament vorhanden sei, von ihr mit „nein" beantwortet worden ist. Mit Ablauf des … war demnach die Frist zur Ausschlagung verstrichen.

Die Beklagten können sich nicht darauf berufen, die Ausschlagungsfrist habe zunächst nicht zu laufen begonnen, da sie davon ausgegangen seien, es sei kein Aktivvermögen im Nachlass vorhanden. Zwar kann eine solche subjektive Annahme des Erben dem Beginn der Ausschlagungsfrist entgegenstehen, jedoch nur unter sorgfältiger Würdigung der Umstände des Einzelfalles. Hier spricht gegen die Beklagten, dass sie selbst Kaufleute sind und sich zudem nach Eintritt des Erbfalls durch den Steuerberater … über die „allgemeine Lage des Unternehmens" haben unterrichten lassen. Dabei konnte ihnen nicht verborgen bleiben, dass durchaus noch gewisse Aktivwerte vorhanden waren, nämlich ein Bankkonto mit einem Bestand von ca. 5.000,– € und mindestens noch zehn zum Verkauf anstehende Gebrauchtwagen.

Die Beklagten konnten auch die Versäumung der Ausschlagungsfrist nicht mehr rechtswirksam anfechten. Zwar erklärt § 1956 BGB auch die Versäumung der Ausschlagungsfrist für anfechtbar. Eine wirksame Anfechtung setzt jedoch auch in diesem Falle voraus, dass die Erben bei Ablauf der Ausschlagungsfrist in einem nach § 119 BGB beachtlichen Irrtum befangen waren. Dies haben die Beklagten jedoch nicht nachgewiesen:

Dies gilt zunächst für ihre Behauptung, es sei ihnen nicht bekannt gewesen, dass sie durch bloßes Nichtstun die Erbschaft kraft Gesetzes annehmen würden. Zwar ist eine Anfechtung auch bei bloßer Unkenntnis über Bestehen und Bedeutung der Ausschlagungsfrist zulässig. Ein solcher Irrtum lag aber bei den Beklagten spätestens seit dem … nicht mehr vor. Der Zeuge … hat bekundet, dass an diesem Tag die Beklagte zu 1) zu ihm als Ortsgerichtsvorsteher gekommen ist und er sie über das Bestehen der Ausschlagungsfrist und die Notwendigkeit der Ausschlagung aufgeklärt hat. Freilich war bei dieser Besprechung nur die Beklagte zu 1) anwesend. Das Gericht geht aber davon aus, dass die Beklagte zu 1) ihren Sohn über die Besprechung alsbald unterrichtet hat. Beide Beklagten wohnen zusammen. Der Beklagte zu 2) hat zudem eingeräumt, dass die Beklagte zu 1) die Frage der Nachlasssicherung mit ihm laufend abgesprochen hat. Es erscheint deshalb unwahrscheinlich, dass sie ihm ausgerechnet den Inhalt der Besprechung mit dem Ortsgerichtsvorsteher verschwiegen haben soll. Jedenfalls hat der Beklagte zu 2) bei dieser Sachlage den ihm obliegenden Beweis für das Vorliegen eines Irrtums nicht geführt.

Die Beklagten können sich auch nicht auf einen Irrtum über den Umfang der Verbindlichkeiten des Nachlasses berufen. Zwar kann auch ein Irrtum über die Überschuldung des Nachlasses die Anfechtung nach § 119 II BGB begründen. Ein solch erheblicher Irrtum lässt sich aber nicht feststellen. Dabei kann davon ausgegangen werden, dass die Beklagten erst durch das Schreiben des Prozessbevollmächtigten des

Klägers vom … auf die hier geltend gemachte Forderung des Klägers hingewiesen wurden. Dies reicht jedoch für die Anwendung des § 119 II BGB nicht aus. Nicht jede neu auftauchende Nachlassverbindlichkeit kann den Erben berechtigen, sich durch eine Anfechtungserklärung wieder von der bereits angenommenen Erbschaft zu lösen. Es muss sich vielmehr um eine wesentliche Verbindlichkeit handeln. Das aber ist hier zu verneinen.

Die Beklagten mussten von dem Erbfall an von einer Überschuldung des Nachlasses in einer gewissen Größenordnung ausgehen. Der Erblasser hatte einen Handel mit gebrauchten Kraftfahrzeugen betrieben. Er hatte bereits zu Lebzeiten eine Reihe von Rechtsstreitigkeiten laufen, die den Beklagten zumindest teilweise nicht unbekannt geblieben sein können, da sie hierbei – wie gerichtsbekannt – beide mehrfach als Zeugen gehört wurden. Die Beklagten haben sich nach ihren eigenen Angaben nach Eintritt des Erbfalls „über die allgemeine Lage des Unternehmens" durch den Steuerberater … unterrichten lassen; sie geben zu, dass ihnen „gewisse Schulden" bekannt waren. Das hat auch die Beklagte zu 1) veranlasst, in der Sterbefallanzeige vom … die Frage „Ist der Nachlass überschuldet?" mit „wahrscheinlich" zu beantworten. Unter diesen Umständen mussten die Beklagten mit dem Auftauchen weiterer Schulden des Erblassers rechnen und sich deshalb innerhalb der Sechswochenfrist des § 1944 BGB mit einer Aufklärung der Vermögenslage des Nachlasses befassen, um gegebenenfalls die entsprechenden Konsequenzen zu ziehen. Das Auftauchen neuer Schulden könnte nur dann als neuer Anfechtungsgrund angesehen werden, wenn es sich um erhebliche, summenmäßig aus dem Rahmen fallende Verbindlichkeiten handeln würde, denn nur dann könnte das Gericht den Schluss ziehen, dass die Beklagten bei Kenntnis dieser Schulden und verständiger Würdigung des Falles die Ausschlagungsfrist nicht hätten verstreichen lassen, ohne die Erbschaft auszuschlagen. Dies haben die Beklagten trotz gerichtlicher Auflage nicht substanziiert vorgetragen und unter Beweis gestellt: Insbesondere haben sie es in der letzten mündlichen Verhandlung abgelehnt, für diesen Punkt den Steuerberater … als Zeugen zu benennen. Das Auftauchen der hier geltend gemachten Verbindlichkeit von rund 4.400,– € ist aber bei einem Geschäftsmann für sich gesehen nicht so erheblich, dass das Gericht die Voraussetzungen des § 119 II BGB bejahen kann.

Die Beschränkung ihrer Haftung auf den Nachlass war den Beklagten gemäß § 780 I ZPO vorzubehalten.

Die Kostenentscheidung beruht auf § 91 ZPO. Die vorläufige Vollstreckbarkeit hat ihre Rechtsgrundlage in § 709 S. 1 und 2 ZPO.

Rechtsbehelfsbelehrung

Diese Entscheidung kann mit der Berufung angefochten werden. Sie ist einzulegen innerhalb einer Notfrist von einem Monat bei dem Landgericht Frankfurt am Main, …

Die Frist beginnt mit der Zustellung der in vollständiger Form abgefassten Entscheidung. Die Berufung ist nur zulässig, wenn der Beschwerdegegenstand 600,– € übersteigt oder das Gericht die Berufung in diesem Urteil zugelassen hat. Zur Einlegung der Berufung ist berechtigt, wer durch diese Entscheidung in seinen Rechten beeinträchtigt ist. Die Berufung wird durch Einreichung einer Berufungsschrift eingelegt. Die Berufung kann nur durch einen Rechtsanwalt eingelegt werden.

……………………

Muster 178: Einstweilige Einstellung der Zwangsvollstreckung (§ 769 ZPO)

☐ Amtsgericht Frankfurt am Main
☐ Landgericht Frankfurt am Main
Aktenzeichen: …

Beschluss

In dem Rechtsstreit 1
d…,

Kläger…,

Prozessbevollmächtigter: Rechtsanwalt …,
gegen
d…,

Beklagte…,

Prozessbevollmächtigter: Rechtsanwalt …,
☐ hat das Amtsgericht Frankfurt am Main durch den Richter am Amtsgericht …
☐ hat die … Zivilkammer des Landgerichts Frankfurt am Main durch
  ☐ den Vorsitzenden Richter am Landgericht … und die Richter am Landgericht … und …
  ☐ den Richter am Landgericht … als Einzelrichter
  am … beschlossen:

Die Zwangsvollstreckung aus dem
☐ Urteil ☐ Prozessvergleich ☐ Vorbehaltsurteil
☐ Versäumnisurteil ☐ Vollstreckungsbescheid des
☐ Amtsgerichts ☐ Landgerichts … vom …, Aktenzeichen …
☐ der vollstreckbaren Urkunde des Notars … (Nr. …) vom …
☐ in die gemäß Pfändungsprotokoll des Gerichtsvollziehers vom … (Aktenzeichen: …) gepfändeten Sachen,[14] nämlich …
☐ wird einstweilen bis zur Entscheidung des Rechtsstreits in erster Instanz eingestellt
  ☐ ohne Sicherheitsleistung.
  ☐ gegen Sicherheitsleistung d… Kläger… in Höhe von … €.
  ☐ Die getroffenen Vollstreckungsmaßregeln
    ☐ bleiben bestehen.
    ☐ sind – nach Sicherheitsleistung – aufzuheben.

☐ darf nur gegen Sicherheitsleistung d… Beklagte… … in Höhe von … € fortgesetzt werden.
  ☐ Die getroffenen Vollstreckungsmaßregeln sind aufzuheben, falls nicht d… Beklagte… die Leistung der Sicherheit bis … dem zuständigen Vollstreckungsorgan nachweist/nachweisen.

☐ Die vorstehende Entscheidung ergeht vorläufig. Sie wird wieder aufgehoben, falls d… Kläger…

---

[14] Betrifft die Drittwiderspruchsklage.

- ☐ nicht bis spätestens … die Einzahlung des Gerichtskostenvorschusses in Höhe von … € zu den Gerichtsakten nachweist.
- ☐ die beantragte Prozesskostenhilfe verweigert wird.

☐ Das Gericht behält sich vor, nach Anhörung d… Beklagten die Entscheidung zu überprüfen und gegebenenfalls aufzuheben oder abzuändern.

☐ D… Beklagten wird aufgegeben, bis spätestens …, … Uhr (Eingang auf der Geschäftsstelle) zu dem Antrag auf einstweilige Einstellung zu nehmen.

Gründe[15]

☐ …

…………………

Verfügung

2 1. Ausfertigung des Beschlusses an
☐ Kläger (-Vertreter) ☐ (ZU/EB) ☐ vorab per Fax;
☐ Beklagten (-Vertreter) ☐ (ZU/EB) ☐ vorab per Fax;
☐ mit Abschriften des Schriftsatzes vom … (Bl. … d. A.).
2. Wiedervorlage: … ☐ genau.

Frankfurt am Main, den …
☐ Amtsgericht, Abteilung … ☐ Landgericht, … Zivilkammer
☐ Der Vorsitzende
☐ Der Einzelrichter

…………………

[15] Gründe sind nicht erforderlich, weil eine Anfechtung des Beschlusses analog § 707 II 2 ZPO nicht stattfindet.

Muster 179: Stattgebendes Urteil auf eine Vollstreckungsgegenklage (§ 767 ZPO)

Amtsgericht Frankfurt am Main
Aktenzeichen: …

Urteil

Im Namen des Volkes

In dem Rechtsstreit 1
des …,
der …,

Kläger,

Prozessbevollmächtigter: …,
gegen
den …,

Beklagten,

Prozessbevollmächtigter: …,
hat das Amtsgericht Frankfurt am Main durch die Richterin am Amtsgericht … aufgrund der mündlichen Verhandlung vom … für Recht erkannt:

> Die Zwangsvollstreckung aus der vollstreckbaren Urkunde vom … des Notars …, in …, Nr. … wird für unzulässig erklärt.
>
> Die Kosten des Rechtsstreits hat der Beklagte zu tragen.
>
> Das Urteil ist in der Hauptsache gegen Sicherheitsleistung in Höhe von …, wegen der Kosten gegen Sicherheitsleistung in Höhe von 120 % des jeweils zu vollstreckenden Betrages vorläufig vollstreckbar.

Tatbestand

Durch notariellen Vertrag vom … des Notars …, in …, Nr. … (Bl. … d. A.) erwarben die klagenden Eheleute von dem Beklagten ein Grundstück in … nebst einem von dem Beklagten gemäß beigefügter Baubeschreibung zu errichtenden Reihenhaus. Wegen des Kaufpreises von 380.000,– € unterwarfen sich die Kläger der sofortigen Zwangsvollstreckung aus der vollstreckbaren Urkunde. Der Beklagte betreibt wegen eines unstreitig noch offenen Restanspruchs von … € die Zwangsvollstreckung gegen die Kläger, die dagegen nach Aufrechnung mit einem Gegenanspruch in gleicher Höhe mit der Vollstreckungsgegenklage vorgehen.

Die Kläger behaupten, der Beklagte habe sich laut der dem notariellen Vertrag beigefügten Baubeschreibung verpflichtet, die Terrassen aller Reihenhäuser der Wohnanlage mit Trennwänden zu versehen. Dies habe er bei ihrem Reihenhaus nur auf einer Seite getan, während er sich weigere, die Trennwand auf der anderen Seite der Terrasse anzubringen. Sie verlangen nach erfolgloser Fristsetzung mit Schreiben vom … (Bl. … d. A.) die für die Errichtung der Trennwand erforderlichen Kosten, die sich nach einem Kostenvoranschlag der Firma … vom … (Bl. … d. A.) unstreitig genau auf den Betrag des noch offenen Restanspruchs von … € belaufen und mit dem sie insoweit die Aufrechnung erklären.

Die Kläger beantragen,

die Zwangsvollstreckung aus der vollstreckbaren Urkunde vom ... des Notars ..., in ..., Nr. ... für unzulässig zu erklären.

Der Beklagte beantragt,

die Klage abzuweisen.

Er ist der Meinung, die Kläger hätten keinen Anspruch auf die Errichtung einer zweiten Trennwand, da es sich bei dem Reihenhaus der Kläger um ein Eckhaus handele, bei dem nach allgemeinem Sprachgebrauch eine Trennwand nur nach der einen Seite zum Nachbarhaus in Frage komme.

Entscheidungsgründe

Die Klage ist begründet.

Den Klägern steht ein Anspruch gegen den Beklagten darauf zu, dass die von dem Beklagten aus der vollstreckbaren Urkunde vom ... des Notars ..., in ..., Nr. ... betriebene Zwangsvollstreckung für unzulässig erklärt wird (§ 767 ZPO).

2 Der dem Beklagten aus dieser Urkunde gegen die Kläger zustehende Restanspruch auf Vergütung ist durch die Aufrechnungserklärung der Kläger erloschen (§ 389 BGB).

Den Klägern steht gegen den Beklagten ein Anspruch auf Zahlung eines Vorschusses in Höhe von ... € für die zur Beseitigung des Mangels an der Terrasse ihres Hauses ... in ... erforderlichen Aufwendungen gemäß §§ 637 I, III, 634 Nr. 2, 633 II BGB zu.

Zwischen den Parteien ist ein Werkvertrag im Sinne der §§ 631 ff. BGB zustande gekommen. Durch notariellen Vertrag vom ... des Notars ..., in ..., Nr. ... (Bl. ... d. A.) erwarben die klagenden Eheleute von dem Beklagten ein Grundstück in ... nebst einem von dem Beklagten gemäß beigefügter Baubeschreibung zu errichtenden Einfamilienhaus.

Trotz Fristsetzung der Kläger mit Schreiben vom ... hat der Beklagte die zweite Trennwand auf der Terrasse des Hauses der Kläger nicht errichtet. Zu dieser Herstellung war er nach dem Inhalt des abgeschlossenen Vertrages verpflichtet. In der dem Vertrag beigefügten Baubeschreibung heißt es wörtlich: „Terrasse mit Steinbodenplatten, Trennwände aus Alu-Rahmen mit undurchsichtigem Glas".

Zu Unrecht beruft sich der Beklagte darauf, dass eine solche als Sichtblende gedachte Trennwand nach allgemeinem Sprachgebrauch nur zu dem Nachbarhaus in Frage komme, nicht aber bei dem Eckhaus der Kläger nach der anderen Seite. Bereits der Wortlaut der zum Vertragsinhalt erhobenen Baubeschreibung, die von „Trennwände" spricht, stützt die Auffassung der Kläger. Zudem kann eine Terrasse nach der Verkehrsauffassung auch nach der nach außen hin gelegenen Seite eines Eckhauses durch eine Trennwand abgegrenzt werden, um unliebsame Einblicke Dritter auf die Terrasse abzuwehren. Dies war gerade hier von besonderem Interesse für die Kläger, weil nach den von ihnen vorgelegten Fotos sich unmittelbar hinter der nur 3m von der Terrasse entfernten Grundstücksgrenze ein Fußgängerweg und ein Kinderspielplatz befinden. Die Kläger mussten naturgemäß ein Interesse daran haben, bei einem Verweilen auf der Terrasse sich gegen Belästigungen und Einblicke von außen abzuschirmen. Wenn der Beklagte demgegenüber nur Sichtblenden zwischen den Reihenhäusern versprechen wollte, hätte er die Baubeschreibung klarer abfassen müssen, um seine Verpflichtung gegenüber diesem allgemeinen Sprachgebrauch und der Interessenlage einzuschränken.

Die Höhe der für die Errichtung der Trennwand erforderlichen Kosten ist mit … € von dem Beklagten nach Vorlage des Kostenvoranschlages der Firma … nicht bestritten worden.

Die Kostenentscheidung beruht auf § 91 ZPO. Die vorläufige Vollstreckbarkeit hat ihre Rechtsgrundlage in § 709 S. 1 und 2 ZPO.

Rechtsbehelfsbelehrung

Diese Entscheidung kann mit der Berufung angefochten werden. Sie ist einzulegen innerhalb einer Notfrist von einem Monat bei dem Landgericht Frankfurt am Main, …

Die Frist beginnt mit der Zustellung der in vollständiger Form abgefassten Entscheidung. Die Berufung ist nur zulässig, wenn der Beschwerdegegenstand 600,– € übersteigt oder das Gericht die Berufung in diesem Urteil zugelassen hat. Zur Einlegung der Berufung ist berechtigt, wer durch diese Entscheidung in seinen Rechten beeinträchtigt ist. Die Berufung wird durch Einreichung einer Berufungsschrift eingelegt. Die Berufung kann nur durch einen Rechtsanwalt eingelegt werden.

……………………..

Muster 180: Abweisendes Urteil auf eine Vollstreckungsgegenklage (§ 767 ZPO)

Amtsgericht Frankfurt am Main
Aktenzeichen: …

Urteil

Im Namen des Volkes

1 In dem Rechtsstreit
des …,

Klägers,

Prozessbevollmächtigter: …,
gegen
den …,

Beklagten,

Prozessbevollmächtigter: …,
hat das Amtsgericht Frankfurt am Main durch den Richter am Amtsgericht … aufgrund der mündlichen Verhandlung vom … für Recht erkannt:

Die Klage wird abgewiesen.

Der Kläger hat die Kosten des Rechtsstreits zu tragen.

Das Urteil ist vorläufig vollstreckbar. Der Kläger darf die Vollstreckung durch Sicherheitsleistung oder Hinterlegung in Höhe von 120 % des aufgrund des Urteils zu vollstreckenden Betrages abwenden, wenn nicht der Beklagte vor der Vollstreckung Sicherheit in Höhe von 120 % des jeweils zu vollstreckenden Betrages leistet.

Tatbestand

Nach einem zwischen den Parteien mit umgekehrtem Rubrum geführten Vorprozess steht dem Beklagten gegen den Kläger wegen der Lieferung einer Einbauküche aufgrund des Urteils des Amtsgerichts Frankfurt am Main vom … – Aktenzeichen: … ein Restanspruch auf Zahlung von … € nebst Zinsen und aufgrund des Kostenfestsetzungsbeschlusses vom … ein Kostenerstattungsanspruch von … € zu. Aus beiden Titeln betreibt der Beklagte gegen den Kläger die Zwangsvollstreckung.

Da im Vorprozess die Klage des Beklagten gegen die Ehefrau des Klägers abgewiesen wurde, setzte das Amtsgericht durch Kostenfestsetzungsbeschluss vom … die von ihm an die Ehefrau des Klägers zu erstattenden Kosten auf … € fest.

Der Kläger lehnte den Vorschlag des Beklagten auf Verrechnung der Kostenerstattungsansprüche wegen fehlender Gegenseitigkeit ab, weshalb dieser an die Ehefrau des Klägers am … einen Verrechnungsscheck über die Summe von … € mit folgendem Anschreiben schickte: „In der Anlage übersenden wir Ihnen einen Scheck über … €, aus der Forderung laut Kostenfestsetzungsbeschluss vom … als ausdrückliche Vorbehaltszahlung. Wir behalten uns die Rückforderung nach Abschluss des staatsanwaltlichen Ermittlungsverfahrens wegen Prozessbetruges (5 Zeugen beeiden, dass Sie die Küche bestellt hatten!) ausdrücklich vor. Die Zahlung erfolgt ausschließlich zum Zweck der Abwendung der Zwangsvollstreckung."

Wegen dieses Anschreibens erstattete der Kläger im Namen seiner Ehefrau am … Strafanzeige und erhob am … Privatklage gegen den Beklagten wegen Beleidigung, übler Nachrede und Verleumdung. Dieses Verfahren endete durch einen am … protokollierten Vergleich, in dem der Beklagte erklärte, er bedaure den Vorfall mit dem Anschreiben und in dem er außerdem die Kosten des Privatklageverfahrens einschließlich der notwendigen Auslagen der Privatklägerin übernahm.

Der Kläger beantragte mit Schriftsatz vom …, gegen den Beklagten … € Verteidigerkosten festzusetzen. Dem widersprach der Beklagte mit dem Hinweis, die Verteidigerkosten seien nicht notwendig und zudem übersetzt. Eine Entscheidung ist bisher nicht ergangen.

Mit der vorliegenden Vollstreckungsgegenklage begehrt der Kläger die Unzulässigerklärung der Zwangsvollstreckung aus den gegen ihn vorliegenden Titeln. Er rechnet mit einem ihm zustehenden und einem weiteren seitens seiner Ehefrau an ihn abgetretenen Schmerzensgeldanspruch wegen Verletzung der Persönlichkeitsrechte auf, die ihm seiner Meinung nach zustehen.

Er behauptet, dass das erwähnte Anschreiben offen auf dem Treppenpodest des Dreifamilienhauses, in welchem er wohne, gelegen habe, so dass es für Mitbewohner und Besucher einsichtbar gewesen sei. Als Ausgleich sei für ihn und seine Ehefrau ein Schmerzensgeld von je 1.000,– € angemessen; eine entsprechende Abtretungserklärung seiner Ehefrau hat der Kläger vorgelegt.

Außerdem rechnet der Kläger unter Vorlage einer Abtretungserklärung mit dem Anspruch seiner Ehefrau auf Erstattung der Verteidigungskosten aus dem Privatklageverfahren auf.

Der Kläger beantragt,

> die Zwangsvollstreckung aus dem Urteil des Amtsgerichts Frankfurt am Main vom … – Aktenzeichen: … – und dem Kostenfestsetzungsbeschluss vom … für unzulässig zu erklären;
>
> hilfsweise den Rechtsstreit gemäß § 148 ZPO bis zur Entscheidung über das Kostenfestsetzungsgesuch im Privatklageverfahren des Amtsgerichts Frankfurt am Main Aktenzeichen: … auszusetzen.

Der Beklagte beantragt,

> die Klage abzuweisen.

Er hält die Aufrechnung mangels Bestehens irgendwelcher Gegenansprüche für unwirksam und bestreitet, dass das erwähnte Anschreiben offen auf dem Treppenpodest im Wohnhaus des Klägers gelegen habe. Jedenfalls habe er mit einem solchen Ablauf der Postzustellung nicht rechnen müssen. Eine Persönlichkeitsverletzung des Klägers und seiner Ehefrau habe er auch nicht beabsichtigt. Ansprüche der Ehefrau auf Ersatz der Verteidigerkosten aus dem Privatklageverfahren seien nicht fällig und zudem übersetzt.

Die Akten des Vorprozesses des Amtsgerichts Frankfurt am Main – Aktenzeichen: … – und des Privatklageverfahrens des Amtsgerichts Frankfurt am Main – Aktenzeichen: … – waren zu Informationszwecken beigezogen und Gegenstand der mündlichen Verhandlung.

Entscheidungsgründe

Die Klage ist unbegründet.

Dem Kläger steht kein Anspruch darauf zu, dass die von dem Beklagten aus dem Urteil des Amtsgerichts Frankfurt am Main vom … – Aktenzeichen: … – und dem Kostenfestsetzungsbeschluss vom … betriebene Zwangsvollstreckung für unzulässig erklärt wird (§ 767 ZPO).

2 Der dem Beklagten aus diesen Titeln gegen die Kläger zustehende Zahlungsanspruch ist nicht durch die Aufrechnungserklärung des Klägers erloschen (§ 389 BGB), denn die zur Aufrechnung gestellten Ansprüche des Klägers bestehen nicht bzw. sind nicht fällig.

Ein Anspruch des Klägers aus unerlaubter Handlung aufgrund eigenen Rechts und abgetretenen Rechts seiner Ehefrau wegen Verletzung des Persönlichkeitsrechts (§§ 823 I, 253 II BGB, Art. 1 und 2 GG) besteht nicht. Zwar kann bei schuldhafter Verletzung des Persönlichkeitsrechts dem Geschädigten ein Anspruch auf Geld zum Ersatz des immateriellen Schadens erwachsen. Voraussetzung dafür ist aber, dass die Schwere der Verletzung oder des Verschuldens eine solche Genugtuung erfordern. Diese Voraussetzungen sind hier nicht gegeben.

Auch wenn man entsprechend dem Klagevorbringen davon ausgeht, das Anschreiben habe offen auf dem Treppenpodest im Wohnhaus des Klägers gelegen, so steht noch nicht fest, ob überhaupt jemand und gegebenenfalls ob ein größerer Personenkreis von ihm Kenntnis genommen hat. Dazu hat der Kläger im Einzelnen, insbesondere, wie lange das Anschreiben dort gelegen hat und ob er selbst Feststellungen über das Lesen durch dritte Personen getroffen hat, nichts vorgetragen.

Dass die Bediensteten der Post den Text des Anschreibens gelesen haben, ist bei dem Massenbetrieb der Post äußerst unwahrscheinlich, zumal sie von Berufs wegen das Briefgeheimnis zu wahren haben. Es fehlt außerdem an dem erforderlichen schwerwiegenden Verschulden. Der Beklagte durfte davon ausgehen, dass der Zusteller das Anschreiben ungeöffnet, ungelesen und ohne Dritten die Möglichkeit einer Kenntnisnahme zu geben, in den Briefkasten des Klägers werfen würde. Mit einer derart ungewöhnlichen Handhabung, dass der Zusteller Post geöffnet auf das Treppenpodest für jedermann zugänglich ablegt, konnte der Beklagte nicht rechnen.

Unter den dargelegten Umständen kann offenbleiben, ob die Ansprüche des Klägers und seiner Ehefrau nicht bereits daran scheitern, dass sie sich diese Ansprüche bei Abschluss des Vergleichs vom … im Privatklageverfahren nicht vorbehalten haben. Es spricht immerhin einiges für die von dem Beklagten im Termin vorgetragene Auslegung, er sei bei Abschluss des Vergleichs davon ausgegangen, damit sei die streitige Angelegenheit endgültig erledigt (§§ 157, 242 BGB).

Der Kläger kann auch nicht mit dem an ihn abgetretenen Anspruch seiner Ehefrau auf Ersatz der Verteidigerkosten aufrechnen. Zwar ist ein solcher Kostenerstattungsanspruch nach dem Abschluss des Vergleichs … dem Grunde nach gegeben. Jedoch lag im Zeitpunkt der letzten mündlichen Verhandlung noch kein Kostenfestsetzungsbeschluss vor, aus dem sich die Höhe der erstattungsfähigen Kosten der Ehefrau des Klägers ergibt. Unter diesen Umständen ist dem Beklagten die Aufrechnung mit diesem Anspruch zurzeit versagt.

Zwar scheitert die Aufrechnung nicht an der Fälligkeit der Erstattungsforderung, da diese mit Erlass der Kostengrundentscheidung eintritt, wobei hier der abgeschlossene

Vergleich einer gerichtlichen Kostengrundentscheidung gleichzusetzen ist. Die Aufrechnung ist aber deshalb ausgeschlossen, weil die Forderung auf Erstattung der Kosten des Privatklageverfahrens der Höhe nach von dem Beklagten bestritten wird. In einem solchen Fall kann die Aufrechnung im Prozessverfahren erst berücksichtigt werden, wenn sie im Kostenfestsetzungsverfahren der Höhe nach geklärt ist, denn es ist nicht Aufgabe des Prozessgerichts, über die Höhe einer derartigen Erstattungsforderung zu entscheiden; dies muss dem zuständigen Rechtspfleger im Kostenfestsetzungsverfahren überlassen bleiben.

Eine Aussetzung des Rechtsstreits bis zum Erlass des Kostenfestsetzungsbeschlusses im Privatklageverfahren kam nicht in Betracht, da die Voraussetzungen des § 148 ZPO nicht vorliegen und es auch nicht Aufgabe dieser Vorschrift ist, durch Aussetzung so lange zu warten, bis für eine Partei bestimmte Anspruchsvoraussetzungen gegeben sind. Vielmehr gebieten es die Interessen des Beklagten an der Vollstreckung seiner titulierten Ansprüche, die zur Zeit unbegründete Vollstreckungsgegenklage abzuweisen.

Die Nebenentscheidungen beruhen auf §§ 91, 708 Nr. 11, 711 S. 1 und 2 ZPO.

Rechtsbehelfsbelehrung

Diese Entscheidung kann mit der Berufung angefochten werden. Sie ist einzulegen innerhalb einer Notfrist von einem Monat bei dem Landgericht Frankfurt am Main, …

Die Frist beginnt mit der Zustellung der in vollständiger Form abgefassten Entscheidung. Die Berufung ist nur zulässig, wenn der Beschwerdegegenstand 600,– € übersteigt oder das Gericht die Berufung in diesem Urteil zugelassen hat. Zur Einlegung der Berufung ist berechtigt, wer durch diese Entscheidung in seinen Rechten beeinträchtigt ist. Die Berufung wird durch Einreichung einer Berufungsschrift eingelegt. Die Berufung kann nur durch einen Rechtsanwalt eingelegt werden.

……………………..

Muster 181: Urteil auf eine Drittwiderspruchsklage (§ 771 ZPO)

Amtsgericht Frankfurt am Main
Aktenzeichen: ...

Urteil

Im Namen des Volkes

1 In dem Rechtsstreit
der ...,

Klägerin,

Prozessbevollmächtigter: ...,
gegen
die ...,

Beklagte,

Prozessbevollmächtigter: ...,

hat das Amtsgericht Frankfurt am Main durch die Richterin am Amtsgericht ... aufgrund der mündlichen Verhandlung vom ... für Recht erkannt:

> Die Zwangsvollstreckung der Beklagten in den am ... bei der Schuldnerin ..., in ..., ... gepfändeten Personenkraftwagen Marke ..., Typ ..., Baujahr ..., amtliches Kennzeichen ..., Fahrgestellnummer ... (Pfändungsprotokoll des Obergerichtsvollziehers ..., Aktenzeichen: ...) wird für unzulässig erklärt.
>
> Die Beklagte hat die Kosten des Rechtsstreits zu tragen.
>
> Das Urteil ist in der Hauptsache gegen Sicherheitsleistung in Höhe von ... €, hinsichtlich der Kosten gegen Sicherheitsleistung in Höhe von ... € vorläufig vollstreckbar.

Tatbestand

Die Beklagte betreibt aufgrund eines Vollstreckungsbescheids des Amtsgerichts ... vom ... – Aktenzeichen: ... – die Zwangsvollstreckung gegen ihre Schuldnerin ..., in ..., ... wegen einer Forderung von ... € nebst Zinsen. Am ... pfändete der Obergerichtsvollzieher ... in ihrem Auftrag einen im Gewahrsam der Schuldnerin befindlichen Personenkraftwagen Marke ..., Typ ..., Baujahr ..., amtliches Kennzeichen ..., Fahrgestellnummer ... .

Die Klägerin begehrt Freigabe des Pfandgegenstands unter Hinweis auf das von der Schuldnerin eingeräumte Sicherungseigentum. Sie hatte am ... mit der Schuldnerin einen schriftlichen Sicherungsübereignungsvertrag geschlossen (Bl. ... d. A.).

Die Klägerin ist der Ansicht, der Sicherungsübereignungsvertrag sei rechtswirksam. Sie behauptet, dass die Parteien sich bei Unterzeichnung des Vertrages einig gewesen seien, dass die Schuldnerin ... die sicherungsübereigneten Sachen im Rahmen eines Leihvertrages weiterhin, nämlich bis zum Eintritt der Verwertungsbefugnis der Klägerin, benutzen dürfe.

Die Klägerin beantragt,

die Zwangsvollstreckung in den am ... bei der Schuldnerin ..., in ..., ... gepfändeten Personenkraftwagen Marke ..., Typ ..., Baujahr ..., amtliches Kennzeichen ..., Fahrgestellnummer ... für unzulässig zu erklären.

Die Beklagte beantragt,

die Klage abzuweisen.

Sie hält den Sicherungsübereignungsvertrag für unwirksam, da kein konkretes Besitzmittlungsverhältnis vereinbart sei. Sie bestreitet, dass die Parteien des Sicherungsübereignungsvertrages mündlich einen Leihvertrag vereinbart hätten, hält dies im Übrigen aber auch wegen der fehlenden Schriftform für unerheblich. Sie macht außerdem geltend, dass der Sicherungsübereignungsvertrag wegen Gläubigergefährdung nichtig sei.

Das Gericht hat Beweis erhoben gemäß Beweisbeschluss vom ... (Bl. ... d. A.). Hinsichtlich des Ergebnisses der Beweisaufnahme wird auf das Protokoll der mündlichen Verhandlung vom ... (Bl. ... d. A.) Bezug genommen.

Entscheidungsgründe

Die Klage ist begründet.

Der Klägerin steht ein Anspruch darauf zu, dass die von der Beklagten in den am ... bei der Schuldnerin ..., in ..., ... gepfändeten Personenkraftwagen Marke ..., Typ ..., Baujahr ..., amtliches Kennzeichen ..., Fahrgestellnummer ... (Pfändungsprotokoll des Obergerichtsvollziehers ..., Aktenzeichen: ...) betriebene Zwangsvollstreckung für unzulässig erklärt wird.

Der Klägerin steht aufgrund der Sicherungsübereignung ein die Veräußerung hinderndes Recht an dem Personenkraftwagen im Sinne des § 771 ZPO zu. 2

Die Sicherungsübereignung begründet in der Einzelzwangsvollstreckung für den Sicherungsnehmer die Befugnis, der Zwangsvollstreckung von Gläubigern des Sicherungsgebers in die sicherungsübereignete Sache zu widersprechen.

Die Klägerin kann sich auf ein rechtswirksam erworbenes Sicherungseigentum berufen. Der Vertrag vom ... hat ihr diese Rechtsstellung gemäß §§ 930, 868 BGB verschafft. Zu Unrecht meint die Beklagte, dass der Vertrag mangels Vereinbarung eines konkreten Besitzmittelverhältnisses unwirksam sei.

Die Parteien haben im schriftlichen Sicherungsübereignungsvertrag niedergelegt, „dass die Gegenstände von dem Sicherungsgeber nicht ohne Genehmigung des Sicherungsnehmers vom derzeitigen Verwahrungsort weggeschafft werden dürfen.“ Sie sind danach offensichtlich davon ausgegangen, dass die Gegenstände bei der Sicherungsgeberin zunächst – nämlich bis zum Eintritt der Verwertungsbefugnis der Klägerin – verbleiben sollen.

Bereits hierin kommt der Wille der Parteien zum Ausdruck, ein unentgeltliches Benutzungsverhältnis abzuschließen. Darüber hinaus hat der Zeuge ..., der Sohn der Klägerin, bekundet, dass die Parteien sich über die weitere unentgeltliche Benutzung der Gegenstände durch die Sicherungsgeberin einig waren:

Die Klägerin habe zur Dokumentation ihrer Rechtsstellung als Sicherungseigentümerin den Kraftfahrzeugbrief erhalten, während der Schuldnerin das Recht eingeräumt worden sei, das Kraftfahrzeug bis zur Inanspruchnahme des Sicherungseigentums zu benutzen; man habe dieses Leihverhältnis nur deshalb nicht in den Vertrag aufgenommen, weil man dies nicht für erforderlich gehalten habe. Das Gericht sieht keinen Anlass, an der Richtigkeit der Aussage des Zeugen zu zweifeln, zumal sie durch den Wortlaut des Vertrages bestätigt wird und den wirtschaftlichen Gegebenheiten entspricht. Die mündliche Nebenabrede scheitert auch nicht an der gewillkürten Schriftform (§ 127 BGB), da es den Parteien freisteht, einzelne Abreden von der Schriftform wieder auszunehmen. Zwar mag sich die Beweislast dahin ändern, dass nun derjenige, der sich auf eine mündliche Nebenabrede beruft, diese auch beweisen muss; doch spielt dies hier keine Rolle, da die mündliche Nebenabrede bewiesen ist.

Soweit die Beklagte in der mündlichen Verhandlung vorgetragen hat, das Ziel des Vertrages sei eindeutig, die übrigen Gläubiger der Schuldnerin leer ausgehen zu lassen, reicht dieser Vortrag zur Annahme einer Gläubigergefährdung (§§ 3 AnfG, 138 I BGB) nicht aus. Jeder Sicherungsübereignungsvertrag verfolgt das Ziel, dem Sicherungsnehmer gegenüber den übrigen Gläubigern einen Vorrang zu verschaffen; er kann deshalb allein zur Bejahung einer Gläubigergefährdung nicht ausreichen. Hierzu müssen besondere Umstände vorliegen, welche die Beklagte jedoch nicht vorgetragen hat.

Die Nebenentscheidungen beruhen auf §§ 91, 709 S. 1 ZPO. Bei der für die vorläufige Vollstreckbarkeit maßgebenden Sicherheitsleistung hat das Gericht im Rahmen des ihm nach § 108 ZPO eingeräumten Ermessens diese getrennt für die Hauptsache und die erstattungsfähigen Kosten der Klägerin angeordnet.

Die Sicherheitsleistung für die sofortige Vollziehbarkeit hinsichtlich der Aufhebung der angegriffenen Vollstreckungsmaßnahme hat das Gericht auf … € geschätzt, wobei es auf die Höhe der von der Beklagten durchgeführten Zwangsvollstreckung abgestellt hat, denn bei – möglicherweise zu Unrecht erfolgter – Aufhebung der Pfändung besteht die Gefahr, dass die Klägerin diese Forderungen nicht mehr gegen ihre Schuldnerin beitreiben kann. Bei der Sicherheitsleistung für die erstattungsfähigen Kosten der Klägerin kommt es auf die Höhe der in diesem Verfahren geleisteten Gerichtskostenvorschüsse und die hier entstandenen Anwaltskosten der Klägerin an.

Rechtsbehelfsbelehrung

Diese Entscheidung kann mit der Berufung angefochten werden. Sie ist einzulegen innerhalb einer Notfrist von einem Monat bei dem Landgericht Frankfurt am Main, …

Die Frist beginnt mit der Zustellung der in vollständiger Form abgefassten Entscheidung. Die Berufung ist nur zulässig, wenn der Beschwerdegegenstand 600,– € übersteigt oder das Gericht die Berufung in diesem Urteil zugelassen hat. Zur Einlegung der Berufung ist berechtigt, wer durch diese Entscheidung in seinen Rechten beeinträchtigt ist. Die Berufung wird durch Einreichung einer Berufungsschrift eingelegt. Die Berufung kann nur durch einen Rechtsanwalt eingelegt werden.

……………………

Muster 182: Einstweilige Anordnung auf Hinterlegung des Erlöses aus der Zwangsvollstreckung (§ 805 IV ZPO)

☐ Amtsgericht Frankfurt am Main
☐ Landgericht Frankfurt am Main
Aktenzeichen: …

Beschluss

In dem Rechtsstreit 1
d…,

Kläger…,

Prozessbevollmächtigter: Rechtsanwalt …,
gegen
d…,

Beklagte…,

Prozessbevollmächtigter: Rechtsanwalt …,
☐ hat das Amtsgericht Frankfurt am Main durch den Richter am Amtsgericht …
☐ hat die … Zivilkammer des Landgerichts Frankfurt am Main durch
  ☐ die Vorsitzende Richterin am Landgericht … und die Richterinnen am Landgericht … und …
  ☐ die Richterin am Landgericht … als Einzelrichterin
am … beschlossen:

Der Erlös aus der Zwangsvollstreckung d… Beklagte… gegen d… Schuldner…, in …, … in folgende Sachen: … (Pfändungsprotokoll des Gerichtsvollziehers …, Aktenzeichen: …) ist bis zu einem Betrag von … € einstweilen bis zur Entscheidung des Rechtsstreits in erster Instanz bei dem zuständigen Amtsgericht … zu hinterlegen.

Die Auszahlung der hinterlegten Summe an d… Kläger… ist nur zulässig, falls d… Beklagte … und der Schuldner zustimmen.

☐ Diese Anordnung ist davon abhängig, dass d… Kläger… bis … Sicherheit in Höhe von … € leistet/leisten und dies dem Gerichtsvollzieher nachweist/nachweisen. Nach Fristablauf darf der Gerichtsvollzieher den Erlös an d… Beklagte… auszahlen.

☐ D… Beklagte… kann/können die angeordnete Hinterlegung abwenden, wenn er/sie Sicherheit in Höhe von … € leistet/leisten.

☐ Die vorstehende Entscheidung ergeht vorläufig. Sie wird wieder aufgehoben, falls d… Kläger…
  ☐ nicht bis spätestens … die Einzahlung des Gerichtskostenvorschusses in Höhe von … € zu den Gerichtsakten nachweist.
  ☐ die beantragte Prozesskostenhilfe verweigert wird.

☐ Das Gericht behält sich vor, nach Anhörung d… Beklagte… die Entscheidung zu überprüfen und gegebenenfalls aufzuheben oder abzuändern.

☐ D… Beklagten wird aufgegeben, bis spätestens …, … Uhr (Eingang auf der Geschäftsstelle) zu dem Antrag auf einstweilige Einstellung der Zwangsvollstreckung Stellung zu nehmen.

Gründe[16]

☐ …

…………………

Verfügung

2 1. Ausfertigung des Beschlusses an
☐ Kläger (-Vertreter) ☐ (ZU/EB) ☐ vorab per Fax;
☐ Beklagten (-Vertreter) ☐ (ZU/EB) ☐ vorab per Fax;
☐ mit Abschriften des Schriftsatzes vom … (Bl. … d. A.).
2. Wiedervorlage: … ☐ genau.

Frankfurt am Main, den …
☐ Amtsgericht, Abteilung … ☐ Landgericht, … Zivilkammer
☐ Der Vorsitzende
☐ Der Einzelrichter

…………………

[16] Gründe sind nicht erforderlich, weil eine Anfechtung des Beschlusses analog § 707 II 2 ZPO nicht stattfindet.

Muster 183: Urteil bei einer Klage auf vorzugsweise Befriedigung (§ 805 ZPO)

Amtsgericht Frankfurt am Main
Aktenzeichen: …

Urteil

Im Namen des Volkes

In dem Rechtsstreit 1
des …,

Klägers,

Prozessbevollmächtigter: …,
gegen
die …,

Beklagte,

Prozessbevollmächtigter: …,
hat das Amtsgericht Frankfurt am Main durch den Richter am Amtsgericht … aufgrund der mündlichen Verhandlung vom … für Recht erkannt:

Der Kläger ist wegen einer Forderung von … € nebst 10% Zinsen p.a. aus je … € seit dem …, dem …, dem … und dem … aus dem Reinerlös der folgenden im Auftrag der Beklagten bei dem Schuldner …, in …, … gepfändeten Sachen: … vorab zu befriedigen.

Im Übrigen wird die Klage abgewiesen.

Von den Kosten des Rechtsstreits haben der Kläger $1/3$ und die Beklagte $2/3$ zu tragen.

Das Urteil ist für den Kläger in der Hauptsache gegen Sicherheitsleistung in Höhe von … €, wegen der Kosten ohne Sicherheitsleistung vorläufig vollstreckbar; insoweit kann die Beklagte die Vollstreckung durch Sicherheitsleistung in Höhe von … € abwenden. Für die Beklagte ist das Urteil ohne Sicherheitsleistung vorläufig vollstreckbar. Der Kläger kann die Vollstreckung durch Sicherheitsleistung oder Hinterlegung in Höhe von …€ abwenden, wenn nicht die Beklagte vor der Vollstreckung Sicherheit in gleicher Höhe leistet.

Tatbestand

Die Beklagte betreibt die Zwangsvollstreckung gegen ihren Schuldner …, in …, … aufgrund eines Urteils des Amtsgerichts … vom … wegen einer Forderung von … € nebst Zinsen und aufgrund eines Kostenfestsetzungsbeschlusses desselben Gerichts vom … in Höhe von … €. In ihrem Auftrag pfändete der Gerichtsvollzieher … am … bei dem Schuldner die im Urteilstenor genannten Sachen sowie ein Fernsehgerät und einen Receiver.

Der Kläger ist Eigentümer des Hauses …, in …; der Schuldner … hat von ihm die Wohn- und Geschäftsräume seit … gemietet. Der Kläger ließ aufgrund eines Vollstreckungsbescheides des Amtsgerichts … wegen einer Mietforderung von … € aus den Monaten … bis … die obigen Sachen am … pfänden. Er begehrt unter Hinweis auf sein Vermieterpfandrecht von der Beklagten die vorzugsweise Befriedigung aus dem Reinerlös der gepfändeten Sachen.

Der Kläger beantragt,

anzuordnen, dass er wegen seiner Forderung von …€ nebst 10 % Zinsen p. a. aus je … € seit dem …, dem …, dem … und dem … aus dem Reinerlös der durch den Gerichtsvollzieher … am … gepfändeten Sachen vorab zu befriedigen ist.

Die Beklagte beantragt,

die Klage abzuweisen.

Sie ist der Auffassung, dass ihrem Pfandrecht im Hinblick auf ihre frühere Pfändung nach § 804 III ZPO der bessere Rang zukomme. Auf das Vermieterpfandrecht könne sich der Kläger nicht berufen, da er aufgrund eines Zahlungstitels die Sachen gepfändet und damit auf sein Vermieterpfandrecht verzichtet habe. Im Übrigen mache sie an dem gepfändeten Fernsehgerät und dem Receiver ihr Eigentumsrecht geltend, da diese Sachen an den Schuldner unter Eigentumsvorbehalt geliefert worden seien und der Kaufpreis noch nicht gezahlt sei.

Entscheidungsgründe

Die Klage ist nur teilweise begründet.

Dem Kläger steht ein Anspruch darauf zu, dass er wegen einer Forderung von … € nebst 10 % Zinsen p. a. aus je … € seit dem …, dem …, dem … und dem … aus dem Reinerlös der folgenden im Auftrag der Beklagten bei dem Schuldner …, in …, … gepfändeten Sachen: … vorab befriedigt wird (§ 805 ZPO).

2 Dem Kläger steht nach § 562 BGB ein Vermieterpfandrecht an den im Urteilstenor genannten Sachen zu.

Unstreitig ist der von dem Schuldner … dem Kläger geschuldete Mietzins für die Monate … bis … noch offen. Das Vermieterpfandrecht des Klägers geht dem Pfändungspfandrecht der Beklagten vor, da es früher, nämlich mit der Einbringung der Sachen in die Wohn- und Geschäftsräume im … entstanden ist.

Zu Unrecht meint die Beklagte, der Kläger könne sich auf das Vermieterpfandrecht nicht berufen, nachdem er wegen seiner Forderung einen Zahlungstitel erwirkt und durch die Pfändung vom … ebenfalls ein Pfändungspfandrecht erworben habe. Dem Vermieter bleibt es bei einem Zahlungsverzug des Mieters überlassen, ob er sich einen Zahlungstitel verschafft und aus diesem vollstreckt oder ob er sein Vermieterpfandrecht geltend macht. Durch die Wahl des ersten Weges erlischt das Vermieterpfandrecht nicht.

Das Vermieterpfandrecht ist auch nicht durch die Entfernung der Sachen von dem Grundstück in Form der Mitnahme durch den Gerichtsvollzieher erloschen. Die Wegnahme der gepfändeten Sachen durch den Gerichtsvollzieher ist nicht als Entfernung im Sinne des § 562a BGB anzusehen, da er als Vermieter der Entfernung der gepfändeten Sachen nicht widersprechen kann.

Dem Kläger steht jedoch kein Anspruch auf vorzugsweise Befriedigung aus dem Erlös des Fernsehgeräts und des Receivers zu (§ 805 ZPO).

Insoweit beruft sich die Beklagte zu Recht auf ihren Eigentumsvorbehalt an diesen Sachen, den sie durch Vorlage des Kaufvertrages nachgewiesen hat. Zwar unterliegen auch Sachen, die unter Eigentumsvorbehalt an den Mieter geliefert worden sind, dem

Vermieterpfandrecht, da das Anwartschaftsrecht des Mieters auf Erwerb des Eigentums dem Eigentum an eingebrachten Sachen gleichzustellen ist. Dies bedeutet aber nur, dass der Kläger sich gegenüber einem anderen Pfändungsgläubiger, der die Sache nach Einbringung gepfändet hat, nach Zahlung des Restkaufpreises und damit erfolgtem Übergang des Eigentums auf den Mieter auf das Vermieterpfandrecht berufen könnte. Im Verhältnis zum Lieferanten geht jedoch das Vorbehaltseigentum vor. Dieser kann nach § 771 ZPO verlangen, dass die Zwangsvollstreckung in die unter seinem Eigentumsvorbehalt stehenden Sachen für unzulässig erklärt wird. Auch ohne Erhebung dieser Klage handelt der Kläger arglistig, wenn er sich auf sein Vermieterpfandrecht an dem Anwartschaftsrecht beruft, dem der Eigentumsvorbehalt der Beklagten vorgeht.

Die Kostenentscheidung beruht auf § 92 ZPO.

Die vorläufige Vollstreckbarkeit hat ihre Rechtsgrundlage in § 709 S. 1 und §§ 708 Nr. 11, 711 S. 1 ZPO. Bei der für die vorläufige Vollstreckbarkeit maßgebenden Sicherheitsleistung hat das Gericht im Rahmen des ihm nach § 108 ZPO zustehenden Ermessens diese getrennt für die Hauptsache und die erstattungsfähigen Kosten des Klägers angeordnet.

Die Sicherheitsleistung für die sofortige Vollziehbarkeit hinsichtlich der angeordneten vorzugsweisen Befriedigung deckt sich mit dem Wert der gepfändeten Sachen. Bei einer im Rechtsmittelzug ergehenden anderweitigen Entscheidung wäre die Forderung der Beklagten hinsichtlich ihrer Beitreibbarkeit gefährdet, allerdings nicht in deren Höhe, sondern nur in Höhe des voraussichtlichen Erlöses der gepfändeten Sachen. Bei der Sicherheitsleistung hinsichtlich der von dem Kläger betreibbaren Kosten ist auf die von ihm geleisteten Gerichtskostenvorschüsse und die erstattungsfähigen Anwaltskosten abzustellen, und zwar in Höhe von $^2/_3$ dieser erstattungsfähigen Kosten. Diese liegen unter der Bagatellgrenze des § 708 Nr. 11 ZPO.

Rechtsbehelfsbelehrung

Diese Entscheidung kann mit der Berufung angefochten werden. Sie ist einzulegen innerhalb einer Notfrist von einem Monat bei dem Landgericht Frankfurt am Main, …

Die Frist beginnt mit der Zustellung der in vollständiger Form abgefassten Entscheidung. Die Berufung ist nur zulässig, wenn der Beschwerdegegenstand 600,– € übersteigt oder das Gericht die Berufung in diesem Urteil zugelassen hat. Zur Einlegung der Berufung ist berechtigt, wer durch diese Entscheidung in seinen Rechten beeinträchtigt ist. Die Berufung wird durch Einreichung einer Berufungsschrift eingelegt. Die Berufung kann nur durch einen Rechtsanwalt eingelegt werden.

……………………..

Muster 184: Beschluss über eine Ersatzvornahme (§ 887 ZPO)

☐ Amtsgericht Frankfurt am Main
☐ Landgericht Frankfurt am Main
Aktenzeichen: ...

Beschluss

1 In der Zwangsvollstreckungssache
d...,

Gläubiger...,

Prozessbevollmächtigter: Rechtsanwalt ...,
gegen
d...,

Schuldner...,

Prozessbevollmächtigter: Rechtsanwalt ...,
☐ hat das Amtsgericht Frankfurt am Main durch den Richter am Amtsgericht ...
☐ hat die ... Zivilkammer des Landgerichts Frankfurt am Main durch
  ☐ den Vorsitzenden Richter am Landgericht ... und die Richter am Landgericht ... und ...
  ☐ den Richter am Landgericht ... als Einzelrichter
  am ... beschlossen:

D... Gläubiger... wird/werden ermächtigt, die d... Schuldner... in dem Urteil des ☐ Amtsgerichts ☐ Landgerichts ...
vom ..., Aktenzeichen ... auferlegte Handlung, nämlich ...
auf Kosten d... Schuldner... vornehmen zu lassen.

☐ Die vorzunehmende Handlung wird dahin ergänzt, dass ...
D... Schuldner... hat/haben die Vornahme der Handlung zu dulden.
☐ Insbesondere hat/haben er/sie ...

☐ Zugleich wird/werden d... Schuldner... verurteilt, auf die durch die Vornahme der Handlung durch d... Gläubiger... entstehenden Kosten an diese einen Vorschuss von ... € zu zahlen.
Die Kosten des Verfahrens hat/haben d... Schuldner... zu tragen.
Der Streitwert wird auf ... € festgesetzt.

Gründe

☐ I.[17]

☐ ...

☐ II.

☐ ...

---

[17] In Ziffer I. des Beschlusses ist kurz der Sachverhalt darzustellen, soweit dies im Einzelfall erforderlich ist.

Rechtsbehelfsbelehrung

Diese Entscheidung kann mit der sofortigen Beschwerde angefochten werden. Sie ist einzulegen innerhalb einer Notfrist von zwei Wochen bei dem Amtsgericht Frankfurt am Main, … oder dem Landgericht Frankfurt am Main, ...

Die Frist beginnt mit der Zustellung der Entscheidung. Richtet sich die sofortige Beschwerde gegen die Entscheidung über die Kosten, ist sie nur zulässig, wenn der Wert des Beschwerdegegenstands 200,– € übersteigt.

Beschwerdeberechtigt ist, wer durch diese Entscheidung in seinen Rechten beeinträchtigt ist. Die Beschwerde wird durch Einreichung einer Beschwerdeschrift oder zur Niederschrift der Geschäftsstelle der genannten Gerichte eingelegt. Sie kann auch zur Niederschrift der Geschäftsstelle eines jeden Amtsgerichts erklärt werden, wobei es für die Einhaltung der Frist auf den Eingang bei einem der genannten Gerichte ankommt. Sie ist von dem Beschwerdeführer oder seinem Bevollmächtigten zu unterzeichnen. Die Beschwerde muss die Bezeichnung des angefochtenen Beschlusses sowie die Erklärung enthalten, dass Beschwerde gegen diesen Beschluss eingelegt wird. Soll die Entscheidung nur zum Teil angefochten werden, so ist der Umfang der Anfechtung zu bezeichnen. Die Beschwerde soll begründet werden.

…………………

Verfügung

1. Ausfertigung des Beschlusses an **2**
   ☐ Schuldner (-Vertreter) ☐ (ZU/EB)[18]
2. Vollstreckbare Ausfertigung des Beschlusses an
   ☐ Gläubiger (-Vertreter) ☐ (ZU/EB)[18]
   ☐ zusammen mit den Vollstreckungsunterlagen.
3. Herrn Kostenbeamten.
4. Weglegen.

Frankfurt am Main, den …

☐ Amtsgericht, Abteilung … ☐ Landgericht, … Zivilkammer
☐ Der Vorsitzende
☐ Der Einzelrichter

…………………

[18] Die förmliche Zustellung ist im Hinblick auf eine sofortige Beschwerde (§§ 567 I Nr. 1, 793 ZPO) erforderlich.

Muster 185: Beschluss betreffend die Erzwingung nicht vertretbarer Handlungen (§ 888 ZPO)

☐ Amtsgericht Frankfurt am Main
☐ Landgericht Frankfurt am Main
Aktenzeichen: …

Beschluss

1 In der Zwangsvollstreckungssache
d…,

Gläubiger…,

Prozessbevollmächtigter: Rechtsanwalt …,

gegen

d…,

Schuldner…,

Prozessbevollmächtigter: Rechtsanwalt …,
☐ hat das Amtsgericht Frankfurt am Main durch den Richter am Amtsgericht …
☐ hat die … Zivilkammer des Landgerichts Frankfurt am Main durch
☐ den Vorsitzenden Richter am Landgericht … und die Richter am Landgericht … und …
☐ den Richter am Landgericht … als Einzelrichter
am … beschlossen:

Gegen d… Schuldner… wird zur Erzwingung der ihm/ihr/ihnen in dem Urteil des ☐ Amtsgerichts ☐ Landgerichts …
vom …, Aktenzeichen … auferlegten Handlung, nämlich …

☐ ein Zwangsgeld von … € verhängt, ersatzweise für den Fall, dass dieses nicht beigetrieben werden kann, für je … € ein Tag Zwangshaft.

☐ die Zwangshaft bis zur Dauer von 6 Monaten verhängt.

Die Vollstreckung des Zwangsmittels entfällt, sobald d… Schuldner… der obigen Verpflichtung nachkommt/nachkommen.

Die Kosten des Verfahrens hat/haben d… Schuldner… zu tragen.

Der Streitwert wird auf … € festgesetzt.

Gründe

☐ I.[19]

☐ …

☐ II.

Der Antrag ist begründet.

Gegen den Schuldner ist gemäß § 888 ZPO ein Zwangsmittel zu verhängen.

☐ …

---

[19] In Ziffer I. des Beschlusses ist kurz der Sachverhalt darzustellen, soweit dies im Einzelfall erforderlich ist.

☐ Zu Unrecht meint der Schuldner, die Vorschrift finde keine Anwendung, weil er für die Auskunftserteilung einen Buchhalter hinzuziehen müsse. § 888 ZPO schließt nicht die Vollstreckung von Handlungen aus, bei denen Dritte an der Erfüllung der Auskunftspflicht mitwirken müssen.

Die Kostenentscheidung basiert auf § 788 ZPO, die Streitwertfestsetzung auf § 3 ZPO.

Rechtsbehelfsbelehrung

Diese Entscheidung kann mit der sofortigen Beschwerde angefochten werden. Sie ist einzulegen innerhalb einer Notfrist von zwei Wochen bei dem Amtsgericht Frankfurt am Main, … oder dem Landgericht Frankfurt am Main, ...

Die Frist beginnt mit der Zustellung der Entscheidung. Richtet sich die sofortige Beschwerde gegen die Entscheidung über die Kosten, ist sie nur zulässig, wenn der Wert des Beschwerdegegenstands 200,– € übersteigt.

Beschwerdeberechtigt ist, wer durch diese Entscheidung in seinen Rechten beeinträchtigt ist. Die Beschwerde wird durch Einreichung einer Beschwerdeschrift oder zur Niederschrift der Geschäftsstelle der genannten Gerichte eingelegt. Sie kann auch zur Niederschrift der Geschäftsstelle eines jeden Amtsgerichts erklärt werden, wobei es für die Einhaltung der Frist auf den Eingang bei einem der genannten Gerichte ankommt. Sie ist von dem Beschwerdeführer oder seinem Bevollmächtigten zu unterzeichnen. Die Beschwerde muss die Bezeichnung des angefochtenen Beschlusses sowie die Erklärung enthalten, dass Beschwerde gegen diesen Beschluss eingelegt wird. Soll die Entscheidung nur zum Teil angefochten werden, so ist der Umfang der Anfechtung zu bezeichnen. Die Beschwerde soll begründet werden.

…………………

Verfügung

1. Ausfertigung des Beschlusses an 2
   ☐ Schuldner (-Vertreter) ☐ (ZU/EB)[20]
2. Vollstreckbare Ausfertigung des Beschlusses an
   ☐ Gläubiger (-Vertreter) ☐ (ZU/EB)[20]
   ☐ mit den Vollstreckungsunterlagen.
   ☐ mit dem Zusatz: Es wird darauf hingewiesen, dass Zwangsgeld nur auf Antrag des Gläubigers zugunsten der Staatskasse zu vollstrecken ist und dass Zwangshaft nur auf Betreiben und Kosten des Gläubigers zu erfolgen hat.
3. Herrn Kostenbeamten.
4. Weglegen.

Frankfurt am Main, den …

☐ Amtsgericht, Abteilung … ☐ Landgericht, … Zivilkammer
☐ Der Vorsitzende
☐ Der Einzelrichter

…………………..

[20] Die förmliche Zustellung ist im Hinblick auf eine sofortige Beschwerde (§§ 567 I Nr. 1, 793 ZPO) erforderlich.

Muster 186: Androhung eines Ordnungsmittels (§ 890 II ZPO)

☐ Amtsgericht Frankfurt am Main
☐ Landgericht Frankfurt am Main
Aktenzeichen: …

Beschluss

1 In der Zwangsvollstreckungssache
d…,

Gläubiger…,

Prozessbevollmächtigter: Rechtsanwalt …,
gegen
d…,

Schuldner…,

Prozessbevollmächtigter: Rechtsanwalt …,
☐ hat das Amtsgericht Frankfurt am Main durch den Richter am Amtsgericht …
☐ hat die … Zivilkammer des Landgerichts Frankfurt am Main durch
☐ den Vorsitzenden Richter am Landgericht … und die Richter am Landgericht … und …
☐ den Richter am Landgericht … als Einzelrichter
am … beschlossen:

D… Schuldner… wird für jeden Fall der Zuwiderhandlung gegen die in
☐ dem Urteil ☐ der einstweiligen Verfügung des
☐ Amtsgerichts ☐ Landgerichts … vom …, Aktenzeichen …
enthaltene Unterlassungsverpflichtung, nämlich …
die Verhängung eines Ordnungsgeldes bis zu 250.000,– € ersatzweise Ordnungshaft bis zu sechs Monaten oder von Ordnungshaft bis zu sechs Monaten angedroht;
☐ zu vollstrecken an dem Geschäftsführer d… Schuldner… .

…………………

Muster 187: Vollstreckung von Unterlassungen (§ 890 ZPO)

☐ Amtsgericht Frankfurt am Main
☐ Landgericht Frankfurt am Main
Aktenzeichen: …

Beschluss

In der Zwangsvollstreckungssache 1
d…,

Gläubiger…,

Prozessbevollmächtigter: Rechtsanwalt …,
gegen
d…,

Schuldner…,

Prozessbevollmächtigter: Rechtsanwalt …,
☐ hat das Amtsgericht Frankfurt am Main durch die Richterin am Amtsgericht …
☐ hat die … Zivilkammer des Landgerichts Frankfurt am Main durch
 ☐ die Vorsitzende Richterin am Landgericht … und die Richterinnen am Landgericht … und …
 ☐ die Richterin am Landgericht … als Einzelrichterin
am … beschlossen:

Gegen d… Schuldner… wird wegen
☐ einmaliger ☐ mehrfacher Zuwiderhandlung gegen die in
☐ dem Urteil ☐ der einstweiligen Verfügung des
☐ Amtsgerichts ☐ Landgerichts … vom …, Aktenzeichen …
enthaltene Unterlassungsverpflichtung/Duldungsverpflichtung, nämlich es zu unterlassen/dulden, …
☐ ein Ordnungsgeld von … € ersatzweise für den Fall, dass dieses nicht beigetrieben werden kann, für je … € ein Tag Ordnungshaft verhängt;
☐ Ordnungshaft von … Monaten verhängt;
☐ zu vollstrecken an dem Geschäftsführer d… Schuldner… .

Das Ordnungsgeld ist an die Gerichtskasse zu zahlen
☐ bis …;
☐ in … Teilbeträgen von … € monatlich, jeweils bis zum 5. eines jeden Monats, erstmals am … . Bei Nichteinhaltung der bewilligten Raten wird das gesamte noch offene Ordnungsgeld zur Zahlung fällig.

☐ D… Schuldner… wird/werden zur Bestellung einer Sicherheit in Höhe von … € für den durch künftige Zuwiderhandlungen bis … entstehenden Schaden d… Gläubiger … verurteilt.

Die Kosten des Verfahrens hat/haben d… Schuldner… zu tragen.

Der Streitwert wird auf … € festgesetzt.

Gründe

☐ I.[21]

☐ …

☐ II.

Der Antrag ist begründet.

Gegen d… Schuldner… ist gemäß § 890 ZPO ein Ordnungsmittel zu verhängen. D… Schuldner… hat der im Titel auferlegten Unterlassungsverpflichtung/Duldungsverpflichtung zuwidergehandelt. Nach dem Ergebnis der Beweisaufnahme ist das Gericht davon überzeugt, dass …

☐ Das Gericht hat das beantragte Ordnungsgeld auf … € festgesetzt. Es hat hierbei sowohl die Schwere der fortgesetzten Zuwiderhandlung berücksichtigt als auch dem Umstand Rechnung getragen, dass d… Schuldner… durch ein empfindliches Übel zur künftigen Einhaltung des gerichtlichen Verbots angehalten wird/werden. Die Ersatzfreiheitsstrafe hat ihre Rechtsgrundlage in § 890 I 1 ZPO.

☐ Der Antrag auf Verurteilung d… Schuldner… zu einer Sicherheitsleistung ist nach § 890 III ZPO gerechtfertigt. Im Hinblick auf die festgestellte Zuwiderhandlung und das in diesem Verfahren zu Tage getretene uneinsichtige Verhalten d… Schuldner… besteht die Gefahr weiterer Zuwiderhandlungen und damit eines Schadens d… Gläubiger… .

Das Gericht hält es für erforderlich und angemessen, zunächst die Sicherheitsleistung für ein Jahr anzuordnen. Dabei schätzt das Gericht den voraussichtlichen Schaden d… Gläubiger… bei weiteren Verstößen auf monatlich … €, so dass eine Sicherheitsleistung von … € anzuordnen war.

Die Kostenentscheidung beruht auf § 788 ZPO, die Streitwertfestsetzung auf § 3 ZPO.

Rechtsbehelfsbelehrung

Diese Entscheidung kann mit der sofortigen Beschwerde angefochten werden. Sie ist einzulegen innerhalb einer Notfrist von zwei Wochen bei dem Amtsgericht Frankfurt am Main, … oder dem Landgericht Frankfurt am Main, ...

Die Frist beginnt mit der Zustellung der Entscheidung. Richtet sich die sofortige Beschwerde gegen die Entscheidung über die Kosten, ist sie nur zulässig, wenn der Wert des Beschwerdegegenstands 200,– € übersteigt.

Beschwerdeberechtigt ist, wer durch diese Entscheidung in seinen Rechten beeinträchtigt ist. Die Beschwerde wird durch Einreichung einer Beschwerdeschrift oder zur Niederschrift der Geschäftsstelle der genannten Gerichte eingelegt. Sie kann auch zur Niederschrift der Geschäftsstelle eines jeden Amtsgerichts erklärt werden, wobei es für die Einhaltung der Frist auf den Eingang bei einem der genannten Gerichte ankommt. Sie ist von dem Beschwerdeführer oder seinem Bevollmächtigten zu unterzeichnen. Die Beschwerde muss die Bezeichnung des angefochtenen Beschlusses sowie die Erklärung enthalten, dass Beschwerde gegen diesen Beschluss eingelegt wird. Soll die Entscheidung nur zum Teil angefochten

[21] In Ziffer I. des Beschlusses ist kurz der Sachverhalt darzustellen, soweit dies im Einzelfall erforderlich ist.

werden, so ist der Umfang der Anfechtung zu bezeichnen. Die Beschwerde soll begründet werden.

....

Verfügung

1. Ausfertigung des Beschlusses an 2
   - ☐ Schuldner (-Vertreter) ☐ (ZU/EB)[22]
   - ☐ Gläubiger (-Vertreter) ☐ (ZU/EB)[22]
   - ☐ zusammen mit den Vollstreckungsunterlagen.
   - ☐ mit dem Zusatz: Es wird darauf hingewiesen, dass die Vollstreckung des verhängten Ordnungsmittels von Amts wegen erfolgt.
2. Herrn Rechtspfleger mit der Bitte um weitere Veranlassung (Vollstreckung).[23]
3. Herrn Kostenbeamten.
4. Weglegen.

Frankfurt am Main, den ...

☐ Amtsgericht, Abteilung ...

☐ Landgericht, ... Zivilkammer
☐ Der Vorsitzende
☐ Der Einzelrichter

....

---

[22] Die förmliche Zustellung ist im Hinblick auf eine sofortige Beschwerde (§§ 567 I Nr. 1, 793 ZPO) erforderlich.

[23] § 31 III RPflG.

§ 12. Das Kostenwesen

I. Die einzelnen Positionen der Kosten des Rechtsstreits

1. Die Gerichtskosten

Die zu erhebenden Gerichtskosten ergeben sich aus dem Gerichtskostengesetz nebst des als Anlage 1 zu § 3 II GKG beigefügten Kostenverzeichnisses. Zu unterscheiden sind Gebühren und Auslagen.

a) Im normalen Zivilprozess werden gemäß KV 1210 GKG (Kostenverzeichnis, Anlage 1 zu § 3 II GKG) in der ersten Instanz nur einmal (§ 35 GKG) die Gebühr für das Verfahren im Allgemeinen und die Gebühr für eine Entscheidung erhoben und zwar in Höhe des 3-fachen Gebührensatzes. 1

(1) Für die Praxis ergibt sich damit eine volle Vorschusspflicht des Klägers für die Gebühr der ersten Instanz (§ 12 I 1 GKG).

(2) Bei einem Antrag auf Erlass eines Mahnbescheids oder eines Europäischen Zahlungsbefehls fällt zunächst eine halbe Gebühr an, mindestens jedoch 36,– € (KV 1100 GKG), die bei Übergang in das Streitverfahren auf die dreifache Gebühr für das Verfahren im Allgemeinen und die Gebühr für eine Entscheidung angerechnet werden (KV 1210 GKG).

(3) Die dreifache Gebühr ermäßigt sich in bestimmten Fällen auf eine einfache Gebühr, wenn der Rechtsstreit vorzeitig unstreitig zu Ende geht, nämlich bei

- Klagerücknahme,
- Anerkenntnisurteil,
- Verzichtsurteil,
- Urteil, das nach § 313a Abs. 2 ZPO keinen Tatbestand und keine Entscheidungsgründe enthält,
- Prozessvergleich oder Beschluss nach § 23 III KapMuG,
- bestimmten Erledigungserklärungen nach § 91a ZPO,
- Zurücknahme des Antrags auf Durchführung des streitigen Verfahrens,
- Zurücknahme des Widerspruchs gegen den Mahnbescheid,
- Zurücknahme des Einspruchs gegen den Vollstreckungsbescheid.

Wegen der zeitlichen Grenze dieses Ermäßigungstatbestandes im Falle der Klagerücknahme und der Zurücknahme des Antrags auf Durchführung des streitigen Verfahrens bzw. des Widerspruchs gegen den Mahnbescheid bzw. des Einspruchs gegen den Vollstreckungsbescheid wird auf KV 1211 GKG verwiesen.

(4) Soweit der Prozessvergleich den Wert des Streitgegenstands übersteigt, erhält die Gerichtskasse aus dem übersteigenden Wert eine $^{1}/_{4}$-Gebühr (KV 1900 GKG).

b) In bestimmten Fällen werden Auslagen erhoben, die in § 3 II, Anl. 1 Nr. 9000 ff. GKG aufgelistet sind. Zu erwähnen sind hier: 2

(1) Die Schreibauslagen und Auslagen für die Überlassung oder Bereitstellung elektronisch gespeicherter Dateien bzw. Dokumente (KV 9000 GKG).

(2) Die Kosten für Zustellungen (KV 9002 GKG).

(3) Die an Zeugen und Sachverständige zu zahlenden Beträge (KV 9005 GKG).

(4) Die Reisekosten, der Auslagenersatz und die Kosten für die Bereitstellung von Räumen (KV 9006 GKG); Hauptbeispiel: Kosten anlässlich einer Ortsbesichtigung.

(5) Die an Rechtsanwälte zu zahlende Beträge (KV 9007 GKG). Das KV nimmt allerdings die Beträge aus, die an im Wege der Prozesskostenhilfe beigeordnete Rechtsanwälte gezahlt werden, so dass KV 9007 GKG im Zivilprozess keine praktische Bedeutung mehr hat.

(6) Die Zahlungen für die Beförderung von Personen, insbesondere an mittellose Personen für die Reise zum Ort einer Verhandlung, Vernehmung oder Untersuchung und für die Rückreise (KV 9008 GKG).

(7) Nach dem Auslandskostengesetz zu zahlende Beträge und Kosten der ausländischen Rechtshilfe (KV 9012, 9014 GKG).

3 c) Der Zeuge, der vor Gericht zur Vernehmung erscheint, hat einen Anspruch auf Entschädigung gegen den Justizfiskus, dessen Einzelheiten im Justizvergütungs- und -entschädigungsgesetz (JVEG) geregelt sind. Die Parteien haben bei Anforderung durch das Gericht hierzu Vorschüsse zu leisten (§ 379 ZPO). Durch die Einstellung der Entschädigung in die Gerichtskosten wird die Kostenlast sodann wieder auf die Parteien verlagert. Die Entschädigung besteht im Einzelnen aus folgenden Positionen:

(1) Die Entschädigung für den Zeitverlust richtet sich bei Zeugen, denen ein Verdienstausfall entsteht, nach dem regelmäßigen Bruttoverdienst einschließlich der vom Arbeitgeber zu tragenden Sozialversicherungsbeiträge und beträgt für jede Stunde höchstens 25,– € (§ 22 JVEG). Zeugen, die einen eigenen Haushalt für mehrere Personen führen, erhalten eine Entschädigung für Nachteile bei der Haushaltsführung von 17,– € je Stunde, wenn sie nicht erwerbstätig sind oder wenn sie teilzeitbeschäftigt sind und außerhalb ihrer vereinbarten regelmäßigen täglichen Arbeitszeit herangezogen werden (§ 21 JVEG). Im Übrigen beträgt die Entschädigung für den Zeitverlust für jede Stunde 4,– €, es sei denn, dem Zeugen ist durch seine Heranziehung ersichtlich kein Nachteil entstanden (§ 20 JVEG).

(2) Ein sachverständiger Zeuge kann eine Entschädigung für besondere Leistungen erhalten, die in der Anlage 2 zu § 10 I des Gesetzes im Einzelnen aufgeführt sind (§ 10 I JVEG). Im Rahmen des Zeugenbeweises geht es vor allem um ärztliche Befundberichte und kurze gutachterliche Äußerungen, die nicht als Sachverständigengutachten einzustufen sind.

(3) Zu erwähnen ist, dass dem Zeugen von den Fahrtkosten bei Pkw-Benutzung zur Abgeltung der Betriebskosten sowie zur Abgeltung der Abnutzung des Kraftfahrzeugs 0,35 € für jeden gefahrenen Kilometer ersetzt werden zuzüglich der durch die Benutzung des Kraftfahrzeugs aus Anlass der Reise regelmäßig anfallenden baren Auslagen, insbesondere der Parkentgelte, bei der Benutzung von öffentlichen, regelmäßig verkehrenden Beförderungsmitteln die tatsächlich entstandenen Auslagen bis zur Höhe der entsprechenden Kosten für die Benutzung der ersten Wagenklasse der Bahn einschließlich der Auslagen für Platzreservierung und Beförderung des notwendigen Gepäcks (§ 5 I, II JVEG). Im Übrigen werden höhere Fahrtkosten nur ersetzt, soweit dadurch Mehrbeträge an Vergütung oder Entschädigung erspart werden oder wenn sie wegen besonderer Umstände notwendig sind (§ 5 III JVEG).

Beschränkt sind auch die Kosten, die durch die Anreise zum Ort des Termins von einem anderen als dem in der Ladung oder Terminmitteilung bezeichneten oder der zuständigen Stelle unverzüglich angezeigten Ort oder die Rückreise zu einem anderen als zu diesem Ort entstehen. In diesem Fall werden Mehrkosten nach billigem Ermessen nur dann ersetzt, wenn der Berechtigte zu diesen Fahrten durch besondere Umstände genötigt war (§ 5 V JVEG).

(4) Bei der Entschädigung für Aufwand geht es im Wesentlichen um zusätzliche Kosten für Verpflegung und Unterkunft: Wer innerhalb der Gemeinde, in der der Termin stattfindet, weder wohnt noch berufstätig ist, erhält für die Zeit, während der er aus Anlass der Wahrnehmung des Termins von seiner Wohnung und seinem Tätigkeitsmittelpunkt abwesend sein muss, ein Tagegeld, dessen Höhe sich nach § 4 V 1 Nr. 5 S. 2 des EStG bestimmt; ist eine auswärtige Übernachtung notwendig, wird ein Übernachtungsgeld nach den Bestimmungen des Bundesreisekostengesetzes gewährt (§ 6 JVEG).

(5) Sonstige Aufwendungen, also bare Auslagen sonstiger Art werden dem Zeugen ersetzt, soweit sie notwendig sind (§ 7 I JVEG). Das Gesetz erwähnt als Beispiele die Kosten einer Vertretung und die Kosten notwendiger Begleitpersonen (z. B. bei Behinderten). Auch Kosten für Ablichtungen und Ausdrucke sowie die Überlassung von elektronisch gespeicherten Dateien anstelle von Ablichtungen und Ausdrucken, die der Zeuge auf Anfordern des Gerichts (§ 378 ZPO) anfertigt bzw. überlässt, können ersetzt werden (§ 7 II JVEG).

(6) Dem Zeugen kann auf Antrag unter bestimmten Voraussetzungen ein Vorschuss bewilligt werden (§ 3 JVEG). Gelegentlich geschieht dies in Form eines Gutscheins für die Transport- und Unterkunftskosten, den der Zeuge dann in einem Reisebüro und dem Hotel einlösen kann; damit soll dem zweckwidrigen Verbrauch des Vorschusses begegnet werden.

d) Der Sachverständige hat einen Anspruch auf Vergütung gegen den Justizfiskus, dessen Einzelheiten ebenfalls im Justizvergütungs- und -entschädigungsgesetz (JVEG) geregelt sind. Sie besteht im Einzelnen aus folgenden Positionen: 4

(1) Das Honorar des Sachverständigen bemisst sich nach dem erforderlichen Zeitaufwand und der Anlage 1 zu § 9 I JVEG. Dort werden bestimmten Sachgebieten jeweils ein bestimmter Stundensatz zugeordnet. Sachverständigen, die auf Sachgebieten Gutachten erstatten, die nicht in der Anlage 1 zu § 9 I JVEG gelistet sind, werden nach § 9 II 1 JVEG nach billigem Ermessen einer der Stundensätze zwischen 70,– € und 155,– € zugeordnet.

Erforderlich ist grundsätzlich derjenige Zeitaufwand, den ein Sachverständiger mit einer durchschnittlichen Fähigkeit und mit durchschnittlichen Kenntnissen braucht, um gerade diese Beweisfrage vollständig und sachgemäß zu beantworten; hat ein Sachverständiger nach diesem Maßstab besonders langsam gearbeitet, so ist der von ihm angegebene Zeitaufwand zu kürzen. Wenn der Sachverständige andererseits besonders schnell gearbeitet hat, erhält er trotzdem nur die Vergütung für die wirklich aufgewendete Zeit.[1]

(2) Im Falle besonderer Leistungen (§ 10 I JVEG) bemisst sich das Honorar des Sachverständigen nach der Anlage 2 zu § 10 I JVEG, in der für bestimmte Leistungen feste Vergütungsbeträge bzw. Betragsrahmen vorgesehen sind.

Es geht hier im Zivilprozess vor allem um die Kosten für Blutgruppengutachten und erbbiologische Abstammungsgutachten.

(3) Erbringt der Sachverständige seine Leistung zwischen 23 und 6 Uhr oder an Sonn- oder Feiertagen, so erhöht sich das Honorar um 20 Prozent, wenn das Gericht feststellt, dass es notwendig ist, die Leistung zu dieser Zeit zu erbringen (§ 9 VI JVEG).

(4) Beim Ersatz von Fahrtkosten, Aufwand und sonstigen Aufwendungen gilt das Gleiche wie beim Zeugen (§§ 5, 6, 7 JVEG).

Im Übrigen sind mit der Vergütung nach den §§ 9 und 10 auch die üblichen Gemeinkosten sowie der mit der Erstattung des Gutachtens oder der Übersetzung üblicherweise verbundene Aufwand abgegolten. Gesondert ersetzt werden jedoch nach § 12 JVEG
- die für die Vorbereitung und Erstattung des Gutachtens oder der Übersetzung aufgewendeten notwendigen besonderen Kosten, einschließlich der insoweit notwendigen Aufwendungen für Hilfskräfte, sowie die für eine Untersuchung verbrauchten Stoffe und Werkzeuge;
- für die zur Vorbereitung und Erstattung des Gutachtens erforderlichen Fotos mit 2,– € und, wenn die Fotos nicht Teil des schriftlichen Gutachtens sind (§ 7 II JVEG), 0,50 € für den zweiten und jeden weiteren Abzug oder Ausdruck eines Fotos;
- für die Erstellung des schriftlichen Gutachtens 0,90 € je angefangene 1.000 Anschläge; ist die Zahl der Anschläge nicht bekannt, ist diese zu schätzen;
- die auf die Vergütung entfallende Umsatzsteuer, sofern diese nicht nach § 19 Abs. 1 des Umsatzsteuergesetzes unerhoben bleibt.

(5) Der Anspruch des Sachverständigen auf Vergütung entfällt, wenn er es unterlässt, dem Gericht unverzüglich solche Umstände anzuzeigen, die zu seiner Ablehnung durch eine Partei berechtigen, es sei denn, er hat die Unterlassung nicht zu vertreten (§ 8a I JVEG).

Er erhält eine Vergütung nur insoweit, als seine Leistung bestimmungsgemäß verwertbar ist, wenn er
- gegen die Verpflichtung aus § 407a I, II, III 1 ZPO verstoßen hat, es sei denn, er hat den Verstoß nicht zu vertreten;
- eine mangelhafte Leistung erbracht hat und er die Mängel nicht in einer von der heranziehenden Stelle gesetzten angemessenen Frist beseitigt;

---

[1] BDZ/*Binz* JVEG § 8 Rn. 7ff.

– im Rahmen der Leistungserbringung grob fahrlässig oder vorsätzlich Gründe geschaffen hat, die einen Beteiligten zur Ablehnung wegen der Besorgnis der Befangenheit berechtigen; oder
– trotz Festsetzung eines weiteren Ordnungsgeldes seine Leistung nicht vollständig erbracht hat;

soweit das Gericht die Leistung berücksichtigt, gilt sie allerdings als verwertbar (§ 8a II 2 JVEG).

Steht die geltend gemachte Vergütung erheblich außer Verhältnis zum Wert des Streitgegenstands und hat der Sachverständige nicht rechtzeitig nach § 407a IV 2 ZPO auf diesen Umstand hingewiesen, bestimmt das Gericht nach Anhörung der Beteiligten nach billigem Ermessen eine Vergütung, die in einem angemessenen Verhältnis zum Wert des Streitgegenstands steht (§ 8a III JVEG).

Übersteigt die Vergütung den angeforderten Auslagenvorschuss erheblich und hat der Sachverständige nicht rechtzeitig nach § 407a IV 2 ZPO auf diesen Umstand hingewiesen, erhält er die Vergütung nur in Höhe des Auslagenvorschusses (§ 8a IV JVEG).

(6) Auf Antrag kann dem Sachverständigen ein Vorschuss bewilligt werden (§ 3 JVEG). Dies gilt insbesondere, wenn die zu erwartende Vergütung für bereits erbrachte Teilleistungen einen Betrag von 1.000,– € übersteigt.

e) Der Dolmetscher hat einen Anspruch auf Vergütung gegen den Justizfiskus, dessen Einzelheiten ebenfalls im Justizvergütungs- und -entschädigungsgesetz (JVEG) geregelt sind.

Er wird nicht wie ein Übersetzer nach dem Schwierigkeitsgrad der erbrachten Leistung vergütet, sondern erhält einen Stundensatz von 85,– €, wobei zwischen konsekutivem und simultanem Dolmetschen kein Unterschied gemacht wird (§ 9 V JVEG).

Nicht nur hauptberuflich tätige Dolmetscher, sondern alle Dolmetscher erhalten bei Aufhebung des Termins eine Ausfallentschädigung i. H. v. höchstens 170,– €.

2. Die außergerichtlichen Kosten

Sie bestehen vor allem in den Kosten eines beauftragten Rechtsanwalts. Auch sie sind zu trennen in Gebühren und Auslagen. Hinzutreten können eigene Auslagen der Partei.

a) Die Gebühren des Rechtsanwalts entstehen in jedem Rechtszug nur einmal (§ 15 RVG). Er kann also in jeder Instanz einmalig folgende Gebühren erhalten:

5 (1) Die Verfahrensgebühr in Höhe des 1,3-fachen Gebührensatzes gemäß VV 3100 RVG (Vergütungsverzeichnis, Anlage 1 zu § 2 II RVG). Sie entsteht für das Betreiben des Geschäfts einschließlich der Information.

Die Verfahrensgebühr setzt voraus, dass dem Rechtsanwalt ein Auftrag erteilt ist, die Partei im Rechtsstreit als Hauptprozessbevollmächtigter im Ganzen zu vertreten. Allein der Auftrag zur Antragstellung im Prozesskostenhilfeverfahren genügt daher nicht. Gleiches gilt für andere Einzelhandlungen, mit denen ein Rechtsanwalt anstelle der Vertretung im Ganzen beauftragt ist. Für diese entstehen gesonderte Gebühren nach VV 3400 ff. RVG.

Nicht erforderlich ist, dass das Verfahren schon anhängig ist, vielmehr genügt für das Entstehen der Gebühr das erste Tätigwerden des Rechtsanwalts.

Ist allerdings die Anhängigkeit des Rechtsstreits (z. B. durch Klagerücknahme) wieder beendet, so kann nachträglich keine Verfahrensgebühr mehr entstehen, wobei aber ein von der beklagten Partei beauftragter Rechtsanwalt, der „gutgläubig“, d. h. in Unkenntnis der Klagerücknahme die Klageerwiderung einreicht, geschützt wird.

Erledigt sich der Auftrag, bevor der Rechtsanwalt die Klage, den ein Verfahren einleitenden Antrag oder einen Schriftsatz, der Sachanträge, Sachvortrag, die Zurücknahme der Klage oder die Zurücknahme des Antrags enthält, eingereicht oder bevor er für seine Partei einen gerichtlichen Termin wahrgenommen hat, so ermäßigt sich die Verfahrensgebühr auf den 0,8-fachen Gebührensatz (VV 3101 RVG).

Gleiches gilt, wenn wegen nicht rechtshängiger Ansprüche beantragt wird, eine Einigung der Parteien oder mit Dritten zu Protokoll zu nehmen oder festzustellen (§ 278 Abs. 6 ZPO) oder vor Gericht lediglich Verhandlungen zur Einigung über solche Ansprüche geführt werden. Hier entsteht die Verfahrensgebühr lediglich mit dem 0,8-fachen Gebührensatz (VV 3101 RVG).

Soweit wegen desselben Gegenstands vorgerichtlich eine Geschäftsgebühr nach VV 2300 RVG oder VV 2303 RVG entstanden ist, wird diese Gebühr gemäß Vorbemerkung 3 (4) vor VV 3100 RVG zur Hälfte, jedoch höchstens mit einem Gebührensatz von 0,75, auf die Verfahrensgebühr des gerichtlichen Verfahrens angerechnet. Sind mehrere Gebühren entstanden, ist für die Anrechnung die zuletzt entstandene Gebühr maßgebend. Die Anrechnung erfolgt nach dem Wert des Gegenstands, der in das gerichtliche Verfahren übergegangen ist. Soweit keine Anrechnung erfolgt, kann die Geschäftsgebühr, bei Vorliegen der entsprechenden Voraussetzungen, vom Gegner im Wege des Schadensersatzes ersetzt verlangt werden.

(2) Die Terminsgebühr in Höhe des 1,2-fachen Gebührensatzes gemäß VV 3104 RVG entsteht für die Vertretung in einem Verhandlungs-, Erörterungs- oder Beweisaufnahmetermin oder die Wahrnehmung eines von einem gerichtlich bestellten Sachverständigen anberaumten Termins oder die Mitwirkung an Besprechungen, die auf die Vermeidung oder Erledigung des Verfahrens ohne Beteiligung des Gerichts gerichtet sind. 6

Die Terminsgebühr verlangt keinen Sachantrag oder überhaupt einen Antrag im Termin, sondern nur die Vertretung in einem Termin bzw. die Mitwirkung an einer Besprechung ohne Gerichtsbeteiligung mit mindestens einem anderen als dem Auftraggeber.

Die Terminsgebühr entsteht auch, wenn in einem Verfahren, für das die mündliche Verhandlung vorgeschrieben ist, gemäß § 128 II ZPO im Einverständnis mit den Parteien oder gemäß § 307 S. 2 ZPO oder gemäß § 495a ZPO ohne mündliche Verhandlung entschieden oder in einem solchen Verfahren ein schriftlicher Vergleich geschlossen wird.

Gleiches gilt, soweit in dem Termin auch Verhandlungen zur Einigung über in diesem Verfahren nicht rechtshängige Ansprüche geführt werden. Hier fällt die Terminsgebühr auch nach dem Wert der nicht rechtshängigen Ansprüche an: Der Wert der anhängigen Ansprüche und der Wert der nicht rechtshängigen Ansprüche ist dann zu addieren und nach der Summe der beiden Werte entsteht dann die Terminsgebühr.

Wird wegen nicht rechtshängiger Ansprüche allerdings lediglich beantragt, eine Einigung der Parteien oder mit Dritten zu Protokoll zu nehmen, werden also insoweit keine Verhandlungen zur Einigung in dem Termin geführt, so entsteht die Terminsgebühr nur aus dem Wert der anhängigen Ansprüche, der nicht noch um den Wert der nicht rechtshängigen Ansprüche erhöht wird.

Wird in einem Termin lediglich ein Antrag auf Erlass eines Versäumnisurteils oder zur Prozess- oder Sachleitung gestellt, so ermäßigt sich die Terminsgebühr auf den 0,5-fachen Gebührensatz. Dies gilt allerdings nur dann, wenn der Antrag gestellt wird, weil eine Partei nicht erschienen oder nicht ordnungsgemäß vertreten war. Wird der Antrag gestellt, weil eine erschienene oder ordnungsgemäß vertretene Partei erklärt, nicht verhandeln zu wollen, so entsteht die Terminsgebühr nicht nur mit dem 0,5-fachen Gebührensatz, sondern mit dem 1,2-fachen Gebührensatz (VV 3105 RVG).

(3) Die Einigungsgebühr in Höhe des 1-fachen Gebührensatzes gemäß VV 1003 RVG. Sie entsteht, wenn über den Gegenstand ein anderes gerichtliches Verfahren als ein selbständiges Beweisverfahren anhängig ist, für die Mitwirkung beim Abschluss eines Vertrags, durch den der Streit oder die Ungewissheit der Parteien über ein Rechtsverhältnis beseitigt wird, es sei denn, der Vertrag beschränkt sich ausschließlich auf ein Anerkenntnis oder einen Verzicht. 7

War über den Gegenstand der Einigung kein gerichtliches Verfahren oder lediglich ein selbständiges Beweisverfahren anhängig, so entsteht die Einigungsgebühr in Höhe des 1,5-fachen Gebührensatzes. Die Ermäßigung auf den 1-fachen Gebührensatz erfolgt nur, wenn über den Gegenstand ein anderes gerichtliches Verfahren als ein selbständiges Beweisverfahren anhängig ist.

Die Einigungsgebühr entsteht auch für die Mitwirkung bei Vertragsverhandlungen, es sei denn, dass diese für den Abschluss des Vertrags nicht ursächlich waren.

Für die Mitwirkung bei einem unter einer aufschiebenden Bedingung oder unter dem Vorbehalt des Widerrufs geschlossenen Vertrag entsteht die Einigungsgebühr, wenn die Bedingung eingetreten ist oder der Vertrag nicht mehr widerrufen werden kann.

Erfasst der Gegenstand der Einigung neben anhängigen Ansprüchen auch nicht anhängige Ansprüche, so entsteht neben der Einigungsgebühr nach dem Wert der anhängigen Ansprüche in Höhe des 1-fachen Gebührensatzes zusätzliche eine Einigungsgebühr nach dem Wert der nicht anhängigen Ansprüche in Höhe des 1,5-fachen Gebührensatzes. Dabei darf die Summe beider Einigungsgebühren nicht höher sein als die Einigungsgebühr nach dem Gesamtwert in Höhe des 1,5-fachen Gebührensatzes (§ 15 III RVG).

(4) An weiteren Gebühren für Sonderfälle seien lediglich erwähnt:

- Gebühren für die Beratung betreffend Rechtsmittel (VV 2100, 2102 RVG);
- Gebühren des Verkehrsanwalts (VV 3400ff. RVG);
- Gebühren für sonstige Einzeltätigkeiten (VV 3403ff. RVG);
- Gebühren für die Zwangsvollstreckung (VV 3309ff. RVG).

8 b) Mit den Gebühren werden auch die allgemeinen Geschäftskosten entgolten. Gesondert zu ersetzen sind jedoch nach § 675 i.V.m. § 670 BGB folgende Aufwendungen des Rechtsanwalts:[2]

(1) Eine Pauschale für die Herstellung und Überlassung von Dokumenten sowie für die Überlassung und Bereitstellung von elektronisch gespeicherten Dokumenten (VV 7000 RVG).

Zu ersetzen sind die Kosten von 0,50 € pro Seite für die ersten 50 abzurechnenden Seiten und von 0,15 € pro Seite für jede weitere Seite bzw. von 1,– € pro Seite für die ersten 50 abzurechnenden Seiten in Farbe und von 0,30 € pro Seite in Farbe für jede weitere Seite für Ablichtungen aus Behörden- und Gerichtsakten, soweit deren Herstellung zur sachgemäßen Bearbeitung der Rechtssache geboten war.

Die 100 ersten Ablichtungen sind frei bzw. nur dann zu erstatten, wenn sie im Einverständnis mit dem Auftraggeber zusätzlich, auch zur Unterrichtung Dritter, angefertigt worden sind.

Zu ersetzen sind ferner die Kosten von 1,50 € je Datei für die Überlassung von elektronisch gespeicherten Dateien oder deren Bereitstellung zum Abruf anstelle von im Einverständnis mit dem Auftraggeber zusätzlich, auch zur Unterrichtung Dritter, angefertigter Kopien und Ausdrucke für die in einem Arbeitsgang überlassenen, bereitgestellten oder in einem Arbeitsgang auf denselben Datenträger übertragenen Dokumente jedoch insgesamt höchstens 5,– €.

(2) Ein Entgelt für Post- und Telekommunikationsdienstleistungen (VV 7001, 7002 RVG).

Der Rechtsanwalt kann die tatsächlich entstandenen Entgelte für Post- und Telekommunikationsdienstleistungen ersetzt verlangen, muss diese dann aber im Einzelnen belegen. Zwecks Vereinfachung kann er jedoch auch einen Pauschalsatz in Höhe von 20 % der gesetzlichen Gebühren, höchstens jedoch 20,– € verlangen. Die Pauschale kann in jeder Angelegenheit anstelle der tatsächlichen Auslagen für Post- und Telekommunikationsdienstleistungen gefordert werden.

(3) Reisekosten (VV 7003ff. RVG).

Der Rechtsanwalt erhält Reisekosten, wenn er eine Geschäftsreise unternimmt. Eine Geschäftsreise liegt vor, wenn das Reiseziel außerhalb der Gemeinde liegt, in der sich die Kanzlei oder die Wohnung des Rechtsanwalts befinden. Er kann grundsätzlich frei entscheiden, ob er eine Geschäftsreise mit dem eigenen Pkw oder mit öffentlichen Verkehrsmitteln ausführen will und erhält neben den Beförderungskosten von 0,42 € je mit dem eigenen Kraftfahrzeug gefahrenen Kilometer bzw. den Fahrtkosten eines anderen Verkehrsmittels in voller Höhe ein Tage- und Abwesenheitsgeld sowie die (angemessenen) Übernachtungskosten vergütet.

---

[2] Vorbemerkung 7 (1) vor VV 7000 RVG.

(4) Umsatzsteuer (§ 2 II RVG, VV 7008 RVG).

Der Rechtsanwalt darf die auf seine Gesamtvergütung (Gebühren und Auslagen) entfallende Umsatzsteuer (z. Zt. 19 %) auf seinen Auftraggeber abwälzen.

c) Außer den Kosten des Rechtsanwalts kommen als außergerichtliche Kosten auch Beträge in Frage, die bei der Partei selbst anfallen. Ohne Anspruch auf Vollständigkeit sind zu erwähnen:[3] 9

- Reisekosen der Partei zu einem Termin oder zu einer Besprechung mit dem Rechtsanwalt sowie Kosten der Zeitversäumnis anlässlich solcher Reisen.
- Kosten für ein Privatgutachten.
- Detektivkosten.
- Steuerberatungskosten.
- Kosten für Lichtbilder, die den Streitstoff erläutern.
- Übersetzungskosten.

II. Die Schuldnerschaft bei den einzelnen Kostenpositionen

1. Die Gerichtskosten

a) Schuldner der Gebühren und Auslagen ist nach § 22 I GKG zunächst derjenige, der das Verfahren betreibt. 10

(1) Das ist in der Regel der Kläger, der durch Einreichung der Klage (oder Antrag auf Erlass eines Mahnbescheids) das Verfahren in Gang gesetzt hat.

Im Hinblick auf die dreifache Prozessgebühr erster Instanz (KV 1210 GKG), die der Kläger nach § 12 I 1 GKG vorschießen muss, ist der Justizfiskus in der Regel für die voraussichtlichen Gebühren erster Instanz im Voraus voll gedeckt. Eine Ausnahme könnte höchstens gegeben sein, wenn bei einer Klageerweiterung sich der Streitwert erhöht und die Anforderung eines weiteren Kostenvorschusses (§ 12 I 2 GKG) unterblieben ist. Auslagen betreffend die Vornahme einer Beweisaufnahme sind ebenfalls in der Regel durch Vorschüsse abgedeckt (§§ 379 ZPO, 17 I GKG).

(2) Der Widerkläger haftet für die durch die Widerklage entstehenden Kosten als Erstschuldner so, als ob er die Widerklage isoliert erhoben hätte.[4]

(3) Im Mahnverfahren ist der Antragsteller Erstschuldner für die von ihm ausgelöste halbe Prozessgebühr (KV 1100 GKG).

Im Übrigen ist Erstschuldner derjenige, der nach Erhebung des Widerspruchs durch Stellung des Antrags nach § 696 I ZPO das Streitverfahren in Gang setzt.[5] Legt der Schuldner gegen den Vollstreckungsbescheid Einspruch ein, so ist nach der Regelung in § 22 I GKG nur noch der Kläger Erstschuldner für die Kosten der ersten Instanz.

(4) Bei Einbeziehung bisher nicht rechtshängiger Ansprüche in einen Prozessvergleich ist jeder Beteiligte Kostenschuldner, also auch ein beitretender Dritter.

b) Eine Zweitschuldnerschaft begründet § 29 Nr. 1 GKG für denjenigen, dem durch gerichtliche Entscheidung die Kosten des Verfahrens auferlegt worden sind, sowie 11

[3] MüKoZPO/*Schulz* § 91 Rn. 96 ff.; BeckOK ZPO/*Jaspersen* § 91 Rn. 126 ff.
[4] BDZ/*Dörndorfer* GKG § 22 Rn. 5.
[5] BDZ/*Dörndorfer* GKG § 22 Rn. 4.

§ 29 Nr. 2 GKG für denjenigen, der die Kosten in einem Prozessvergleich übernommen hat, selbst wenn bei einem Vergleich ohne Bestimmung über die Kosten diese als von beiden Teilen je zur Hälfte übernommen anzusehen sind. Die Bedeutung dieser Zweitschuldnerschaft ist nach der Einführung der erhöhten Kostenvorschusspflicht des Klägers für die erste Instanz zurückgegangen.

Mehrere Kostenschuldner haften nach § 31 I GKG als Gesamtschuldner. § 31 II GKG schwächt diese Regelung aber wieder ab; die Vorschrift will erreichen, dass seitens der Gerichtskasse zunächst derjenige in Anspruch genommen wird, der entsprechend der Kostengrundentscheidung des Urteils (bzw. der Kostenregelung im Vergleich) auch im Innenverhältnis zwischen den Parteien die Kosten zu tragen hat; die Haftung des anderen Kostenschuldners wird auf die Stellung eines Bürgen (mit Einrede der Vorausklage) herabgesenkt: seine Haftung soll nur geltend gemacht werden, wenn bei dem Primärschuldner eine Zwangsvollstreckung in das bewegliche Vermögen erfolglos geblieben ist oder aussichtslos erscheint. Solches wird nach der Rechtsprechung vermutet, wenn der Primärschuldner insolvent geworden ist, eine Fruchtlosigkeitsbescheinigung des Gerichtsvollziehers betreffend das bewegliche Vermögen des Erstschuldners vorliegt, die Zwangsvollstreckung im Ausland mit voraussichtlich langer Dauer oder hohen Kosten erfolgen müsste, oder der Aufenthaltsort des Erstschuldners unbekannt ist und keine zugriffsfähigen Gegenstände seines Vermögens bekannt sind.

c) Wird bei einer Kostenabrechnung festgestellt, dass eine Überzahlung vorliegt, so wird der zu viel gezahlte Betrag erstattet.

2. Die Anwaltskosten

12 a) Der Rechtsanwalt hat zunächst nach §§ 611, 612 BGB einen Anspruch gegen seinen Auftraggeber auf Zahlung der Vergütung.

(1) Für die Berechnung der Vergütung enthält § 10 RVG formelle Erfordernisse einer spezifizierten Kostenrechnung; vor Mitteilung dieser Berechnung ist der Auftraggeber nicht zur Zahlung verpflichtet. Nach § 9 RVG besteht Anspruch auf einen angemessenen Vorschuss; abzustellen ist hierbei auf die voraussichtlich entstehenden Gebühren und Auslagen.

(2) Die Vergütung wird fällig, wenn der Auftrag erledigt oder die Angelegenheit beendet ist (§ 8 I 1 RVG). Für die Vertretung in gerichtlichen Verfahren wird die Regelung in § 8 I 2 RVG dahin präzisiert, dass die Vergütung fällig wird, wenn eine Kostenentscheidung ergangen oder Rechtszug beendigt ist oder wenn das Verfahren länger als drei Monate ruht.

(3) Der Anspruch des Rechtsanwalts verjährt gemäß § 195 BGB in drei Jahren.

13 b) Obsiegt die Partei in dem Prozess, so steht ihr gegen die unterlegene Partei ein Kostenerstattungsanspruch auf Ersatz der Prozesskosten zu, die zur zweckentsprechenden Rechtsverfolgung notwendig waren (§ 91 I ZPO). Hierunter fallen grundsätzlich auch die gesetzlichen Gebühren und Auslagen für die Inanspruchnahme eines Rechtsanwalts (§ 91 II 1 ZPO).

(1) Der Kostenerstattungsanspruch steht der Partei selbst zu; der Rechtsanwalt muss mithin die Festsetzung der Kosten im Namen der Partei beantragen; in der Zwangsvollstreckung ist er aufgrund der Prozessvollmacht zur Empfangnahme der von dem Gegner zu erstattenden Kosten befugt (§ 81 ZPO); er kann nach Empfang des Betrages unter Berücksichtigung der von der Partei geleisteten Vorschüsse abrechnen.

(2) Fällig wird der Kostenerstattungsanspruch im Regelfall mit der vorläufigen Vollstreckbarkeit der Kostengrundentscheidung; davor besteht ein aufschiebend bedingter Kostenerstattungsanspruch, der abgetreten werden kann. Nach Erlass der Kostengrundentscheidung kann mit dem Erstattungsanspruch auch aufgerechnet werden, wenn der Anspruch der Höhe nach unstreitig oder durch den Kostenfestsetzungsbeschluss rechtskräftig festgestellt ist.

3. Die eigenen Kosten der Partei

Die Partei hat diese Kosten zunächst selbst zu tragen. 14

a) Im Falle des Obsiegens hat sie einen Erstattungsanspruch gegen die unterlegene Partei nach § 91 ZPO, der aber durch den Gesichtspunkt „zur zweckentsprechenden Rechtsverfolgung" eine Begrenzung erfährt.

b) Neben dem prozessualen Kostenerstattungsanspruch kommt gegebenenfalls auch ein Erstattungsanspruch nach materiellem Recht in Frage.

III. Zwangsweise Durchsetzung und Rechtsbehelfe

1. Die Gerichtskosten

a) Die Kosten werden durch einen Kostenbeamten errechnet und im „Kostenansatz" 15
dem jeweiligen Kostenschuldner in Rechnung gestellt (§ 19 GKG).

b) Die Vollstreckung der Gerichtskosten geschieht nach der Justizbeitreibungsordnung.

Dabei wird grundsätzlich die Gerichtskasse als Vollstreckungsbehörde tätig (§ 2 JBeitrO). An die Stelle des Gerichtsvollziehers treten besondere Vollziehungsbeamte (§ 6 III JBeitrO). Pfändungs- und Überweisungsbeschlüsse werden von der Vollstreckungsbehörde erlassen (§ 6 II JBeitrO). Für die Zwangsvollstreckung in unbewegliches Vermögen verbleibt es bei den Vorschriften der §§ 864 bis 871 ZPO und des ZVG (§ 6 I Nr. 1 JBeitrO).

c) Als Rechtsbehelf steht dem Kostenschuldner die Erinnerung gegen den Kostenansatz zu (§ 66 I GKG).

Für die Einlegung besteht kein Anwaltszwang (§§ 66 V GKG, 78 ZPO). Es entscheidet das Gericht, bei dem die Kosten angesetzt sind, durch Beschluss. Das Verfahren über die Erinnerung ist gebührenfrei; außergerichtliche Kosten werden nicht erstattet (§ 66 VIII GKG). Gegen die Entscheidung des Gerichts findet die Beschwerde statt, wenn der Wert des Beschwerdegegenstands 200,– € übersteigt (§ 66 II 1 GKG). – Ebenso kann gegen die Anordnung eines Vorschusses oder einer Vorauszahlung Beschwerde eingelegt werden (§ 67 GKG). Die Beschwerde ist hier nicht von der Erreichung eines Beschwerdewertes abhängig, jedoch besteht nach Maßgabe von § 67 I 3 GKG Anwaltszwang.

2. Die Anwaltskosten

a) Zahlt der Auftraggeber die geschuldete Vergütung nicht, so kann der Rechtsanwalt 16
bei einem Rechtsstreit ein besonderes Festsetzungsverfahren gegen die eigene Partei betreiben (§ 11 RVG); zuständig hierfür ist der Rechtspfleger (§ 21 I Nr. 2 RPflG). Dem Auftraggeber ist gemäß § 11 II 2 RVG vor der Festsetzung rechtliches Gehör zu gewähren, indem ihm der Festsetzungsantrag übersandt wird.

Der Begriff der gesetzlichen Vergütung im Sinne von § 11 I RVG umfasst sowohl Gebühren als auch gesetzliche Auslagen, den Ersatz sonstiger Aufwendungen im Sinne von § 670 BGB sowie den Ersatz verauslagter Gerichtskosten.

Das Verfahren nach § 11 RVG kommt ohne Erfolg zum Abschluss, wenn der Auftraggeber Einwendungen oder Einreden erhebt, die nicht im Gebührenrecht ihren Grund haben (§ 11 V RVG). In diesem Fall muss der Rechtsanwalt Klage gegen den Auftraggeber auf Zahlung der Vergütung erheben, wobei diese außergebührenrechtlichen Einwendungen oder Einreden im Erkenntnisverfahren geprüft werden. Damit dem Auftraggeber durch diese Regelung nicht ein allzu leichter Ausstieg aus dem Festsetzungsverfahren aus Verzögerungsgründen zur Verfügung steht, verlangt die Rechtsprechung überwiegend, dass der außergebührenrechtliche Einwand nicht nur pauschal behauptet, sondern im Kern mit tatsächlichem Vortrag ausgefüllt wird; eine schlüssige Darlegung kann aber nicht verlangt werden, da die Prüfung der Schlüssigkeit dem zuständigen Prozessgericht obliegt. Ausnahmsweise sind außergebührenrechtliche Einwendungen oder Einreden unbeachtlich, wenn sie unter keinem rechtlichen Gesichtspunkt relevant sein können oder wenn sie offensichtlich aus der Luft gegriffen sind.

Gegen den Festsetzungsbeschluss nach § 11 RVG findet die sofortige Beschwerde statt, wenn der Wert des Beschwerdegegenstands 200,– € übersteigt (§ 11 II 3 RVG i.V.m. § 104 III ZPO); bei Nichterreichen der Beschwerdesumme oder bei Verstoß gegen die Vorschriften zu Form und Frist der sofortigen Beschwerde eröffnet § 11 II RPflG den Weg zur sofortigen Erinnerung.

17 b) Gegen die unterlegene Partei findet das Kostenfestsetzungsverfahren nach § 103 ZPO statt, in dem die obsiegende Partei bzw. deren Rechtsanwalt den Kostenerstattungsanspruch der von ihm vertretenen Partei geltend macht.

(1) Zuständig ist der Rechtspfleger (§ 21 I Nr. 1 RPflG). Er ist an die im Urteil ergangene „Kostengrundentscheidung“ gebunden, prüft die in dem Festsetzungsgesuch enthaltene Kostenrechnung und erlässt nach Anhörung der Gegenpartei, einen Kostenfestsetzungsbeschluss, der nach § 794 I Nr. 2 ZPO einen Vollstreckungstitel darstellt.

(2) Der Beschluss bedarf wegen der befristeten Anfechtbarkeit (§ 103 III ZPO) grundsätzlich einer Begründung des Rechtspflegers. Wird dem Antrag ganz oder teilweise entsprochen, so wird dem Beschluss statt einer Begründung die Kostenrechnung des Antragstellers beigefügt (§ 104 I 3 ZPO). Eine Begründung ist jedenfalls aber dann erforderlich, wenn der Rechtspfleger Absetzungen von der Kostenrechnung des Antragstellers vornimmt.

(3) Nach § 104 I 2 ZPO ist im Kostenfestsetzungsbeschluss auf Antrag auszusprechen, dass die festgesetzten Kosten ab dem Eingang des Festsetzungsantrags, im Falle des § 105 III ZPO von der Verkündung des Urteils mit 5 Prozentpunkten über dem Basiszinssatz zu verzinsen sind. Sind nach der Kostenentscheidung des Gerichts bzw. der Parteivereinbarung im Prozessvergleich die Kosten zu quoteln, so ist der Gegner nach Eingang des Festsetzungsantrags aufzufordern, seine Kostenrechnung binnen einer Woche einzureichen (§ 106 I ZPO). Es erfolgt dann eine Kostenfestsetzung mit Kostenausgleichung.

(4) Gegen den Kostenfestsetzungsbeschluss des Rechtspflegers kann binnen einer Notfrist von zwei Wochen sofortige Beschwerde eingelegt werden, wenn der Wert des Beschwerdegegenstands 200,– € übersteigt (§ 11 I RPflG i.V.m. §§ 104 III 1, 567 I Nr. 1, II ZPO). Der Rechtspfleger prüft auf die sofortige Beschwerde, ob er dieser abhelfen muss. Dabei gilt das Verschlechterungsverbot auch im Kostenfestsetzungsverfahren. Hält der Rechtspfleger die sofortige Beschwerde für unbegründet und hilft deshalb nicht ab, so legt er sie dem Beschwerdegericht vor, § 572 I ZPO.

Erachtet er dagegen die sofortige Beschwerde für begründet, so ändert er den Kostenfestsetzungsbeschluss ab; hierbei wird die Aufhebung regelmäßig mit einer neuen Kostenfestsetzung verbunden. Diese Entscheidung bedarf einer Begründung und – im Hinblick auf das Entstehen außergerichtlicher Kosten (VV 3500 RVG) – einer Kostenentscheidung.

In dem Fall einer Unzulässigkeit der sofortigen Beschwerde, insbesondere also bei Nichterreichen des Beschwerdewerts von 200,– €, ist die befristete Erinnerung nach § 11 II 1 RPflG gegeben. Auch hier hat der Rechtspfleger eine Abhilfemöglichkeit. Wenn er von dieser keinen Gebrauch macht, so legt er die Sache „seinem“ Instanzrichter vor, der abschließend darüber entscheidet.

(5) Der formell rechtskräftige Kostenfestsetzungsbeschluss ist der materiellen Rechtskraft fähig.

3. Die eigenen Kosten der Partei

18 a) Hinsichtlich der prozessualen Kostenerstattung gilt das oben Gesagte entsprechend.

b) Der materielle Kostenerstattungsanspruch ist im normalen Klageverfahren geltend zu machen.

4. Entschädigung für Zeugen und Vergütung für Sachverständige

a) Sie werden ebenfalls durch einen Kostenbeamten festgesetzt und zwar grundsätzlich ohne Einschaltung des Gerichts. 19

Ausnahmsweise setzt das Gericht die Entschädigung bzw. die Vergütung fest, wenn es dies für angemessen hält oder einer der Beteiligten (der anspruchsberechtigte Zeuge oder Sachverständige, die Staatskasse) es beantragt. Gelegentlich wird bei der Vergütung des Sachverständigen von dem Gericht nur der maßgebende Stundensatz (§ 9 JVEG) festgesetzt, während die Vergütung im Übrigen durch den Kostenbeamten errechnet und festgesetzt wird.

b) Als Rechtsbehelf gegen die Festsetzung des Kostenbeamten dient der Antrag des Zeugen, Sachverständigen bzw. der Staatskasse auf gerichtliche Festsetzung (§ 4 I JVEG).

(1) Die Entscheidung ergeht durch Beschluss, gegen den die unbefristete Beschwerde gegeben ist, wenn der Wert des Beschwerdegegenstands 200,– € übersteigt oder wenn sie das Gericht, das die angefochtene Entscheidung erlassen hat, wegen der grundsätzlichen Bedeutung der zur Entscheidung stehenden Frage in dem Beschluss zulässt (§ 4 III JVEG).

(2) Die Parteien sind an dem Festsetzungsverfahren nicht beteiligt und haben dem gemäß kein Beschwerderecht. Die zugebilligte Entschädigung bzw. Vergütung wirkt deshalb nicht zu ihren Lasten (§ 4 IX JVEG). Sie können aber die eingetretene Kostenbelastung (KV 9005 GKG) mit der Erinnerung gegen den Kostenansatz angreifen.

IV. Die Streitwertfestsetzung

Für die Berechnung der Kosten ist der Streitwert von maßgebender Bedeutung (§ 3 I GKG; 2 I RVG). Die maßgebenden Vorschriften für die Bemessung des Streitwerts befinden sich in den §§ 39ff. GKG, 23 I RVG, hilfsweise in den §§ 3 bis 9 ZPO sowie in einzelnen Sondervorschriften.[6]

1. Keine Festsetzung des Streitwertes bei Offenkundigkeit

Ist der Wert des Streitgegenstands aus einem bezifferten Antrag ohne weiteres ableitbar, so ermittelt ihn der Rechtspfleger oder Kostenbeamte selbständig und legt ihn seiner Kostenberechnung zugrunde. 20

Ist eine Partei hiermit nicht einverstanden, so legt sie gegen die Entscheidung des Rechtspflegers bzw. Kostenbeamten den zulässigen Rechtsbehelf ein, das Gericht prüft dann inzidenter den Streitwert oder erlässt nunmehr einen Streitwertfestsetzungsbeschluss, der gesondert der Beschwerde unterliegt (§ 68 GKG).

2. Die Festsetzung des Streitwerts

a) Ist der Streitwert zweifelhaft, so setzt ihn das Gericht im Anschluss an die erlassene Hauptentscheidung fest. Gleiches gilt, wenn der Rechtspfleger oder der Kostenbeamte die Akten zwecks Streitwertfestsetzung dem Gericht vorlegen oder eine der Parteien oder Prozessbevollmächtigten die Festsetzung beantragt (§§ 63 GKG, 33 RVG). 21

---

[6] Z.B. § 182 InsO, § 144 PatG, § 12 IV UWG, § 247 I AktG.

Dabei ist zwischen einer vorläufigen, der Berechnung des erforderlichen Kostenvorschusses dienenden Festsetzung und der endgültigen Festsetzung zu unterscheiden. Die vorläufige Festsetzung kann ohne Anhörung der Parteien erfolgen (§ 63 I 1 GKG), wobei das Gericht aber zwecks Information über die Schätzung auf die Wertangabe des Klägers (§§ 253 III Nr. 2 ZPO, 61 GKG) angewiesen ist; liegt sie nicht vor, so ist der Kläger hierzu im Wege einer Auflage anzuhalten.

Dagegen sind bei der endgültigen Festsetzung die Parteien zu hören. Dabei kann das Gericht den Parteien Auflagen machen, um sich die notwendige Schätzungsgrundlage zu verschaffen. Im Übrigen gilt nach § 3 ZPO freies Ermessen für die Schätzung des Streitwerts. Eine Beweisaufnahme kann stattfinden (§ 3 ZPO), ist aber im Hinblick auf den Kostenaufwand selten. Die Festsetzung bedarf einer – kurzen – schriftlichen Begründung; zumindest sollte nach Einlegen einer Beschwerde die Begründung nachgeholt werden.

22 b) Eine Änderung der Streitwertfestsetzung ist nur innerhalb von sechs Monaten zulässig, nachdem die Entscheidung in der Hauptsache Rechtskraft erlangt oder das Verfahren sich anderweitig erledigt hat (§ 63 III GKG).

Sie kann von Amts wegen erfolgen; meist ist aber Anlass eine Gegenvorstellung der Beteiligten (Partei, Rechtsanwalt, Bezirksrevisor). Neben der Gegenvorstellung kommt die Beschwerde in Betracht, wenn der Wert des Beschwerdegegenstands 200,– € übersteigt oder sie das Gericht, das die angefochtene Entscheidung erlassen hat, wegen der grundsätzlichen Bedeutung der zur Entscheidung stehenden Frage in dem Beschluss zulässt (§ 68 I GKG); dabei kann die Partei Beschwerde nur mit dem Ziel der Herabsetzung, der Rechtsanwalt (im eigenen Namen) nur mit dem Ziel der Heraufsetzung einlegen. Eine Änderung des Streitwerts kann eine Änderung des Kostenfestsetzungsbeschlusses und des Kostenansatzes erforderlich machen (§ 107 ZPO).

Muster 188: Beschluss über die Erinnerung gegen den Kostenansatz (§ 66 GKG)

Amtsgericht Frankfurt am Main
Aktenzeichen: …

Beschluss

In dem Rechtsstreit 1
d…,

Klägers und Erinnerungsführers,

Prozessbevollmächtigter: Rechtsanwalt …,
gegen
d…,

Beklagten und Erinnerungsgegner,

Prozessbevollmächtigter: Rechtsanwalt …,
hat das Amtsgericht Frankfurt am Main durch die Richterin am Amtsgericht … am … beschlossen:

> Die Erinnerung des Klägers gegen seine Inanspruchnahme als Zweitschuldner für die in Höhe von … € noch offenen Gerichtskosten wird zurückgewiesen.
>
> Die Entscheidung ergeht gerichtsgebührenfrei; außergerichtliche Kosten werden nicht erstattet.

Gründe

I.

Nach der Schlusskostenrechnung des Kostenbeamten vom … steht noch ein Betrag von … € an Gerichtskosten offen, für die laut Urteil der Beklagte als Erstschuldner nach § 29 Nr. 1 GKG haftet. Die Staatskasse nimmt den Kläger als Zweitschuldner gemäß §§ 22 I, 31 II GKG in Anspruch mit dem Hinweis, eine Zwangsvollstreckung gegen den Beklagten sei aussichtslos, da er im außereuropäischen Ausland seinen Wohnsitz habe.

II.

Die seitens des Klägers hiergegen eingelegte Erinnerung ist gemäß § 66 I 1 GKG zulässig.

In der Sache hat sie jedoch keinen Erfolg.

Die Staatskasse hat den Kläger nach § 31 II GKG zu Recht als Zweitschuldner in 2
Anspruch genommen. Nach dieser Vorschrift soll die Haftung des Zweitschuldners nur geltend gemacht werden, wenn eine Zwangsvollstreckung in das bewegliche Vermögen des Erstschuldners erfolglos geblieben ist oder aussichtslos erscheint. Zu Recht sieht die Staatskasse diese Voraussetzung als gegeben an, weil die Zwangsvollstreckung gegen den Beklagten im außereuropäischen Ausland durchgeführt werden müsste.

Die umstrittene Frage, ob für die Inanspruchnahme des Zweitschuldners bereits die Tatsache, dass der Erstschuldner im außereuropäischen Ausland wohnt, ausreicht oder ob besondere Schwierigkeiten hinsichtlich der Auslandsvollstreckung hinzutreten müssen, muss hier nicht entschieden werden. Im vorliegenden Fall liegt eine Zahlungsunwilligkeit des im außereuropäischen Ausland lebenden Erstschuldners vor, so dass von dem Fall einer Aussichtslosigkeit der Zwangsvollstreckung auszugehen ist. Nach dem unbestrittenen Vortrag der Gerichtskasse hat nämlich der Prozessbevollmächtigte des Beklagten auf Anfrage hin mitgeteilt, sein Mandant verweigere die Zahlung, weil er das ergangene Urteil für falsch halte. Damit steht die Zahlungsunwilligkeit des Erstschuldners fest.

Die Kostenentscheidung beruht auf § 66 VIII GKG.

Rechtsbehelfsbelehrung

Diese Entscheidung kann mit der Beschwerde angefochten werden. Sie ist einzulegen bei dem Amtsgericht Frankfurt am Main, …

Die Beschwerde ist nur zulässig, wenn der Wert des Beschwerdegegenstands 200,– € übersteigt oder das Gericht die Beschwerde in dem Beschluss zugelassen hat.

Beschwerdeberechtigt ist, wer durch diese Entscheidung in seinen Rechten beeinträchtigt ist.

Die Beschwerde wird durch Einreichung einer Beschwerdeschrift oder zur Niederschrift der Geschäftsstelle des genannten Gerichts eingelegt. Sie kann auch zur Niederschrift der Geschäftsstelle eines jeden Amtsgerichts erklärt werden. Sie ist von dem Beschwerdeführer oder seinem Bevollmächtigten zu unterzeichnen. Die Beschwerde muss die Bezeichnung des angefochtenen Beschlusses sowie die Erklärung enthalten, dass Beschwerde gegen diesen Beschluss eingelegt wird. Soll die Entscheidung nur zum Teil angefochten werden, so ist der Umfang der Anfechtung zu bezeichnen.

…………………

Muster 189: Festsetzung einer Sachverständigenvergütung (§ 4 JVEG)

☐ Amtsgericht Frankfurt am Main
☐ Landgericht Frankfurt am Main
Aktenzeichen: …

Beschluss

In dem Rechtsstreit 1
d…,

Kläger…,

Prozessbevollmächtigter: Rechtsanwalt …,
gegen
d…,

Beklagte…,

Prozessbevollmächtigter: Rechtsanwalt …,
☐ hat das Amtsgericht Frankfurt am Main durch den Richter am Amtsgericht …
☐ hat die … Zivilkammer des Landgerichts Frankfurt am Main durch
☐ den Vorsitzenden Richter am Landgericht … und die Richter am Landgericht … und …
☐ den Richter am Landgericht … als Einzelrichter
am … beschlossen:

Die dem Sachverständigen … zu gewährende Entschädigung wird
☐ auf Antrag ☐ des Sachverständigen ☐ der Staatskasse
☐ von Amts wegen ☐ auf Gegenvorstellung d… …
auf … € festgesetzt.

☐ Zugleich wird die Rückzahlung des überzahlten Betrages von … € angeordnet.

Die Entscheidung ergeht gerichtsgebührenfrei; außergerichtliche Kosten werden nicht erstattet.

Gründe

Der Sachverständige … ist durch Beschluss vom … beauftragt worden, ein Gutachten über … zu erstatten. Der Sachverständige hat nach Erstattung seines Gutachtens vom … (Bl. … d. A.) mit Schriftsatz vom … (Bl. … d. A.) beantragt, die ihm zu gewährende Entschädigung auf … € festzusetzen.

Die Gebührenanweisungsstelle
☐ hat auf die von … erhobenen Bedenken gegen die Höhe der Entschädigung die Akten dem Gericht gemäß § 4 I JVEG vorgelegt.
☐ hat diesem Antrag entsprochen, worauf die Gerichtskasse den Betrag an den Sachverständigen ausgezahlt hat. Auf die nachträglich von dem Bezirksrevisor mit Schriftsatz vom … (Bl. … d. A.) erhobene Gegenvorstellung war nunmehr gemäß § 4 I JVEG die dem Sachverständigen zu gewährende Entschädigung durch das Gericht festzusetzen.

☐ hat diesem Antrag nur teilweise, nämlich in Höhe von … € entsprochen. Da der Sachverständige mit seiner Eingabe vom … (Bl. … d. A.) auf der Zubilligung der ursprünglich von ihm beantragten Entschädigung bestanden hat, war nunmehr gemäß § 4 I JVEG die ihm zu gewährende Entschädigung gerichtlich festzusetzen.

2 Das Gericht hat nach Anhörung der Beteiligten die Entschädigung auf … € festgesetzt, wobei es von folgenden Einzelerwägungen ausgegangen ist:

☐ Der von dem Sachverständigen in Rechnung gestellte Zeitaufwand von … Stunden ist nicht zu beanstanden, denn …

☐ Der von dem Sachverständigen in Rechnung gestellte Zeitaufwand von … Stunden ist als zu hoch anzusehen, denn …

☐ Danach errechnet sich die Vergütung des Sachverständigen wie folgt: …

☐ Zu Unrecht meint der Bezirksrevisor, der Sachverständige könne nicht mehr als … € Entschädigung verlangen, da er diesen vom Gericht als Vorschuss geforderten Betrag ohne vorherigen Hinweis überschritten habe. Zwar kann im Einzelfall einem Sachverständigen die ihm nach dem Gesetz zuzubilligende Entschädigung gekürzt werden, wenn er – mit oder ohne gerichtliche Belehrung – eine Arbeit leistet, die durch den vom Gericht angeforderten Auslagenvorschuss nicht gedeckt ist. Voraussetzung hierfür ist jedoch, dass es sich um eine erhebliche Überschreitung handelt, die der Sachverständige voraussehen konnte, und dass die nunmehr geforderte Entschädigung in einem unangemessenen Verhältnis zu dem Streitobjekt des Verfahrens steht. Außerdem müssen konkrete Anhaltspunkte dafür gegeben sein, dass bei erfolgtem Hinweis des Sachverständigen Gericht oder Parteien den Sachverständigen von der weiteren Erstattung des Gutachtens entbunden und damit die erhöhten Kosten verhindert. Diese Voraussetzungen sind hier nicht erfüllt.

  ☐ Die jetzt dem Sachverständigen zuzubilligende Entschädigung liegt mit … € nur geringfügig über dem damals angeforderten Kostenvorschuss.

  ☐ Sie steht auch nicht außer Verhältnis zu dem Streitwert des Verfahrens, der bei … € liegt.

  ☐ Unter diesen Umständen sind keine Anhaltspunkte dafür gegeben, dass bei vorher erfolgtem Hinweis des Sachverständigen das Gericht von der weiteren Ausarbeitung des Gutachtens Abstand genommen hätte. Bei der Schwierigkeit des Beweisthemas hätte das Gericht den Sachverhalt ohne das Gutachten nicht aufklären können. Bei dem bisherigen Verfahrensverlauf bestand auch keine Wahrscheinlichkeit dafür, dass die Parteien auf die Mitteilung des Sachverständigen über die voraussichtlichen Gutachterkosten den Rechtsstreit durch einen Vergleich beendet hätten.

☐ Im Hinblick darauf, dass der Sachverständige nach der obigen Abrechnung überzahlt ist, war die Rückzahlung des Differenzbetrages anzuordnen. Der Sachverständige ist nach dem zwischen ihm und dem Justizfiskus bestehenden öffentlichrechtlichen Auftragsverhältnis zur Rückerstattung verpflichtet.

  ☐ Unter diesen Umständen beruft sich der Sachverständige auch ohne Erfolg auf den Wegfall der Bereicherung. Die Voraussetzungen für eine Einschränkung der Erstattungspflicht unter dem Gesichtspunkt des Vertrauensschutzes sind nicht gegeben, denn die Zeitspanne zwischen Bewilligung und Auszahlung der Entschädigung einerseits und der jetzigen Nachprüfung, von der der Sachverständige seit … Kenntnis hatte, ist zu gering.

Die Kostenentscheidung beruht auf § 4 VIII JVEG.

Rechtsbehelfsbelehrung

Diese Entscheidung kann mit der Beschwerde angefochten werden. Sie ist einzulegen bei dem Amtsgericht Frankfurt am Main, …

Die Beschwerde ist nur zulässig, wenn der Wert des Beschwerdegegenstands 200,– € übersteigt oder das Gericht die Beschwerde in dem Beschluss zugelassen hat.

Beschwerdeberechtigt ist, wer durch diese Entscheidung in seinen Rechten beeinträchtigt ist.

Die Beschwerde wird durch Einreichung einer Beschwerdeschrift oder zur Niederschrift der Geschäftsstelle des genannten Gerichts eingelegt. Sie kann auch zur Niederschrift der Geschäftsstelle eines jeden Amtsgerichts erklärt werden. Sie ist von dem Beschwerdeführer oder seinem Bevollmächtigten zu unterzeichnen. Die Beschwerde muss die Bezeichnung des angefochtenen Beschlusses sowie die Erklärung enthalten, dass Beschwerde gegen diesen Beschluss eingelegt wird. Soll die Entscheidung nur zum Teil angefochten werden, so ist der Umfang der Anfechtung zu bezeichnen.

…………………

Verfügung

1. Ausfertigung des Beschlusses an 3
   - ☐ Kläger (-Vertreter)
   - ☐ Beklagten (-Vertreter)
   - ☐ Bezirksrevisor ☐ EB)
   - ☐ Sachverständigen ☐ (ZU)
2. Kosten.

Frankfurt am Main, den …

☐ Amtsgericht, Abteilung … ☐ Landgericht, … Zivilkammer

☐ Der Vorsitzende

☐ Der Einzelrichter

…………………

Muster 190: Festsetzung einer Sachverständigenvergütung mit Begründung (§ 4 JVEG)

Landgericht Frankfurt am Main
Aktenzeichen: ...

Beschluss

1 In dem Rechtsstreit
d...,

Kläger...,

Prozessbevollmächtigter: Rechtsanwalt ...,
gegen
d...,

Beklagte...,

Prozessbevollmächtigter: Rechtsanwalt ...,
hat die ... Zivilkammer des Landgerichts Frankfurt am Main durch den Vorsitzenden Richter am Landgericht ... und die Richter am Landgericht ... und ... am ... beschlossen:

Auf Antrag der Staatskasse wird die dem Sachverständigen ... zu gewährende Entschädigung auf ... € festgesetzt.

Die Entscheidung ergeht gerichtsgebührenfrei; außergerichtliche Kosten werden nicht erstattet.

Gründe

I.

Der Sachverständige ist durch Beschluss des Gerichts vom ... (Bl. ... d. A.) beauftragt worden, ein Gutachten darüber zu erstatten,

a) ob die von dem Kläger, einem Schreinermeister, im Auftrag der Beklagten angefertigte Schauvitrine mit Einlegeböden im Hinblick auf die vorgesehene Belastung mit Ausstellungsstücken (Filmkameras, Projektoren etc.) den statischen Erfordernissen entsprach;
b) ob bei der voraussehbaren Belastung der Vitrine und Einlegeböden die anerkannten Regeln der Technik es erfordert hätten, die Vitrine an der Rückwand mit der Mauer zu verankern;
c) sich mit dem bereits eingeholten Gutachten des Schreinermeisters ... vom ... auseinanderzusetzen.

Der Sachverständige hat eine Ortsbesichtigung vorgenommen und sodann ein Gutachten vom ... erstattet, auf dessen Inhalt hiermit verwiesen wird (Bl. ... d. A.). Der Sachverständige beantragt, die ihm zu gewährende Entschädigung auf 1.624,16 € festzusetzen. Laut eingereichter Honorarrechnung (Bl. ... d. A.) setzt sich der Betrag wie folgt zusammen:

8	Stunden	Aktenstudium;
3	Stunden	Ortsbesichtigung;
5	Stunden	Vorbereitung des Gutachtens;
3	Stunden	Ausarbeitung und Diktat des Gutachtens;
1	Stunde	Durchsicht der Reinschrift des Gutachtens;
¼	Stunde	Ordnen und Kontrollieren der Blätter;
¼	Stunde	Verpacken des Gutachtens und Frankieren;
19,5	Stunden	

... €	bei einem Stundensatz von ... €
... €	Fahrtkosten zum Ortstermin: 20 km à ... €
... €	5 Stunden à ... € für eine Hilfskraft
	Gutachtenserstellung, 21.417 Anschläge:
... €	0,75 € je angefangene 1.000 Anschläge
... €	Porti
... €	Zwischensumme
... €	zuzüglich 19 % Mehrwertsteuer
... €	

Die Gebührenanweisungsstelle hat gegen die Festsetzung der beantragten Summe Bedenken erhoben und die Akten der Kammer zur Entscheidung vorgelegt. Diese hat dem Bezirksrevisor Gelegenheit zur Stellungnahme gegeben; auf dessen Ausführungen vom ... (Bl. ... d. A.) und die Erwiderung des Sachverständigen vom ... (Bl. ... d. A.) wird verwiesen.

II.

Das Gericht ist gemäß § 4 I JVEG zur Festsetzung der Entschädigung des Sachver- 2
ständigen befugt. Sie hält unter Anwendung der §§ 8, 9 JVEG einen Betrag von insgesamt ... € für angemessen. Die von dem Sachverständigen geforderte Entschädigung ist nach Auffassung des Gerichts in einigen Punkten erheblich übersetzt.

Das gilt zunächst für den zugrunde gelegten Zeitaufwand von 19,5 Stunden, der auf insgesamt acht Stunden zu reduzieren ist. Entschädigungsfähig ist nach § 8 II JVEG der erforderliche Zeitaufwand. Das ist nicht unbedingt die von dem Sachverständigen tatsächlich aufgewendete Zeit, obwohl sich diese beiden Größen in der Regel mehr oder weniger decken. Maßgebend ist vielmehr der Zeitaufwand, den ein Sachverständiger mit einer durchschnittlichen Fähigkeit und mit durchschnittlichen Kenntnissen benötigt, um gerade diese Beweisfrage vollständig und sachgemäß zu beantworten. Im Rahmen dieser Fragestellung ist das Gericht befugt, den berechneten Zeitaufwand des Sachverständigen unter Anlegung objektiver Maßstäbe nachzuprüfen.

Für das Studium der Akten können nach Auffassung des Gerichts höchstens zwei Stunden als angemessener Zeitaufwand angesehen werden. Zwar hatte die dem Sachverständigen übersandte Gerichtsakte einen Umfang von 150 Blatt. Es mag dem Sachverständigen auch zugegeben werden, dass er als Ingenieur Gerichtsakten nicht so schnell lesen kann wie ein mit juristischer Sachkunde und Routine begabter Richter. Gleichwohl kann von einem öffentlich bestellten und vereidigten Sachverständigen erwartet werden, dass er die übersandte Gerichtsakte nicht vom ersten bis letzten Blatt liest und durchstudiert. Ihm muss vielmehr abverlangt werden, dass er Inhalt und Umfang seines Gutachterauftrages aus dem Auftragsschreiben und dem dort in

Bezug genommenen Beweisbeschluss entnimmt und sodann die Akten „gezielt", d.h. unter Aussonderung der für die Beantwortung der gestellten Fragen unwesentlichen Aktenteile liest. Unter Berücksichtigung dieser Umstände waren an wesentlichen Schriftsätzen auf der Klägerseite 30 Blatt, auf der Beklagtenseite 45 Blatt, das Gutachten des Privatsachverständigen mit vier Blatt und das Gutachten des gerichtlich bestellten Sachverständigen mit sechs Blatt einem genaueren Studium zu unterziehen. Diese 85 Blatt Schriftgut konnten – auch unter Berücksichtigung mehrfachen Lesens und Vergleichens – in zwei Stunden erledigt werden.

In gleicher Weise erscheinen die angesetzten fünf Stunden für die Vorbereitung des Gutachtens und drei Stunden für die Ausarbeitung und das Diktat des Gutachtens reichlich übersetzt. Es ist bereits zweifelhaft, ob man die Zeit für das Aktenstudium nicht gleichzeitig für das vorbereitende Durchdenken in Anspruch nehmen kann und muss, da der mit Sachkunde ausgestattete Mensch bereits beim Lesen und Vergleichen der Schriftsätze mit dem Denken beginnt. Selbst wenn man hier dem Sachverständigen konzedieren kann, dass er zur Beantwortung der Beweisfrage zu a) einige Berechnungen angestellt hat und zu den Punkten b) und c) zusätzliche und abschließende Betrachtungen notwendig waren, erscheinen weitere zwei Stunden für das Durchdenken und eine weitere halbe Stunde für das Diktat der 10 Seiten ausreichend.

Ebenso erscheint die angegebene eine Stunde für die Durchsicht der Reinschrift von 10 Seiten übersetzt. Hier erachtet das Gericht eine halbe Stunde für ausreichend. Die weiter angesetzten beiden Viertelstunden für Ordnen und Kontrollieren der Blätter bzw. Verpacken und Frankieren der Umschläge müssen gänzlich außer Betracht bleiben, da sie üblicherweise nicht vom Sachverständigen selbst, sondern von einer Schreibkraft erledigt werden und deren Vergütung als Allgemeinkosten im Stundensatz des Sachverständigen enthalten ist.

Der in Rechnung gestellte Stundensatz von … € war zudem auf einen Stundensatz von … € zu reduzieren, denn die Beantwortung der Beweisfragen fällt nicht in die Honorargruppe 4 des § 9 I JVEG, sondern gemäß Anlage 1 zu § 9 I JVEG in die Honorargruppe 3, weil der Sachverständige auf den Sachgebiet Möbel und nicht auf dem Sachgebiet Holz/Holzbau tätig geworden ist, denn vorliegend geht es nach dem Beweisbeschluss vom … um eine Schauvitrine und deren Gebrauchstauglichkeit, also um ein Möbel.

Schließlich sind die angesetzten fünf Stunden für eine Hilfskraft übersetzt. Der Sachverständige hat auf Anfrage erklärt, die Hilfskraft sei ihm bei der Ortsbesichtigung zum Ausmessen der Vitrine notwendig gewesen. Insoweit stimmt das Gericht trotz gewisser Bedenken – die geringfügige Arbeit hätte der Sachverständige vielleicht auch selbst ausführen können – der Zubilligung einer Entschädigung zu. Über die damit anzusetzenden drei Stunden hinaus sind aber keine Anhaltspunkte für die Tätigkeit der Hilfskraft ersichtlich.

3 Damit errechnet sich die Entschädigung wie folgt:

2 Stunden	Aktenstudium;
3 Stunden	Ortsbesichtigung;
2 Stunden	Vorbereitung des Gutachtens;
1/2 Stunde	Diktat des Gutachtens;
1/2 Stunde	Durchsicht des Gutachtens.
8 Stunden	

... €	bei einem Stundensatz von 60,– €
... €	Fahrtkosten zum Ortstermin: 20 km à 0,25 €
... €	3 Stunden à 20,– € für eine Hilfskraft
	Gutachtenserstellung, 21.417 Anschläge:
... €	0,75 € je angefangene 1.000 Anschläge
... €	Porti
... €	Zwischensumme
... €	zuzüglich 19 % Mehrwertsteuer
... €	

Die Kostenentscheidung beruht auf § 4 VIII JVEG.

Rechtsbehelfsbelehrung

Diese Entscheidung kann mit der Beschwerde angefochten werden. Sie ist einzulegen bei dem Amtsgericht Frankfurt am Main, ...

Die Beschwerde ist nur zulässig, wenn der Wert des Beschwerdegegenstands 200,– € übersteigt oder das Gericht die Beschwerde in dem Beschluss zugelassen hat.

Beschwerdeberechtigt ist, wer durch diese Entscheidung in seinen Rechten beeinträchtigt ist.

Die Beschwerde wird durch Einreichung einer Beschwerdeschrift oder zur Niederschrift der Geschäftsstelle des genannten Gerichts eingelegt. Sie kann auch zur Niederschrift der Geschäftsstelle eines jeden Amtsgerichts erklärt werden. Sie ist von dem Beschwerdeführer oder seinem Bevollmächtigten zu unterzeichnen. Die Beschwerde muss die Bezeichnung des angefochtenen Beschlusses sowie die Erklärung enthalten, dass Beschwerde gegen diesen Beschluss eingelegt wird. Soll die Entscheidung nur zum Teil angefochten werden, so ist der Umfang der Anfechtung zu bezeichnen.

....

Muster 191: Ablehnung einer Sachverständigenentschädigung (§ 4 JVEG)

☐ Amtsgericht Frankfurt am Main
☐ Landgericht Frankfurt am Main
Aktenzeichen: …

Beschluss

1 In dem Rechtsstreit
d… …,

Kläger…,

Prozessbevollmächtigter: Rechtsanwalt …,
gegen
d… …,

Beklagte…,

Prozessbevollmächtigter: Rechtsanwalt …,
☐ hat das Amtsgericht Frankfurt am Main durch den Richter am Amtsgericht …
☐ hat die … Zivilkammer des Landgerichts Frankfurt am Main durch
☐ den Vorsitzenden Richter am Landgericht … und die Richter am Landgericht … und …
☐ den Richter am Landgericht … als Einzelrichter
am … beschlossen:

Der Antrag des Sachverständigen … vom … auf Festsetzung einer Entschädigung für sein Gutachten vom … wird zurückgewiesen.

Die Entscheidung ergeht gerichtsgebührenfrei; außergerichtliche Kosten werden nicht erstattet.

Gründe

Dem Sachverständigen war die Zubilligung einer Entschädigung nach § 4 JVEG zu verweigern, da sein Gutachten für die Entscheidung des Rechtsstreits völlig wertlos ist und dies auch der Sachverständige zu vertreten hat.

In Rechtsprechung und Schrifttum ist anerkannt, dass einem Sachverständigen eine Entschädigung verweigert werden kann, wenn das Gutachten aufgrund besonderer, von dem Sachverständigen vorsätzlich oder grob fahrlässig zu vertretenden Umstände inhaltliche oder formale Mängel aufweist und deshalb für die Entscheidung des Rechtsstreits ohne Nutzen ist. So liegt es auch in vorliegendem Fall.

2 ☐ Das vorgelegte Gutachten ist seinem Inhalt nach nicht verwertbar.
☐ Es beantwortet nicht die in dem Beweisbeschluss vom … gestellten Fragen.
☐ Es gibt für die pauschal behaupteten Ergebnisse keine Begründung.
☐ Die in dem Gutachten wiedergegebenen Gedankengänge sind für das Gericht verworren und nicht nachvollziehbar.

- ☐ Der Sachverständige hat das Gutachten nicht selbst erstellt, sondern dies d… … überlassen, ohne vorher die Genehmigung des Gerichts einzuholen. Der Gutachterauftrag ist jedoch höchstpersönlicher Natur, da es dem Gericht gerade auf die Sachkunde des ausgewählten Sachverständigen ankommt.
- ☐ Es enthält einen eklatanten Fehler, nämlich …, der alle darauf aufbauenden Schlussfolgerungen entfallen lässt.

☐ Der Sachverständige ist durch Beschluss des Gerichts vom … wegen Besorgnis der Befangenheit abgelehnt worden. Grund hierfür war, dass … . Dieses Verhalten des Sachverständigen stellt eine grob fahrlässige Verletzung seiner Pflichten dar, die die Versagung der Entschädigung rechtfertigt.

☐ Der Sachverständige hat seinen Auftrag nicht zu Ende geführt.

- ☐ Er hat das zugesagte Ergänzungsgutachten trotz mehrfacher Mahnung nicht abgeliefert.
- ☐ Er ist ohne Angabe von Gründen dem Termin vom … ferngeblieben, so dass seine persönliche Anhörung zur Aufklärung fraglicher Punkte unterblieben ist.
- ☐ …

Die Kostenentscheidung beruht auf § 4 VIII JVEG.

Rechtsbehelfsbelehrung

Diese Entscheidung kann mit der Beschwerde angefochten werden. Sie ist einzulegen bei dem Amtsgericht Frankfurt am Main, …

Die Beschwerde ist nur zulässig, wenn der Wert des Beschwerdegegenstands 200,– € übersteigt oder das Gericht die Beschwerde in dem Beschluss zugelassen hat.

Beschwerdeberechtigt ist, wer durch diese Entscheidung in seinen Rechten beeinträchtigt ist.

Die Beschwerde wird durch Einreichung einer Beschwerdeschrift oder zur Niederschrift der Geschäftsstelle des genannten Gerichts eingelegt. Sie kann auch zur Niederschrift der Geschäftsstelle eines jeden Amtsgerichts erklärt werden. Sie ist von dem Beschwerdeführer oder seinem Bevollmächtigten zu unterzeichnen. Die Beschwerde muss die Bezeichnung des angefochtenen Beschlusses sowie die Erklärung enthalten, dass Beschwerde gegen diesen Beschluss eingelegt wird. Soll die Entscheidung nur zum Teil angefochten werden, so ist der Umfang der Anfechtung zu bezeichnen.

…………………

Muster 192: Streitwertanfrage bei Klägervertreter

☐ Amtsgericht Frankfurt am Main
☐ Landgericht Frankfurt am Main
Aktenzeichen: …

Verfügung

1 1. Schreiben an Kläger-Vertreter ☐ (EB):

In p.p.
ist der Antrag der Klageschrift nicht auf eine bestimmte Geldsumme gerichtet. Zwecks Berechnung des erforderlichen Kostenvorschusses werden Sie unter Hinweis auf die §§ 253 III Nr. 2 ZPO, 61 GKG gebeten, binnen … den Wert des Streitgegenstands anzugeben.

☐ Bitte teilen Sie hierbei mit,
- ☐ wie hoch der von Ihrer Partei behauptete Schaden angesehen wird;
- ☐ welchen Verkehrswert der mit der Klage herausverlangte Gegenstand hat;
- ☐ wie hoch das Interesse Ihrer Partei an der Unterlassung der beanstandeten Werbung zu veranschlagen ist; wie weit wird der Jahresumsatz Ihrer Partei bei Fortsetzung der beanstandeten Werbung?
- ☐ …

2. Kosten.

Frankfurt am Main, den …
☐ Amtsgericht, Abteilung …

☐ Landgericht, … Zivilkammer
☐ Der Vorsitzende
☐ Der Einzelrichter

…………………

Muster 193: Streitwertfestsetzung mit Begründung (§§ 63 I 1, 48 I GKG, 3 ZPO)

Amtsgericht Frankfurt am Main
Aktenzeichen: …

Beschluss

In dem Rechtsstreit 1
der …,

Klägerin,

Prozessbevollmächtigter: Rechtsanwalt …

gegen

1. die …,
2. den …,

Beklagten,

Prozessbevollmächtigter: Rechtsanwalt …
hat das Amtsgericht Frankfurt am Main durch den Richter am Amtsgericht … am … beschlossen:

Der Streitwert wird auf … € festgesetzt.

Gründe

Die Klägerin begehrt von den Beklagten die Herausgabe des Kraftfahrzeugbriefs und des Kraftfahrzeugscheins betreffend den VW-Golf, polizeiliches Kennzeichen … . Die Klägerin erwarb durch Kaufvertrag vom … das genannte Fahrzeug bei dem Autohaus … GmbH, Frankfurt am Main, zum Preis von … . Das Fahrzeug wurde nebst Papieren, die auf den Namen der Klägerin lauten, von dem Autohaus … GmbH im Einverständnis der Klägerin an die Beklagte zu 1) ausgehändigt, die es seitdem zusammen mit ihrem Verlobten, dem Beklagten zu 2) nutzt. Die Klägerin verlangt mit der vorliegenden Klage die Herausgabe der Kraftfahrzeugpapiere mit der Behauptung, sie habe das Fahrzeug der Beklagten zu 1) nur zur vorübergehenden Nutzung überlassen. Die Beklagten verweigern die Herausgabe der Papiere mit der Behauptung, die Klägerin habe das Fahrzeug der Beklagten zu 1) geschenkt.

Das Gericht hat auf Antrag beider Parteien den Streitwert festgesetzt. Es geht hierbei von einem Wert von … € aus, wobei folgende Erwägungen maßgebend sind:

Die Bemessung des Gebührenstreitwerts für die Klage auf Herausgabe von Kraftfahrzeugpapieren richtet sich nach § 48 I GKG in Verbindung mit § 3 ZPO.

Das Gericht folgt der herrschenden Meinung, dass § 6 ZPO keine Anwendung 2
finden kann, da Streitgegenstand der vorliegenden Klage nicht die Herausgabe des Kraftfahrzeugs selbst ist; nur in letzterem Falle ist es bei wirtschaftlicher Betrachtungsweise gerechtfertigt, den Verkehrswert der herausverlangten Sache zugrunde zu legen. Diese Auffassung entspricht der herrschenden Meinung bei Herausgabeklagen von Beweisurkunden.

Maßgebend nach § 3 ZPO ist demnach das wirtschaftliche Interesse der Klägerin an der Innehabung der beiden Urkunden, die nur mit einem Bruchteil des Verkehrswertes des Kraftfahrzeuges angenommen werden kann.

Der Besitz des Kraftfahrzeugbriefs gibt dem Eigentümer die Gewähr, dass ein Dritter nicht unter Vorlage des Briefs das Kraftfahrzeug veräußern und der andere möglicherweise gutgläubig das Eigentum erwerben kann (§ 932 BGB). Außerdem benötigt der Eigentümer des Fahrzeugs den Kraftfahrzeugbrief, wenn er es veräußern oder zu Beleihungszwecken sicherungsübereignen will. Die Klägerin hat keine besonderen Umstände dafür vorgetragen, dass die Beklagte zu 1) Anstalten macht, das Fahrzeug zu veräußern, und dass sie selbst beabsichtigt, es zu beleihen.

Dies rechtfertigt es, die Quote des Verkehrswertes an der unteren Grenze mit 20 % anzusetzen, wobei das Gericht im Hinblick auf die geringe Zeitspanne zwischen Ankauf des Fahrzeugs und Beginn der Instanz (§ 40 GKG) von dem Anschaffungswert ausgeht.

Für die Herausgabe des Kraftfahrzeugscheines erachtet das Gericht einen besonderen Streitwert für notwendig. Aus dem Vorbringen der Klägerin geht hervor, dass über die Fahrzeugpapiere, insbesondere den Kraftfahrzeugschein, Einfluss auf die Art und das Maß der Nutzung des Wagens genommen werden soll.

Das Gericht bewertet dieses Interesse der Klägerin geringer als dasjenige, über das Kraftfahrzeug als Eigentümerin verfügen zu können. Hierfür erscheint eine Quote von 10 % des Anschaffungspreises angemessen.

Insgesamt ist damit der Streitwert auf 30 % des Anschaffungspreises für das Fahrzeug anzusetzen, was einem Betrag von … € entspricht.

Rechtsbehelfsbelehrung

Diese Entscheidung kann mit der Beschwerde angefochten werden. Sie ist nur zulässig, wenn sie innerhalb von sechs Monaten, nachdem die Entscheidung in der Hauptsache rechtskräftig geworden ist oder das Verfahren sich anderweitig erledigt hat, bei dem Amtsgericht Frankfurt am Main, …, eingeht.

Wird der Streitwert später als einen Monat vor Ablauf dieser Frist festgesetzt, kann die Beschwerde innerhalb eines Monats nach Zustellung oder formloser Mitteilung der Festsetzung bei dem Gericht eingelegt werden.

Die Beschwerde ist nur zulässig, wenn der Wert des Beschwerdegegenstands 200,– € übersteigt oder das Gericht die Beschwerde zu diesem Beschluss zugelassen hat.

Beschwerdeberechtigt ist, wer durch diese Entscheidung in seinen Rechten beeinträchtigt ist. Die Beschwerde wird durch Einreichung einer Beschwerdeschrift oder zur Niederschrift der Geschäftsstelle des genannten Gerichts eingelegt. Sie kann auch zur Niederschrift der Geschäftsstelle eines jeden Amtsgerichts erklärt werden, wobei es für die Einhaltung der Frist auf den Eingang bei dem genannten Gericht ankommt. Sie ist von dem Beschwerdeführer oder seinem Bevollmächtigten zu unterzeichnen. Die Beschwerde muss die Bezeichnung des angefochtenen Beschlusses sowie die Erklärung enthalten, dass Beschwerde gegen diesen Beschluss eingelegt wird. Soll die Entscheidung nur zum Teil angefochten werden, so ist der Umfang der Anfechtung zu bezeichnen.

…………………

§ 13. Die Prozesskostenhilfe

I. Der Geltungsbereich

1. Der persönliche Geltungsbereich

Die Vorschriften zur Prozesskostenhilfe gelten für alle natürlichen Personen unabhängig von ihrer Staatsangehörigkeit; für Prozesse im Inland kommt es auf eine etwaige Gegenseitigkeit nicht an.[1] Es gilt außerdem für inländische oder in einem Staat der EU bzw. des Europäischen Wirtschaftsraums gegründete und ansässige juristische Personen oder parteifähige Vereinigungen sowie Parteien kraft Amtes (§ 116 ZPO). Für diesen Bereich gelten besondere Bewilligungsvoraussetzungen, die im Folgenden außer Betracht bleiben. Für die grenzüberschreitende Prozesskostenhilfe innerhalb der Europäischen Union gelten gemäß § 114 Abs. 1 S. 2 ZPO ergänzend die §§ 1076 bis 1078 ZPO; insoweit ist die Richtlinie 2003/8/EG zu beachten. Als prozessual Beteiligter kommt schließlich neben den Parteien auch der Nebenintervenient in Betracht. 1

2. Die Verfahrensarten

In sachlicher Hinsicht muss die Prozesskostenhilfe für ein bestimmtes Verfahren in Anspruch genommen werden, da nur dann die Voraussetzungen geprüft und der Umfang der Leistungen festgelegt werden kann. Im Zivilprozess kommen neben dem im Vordergrund stehenden Erkenntnisverfahren alle Prozess- und sonstigen gerichtlichen Verfahren in Betracht. Keine Prozesskostenhilfe wird gewährt für außergerichtliche Verfahren, was sich schon aus den Worten „Kosten der Prozessführung" ergibt und das Prozesskostenhilfeverfahren selbst. 2

II. Die Voraussetzungen der Bewilligung

1. Die Erfolgsaussicht

Die beabsichtigte Rechtsverfolgung bzw. Rechtsverteidigung muss hinreichende Aussicht auf Erfolg haben (§ 114 ZPO). Diese dem Begünstigten auferlegte Hürde ist trotz Art. 19 IV GG als verfassungsmäßig anzusehen.

Maßgebender Zeitpunkt für die Beurteilung der Erfolgsaussicht ist der Zeitpunkt der Bewilligungsreife; das ist der Zeitpunkt, in dem das Gericht Prozesskostenhilfe bei einem ordnungsgemäßen unverzüglichen Geschäftsgang bewilligen muss.[2] Änderungen in der Beurteilung der Erfolgsaussichten, die nach Bewilligungsreife des PKH-Antrags eintreten, dürfen grundsätzlich nicht mehr zu Lasten des Antragstellers be-

---

[1] Anders/Gehle/*Dunkhase* § 114 Rn. 12 „Ausländer, Mehrstaater, Staatenloser"; Thomas/Putzo/*Seiler* § 114 Rn. 2.

[2] Anders/Gehle/*Dunkhase* § 119 Rn. 5; Thomas/Putzo/*Seiler* § 119 Rn. 4.

rücksichtigt werden. Wird dagegen eine entscheidungserhebliche streitige Rechtsfrage während des PKH-Verfahrens höchstrichterlich entschieden, so ist nicht der Zeitpunkt der Bewilligungsreife, sondern der Entscheidung maßgeblich.[3]

Die Prüfung der Erfolgsaussicht ist aufzuspalten in die rechtliche und tatsächliche Seite der beabsichtigten Rechtsverfolgung oder Rechtsverteidigung.

3 a) Im Rahmen der Prüfung der rechtlichen Erfolgsaussicht hat das Gericht zu prüfen, ob der Sachvortrag der Partei schlüssig bzw. erheblich ist. Es hat deshalb dazu Stellung zu nehmen, ob nach seiner Rechtsauffassung die beabsichtigte Rechtsverfolgung bzw. Rechtsverteidigung zum Ziel führen kann. Dabei darf kein den Zweck der Prozesskostenhilfe gefährdendes Überspannen der Anforderungen erfolgen; vielmehr ist Großzügigkeit in der Beurteilung angebracht, insbesondere in für die Persönlichkeit wichtigen Statussachen (Ehe- und Kindschaftssachen).

4 b) Im Rahmen der Prüfung der Erfolgsaussicht hinsichtlich der Tatsachenfeststellung hat das Gericht außerdem zu prüfen, ob die von einer Partei vorgetragene Tatsachengrundlage bei der Hauptsacheentscheidung voraussichtlich zum Zuge kommen kann. Das ist sicher dann gegeben, wenn der Tatsachenvortrag einer Partei von der Gegenseite nicht bestritten wird. Soweit es sich um bestrittene Tatsachen handelt, ist zu prüfen, ob die beweispflichtige Partei überhaupt Beweis angetreten hat und bejahendenfalls ob die Beweisanträge wenigstens bei oberflächlicher und großzügiger Betrachtung einen Beweis als möglich erscheinen lassen. Das bedeutet:

(1) Ebenso wie im Hauptprozess ist eine Vorwegnahme der Beweiswürdigung in der Regel ausgeschlossen. Eine Ausnahme besteht dann, wenn konkrete Anhaltspunkte dafür vorliegen, dass eine erforderliche Beweisaufnahme mit großer Wahrscheinlichkeit zum Nachteil der beweisbelasteten, PKH beantragenden Partei ausgehen würde. Dazu gehört der Antrag auf Parteivernehmung der Gegenpartei, wenn diese den Tatsachenvortrag der beweispflichtigen Partei bestreitet.[4]

(2) Beweisergebnisse aus einem zivilrechtlichen oder strafrechtlichen Parallelverfahren können bei der Erfolgsprognose berücksichtigt werden. Erst recht gilt dies für Beweisergebnisse aus dem laufenden Prozess, wenn die Bewilligung der Prozesskostenhilfe erst im Laufe des Verfahrens nach Durchführung der Beweisaufnahme beantragt wird.

2. Die Bedürftigkeit der Partei

Die Partei muss nach ihren persönlichen und wirtschaftlichen Verhältnissen nicht, nur zum Teil oder nur in Raten in der Lage sein, die Kosten der Prozessführung aufzubringen. Maßgebend sind hierbei die persönlichen und wirtschaftlichen Verhältnisse der Partei selbst. Im Falle von Abtretung und Prozessstandschaft ist im Einzelfall – zwecks Vermeidung ungerechtfertigter Prozesskostenhilfe durch vorgeschobene Personen – darzulegen, dass sowohl der Prozessstandschafter als auch der Rechtsinhaber unvermögend sind.[5] Maßgebender Zeitpunkt für die Beurteilung der Bedürftigkeit ist ebenfalls der Zeitpunkt der Bewilligungsreife.

Die Prüfung der Bedürftigkeit ist in folgenden Einzelschritten vorzunehmen:

a) Zunächst sind die voraussichtlichen Kosten des Rechtsstreits zu berechnen, eventuell zu schätzen.

---

[3] Anders/Gehle/*Dunkhase* § 119 Rn. 5f.; BeckOK ZPO/*Reichling* § 119 Rn. 11.2.

[4] Anders/Gehle/*Dunkhase* § 114 Rn. 33 „Parteivernehmung"; BeckOK ZPO/*Reichling* § 114 Rn. 31.1.

[5] Anders/Gehle/*Dunkhase* § 114 Rn. 22 „Fremdes Recht"; BeckOK ZPO/*Reichling* § 114 Rn. 22.

(1) Auszugehen ist von dem beabsichtigten Klageantrag des Antragstellers, dessen Durchsetzung er verfolgt bzw. gegenüber dem sich der Antragsgegner verteidigen muss.

Soweit der Klageantrag nicht in Geld beziffert ist, muss der Streitwert ermittelt werden.

(2) Es sind sodann die Kosten der Instanz zu berechnen, für die Prozesskostenhilfe begehrt wird.

Es sind alle von dem Antragsteller zum Erstreiten eines obsiegenden Urteils notwendigen Verfahrenskosten einzusetzen, also nicht nur die zu leistenden Vorschüsse. Außer Betracht bleiben die außergerichtlichen Kosten des Gegners, denn die Prozesskostenhilfe soll der bedürftigen Partei die Prozessführung ermöglichen, sie aber nicht vor Kostenerstattungsansprüchen ihres Gegners gemäß §§ 91 ff. ZPO schützen, falls sie den Prozess verliert, § 123 ZPO.[6]

b) Nach § 115 I ZPO hat die Partei ihr Einkommen einzusetzen. Maßgebend ist hierbei das Einkommen des einzelnen Antragstellers, nicht das Familieneinkommen. Auszugehen ist von dem Bruttoeinkommen, von dem dann notwendige Abzüge vorzunehmen sind, bevor in einem weiteren Schritt das von der Partei einzusetzende Vermögen festgelegt wird. 5

(1) Zum Bruttoeinkommen gehören alle Einkünfte in Geld oder Geldeswert (§ 115 I 2 ZPO).

Dazu zählen u. a.: das Arbeitseinkommen einschließlich Urlaubs- und Weihnachtsgeld, ALG I und II, das auf die Eheleute aufgeteilte Kindergeld, das Wohngeld, Sozialversicherungsrenten, Zinsen aus Darlehen und Sparguthaben, Erträgnisse aus Wertpapieren und Gewinnbeteiligungen, Mieteinnahmen, für den Antragsteller bestimmte Unterhaltsrenten, Sachbezüge, soweit sie Geldwert haben, z. B. freie Wohnung und freie Verpflegung.

Die Arbeitskraft als solche stellt kein Einkommen dar. 6

Sie kann jedoch dann wie Einkommen behandelt werden, wenn die antragstellende Partei nicht arbeitet, obwohl ihr dies zumutbar wäre. Dann ist ihr das durch die ungenutzte Arbeitskraft entgangene Einkommen fiktiv zuzurechnen.[7]

(2) Vom Bruttoeinkommen sind sodann notwendige Abzüge vorzunehmen, um das der Partei de facto zur Verfügung stehende Nettoeinkommen zu ermitteln.

Es handelt sich zunächst um die in § 82 II SGB XII genannten Belastungen, insbesondere also Steuern und Sozialabgaben, und den Erwerbstätigenbonus (§ 115 I 3 Nr. 1 ZPO).

Sodann sind nach § 115 I 3 Nr. 2 ZPO zur Sicherung des Existenzminimums Freibeträge für die Partei, ihren Ehegatten oder Lebenspartner und weitere Unterhaltsleistungen aufgrund gesetzlicher Vorschriften abzuziehen.

Im Interesse einer flexiblen Anpassung an die wirtschaftlichen Verhältnisse sind der Erwerbstätigenbonus und die Freibeträge vom Gesetzgeber an die jeweiligen monatlichen Regelsätze für Sozialhilfe (§ 28 II SGB XII) gekoppelt, die im Zeitpunkt der Bewilligung der Prozesskostenhilfe gelten. Um dem Richter die Ermittlung der jeweils geltenden Grundbeträge und die Berechnung zu ersparen, werden die vom 1. Juli bis zum 30. Juni des Folgejahres maßgebenden Beträge jährlich vom Bundesministerium der Justiz im Bundesgesetzblatt bekannt gemacht (§ 115 I 6 ZPO). Auf die Unterhaltsfreibeträge ist eigenes Einkommen der unterhaltsberechtigten Person anzurechnen (§ 115 I 8 ZPO); dabei muss es sich um das Nettoeinkommen des jeweiligen Unterhaltsberechtigten handeln, da ja dessen Existenzminimum gewährleistet sein soll. Für die Ermittlung dieses Nettoeinkommens gilt

---

[6] Anders/Gehle/*Dunkhase* § 114 Rn. 6; Thomas/Putzo/*Seiler* § 123 Rn. 1.

[7] BeckOK ZPO/*Reichling* § 115 Rn. 6; Thomas/Putzo/*Seiler* § 115 Rn. 2a.

das Gleiche wie für die antragstellende Partei. Wird von der Partei eine Geldrente gezahlt, so ist sie an Stelle des Freibetrags abzusetzen, soweit dies angemessen ist (§ 115 I 9 ZPO).

Eine gesonderte Absetzung wird vorgenommen für die Kosten der Unterkunft und Heizung, soweit sie nicht in einem auffälligen Missverhältnis zu den Lebensverhältnissen der Partei stehen (§ 115 I 3 Nr. 3 ZPO).

Diese Kosten sind in den oben genannten Freibeträgen zur Sicherung des Existenzminimums nicht enthalten. Deshalb wird dieser gesonderte Abzug nicht Platz greifen können, wenn in einer gezahlten Unterhaltsrente dieser Bedarf bereits in die Berechnung einbezogen ist. Zu den Mietkosten, die abgezogen werden können, gehören auch Nebenkosten, z. B. die vom Mieter zu zahlenden Betriebskosten. Bei einem Wohnen im eigenen Haus oder in einer Eigentumswohnung sind an Stelle des gezahlten Mietzinses und der Nebenkosten die Belastungen abzuziehen, die der Eigentümer zu bezahlen hat; z. B. Zins- und Tilgungsleistungen auf Darlehen, Hypotheken, Grundschulden, Umlagen nach § 16 II WEG.

Abgesetzt werden können als Belastungen nach § 115 I 3 Nr. 5 ZPO außerdem weitere Beträge, soweit dies mit Rücksicht auf besondere Belange der Partei angemessen ist.

Durch die Verweisung auf § 1610a BGB ist klargestellt, dass hierzu Sozialleistungen gehören, die infolge eines Körper- oder Gesundheitsschadens an die Partei gezahlt werden; durch die in § 1610a BGB niedergelegte Vermutung wird erreicht, dass diese Sozialleistungen im Regelfall für die notwendigen Aufwendungen als erforderlich anzusehen und voll abzusetzen sind. Als abzugsfähige Mehrbedarfe kommen in Betracht: krankheitsbedingte Kosten, Umgangskosten sowie der Abzug für Alleinerziehende nach § 21 III SGB II, § 30 III SGB XII.[8]

7 (3) Inwieweit das nunmehr durch Abzug der Belastungen bereinigte Nettoeinkommen für die Prozesskosten einzusetzen ist, wird in § 115 II ZPO festgelegt. Je nach dessen Höhe müssen von der Partei bestimmte monatliche Raten eingesetzt werden, und zwar höchstens 48 Monatsraten unabhängig von der Zahl der Rechtszüge.

Eine wichtige Einschränkung der Gewährung von Prozesskostenhilfe enthält § 115 IV ZPO. Danach wird Prozesskostenhilfe nicht bewilligt, wenn die voraussichtlichen Prozesskosten vier Monatsraten und die aus dem Vermögen aufzubringenden Teilbeträge voraussichtlich nicht übersteigen. Insoweit wird der Partei ein Zuwarten mit der Klageerhebung oder eine kurzfristige Kreditaufnahme zugemutet.

8 c) Nach § 115 III ZPO hat die Partei zudem ihr Vermögen (also dessen Stamm) einzusetzen, soweit dies zumutbar ist.

(1) Zum Vermögen sind alle geldwerten Sachen und Rechte zu zählen, vorausgesetzt, dass diese verwertbar sind (§ 90 I SGB XII).

Vorrangig festzustellen ist, ob ein realisierbarer Anspruch auf Prozesskostenvorschuss oder ein Anspruch auf Rechtsschutz besteht, sei es gegenüber einer Versicherung oder einer Gewerkschaft. Im Übrigen gehören zum Vermögen: Spar-, Bank- und Wertpapierguthaben, Sachen und Forderungen.

(2) Das Vermögen muss nur im Rahmen der Zumutbarkeit eingesetzt werden. § 115 III ZPO verweist zur Konkretisierung auf § 90 SGB XII. Darüber hinaus hat der Richter selbst die Grenzen der Zumutbarkeit zu bestimmen.

Nach § 90 II SGB XII sind deshalb u. a. nicht einzusetzen: angemessener Hausrat; Familien- und Erbstücke; ein angemessenes Hausgrundstück; kleinere Barbeträge oder sonstige Geldwerte. Eine besondere Härteklausel befindet sich in § 90 III SGB XII.

Im Rahmen der direkten Anwendung von § 115 III ZPO können weitere Grenzen für den zumutbaren Einsatz des Vermögens gezogen werden. So gehört der Prozesskostenvorschussanspruch gem.

---

[8] BeckOK ZPO/*Reichling* § 115 Rn. 42a.1; Thomas/Putzo/*Seiler* § 115 Rn. 14.

§§ 1360a IV, 1361 IV BGB zum Vermögen, das einzusetzen ist. Auch realisierbare, also titulierte oder anerkannte Forderungen gehören zum einzusetzenden Vermögen.[9] Unverwertbare Vermögensgegenstände sind u. a. ein von der bedürftigen Person bewohntes angemessenes Hausgrundstück sowie Gegenstände, die zur Ausübung einer Erwerbstätigkeit notwendig sind.[10]

3. Die fehlende Mutwilligkeit

Die beabsichtigte Prozessführung darf schließlich nicht mutwillig sein (§ 114 I 1 ZPO). Es handelt sich um ein negatives Regulativ, das sich inhaltlich mit dem Einwand des Rechtsmissbrauchs deckt und nur in Ausnahmefällen zum Zuge kommt. Es ist hier zu fragen, was eine verständige, ausreichend bemittelte Partei in einem gleich gelagerten Fall tun würde.[11] 9

III. Das Verfahren

1. Der Antrag

a) Der Antrag (§ 117 ZPO) ist bei dem Prozessgericht zu stellen. 10

Der Antrag kann zu Protokoll der Geschäftsstelle erklärt werden, und zwar nach § 129a ZPO auch zu Protokoll der Geschäftsstelle eines anderen Amtsgerichts. Er unterliegt nach § 78 III ZPO nicht dem Anwaltszwang, bedarf aber als bestimmender Schriftsatz der Unterschrift.

Der Antrag kann bis zum Abschluss der Instanz gestellt werden.

Eine Partei kann sich deshalb auch im Laufe des bereits anhängigen Rechtsstreits entschließen, von der Möglichkeit der Prozesskostenhilfe Gebrauch zu machen.

b) Der Antrag hat das Streitverhältnis unter Angabe der Beweismittel darzustellen (§ 117 I 2 ZPO). Dabei ist auch der beabsichtigte Klageantrag mitzuteilen.

Nur auf diese Weise kann das Gericht die Erfolgsaussicht prüfen. Die Darlegung des Streitverhältnisses kann auch durch Bezugnahme auf eine gleichzeitig (im Original eingereichte oder im Entwurf beigefügte) Klageschrift, bei bereits laufendem Verfahren durch Bezugnahme auf die vorliegenden Schriftsätze erfolgen.

c) Dem Antrag ist eine Erklärung über die persönlichen und wirtschaftlichen Verhältnisse der Partei beizufügen (§ 117 II ZPO). 11

(1) Die Justizverwaltung wurde in § 117 III ZPO ermächtigt, zur Vereinfachung und Vereinheitlichung des Verfahrens durch Rechtsverordnung mit Zustimmung des Bundesrats Vordrucke für die Erklärung einzuführen. Hiervon hat die Justizverwaltung Gebrauch gemacht, das amtliche Formular ist in der PKHFV veröffentlicht.

(2) Auch für minderjährige Kinder muss die Erklärung über die persönlichen und wirtschaftlichen Verhältnisse abgegeben werden; ihre Vermögenslosigkeit und Einkommenslosigkeit wird nicht vermutet.

---

[9] Anders/Gehle/*Dunkhase* § 115 Rn. 40 „Prozesskostenvorschuss“, „Forderung“; BeckOK ZPO/*Reichling* § 115 Rn. 51, 56.

[10] Anders/Gehle/*Dunkhase* § 115 Rn. 40 „Hausgrundstück“, „Erwerb“; BeckOK ZPO/*Reichling* § 115 Rn. 73 ff., 69 f.

[11] Anders/Gehle/*Dunkhase* § 114 Rn. 35; Thomas/Putzo/*Seiler* § 114 Rn. 7.

§ 2 der PKHFV befreit diese Personen allerdings für Kindschaftssachen und Unterhaltsprozesse von der Ausfüllung des Vordrucks, wenn sie nicht über Einkommen und Vermögen verfügen, das nach § 115 ZPO einzusetzen ist. § 2 I 2 PKHFV enthält Angaben darüber, welchen Inhalt die formfreie Erklärung des minderjährigen Kindes haben muss.

(3) Eine Partei die nach dem SGB XII laufende Hilfe zum Lebensunterhalt bezieht, braucht die in den Abschnitten E bis J des Vordrucks enthaltenen Fragen nicht zu beantworten, wenn sie der Erklärung den letzten Bewilligungsbescheid beifügt, § 2 II PKHFV. In diesem Falle wird die Bedürftigkeit der Partei im Sinne des § 114 ZPO vermutet.

Das Gericht kann aber die vollständige Ausfüllung des Vordrucks verlangen (§ 2 II PKHFV); davon wird es Gebrauch machen, wenn es Anhaltspunkte dafür sieht, dass die Partei trotz des Bezugs der Sozialhilfe möglicherweise Vermögen oder Einkünfte hat.

(4) Die Partei hat ihrer Erklärung zur Glaubhaftmachung ihrer persönlichen und wirtschaftlichen Verhältnisse auch entsprechende Belege beizufügen (§ 117 II ZPO).

2. Die Vorbereitung der Entscheidung

12 a) Das Gericht hat dem Gegner Gelegenheit zur Stellungnahme zu geben, wenn dies nicht aus besonderen Gründen unzweckmäßig erscheint (§ 118 I 1 ZPO).

(1) Solche Fälle der Unzweckmäßigkeit vorheriger Anhörung sind: öffentliche Zustellung der Klage, Zustellung der Klage im Ausland, Eilverfahren (Arrest und einstweilige Verfügung) sowie die Absicht des Gerichts, den Antrag zurückzuweisen.[12]

(2) Die Anhörung geschieht in der Regel durch Übersendung des Antrags mit der Aufforderung, binnen einer bestimmten Frist hierzu Stellung zu nehmen.

Die Erklärung über die persönlichen und wirtschaftlichen Verhältnisse und die beigefügten Belege dürfen dem Gegner nur nach vorheriger Zustimmung der Partei zugänglich gemacht werden, es sei denn, der Gegner hat einen materiellrechtlichen Auskunftsanspruch betreffend die Einkünfte und das Vermögen des Antragstellers (§ 117 II 2 ZPO).[13] Die Erklärung und die Belege werden nach DB-PKHG 2.1. in einem besonderen Beiheft verwahrt, in das dem Antragsgegner kein Einsichtsrecht gewährt wird. Der Antragsgegner erhält damit nur Gelegenheit, sich nach Mitteilung der Darstellung des Streitverhältnisses zur Frage der Erfolgsaussicht und zu einer etwaigen Mutwilligkeit der beabsichtigten Rechtsverfolgung zu äußern. Daneben kann er das Gericht auf Bedenken gegen die behauptete Mittellosigkeit hinweisen, wenn er Kenntnis von bestimmten Vermögens- und Einkommensverhältnissen des Antragstellers hat.

Die in § 117 II 2 ZPO vorgeschriebene Handhabung kann auf Schwierigkeiten stoßen, wenn der Antragsteller neben dem eingereichten Vordruck im Schriftsatz selbst neben der Darstellung des Streitverhältnisses zusätzliche Ausführungen zur Mittellosigkeit macht. Diese Schwierigkeit kann behoben werden, indem man in diesen Fällen eine konkludente Zustimmung des Antragstellers sieht, dass diese Ausführungen dem Gegner zur Kenntnis gebracht werden dürfen.[14]

(3) Die Stellungnahme des Antragsgegners erfolgt in der Regel schriftlich, kann aber vor der Geschäftsstelle zu Protokoll erklärt werden (§ 118 I 2 ZPO).

(4) Wird gleichzeitig die Klage eingereicht und nimmt der Antrag auf Prozesskostenhilfe bezüglich der Darlegung des Streitverhältnisses und der Erfolgsaussicht auf die Klageschrift Bezug, so muss diese ebenfalls dem Antragsgegner zur Stellungnahme übermittelt werden.

---

[12] Anders/Gehle/*Dunkhase* § 118 Rn. 13; BeckOK ZPO/*Reichling* § 118 Rn. 6.1.
[13] Anders/Gehle/*Dunkhase* § 117 Rn. 38; Thomas/Putzo/*Seiler* § 117 Rn. 6.
[14] Anders/Gehle/*Dunkhase* § 117 Rn. 38; MüKoZPO/*Wache* § 117 Rn. 29.

Dies geschieht in der Regel formlos, um den Eintritt der Rechtshängigkeit (§§ 261 I, 253 I ZPO) zu vermeiden, damit bei späterer Ablehnung der Prozesskostenhilfe und Abstandnahme des Antragstellers vom Prozess kein Kostenerstattungsanspruch aus § 269 III 2 ZPO entsteht. Bei formloser Übermittlung der Klageschrift erfolgt die Anhörung im Verfahren nach § 118 ZPO, so dass der Ausschluss der Kostenerstattung nach § 118 I 4 ZPO erhalten bleibt. Die formlose Übermittlung kann durch Einschreiben gegen Rückschein abgesichert werden. Nur wenn der Antragsteller die Zustellung der Klageschrift vor Bewilligung der Prozesskostenhilfe ausdrücklich wünscht, ist die Klage förmlich zuzustellen.

b) Das Gericht kann zur Klärung der persönlichen und wirtschaftlichen Verhältnisse dem Antragsteller Auflagen machen und selbst Erhebungen anstellen. Dies folgt aus der Fürsorgepflicht des Gerichts, insbesondere bei anwaltlich nicht vertretenen Parteien. In Frage kommen folgende Maßnahmen: 13

(1) Die Auflage, den eingereichten, nicht vollständig ausgefüllten Vordruck zu vervollständigen;

(2) Auflagen zur Vorlage von Belegen (§ 117 II 1 ZPO), insbesondere von Verdienstbescheinigungen, Rentenbescheiden, Steuerbescheiden, Grundbuchauszügen, ärztlichen Bescheinigungen, Bankaufstellungen etc.

(3) Auflagen, konkrete Fragen des Gerichts zu beantworten, z. B. betreffend die Zahl der Unterhaltsberechtigten und ihrer Vermögensverhältnisse, über vorhandene Sparkonten, Wertpapierbestände, Grundstücke, Verträge über eingegangene Verpflichtungen, Abrechnungen (z. B. über Mieteinnahmen). Das Gericht kann verlangen, dass der Antragsteller seine Angaben glaubhaft macht (§ 118 II 1 ZPO), was durch eidesstattliche Versicherung geschehen kann. Zeugen und Sachverständige werden dagegen grundsätzlich nicht vernommen (§ 118 II 3 ZPO).

(4) Eine Auskunft Dritter über die Einkommens- und Wirtschaftsverhältnisse des Antragstellers (§ 118 II 2 ZPO). In Frage kommen vor allem das Sozialamt, gegebenenfalls das Finanzamt. In Betracht kommen aber auch Privatpersonen, z. B. der Arbeitgeber.

(5) Hat der Antragsteller innerhalb einer ihm gesetzten Frist die ihm gestellten Fragen nicht beantwortet oder bestimmte Angaben nicht glaubhaft gemacht, so lehnt das Gericht die beantragte Prozesskostenhilfe insoweit ab (§ 118 II 4 ZPO).

c) Im Interesse einer zügigen Durchführung des Bewilligungsverfahrens hat der Gesetzgeber die zulässigen Aufklärungsmaßnahmen beschränkt. Zur Klärung der Erfolgsaussicht der beabsichtigten Prozessführung wird das Gericht in der Regel wie folgt verfahren: 14

(1) Die Aufforderung an den Gegner zur konkreten Stellungnahme zu dem Antrag dient der Feststellung, ob das beabsichtigte Vorbringen unstreitig ist oder bestritten wird, sowie ob Einwendungen vorgetragen werden.

(2) Eine anschließende Aufforderung an den Antragsteller zur Stellungnahme zur Antragserwiderung dient – ebenso wie im Hauptprozess die Stellungnahme zur Klageerwiderung (§§ 275 IV, 276 III ZPO) – der Klärung, ob der Antragsteller für die von dem Gegner bestrittenen Tatsachen geeigneten Beweis antreten kann und ob er von dem Gegner vorgetragene Einwendungstatsachen bestreitet.

(3) Das Gericht kann von dem Antragsteller eine Glaubhaftmachung der tatsächlichen Angaben verlangen (§ 118 II 1 ZPO). Damit ist vor allem die eidesstattliche Versicherung zugelassen (§ 294 ZPO).

(4) Das Gericht kann bei streitigen Tatsachen Erhebungen anstellen, insbesondere die Vorlegung von Urkunden anordnen und Auskünfte einholen (§ 118 II 2 ZPO). Unter diese Auskünfte fallen auch solche halbamtlicher Stellen oder von Privatpersonen. Durch diese Erhebungen darf aber die Entscheidung über den Antrag nicht hinausgezögert werden.

(5) Zeugen und Sachverständige sollen grundsätzlich nicht vernommen werden, es sei denn, dass die Erfolgsaussicht oder die fehlende Mutwilligkeit auf andere Weise nicht geklärt werden kann (§ 118 II 3 ZPO). Es soll vermieden werden, dass das Gericht die im Hauptprozess vorzunehmende Beweisaufnahme schon in dem Verfahren auf Bewilligung der Prozesskostenhilfe durchführt. Deshalb sollte – trotz § 118 II 2 ZPO – auch die Einholung schriftlicher Zeugenaussagen unterbleiben.

Die gerichtliche Anordnung zur Vernehmung von Zeugen oder Sachverständigen ist jedoch unanfechtbar.[15]

(6) Nach § 118 I 3 ZPO kann das Gericht die Parteien zur mündlichen Erörterung laden, wenn eine Einigung zu erwarten ist. Die Anberaumung eines solchen Termins steht im Ermessen des Gerichts.[16]

(7) Soweit mündliche Termine stattfinden, geschieht dies entweder vor dem Vorsitzenden oder einem von ihm beauftragten Mitglied des Prozessgerichts (§ 118 III ZPO). Damit ist die Einschaltung des ersuchten Richters ausgeschlossen. Der Ausschluss von Rechtshilfeersuchen dient der zügigen Durchführung des Bewilligungsverfahrens.

3. Die Entscheidung

Die Entscheidung erfolgt ohne mündliche Verhandlung durch Beschluss (§ 127 I 1 ZPO). Dies schließt natürlich nicht aus, dass im Anschluss an eine nach § 118 II 3 ZPO stattgefundene Beweisaufnahme oder einem Erörterungstermin nach § 118 I 3 ZPO sowie im Rahmen eines bereits laufenden Hauptprozesses im Verlauf der mündlichen Verhandlung eine Entscheidung erlassen wird. Umfang und Inhalt der Entscheidung sind unterschiedlich, je nachdem, ob dem Antrag stattgegeben wird oder nicht.

15 a) Die Ablehnung des Antrages bedarf grundsätzlich einer Begründung.[17]

Das steht zwar nicht im Gesetz, folgt aber schon aus der regelmäßig gegebenen Beschwerdefähigkeit der Entscheidung (§ 127 II 2 ZPO). Die Ablehnung kann auf die fehlende Erfolgsaussicht, die Mutwilligkeit der beabsichtigten Rechtsverfolgung oder auf das Fehlen der persönlichen und wirtschaftlichen Voraussetzungen gestützt werden. In Konsequenz des in § 117 II 2 ZPO eingeführten Persönlichkeitsschutzes sollen die Gründe der Entscheidung, soweit sie sich auf die fehlende Bedürftigkeit beziehen, dem Gegner nur mit vorheriger Zustimmung der Partei zugänglich gemacht werden (§ 127 I 3 ZPO). Das erfordert eine äußerliche Trennung der Gründe sowie eine ausdrückliche Anordnung des Gerichts, dem Antragsgegner nur eine abgekürzte bzw. geschwärzte Beschlussfassung mitzuteilen.

16 b) Die Bewilligung der Prozesskostenhilfe enthält folgende Bestandteile:

(1) Der Ausspruch der Bewilligung.

Er erfolgt für jeden Rechtszug besonders (§ 119 I 1 ZPO). Die Zwangsvollstreckung ist nicht eingeschlossen. Ebenso bedürfen besonderer Bewilligung die Prozesskostenhilfe für die Anordnung oder Aufhebung eines Arrests, einer einstweiligen Verfügung oder einer einstweiligen Anordnung, für die Widerklage und für ein selbständiges Beweisverfahren.[18]

(2) Der Umfang der Bewilligung.

Wenn nicht ausdrücklich etwas anderes bestimmt wird, bezieht sich die Bewilligung auf den angekündigten Klageantrag. Dagegen ist bei einer Teilbewilligung eine genaue Umfangsbestimmung notwendig. In Frage kommen eine Bewilligung nur für einen bestimmten Teil des Streitgegenstandes oder eine Bewilligung für eine bestimmte Quote der Kosten des Rechtsstreits, wenn die Partei nach Auffassung des Gerichts im Übrigen die Kosten des Rechtsstreits selbst tragen kann.

(3) Den Zeitpunkt der Bewilligung.

Im Regelfall wirkt die Bewilligung ab dem Zeitpunkt des Erlasses des Beschlusses. Eine rückwirkende Bewilligung ist in Grenzen möglich.[19]

---

[15] Anders/Gehle/*Dunkhase* § 118 Rn. 47 „Verstoß".
[16] Anders/Gehle/*Dunkhase* § 118 Rn. 17; BeckOK ZPO/*Reichling* § 118 Rn. 13.
[17] Anders/Gehle/*Dunkhase* § 127 Rn. 16; BeckOK ZPO/*Kratz* § 127 Rn. 8.
[18] Anders/Gehle/*Dunkhase* § 119 Rn. 38; MüKoZPO/*Wache* § 119 Rn. 10, 11, 32, 8.
[19] Anders/Gehle/*Dunkhase* § 119 Rn. 13 ff.; Thomas/Putzo/*Seiler* § 119 Rn. 2 f.

(4) Gegebenenfalls: Die von dem Antragsteller zu zahlenden Monatsraten (§ 120 I 1 ZPO).

Im Regelfall hat der Antragsteller sogleich mit den Ratenzahlungen zu beginnen; etwas anderes kommt in Frage, wenn die Partei noch andere Verpflichtungen abzudecken hat (siehe hierzu § 120 I 2 ZPO). Das Gericht hat hierbei feste Monatsraten zu bestimmen. Die Anzahl der Monatsraten wird nicht festgelegt, da die genaue Höhe der Prozesskosten nicht feststeht; sie ist kraft Gesetzes auf 48 Monatsraten beschränkt (für alle Rechtszüge). Zur leichteren Bearbeitung im Folgenden empfiehlt es sich, bei der Festsetzung von Monatsraten stets einheitliche Zahlungstermine zu festzulegen, also etwa jeweils zu bestimmen, dass am 15. des Monats zu zahlen ist.

(5) Gegebenenfalls: Den Betrag, den der Antragsteller aus seinem Vermögen für die Prozesskosten einzusetzen hat (§ 120 I 1 ZPO).

Dabei ist anzugeben, bis wann der Betrag an die Gerichtskasse zu zahlen ist. Der Termin hängt davon ab, ob es sich bei dem einzusetzenden Vermögen um sofort in Bargeld umsetzbare Werte handelt oder um Vermögensgegenstände, die erst verkauft oder etwa beliehen werden müssen.

(6) Die Beiordnung eines Rechtsanwalts. 17

Die Notwendigkeit der Beiordnung ist in § 121 I ZPO geregelt. Das Gesetz unterscheidet hierbei zwischen Anwalts- und Parteiprozess, wobei im Parteiprozess eine Beiordnung nur bei besonderer Erforderlichkeit oder – aus Gründen der Waffengleichheit – dann erfolgen soll, wenn die Gegenpartei anwaltlich vertreten ist (§ 121 II ZPO).

Beigeordnet wird der von der Partei ausgewählte und zur Vertretung bereite konkrete Rechtsanwalt, auch die Beiordnung einer Anwaltssozietät ist zulässig. Eine Einschränkung erfährt das Wahlrecht der Partei durch die Regelung in § 121 III ZPO, wonach ein nicht im Bereich des Prozessgerichts niedergelassener Rechtsanwalt nur beigeordnet werden kann, wenn dadurch weitere Kosten nicht entstehen.

Findet die Partei keinen zur Vertretung bereiten Anwalt, so ordnet der Vorsitzende ihr auf Antrag einen Rechtsanwalt bei (§ 121 V ZPO). Dieser ist zur Übernahme des Amtes verpflichtet (§ 48 I Nr. 1 BRAO); eine Ausnahme wird man entsprechend § 48 II BRAO machen müssen, wenn wichtige Gründe vorliegen. Im Übrigen wird der Vorsitzende im Falle der ihn treffenden Auswahlpflicht mit dem vorgesehenen Anwalt vorher Kontakt aufnehmen und sich seines Einverständnisses versichern.

In Ausnahmefällen besonderer Notwendigkeit kann auch ein Verkehrsanwalt oder Beweisanwalt zusätzlich beigeordnet werden (§ 121 IV ZPO).

(7) Eine kurze Begründung der Entscheidung.

Sie ist notwendig, soweit die Bewilligung eine Belastung der Partei oder der Staatskasse darstellt, da sie insoweit auch anfechtbar ist (§ 127 II, III ZPO).

Eine Begründung ist im Interesse der Partei erforderlich hinsichtlich der Höhe der auferlegten Raten, der Auflage zur Einzahlung einsatzfähigen Vermögens und bei Ablehnung der Beiordnung eines Rechtsanwalts. Wird Prozesskostenhilfe ohne Ratenzahlung und ohne Einsatz von Vermögen bewilligt, so bedarf es im Hinblick auf das Beschwerderecht der Staatskasse ebenfalls einer kurzen Begründung: es ist darzulegen, dass der Antragsteller weder ein einsatzfähiges Vermögen noch ein einsatzfähiges Einkommen hat; angezeigt ist dies aber praktisch nur, wenn nach dem Verfahrensstand erörterungsbedürftige Gesichtspunkte in dieser Richtung zutage getreten waren.

Hinsichtlich der sich mit den persönlichen und wirtschaftlichen Verhältnissen des Antragstellers befassenden Gründe gilt, dass diese im Beschluss abgesondert sein sollten, damit eine Bekanntgabe an den Antragsgegner unterbleiben kann (§ 127 I 3 ZPO).

c) Der Beschluss im Bewilligungsverfahren enthält keine Kostenentscheidung.[20] 18

(1) Die Entscheidungen im Verfahren der Prozesskostenhilfe ergehen gerichtsgebührenfrei; gerichtliche Auslagen trägt der Antragsteller nach § 22 I 1 GKG, was keines besonderen Ausspruchs bedarf. Außergerichtliche Kosten werden nicht erstattet (§ 118 I 4 ZPO).

---

[20] Anders/Gehle/*Dunkhase* § 127 Rn. 25; MüKoZPO/*Wache* § 127 Rn. 8.

(2) Es empfiehlt sich, diese negativen Folgen den Parteien durch folgenden Ausspruch im Beschluss zur Kenntnis zu bringen: „Die Entscheidung ergeht gerichtsgebührenfrei; außergerichtliche Kosten werden nicht erstattet". In den Gründen des Beschlusses kann insoweit auf die §§ 1, 22 GKG, 118 I 4 ZPO hingewiesen werden.

(3) Kommt es zum Hauptprozess, sind die Auslagen von der Partei zu tragen, die die Kosten dieses Rechtsstreits zu tragen hat (§ 118 I 5 ZPO).

d) Die Beschlüsse im Bewilligungsverfahren sind den Parteien im Hinblick auf eine sofortige Beschwerde (§ 127 II, III ZPO) grundsätzlich förmlich zuzustellen bzw. zu verkünden.[21]

19 e) Die Entscheidungen im Verfahren der Prozesskostenhilfe können nach Maßgabe des § 127 II, III ZPO mit der sofortigen Beschwerde angefochten werden.

(1) Der Antragsteller hat das Recht der sofortigen Beschwerde, wenn dem Antrag auf Bewilligung nicht oder nur eingeschränkt entsprochen wurde, z.B. durch Anordnung von Ratenzahlungen, dem Einsatz seines Vermögens, der Ablehnung der Beiordnung eines Rechtsanwalts sowie gegen beschwerende nachträgliche Entscheidungen, auch solche des Rechtspflegers. Voraussetzung ist allerdings das Erreichen des Hauptsacheberufungswerts von über 600,– €, es sei denn, das Gericht hat ausschließlich die persönlichen oder wirtschaftlichen Voraussetzungen für die Prozesskostenhilfe verneint (§ 127 II 2 ZPO). Zudem ist eine Beschwerdefrist von einem Monat einzuhalten (§ 127 II 3 ZPO).

(2) Die Staatskasse kann Beschwerde einlegen, wenn dem Antragsteller Prozesskostenhilfe ohne Raten und ohne Einsatz seines Vermögens bewilligt wurde (§ 127 III ZPO).

(3) Der Antragsgegner hat kein Beschwerderecht.[22]

Er kann also nicht geltend machen, die Prozesskostenhilfe sei zu Unrecht bewilligt worden, insbesondere die Erfolgsaussicht sei zu Unrecht bejaht worden.

IV. Die Wirkungen der Bewilligung

1. Die Befreiung von den Gerichtskosten

20 Die Partei wird im Rahmen des § 122 I Nr. 1 von der Zahlung der Gerichts- bzw. Gerichtsvollzieherkosten befreit.

a) Es werden alle Gerichtskosten der Instanz erfasst, also auch vor dem Bewilligungszeitpunkt entstandene Gerichtskosten; allerdings findet keine Rückzahlung des von der Partei eingezahlten Gerichtskostenvorschusses statt, wenn sie erst nach dessen Einzahlung Prozesskostenhilfe beantragt.[23]

b) An die Stelle der Befreiung treten die angeordneten Ratenzahlungen sowie der Einsatz des Vermögens. Das Gericht soll gemäß § 120 III ZPO die vorläufige Einstellung der Zahlungen bestimmen, wenn abzusehen ist, dass die Zahlungen der Partei die Kosten decken oder wenn die (noch offenen) Kosten aufgrund einer Entscheidung gegen einen anderen Kostenschuldner geltend gemacht werden können. Eine

---

[21] Anders/Gehle/*Dunkhase* § 127 Rn. 20ff.; Thomas/Putzo/*Seiler* § 127 Rn. 1.
[22] Anders/Gehle/*Dunkhase* § 127 Rn. 68; Thomas/Putzo/*Seiler* § 127 Rn. 2.
[23] Anders/Gehle/*Dunkhase* § 122 Rn. 10; BeckOK ZPO/*Kratz* § 122 Rn. 5.

Einziehung der Kosten bei dem Gegner ist allerdings erst zulässig, wenn derselbe rechtskräftig in die Prozesskosten verurteilt oder der Rechtsstreit ohne Urteil über die Kosten beendet (z.B. durch Vergleich) ist (§ 125 ZPO).

2. Die Befreiung von der Vergütungspflicht gegenüber dem beigeordneten Rechtsanwalt

Der beigeordnete Rechtsanwalt bzw. die beigeordneten Rechtsanwälte sind nach der 21
Bewilligung der Prozesskostenhilfe gehindert, ihre Ansprüche auf Vergütung gegen die Partei geltend zu machen (§ 122 I Nr. 3 ZPO).

a) Im Gegensatz zu den Gerichtskosten bleiben dem Rechtsanwalt die vor der Beiordnung entstandenen Gebühren erhalten.

b) Der beigeordnete Rechtsanwalt erhält als Ausgleich einen Anspruch auf Vergütung gegen die Staatskasse (§ 45 RVG). Der Umfang der Vergütung richtet sich nach dem Beschluss, durch den die Prozesskostenhilfe bewilligt und der Rechtsanwalt beigeordnet worden ist (§ 48 RVG). Die Vergütung des Rechtsanwalts wird auf Antrag durch den Urkundsbeamten der Geschäftsstelle festgesetzt (§ 55 I RVG).

c) Bei Obsiegen der Partei werden die Kosten des beigeordneten Rechtsanwalts auf die unterlegene Partei verlagert, und zwar auf folgende Weise:

(1) Soweit die Staatskasse den Anwalt nach §§ 45ff. RVG bezahlt hat, nimmt sie gegen den unterlegenen Gegner Rückgriff.

Zu diesem Zweck geht der Anspruch des beigeordneten Rechtsanwalts auf die Staatskasse über, soweit sie den Rechtsanwalt wegen seiner Vergütung befriedigt hat (§ 59 I RVG). Es handelt sich hier um die Ansprüche des beigeordneten Rechtsanwalts gegen den unterlegenen Gegner nach § 126 ZPO sowie gegen die eigene Partei im Fall der Aufhebung der Bewilligung (§ 124 ZPO). Allerdings bleibt der Staatskasse dieser Rückgriff versagt, wenn auch der Gegenseite Prozesskostenhilfe bewilligt worden ist (§ 122 I Nr. 1b ZPO).

(2) Soweit der Rechtsanwalt keine Vergütung aus der Staatskasse erhalten hat – Differenz zwischen den Gebühren des § 49 RVG und des § 13 RVG – kann er diese von dem in die Prozesskosten verurteilten Gegner beitreiben.

Dazu gewährt ihm das Gesetz in § 126 I ZPO – in Abweichung von der normalen Regelung – ein eigenes Beitreibungsrecht, das gegen Einwendungen aus der Person der Partei weitgehend abgesichert ist; eine Ausnahme statuiert § 126 II 2 ZPO für die Aufrechnung mit Kostenerstattungsansprüchen des Gegners aus demselben Rechtsstreit.

3. Die Befreiung von der Verpflichtung zur Sicherheitsleistung

Bei der Regelung in § 122 I Nr. 2 ZPO geht es um die – praktisch nicht häufige – Befreiung von der Sicherheitsleistung nach § 110 ZPO.

4. Die einstweilige Befreiung von den Gerichtskosten für die Gegenpartei

Nach § 122 II hat die Bewilligung der Prozesskostenhilfe für den Kläger die Folge, dass auch der Beklagte von der Zahlung der Gerichtskosten einstweilen befreit wird. Die Regelung beruht auf dem Prinzip der Waffengleichheit.

5. Die Kostenerstattungspflicht der unterlegenen Partei

22 Die Bewilligung der Prozesskostenhilfe schließt nicht die Verpflichtung aus, bei Unterliegen im Rechtsstreit die dem Gegner entstandenen Kosten nach §§ 91, 103 ZPO zu erstatten (§ 123 ZPO). Hierin liegt das erhebliche Risiko der auf Staatskosten prozessierenden Partei. Im Einzelnen ergeben sich folgende Wirkungen:

a) Ist dem Kläger Prozesskostenhilfe bewilligt worden und wird die Klage später auf seine Kosten abgewiesen, so kann der Beklagte seine außergerichtlichen Kosten gegen den Kläger festsetzen lassen und beitreiben.

b) War dem Beklagten Prozesskostenhilfe bewilligt worden und wird er später antragsgemäß verurteilt, die Kosten des Rechtsstreits zu tragen, so kann der Kläger seine eigenen außergerichtlichen Kosten und die von ihm geleisteten Gerichtskostenvorschüsse gegen den Beklagten festsetzen lassen und beitreiben.

V. Nachträgliche Entscheidungen

1. Die Aufhebung der Bewilligung

23 a) Folgende Gründe können zur Aufhebung der Bewilligung führen:

(1) Im Falle des § 124 I Nr. 1 ZPO handelt es sich um die Erschleichung der Prozesskostenhilfe durch bewusst falsche Darstellung des Streitverhältnisses.[24]

Objektiv müssen falsche Tatsachen behauptet oder richtige verschwiegen werden. Subjektiv ist, mindestens bedingter, Vorsatz erforderlich. Eine Ursächlichkeit der unrichtigen Darstellung für die Bewilligung der Prozesskostenhilfe ist nicht erforderlich, vielmehr kann eine Aufhebung auch dann erfolgen, wenn die Bewilligung nicht auf den falschen Angaben beruht, sofern diese jedenfalls generell geeignet erscheinen, die Entscheidung über die Prozesskostenhilfe zu beeinflussen.[25] Für die Entscheidung über die Aufhebung ist das Prozessgericht zuständig, da nur dieses eine Beurteilung der materiellrechtlichen Fragen vornehmen kann.

(2) In den Fällen des § 124 I Nr. 2, 3 ZPO soll die Aufhebung bei unrichtigen Angaben über die persönlichen und wirtschaftlichen Verhältnisse erfolgen.[26]

Dabei ist im Falle der Täuschung bzw. groben Nachlässigkeit (Nr. 2) die Aufhebung zeitlich unbegrenzt, im Falle der Gutgläubigkeit (Nr. 3) nur zeitlich begrenzt – innerhalb von vier Jahren nach Erlass der rechtskräftigen Entscheidung – zulässig. Für die Entscheidung ist der Rechtspfleger zuständig (§ 20 I Nr. 4c RPflG).

(3) Nach § 124 I Nr. 4 ZPO soll die Bewilligung aufgehoben werden, wenn die Partei ihrer Mitteilungspflicht gemäß § 120a II 1 bis 3 ZPO unrichtig oder nicht unverzüglich, also ohne schuldhaftes Zögern nachkommt.

(4) Im Falle des § 124 Nr. 5 ZPO handelt es sich um eine Sanktion für die nicht rechtzeitige Zahlung der auferlegten Raten.

Trotz des Wortes „Rückstand" ist ein Verzug gemeint und deshalb ein Verschulden der Partei erforderlich.[27] Die Partei kann deshalb bei Unvermögen zur Zahlung der Raten der Aufhebung durch einen Antrag auf Herabsetzung bzw. Wegfall der Raten begegnen. Liegen die Voraussetzungen des § 124 Nr. 4 ZPO vor, so muss die Bewilligung mit rückwirkender Kraft aufgehoben werden; es ist

---

[24] Anders/Gehle/*Dunkhase* § 124 Rn. 20ff.; Thomas/Putzo/*Seiler* § 124 Rn. 2.
[25] Anders/Gehle/*Dunkhase* § 124 Rn. 26; a. A. Thomas/Putzo/*Seiler* § 124 Rn. 2.
[26] Anders/Gehle/*Dunkhase* § 124 Rn. 29ff., 37ff.; Thomas/Putzo/*Seiler* § 124 Rn. 3f.
[27] Anders/Gehle/*Dunkhase* § 124 Rn. 54; Thomas/Putzo/*Seiler* § 124 Rn. 5.

also nicht zulässig, wie bei einer Verfallklausel lediglich die rückständigen und noch offenen Raten für sofort vollstreckbar zu erklären. Auch im Rahmen des § 124 Nr. 4 ZPO ist der Rechtspfleger für die Entscheidung zuständig (§ 20 Nr. 4c RpflG).

b) Alle Fälle der Aufhebung haben zur Folge, dass die Kosten nunmehr so abgewickelt werden, als sei die Prozesskostenhilfe nie bewilligt worden.[28]

Der bisher beigeordnete Rechtsanwalt kann seine Vergütung gegen die Partei geltend machen; die Staatskasse kann die bisher begünstigte Partei wegen der Gerichtskosten und der von ihr gezahlten Anwaltsvergütung nach § 22 GKG bzw. § 59 RVG auf Zahlung in Anspruch nehmen.

2. Die vorläufige Einstellung der Zahlungen

In zwei Fällen erfolgt nach § 120 III ZPO eine vorläufige Einstellung der Zahlungen: 24
a) wenn die voraussichtlich entstehenden Kosten gedeckt sind oder

b) wenn die Partei, der beigeordnete Anwalt oder die Staatskasse die Kosten gegen einen anderen Verfahrensbeteiligten geltend machen kann.

Stellt sich allerdings heraus, dass der Anspruch nicht realisierbar ist, dann muss nach § 31 II 1 GKG die Partei ihre Ratenzahlung wieder aufnehmen.

Für die Entscheidung ist in beiden Fällen der Rechtspfleger zuständig (§ 20 I Nr. 4b RpflG).

3. Die Änderung der Bewilligung bei Änderung der persönlichen oder wirtschaftlichen Verhältnisse

Nach § 120a ZPO kann das Gericht die Entscheidung über die zu leistenden Zahlun- 25
gen (Ratenzahlungen und Einsatz des Vermögens) ändern, wenn sich die für Prozesskostenhilfe maßgeblichen persönlichen oder wirtschaftlichen Verhältnisse wesentlich geändert haben.

a) Verlangt wird eine wesentliche Veränderung der persönlichen oder wirtschaftlichen Verhältnisse der Partei, der Prozesskostenhilfe bewilligt worden ist.

Es kann sich hierbei um Verbesserungen oder Verschlechterungen der Verhältnisse handeln, und zwar sowohl um Änderungen in den Einkommensverhältnissen als auch durch Vermögenserwerb. Unberücksichtigt bleiben allerdings Verbesserungen, die erst vier Jahre nach der rechtskräftigen Entscheidung oder sonstigen Beendigung des Verfahrens eintreten (§ 120a I 4 ZPO). Eine Verbesserung des Einkommens ist nach § 120a II 2 ZPO nur dann wesentlich, wenn die Differenz zu dem bisher zugrunde gelegten Bruttoeinkommen nicht nur einmalig 100 EUR übersteigt. Eine Verschlechterung der Verhältnisse ist wesentlich, wenn sie zu einer für den Antragsteller günstigeren Anwendung des § 115 ZPO führt.[29]

b) Liegt eine solche wesentliche Veränderung vor, so findet eine Neufestsetzung der Raten bzw. des Umfangs des Vermögenseinsatzes statt. Die bisherigen Raten können heraufgesetzt oder – gegebenenfalls bis auf Null – vermindert werden; der Vermögenseinsatz kann neu festgelegt werden. Eine rückwirkende Änderung findet nicht statt; vielmehr können nur die Raten geändert werden, die ab Stellung des Antrags der Beteiligten – Partei, Rechtsanwalt, Staatskasse – in Zukunft fällig werden. Eine völlige Aufhebung der Bewilligung mit ex-tunc-Wirkung mit der Folge einer Erstattungspflicht aller Gerichts- und Anwaltskosten ist ausgeschlossen.

---

[28] Anders/Gehle/*Dunkhase* § 124 Rn. 15ff.; Thomas/Putzo/*Seiler* § 124 Rn. 6.
[29] Anders/Gehle/*Dunkhase* § 120a Rn. 7; BeckOK ZPO/*Reichling* § 120a Rn. 32.

c) Der Antragsteller ist nur im Rahmen von § 120a II 1 ZPO verpflichtet, von sich aus auf eine wesentliche Verbesserung seiner Vermögensverhältnisse hinzuweisen. Die Partei hat sich aber auf Verlangen des Gerichts darüber zu erklären, ob eine Veränderung der Verhältnisse eingetreten ist, § 120a I 3 ZPO. Kommt sie dem nicht nach, setzt sie sich der Gefahr aus, dass das Gericht rückwirkend die Bewilligung der Prozesskostenhilfe aufhebt (§ 124 Nr. 2 ZPO).

Zuständig für die Entscheidung ist auch nach rechtskräftigem Abschluss des Rechtsstreits das Gericht der Hauptsache und zwar der Rechtspfleger (§ 20 I Nr. 4c RPflG).

4. Die Entscheidungen über einen Wechsel in der Person des beigeordneten Rechtsanwalts

26 Sie erfolgen auf Antrag der Partei oder des beigeordneten Anwalts. Ihre Notwendigkeit steht unter dem Spannungsverhältnis vernünftiger Zusammenarbeit zwischen Partei und Anwalt, und dem fiskalischen Interesse der Staatskasse, mehrfache Vergütungen zu vermeiden.

Muster 194: Erstverfügung im Bewilligungsverfahren

☐ Amtsgericht Frankfurt am Main
☐ Landgericht Frankfurt am Main
Aktenzeichen: …

Verfügung

1. ☐ Vermerk: D… Antragsteller/-vertreter(in) … hat sich telefonisch damit einverstanden erklärt, dass der Antragsschriftsatz vom … insgesamt der Gegenseite zur Stellungnahme zugeleitet wird.[30] 1
   ☐ Er/Sie wird das Einverständnis in einem Schriftsatz noch kurz bestätigen.
2. ☐ Sonderheft betreffend PKH anlegen und den eingereichten Vordruck mit Belegen in das Sonderheft nehmen.
3. ☐ Alle Abschriften des Antrages vom … (Bl. … d. A.) und
   ☐ eine unbeglaubigte Abschrift der Klageschrift vom …[31] an
   ☐ alle Abschriften der Klageschrift vom …[32] an
   ☐ Antragsgegner… ☐ Beklagte… ☐ formlos
   ☐ Antragsgegnervertreter… ☐ Beklagtenvertreter… ☐ mit ZU/EB.
   mit der Auflage, ☐ binnen … Wochen ☐ bis zum … zum Antrag auf Bewilligung von Prozesskostenhilfe Stellung zu nehmen;
   ☐ sich insbesondere zu folgenden Fragen zu äußern: …
   ☐ folgende Urkunden vorzulegen: …
   ☐ das Aktenzeichen des …-Verfahrens anzugeben.
4. ☐ Schreiben an ☐ Antragsteller… ☐ Antragstellervertreter…
   ☐ unter Rücksendung des eingereichten Vordrucks
   In p.p.
   wird Bezug genommen auf Ihren Antrag vom …
   ☐ Sie werden darauf hingewiesen, dass Sie im Einzelnen Ihre persönlichen und wirtschaftlichen Verhältnisse darlegen und belegen müssen, damit das Gericht prüfen kann, ob Sie die Kosten der Prozessführung selbst nicht in Raten tragen können. 2
   ☐ In der Anlage wird Ihnen der von Ihnen auszufüllende Vordruck mit Hinweisen überreicht. Aus ihnen können Sie ersehen, welche Angaben für Ihren Antrag erforderlich sind und welche Belege Sie im Einzelnen vorlegen müssen. Sie werden gebeten, binnen … Wochen den Vordruck vollständig und genau unter Beachtung der gegebenen Hinweise auszufüllen und sodann mit den dort genannten Belegen wieder hierher zurückzusenden.

---

[30] Betrifft Antragsschriften, die Erklärungen im Sinne von § 117 II 2 ZPO enthalten.

[31] Das Original der Klageschrift verbleibt in den Gerichtsakten, ebenso die zweite (beglaubigte) Abschrift, damit diese für die spätere (förmliche) Zustellung nach Bewilligung der PKH zur Verfügung steht.

[32] Die Abschriften der Klageschrift werden zusammen mit der Antragsschrift förmlich zugestellt, wenn der Antragsteller und Kläger dies ausdrücklich wünscht.

3 ☐ Da Ihre Eingabe nicht den Erfordernissen des § 117 ZPO entspricht,
- ☐ werden Sie gebeten, binnen … Wochen zu den oben angegebenen Dienststunden auf der Geschäftsstelle der … Zivilkammer Abteilung … vorzusprechen und hierbei Ihre Unterlagen über Ihre persönlichen und wirtschaftlichen Verhältnisse und den geltend gemachten Anspruch mitzubringen.
- ☐ werden Sie gebeten, binnen … Wochen Ihre Angaben zu ergänzen;
  - ☐ und zwar hinsichtlich der Spalten … des Vordrucks unter Beifügung der in den Hinweisen angegebenen Belege;
  - ☐ und dabei anzugeben
    - ☐ den Namen und die Anschrift Ihrer Arbeitgeberfirma, eventuell eine vorhandene Personalnummer;
    - ☐ ob Ihnen wegen des hier beabsichtigten Verfahrens ein Anspruch auf Prozesskostenvorschuss gegen … zusteht, gegebenenfalls warum dieser nicht realisierbar ist;
    - ☐ ob Ihnen wegen des hier beabsichtigten Verfahrens ein Anspruch auf Rechtsschutz gegen … zusteht;
    - ☐ welches laufende Einkommen Sie haben (Hauptberuf, Nebentätigkeiten);
    - ☐ ob Sie Einnahmen aus Sachbezügen (freie Wohnung, freie Verpflegung) haben;
    - ☐ die Höhe der Ihnen zustehenden Sparguthaben, Wertpapierdepots, etc.;
    - ☐ die näheren Bezeichnungen Ihres Grundbesitzes sowie die Höhe der Verkehrswerte;
    - ☐ die aus d… … gezogenen Mieteinnahmen und die hiermit verbundenen laufenden Belastungen;
    - ☐ die Einzelheiten über das Ihnen gehörende Kraftfahrzeug (Fabrikat, Typ, Baujahr, Anschaffungsjahr, Laufleistung, Verkehrswert);
    - ☐ welche laufenden Verpflichtungen Sie derzeit haben und wann die Verpflichtungen von Ihnen eingegangen worden sind;
    - ☐ den Namen, das Alter, das Verwandtschaftsverhältnis und die Anschrift derjenigen Personen, denen Sie aufgrund gesetzlicher Unterhaltspflicht Unterhalt erbringen, wobei auch anzugeben ist, ob die betreffende Person eigenes Einkommen hat;
    - ☐ die notwendigen Ausgaben, die mit der Erzielung Ihres Einkommens verbunden sind (Werbungskosten);
    - ☐ auf welche Dauer mit der von Ihnen angegebenen besonderen Belastung betreffend … zu rechnen ist;
    - ☐ welche Versicherungen Sie abgeschlossen haben, und wie hoch die entsprechenden Beiträge sind;
    - ☐ bei den Wohnkosten die laufende Bruttomiete (einschließlich Heiz- und übrige Nebenkosten);
    - ☐ das für Sie zuständige Sozialamt;
    - ☐ auf welche Weise der Ihnen aus … zugeflossene Betrag von … € verbraucht worden ist.

☐ werden Sie gebeten, binnen … Wochen folgende Unterlagen vorzulegen: 4
- ☐ Lohn-(Gehalts-)Bescheinigung Ihrer Arbeitgeberfirma betreffend das in den Monaten … erzielte Einkommen (brutto, netto, einschließlich etwaiger Zuschläge sowie Angabe des im letzten Jahr ausgezahlten Urlaubs- und Weihnachtsgeldes);
- ☐ Belege über die laufenden Ausgaben betreffend Fahrten von und zur Arbeitsstätte;
- ☐ Jahresabschlussbilanzen Ihres Unternehmens betreffend die Jahre …;
- ☐ Belege über die von Ihnen gezahlten Versicherungsbeiträge;
- ☐ Belege über die von Ihnen an … gezahlten Unterhaltsleistungen;
- ☐ Urteil betreffend die Ihnen auferlegte Unterhaltspflicht gegenüber …;
- ☐ Rentenbescheid der …;
- ☐ Bescheid über die gewährte Sozialhilfe;
- ☐ Bescheid über das Ihnen gezahlte Wohngeld;
- ☐ Bescheide des Finanzamts über die Veranlagung zur Einkommensteuer in den Jahren …;
- ☐ Grundbuchauszug betreffend die Liegenschaft …;
- ☐ Einheitswertbescheid betreffend die Liegenschaft …;
- ☐ Mietvertrag betreffend die von Ihnen bewohnte Wohnung …;
- ☐ Belege über Nebenkosten betreffend die Wohnung …;
- ☐ letzte Jahresabrechnung des Wohnungseigentumsverwalters betreffend die Eigentumswohnung …;
- ☐ Belege betreffend Arztkosten …;
- ☐ Bescheinigung der … ☐-Bank ☐-Sparkasse über die Höhe Ihrer ☐ Sparkonten ☐ Wertpapierdepots ☐ …;
- ☐ Bescheinigung des Arztes … betreffend Ihre Arbeitsunfähigkeit, insbesondere deren voraussichtliche Dauer;
- ☐ …

☐ Sie werden darauf hingewiesen, dass 5
- ☐ Sie auf diese Anforderung des Gerichts hin verpflichtet sind, die einzelnen Fragen des Vordrucks auszufüllen (§ 1 I PKHFV) und die obigen Auflagen zu erfüllen,
- ☐ das Gericht Ihnen die Bewilligung der Prozesskostenhilfe verweigern kann, wenn Sie den obigen Auflagen nicht nachkommen (§ 118 II 4 ZPO).

☐ Sie werden darauf hingewiesen, dass eine Bewilligung der Prozesskostenhilfe nur in Frage kommt, wenn Sie das Streitverhältnis und die Erfolgsaussichten der beabsichtigten 6
☐ Klage ☐ Rechtsverteidigung im Einzelnen darlegen.
Demgemäß wird Ihnen aufgegeben, binnen … Wochen hierzu vorzutragen und dabei
- ☐ im Einzelnen anzugeben, welchen Klageantrag Sie zu stellen beabsichtigen;
- ☐ sich zum Streitwert der beabsichtigten Klage zu äußern;
- ☐ im Einzelnen anzugeben, worauf sich Ihr Anspruch auf … gründet;

- ☐ im Einzelnen anzugeben, ob und aus welchen Gründen Sie den geltend gemachten Anspruch bestreiten, gegebenenfalls welche Einwendungen Sie gegen den Anspruch erheben wollen;
- ☐ folgende Unterlagen vorzulegen: ...;
- ☐ das Aktenzeichen des Verfahrens ... anzugeben;
- ☐ im Einzelnen anzugeben, ob Sie hinsichtlich folgender von Ihnen vorgetragener Tatsachen Beweis antreten können: ...;
- ☐ ...

7 ☐ Sie werden gebeten, binnen ... Wochen näher darzulegen,

- ☐ welche besondere Gründe vorliegen, die die Bestellung eines Verkehrsanwalts aus dem Raum ... erfordern;
- ☐ ob Sie hinsichtlich d... beizuordnenden Anwalts/Anwältin einen persönlichen Vorschlag haben; (falls keine Mitteilung eingeht, wird d... Vorsitzende des Gerichts bei Bewilligung der Prozesskostenhilfe eine... Anwalt/ Anwältin aussuchen und beiordnen);
- ☐ ob d... von Ihnen vorgeschlagene Rechtsanwalt/Rechtsanwältin ... für den Fall der Beiordnung sich bereit erklärt, zu den Bedingungen eines bei dem Prozessgericht zugelassenen Rechtsanwalts tätig zu werden; eine entsprechende Erklärung d... Rechtsanwalts/Rechtsanwältin ist beizufügen.

5. ☐ Schreiben an Sozialamt
Betreff: ... wohnhaft ...
D... Obengenannte hat hier einen Antrag auf Bewilligung von Prozesskostenhilfe gestellt. Er/Sie beabsichtigt, Klage auf ... zu erheben. Bei einem Streitwert von ... € werden die Kosten der Prozessführung für die erste Instanz voraussichtlich ... € betragen. Sie werden unter Hinweis auf § 118 II 2 ZPO gebeten, eine Auskunft darüber zu erteilen, ob d... Obengenannte in der Lage ist, die Prozesskosten ganz oder teilweise zu tragen. Um baldige Erledigung wird gebeten.
6. ☐ Folgende Akten anfordern: ...
7. ☐ Wiedervorlage: ...

Frankfurt am Main, den ...

☐ Amtsgericht, Abteilung ...

☐ Landgericht, ... Zivilkammer
☐ D... Vorsitzende
☐ D... Einzelrichter...

....

Muster 195: Bewilligung der Prozesskostenhilfe

☐ Amtsgericht Frankfurt am Main
☐ Landgericht Frankfurt am Main
Aktenzeichen: …

Beschluss

In dem 1
☐ Prozesskostenhilfeverfahren
☐ Rechtsstreit
d… …, ☐ Antragsteller…,
☐ Kläger…,

Prozessbevollmächtigte…: Rechtsanwalt/Rechtsanwältin …,
gegen
d… …, ☐ Antragsgegner…,
☐ Beklagte…,

Prozessbevollmächtigte…: Rechtsanwalt/Rechtsanwältin …,
☐ hat das Amtsgericht Frankfurt am Main durch d… Richter… am Amtsgericht …
☐ hat die … Zivilkammer des Landgerichts Frankfurt am Main durch
☐ d… Vorsitzende… Richter… am Landgericht … und die Richter am Landgericht … und …
☐ d… Richter… am Landgericht … als Einzelrichter…
am … beschlossen:

D… ☐ Kläger… ☐ Beklagten ☐ Antragsteller… wird für
☐ den ersten Rechtszug
☐ einschließlich …
☐ rückwirkend ab …
Prozesskostenhilfe bewilligt.

Zur Wahrnehmung seiner/ihrer Rechte wird ihm/ihr/ihnen Rechtsanwältin/Rechtsanwalt …, … beigeordnet
☐ zu den Bedingungen einer/eines im hiesigen Gerichtsbezirk ansässigen Rechtsanwältin/Rechtsanwalts.

☐ Außerdem wird Rechtsanwältin/Rechtsanwalt …, … beigeordnet
☐ als Verkehrsanwältin/Verkehrsanwalt
☐ als Beweisanwältin/Beweisanwalt zwecks Wahrnehmung des Termins vom … in …

☐ Im Übrigen wird der Antrag zurückgewiesen.

D… ☐ Kläger… ☐ Beklagten ☐ Antragsteller… hat/haben
☐ ab … monatliche Raten von … €
☐ aus seinem/ihrem Vermögen … € bis …
☐ keine Raten auf die Prozesskosten
zu leisten.

☐ Für den Fall, dass die von dem Gericht bei der Berechnung der monatlichen Raten anerkannte besondere Belastung für … wegfällt, hat/haben d… ☐ Kläger… ☐ Beklagten ☐ Antragsteller… ab dem nächsten Monat seit Wegfall monatliche Raten von … € an zu leisten.

Gründe

☐ I.[33]

☐ …

☐ II.

2 D… ☐ Kläger… ☐ Beklagten ☐ Antragsteller… war auf Antrag Prozesskostenhilfe zu bewilligen, da die Voraussetzungen des § 114 ZPO gegeben sind.

☐ Die Bewilligung erfolgt jedoch nur mit der Maßgabe, dass
- ☐ d… ☐ Kläger… ☐ Beklagte… ☐ Antragsteller…
- ☐ monatliche Raten von … € aus seinem/ihrem Einkommen
- ☐ einen Beitrag von … € aus seinem/ihrem Vermögen

zu zahlen hat/haben.

☐ Das einzusetzende Einkommen berechnet sich wie folgt:

☐ monatliches Einkommen aus Erwerbstätigkeit	… €
☐ 1/12 Urlaubs- und Weihnachtsgeld	… €
☐ sonstige Einkünfte aus	… €
☐ Nebentätigkeit	… €
☐ Kapitaleinkünfte	… €
☐ Vermietung und Verpachtung	… €
☐ Sachbezüge	… €
☐ Gewerbebetrieb	… €
☐ Rente aus …	… €
☐ Unterhaltsleistung von …	… €
Bruttoeinkommen:	… €
Hiervon können abgezogen werden:	
☐ auf das Einkommen entrichtete Steuern	… €
☐ Pflichtbeiträge zur Sozial- und Arbeitslosenversicherung	… €
☐ Beiträge zu öffentlichen und privaten Versicherungen	… €
☐ notwendige Berufsausgaben (Werbungskosten)	… €
☐ Betriebsausgaben	… €
☐ Erwerbstätigenbonus	… €
☐ Einkommensfreibetrag für die Partei	… €
☐ Einkommensfreibetrag für den Ehegatten/Lebenspartner	… €
☐ Einkommensfreibetrag für Unterhaltsleistungen	… €
☐ Kosten der Unterkunft bestehend aus	… €
☐ angemessene Beträge wegen besonderer Belastungen	… €
Abzüge:	… €
Einzusetzendes Einkommen:	… €

Gemäß § 115 II ZPO ergibt sich danach die festgesetzte Monatsrate von … €. Als Beginn der Zahlungen hat das Gericht den … festgesetzt.

---

[33] In Ziffer I. des Beschlusses ist kurz der Sachverhalt darzustellen, soweit dies im Einzelfall erforderlich ist.

☐ Im Hinblick darauf, dass ein Wegfall der vom Gericht berücksichtigten Belastung … bis zum Ablauf von vier Jahren im Bereich des Wahrscheinlichen liegt, war gemäß § 120 I 2 ZPO für den Fall des Eintritts dieser Veränderung eine Erhöhung der Raten anzuordnen.

D… ☐ Kläger … ☐ Beklagten ☐ Antragsteller …
wird aufgegeben, den Wegfall der Belastung dem Gericht unverzüglich mitzuteilen.

☐ An einzusetzendem Vermögen (§ 115 III ZPO) sind nach den Angaben und den vorgelegten Belegen vorhanden:

☐ Bargeldbestand	… €
☐ Guthaben auf Spar- und Bankkonten	… €
☐ Kurzfristig einziehbare Forderungen	… €
☐ Beleihungsfähiges Grundvermögen	… €
☐ Beleihbare Lebensversicherung	… €
☐ veräußerbare Wertgegenstände	… €
☐ …	… €
Einzusetzendes Vermögen:	… €

Als Fälligkeit für die Zahlung hat das Gericht den … festgesetzt, da es sich bei dem einzusetzenden Vermögen
☐ um sofort einsetzbares Barvermögen handelt;
☐ um Vermögensgegenstände handelt, die erst durch Beleihung/Veräußerung in einen Geldbetrag überführt werden müssen.

☐ Der weitergehende Antrag 3
☐ auf Bewilligung von Prozesskostenhilfe bereits für die Zeit ab … wird zurückgewiesen, da eine rückwirkende Bewilligung der Prozesskostenhilfe höchstens auf den Zeitpunkt der Bewilligungsreife zulässig ist. Diese lag jedoch erst am … vor, denn … .
☐ auf Beiordnung eines Anwalts wird zurückgewiesen, da vor dem Amtsgericht eine Vertretung durch Anwälte nicht geboten, der Gegner ebenfalls nicht durch einen Anwalt vertreten ist und bei der einfachen Sach- und Rechtslage eine Vertretung durch einen Anwalt auch nicht erforderlich erscheint.
☐ auf Beiordnung d… Rechtsanwalts/Rechtsanwältin … wird zurückgewiesen, da d… vorgeschlagene Anwalt/Anwältin nicht im Bezirk des Prozessgerichts niedergelassen ist und keine Erklärung, auf die hierdurch entstehenden Mehrkosten zu verzichten, abgegeben hat (§ 121 III ZPO).
☐ auf Beiordnung eines Verkehrsanwalts wird zurückgewiesen, da keine besonderen Umstände vorliegen, die die Einschaltung eines weiteren Anwalts zur Vermittlung des Verkehrs zwischen Partei und Hauptprozessbevollmächtigten erforderlich erscheinen lassen (§ 121 IV ZPO).
☐ auf Beiordnung eines Beweisanwalts zwecks Wahrnehmung des Termins vom … in … wird zurückgewiesen, da keine besonderen Umstände vorliegen, die die Wahrnehmung des Termins durch einen Anwalt erforderlich erscheinen lassen (§ 121 IV ZPO).

Rechtsbehelfsbelehrung

Diese Entscheidung kann mit der sofortigen Beschwerde angefochten werden. Diese ist binnen einer Notfrist von einem Monat, beginnend mit der Zustellung des Beschlusses, bei dem erkennenden Gericht oder dem Beschwerdegericht ... einzulegen. Die Beschwerde ist nur zulässig, wenn der Wert des Beschwerdegegenstands 600,- € übersteigt. Das gilt nicht, wenn das Gericht ausschließlich die persönlichen und wirtschaftlichen Verhältnisse für die Prozesskostenhilfe verneint oder nur gegen Ratenzahlung bewilligt hat. Ist die Beschwerde danach nicht zulässig, kann innerhalb von zwei Wochen bei dem erkennenden Gericht oder dem Beschwerdegericht Erinnerung eingelegt werden, für die im Übrigen dieselben Formvorschriften wie für die Beschwerde gelten. Beschwerdeberechtigt ist, wer durch diese Entscheidung in seinen Rechten beeinträchtigt ist. Die Beschwerde wird durch Einreichung einer Beschwerdeschrift oder zur Niederschrift der Geschäftsstelle des genannten Gerichts eingelegt. Sie kann auch zur Niederschrift der Geschäftsstelle eines jeden Amtsgerichts erklärt werden. Die Einlegung kann auch in elektronischer Form erfolgen, Informationen hierzu finden Sie unter ... Eine Einlegung per einfacher E-Mail ist unzulässig. Die Beschwerde ist vom Beschwerdeführer oder seinem Bevollmächtigten zu unterzeichnen. Die Beschwerde muss die Bezeichnung des angefochtenen Beschlusses sowie die Erklärung enthalten, dass Beschwerde gegen diesen Beschluss eingelegt wird. Soll die Entscheidung nur zum Teil angefochten werden, so ist der Umfang der Anfechtung zu bezeichnen. Die Beschwerde soll zudem begründet werden.

....

Verfügung

4 1. Beglaubigte Abschrift des Beschlusses an
d... Prozesskostenhilfe beantragende... Partei (-Vertreter...) ☐ (ZU/EB)
2. Beglaubigte Abschrift des Beschlusses ☐ soweit mit [ ] versehen an
Gegner... d... Prozesskostenhilfe beantragende... Partei (-Vertreter...) ☐ (ZU/EB)
☐ mit Zusatz: Sie erhalten in der Anlage eine im Hinblick auf § 127 I 3 ZPO hinsichtlich der persönlichen und wirtschaftlichen Verhältnisse d... Antragsteller... gekürzte Teilausfertigung des Beschlusses vom ...
3. Original des Beschlusses in das Sonderheft PKH einheften, gekürzte Ausfertigung des Beschlusses in die Hauptakten.[34]
4. Herrn/Frau Kostenbeamt....
5. Wiedervorlage: ...

Frankfurt am Main, den ...
☐ Amtsgericht, Abteilung ... ☐ Landgericht, ... Zivilkammer
☐ D... Vorsitzende
☐ D... Einzelrichter...

....

[34] Wegen des Akteneinsichtsrechts der Partei (§ 299 ZPO) darf das ungekürzte Original des Beschlusses nicht in die Hauptakte genommen werden.

Muster 196: Ablehnung der Prozesskostenhilfe (§§ 114, 115 ZPO)

☐ Amtsgericht Frankfurt am Main
☐ Landgericht Frankfurt am Main
Aktenzeichen: …

Beschluss

In dem 1
☐ Prozesskostenhilfeverfahren
☐ Rechtsstreit
d… …, ☐ Antragsteller…,
☐ Kläger…,

Prozessbevollmächtigte…: Rechtsanwalt/Rechtsanwältin …,
gegen
d… …, ☐ Antragsgegner…,
☐ Beklagte…,
Prozessbevollmächtigter: Rechtsanwalt …,
☐ hat das Amtsgericht Frankfurt am Main durch d… Richter… am Amtsgericht …
☐ hat die … Zivilkammer des Landgerichts Frankfurt am Main durch
☐ d… Vorsitzende… Richter… am Landgericht … und die Richter am Landgericht … und …
☐ d… Richter… am Landgericht … als Einzelrichter…
am … beschlossen:

Der Antrag d… ☐ Kläger… ☐ Beklagte… ☐ Antragsteller… vom … auf Bewilligung von Prozesskostenhilfe wird zurückgewiesen.

Die Entscheidung ergeht gerichtsgebührenfrei; außergerichtliche Kosten werden nicht erstattet.

Gründe

☐ I.[35]

☐ …

☐ II.

☐ Die Bewilligung der Prozesskostenhilfe war schon deshalb abzulehnen, weil die Partei die Auflagen des Gerichts in der Verfügung vom …, die der Klärung der Bedürftigkeit dienen sollten, nicht erfüllt hat (§ 118 II 4 ZPO). Die Partei hat nämlich nicht … Unter diesen Umständen geht das Gericht davon aus, dass die Partei über Vermögenswerte bzw. Einkommen so verfügt, dass es ihr möglich ist, die voraussichtlichen Prozesskosten zu bestreiten. 2

☐ Die Voraussetzungen, unter denen nach §§ 114, 115 ZPO die Partei nach ihren persönlichen und wirtschaftlichen Verhältnissen nicht in der Lage ist, die Kosten der Prozessführung zu bestreiten, liegen nicht vor.

---

[35] In Ziffer I. des Beschlusses ist kurz der Sachverhalt darzustellen, soweit dies im Einzelfall erforderlich ist.

☐ Die Partei hat einen Anspruch auf Rechtsschutzgewährung aus
☐ ihrem Rechtsschutzversicherungsvertrag gegenüber …,
☐ ihrem Haftpflichtversicherungsvertrag gegenüber …,
☐ ihrer Mitgliedschaft bei der Gewerkschaft …,
der gegenüber der Prozesskostenhilfe des Staates vorrangig ist.

3 ☐ Der Partei steht gemäß
☐ §§ 1360, 1360a IV, 1361 IV 4 BGB ☐ §§ 1601 ff., 1610 BGB
ein Anspruch auf Prozesskostenvorschuss gegen … zu, der bei der Höhe der voraussichtlichen Prozesskosten und mangels anderweitig erkennbarer Umstände auch realisierbar ist; er geht der Prozesskostenhilfe des Staates vor.

☐ Die Partei ist in der Lage, die Prozesskosten aus ihrem einzusetzenden Nettoeinkommen zu bestreiten (§ 115 I ZPO).

☐ Die Partei ist in der Lage, die Prozesskosten aus ihrem einzusetzenden Vermögen zu bestreiten (§ 115 III ZPO).

☐ Die voraussichtlichen Prozesskosten übersteigen nicht die Summe von 4 Monatsraten ☐ und die aus dem einzusetzenden Vermögen der Partei aufzubringenden Teilbeträge (§ 115 IV ZPO). Die voraussichtlichen Prozesskosten für die erste Instanz betragen für die Partei … € unter Zugrundelegung eines Streitwerts von … €, was sich aus folgender Berechnung ergibt: …

4 ☐ Die Partei hat
☐ nach ihrem eigenen Vortrag
☐ und den angestellten Ermittlungen
☐ folgendes Einkommen, das nach § 115 I ZPO zum Bestreiten der Prozesskosten einzusetzen ist:

☐ monatliches Einkommen aus Erwerbstätigkeit	… €
☐ $^{1}/_{12}$ Urlaubs- und Weihnachtsgeld	… €
☐ sonstige Einkünfte aus	… €
☐ Nebentätigkeit	… €
☐ Kapitaleinkünfte	… €
☐ Vermietung und Verpachtung	… €
☐ Sachbezüge	… €
☐ Gewerbebetrieb	… €
☐ Rente aus …	… €
☐ Unterhaltsleistung von …	… €
Bruttoeinkommen:	… €
Hiervon können abgezogen werden:	
☐ auf das Einkommen entrichtete Steuern	… €
☐ Pflichtbeiträge zur Sozial- und Arbeitslosenversicherung	… €
☐ Beiträge zu öffentlichen und privaten Versicherungen	… €
☐ notwendige Berufsausgaben (Werbungskosten)	… €
☐ Betriebsausgaben	… €
☐ Erwerbstätigenbonus	… €
☐ Einkommensfreibetrag für die Partei	… €
☐ Einkommensfreibetrag für den Ehegatten/Lebenspartner	… €

☐ Einkommensfreibetrag für Unterhaltsleistungen ... €
☐ Kosten der Unterkunft bestehend aus ... €
☐ angemessene Beträge wegen besonderer Belastungen ... €
Abzüge: ... €
Einzusetzendes Einkommen: ... €

☐ folgendes Vermögen, dessen Einsatz zum Bestreiten der Prozesskosten ihr nach § 115 III ZPO zuzumuten ist: 5
☐ Bargeldbestand ... €
☐ Guthaben auf Spar- und Bankkonten ... €
☐ Kurzfristig einziehbare Forderungen ... €
☐ Beleihungsfähiges Grundvermögen ... €
☐ Beleihbare Lebensversicherung ... €
☐ veräußerbare Wertgegenstände ... €
☐ ... ... €
Einzusetzendes Vermögen: ... €

☐ Die beabsichtigte Prozessführung bietet nach dem bisherigen Vorbringen der Parteien keine hinreichende Aussicht auf Erfolg.
☐ Bereits nach dem eigenen Vorbringen der Partei ist der geltend gemachte Anspruch nicht gegeben, weil ... .
☐ Die Partei hat den Vortrag des Gegners ... nicht bestritten. Daraus folgt, dass ... .
☐ Das beabsichtigte
☐ Klagevorbringen ☐ Verteidigungsvorbringen
ist von dem Gegner im Einzelnen bestritten worden. Die Partei hat dieses Vorbringen nicht mit geeigneten Beweismitteln unter Beweis gestellt.
☐ Dass der geltend gemachte Anspruch nicht gegeben ist, folgt aus
☐ den beigezogenen Akten ...,
☐ der eingeholten Auskunft des ...,
☐ der vorgelegten eidesstattlichen Versicherung des ...,
☐ der vorgelegten Urkunde ...,
☐ der Vernehmung des Zeugen ...,
☐ dem Gutachten d... Sachverständigen ...,
denn ... .

☐ Die beabsichtigte Prozessführung ist als mutwillig anzusehen. 6
☐ Eine bemittelte Partei würde von der Prozessführung absehen, da d... Antragsgegner... völlig mittellos und auch mit einer künftigen Änderung der Vermögensverhältnisse nicht zu rechnen ist. Die Vollstreckung eines Urteils hinsichtlich des zuerkannten Betrages erscheint als dauerhaft aussichtslos.
☐ D... Antragsgegner... hat gegen die mit der beabsichtigten Klage erhobene Forderung keine Einwendungen erhoben. Es liegen zudem Hinweise vor, dass der Anspruch voraussichtlich weiterhin unbestritten bleibt, nämlich ... Unter diesen Umständen ist d... Antragsteller... gehalten, zunächst das Mahnverfahren zu betreiben.
☐ D... Antragsgegner... hat die geschuldete Rente auf Zahlung von monatlich ... € Unterhalt bisher nach seinem unwidersprochen gebliebenen Vor-

bringen pünktlich bezahlt. Es besteht unter diesen Umständen kein Anlass, dass d... Antragsteller... den Anspruch derzeit durch ein Urteil vollstreckbar titulieren lässt.

Die Kostenentscheidung beruht auf §§ 1 GKG, 118 I 4 ZPO.

Rechtsbehelfsbelehrung

Diese Entscheidung kann mit der sofortigen Beschwerde angefochten werden. Diese ist binnen einer Notfrist von einem Monat, beginnend mit der Zustellung des Beschlusses, bei dem erkennenden Gericht oder dem Beschwerdegericht ... einzulegen. Die Beschwerde ist nur zulässig, wenn der Wert des Beschwerdegegenstands 600,- € übersteigt. Das gilt nicht, wenn das Gericht ausschließlich die persönlichen und wirtschaftlichen Verhältnisse für die Prozesskostenhilfe verneint oder nur gegen Ratenzahlung bewilligt hat. Ist die Beschwerde danach nicht zulässig, kann innerhalb von zwei Wochen bei dem erkennenden Gericht oder dem Beschwerdegericht Erinnerung eingelegt werden, für die im Übrigen dieselben Formvorschriften wie für die Beschwerde gelten. Beschwerdeberechtigt ist, wer durch diese Entscheidung in seinen Rechten beeinträchtigt ist. Die Beschwerde wird durch Einreichung einer Beschwerdeschrift oder zur Niederschrift der Geschäftsstelle des genannten Gerichts eingelegt. Sie kann auch zur Niederschrift der Geschäftsstelle eines jeden Amtsgerichts erklärt werden. Die Einlegung kann auch in elektronischer Form erfolgen, Informationen hierzu finden Sie unter ... Eine Einlegung per einfacher E-Mail ist unzulässig. Die Beschwerde ist vom Beschwerdeführer oder seinem Bevollmächtigten zu unterzeichnen. Die Beschwerde muss die Bezeichnung des angefochtenen Beschlusses sowie die Erklärung enthalten, dass Beschwerde gegen diesen Beschluss eingelegt wird. Soll die Entscheidung nur zum Teil angefochten werden, so ist der Umfang der Anfechtung zu bezeichnen. Die Beschwerde soll zudem begründet werden.

....

Muster 197: Aufhebung der Prozesskostenhilfe (§ 124 I Nr. 1 ZPO).

Landgericht Frankfurt am Main
Aktenzeichen: …

Beschluss

In dem Rechtsstreit 1
d…,

Kläger…,

Prozessbevollmächtigte: Rechtsanwalt …,
gegen
d…,

Beklagte…,

Prozessbevollmächtigter: Rechtsanwalt …,
hat die … Zivilkammer des Landgerichts Frankfurt am Main durch den Vorsitzenden Richter am Landgericht … und die Richter am Landgericht … und … am … beschlossen:

> Die dem Kläger gemäß Beschluss vom … bewilligte Prozesskostenhilfe wird mit rückwirkender Kraft aufgehoben.

Gründe

Die dem Kläger bewilligte Prozesskostenhilfe war gemäß § 124 I Nr. 1 ZPO aufzuheben, weil der Kläger in dem Antrag bewusst unrichtige Angaben über das Streitverhältnis gemacht hat. Der Kläger hatte sich zum Beweis für das behauptete Darlehen von 20.000,– € auf einen Schuldschein vom … (Bl. … d.A.) berufen, der zwar die Unterschrift des Beklagten trägt, nach dem Ergebnis der Beweisaufnahme aber offensichtlich gefälscht ist.

Dies folgt nicht nur aus dem Gutachten des Schriftsachverständigen … vom … (Bl. … d.A.), sondern auch aus einem von dem Beklagten nunmehr vorgelegten Schreiben der Ehefrau des Klägers vom … an ihre Tante. Der Kläger hat nach dem gesamten Ablauf des Verfahrens vorsätzlich gehandelt. Seine bewusst falschen Angaben über die Echtheit des Schuldscheins vom … waren für das Gericht bestimmend, ihm die Prozesskostenhilfe zu bewilligen. Nicht entscheidend ist dagegen, ob er dem Beklagten tatsächlich ein Darlehen gegeben hat, solange der Kläger sich nur auf fehlerhafte Beweismittel stützen kann.

Rechtsbehelfsbelehrung

Diese Entscheidung kann mit der sofortigen Beschwerde angefochten werden. Diese ist binnen einer Notfrist von einem Monat, beginnend mit der Zustellung des Beschlusses, bei dem erkennenden Gericht oder dem Beschwerdegericht … einzulegen. Die Beschwerde ist nur zulässig, wenn der Wert des Beschwerdegegenstands 600,– € übersteigt. Das gilt nicht, wenn das Gericht ausschließlich die persönlichen und wirtschaftlichen Verhältnisse für die Prozesskostenhilfe verneint oder nur gegen Ratenzahlung bewilligt hat. Ist die Beschwerde danach nicht zulässig, kann innerhalb von zwei Wochen bei dem erkennenden Gericht oder dem Beschwerdegericht Erinnerung eingelegt werden, für die im Übrigen dieselben Formvorschriften wie für die Beschwerde gelten. Beschwerdeberechtigt ist, wer durch diese Entscheidung in seinen Rechten beeinträchtigt ist. Die Beschwerde wird durch Einreichung einer Beschwerdeschrift oder zur Niederschrift der Geschäftsstelle des genannten Gerichts eingelegt. Sie kann auch zur Niederschrift der Geschäftsstelle eines jeden Amtsgerichts erklärt werden. Die Einlegung kann auch in elektronischer Form erfolgen, Informationen hierzu finden Sie unter ... Eine Einlegung per einfacher E-Mail ist unzulässig. Die Beschwerde ist vom Beschwerdeführer oder seinem Bevollmächtigten zu unterzeichnen. Die Beschwerde muss die Bezeichnung des angefochtenen Beschlusses sowie die Erklärung enthalten, dass Beschwerde gegen diesen Beschluss eingelegt wird. Soll die Entscheidung nur zum Teil angefochten werden, so ist der Umfang der Anfechtung zu bezeichnen. Die Beschwerde soll zudem begründet werden.

....

Muster 198: Ablehnung des Antrags auf Beiordnung eines anderen Rechtsanwalts (§ 48 II BRAO)

Landgericht Frankfurt am Main
Aktenzeichen: ...

Beschluss

In dem Rechtsstreit 1
d...,

Kläger...,

Prozessbevollmächtigter: Rechtsanwalt ...,
gegen
d...,

Beklagte...,

Prozessbevollmächtigter: Rechtsanwalt ...,
hat die ... Zivilkammer des Landgerichts Frankfurt am Main durch die Richterin am Landgericht ... als Einzelrichterin am ... beschlossen:

> Der Antrag des Klägers vom ... auf Aufhebung der Beiordnung des bisherigen Prozessbevollmächtigten Rechtsanwalts ... und auf Beiordnung eines neuen Rechtsanwalts wird zurückgewiesen.

Gründe

Der Antrag ist unbegründet.

Voraussetzung dafür, dass eine Partei im Rahmen der Prozesskostenhilfe die Aufhebung der Beiordnung des zunächst bestellten und die Beiordnung eines anderen Rechtsanwalts verlangen kann, ist analog § 48 II BRAO das Vorliegen gewichtiger Gründe.

Die Regelung des § 121 II ZPO, wonach der Partei ein Rechtsanwalt ihrer Wahl beizuordnen ist, steht dem nicht entgegen, denn sie bedeutet nicht, dass die Partei nach ihrem freien Belieben dem zunächst gewählten und beigeordneten Rechtsanwalt das Vertrauen entziehen und damit seine Abberufung und Beiordnung eines neuen Rechtsanwalts verlangen kann. Dadurch würde die Staatskasse in unvertretbarem Maß mit Mehrkosten belastet. Der Hinweis, die arme Partei dürfe nicht schlechter stehen als eine nicht arme, überzeugt nicht, da die letztgenannte zwar den Rechtsanwalt wechseln kann, aber die finanzielle Mehrbelastung selbst zu tragen hat und damit von unvernünftigen Maßnahmen abgehalten wird.

Ein wichtiger Grund, der eine Aufhebung der Beiordnung rechtfertigt, liegt nicht 2
vor. Dies setzt voraus, dass das Vertrauensverhältnis zwischen Partei und Rechtsanwalt nachhaltig und tiefgreifend gestört ist (Anders/Gehle/*Dunkhase* § 121 Rn. 32). Das ist hier zu verneinen.

Zu Unrecht meint der Kläger, der beigeordnete Rechtsanwalt habe den Prozessstoff nicht richtig vorgetragen. Die in den Akten befindlichen Schriftsätze geben hierfür keine Anhaltspunkte. Zudem hat der Kläger in der mündlichen Verhandlung vom … bei seiner Anhörung keine neuen erheblichen Gesichtspunkte vorgebracht, die nicht bereits in den Schriftsätzen seines beigeordneten Rechtsanwalts enthalten sind. Auch auf die ausdrückliche Auflage des Gerichts, er möge vortragen, was Rechtsanwalt … pflichtwidrig nicht vorgetragen habe, hat der Kläger nichts Neues mitgeteilt.

Das Gericht ist daher der Überzeugung, dass ein anderer Rechtsanwalt auch nichts anderes vortragen kann und deshalb der Kläger gehalten ist, den Prozess mit dem beigeordneten Rechtsanwalt für diese Instanz weiterzuführen. Das ist ihm auch zumutbar, da das Vertrauensverhältnis nicht gestört ist, nachdem Rechtsanwalt … seine Bereitwilligkeit zur weiteren Prozessführung ausdrücklich erklärt hat.

Rechtsbehelfsbelehrung

Diese Entscheidung kann mit der sofortigen Beschwerde angefochten werden. Diese ist binnen einer Notfrist von einem Monat, beginnend mit der Zustellung des Beschlusses, bei dem erkennenden Gericht oder dem Beschwerdegericht … einzulegen. Die Beschwerde ist nur zulässig, wenn der Wert des Beschwerdegegenstands 600,- € übersteigt. Das gilt nicht, wenn das Gericht ausschließlich die persönlichen und wirtschaftlichen Verhältnisse für die Prozesskostenhilfe verneint oder nur gegen Ratenzahlung bewilligt hat. Ist die Beschwerde danach nicht zulässig, kann innerhalb von zwei Wochen bei dem erkennenden Gericht oder dem Beschwerdegericht Erinnerung eingelegt werden, für die im Übrigen dieselben Formvorschriften wie für die Beschwerde gelten. Beschwerdeberechtigt ist, wer durch diese Entscheidung in seinen Rechten beeinträchtigt ist. Die Beschwerde wird durch Einreichung einer Beschwerdeschrift oder zur Niederschrift der Geschäftsstelle des genannten Gerichts eingelegt. Sie kann auch zur Niederschrift der Geschäftsstelle eines jeden Amtsgerichts erklärt werden. Die Einlegung kann auch in elektronischer Form erfolgen, Informationen hierzu finden Sie unter ... Eine Einlegung per einfacher E-Mail ist unzulässig. Die Beschwerde ist vom Beschwerdeführer oder seinem Bevollmächtigten zu unterzeichnen. Die Beschwerde muss die Bezeichnung des angefochtenen Beschlusses sowie die Erklärung enthalten, dass Beschwerde gegen diesen Beschluss eingelegt wird. Soll die Entscheidung nur zum Teil angefochten werden, so ist der Umfang der Anfechtung zu bezeichnen. Die Beschwerde soll zudem begründet werden.

…………………

Muster 199: Aufhebung der Beiordnung des bisher beigeordneten und Beiordnung eines neuen Rechtsanwalts (§ 48 II BRAO)

☐ Amtsgericht Frankfurt am Main
☐ Landgericht Frankfurt am Main
Aktenzeichen: ...

Beschluss

In dem Rechtsstreit 1
d...,

Kläger...,

Prozessbevollmächtigte...: Rechtsanwalt/Rechtsanwältin ...,
gegen
d...,

Beklagte...,

Prozessbevollmächtigte...: Rechtsanwalt/Rechtsanwältin ...,
☐ hat das Amtsgericht Frankfurt am Main durch d... Richter... am Amtsgericht ...
☐ hat die ... Zivilkammer des Landgerichts Frankfurt am Main durch
☐ d... Vorsitzende... Richter... am Landgericht ... und die Richter am Landgericht ... und ...
☐ d... Richter... am Landgericht ... als Einzelrichter...
am ... beschlossen:

Die durch Beschluss vom ... im Wege der Prozesskostenhilfe erfolgte Beiordnung d... Rechtsanwalts/Rechtsanwältin ... wird auf Antrag d... ☐ Kläger... ☐ Beklagten ☐ beigeordneten Rechtsanwältin/ Rechtsanwalts ... aufgehoben.

D... ☐ Kläger... ☐ Beklagten wird nunmehr als neuer Anwalt im Wege der Prozesskostenhilfe Rechtsanwalt/Rechtsanwältin ... beigeordnet.

Gründe

☐ I.[36]

☐ ...

☐ II.

Der Antrag ist begründet.

Es liegen wichtige Gründe dafür vor, die durch Beschluss vom ... erfolgte Beiordnung d... Rechtsanwalts/Rechtsanwältin ... aufzuheben (§ 48 II BRAO). Die zwischen der Partei und d... beigeordneten Rechtsanwalt/Rechtsanwältin aufgetretenen erheblichen Spannungen und Meinungsverschiedenheiten lassen eine weitere Prozessführung nicht zu, denn ...

....

[36] In Ziffer I. des Beschlusses ist kurz der Sachverhalt darzustellen, soweit dies im Einzelfall erforderlich ist.

Verfügung

2 1. Beglaubigte Abschrift des Beschlusses an

☐ Kläger…	☐ (ZU)
☐ bisherige… Klägervertreter…	☐ (EB)
☐ nunmehr beigeordnete… Klägervertreter…	☐ (EB)
☐ Beklagte…	☐ (ZU)
☐ bisherige… Beklagtenvertreter…	☐ (EB)
☐ nunmehr beigeordnete… Beklagtenvertreter…	☐ (EB)

☐ mit Zusatz: Termin steht an am …, … Uhr, Raum … . Die Ladung ist zu Händen d… bisher beigeordneten Rechtsanwalts/Rechtsanwältin erfolgt. Es wird anheimgestellt, die Gerichtsakten einzusehen und sich mit der Partei in Verbindung zu setzen.

2. Wiedervorlage: …

Frankfurt am Main, den …

☐ Amtsgericht, Abteilung …

☐ Landgericht, … Zivilkammer
☐ D… Vorsitzende
☐ D… Einzelrichte…

…………………

§ 14. Das Berufungsverfahren

I. Die Zulässigkeit der Berufung

Die Prüfung der Zulässigkeit der Berufung hat absoluten Vorrang vor jeder Sachprüfung. Sie ist von den nachfolgenden einzelnen Voraussetzungen abhängig.

1. Die Zuständigkeit des angerufenen Gerichts

Das Landgericht ist örtlich zuständig für Berufungen gegen Urteile der zu seinem Gerichtsbezirk gehörigen Amtsgerichte; das Oberlandesgericht ist örtlich zuständig für Berufungen gegen Urteile der zu seinem Gerichtsbezirk gehörigen Landgerichte. 1

Die Anrufung eines örtlich unzuständigen Berufungsgerichts kommt praktisch kaum vor. 2

2. Der Anwaltszwang

Die Berufung muss durch einen zugelassenen Rechtsanwalt eingelegt werden (§ 78 I ZPO). 3

Die Einlegung durch einen nicht zugelassenen Rechtsanwalt kommt praktisch kaum vor. Legt dagegen eine durch das Urteil beschwerte Partei selbst in Verkennung des Anwaltszwangs Berufung ein, wird die Partei über die Unzulässigkeit der Berufung belehrt und ihr anheimgestellt, sie entweder zurückzunehmen oder – soweit dies fristgerecht noch möglich ist – sie durch einen zugelassenen Rechtsanwalt zu wiederholen. Das Belehrungsschreiben sollte auf sonstige Erfordernisse der Zulässigkeit, insbesondere das Erfordernis des Beschwerdewertes, hinweisen, damit die Partei nicht unnütz einen Rechtsanwalt aufsucht und sich überflüssige Kosten aufbürdet; auch ein Hinweis auf die Möglichkeit der Bewilligung von Prozesskostenhilfe erscheint angezeigt. Nimmt die Partei die unzulässige Berufung zurück, so kann bei unverschuldeter Unkenntnis über den bestehenden Anwaltszwang nach § 21 I 3 GKG von der Erhebung von Kosten für die Berufungsinstanz abgesehen werden. Dies setzt allerdings voraus, dass die Partei entgegen der in § 232 ZPO als verpflichtend geregelten Rechtsbehelfsbelehrung in Verfahren ohne Anwaltszwang nicht ordnungsgemäß über die einzuhaltende Form des Rechtsmittels belehrt wurde.

3. Die Statthaftigkeit der Berufung

Die Berufung muss gegen ein Urteil der Art nach statthaft sein. 4

a) Statthaft ist die Berufung gegen alle im ersten Rechtszug erlassenen Endurteile (§ 511 ZPO) und solche Zwischenurteile, die in Betreff der Rechtsmittel den Endurteilen gleichgestellt sind (§§ 280 II 1, 302 III, 304 II, 599 III ZPO).[1]

(1) Nicht statthaft ist die Berufung gegen das (erste) Versäumnisurteil, gegen das nur der Einspruch gegeben ist (§§ 338, 514 I ZPO).

Dazu gehört nicht das sogenannte unechte Versäumnisurteil, das bei Säumnis des Beklagten die Klage wegen fehlender Schlüssigkeit abweist; insoweit ist die Berufung des Klägers statthaft. Außerdem ist die Berufung gegen ein zweites Versäumnisurteil statthaft, allerdings nur mit der Einschränkung, als

---

[1] Anders/Gehle/*Göertz* § 511 Rn. 5 ff.; Thomas/Putzo/*Seiler* § 511 Rn. 2, 3.

sie darauf gestützt wird, dass der Fall der schuldhaften Versäumung nicht vorgelegen habe (§ 514 II 1 ZPO).

(2) Hat das erstinstanzliche Gericht eine der Form nach dem Gesetz widersprechende Entscheidung erlassen, so gilt für die Statthaftigkeit das Prinzip der Meistbegünstigung:[2]

Zulässig ist sowohl der Rechtsbehelf, der bei richtiger Sachbehandlung gegeben gewesen wäre, als auch der Rechtsbehelf, der gegen die inkorrekte Entscheidung statthaft ist.

(3) Gegen Scheinurteile und nichtige Urteile ist dagegen die Berufung nur statthaft zur Beseitigung von Scheinwirkungen, z. B. wenn das Urteil nach § 317 ZPO mitgeteilt wurde.[3]

b) Eine isolierte Anfechtung der Kostenentscheidung ist grundsätzlich nicht statthaft (§ 99 I ZPO).

Die Rechtsprechung hat hiervon jedoch diverse Ausnahmen zugelassen: So ist zum Beispiel eine völlig unzulässige, „greifbar gesetzeswidrige" Kostenentscheidung anfechtbar,[4] ebenso die Kostenentscheidung bei einem unzulässigen streitigen Teilurteil nach § 301 ZPO.[5] Zulässig ist auch eine auf die Kosten beschränkte Anschlussberufung.[6]

4. Die Berechtigung zur Berufung

5 a) Berufung kann nur derjenige einlegen, gegen den sich das Ersturteil richtet.[7]

Das sind die Parteien der ersten Instanz, außerdem der Streithelfer, der entweder schon in der ersten Instanz beigetreten ist (§ 66 I ZPO) oder aber dem Rechtsstreit mit der Einlegung der Berufung erst beitritt (§ 66 II ZPO). Nicht zur Einlegung der Berufung berechtigt sind nur mittelbar Betroffene, z. B. solche Personen, die in den Entscheidungsgründen nachteilig erwähnt sind.

b) Der Berufungsführer muss in jeder Lage des Rechtsstreits, also auch bei Einlegung der Berufung, partei- und prozessfähig sein.

Zulässig ist das Rechtsmittel der Partei, die sich dagegen wendet, dass sie in der Vorinstanz zu Unrecht als prozessunfähig angesehen wurde.[8]

5. Die Einlegung der Berufung

Die Berufung muss form- und fristgerecht im Sinne der §§ 517, 519 ZPO eingelegt sein.

6 a) Die Form der Berufungsschrift ergibt sich aus § 519 II ZPO.

(1) Die Berufung muss zum einen die Bezeichnung des Urteils enthalten, gegen das die Berufung eingelegt wird (§ 519 II Nr. 1 ZPO).

Das erfordert die Bezeichnung der Parteien, die Angabe des erstinstanzlichen Gerichts, das Datum der Verkündung und des Aktenzeichens. Die in der Berufungsschrift fehlenden Angaben können ergänzt werden durch den Inhalt des nach der Sollvorschrift des § 519 III ZPO beizufügenden (und

[2] Anders/Gehle/*Göertz* Grundz § 511 Rn. 28 f.; Thomas/Putzo/*Seiler* Vorb. § 511 Rn. 8 f.
[3] Anders/Gehle/*Göertz* Grundz § 511 Rn. 25; Thomas/Putzo/*Seiler* Vorb. § 300 Rn. 14.
[4] Anders/Gehle/*Göertz* § 99 Rn. 19; Thomas/Putzo/*Hüßtege* § 99 Rn. 9.
[5] Anders/Gehle/*Göertz* § 99 Rn. 45; Thomas/Putzo/*Hüßtege* § 99 Rn. 8.
[6] Anders/Gehle/*Göertz* § 99 Rn. 8 „Anschlussrechtsmittel"; MüKoZPO/*Schulz* § 99 Rn. 12.
[7] Anders/Gehle/*Göertz* § 511 Rn. 10 ff.; Thomas/Putzo/*Seiler* § 511 Rn. 6 ff.
[8] Anders/Gehle/*Göertz* § 511 Rn. 13; Thomas/Putzo/*Seiler* Vorb. § 511 Rn. 36.

auch tatsächlich beigefügten) erstinstanzlichen Urteils sowie sonstigen Umständen, die innerhalb der Berufungsfrist zur Kenntnis des Gerichts gelangen.

(2) Die Berufungsschrift muss zum anderen die Erklärung enthalten, dass gegen das Urteil Berufung eingelegt werde (§ 519 II Nr. 2 ZPO).

Der Gebrauch des Wortes „Berufung“ ist nicht unbedingt erforderlich, wenn der Wille zur Rechtsmitteleinlegung klar ersichtlich ist.[9] Die Notwendigkeit der Ermittlung des Inhalts der Erklärung durch das Gericht reicht für die Zulässigkeit nicht aus, jedoch kommt in klaren Fällen eine Umdeutung in Betracht.[10] Die Erklärung muss unbedingt abgegeben werden; eine bedingt eingelegte Berufung, z. B. für den Fall der Bewilligung von Prozesskostenhilfe, ist unzulässig; zulässig ist dagegen die Bitte, eine Berufung zunächst nur zu den Akten zu nehmen und dann zuerst über den Antrag nach § 119 ZPO zu entscheiden.[11] Der Berufungskläger muss im Falle der Bedürftigkeit rechtzeitig – innerhalb der Berufungsfrist – einen Antrag auf Bewilligung von Prozesskostenhilfe stellen.

(3) Aus dem Berufungsschriftsatz muss ersichtlich sein, für und gegen welche Partei das Rechtsmittel eingelegt wird.[12]

Insoweit ist eine Auslegung der Berufungsschrift selbst, eventuell unter Heranziehung des beigefügten Urteils erster Instanz sowie sonstiger, innerhalb der Berufungsfrist zur Kenntnis des Gerichts gelangter Umstände, möglich. Eine fehlende oder falsche Bezeichnung der Parteien schadet nur, wenn die richtige dem Berufungsgericht bei verständiger Würdigung nicht zweifellos erkennbar ist.

(4) Der Berufungsschriftsatz muss gemäß § 130d S. 1 ZPO von einem zugelassenen Rechtsanwalt als elektronisches Dokument übermittelt werden, also entweder mit qualifizierter Signatur des Rechtsanwalts oder mit einfacher Signatur auf einem sicheren Übermittlungsweg (beA) eingereicht werden.[13]

Die Berufungsschrift ist bei Gericht eingegangen, sobald das elektronische Dokument auf der für den Empfang bestimmten Einrichtung des Gerichts gespeichert ist, § 130a V ZPO.[14]

(5) In Zweifelsfällen kann der Rechtsanwalt eine nicht formgerecht eingelegte Berufung – innerhalb der Rechtsmittelfrist – wiederholen, um den Fehler zu beseitigen.[15]

In diesem Falle liegen nicht mehrere Berufungen mit der Folge vor, dass das einheitliche Rechtsmittel der Berufung nur dann verworfen werden darf, wenn keine der Einlegungen erfolgreich war.

b) Die Berufungsfrist beträgt einen Monat (§ 517 ZPO). 7

(1) Die Frist beginnt mit der Zustellung des in vollständiger Form abgesetzten Urteils, spätestens jedoch nach Ablauf von fünf Monaten seit der Verkündung.

Das Urteil wird den Parteien in Abschrift zugestellt, § 317 I 1 ZPO. Nach § 169 IV ZPO kann ein Schriftstück oder ein elektronisches Dokument in beglaubigter elektronischer Abschrift zugestellt werden, wobei die Beglaubigung mit einer qualifizierten elektronischen Signatur des Urkundsbeamten der Geschäftsstelle erfolgt. Wurde das Urteil bereits im Sinne von § 130b ZPO in elektronischer Form hergestellt, genügt eine elektronische Zustellung ohne Beglaubigung gemäß § 169 V ZPO.

---

[9] Anders/Gehle/*Göertz* § 519 Rn. 20; Thomas/Putzo/*Seiler* § 519 Rn. 14.
[10] Anders/Gehle/*Göertz* § 519 Rn. 21 „Auslegung“; Thomas/Putzo/*Seiler* § 519 Rn. 14 f.
[11] Anders/Gehle/*Göertz* § 519 Rn. 21 „Bedingung“, „Zunächst Prozesskostenhilfe“; Thomas/Putzo/*Seiler* § 519 Rn. 4.
[12] Anders/Gehle/*Göertz* § 519 Rn. 22 ff.; Thomas/Putzo/*Seiler* § 519 Rn. 15.
[13] Anders/Gehle/*Göertz* § 519 Rn. 9; Thomas/Putzo/*Seiler* § 519 Rn. 2.
[14] Anders/Gehle/*Göertz* § 519 Rn. 9; Thomas/Putzo/*Seiler* § 130a Rn. 5.
[15] Anders/Gehle/*Göertz* § 519 Rn. 12; Thomas/Putzo/*Seiler* § 519 Rn. 10 f.

Wird das Urteil nach § 319 ZPO berichtigt, so beginnt im Regelfall keine neue Berufungsfrist zu laufen. Eine Ausnahme besteht, wenn erst aus der Berichtigung hervorgeht, dass eine Partei beschwert ist oder sich eine höhere Beschwer ergibt.[16] Für den Streithelfer nach § 66 ZPO läuft keine eigene Berufungsfrist; er muss innerhalb der für die unterstützte Hauptpartei laufenden Rechtsmittelfrist Berufung einlegen. Dagegen kommt es beim streitgenössischen Streithelfer nach § 69 ZPO grundsätzlich auf die Zustellung gerade an ihn an.[17]

(2) Maßgebende Zustellung ist gemäß § 317 I ZPO die Zustellung an die Partei bzw. ihren Prozessbevollmächtigten.

Die Zustellung des elektronischen Dokuments u.a. an Rechtsanwälte erfolgt gegen elektronisches Empfangsbekenntnis, § 173 III ZPO.

Das Empfangsbekenntnis erbringt vollen Beweis für den angegebenen Zeitpunkt der Entgegennahme (§ 418 ZPO). Es kann jedoch grundsätzlich der Gegenbeweis erbracht werden, dabei muss aber die Beweiswirkung vollständig entkräftet werden, so dass jede Möglichkeit ausgeschlossen werden kann, dass die Angabe im Empfangsbekenntnis doch richtig ist.[18]

8 (3) Bei der Berechnung der Monatsfrist sind die §§ 222 ZPO, 187, 188 BGB zu beachten.

Die Zustellung des Urteils ist ein in den Lauf eines Tages fallendes Ereignis im Sinne des § 187 I BGB. Daraus folgt die Anwendung des § 188 II BGB: die Frist endet mit dem Ablauf desjenigen Tages, der seiner Zahl dem Tag der Zustellung entspricht. Ist dieser Tag ein Samstag, ein Sonntag oder ein Feiertag, so endet die Frist am nächsten Werktag (§ 193 BGB). Bei einer Zustellung am 31. des Monats endet die Frist mit Ablauf des 30. des nächsten Monats (§ 188 III BGB), bei Zustellung am 31.1. mit Ablauf des 28.2. (bei Schaltjahren des 29.2).

(4) Die Berufungsfrist ist gewahrt, wenn der Schriftsatz spätestens am letzten Tag der Frist bis 24 Uhr in die Verfügungsgewalt des Berufungsgerichts gelangt. Da nach § 519 IV ZPO die allgemeinen Vorschriften über die vorbereitenden Schriftsätze auch auf die Berufungsschrift anzuwenden sind, ist § 130d ZPO zu beachten. Der Eingang des elektronischen Dokuments bestimmt sich nach § 130a V ZPO.[19]

(5) Ist die Frist nicht gewahrt, kann dem Berufungskläger unter den Voraussetzungen des § 233 ZPO Wiedereinsetzung in den vorigen Stand gewährt werden.

Voraussetzung hierfür ist, dass weder die Partei noch den Rechtsanwalt (§ 85 II ZPO) an der Versäumung der Frist ein Verschulden trifft. Hierüber besteht eine umfangreiche Judikatur und zwar nicht nur des BGH und der Instanzgerichte, sondern auch des BVerfG.[20]

Grundsätzlich muss sich die Partei in zumutbarer Weise über die Möglichkeiten eines Rechtsmittels und die erforderlichen Fristen informieren sowie die zur Durchführung der Berufung erforderlichen Schritte einleiten. Allerdings ist eine Wiedereinsetzung wegen des vermuteten Fehlens eines Verschuldens möglich, wenn das Gericht eine notwendige Belehrung, z.B. nach § 232 ZPO, nicht oder fehlerhaft erteilt hat, § 233 S. 2 ZPO.

Den Rechtsanwalt treffen umfangreiche Organisations- und Überwachungspflichten hinsichtlich der Berechnung der Fristen, der rechtzeitigen Aktenvorlage, der richtigen Abfassung der Berufungsschrift sowie der rechtzeitigen Absendung. Hat er die Organisationspflicht wahrgenommen, insbesondere erfahrene Bürokräfte richtig eingeführt, betraut und laufend kontrolliert, braucht er für das Verschulden des Personals im Regelfall nicht einzustehen.[21]

---

[16] Anders/Gehle/*Hunke* § 319 Rn. 24ff.; Thomas/Putzo/*Seiler* § 319 Rn. 7.

[17] Anders/Gehle/*Göertz* § 517 Rn. 13; Thomas/Putzo/*Seiler* § 517 Rn. 2.

[18] Anders/Gehle/*Vogt-Beheim* § 175 Rn. 20; Thomas/Putzo/*Hüßtege* § 175 Rn. 11.

[19] Anders/Gehle/*Göertz* § 519 Rn. 5, 9f.

[20] Anders/Gehle/*Becker* § 233 Rn. 22ff.; Thomas/Putzo/*Hüßtege* § 233 Rn. 11ff.

[21] Anders/Gehle/*Becker* § 233 Rn. 33ff.; Thomas/Putzo/*Hüßtege* § 233 Rn. 16ff.

6. Die Begründung der Berufung

Die Berufungsbegründungsfrist beträgt zwei Monate (§ 520 II ZPO).

a) Die Begründung umfasst die Berufungsanträge und die eigentliche Berufungsbegründung. 9

(1) Die Berufungsanträge haben anzugeben, inwieweit das Urteil angefochten wird und welche Abänderungen begehrt werden (§ 520 III 2 Nr. 1 ZPO).

Die Anträge müssen sich in der Regel auf die Sachentscheidung beziehen. Es muss aus ihnen ersichtlich sein, inwieweit der Berufungskläger eine Abänderung des angefochtenen Urteils verlangt. Bei ausdrücklich formulierten Anträgen ist regelmäßig kein Raum für eine erweiternde Auslegung. Fehlt dagegen ein Antrag, so kann durch Auslegung aus der Berufungsbegründung geholfen werden, insbesondere wenn sich aus dieser ergibt, dass eine volle Abänderung verlangt wird; anders ist dies, wenn die Begründung nur eine Teilanfechtung erkennen lässt, deren Umfang fraglich ist.[22]

Der Berufungskläger muss bei der Antragstellung beachten, dass die Anträge den Beschwerdewert erreichen.

Eine später – nach Ablauf der Begründungsfrist – erfolgte Erhöhung kann die mangels Erreichung der Beschwer gemäß § 511 II Nr. 1 ZPO unzulässige Berufung nicht nachträglich zu einer zulässigen machen. Eine nachträgliche – nach Ablauf der Begründungsfrist – erfolgte Erweiterung der Anträge einer sonst zulässigen Berufung ist möglich; die Rechtsprechung verlangt aber, dass sie sich auf fristgerecht in der Berufungsbegründung vorgetragene Anfechtungsgründe stützen kann.[23]

(2) Die Begründung besteht in einer bestimmten Bezeichnung der einzelnen Berufungsgründe. Dabei ist zu beachten, dass die Berufung gemäß § 513 I ZPO nur darauf gestützt werden kann, dass die Entscheidung auf einer Rechtsverletzung (§ 546 ZPO) beruht oder nach § 529 ZPO zugrunde zu legende Tatsachen eine andere Entscheidung rechtfertigen; dass das Gericht des ersten Rechtszuges seine Zuständigkeit zu Unrecht angenommen hat, genügt nicht (§ 513 II ZPO). Dementsprechend muss die Berufungsbegründung enthalten:

- die Bezeichnung der Umstände, aus denen sich die Rechtsverletzung und deren Erheblichkeit für die angefochtene Entscheidung ergibt (§ 520 III 2 Nr. 2 ZPO);
- die Bezeichnung konkreter Anhaltspunkte, die Zweifel an der Richtigkeit oder Vollständigkeit der Tatsachenfeststellung im angefochtenen Urteil begründen und deshalb eine erneute Feststellung gebieten (§ 520 III 2 Nr. 3 ZPO);
- die Bezeichnung der neuen Angriffs- und Verteidigungsmittel sowie der Tatsachen, aufgrund derer diese nach § 531 II ZPO zuzulassen sind (§ 520 III 2 Nr. 4 ZPO).

Für den Umfang dieser notwendigen Begründung hat die Rechtsprechung eine allgemeine Grundregel aufgestellt: Die Begründung darf sich nicht in formelhaften Redewendungen erschöpfen oder nur auf den Vortrag der Partei in erster Instanz verweisen bzw. diesen wiederholen. Vielmehr muss die Begründung sich mit dem angefochtenen Urteil auseinandersetzen.[24]

b) Auch die Berufungsbegründung muss von einem bei dem Berufungsgericht zugelassenen Rechtsanwalt unterzeichnet sein, der damit die Verantwortung für deren Inhalt übernimmt.[25] 10

Die Unterschrift des Rechtsanwalts muss das gesamte Vorbringen abdecken. Eine Bezugnahme auf andere, von dem zugelassenen Rechtsanwalt nicht unterzeichnete

---

[22] Anders/Gehle/*Göertz* § 520 Rn. 42 „Teilanfechtung"; Thomas/Putzo/*Seiler* § 520 Rn. 18.
[23] Anders/Gehle/*Göertz* § 520 Rn. 42 „Erweiterung"; BeckOK ZPO/*Wulf* § 520 Rn. 18 f.
[24] Anders/Gehle/*Göertz* § 520 Rn. 44 ff.; Thomas/Putzo/*Seiler* § 520 Rn. 24.
[25] Anders/Gehle/*Göertz* § 520 Rn. 48; Thomas/Putzo/*Seiler* § 519 Rn. 2.

Schriftstücke – z.B. eine eigene Stellungnahme der Partei zu dem angefochtenen Urteil – ist grundsätzlich unzulässig.[26]

Dagegen sind Bezugnahmen auf vorangegangene Schriftsätze des gleichen Anwalts oder eines anderen – beim Berufungsgericht zugelassenen – Rechtsanwalts sowie eine Prozesskostenhilfebewilligung des Berufungsgerichts zulässig. Auch die Bezugnahme auf übersichtlich geordnete Urkunden, die die Forderung schlüssig belegen, ist zulässig.

11 c) Für die Berechnung der Berufungsbegründungsfrist gelten ebenso wie für die Berechnung der Berufungsfrist die §§ 222 ZPO, 187, 188 BGB. Auch die Berufungsbegründungsfrist beginnt mit der Zustellung des in vollständiger Form abgesetzten Urteils, spätestens jedoch nach Ablauf von fünf Monaten seit der Verkündung (§ 520 II 1 ZPO).

(1) Die Begründungsfrist kann auf Antrag der Partei, der dem Anwaltszwang und dem Schriftformerfordernis unterliegt, von dem Vorsitzenden verlängert werden, wenn der Gegner einwilligt (§ 520 II 2 ZPO). Ohne eine solche Einwilligung kann die Frist um bis zu einen Monat verlängert werden, wenn nach freier Überzeugung des Vorsitzenden der Rechtsstreit durch die Verlängerung nicht verzögert wird oder wenn der Berufungskläger erhebliche Gründe darlegt (§ 520 II 3 ZPO).

Dabei genügt es, wenn der Antrag vor Ablauf der Begründungsfrist bei dem Berufungsgericht eingeht. Die Verlängerung selbst kann von dem Vorsitzenden noch nach Ablauf der Begründungsfrist angeordnet werden. Die Entscheidung über den Antrag ergeht durch eine Verfügung des Vorsitzenden. Sie kann bestehen in einer Ablehnung des Antrages, der Bewilligung der beantragten Verlängerung, sowie der Bewilligung einer kürzeren Verlängerung. Die schriftliche Verfügung braucht gemäß § 329 II 1 ZPO keine förmliche Zustellung.[27]

(2) Auch bei Versäumung der Begründungsfrist kann Wiedereinsetzung in den vorigen Stand beantragt werden (§ 233 ZPO). Es kommen die gleichen Gründe in Frage wie bei Versäumung der Berufungsfrist.[28]

(3) Für den Nachweis des rechtzeitigen Eingangs der Berufungsbegründung ist der Berufungskläger beweispflichtig. Hierfür gelten die allgemeinen Grundsätze der Tatsachenfeststellung. Glaubhaftmachung genügt nicht.

7. Das Erfordernis der Beschwer

Der Berufungskläger muss durch das angefochtene Urteil beschwert sein. Diese Beschwer muss im Zeitpunkt der Berufungseinlegung vorliegen und bei Entscheidung noch gegeben sein.[29]

12 a) Die Beschwer ist zunächst an dem Unterliegen des Berufungsklägers in der Vorinstanz zu messen.

(1) Dabei ist der Kläger beschwert, wenn und soweit seinem Antrag erster Instanz durch das angefochtene Urteil nicht entsprochen wurde (sogenannte formelle Beschwer). Die Urteilsformel geht insoweit den Gründen vor, wobei eine unklare Urteilsformel durch Heranziehung der Gründe auszulegen ist.[30]

---

[26] Anders/Gehle/*Göertz* § 520 Rn. 48; Thomas/Putzo/*Seiler* § 520 Rn. 31 ff.
[27] Anders/Gehle/*Göertz* § 520 Rn. 30 „Zustellung"; MüKoZPO/*Rimmelspacher* § 520 Rn. 14.
[28] Anders/Gehle/*Göertz* § 520 Rn. 14; Thomas/Putzo/*Seiler* § 520 Rn. 16.
[29] Anders/Gehle/*Göertz* Vor § 511 Rn. 18; Thomas/Putzo/*Seiler* Vorb. § 511 Rn. 32.
[30] Anders/Gehle/*Göertz* Vor § 511 Rn. 21; Thomas/Putzo/*Seiler* Vorb. § 511 Rn. 21.

Eine dem Kläger ungünstige Begründung des Urteils reicht für eine Beschwer nicht aus. Der Kläger ist aber beschwert, wenn der Hauptantrag abgewiesen und nur entsprechend dem Hilfsantrag verurteilt wird oder wenn statt beantragter uneingeschränkter Verurteilung nur eine Verurteilung des Beklagten Zug-um-Zug erfolgt. Bei der unbezifferten Schmerzensgeldklage ist der Kläger in der Regel nur beschwert, wenn die zugesprochene Summe hinter dem von dem Kläger angegebenen Schätzungsbetrag zurückbleibt. Ist die Klage entgegen dem Antrag des Klägers, den Rechtsstreit in der Hauptsache für erledigt zu erklären, abgewiesen worden, so ist der Kläger formell beschwert. Bei Erlass eines Grundurteils ist der Kläger beschwert, wenn das Gericht entgegen dem Antrag des Klägers eine Quotelung vornimmt oder eine Anspruchsgrundlage bejaht, nach der der geltend gemachte Anspruch nicht in voller Höhe gerechtfertigt ist.

(2) Der Beklagte ist beschwert, wenn er eine zu seinen Gunsten abweichende Entscheidung erlangen kann (sogenannte materielle Beschwer).[31]

Allerdings gibt es auch hier Sonderfälle. So ist der Beklagte bei der Aufrechnung im Hinblick auf die materielle Rechtskraftwirkung trotz Klageabweisung beschwert, wenn die Klageforderung bejaht, die Klageabweisung lediglich auf das Durchgreifen der Aufrechnung zurückzuführen ist.[32]

(3) Die Beschwer muss in der Hauptsache, nicht hinsichtlich Kosten und Zinsen bestehen (§§ 2, 4 ZPO), es sei denn, die Zinsen sind zur Hauptforderung geworden oder nur die Zinsforderung wurde abgewiesen.

Verschiedene Ansprüche werden nach § 5 ZPO zusammengerechnet. Bei der hilfsweise geltend gemachten Aufrechnung findet eine Zusammenrechnung statt, soweit eine der Rechtskraft fähige Entscheidung über die zur Aufrechnung gestellte Forderung ergeht (§ 45 III GKG). Dagegen findet keine Zusammenrechnung statt, wenn der Beklagte gegen die unstreitige Klageforderung aufrechnet (sogenannte Primäraufrechnung). Abweichend vom Wortlaut des § 5 ZPO ist bei Klage und Widerklage eine Zusammenrechnung vorzunehmen, wenn die Ansprüche nicht wirtschaftlich identisch sind; auch findet eine Zusammenrechnung bei einer Stufenklage gemäß § 254 ZPO statt.[33]

b) Zweite Voraussetzung der Beschwer ist die erstrebte Änderung des Urteils, die 13
nach den Anträgen des Berufungsklägers den Beschwerdewert erreichen muss.

Das Begehren muss – zumindest teilweise – auf die Abänderung des angefochtenen Urteils, nicht auf ein abweichendes Begehren gerichtet sein. Der Berufungskläger soll nicht mit der Berufung völlig neue Ansprüche verfolgen.

c) Nach § 511 II Nr. 1 ZPO setzt die Zulässigkeit der Berufung zudem im Regelfall voraus, dass der Gegenstand der Beschwer einen Wert hat, der den Betrag von 600,– € übersteigt. Dies gilt auch für nichtvermögensrechtliche Streitigkeiten. Der Wert des Beschwerdegegenstands muss nicht mit der Beschwer übereinstimmen, die sich aus dem Zurückbleiben des erstinstanzlich in der Hauptsache erreichten hinter dem erstinstanzlich erstrebten errechnet. Der Wert des Beschwerdegegenstands dagegen ist dasjenige, was man jetzt noch von diesem Unterschied weiterverfolgt.[34]

Ein Gegenstand der Beschwer im Wert von über 600,– € ist ausnahmsweise insbesondere[35] in folgenden Fällen nicht erforderlich:

(1) Im Falle der Zulassung der Berufung durch das erstinstanzliche Gericht (§ 511 II Nr. 2 ZPO).

---

[31] Anders/Gehle/*Göertz* Vor § 511 Rn. 22; Thomas/Putzo/*Seiler* Vorb. § 511 Rn. 19.
[32] Anders/Gehle/*Göertz* Vor § 511 Rn. 24 „Aufrechnung“; Thomas/Putzo/*Seiler* Vorb. § 511 Rn. 28.
[33] Anders/Gehle/*Göertz* Anh. § 511 Rn. 10.
[34] Anders/Gehle/*Göertz* § 511 Rn. 24 f.; Thomas/Putzo/*Seiler* § 511 Rn. 12.
[35] Zu weiteren Ausnahmefällen, die einen Gegenstand der Beschwer im Wert von über 600,– € nicht erfordern: Anders/Gehle/*Göertz* § 511 Rn. 41.

Dies setzt zunächst voraus, dass die Beschwer der Partei 600,– € nicht übersteigt, § 511 IV Nr. 2 ZPO. Hinzukommen muss einer der beiden Gründe des § 511 IV Nr. 1 ZPO, nämlich

- dass die Rechtssache grundsätzliche Bedeutung hat oder
- die Fortbildung des Rechts oder die Sicherung einer einheitlichen Rechtsprechung eine Entscheidung des Berufungsgerichts erfordert.

Das Berufungsgericht ist an die Zulassung der Berufung gebunden. Das Verfahren bedarf keines Antrags. Die Nichtzulassung ist unanfechtbar und unabänderlich.[36]

(2) Im Falle der Berufung gegen ein zweites Versäumnisurteil (§ 514 II 2 ZPO).

Gerügt werden muss in diesem Fall grundsätzlich nur, dass der Fall der schuldhaften Versäumung im Sinne von § 345 ZPO nicht vorgelegen habe (§ 514 II 1 ZPO). Dies hat zur Folge, dass das Berufungsgericht lediglich eine Überprüfung der formellen Voraussetzungen des Versäumnisurteils vornimmt, so vor allem ordnungsgemäße und rechtzeitige Ladung zu dem Termin sowie Fehlen eines Entschuldigungsgrundes nach § 337 ZPO.[37] Die Berufung kann nicht darauf gestützt werden, dass das erste Versäumnisurteil nicht hätte ergehen dürfen mangels Schlüssigkeit, da – anders als im Fall eines zweiten Versäumnisurteils gegen einen Vollstreckungsbescheid – bei einem ersten Versäumnisurteil vom Gericht die Schlüssigkeit bereits geprüft wurde.[38]

Die Rüge, dass bei Erlass des (ersten) Versäumnisurteils ein Fall der Säumnis nicht vorgelegen habe, genügt nicht; diesen Verfahrensfehler muss die betroffene Partei durch Einlegung des Einspruchs ausgleichen.[39]

8. Das Rechtsschutzbedürfnis

14 Der Berufungskläger muss ein Rechtsschutzbedürfnis hinsichtlich der Berufung haben.

In aller Regel ist ein solches Rechtsschutzbedürfnis allerdings mit der Beschwer gegeben. Nur in Ausnahmefällen kann das Rechtsschutzbedürfnis verneint werden, etwa dann, wenn der Urteilsspruch und der mit der Berufung verfolgte Antrag gleichwertig sind oder wenn das Gericht erster Instanz dem Antrag mit einer anderen rechtlichen Begründung stattgegeben hat.[40]

9. Der Verzicht auf die Berufung

15 Der Berufungskläger darf auf das Rechtsmittel der Berufung nicht verzichtet haben (§ 515 ZPO).

a) Der Verzicht auf die Berufung fordert eine eindeutige Erklärung der Partei gegenüber dem Gericht oder der anderen Partei; bei Erklärung gegenüber dem Gericht unterliegt er dem Anwaltszwang, während er gegenüber der anderen Partei formfrei erklärt werden kann. Er kann jederzeit sowohl durch einseitige Erklärung der Partei erfolgen, ohne dass es einer Annahme durch den Gegner bedarf, als auch durch Parteivereinbarung.[41]

b) Der gegenüber dem Gericht erklärte Rechtsmittelverzicht ist von Amts wegen zu beachten; er macht die Berufung unzulässig. Eine Anfechtung des Verzichts ist nicht möglich, da es sich um eine Prozesshandlung handelt. Ein Widerruf desselben ist nur ausnahmsweise möglich, wenn ein Restitutionsgrund im Sinne des § 580 ZPO gege-

[36] Anders/Gehle/*Göertz* § 511 Rn. 40 „Rechtsmittel"; Thomas/Putzo/*Seiler* § 511 Rn. 24.
[37] Anders/Gehle/*Göertz* § 514 Rn. 8 f.; Thomas/Putzo/*Seiler* § 514 Rn. 4.
[38] Anders/Gehle/*Göertz* § 514 Rn. 10; Thomas/Putzo/*Seiler* § 514 Rn. 4.
[39] Anders/Gehle/*Göertz* § 514 Rn. 10; MüKoZPO/*Rimmelspacher* § 514 Rn. 17.
[40] Anders/Gehle/*Göertz* Vor § 511 Rn. 16.
[41] Anders/Gehle/*Göertz* § 515 Rn. 1 f.; Thomas/Putzo/*Seiler* § 515 Rn. 5 ff.

ben ist.[42] Ein gegenüber der anderen Partei abgegebener oder ein in einer Vereinbarung enthaltener Rechtsmittelverzicht wird von dem Gericht nur beachtet, wenn sich der Gegner hierauf beruft. Bei Erhebung der Einrede wird die Berufung ebenfalls unzulässig, es sei denn, dass der Verzichtende die Gegeneinrede der Arglist erheben kann.[43]

10. Die Anschlussberufung

Einige Besonderheiten gelten hinsichtlich der Zulässigkeit für die Anschlussberufung (§ 524 ZPO).

a) Sind beide Parteien durch das Urteil erster Instanz beschwert, so können beide unabhängig voneinander Berufung einlegen. In diesem Fall gelten für jede Berufung die allgemeinen Vorschriften. Über beide Berufungen wird einheitlich verhandelt; ein besonderer Verbindungsbeschluss hat nicht zu ergehen, da es sich um ein einheitliches Verfahren handelt.[44]

Nach Einlegung einer Berufung kann der Berufungsbeklagte statt der Einlegung einer selbständigen Berufung sich der Berufung des Berufungsklägers anschließen (§ 524 I ZPO). Diese Art der Berufung hat gewisse Besonderheiten. Sie ist nach h. M. kein Rechtsmittel, sondern nur eine Antragstellung innerhalb des vom Berufungskläger eingelegten Rechtsmittels.[45] Ob die Partei eine selbständige Berufung einlegen oder sich der Berufung der Gegenpartei anschließen will, bedarf stets der Auslegung der maßgebenden Prozesserklärung. 16

b) Die Anschlussberufung erfordert keine Beschwer.[46]

Sie ist aber nur dann zulässig, wenn mit ihr mehr als die Zurückweisung der Berufung erreicht werden soll. Aus diesem Grund kommt sie, wenn der Berufungsbeklagte in erster Instanz voll obsiegt hat, alleine dann in Frage, wenn er eine Widerklage erheben will. Ferner ist sie auch zulässig, wenn der Berufungsbeklagte lediglich eine ihm nachteilige Kostenentscheidung angreifen will.

Hauptfälle der Anschlussberufung sind jedoch, dass der Wert des Gegenstandes der Beschwer den Betrag von 600,– € nicht überschreitet. Da sie jedoch kein Rechtsmittel ist, muss sie sich gegen das Rechtsmittel des Hauptberufungsklägers richten oder gegen dessen nach § 62 ZPO notwendigen Streitgenossen; ein bislang nicht beteiligter Dritter kann dagegen im Wege der Anschlussberufung nicht in das Berufungsverfahren einbezogen werden[47].

c) Die Anschlussberufung kann auch erfolgen, wenn der Berufungsbeklagte auf die Berufung verzichtet hat, seine Berufung zurückgenommen hat oder aber die Berufungsfrist für die selbständige Berufung verstrichen ist.[48] Sie ist grundsätzlich zulässig bis zum Ablauf der dem Berufungsbeklagten gesetzten Frist zur Berufungserwiderung; dies gilt ausnahmsweise nur dann nicht, wenn die Anschließung eine Verurteilung zu künftig fällig werdenden wiederkehrenden Leistungen (§ 323 ZPO) zum Gegenstand hat (§ 524 II 3 ZPO).

d) Die Anschlussberufung erfolgt durch Einreichung eines Schriftsatzes durch den beim Berufungsgericht zugelassenen Rechtsanwalt, in dem erklärt wird, dass er gegen das zu bezeichnende Urteil Anschlussberufung einlegt (§ 524 I 2 ZPO).

---

[42] Anders/Gehle/*Göertz* § 515 Rn. 8; Thomas/Putzo/*Seiler* § 515 Rn. 12.
[43] Anders/Gehle/*Göertz* § 515 Rn. 12 „Rechtsmissbrauch".
[44] Anders/Gehle/*Göertz* § 524 Rn. 5; Thomas/Putzo/*Seiler* § 524 Rn. 1.
[45] Anders/Gehle/*Göertz* § 524 Rn. 1; BeckOK ZPO/*Wulf* § 524 Rn. 2.
[46] Anders/Gehle/*Göertz* § 524 Rn. 25 „Beschwer"; BeckOK ZPO/*Wulf* § 524 Rn. 10.
[47] Anders/Gehle/*Göertz* § 524 Rn. 18; Thomas/Putzo/*Seiler* § 524 Rn. 8.
[48] Anders/Gehle/*Göertz* § 524 Rn. 26 f.; Thomas/Putzo/*Seiler* § 524 Rn. 10.

e) Die Anschlussberufung muss entsprechend §§ 519 II, IV, 520 III ZPO begründet werden; erforderlich ist also ein bestimmter Antrag und eine inhaltliche Begründung (§ 524 III ZPO).

f) Wird die Hauptberufung zurückgenommen, verworfen oder durch Beschluss zurückgewiesen, so verliert die Anschlussberufung ihre Wirkung (§ 524 IV ZPO); gleichgestellt sind die Fälle des Verzichts, der Klagerücknahme, des Prozessvergleichs, nicht aber die übereinstimmende oder einseitige Erledigung der Hauptsache.[49]

II. Die Begründetheit der Berufung

1. Der Umfang der Begründetheit

Bei der Prüfung der Begründetheit ist das Berufungsgericht einigen Begrenzungen unterworfen.

17 a) Das Berufungsgericht hat grundsätzlich seiner Verhandlung und Entscheidung die vom Gericht des ersten Rechtszugs im angefochtenen Urteil festgestellten Tatsachen zugrunde zu legen (§ 529 I Nr. 1 ZPO).

Hat das Gericht erster Instanz verspätetes Vorbringen zugelassen, so kann es vom Berufungsgericht nicht mehr zurückgewiesen werden. Hat dagegen die erste Instanz das Vorbringen einer Partei wegen Verspätung zurückgewiesen, so verbleibt es bei dieser Zurückweisung, wenn sie zu Recht erfolgt ist (§ 531 I ZPO). Die benachteiligte Partei kann dieses Vorbringen in die Berufungsinstanz nur dann neu einführen, wenn sie darlegt, dass es von dem Gericht erster Instanz zu Unrecht als verspätet zurückgewiesen worden ist.

Die Bindung an die Feststellungen in dem angefochtenen Urteil entfällt ausnahmsweise in den folgenden beiden Fällen:

(1) Konkrete Anhaltspunkte begründen Zweifel an der Richtigkeit oder Vollständigkeit der entscheidungserheblichen Feststellungen und gebieten deshalb eine erneute Feststellung (§ 529 I Nr. 1 ZPO).

Dabei müssen die konkreten Anhaltspunkte geeignet sein, vernünftige, das heißt objektivierbare Zweifel an der Richtigkeit oder Vollständigkeit der entscheidungserheblichen Feststellungen zu begründen. Es muss also eine gewisse, nicht notwendig überwiegende Wahrscheinlichkeit dafür bestehen, dass bei einer neuen Beweisaufnahme die erstinstanzliche Feststellung keinen Bestand haben wird.[50]

Ist eine erneute Tatsachenfeststellung geboten, so darf das Berufungsgericht den Erkenntnisprozess wiederholen (§ 529 I Nr. 1 ZPO) und die Würdigung des Erstgerichts durch seine eigene Würdigung ersetzen. Will das Berufungsgericht bei einer Zeugenaussage von der Beweiswürdigung des erstinstanzlichen Gerichts abweichen, weil es die Glaubwürdigkeit anders bewertet oder die Aussage anders würdigt, hat es die Beweisaufnahme erneut durchzuführen.[51]

(2) Neue Tatsachen sind zugrunde zu legen, soweit deren Berücksichtigung zulässig ist (§ 529 I Nr. 2 ZPO). Dies ist nach § 531 II ZPO dann der Fall, wenn sie

---

[49] Anders/Gehle/*Göertz* § 524 Rn. 42 f.; Thomas/Putzo/*Seiler* § 524 Rn. 19.

[50] Anders/Gehle/*Göertz* § 529 Rn. 8; Thomas/Putzo/*Seiler* § 529 Rn. 3.

[51] Anders/Gehle/*Göertz* § 529 Rn. 10; BeckOK ZPO/*Wulf* § 529 Rn. 12.

- einen Gesichtspunkt betreffen, der von dem Gericht des ersten Rechtszugs erkennbar übersehen oder für unerheblich gehalten worden ist,
- infolge eines Verfahrensmangels im ersten Rechtszug nicht geltend gemacht wurden oder
- im ersten Rechtszug nicht geltend gemacht worden sind, ohne dass dies auf einer Nachlässigkeit der Partei beruht.

b) Der Rechtsstreit wird vor dem Berufungsgericht nur in den durch die Anträge bestimmten Grenzen verhandelt (§ 528 ZPO); dies folgt aus der Dispositionsmaxime. 18

(1) Die Anträge ergeben sich aus der Berufungsbegründung (§ 520 III 2 Nr. 1 ZPO).

Klageänderung, Aufrechnung und Widerklage sind nur zulässig, wenn der Gegner einwilligt oder das Berufungsgericht dies für sachdienlich hält und diese auf Tatsachen gestützt werden können, die das Berufungsgericht seiner Verhandlung und Entscheidung ohnehin nach § 529 ZPO zugrunde zu legen hat (§ 533 ZPO).

(2) Zum Nachteil des Berufungsklägers darf das Urteil auf die Berufung hin nicht abgeändert werden (§ 528 ZPO).

Der Berufungskläger kann sich deshalb nur verschlechtern, wenn der Gegner selbständig Berufung oder Anschlussberufung einlegt.

c) Innerhalb der durch den Devolutiveffekt und die gestellten Anträge gesetzten Grenzen ist das Berufungsgericht in der rechtlichen Beurteilung frei bei von Amts wegen zu berücksichtigenden Verfahrensmängeln und bei der Prüfung des materiellen Rechts, mithin nicht an die geltend gemachten Berufungsgründe gebunden (§ 529 II 2 ZPO). Im Übrigen, also hinsichtlich nicht von Amts wegen zu berücksichtigender Verfahrensmängel, überprüft das Berufungsgericht das angefochtene Urteil nur, wenn diese geltend gemacht werden (§ 529 II 1 ZPO). Von diesem Grundsatz bestehen allerdings Ausnahmen: 19

(1) Das Berufungsgericht darf verzichtbare Rügen, die die Zulässigkeit der Klage betreffen und die bereits im ersten Rechtszug vorgebracht waren, nur zulassen, wenn sie vom Berufungskläger in der Berufungsbegründung bzw. vom Berufungsbeklagten in der Berufungserwiderung vorgebracht werden und die Partei die Verspätung genügend entschuldigt (§ 532 S. 1 ZPO). Neue, also erstmalig im Berufungsrechtszug vorgebrachte verzichtbare Rügen sind unter den gleichen Bedingungen zuzulassen; zusätzlich ist zu prüfen, ob die Partei die Rüge im ersten Rechtszug hätte vorbringen können (§ 532 S. 2 ZPO).

(2) Hat die erste Instanz ihre Zuständigkeit bejaht, so findet eine Prüfung durch das Berufungsgericht nicht mehr statt, also auch nicht auf Rüge (§ 513 II ZPO).

d) Eine Begrenzung der Prüfungsbefugnis des Berufungsgerichts ergibt sich bei Säumnis einer Partei im Berufungstermin. 20

(1) Auch hier wird – wie in erster Instanz – zunächst geprüft, ob die Partei säumig ist, ob sie zu dem Termin ordnungsgemäß geladen worden ist, ob die Ladungsfrist eingehalten worden ist und ob keine Hinderungsgründe für das Nichterscheinen im Sinne des § 337 ZPO erkennbar sind.

(2) Anschließend wird im Termin von Amts wegen geprüft, ob die Berufung zulässig, insbesondere, ob sie form- und fristgerecht eingelegt und begründet worden ist; ist dies nicht der Fall, wird die Berufung – durch unechtes Versäumnisurteil – verworfen.

(3) Steht dagegen die Zulässigkeit der Berufung fest, so ist nach § 539 ZPO entscheidend, wer im Termin säumig ist. Ist der Berufungskläger säumig, so wird seine Berufung auf Antrag des Berufungsbeklagten ohne Sachprüfung durch Versäumnisurteil zurückgewiesen (§ 539 I ZPO). Ist der Berufungsbeklagte säumig, so findet eine Prüfung dahin statt, ob das zulässige tatsächliche Vorbrin-

gen des Berufungsklägers – und zwar sowohl das Vorbringen erster als auch das neue Vorbringen in zweiter Instanz – den Klageantrag rechtfertigt (§ 539 II ZPO); dabei ist das gesamte Vorbringen des Berufungsklägers als zugestanden anzusehen, selbst wenn es durch eine Beweisaufnahme erster Instanz nicht bewiesen oder sogar widerlegt worden ist. Wird die Schlüssigkeit bejaht, so kann durch Versäumnisurteil der Berufung stattgegeben werden. Wird die Schlüssigkeit dagegen verneint, so ist die Berufung durch „unechtes Versäumnisurteil" zurückzuweisen.[52]

2. Die Entscheidung über die Begründetheit

21 a) Die Berufung ist unbegründet, wenn das angefochtene Urteil sich im Ergebnis als richtig erweist, wenn auch eventuell mit anderer Begründung.

b) Die Berufung ist begründet, wenn das angefochtene Urteil sich weder mit der dort gegebenen Begründung noch mit einer anderen Begründung als richtig bestätigen lässt.

In der Regel entscheidet das Berufungsgericht in der Sache selbst, § 538 I ZPO. Es wird dann das angefochtene Urteil abändern und anderweitig entscheiden, wobei auch eine nur teilweise Abänderung in Frage kommt. Ausnahmsweise darf das Berufungsgericht die Sache, soweit ihre weitere Verhandlung erforderlich ist, unter Aufhebung des Urteils und des Verfahrens an das Gericht des ersten Rechtszugs zurückverweisen, jedoch nur in den in § 538 II Nr. 1 bis 7 ZPO genannten Fällen.

Dabei erfasst § 538 Nr. 1 ZPO die wesentlichen Verfahrensmängel in der ersten Instanz. Die Zurückverweisung ist hier an die zusätzliche Voraussetzung gebunden, dass aufgrund des Verfahrensmangels eine umfangreiche oder aufwändige Beweisaufnahme vor dem Berufungsgericht notwendig wäre. Demgegenüber erfasst § 538 Nr. 2 bis 7 ZPO die Fälle, in denen das erstinstanzliche Gericht nicht oder nicht umfassend in der Sache entschieden hat. In den Fällen des § 538 II Nr. 1 bis 6 ZPO bedarf es zusätzlich eines Antrags einer Partei auf Zurückverweisung.

c) Das Berufungsgericht kann ein Grundurteil erlassen, wenn der bei ihm anhängige Anspruch nach Grund und Betrag streitig ist (§ 304 I ZPO).

In einem solchen Fall kann das Berufungsgericht gemäß § 538 II Nr. 4 ZPO den Rechtsstreit hinsichtlich des Betragsverfahrens in die erste Instanz zurückverweisen oder aber nach § 538 I ZPO das Betragsverfahren selbst fortsetzen.

d) Teilurteile sind nach § 301 ZPO in der Berufungsinstanz ebenfalls zulässig. Sie unterliegen denselben Voraussetzungen wie in der ersten Instanz.

III. Das Verfahren im Berufungsrechtszug

1. Die Entscheidungen vor der mündlichen Verhandlung

a) Legt eine Partei selbst Berufung ohne die Einschaltung eines Rechtsanwalts ein, so wird sie über die Unzulässigkeit ihrer Berufung belehrt. Die unzulässige Berufung wird dem Gegner nicht zugestellt, um unnötige Kostenerstattungsansprüche zu vermeiden. Nimmt die Partei die Berufung zurück, so kann bei unverschuldeter Unkenntnis über den bestehenden Anwaltszwang nach § 21 I 3 GKG von der Erhebung von Kosten für die Berufungsinstanz abgesehen werden. Dies setzt allerdings voraus, dass die Partei entgegen der in § 232 ZPO als verpflichtend geregelten Rechtsbehelfsbelehrung in Verfahren ohne Anwaltszwang nicht ordnungsgemäß über die einzuhaltende Form des Rechtsmittels belehrt wurde.

---

[52] Anders/Gehle/*Göertz* § 539 Rn. 9; Thomas/Putzo/*Seiler* § 539 Rn. 7.

b) Über Anträge auf Verlängerung der Berufungsbegründungsfrist (§ 520 II 2 ZPO) entscheidet der Vorsitzende durch Verfügung, die nicht gesondert angefochten werden kann, also keiner Begründung bedarf.[53] 22

Ohne Anhörung des Gegners kann die Frist um bis zu einen Monat verlängert werden, wenn nach freier Überzeugung des Vorsitzenden der Rechtsstreit durch die Verlängerung nicht verzögert wird oder wenn der Berufungskläger erhebliche Gründe darlegt, denn in diesem Fall ist eine Einwilligung des Gegners nicht erforderlich (§ 520 II 3 ZPO). Eine darüber hinaus gehende Verlängerung ist dagegen nur mit Einwilligung des Gegners, also nach dessen Anhörung möglich (§ 520 II 2 ZPO).[54]

c) Bei Versäumung der Berufungsfrist kann der Partei unter der Voraussetzung, dass sie ohne Verschulden an der Einhaltung der Frist gehindert war, Wiedereinsetzung in den vorigen Stand bewilligt werden (§§ 233ff. ZPO), denn die Berufungsfrist ist eine Notfrist (§ 517 ZPO). Gleiches gilt bei Versäumung der Berufungsbegründungsfrist, obwohl diese keine Notfrist ist.[55] Bei Versäumung der Frist für den Antrag auf Verlängerung der Berufungsbegründungsfrist ist eine Wiedereinsetzung in den vorigen Stand wegen der versäumten Begründungsfrist zulässig.[56]

Die Entscheidung über den Antrag kann ohne mündliche Verhandlung durch Beschluss oder aufgrund mündlicher Verhandlung durch Zwischenurteil erfolgen (§ 238 I ZPO). Die Ablehnung des Antrages auf Wiedereinsetzung kann mit der Verwerfung der unzulässigen Berufung verbunden werden. Die Form der Entscheidung durch Beschluss wird gewählt, wenn die Wiedereinsetzungsgründe genügend glaubhaft gemacht oder eindeutig zu verneinen sind. Ist dagegen zur Aufklärung eine Beweisaufnahme notwendig, so ist wegen der Notwendigkeit der mündlichen Verhandlung der zweite Weg zu beschreiten. Bei Stattgeben des Antrages ist dem Gegner auf jeden Fall rechtliches Gehör zu gewähren. Die gewährte Wiedereinsetzung ist unanfechtbar (§ 238 III ZPO).

d) Eine unzulässige Berufung kann ohne mündliche Verhandlung durch Beschluss oder aufgrund mündlicher Verhandlung durch Urteil verworfen werden (§ 522 I ZPO). 23

(1) Zu einer beabsichtigten Beschlussverwerfung sind die Parteien zu hören. Es kann nämlich sein, dass der Berufungsführer mit einem Hinweis auf einen rechtzeitig eingereichten, aber nicht zu den Akten gelangten Schriftsatz oder mit einem Wiedereinsetzungsantrag reagiert. Solange ein solcher Antrag auf Wiedereinsetzung oder ein Antrag auf Verlängerung der Begründungsfrist noch nicht beschieden ist, darf die Berufung nicht verworfen werden. Gleiches gilt, wenn die Unzulässigkeit einer Berufung durch erneute Einlegung noch geheilt werden kann.[57]

(2) Die Verwerfung der Berufung ist in jedem Fall, also auch wenn sie durch Beschluss ergeht, zu begründen. Sie kann mit der Ablehnung des Antrages auf Wiedereinsetzung in den vorigen Stand verbunden werden. Gegen den Verwerfungsbeschluss findet die Rechtsbeschwerde statt (§ 522 I 4 ZPO), gegen die Verwerfung der Berufung durch Urteil dagegen die Revision.[58]

e) Eine zulässige Berufung kann nach § 522 II ZPO ohne mündliche Verhandlung durch einstimmigen Beschluss des Kollegiums zurückgewiesen werden, wenn das Berufungsgericht davon überzeugt ist, dass 24

- die Berufung offensichtlich keine Aussicht auf Erfolg hat,
- die Rechtssache keine grundsätzliche Bedeutung hat,
- die Fortbildung des Rechts oder die Sicherung einer einheitlichen Rechtsprechung eine Entscheidung des Berufungsgerichts nicht erfordert und
- eine mündliche Verhandlung nicht geboten ist.

---

[53] Anders/Gehle/*Göertz* § 520 Rn. 30 „Unanfechtbarkeit"; Thomas/Putzo/*Seiler* § 520 Rn. 10.
[54] Anders/Gehle/*Göertz* § 520 Rn. 19; MüKoZPO/*Rimmelspacher* § 520 Rn. 12.
[55] Anders/Gehle/*Göertz* § 520 Rn. 13; Thomas/Putzo/*Seiler* § 520 Rn. 16.
[56] Anders/Gehle/*Göertz* § 520 Rn. 7, 9 „Wiedereinsetzung"; Thomas/Putzo/*Seiler* § 520 Rn. 16.
[57] BeckOK ZPO/*Wulf* § 522 Rn. 4; Thomas/Putzo/*Seiler* § 522 Rn. 1.
[58] Anders/Gehle/*Göertz* § 522 Rn. 19f.; Thomas/Putzo/*Seiler* § 522 Rn. 8ff.

(1) Zu einer beabsichtigten Beschlusszurückweisung sind die Parteien zu hören und zwar unter Angabe der Zurückweisungsgründe und mit der Gelegenheit zur Stellungnahme für den Berufungsführer binnen einer zu bestimmenden Frist (§ 522 II 2 ZPO).

(2) Die Zurückweisung der Berufung ist zu begründen, soweit die Gründe für die Zurückweisung nicht bereits in dem Hinweisbeschluss mitgeteilt wurden (§ 522 II 3 ZPO). Gegen den Zurückweisungsbeschluss steht dem Berufungsführer das Rechtsmittel zu, das bei einer Entscheidung durch Urteil zulässig wäre (§ 522 III ZPO).

25 f) Die Bewilligung der Prozesskostenhilfe erfolgt für jeden Rechtszug gesondert (§ 119 I 1 ZPO). Für das Verfahren betreffend den Antrag auf Bewilligung der Prozesskostenhilfe für die Berufungsinstanz gelten die gleichen Vorschriften wie in erster Instanz (§ 118 ZPO).

(1) Der Prozesskostenhilfe begehrende Berufungskläger muss lediglich die anzufechtende Entscheidung bezeichnen und die Erklärung nach § 117 II ZPO einreichen. Gleichwohl erscheint es zweckmäßig und ratsam, den Prozesskostenhilfeantrag auch in sachlicher Hinsicht zu begründen, um dem Gericht die Prüfung der Erfolgsaussicht und der fehlenden Mutwilligkeit zu ermöglichen;[59] dies geschieht entweder mit der Berufungsbegründung oder in einem besonderen Schriftsatz.

Eine Bewilligung der Prozesskostenhilfe vorab, ohne Vorliegen der Berufungsbegründung bzw. eines Entwurfs derselben ist nicht möglich, da das Berufungsgericht die Erfolgsaussichten sonst nicht abschätzen kann. Zur Erfolgsaussicht gehört natürlich auch die Zulässigkeit des Rechtsmittels.

(2) Bei der in erster Instanz siegreichen Partei wird demgegenüber die Erfolgsaussicht des vom Gegner eingelegten Rechtsmittels nicht geprüft; die Erfolgsaussicht der beabsichtigten Verteidigung wird vielmehr – kraft des Obsiegens in erster Instanz – vermutet (§ 119 I 2 ZPO).[60]

(3) In jedem Fall ist neu zu prüfen, ob und inwieweit die antragstellende Partei nach ihren Einkommens- und Vermögensverhältnissen in der Lage ist, die voraussichtlichen Prozesskosten der Berufung selbst zu bestreiten.[61]

Maßgebend sind nunmehr die Einkommens- und Vermögensverhältnisse im Zeitpunkt der Entscheidung über den jetzigen Antrag auf Bewilligung der Prozesskostenhilfe für die Berufungsinstanz. Zu deren Darlegung gehört in der Regel das nochmalige Ausfüllen und Vorlegen des Vordrucks (§ 117 IV ZPO); liegt die Erklärung der Partei in erster Instanz zeitlich nicht zu weit zurück und ist mit einer Änderung der wirtschaftlichen Verhältnisse nicht zu rechnen, so genügt jedoch ausnahmsweise eine ergänzende Versicherung, dass die Einkommens- und Vermögensverhältnisse seit der Vordruckserklärung unverändert geblieben sind.

Bei der Fähigkeit zur Ratenzahlung ist zu beachten, dass eine Ratenzahlung nicht mehr in Betracht kommt, wenn die antragstellende Partei im ersten Rechtszug bereits 48 Monatsraten gezahlt hat.[62]

(4) Hinsichtlich der Verfahrensregeln ist vor allem § 118 I 1 ZPO zu beachten: Vor der Bewilligung ist dem Gegner Gelegenheit zur Stellungnahme zu geben.

Die Bewilligung der Prozesskostenhilfe an den Berufungsbeklagten ist zurückzustellen, bis der Berufungskläger sein Rechtsmittel begründet hat, gegebenenfalls auch bis zu dem Zeitpunkt, zu dem dem Berufungskläger Prozesskostenhilfe bewilligt worden ist. Das Ausstehen einer Prüfung nach § 522 II ZPO rechtfertigt die Ablehnung von Prozesskostenhilfe nicht, da der Berufungsbeklagte ein anerkennenswertes Interesse daran hat, unter Inanspruchnahme anwaltlicher Hilfe frühzeitig auf die Berufungsbegründung zu erwidern.[63]

---

[59] Anders/Gehle/*Dunkhase* § 119 Rn. 47; BeckOK ZPO/*Reichling* § 119 Rn. 24.
[60] Anders/Gehle/*Dunkhase* § 119 Rn. 41; Thomas/Putzo/*Seiler* § 119 Rn. 13.
[61] Anders/Gehle/*Dunkhase* § 119 Rn. 49; BeckOK ZPO/*Reichling* § 119 Rn. 25.
[62] Anders/Gehle/*Dunkhase* § 119 Rn. 50 „Raten".
[63] Anders/Gehle/*Dunkhase* § 119 Rn. 44; Thomas/Putzo/*Seiler* § 119 Rn. 13.

(5) Der Berufungskläger ist nicht gezwungen, sofort Berufung einzulegen und sodann die Prozesskostenhilfe für diese Berufung zu beantragen. 26

Ein Prozesskostenhilfeverfahren nach Einlegung der Berufung kommt nur in Ausnahmefällen in Betracht, wenn eine Partei im Laufe des Berufungsverfahrens sich außerstande sieht, weiterhin die Prozesskosten der Berufung zu bestreiten.

Besteht die Bedürftigkeit dagegen von Anfang an, so genügt die Partei ihren Obliegenheiten, wenn sie innerhalb der Berufungsfrist einen Antrag auf Bewilligung der Prozesskostenhilfe bei dem Berufungsgericht einreicht, der allerdings den Anforderungen des § 114 ZPO entsprechen muss: Darlegung der Erfolgsaussichten der Berufung und der vorhandenen Bedürftigkeit. Wird die Prozesskostenhilfe daraufhin bewilligt und ein postulationsfähiger Anwalt beigeordnet, dann muss sie die Berufung innerhalb der Frist des § 234 ZPO nachholen und gleichzeitig Wiedereinsetzung in den vorigen Stand beantragen. Wird die Prozesskostenhilfe dagegen verweigert, dann muss sich die Partei innerhalb einer sehr kurzen Frist entschließen, ob sie die Berufung nunmehr auf eigene Kosten durchführen will; innerhalb dieser kurzen Frist muss sie Berufung einlegen und Wiedereinsetzung in den vorigen Stand beantragen: Dem Berufungskläger ist grundsätzlich gegen die durch Mittellosigkeit versäumte Berufungsfrist Wiedereinsetzung in den vorigen Stand zu gewähren.[64]

(6) Der Bewilligungsbeschluss hat dieselben Bestandteile wie der Beschluss in erster Instanz. Die Bewilligung kann bei eingeschränkter Erfolgsaussicht auf die entsprechenden Teile des Streitgegenstandes beschränkt werden, wobei aber zu beachten ist, dass die Bewilligung im Rahmen des Beschwerdewertes bleibt.

(7) Im Falle einer Partei, die Prozesskostenhilfe für eine noch einzureichende Berufung beantragt hat, sollte der – bewilligende oder ablehnende – Beschluss förmlich zugestellt werden, da an diese Zustellung der Ablauf der Frist des § 234 ZPO anknüpft.

g) Hinsichtlich der Entscheidungen zur vorläufigen Vollstreckbarkeit kommen drei Gruppen in Frage:

(1) Entscheidung über die vorläufige Vollstreckbarkeit des angefochtenen Urteils nach § 718 I ZPO. Voraussetzung für diese Vorabentscheidung ist die Anfechtung der erstinstanzlichen Entscheidung in der Hauptsache und hinsichtlich der vorläufigen Vollstreckbarkeit.[65] 27

Dies wiederum setzt voraus, dass sich die Entscheidung der Vorinstanz gemäß der §§ 708ff. ZPO als unrichtig herausstellt, was beispielsweise dann der Fall ist, wenn die Entscheidung zu Lasten des Beklagten den Vollstreckungsschutz nach § 711 S. 1 ZPO weggelassen oder zu Lasten des Klägers die vorläufige Vollstreckbarkeit von einer Sicherheitsleistung abhängig gemacht hat. Auch eine falsche Berechnung der Sicherheitsleistung kommt in Betracht.

Die Entscheidung setzt einen Antrag voraus. Sie erfolgt durch Teilurteil und bedarf deshalb der mündlichen Verhandlung, auf deren Durchführung die Parteien gemäß § 718 I 2 ZPO verzichten können. In eindeutigen Fällen wird daher ein Einverständnis der Parteien mit einer Entscheidung im schriftlichen Verfahren (§ 128 II ZPO) zu erreichen sein.

(2) Entscheidung über die einstweilige Einstellung der Zwangsvollstreckung nach § 719 I ZPO. Die Vorschrift verweist auf die bereits für das erstinstanzliche Verfahren geltende Bestimmung des § 707 ZPO. 28

Die einstweilige Einstellung sollte grundsätzlich nur erfolgen, wenn die Berufung hinreichende Aussicht auf Erfolg hat. Neben der Erfolgsaussicht ist eine Abwägung der beiderseitigen Interessen erforderlich.[66] In der Regel ist der Schuldner bei einer Sicherheitsleistung des Gläubigers genügend geschützt. Besondere Umstände, insbesondere Vorliegen von Verfahrensmängeln erster Instanz oder

---

[64] Anders/Gehle/*Becker* § 233 Rn. 11 „Berufung"; BeckOK ZPO/*Reichling* § 119 Rn. 19f.

[65] Anders/Gehle/*Schmidt* § 718 Rn. 1; Thomas/Putzo/*Seiler* § 718 Rn. 1b.

[66] Anders/Gehle/*Schmidt* § 707 Rn. 8; BeckOK ZPO/*Ulrici* § 707 Rn. 18ff.

wirtschaftliche Folgen der Vollstreckung vor Rechtskraft, können aber auch eine Einstellung rechtfertigen, wenn die Erfolgsaussichten der Berufung nur gering zu veranschlagen sind. Umgekehrt kommt auch bei Erfolgsaussicht der Berufung eine Einstellung nicht in Betracht, wenn der Vollstreckungsschuldner es in erster Instanz versäumt hat, einen Antrag nach § 712 ZPO zu stellen.[67]

Die einstweilige Einstellung setzt einen Antrag des Berufungsklägers und, wenn die Einstellung ohne Sicherheitsleistung erfolgen soll und kann, die Glaubhaftmachung der in § 707 I 2 ZPO erwähnten Tatsachen voraus. Der Antrag setzt die Einlegung der Berufung voraus. Der Gegner ist vor der Entscheidung zu hören. In Eilfällen ist eine kurzfristige Einstellung bis zur Anhörung des Gegners zulässig. Da es maßgebend auf die Erfolgsaussicht der Berufung ankommt, ist in der Regel der Eingang der Berufungsbegründung abzuwarten, eine frühere Entscheidung sollte nur erfolgen, wenn die Vollstreckung vor Ablauf der Berufungsbegründungsfrist droht.

29 (3) Entscheidung über die Abänderung der vorläufigen Vollstreckbarkeit bei Teilanfechtung (§ 537 ZPO).

Bei einer Teilanfechtung wird der nicht angefochtene Teil des Urteils nicht automatisch rechtskräftig, so dass die vorläufige Vollstreckbarkeit des Urteils auch insoweit bestehen bleibt. § 537 ZPO gibt dem Gläubiger die Befugnis, den nicht angefochtenen Teil der Entscheidung für endgültig vollstreckbar erklären zu lassen, so dass eine im angefochtenen Urteil enthaltene Sicherheitsleistung des Gläubigers bzw. ein Vollstreckungsschutz des Schuldners in Wegfall kommt.[68]

Der Beschluss ergeht auf Antrag, der erst nach Ablauf der Berufungsbegründungsfrist zulässig ist (§ 537 I 2 ZPO). Der Gegner ist vorher zu hören. Eine mündliche Verhandlung ist nicht erforderlich. Der Beschluss muss eine Kostenentscheidung enthalten.[69]

30 h) Nach Rücknahme der Berufung ist auszusprechen, dass der Berufungskläger das eingelegte Rechtsmittel verloren hat, also nur diese Berufung, nicht das Recht zur Berufung überhaupt, und dass er die durch die Berufung entstandenen Kosten zu tragen hat (§ 516 III ZPO).

Die Rücknahme bedarf in keinem Fall der Zustimmung des Gegners und kann bis zur (vollständigen) Verkündung des Berufungsurteils erklärt werden. Ihre Folgen sind von Amts wegen durch Beschluss auszusprechen – eines Antrags hierfür bedarf es nicht. Der Beschluss ergeht gebührenfrei.[70]

Zu den Kosten der Berufung gehören grundsätzlich auch die Kosten einer zulässigen unselbständigen Anschlussberufung.[71]

2. Die Terminsbestimmung und ihre Vorbereitung

Wird die Berufung nicht nach § 522 ZPO durch Beschluss als unzulässig verworfen oder als unbegründet zurückgewiesen, so entscheidet das Berufungsgericht über die Übertragung des Rechtsstreits auf den Einzelrichter (§ 523 I 1 ZPO). Sodann ist unverzüglich Termin zur mündlichen Verhandlung zu bestimmen (§ 523 I 2 ZPO) und zwar entweder durch den Vorsitzenden oder den Einzelrichter. Da nach § 521 II ZPO jeder Partei eine Frist gesetzt werden kann, kann das Verfahren wie in der ersten Instanz sowohl als schriftliches Vorverfahren mit anschließendem Haupttermin, als auch als früher erster Termin mit – soweit erforderlich – anschließendem Haupttermin ausgestaltet werden. Einer Güteverhandlung bedarf es allerdings nicht (§ 525 S. 2 ZPO).

31 a) Das Berufungsgericht kann nach § 526 I ZPO durch Beschluss den Rechtsstreit einem seiner Mitglieder als Einzelrichter zur Entscheidung übertragen, wenn

---

67 Anders/Gehle/*Schmidt* § 719 Rn. 4; a.M. Thomas/Putzo/*Seiler* § 719 Rn. 3.

68 Anders/Gehle/*Göertz* § 537 Rn. 2; Thomas/Putzo/*Seiler* § 537 Rn. 1.

69 Anders/Gehle/*Göertz* § 537 Rn. 10 „Kosten"; Thomas/Putzo/*Seiler* § 537 Rn. 5.

70 Anders/Gehle/*Göertz* § 516 Rn. 24; BeckOK ZPO/*Wulf* § 516 Rn. 25.

71 Anders/Gehle/*Göertz* § 516 Rn. 21; BeckOK ZPO/*Wulf* § 516 Rn. 15.

- die angefochtene Entscheidung von einem Einzelrichter erlassen wurde,
- die Sache keine besonderen Schwierigkeiten in tatsächlicher oder rechtlicher Art aufweist,
- die Rechtssache keine grundsätzliche Bedeutung hat und
- nicht bereits im Haupttermin zur Hauptsache verhandelt worden ist, es sei denn, dass inzwischen ein Vorbehalts-, Teil- oder Zwischenurteil ergangen ist.

Der Beschluss zur erfolgten Übertragung ist ebenso unanfechtbar wie die unterlassene Übertragung (§ 526 III).

Der Einzelrichter hat nach § 526 II ZPO den Rechtsstreit dem Berufungsgericht zur Rückübernahme vorzulegen, wenn

- sich aus einer wesentlichen Änderung der Prozesslage tatsächliche oder rechtliche Schwierigkeiten der Sache oder die grundsätzliche Bedeutung der Rechtssache ergeben oder
- die Parteien dies übereinstimmend beantragen.

Das Berufungsgericht entscheidet hierüber nach Anhörung der Parteien durch Beschluss. Weder der Vorlagebeschluss noch der Beschluss zur Übernahme des Rechtsstreits ist anfechtbar (§ 526 III).

b) Wird der Rechtsstreit nicht nach § 526 ZPO dem Einzelrichter übertragen, so **32** kann nach § 527 I ZPO das Berufungsgericht ihn durch Beschluss einem seiner Mitglieder zur Vorbereitung der Entscheidung als Einzelrichter zuweisen.

(1) Bestehen Meinungsverschiedenheiten zwischen dem Einzelrichter und dem Kollegium über die weitere Behandlung der Sache im Sinne von § 527 II ZPO, entscheidet das Kollegium. Dieses kann die Zuweisung an den Einzelrichter aus diesem Grund jederzeit widerrufen, solange nicht § 527 IV ZPO gilt.[72]

(2) Wird die Sache nach Eingang der Berufungsbegründung an den Einzelrichter abgegeben, so hat dieser die Wahl, ob er frühen ersten Termin anberaumt oder ein schriftliches Vorverfahren durchführt. Hat bereits ein schriftliches Vorverfahren stattgefunden, ist der Einzelrichter auf die Anberaumung des Haupttermins oder den Erlass eines Beweisbeschlusses nach § 358a ZPO beschränkt.

(3) Der Einzelrichter darf nach § 527 II 2 ZPO einzelne Beweise erheben, wobei das Gesetz auf die Beachtung des Grundsatzes der Unmittelbarkeit der Beweisaufnahme hinweist. Die Übertragung komplizierter Rechtsstreitigkeiten auf den Einzelrichter ist nicht zulässig. Außerdem sind Beweisaufnahmen durch den Einzelrichter, bei denen es zur Beurteilung der Glaubwürdigkeit von Zeugen auf den persönlichen Eindruck ankommt, nur zulässig, wenn die hierzu maßgebenden Umstände (durch Protokollvermerk) aktenkundig sind und die Parteien Gelegenheit hatten, sich hierzu zu äußern.[73]

(4) Im Übrigen gibt der Einzelrichter die Sache an die Berufungskammer zurück, wenn er sie für schlussentscheidungsreif hält. Er selbst darf über die Berufung nur im Einverständnis der Parteien entscheiden (§ 527 IV ZPO). Einige Nebenentscheidungen hat das Gesetz ihm allerdings zugewiesen (§ 527 III ZPO).

c) Ein schriftliches Verfahren ist zwar nach dem auch für die Berufungsinstanz an- **33** wendbaren § 128 II ZPO (§ 525 S. 1 ZPO) möglich, aber in der Praxis selten.

Kaum eine Partei wird sich mit der Entscheidung im schriftlichen Verfahren einverstanden erklären, bevor sie in der mündlichen Verhandlung ihre Argumente vorgetragen hat. Gelegentlich wird dieses

[72] Anders/Gehle/*Göertz* § 527 Rn. 13; BeckOK ZPO/*Wulf* § 527 Rn. 11.
[73] Anders/Gehle/*Göertz* § 527 Rn. 12; MüKoZPO/*Rimmelspacher* § 527 Rn. 12.

Einverständnis erklärt, wenn nach der mündlichen Verhandlung beide Parteien noch schriftsätzlichen Vortrag zu bringen und/oder gerichtliche Auflagen zu erfüllen haben, ebenso nach Vorliegen eines zwischenzeitlich durch das Gericht eingeholten schriftlichen Sachverständigengutachtens, das eindeutig ist. Außerdem kommt ein schriftliches Verfahren bei Vorliegen der Voraussetzungen des § 538 II ZPO in Betracht.

3. Die mündliche Verhandlung

34 Sie besteht gemäß §§ 525, 136, 137, 279 II und III ZPO aus folgenden Abschnitten:

a) Aufruf der Sache (§ 220 I ZPO).

b) Feststellung der Präsenz der Beteiligten: Parteien, Rechtsanwälte, Zeugen, Sachverständige, Dolmetscher.

c) Feststellung der Formalien betreffend die Zulässigkeit der Berufung: Zeitpunkt der Zustellung bzw. Verkündung des angefochtenen Urteils, Zeitpunkte des Eingangs der Berufungsschrift und der Begründungsschrift; gegebenenfalls eine gewährte Fristverlängerung für die Begründung; ein bereits ergangener Wiedereinsetzungsbeschluss.

Über eine beantragte, aber noch nicht beschiedene Wiedereinsetzung kann durch Beschluss vorab entschieden werden.

d) Eventuell Verhandlung und Entscheidung über einen gestellten und noch nicht beschiedenen Antrag auf Bewilligung von Prozesskostenhilfe.

Anwalt und Partei wünschen vor Stellung der Anträge zu wissen, ob die Prozesskostenhilfe bewilligt wird. Möglicherweise nimmt der Berufungskläger nach Ablehnung der Prozesskostenhilfe die Berufung zurück.

35 e) Stellen der Anträge (§§ 137, 297 ZPO). Die Anträge ergeben sich aus den eingereichten Schriftsätzen, in der Regel für den Berufungskläger aus der Berufungsbegründung (§ 520 III 2 Nr. 1 ZPO), für den Berufungsbeklagten aus der Berufungserwiderung. Sie werden verlesen oder in Bezug genommen (§ 297 ZPO). Der Antrag des Berufungsklägers ist regelmäßig gerichtet auf Abänderung des angefochtenen Urteils (§ 528 S. 2 ZPO), der Antrag des Berufungsbeklagten auf Zurückweisung der Berufung. Ausnahmsweise ist der Antrag des Berufungsklägers gerichtet auf Aufhebung des angefochtenen Urteils und Zurückverweisung an das erstinstanzliche Gericht (§ 538 II ZPO) oder Verweisung an ein anderes Gericht (§ 281 ZPO, § 17a GVG). Besonderheiten ergeben sich bei einer Anschlussberufung sowie bei Klageerweiterung und Widerklage.

Hat der Berufungskläger es versäumt, in der Berufungsbegründung einen Antrag zu stellen und kann dieser Mangel durch Auslegung der Berufungsbegründung behoben werden, so wird in das Protokoll aufgenommen, dass der Berufungskläger unter Bezugnahme auf seine Berufungsbegründung beantragt, unter Abänderung des angefochtenen Urteils die Klage abzuweisen bzw. nach dem Klageantrag erster Instanz zu erkennen. Hat der Berufungsbeklagte es unterlassen, den Antrag auf Zurückweisung der Berufung schriftsätzlich anzukündigen, so wird dieser Antrag ebenfalls in das Protokoll aufgenommen.

f) Einführung in den Sach- und Streitstand.

Zwar gilt § 278 II 2 und 3 ZPO im Berufungsverfahren nicht, weil es dort einer Güterverhandlung nicht bedarf, § 525 S. 2 ZPO. Das Gericht hat aber dennoch in den Sach- und Streitstand einzuführen, denn es hat nach § 279 III ZPO nach einer durchgeführten Beweisaufnahme erneut den Sach- und Streitstand zu erörtern, mithin vor der Beweisaufnahme in ihn einzuführen. Nichts anderes kann gelten, wenn es keiner Beweisaufnahme bedarf.

g) Vortrag des Prozessstoffs durch die Parteien (§ 137 II–IV ZPO).

h) Beigezogene Akten werden zum Gegenstand der mündlichen Verhandlung gemacht.

Dabei ist klar zu trennen zwischen dem Fall, in dem die Akten bereits zu dem gleichen Beweisthema Gegenstand der mündlichen Verhandlung erster Instanz waren – in diesem Fall handelt es sich um einen Parteivortrag, der keine neue Beweisaufnahme darstellt und deshalb auch keine Beweisgebühr auslöst – und dem Fall, dass Beiakten erstmals zum Gegenstand der mündlichen Verhandlung gemacht werden. Im Protokoll ist durch eine entsprechende Formulierung klarzustellen, welcher der Fälle nach Auffassung des Gerichts gegeben sein soll. So lassen sich spätere Nachfragen des Rechtspflegers im Kostenfestsetzungsverfahren wegen der Beweisgebühr der Anwälte vermeiden.

i) Klärung von Zweifelsfragen durch Anhörung der Parteien (§ 141 I ZPO), durch Fragen an die Anwälte, durch Erörterung von Urkunden, Skizzen etc. und durch Erörterung rechtlicher Gesichtspunkte. Den Anwälten ist Gelegenheit zum abschließenden Vortrag zu geben.

j) Durchführung einer etwaigen Beweisaufnahme durch Vernehmung der nach **36**
§ 273 II Nr. 4 ZPO geladenen (oder von den Parteien gestellten) Zeugen und Sachverständigen sowie einer Parteivernehmung, Einnahme eines Augenscheins.

k) Verhandlung zum Ergebnis einer (stattgefundenen) Beweisaufnahme nebst erneuter Erörterung des Sach- und Streitstandes (§§ 279 III, 285 ZPO).

l) Versuch einer gütlichen Beilegung des Rechtsstreits.

Hierbei ist zu beachten, dass das Gericht in jeder Lage des Verfahrens auf eine gütliche Einigung der Parteien bedacht sein soll, also auch bereits zu einem früheren Zeitpunkt einen Schlichtungsversuch unternehmen kann (§ 278 I ZPO).

Die gütliche Beilegung des Rechtsstreits kann in aussichtslosen Fällen durch die Rücknahme der Berufung – als gegenüber einem Vergleich kostensparende Maßnahme – erfolgen. In einem solchen Fall ist es angezeigt, dem Berufungskläger vor Stellung der Anträge die Rücknahme einer Berufung anzuraten; von Bedeutung ist dies bei einer Anschlussberufung, da diese dann ihre Wirkung verliert (§ 524 IV ZPO).

m) Erörterung des weiteren Prozessverlaufs, falls die Sache nicht zum Abschluss kommt.

n) Schließen der Verhandlung (§ 136 IV ZPO).

o) Beratung des Gerichts (§§ 192 bis 197 GVG), falls es sich um eine Entscheidung des Kollegiums handelt.

p) Verkündung der Entscheidung oder Anberaumung eines Verkündungstermins (§ 310 I ZPO).

4. Das Berufungsurteil

a) Der Urteilseingang entspricht dem Rubrum erster Instanz. **37**

Der Berufungskläger tritt stets an die erste Stelle, auch wenn er in erster Instanz der Beklagte war. Bei mehreren – selbständigen – Berufungen tritt die Partei mit der zeitlich früher eingegangenen Berufung an die erste Stelle. Die Parteien werden in ihren Rollen beider Instanzen gekennzeichnet (z. B. Beklagter und Berufungskläger, Kläger und Berufungsbeklagter). Hinzutreten können als weitere Rollenbezeichnung: Anschlussberufungskläger und Anschlussberufungsbeklagter, Widerkläger und Widerbeklagter. In dem weiteren Inhalt des Urteils wird dagegen nur von Kläger und Beklagten gesprochen, um eine Verwirrung zu vermeiden.

38 b) Der Tenor des Berufungsurteils hat die §§ 522 I 2, 528 S. 2, 538 ZPO zu berücksichtigen.

Für die Kostenentscheidung ist bei erfolgloser Berufung § 97 ZPO maßgebend, bei erfolgreicher Berufung und Abänderung der angefochtenen Entscheidung die §§ 91 ff. ZPO.

Gegen Urteile des Berufungsgerichts kann Revision eingelegt werden, wenn
- das Berufungsgericht sie in seinem Urteil zugelassen hat (§ 543 I Nr. 1 ZPO) oder
- das Revisionsgericht sie auf die Beschwerde gegen die Nichtzulassung zugelassen hat (§ 543 I Nr. 2 ZPO).

Die Revision ist nach § 543 II ZPO zuzulassen, wenn
- die Rechtssache grundsätzliche Bedeutung hat oder
- die Fortbildung des Rechts oder die Sicherung einer einheitlichen Rechtsprechung eine Entscheidung des Revisionsgerichts erfordert.

Berufungsurteile sind deshalb – gleich, ob sie die Revision zulassen – für vorläufig vollstreckbar zu erklären. Die vorläufige Vollstreckbarkeit richtet sich dabei – wie bei Urteilen erster Instanz – nach den §§ 708, 711, 713 ZPO oder nach § 709 ZPO, wobei Berufungsurteile in vermögensrechtlichen Streitigkeiten in § 708 Nr. 10 ZPO besonders geregelt sind.

39 c) Anstelle von Tatbestand und Entscheidungsgründen enthält das Berufungsurteil nach § 540 I 1 ZPO grundsätzlich
- die Bezugnahme auf die tatsächlichen Feststellungen in dem angefochtenen Urteil mit Darstellung etwaiger Änderungen oder Ergänzungen – mangels Bezugnahmemöglichkeit sind die Anträge der Berufungsinstanz jedenfalls zu ergänzen – und
- eine Begründung für die Abänderung, Aufhebung oder Bestätigung der angefochtenen Entscheidung.

Wird das Urteil in dem Termin, in dem die mündliche Verhandlung geschlossen worden ist, verkündet, so sind auch diese Angaben im Urteil entbehrlich, wenn sie in das Protokoll aufgenommen wurden (§ 540 I 2 ZPO). Unter den Voraussetzungen der §§ 313a und 313b ZPO können die vorgenannten Angaben im Berufungsurteil ebenfalls entfallen (§ 540 II ZPO).

5. Die Streitwertfestsetzung

40 Für den Gebührenstreitwert der Berufungsinstanz gelten neben den für die erste Instanz geltenden Vorschriften einige Besonderheiten (§ 47 GKG).

a) Nach § 47 I 1 GKG bestimmt sich der Streitwert in der Rechtsmittelinstanz nach den Anträgen des Rechtsmittelführers.

Bei teilweiser Anfechtung des Urteils erster Instanz kann damit der Streitwert der Berufungsinstanz hinter demjenigen der ersten Instanz zurückbleiben. Soweit beide Parteien Berufung einlegen, werden ihre Rechtsmittelanträge zusammengerechnet.

b) Nach § 47 II 1 GKG wird der Streitwert der Berufungsinstanz begrenzt durch den Wert des Streitgegenstandes der ersten Instanz.

Diese Regel wird aber durch Ausnahmen durchbrochen. Zum einen gilt sie nicht, wenn der Streitgegenstand in der Berufungsinstanz – durch Klageerweiterung oder Widerklage – erweitert wird (§ 47 II 2 GKG). Zum anderen ist eine Erhöhung gegenüber dem Wert erster Instanz auch dann möglich, wenn sich die Wertverhältnisse gegenüber der ersten Instanz verändert haben. Gleiches muss auch gelten, wenn in zweiter Instanz eine Hilfsaufrechnung zum Zuge kommt (§ 45 III GKG).

c) Endet das Berufungsverfahren, ohne dass Anträge eingereicht werden, so ist nach § 47 I 2 GKG für den Streitwert die Beschwer maßgebend.

Es wird also kraft Gesetzes vermutet, dass der Berufungskläger das Urteil erster Instanz in vollem Umfang angreift.

Muster 200: Belehrung bei privatschriftlicher Berufung

Landgericht Frankfurt am Main
Aktenzeichen: …

Verfügung

1 1. Schreiben an Berufungskläger… (Anschrift Bl. … d. A.):

Betreff: Ihr Schreiben vom … in der Sache …

Sehr geehrte… …
Ihre vorbezeichnete Eingabe, die als Berufung gegen das Urteil des Amtsgerichts … vom … aufzufassen ist, haben Sie persönlich (privatschriftlich) eingereicht. Das Gesetz schreibt jedoch für das Verfahren vor dem Landgericht Anwaltszwang vor (§ 78 ZPO). Eine Berufung, die nicht von einer/einem beim Landgericht Frankfurt am Main zugelassenen Rechtsanwältin/Rechtsanwalt unterzeichnet ist, ist unzulässig. Bitte teilen Sie bis zum … mit, ob Sie Ihre Eingabe zurücknehmen. Falls Sie dieses Schreiben nicht beantworten oder auf Ihrer Eingabe in der vorliegenden Form bestehen, müsste Ihre Berufung gemäß §§ 522 I, 97 ZPO auf Ihre Kosten als unzulässig verworfen werden.

☐ Sie werden außerdem darauf hingewiesen, dass die Berufung auch durch eine/n bei dem Landgericht Frankfurt am Main zugelassenen Rechtsanwältin/Rechtsanwalt nur dann zulässig ist, wenn sie innerhalb einer Frist von einem Monat eingelegt wird (§ 517 ZPO). Die Frist beginnt mit der Zustellung des in vollständiger Form abgefassten Urteils an Sie bzw., wenn Sie in erster Instanz schon durch einen Rechtsanwalt vertreten waren, mit der Zustellung an diese/n Rechtsanwältin/Rechtsanwalt; spätestens jedoch – ohne Rücksicht auf eine Zustellung – mit dem Ablauf von 5 Monaten nach Verkündung.

☐ Ausweislich der in den Gerichtsakten befindlichen Zustellungsurkunde ist die Zustellung des Urteils am … erfolgt. Die Berufungsfrist

☐ läuft demnach am … ab.

☐ ist demnach bereits am … abgelaufen; eine jetzt noch erfolgende Einlegung der Berufung hat nur dann Aussicht auf Erfolg, wenn Sie binnen zwei Wochen nach Zugang dieses Schreibens durch Ihre/n Rechtsanwältin/Rechtsanwalt darlegen und glaubhaft machen, dass Sie bzw. Ihr/e Rechtsanwältin/Rechtsanwalt ohne Verschulden verhindert waren, die Berufung rechtzeitig einzulegen (§§ 233, 234 ZPO).

☐ Bitte beachten Sie ferner, dass die Berufung voraussetzt, dass die Berufungssumme – das ist der Wert, um den das amtsgerichtliche Urteil zu Ihren Ungunsten von dem abweicht, was Sie beantragt hatten – 600,– € übersteigt oder das Amtsgericht die Berufung im Urteil zugelassen hat (§ 511 II ZPO).

☐ Sie werden weiter darauf aufmerksam gemacht, dass eine Berufung gegen das hier ergangene zweite Versäumnisurteil nur darauf gestützt werden kann, dass der Fall der schuldhaften Versäumung im Termin der ersten Instanz nicht vorgelegen hatte (§ 514 II ZPO).

2 ☐ Falls Sie die Kosten für eine/n Rechtsanwältin/Rechtsanwalt nicht aufbringen können, müssten Sie innerhalb der Berufungsfrist einen Antrag auf Bewilli-

gung von Prozesskostenhilfe und Beiordnung einer/eines Rechtsanwältin/Rechtsanwalts – schriftlich oder zu Protokoll der Geschäftsstelle des unterzeichnenden Gerichts – stellen. Diesem Antrag ist auf einem bei der Geschäftsstelle abzuholenden Vordruck eine Erklärung über Ihre persönlichen und wirtschaftlichen Verhältnisse nebst Belegen beizufügen (§ 117 ZPO). Ferner wären die Gründe und Beweismittel anzugeben, die für die Erfolgsaussichten der Berufung bedeutsam sind.

☐ Der Umstand, dass Ihnen bereits in erster Instanz Prozesskostenhilfe bewilligt war, befreit Sie nicht von der Obliegenheit, erneut einen Antrag auf Bewilligung der Prozesskostenhilfe zu stellen, da diese Bewilligung für jeden Rechtszug besonders erfolgt (§ 119 ZPO).

2. Wiedervorlage: …

Frankfurt am Main, den …
Landgericht, … Zivilkammer
☐ D… Vorsitzende
☐ D… Einzelrichter…

…………………

Muster 201: Verlängerung der Berufungsbegründungsfrist

Landgericht Frankfurt am Main
Aktenzeichen: …

Verfügung

1 1. Auf Antrag d… Berufungskläger … vom … wird die Frist zur Begründung der Berufung
☐ nach Anhörung des Gegners
☐ erstmals ☐ erneut ☐ letztmalig
bis … verlängert.
☐ D… Berufungskläger… wird/werden darauf hingewiesen, dass eine nochmalige Verlängerung der Begründungsfrist unter Berücksichtigung der Belange des Gegners und der notwendigen Prozesskonzentration nicht zu erwarten ist.
☐ Der weitergehende Antrag auf Verlängerung der Begründungsfrist wird zurückgewiesen, da die hierfür vorgetragenen Gründe nicht erheblich sind (§ 520 II 3 ZPO). Die Zurückweisung beruht auf folgenden Erwägungen: …

2. Nachricht von Ziffer 1 an
☐ Berufungskläger…-Vertreter… (EB);
☐ vorab auch telefonisch oder per Fax;
☐ Berufungsbeklagten-Vertreter… (EB);
☐ Berufungsbeklagte…;[74]
☐ mit Abschriften des Antrags vom …

3. Wiedervorlage: …

Frankfurt am Main, den …
☐ Landgericht, … Zivilkammer
☐ D… Vorsitzende:

…………………

[74] Dies gilt für den Fall, dass d… Berufungsbeklagte in erster Instanz nicht anwaltlich vertreten war und sich auch in der Berufungsinstanz noch kein… Rechtsanwältin/Rechtsanwalt für sie/ihn gemeldet hat.

Muster 202: Benachrichtigung von beabsichtigter Verwerfung der Berufung als unzulässig

Landgericht Frankfurt am Main
Aktenzeichen: …

Verfügung

1. Schreiben an Berufungskläger…-Vertreter… (EB): 1
In dem Rechtsstreit … gegen …
- ☐ ist die Berufung vom … laut
  - ☐ automatisierter Bestätigung des Gerichts über den Zeitpunkt des Eingangs des elektronischen Dokuments

  am … bei Gericht eingegangen. Da das angefochtene Urteil laut
  - ☐ Zustellungsurkunde am … an Ihre Partei
  - ☐ Empfangsbekenntnis d… erstinstanzlichen Prozessbevollmächtigten am … an diese…
  - ☐ des von Ihnen unterschriebenen Empfangsbekenntnisses am …

  zugestellt wurde, lief die Berufungsfrist am … ab. Die Berufung ist demnach verspätet eingegangen.
- ☐ ist eine Berufungsbegründung bis heute nicht eingegangen; jedenfalls konnte ein Eingang hier nicht festgestellt werden.
- ☐ ist die Berufungsbegründung vom … laut
  - ☐ automatisierter Bestätigung des Gerichts über den Zeitpunkt des Eingangs des elektronischen Dokuments

  am … bei Gericht eingegangen. Da das angefochtene Urteil laut
  - ☐ Zustellungsurkunde am … an Ihre Partei
  - ☐ Empfangsbekenntnis d… erstinstanzlichen Prozessbevollmächtigten am … an diese…
  - ☐ des von Ihnen unterschriebenen Empfangsbekenntnisses am …

  zugestellt wurde, lief die Berufungsbegründungsfrist am … ab;
  - ☐ nachdem sie zuletzt mit Verfügung vom … bis zum … verlängert worden war.

  Die Berufungsbegründung ist demnach verspätet eingegangen.
- ☐ weist die eingegangene
  - ☐ Berufungsschrift
  - ☐ Berufungsbegründungsschrift
  - ☐ keine den Voraussetzungen des § 130a III 1 ZPO genügenden Signatur auf.
  - ☐ nicht aus, für und gegen wen die Berufung eingelegt ist.
  - ☐ das angefochtene Urteil nicht aus.
  - ☐ Das angefochtene Urteil war auch nicht beigefügt, so dass eine Ergänzung des Schriftsatzes nicht in Frage kommt.

Es ist deshalb derzeit beabsichtigt, die Berufung nach § 522 I ZPO als unzulässig zu verwerfen. Hierzu besteht Gelegenheit zur Stellungnahme binnen zwei Wochen[75] nach Zustellung dieser Verfügung.

---

[75] Die Zweiwochenfrist ergibt sich aus § 234 ZPO, da nur innerhalb dieser Frist Wiedereinsetzung beantragt werden kann.

2. Abschrift von Ziffer 1 an
☐ Berufungsbeklagten-Vertreter... (EB);
☐ Berufungsbeklagte...[76]
mit der Bitte um Kenntnisnahme.

3. Wiedervorlage: 3 Wochen.

Frankfurt am Main, den ...
Landgericht, ... Zivilkammer
☐ D... Vorsitzende
☐ D... Einzelrichter...

....

[76] Dies gilt für den Fall, dass d... Berufungsbeklagte in erster Instanz nicht anwaltlich vertreten war und sich auch in der Berufungsinstanz noch kein... Rechtsanwältin/Rechtsanwalt für sie/ihn gemeldet hat.

Muster 203: Wiedereinsetzung in den vorigen Stand (§ 233 ZPO)

Landgericht Frankfurt am Main
Aktenzeichen: …

Beschluss

In dem Rechtsstreit … gegen … . 1

D… Berufungskläger… wird Wiedereinsetzung gewährt hinsichtlich der Versäumung der
☐ Berufungsfrist. ☐ Berufungsbegründungsfrist.
☐ der Frist des § 234 I ZPO.

Die Kosten der Wiedereinsetzung hat/haben d… … zu tragen.

Gründe

Der Antrag auf Wiedereinsetzung ist zulässig.

☐ Er ist rechtzeitig innerhalb von zwei Wochen nach Behebung des Hindernisses gestellt worden (§ 234 I ZPO). Das hier maßgebliche Hindernis, nämlich … war behoben, als … . Die Frist lief somit am … ab und ist durch den am … eingegangenen Antrag gewahrt.

☐ Er ist zwar nicht rechtzeitig innerhalb von zwei Wochen nach Behebung des Hindernisses gestellt worden (§ 234 I ZPO). Insoweit war jedoch Wiedereinsetzung zu gewähren, da die schuldlose Hinderung an der Wahrung dieser Frist glaubhaft gemacht ist, denn …

Die Wiedereinsetzung ist auch in der Sache begründet (§ 233 ZPO), denn d… Berufungskläger… hat/haben glaubhaft gemacht, dass er/sie schuldlos an der Fristwahrung gehindert war…, denn … .

☐ Zwar hat d… Berufungskläger… nicht rechtzeitig Antrag auf Wiedereinsetzung gestellt (§ 234 I ZPO). Dennoch konnte Wiedereinsetzung gewährt werden, da sie/er die versäumte Prozesshandlung fristgerecht innerhalb der Antragsfrist nach § 234 I ZPO nachgeholt hat (§ 236 II 2 ZPO).

Die Kostenentscheidung beruht auf § 238 IV ZPO.

Frankfurt am Main, den …
Landgericht, … Zivilkammer
☐ D… Vorsitzende
☐ D… Einzelrichter…

…………………

Muster 204: Verwerfung der unzulässigen Berufung (§ 522 I ZPO)

Landgericht Frankfurt am Main
Aktenzeichen: ...

Beschluss

1 In dem Rechtsstreit
d... ...,

... und Berufungskläger...,

Prozessbevollmächtigte...: Rechtsanwältin/Rechtsanwalt ...,
gegen
d... ...,

... und Berufungsbeklagte...,

Prozessbevollmächtigte...: Rechtsanwältin/Rechtsanwalt ...,
hat die ... Zivilkammer des Landgerichts Frankfurt am Main durch d... Vorsitzende... Richter... am Landgericht ... und die Richter... am Landgericht ... und ... am ... beschlossen:

Die Berufung vom ... gegen das Urteil des Amtsgerichts ... vom ... – Aktenzeichen: ... – wird als unzulässig verworfen.

D... Berufungskläger ... hat/haben die Kosten der Berufung zu tragen.

Gründe[77]

☐ I.[78]

☐ ...

☐ II.

Die Berufung ist gemäß § 522 I 2 ZPO als unzulässig zu verwerfen.

☐ Sie ist entgegen § 78 ZPO nicht von eine... postulationsfähigen Rechtsanwältin/Rechtsanwalt eingelegt worden.

☐ Sie ist nicht rechtzeitig innerhalb der einmonatigen Berufungsfrist des § 517 ZPO eingelegt worden,
☐ die mit der am ... erfolgten Zustellung des Urteils
☐ die nach Ablauf von fünf Monaten seit Verkündung des angefochtenen Urteils
zu laufen begann, sondern erst am ...

☐ Sie ist nicht rechtzeitig innerhalb
☐ der zweimonatigen
☐ zuletzt mit Verfügung vom ... bis zum ... verlängerten

---

[77] Der Beschluss ist zu begründen, weil gegen ihn nach § 522 I 4 ZPO die Rechtsbeschwerde stattfindet.

[78] In Ziffer I. des Beschlusses ist kurz der Sachverhalt darzustellen, soweit dies im Einzelfall erforderlich ist.

Berufungsbegründungsfrist des § 520 II ZPO begründet worden,
☐ die mit der am … erfolgten Zustellung des Urteils
☐ die nach Ablauf von fünf Monaten seit Verkündung des angefochtenen Urteils
zu laufen begann, sondern erst am ….

☐ Die in § 511 II Nr. 1 ZPO bestimmte Berufungssumme von 600 €
☐ ist nicht erreicht
☐ ist nicht glaubhaft gemacht
☐ und die Berufung vom Amtsgericht in dem angefochtenen Urteil auch nicht zugelassen.

☐ Die Berufungsbegründung entspricht nicht den Anforderungen des §§ 520 III, 78 ZPO, da diese
☐ nicht von eine… postulationsfähigen Rechtsanwältin/Rechtsanwalt signiert ist.
☐ sich nicht in genügendem Umfang mit dem angefochtenen Urteil auseinandersetzt.
☐ nicht in genügender Weise darlegt, dass im Termin vom … kein Fall der schuldhaften Versäumung vorgelegen hat (§ 514 II ZPO).

☐ D… Berufungsführer … hat
☐ im Schriftsatz vom …
☐ in der mündlichen Verhandlung vom …
auf das Rechtsmittel verzichtet.

☐ Der Antrag vom … auf Wiedereinsetzung in den vorigen Stand hinsichtlich der versäumten 2
☐ Berufungsfrist ☐ Berufungsbegründungsfrist
☐ wird verworfen, da
☐ er nicht rechtzeitig binnen zwei Wochen nach Behebung des Hindernisses gestellt worden, sondern erst am … bei Gericht eingegangen ist (§ 234 I, II ZPO).
☐ er nicht den Formerfordernissen des § 236 ZPO entspricht.
☐ d… Berufungskläger… entgegen § 236 II 1 ZPO nicht die Tatsachen vorgetragen hat/haben, die die Wiedereinsetzung begründen sollen.
☐ d… Berufungskläger… entgegen § 236 II 2 ZPO mit dem Antrag auf Wiedereinsetzung die versäumte Prozesshandlung nicht nachgeholt hat. Die Eingabe entspricht nicht den Erfordernissen
☐ einer Berufungsschrift (§ 519 II ZPO).
☐ einer Berufungsbegründung (§ 520 III ZPO).
☐ Es fehlt insbesondere ….
☐ wird zurückgewiesen, da d… Berufungskläger…
☐ keine Tatsachen vorgetragen hat/haben, wonach er/sie ohne Verschulden an der Wahrung der Frist gehindert war… .
☐ die zur Entschuldigung vorgetragenen Tatsachen trotz gerichtlicher Auflage nicht glaubhaft gemacht hat/haben.

Die Kostenentscheidung basiert auf § 97 ZPO.

☐ Die Kosten der (unselbstständigen) Anschlussberufung hat/haben
☐ d… Anschlussberufungskläger… zu tragen, da er/sie sich
☐ einer von Anbeginn an unzulässigen Berufung angeschlossen hat/haben.
☐ der Berufung erst angeschlossen hat/haben, nachdem diese wegen nicht erfolgter Begründung unzulässig geworden war.

☐ d… Berufungskläger… und Anschlussberufungsbeklagte… zu tragen, da die Berufung erst nach erfolgter Anschließung wegen

- ☐ unterlassener Begründung
- ☐ nicht rechtzeitiger Begründung
- ☐ unzureichender Begründung
- ☐ Verzichts

unzulässig geworden ist.

…………………

Muster 205: Zurückweisung der unbegründeten Berufung (§ 522 II ZPO)

Landgericht Frankfurt am Main
Aktenzeichen: ...

Beschluss

In dem Rechtsstreit ... gegen 1

Die Berufung vom ... gegen das Urteil des Amtsgerichts ... vom ... – Aktenzeichen: ... – wird zurückgewiesen.

D... Berufungskläger... hat/haben die Kosten der Berufung zu tragen.

Gründe[79]

Die Berufung ist unbegründet.

Das Berufungsgericht ist davon überzeugt, dass die Berufung keine Aussicht auf Erfolg hat, die Rechtssache keine grundsätzliche Bedeutung hat und die Fortbildung des Rechts oder die Sicherung einer einheitlichen Rechtsprechung eine Entscheidung des Berufungsgerichts nicht erfordert.

☐ Zur Begründung wird auf den Hinweisbeschluss des Berufungsgerichts vom ... Bezug genommen.

☐ Dies ergibt sich aus den Gründen des Hinweisbeschlusses des Berufungsgerichts vom ..., auf den insoweit Bezug genommen wird, sowie daraus, dass ...

☐ ...

Die Kostenentscheidung basiert auf § 97 ZPO.

Frankfurt am Main, den ...
Landgericht, ... Zivilkammer

....

[79] Der Beschluss ist zu begründen, da dem Berufungsführer gegen ihn das Rechtsmittel zusteht, das bei einer Entscheidung durch Urteil zulässig wäre, § 522 III ZPO.

Muster 206: Vorabentscheidung über die vorläufige Vollstreckbarkeit (§ 718 ZPO)

Landgericht Frankfurt am Main
Aktenzeichen: …

Teilurteil

Im Namen des Volkes

1 In dem Rechtsstreit
der …,

Beklagten und Berufungsklägerin,

Prozessbevollmächtigte…: …,
gegen
den …,

Kläger und Berufungsbeklagten,

Prozessbevollmächtigte…: …,
hat die … Zivilkammer des Landgerichts … durch d… Vorsitzende… Richter… am Landgericht …, d… Richter… am Landgericht … und d… Richter… am Landgericht … im schriftlichen Verfahren mit Schriftsatzschluss am … für Recht erkannt:

> Das Urteil des Amtsgerichts Frankfurt am Main vom … – Aktenzeichen: … – wird hinsichtlich der vorläufigen Vollstreckbarkeit wie folgt abgeändert:
> Das Urteil ist gegen Sicherheitsleistung in Höhe von … € vorläufig vollstreckbar.

Tatbestand

Der Kläger hat gegen die Beklagte ein dieser am … zugestelltes Urteil erwirkt, in welchem diese zur Zahlung von … € nebst … Zinsen p. a. daraus seit dem … und zur Tragung der Kosten des Rechtsstreits verurteilt worden ist (Bl. … d. A.). Das Amtsgericht Frankfurt am Main hat das Urteil ohne Sicherheitsleistung für vorläufig vollstreckbar erklärt.

Mit der am … eingegangenen und gleichzeitig begründeten Berufung wendet sich die Beklagte unter anderem dagegen, dass der Ausspruch über die vorläufige Vollstreckbarkeit die Vollstreckung zugunsten des Klägers ohne Sicherheitsleistung angeordnet habe.

Die Beklagte beantragt,

> das angefochtene Urteil dahin abzuändern, dass das Urteil nur gegen eine – vom Gericht der Höhe nach festzusetzende – Sicherheitsleistung vorläufig vollstreckbar ist.

Der Kläger beantragt,

> den Antrag zurückzuweisen.

Entscheidungsgründe

Die Berufung ist zulässig, insbesondere form- und fristgerecht eingelegt.

Soweit über die Berufung nach § 718 ZPO vorab zu verhandeln und zu entscheiden ist, hat die Berufung auch in der Sache Erfolg. Insoweit war durch Teilurteil zu entscheiden.

Der Antrag der Beklagten ist nach § 709 S. 1 ZPO begründet. 2

Einer der gesetzlich in § 708 ZPO geregelten Fälle, in denen das Urteil ohne Sicherheitsleistung für vorläufig vollstreckbar zu erklären ist, ist nicht gegeben. Dies gilt insbesondere für § 708 Nr. 11 ZPO, da die Verurteilung in der Hauptsache den Wert von 1.250,– € übersteigt. Deshalb hätte das Urteil nach § 709 S. 1 ZPO nur gegen Sicherheitsleistung für vorläufig vollstreckbar erklärt werden dürfen.

Der Hinweis des Klägers auf § 710 ZPO geht fehl. Abgesehen davon, dass der Kläger die Voraussetzungen für die ausnahmsweise Anordnung der Vollstreckung ohne Sicherheitsleistung nicht dargetan hat, scheitert die Anwendung der Vorschrift schon daran, dass er in erster Instanz keinen Antrag in dieser Richtung gestellt hat. Dies kann er in der Berufungsinstanz nicht nachholen (§ 714 I ZPO).

Die Höhe der Sicherheitsleistung hat die Kammer gemäß § 108 ZPO unter Berücksichtigung der vollstreckbaren Hauptforderung nebst Zinsen und Kosten auf insgesamt … € geschätzt.

....

Muster 207: Abänderung der vorläufigen Vollstreckbarkeit (§ 537 ZPO)

Landgericht Frankfurt am Main
Aktenzeichen: …

Beschluss

1 In dem Rechtsstreit
d… …,

… und Berufungskläger…,

Prozessbevollmächtigte…: Rechtsanwältin/Rechtsanwalt …,
gegen
d… …,

… und Berufungsbeklagte…,

Prozessbevollmächtigte…: Rechtsanwältin/Rechtsanwalt …,
hat die … Zivilkammer des Landgerichts Frankfurt am Main durch d… Vorsitzende… Richter… am Landgericht … und die Richter… am Landgericht … und … am … beschlossen:

> Das Urteil des Amtsgerichts … vom … – Aktenzeichen: … – wird ohne Sicherheitsleistung für vorläufig vollstreckbar erklärt, soweit d… ☐ Beklagte… ☐ Kläger… auf die Widerklage
> verurteilt ist, …, da es insoweit durch die Berufungsanträge nicht angefochten wird.
> Die Kosten dieses Verfahrens hat d… ☐ Beklagte… ☐ Kläger…
> zu tragen.

Gründe[80]

Der Antrag ist begründet.

Das Urteil des Amtsgerichts … vom … – Aktenzeichen: … – wird nicht in vollem Umfang durch die Berufungsanträge angefochten. Soweit es nicht angefochten ist, war es auf Antrag d… … gemäß § 537 ZPO ohne Sicherheitsleistung für vorläufig vollstreckbar zu erklären.

Die Kostenentscheidung basiert auf § 91 ZPO.

…………………

---

[80] Der Beschluss sollte zur Information der Parteien kurz begründet werden, obwohl er gemäß § 537 II ZPO unanfechtbar ist.

Muster 208: Beschluss nach Rücknahme der Berufung (§ 516 III ZPO)

Landgericht Frankfurt am Main
Aktenzeichen: …

Beschluss

In dem Rechtsstreit 1
d… …,

… und Berufungskläger…,

Prozessbevollmächtigte…: Rechtsanwältin/Rechtsanwalt …,
gegen
d… …,

… und Berufungsbeklagte…,

Prozessbevollmächtigte…: Rechtsanwältin/Rechtsanwalt …,

hat die … Zivilkammer des Landgerichts Frankfurt am Main durch d… Vorsitzende… Richter… am Landgericht … und die Richter… am Landgericht … und … am … beschlossen:

Der am … eingelegten Berufung ist/sind d…
☐ Kläger… ☐ Beklagte…
verlustig.

☐ Die Kosten der Berufung hat/haben d…
☐ Kläger… ☐ Beklagte…
zu tragen;
☐ und zwar einschließlich der Kosten der Anschlussberufung.

☐ Von den Kosten der Berufungsinstanz haben d… Kläger… …% und d… Beklagte… …% zu tragen.

Der Streitwert für die Berufungsinstanz wird auf … € festgesetzt;
☐ und zwar für die Berufung auf … € und für die Anschlussberufung auf … €.

Gründe

Die Wirkungen der Zurücknahme der Berufung sind nach § 516 III ZPO von Amts wegen durch Beschluss auszusprechen.

☐ Die Pflicht, die Kosten der Berufung zu tragen umfasst auch die Kosten der Anschlussberufung, denn die Anschlussberufung war zulässig und hat ihre Wirkung alleine wegen der Rücknahme der Hauptberufung verloren.

☐ Die Kosten der Berufungsinstanz waren entsprechend dem Wert von Berufung und Anschlussberufung zu verteilen, weil d… Anschlussberufungskläger… die Kosten der Anschlussberufung selbst zu tragen hat/haben, denn
☐ die Anschlussberufung war selbst unzulässig.
☐ die Berufung war von Anfang an unzulässig, so dass auch die Anschlussberufung mangels Zulässigkeit nicht zu einem Erfolg führen konnte.
☐ die Berufung wurde vor Einlegung der Anschlussberufung zurückgenommen.
☐ die Berufung war vor Einlegung der Anschlussberufung unzulässig geworden.

- ☐ die Anschlussberufung wurde ebenfalls zurückgenommen.
- ☐ die Anschlussberufung betrifft eine zusätzlich eingereichte Widerklage.
- ☐ die Anschlussberufung wurde nach wirksamer Rücknahme der Hauptberufung weiterverfolgt und musste deshalb als unzulässig verworfen werden.
- ☐ …

Die Streitwertfestsetzung basiert auf … .

…………………

Muster 209: Protokoll über die mündliche Verhandlung in der Berufungsinstanz (§§ 525, 136ff. ZPO)

Landgericht Frankfurt am Main
Aktenzeichen: …

Niederschrift über die Verhandlung ☐ öffentliche ☐ nicht-öffentliche der … Zivilkammer

vom …

Gegenwärtig: Vorsitzende…: …
Beisitzer…: …
☐ …
☐ Urkundsbeamte… der Geschäftsstelle …
☐ Von der Zuziehung eine… Urkundsbeamtin/Urkundsbeamten der Geschäftsstelle wurde abgesehen.[81]

In dem Rechtsstreit ☐ p.p.
☐ volles Rubrum wie Bl. … d.A.[82]

Präsenz 1

erschienen in dem heutigen ☐ Termin ☐ Haupttermin:
☐ d… … und Berufungskläger… in Person ☐ und
☐ für d… Berufungskläger… RA …
☐ d… … und Berufungsbeklagte… in Person ☐ und
☐ für d… Berufungsbeklagte… RA …
☐ d… Nebenintervenient… in Person ☐ und
☐ für d… Nebenintervenient… RA …
☐ Diese… erklärte: Ich trete namens d… Nebenintervenient… dem Rechtsstreit auf Seiten ☐ d… Kläger… ☐ d… Beklagten bei.
☐ folgende Zeugen: …
☐ als Sachverständige…: …
☐ als Dolmetscher…: …

☐ Diese… nahm Bezug auf ihren/seinen allgemein geleisteten Eid und erklärte, dass sie/er treu und gewissenhaft übertragen werde.[83]
☐ D… Dolmetsche… wurde dahin vereidigt, dass sie/er treu und gewissenhaft übertragen werde.[84]
☐ D… Dolmetscher… erklärte, dass sie/er aus ☐ Glaubensgründen ☐ Gewissensgründen keinen Eid leisten wolle. Sie/er bekräftigte, dass sie/er treu und gewissenhaft übertragen werde. D… Dolmetscher… wurde darauf hingewiesen, dass diese Bekräftigung einem Eid gleich steht.[85]
☐ Es wurde festgestellt, dass ☐ d… Kläger… ☐ d… Beklagte… ☐ d… Zeug… der deutschen Sprache hinreichend mächtig und deshalb die Hinzuziehung eine… Dolmetscher… nicht er-

---

[81] §§ 525, 159 I 2 ZPO.
[82] Im Regelfall wird nur ein sog. abgekürztes Rubrum eingesetzt (z.B. Müller ./. Schulze). Ein „volles Rubrum" wie im Urteil (§§ 525, 313 I Nr. 1 ZPO) ist nur erforderlich, wenn das Protokoll einen Prozessvergleich enthält, der einen Vollstreckungstitel darstellt (§ 794 I Nr. 1 ZPO).
[83] § 189 II GVG.
[84] § 189 I 1 GVG.
[85] § 189 I 2 GVG.

forderlich ist. Die Parteien und ihre Prozessbevollmächtigten erheben hiergegen keine Einwendungen. D... erschienene Dolmetscher... wurde daraufhin um ... Uhr entlassen.

☐ Nicht erschienen waren:

- ☐ d... Zeug... ... trotz Ladung am ... (ZU Bl. ... d. A.)
- ☐ d... Sachverständige ... trotz Ladung am ... (ZU Bl. ... d. A.)
- ☐ d... Dolmetscher... ... trotz Ladung am ... (ZU Bl. ... d. A.)
- ☐ Die Ladung des ... konnte nicht festgestellt werden.
- ☐ D... ... hat sich wegen ... entschuldigt.
- ☐ Die Entscheidung über die Verhängung eines Ordnungsgeldes wird bis zum Ende der Verhandlung zurückgestellt.[86]
- ☐ Das Schreiben d... Zeug... ... vom ... (Bl. ... d. A.) betreffend die Verweigerung des Zeugnisses wurde verlesen.[87]

☐ Die Zeugen verließen den Sitzungssaal.[88]

2 *Formalien*

☐ Es wurde festgestellt, dass das Urteil des Amtsgerichts ... vom ... Aktenzeichen: ... dem ... am ... zugestellt worden (ZU/EB Bl. ... d. A.) und die Berufung dagegen am ... sowie die Berufungsbegründung
☐ nach Fristverlängerung zuletzt bis ...
am ... bei Gericht eingegangen ist. Die Berufung und deren Begründung sind mithin rechtzeitig.

☐ D... ☐ Klägervertreter... ☐ Beklagtenvertreter...
rügte die Nichteinhaltung der
☐ Ladungsfrist[89] ☐ Einlassungsfrist[90]
☐ und beantragte Vertagung.

Beschlossen und verkündet:

☐ Die heutige Verhandlung wird wegen Nichteinhaltung der
☐ Ladungsfrist betreffend d... ☐ Kläger... ☐ Beklagte...
☐ Einlassungsfrist
vertagt auf ..., den ..., ... Uhr, Raum ...
☐ Der Antrag auf Vertagung wird zurückgewiesen, da die
☐ Ladungsfrist ☐ Einlassungsfrist gewahrt ist, weil ...

3 *Überreichen von Schriftsätzen*

☐ D... Vertreter... d...
☐ Kläger... ☐ Beklagten ☐ Nebenintervenient...
überreichte den Schriftsatz vom ..., von dem die Gegenseite Abschriften erhielt.

☐ D... Vertreter d...
☐ Kläger... ☐ Beklagten
☐ rügte das Vorbringen in dem überreichten Schriftsatz als verspätet und beantragte, das Vorbringen als verspätet zurückzuweisen.

---

[86] Dies ist zweckmäßig, da die zunächst nicht erschienene Person während des Termins noch erscheinen kann.

[87] §§ 525, 386 ZPO.

[88] Dies ist ratsam, damit die Zeugen bei ihrer Vernehmung möglichst unvoreingenommen sind.

[89] §§ 525, 217 ZPO: mindestens 1 Woche.

[90] §§ 523 II, 274 III ZPO: mindestens 2 Wochen.

☐ erklärte, dass sie/er auf das Vorbringen in dem überreichten Schriftsatz eine Erklärung nicht abgeben könne und deshalb
☐ Vertagung ☐ Schriftsatznachlass
beantrage.

☐ D… Vertreter d…
☐ Kläger… ☐ Beklagten ☐ Nebenintervenient…
erklärte auf Befragen zu dem Grund der Verspätung: …

Beschlossen und verkündet:
☐ Schriftsatznachlass auf den Schriftsatz vom … bis zum …
☐ Die heutige Verhandlung wird wegen des verspäteten Vorbringens d… … vertagt auf …, den …, … Uhr, Raum …

Stellen der Anträge 4

☐ Nach Erörterung der Sachdienlichkeit der Anträge:

D… Klägervertreter…
☐ verlas ☐ nahm Bezug auf
☐ den Antrag/die Anträge aus
☐ der Berufungsschrift vom … (Bl. … d. A.).
☐ der Berufungsbegründungsschrift vom … (Bl. … d. A.).
☐ dem Schriftsatz vom … (Bl. … d. A.).
☐ nahm Bezug auf die Berufungsbegründung vom … (Bl. … d. A.) und beantragte unter Abänderung der angefochtenen Entscheidung nach dem Klageantrag erster Instanz zu erkennen.

D… Beklagtenvertreter…
☐ verlas ☐ nahm Bezug auf
den Antrag/die Anträge aus dem Schriftsatz vom … (Bl. … d. A.).
☐ beantragte, die Berufung zurückzuweisen.

D… Vertreter… d… Nebenintervenient…
☐ verlas ☐ nahm Bezug auf
den Antrag/die Anträge aus dem Schriftsatz vom … (Bl. … d. A.).
☐ beantragte, die Berufung zurückzuweisen.

Die Anwälte verhandelten zur Sache.

☐ Die Parteien wiederholten die Anträge wie in der Sitzung vom … (Bl. … d. A.) und verhandelten zur Sache.

Einführen in den Sach- und Streitstand 5

Das Gericht führte die Parteien in den Sach- und Streitstand ein.

☐ D… Vorsitzende ☐ D… Berichterstatter…
gab einen Bericht über den Sach- und Streitstand einschließlich der vom Gericht getroffenen prozessleitenden Anordnungen und den beabsichtigten weiteren Prozessverlauf.

Anhören der Parteien 6

☐ D… persönlich angehörte … Kläger… erklärte/erklärten: …
☐ D… persönlich angehörte … Beklagte… erklärte/erklärten: …

☐ Die Parteien erklärten:
- ☐ Es ist unstreitig, dass …
- ☐ Wir sind damit einverstanden, dass …

7 *Einführen von Beiakten*

☐ Die Akten … waren beigezogen und Gegenstand der mündlichen Verhandlung.

☐ Aus ihnen ☐ wurde das Schreiben … vom … (Bl. …)
☐ die Unfallskizze (Bl. …)
☐ die Fotos (Bl. …)
☐ verlesen. ☐ in Augenschein genommen.

☐ Das Gericht wies hierbei auf folgende Aktenteile hin, die es für wesentlich halte: …

8 *Hinweise des Gerichts*

☐ Das Gericht wies
- ☐ auf folgende Bedenken hin: …
- ☐ hinsichtlich der Schlüssigkeit des Klagevortrages darauf hin, dass …
- ☐ hinsichtlich der Einwendung d… Beklagten darauf hin, dass …
- ☐ auf folgende Entscheidung … hin: …
- ☐ auf folgende offenkundige/gerichtsbekannte Tatsache hin: …

☐ Hierzu erklärte/erklärten d… …

9 *Zeugenvernehmung*

Die Zeugen wurden hereingerufen, zur Wahrheit ermahnt und auf die Strafbarkeit falscher eidlicher und uneidlicher Aussagen hingewiesen.[91] Anschließend wurden sie einzeln und in Abwesenheit der übrigen Zeugen[92] und wie folgt vernommen:

Zur Person:[93]

☐ Vor-/Zuname: …, Alter: …, Beruf: …, Wohnort: …

☐ D… ist mein … ☐ Ich bin mit d… … verwandt.

Besonders belehrt:[94] Ich will aussagen.

☐ Es wurde festgestellt, dass für d… Zeug… eine Aussagegenehmigung der zuständigen Dienstbehörde vorliegt.[95]

Zur Sache:[96]

☐ …

☐ Auf Vorhalt des Gerichts: …

☐ Auf Vorhalt d… Kläger…[97] (-Vertreter…): …

☐ Auf Vorhalt d… Beklagte…(-Vertreter…): …

☐ RA … legt Wert auf die Feststellung, … … …

☐ RA … stellt folgende Frage an d… Zeug…: …

---

[91] §§ 525, 395 I ZPO.
[92] §§ 525, 394 I ZPO.
[93] §§ 525, 395 II ZPO.
[94] §§ 525, 383–385 ZPO.
[95] §§ 525, 376 ZPO.
[96] §§ 525, 396 ZPO.
[97] §§ 525, 397 ZPO.

Beschlossen und verkündet:[98]
Die Frage wird nicht zugelassen, da sie
- ☐ nicht zum Beweisthema gehört.
- ☐ nicht auf die Wiedergabe von Tatsachen gerichtet ist, sondern auf
  - ☐ eine rechtliche Beurteilung hinausläuft.
  - ☐ ein sachverständiges Werturteil hinausläuft.
  - ☐ Schlussfolgerungen und Meinungen d… Zeug… offenbaren soll.
  - ☐ bereits beantwortet ist.
  - ☐ als Suggestivfrage gestellt ist.
  - ☐ offensichtlich der Ausforschung dient.
  - ☐ von d… Zeug… nur unter Verletzung seiner Verpflichtung zur Verschwiegenheit beantwortet werden könnte (§ 383 III ZPO).
  - ☐ von der vorliegenden Aussagegenehmigung nicht gedeckt ist.
  - ☐ offensichtlich d… Zeug… bloßstellen soll.
- ☐ Vorgespielt und genehmigt.[99]
- ☐ Laut diktiert und genehmigt; auf nochmaliges Vorspielen wurde allseits verzichtet.[100]
- ☐ D… Zeug… wurde unter Mitwirkung d… Dolmetscher… vernommen; die Aussage wurde nach Diktat nochmals vorgelesen (abgespielt), von d… Dolmetscher… übersetzt und sodann von d… Zeug… genehmigt.[101]
- ☐ Der Zeuge erklärt: Ich verweigere die Genehmigung der protokollierten Aussage;[102] ☐ und zwar mit folgender Begründung: …
- ☐ Der Zeuge sagte zur Sache aus. Von einer Aufzeichnung der Aussage wurde gemäß § 161 I Nr. … ZPO Abstand genommen.
- ☐ Die Parteien stellten zur Beeidigung des Zeugen folgende Anträge:[103] …

Beschlossen und verkündet:
- ☐ D… Zeug… bleibt unbeeidigt.
- ☐ D… Zeug… bleibt vorerst unbeeidigt; über die Frage einer etwaigen Beeidigung soll nach Durchführung der gesamten Beweisaufnahme entschieden werden.
- ☐ D… Zeug… soll beeidigt werden.

Daraufhin wurde
- ☐ d… Zeug… die Aussage wörtlich vorgelesen.
- ☐ d… Zeug… über das Eidesverweigerungsrecht belehrt.
- ☐ d… Zeug… nochmals über die Wahrheitspflicht belehrt und ihm erklärt, er könne die Aussage jetzt noch ergänzen, klarstellen bzw. berichtigen.

D… Zeug… erklärte:
- ☐ Ich möchte meine obige Aussage noch wie folgt ergänzen: …
- ☐ Ich habe meiner obigen Aussage nichts hinzuzufügen.
- ☐ Ich verweigere den Eid.
- ☐ Ich bin bereit, meine Aussage zu beschwören.
- ☐ D… Zeug… wurde sodann ordnungsgemäß vereidigt.

Er/Sie leistete den Eid ☐ mit ☐ ohne religiöse Beteuerung.

---

[98] §§ 525, 397 III ZPO.
[99] §§ 525, 162 I 2 ZPO.
[100] §§ 525, 162 II 2 ZPO.
[101] § 185 I GVG.
[102] BeckOK ZPO/*Wendtland* § 162 Rn. 3.
[103] §§ 525, 391 ZPO.

☐ D… Zeug… entschuldigte das Fernbleiben im Termin vom … mit der Erklärung, …
☐ D… Zeug… legt zur Glaubhaftmachung folgende Urkunde vor: …
☐ Zur Glaubhaftmachung der vorgetragenen Entschuldigung erklärte d… Zeug… nach Belehrung über die Strafbarkeit einer falschen eidesstattlichen Versicherung: Ich versichere hiermit an Eides Statt, dass …

Vorgespielt und genehmigt.

☐ Ich werde zur Glaubhaftmachung meiner Verhinderung noch
☐ ein Attest des behandelten Arztes ☐ eine Bestätigung des …
vorlegen.

Beschlossen und verkündet:

☐ Der Ordnungsmittelbeschluss vom … (Bl. … d. A.) wird aufgehoben, nachdem d… Zeug… das Fernbleiben im Termin vom … genügend entschuldigt hat.
☐ Der Antrag d… Zeug… auf Aufhebung des Ordnungsmittelbeschlusses vom … wird zurückgewiesen, weil d… Zeug… das Fernbleiben im Termin vom … nicht genügend entschuldigt hat.
☐ Über die Aufhebung des Ordnungsmittelbeschlusses soll nach Vorlage der von d… Zeug… angekündigten Unterlagen entschieden werden.

D… Zeug… wurde um … Uhr entlassen.[104]

☐ D… Zeug… erklärte, ich verzichte auf Auslagenersatz.

10 *Erstattung eines Sachverständigengutachtens*

D… Sachverständige wurde nach Belehrung gemäß § 410 I ZPO wie folgt vernommen:

Zur Person:

☐ Vor-/Zuname: …, Alter: …, Beruf: …, Wohnort: …

Zur Sache:

☐ …
☐ Ich nehme Bezug auf mein schriftliches Gutachten vom … (Bl. … d. A.), das ich auf Befragen wie folgt erläutere und ergänze: …
☐ Auf Vorhalt des Gerichts:[105] …
☐ Auf Vorhalt d… Kläger…(-Vertreter…):[106] …
☐ Auf Vorhalt d… Beklagte…(-Vertreter…): …
☐ Vorgespielt und genehmigt.[107]
☐ Laut diktiert und genehmigt; auf nochmaliges Vorspielen wird allseits verzichtet.[108]
☐ Beschlossen und verkündet:
D… Sachverständige soll ihr/sein Gutachten beeidigen.[109]
☐ Nach Belehrung[110] über die Bedeutung des Eides leistete d… Sachverständige den Eid ☐ mit ☐ ohne religiöse Beteuerung.[111]

---

[104] Von Bedeutung für die Entschädigung des Zeugen (§§ 19, 20 JVEG).
[105] §§ 525, 402, 396 II ZPO.
[106] §§ 525, 402, 396 III ZPO.
[107] §§ 525, 162 I 2 ZPO.
[108] §§ 525, 162 II 2 ZPO.
[109] §§ 525, 410 ZPO.
[110] §§ 525, 480 ZPO.
[111] §§ 525, 410 I 2, 481 II ZPO; vgl. auch § 484 ZPO.

☐ Nach Belehrung über die Bedeutung des Eides leistete d... Sachverständige den Eid unter Bezugnahme auf den allgemein von ihr/ihm geleisteten Eid.[112]

D... Sachverständige wurde um ... Uhr entlassen.

Parteivernehmung 11

☐ Nach Erörterung wurde beschlossen und verkündet:[113]
D... ... soll gemäß § ... ZPO[114] als Partei zu der Behauptung d... ... vernommen werden, ...

Die anwesende Partei wurde zur Wahrheit ermahnt und auf die Strafbarkeit einer falschen eidlichen Aussage hingewiesen. Sie wurde ferner über ihr Aussageverweigerungsrecht belehrt und auf die Folgen einer etwaigen Verweigerung hingewiesen (§§ 525, 446, 453 II ZPO).

Sie erklärte:
☐ Ich will aussagen.
☐ Ich verweigere die Aussage.

Zur Person:
☐ Vor-/Zuname: ..., Alter: ..., Beruf: ..., Wohnort: ...

Zur Sache:

☐ ...

☐ Vorgespielt und genehmigt.
☐ Laut diktiert und genehmigt; auf nochmaliges Vorspielen wird allseits verzichtet.

☐ Die Parteien stellten zur Beeidigung folgende Anträge:[115] ...

Beschlossen und verkündet:
☐ Die Partei bleibt unbeeidigt.
☐ D... soll die Aussage beeidigen.

Die Partei wurde nochmals auf die Bedeutung des Eides und ihr Eidesverweigerungsrecht hingewiesen.[116] Sie erklärte:
☐ Ich möchte meine obige Aussage noch wie folgt ergänzen: ...
☐ Ich habe meiner obigen Aussage nichts hinzuzufügen.
☐ Ich verweigere den Eid.
☐ Ich bin bereit, meine Aussage zu beschwören.
☐ D... ... wurde sodann ordnungsgemäß vereidigt.
Er/Sie leistete den Eid ☐ mit ☐ ohne religiöse Beteuerung.[117]

Erörterung zur Beweisaufnahme 12

☐ Nach Beendigung der Beweisaufnahme wurde der Sach- und Streitstand und das Ergebnis der Beweisaufnahme
erneut mit den ☐ Parteien ☐ und Parteivertretern erörtert.

---

[112] §§ 525, 410 II ZPO.
[113] §§ 525, 450 ZPO.
[114] In Frage kommen die §§ 525, 445, 447, 448, 287 I 3 ZPO.
[115] §§ 525, 452 ZPO.
[116] §§ 525, 480 ZPO.
[117] §§ 525, 481 ZPO; vgl. auch §§ 525, 484 ZPO.

13 *Hinweise des Gerichts*

☐ D… wurde gemäß § 279 III ZPO darauf hingewiesen, dass …

14 *Verhandlung nach Beweisaufnahme*

☐ Die Anwälte verhandelten über das Ergebnis der Beweisaufnahme und zur Sache mit den zuvor gestellten Anträgen.[118]

☐ D… ☐ Klägervertreter… ☐ Beklagtenvertreter…
beantragte,
- ☐ noch folgende … Zeug… zu hören … zu der Behauptung …;
- ☐ d… Zeug… … zu vereidigen;
- ☐ d… Zeug… … nochmals vor dem Prozessgericht zu vernehmen;
- ☐ d… Sachverständige… … zur Erläuterung ihres/seines Gutachtens vom … mündlich anzuhören und hierzu neuen Termin zu bestimmen;
- ☐ eine Ortsbesichtigung vorzunehmen;
  - ☐ zur Klärung der Frage, …
  - ☐ zum Beweis über die Behauptung …
- ☐ Gelegenheit zu geben, zum Ergebnis der heutigen Beweisaufnahme schriftlich bis … Stellung zu nehmen.

☐ RA … legt Wert auf die Feststellung, dass …

Erlass von Ordnungsmittelbeschlüssen

☐ Gegen d.. nicht erschienenen
☐ Zeug… ☐ Sachverständige… ☐ Dolmetscher…
erging der dem Protokoll anliegende Beschluss.[119]

15 *Gütliche Beilegung nach Beweisaufnahme*

☐ Die vergleichsweise Beendigung des Rechtsstreits wurde mit den Beteiligten erörtert.

☐ Das Gericht schlug vor, …

☐ Eine vergleichsweise Regelung scheiterte.

☐ Die Parteien erklärten zum Vergleichsvorschlag des Gerichts: …

☐ Die Parteien schlossen
- ☐ den nachfolgenden Vergleich: …

Vorgelesen und genehmigt.[120]
- ☐ den aus der Anlage zum Protokoll ersichtlichen Vergleich,
- ☐ er vorgelesen und genehmigt wurde;
- ☐ er zur Durchsicht vorlag und genehmigt wurde.
- ☐ Sie erklärten: Wir verzichten auf die Übertragung der vorläufigen Aufzeichnungen betreffend die vorausgegangene Beweisaufnahme in das Protokoll.[121]

---

[118] §§ 525, 285 ZPO.

[119] Die Beschlüsse können auch in das Protokoll aufgenommen werden.

[120] §§ 160 III Nr. 1, 162 I ZPO.

[121] § 161 I Nr. 2 ZPO. – Der Verzicht ist nur zweckdienlich, wenn der Vergleich ohne Widerrufsvorbehalt abgeschlossen wird; andernfalls sollte man nach § 160a II 2 ZPO verfahren.

Verkündung der Entscheidung **16**

☐ Nach Beratung wurde
  ☐ folgender Beschluss verkündet: …
  ☐ folgendes Urteil durch Verlesen der Urteilsformel verkündet: …

☐ Beschlossen und verkündet:
Eine Entscheidung soll am Schluss der Sitzung verkündet werden.

☐ Das Gericht macht den Parteien folgenden Vergleichsvorschlag: …
Dieser Vergleichsvorschlag kann durch Schriftsatz gegenüber dem Gericht dort eingehend bis spätestens zum … angenommen werden.[122] Für den Fall der Nichtannahme des Vergleichs wird Termin zur Verkündung einer Entscheidung anberaumt auf …, … Uhr, Raum …

☐ Termin zur Verkündung einer Entscheidung wird anberaumt auf …, den …, … Uhr, Raum …

☐ Zugleich für die Richtigkeit der Übertragung vom Tonband:[123]

....

(☐ D… Vorsitzende) (D… Urkundsbeamt… der Geschäftsstelle)
(☐ D… Einzelrichter…)

---

[122] §§ 525, 278 VI ZPO.
[123] §§ 525, 163 I 2 ZPO.

Muster 210: Hauptsache- und Kostenentscheidung im Berufungsurteil

Gegen Urteile des Berufungsgerichts kann Revision eingelegt werden. Sie sind deshalb wie erstinstanzliche Urteile vorläufig vollstreckbar. Unter den Voraussetzungen des § 543 II ZPO ist im Urteil zudem die Revision zuzulassen (§ 543 I Nr. 1 ZPO), wobei dies im Tenor in Form einer Nebenentscheidung mit entsprechenden Ausführungen in den Entscheidungsgründen geschehen sollte. Im Übrigen lassen sich bei der Tenorierung je nach Ausgang des Verfahrens die nachfolgenden Grundtypen unterscheiden.

I. Grundtyp 1: Die erfolglose Berufung

1 **1. Hauptsache**

Die unzulässige Berufung wird als unzulässig verworfen (§ 522 I ZPO). Die unbegründete Berufung wird zurückgewiesen.

2. Kosten

Nach § 97 I ZPO trägt der Berufungskläger die Kosten der erfolglosen Berufung. Über die Kosten des ersten Rechtszuges wird nicht neu entschieden; es verbleibt insoweit bei der Kostenentscheidung des angefochtenen Urteils.

3. Beispiel

Die Berufung d... ☐ Kläger... ☐ Beklagten
gegen das Urteil des Amtsgerichts ... vom ... – Aktenzeichen: ... – wird
☐ als unzulässig verworfen.
☐ zurückgewiesen.
Die Kosten der Berufung hat/haben d... ... zu tragen.

II. Grundtyp 2: Die erfolgreiche Berufung

2 **1. Hauptsache**

Das angefochtene Urteil wird insgesamt abgeändert, das heißt durch eine andere Entscheidung ersetzt.

War in erster Instanz ein Versäumnisurteil ergangen, dann aber auf Einspruch aufgehoben worden, so muss die Fassung des Berufungsurteils dem Rechnung tragen, indem nunmehr in Abänderung der Schlussentscheidung der Vorinstanz das Versäumnisurteil aufrechterhalten wird. Hatte die erste Instanz umgekehrt ein Versäumnisurteil aufrechterhalten, ist bei erfolgreicher Berufung des Beklagten nunmehr das Versäumnisurteil aufzuheben und die Klage abzuweisen.

2. Kosten

Das Berufungsgericht entscheidet über die Kosten der beiden Rechtszüge. Die Kosten der Berufung trägt der unterlegene Berufungsbeklagte. Aber auch die Kosten der ersten Instanz richten sich nach dem Erfolg des Rechtsmittels, so dass das frühere Obsiegen des Berufungsbeklagten in der Vorinstanz seine Wirkung verliert.

Waren die Streitgegenstände von erster Instanz und Berufung identisch, so trägt der Berufungsbeklagte auch die gesamten Kosten der ersten Instanz. Eine Ausnahme besteht allerdings in den Fällen der Kostentrennung (z.B. betreffend die Kosten der Säumnis bei Aufhebung eines Versäumnisurteils), die erhalten bleibt. War das Urteil erster Instanz dagegen nur teilweise angefochten, so muss hinsichtlich der Kosten erster Instanz eine getrennte Quotelung erfolgen, bei der das nicht angegriffene Obsiegen und Unterliegen übernommen und durch die abweichenden Quoten der zweiten Instanz ergänzt wird.

3. Beispiele

a) Die unbeschränkte Berufung des Klägers hat vollen Erfolg.

Das Urteil des Amtsgerichts … vom … – Aktenzeichen: … – wird abgeändert:

D… Beklagte… wird/werden verurteilt, ….

Die Kosten des Rechtsstreits hat/haben d… Beklagte… zu tragen.

b) Die unbeschränkte Berufung des Beklagten hat vollen Erfolg.

Das Urteil des Amtsgerichts … vom … – Aktenzeichen: … – wird abgeändert:

Die Klage wird abgewiesen.

Die Kosten des Rechtsstreits hat/haben d… Kläger… zu tragen.

c) Die unbeschränkte Berufung des Beklagten hat vollen Erfolg; jedoch Versäumnisurteil erster Instanz gegen den Beklagten.

Das Urteil des Amtsgerichts … vom … – Aktenzeichen: … – wird abgeändert:

Das Versäumnisurteil vom … wird aufgehoben und die Klage abgewiesen.
Die Kosten des Rechtsstreits hat/haben d… Kläger… zu tragen, mit Ausnahme der durch die Säumnis im Termin vom … entstandenen Kosten; diese hat/haben d… Beklagte… zu tragen.

d) Beschränkte und voll erfolgreiche Berufung.

Klage auf Zahlung von 5.000,– €. Das Amtsgericht verurteilt den Beklagten zur Zahlung von 3.000,– €; im Übrigen weist es die Klage ab. Der Beklagte legt in Höhe eines Teilbetrages von 2.000,– € Berufung ein, die Erfolg hat.

Das Urteil des Amtsgerichts … vom … – Aktenzeichen: … – wird teilweise abgeändert:

Der Beklagte wird verurteilt, an den Kläger 1.000,– € zu zahlen.

Im Übrigen wird die Klage abgewiesen.

Von den Kosten des Rechtsstreits erster Instanz haben der Kläger $^4/_5$ und der Beklagte $^1/_5$ zu tragen, die Kosten der Berufung trägt der Kläger allein.

III. Grundtyp 3: Die teilweise erfolgreiche Berufung

1. Hauptsache 3

Das angefochtene Urteil wird teilweise abgeändert, das heißt teilweise durch eine andere Entscheidung ersetzt. Im Übrigen wird die Berufung zurückgewiesen.

War in erster Instanz ein Versäumnisurteil ergangen, so ist dies entsprechend den obigen Ausführungen bei der Tenorierung zu berücksichtigen.

2. Kosten:

Die Kosten der Berufung müssen entsprechend dem Verhältnis von Obsiegen und Unterliegen in der Berufungsinstanz gequotelt werden (§ 92 I ZPO). Lediglich in den

Fällen geringfügigen Unterliegens kann nach § 92 II ZPO hiervon abgesehen und es können der „fast voll" unterliegenden Partei die gesamten Kosten der Berufungsinstanz auferlegt werden.

War das erstinstanzliche Urteil in vollem Umfang angefochten, so sind die Streitwerte beider Instanzen identisch mit der Folge, dass die gleiche Kostenquote auch für die erste Instanz gilt. War dagegen die Berufung beschränkt, so muss wegen der unterschiedlichen Streitwerte von erster und zweiter Instanz eine unterschiedliche Quotelung erfolgen. Etwaige in der ersten Instanz notwendige Kostentrennungen können aber in beiden Fällen auch hier aufrechterhalten bleiben.

3. Beispiele

a) Die unbeschränkte Berufung des Klägers hat teilweise Erfolg.

Klage auf Zahlung von 5.000,– €. Das Amtsgericht weist die Klage in vollem Umfang ab. Der Kläger legt in vollem Umfang Berufung ein. Dies führt zur Verurteilung des Beklagten in Höhe von 2.500,– €.

Das Urteil des Amtsgerichts … vom … – Aktenzeichen: … – wird abgeändert:

Der Beklagte wird verurteilt, an den Kläger 2.500,– € zu zahlen.

Im Übrigen wird die Klage abgewiesen.

Die weitergehende Berufung wird zurückgewiesen.

Die Kosten beider Rechtszüge werden gegeneinander aufgehoben.

b) Die unbeschränkte Berufung des Beklagten hat teilweise Erfolg.

Klage auf Zahlung von 5.000,– €. Das Amtsgericht gibt der Klage in vollem Umfang statt. Der Beklagte legt in vollem Umfang Berufung ein. Das Berufungsgericht ermäßigt die Verurteilung auf die Zahlung von 3.750,– €.

Das Urteil des Amtsgerichts … vom … – Aktenzeichen: … – wird teilweise abgeändert:

Der Beklagte wird verurteilt, an den Kläger 3.750,– € zu zahlen.

Im Übrigen wird die Klage abgewiesen.

Die weitergehende Berufung wird zurückgewiesen.

Von den Kosten beider Rechtszüge tragen der haben der Kläger $^1/_4$ und der Beklagte $^3/_4$ zu tragen.

c) Die unbeschränkte Berufung des Beklagten hat teilweise Erfolg; jedoch Versäumnisurteil erster Instanz.

Klage auf Zahlung von 5.000,– €. Gegen den Beklagten ergeht Versäumnisurteil. Auf seinen Einspruch wird das Versäumnisurteil voll aufrechterhalten. Dagegen legt der Beklagte in vollem Umfang Berufung ein. Das Berufungsgericht ermäßigt die Zahlung auf 3.000,– €.

Das Urteil des Amtsgerichts … vom … – Aktenzeichen: … – wird teilweise abgeändert:

Das Versäumnisurteil vom … bleibt in Höhe einer Verurteilung von 3.000,– € aufrechterhalten.

Im Übrigen wird es aufgehoben und die Klage abgewiesen.

Die weitergehende Berufung wird zurückgewiesen.

Von den Kosten des Rechtsstreits hat der Beklagte vorab die durch die Säumnis im Termin vom … entstandenen Kosten zu tragen. Die übrigen Kosten (beider Rechtszüge) haben der Kläger zu $^2/_5$ und der Beklagte zu $^3/_5$ zu tragen.

d) Beschränkte und teilweise erfolgreiche Berufung des Beklagten.

Klage auf Zahlung von 5.000,– €. Das Amtsgericht verurteilt zu 4.000,– €; im Übrigen weist es die Klage ab. Der Beklagte legt in Höhe von 1.000,– € Berufung, die in

Höhe von 500,– € Erfolg hat. Der Streitwert der ersten Instanz beträgt 5.000,– €, der Streitwert der Berufung beträgt 1.000,– €. Kostenquotelung der 1. Instanz: Kläger obsiegt mit 3.000,– € (nicht angefochten) + 500,– € (in der Berufung bestätigt) = 3.500,– €; der Beklagte obsiegt mit 1.000,– € (nicht angefochten) + 500,– € (in der Berufung zu seinen Gunsten abgeändert) = 1.500,– €.

Das Urteil des Amtsgerichts … vom … – Aktenzeichen: … – wird teilweise abgeändert:

Der Beklagte wird verurteilt, an den Kläger 3.500,– € zu zahlen.

Im Übrigen wird die Klage abgewiesen.

Die weitergehende Berufung wird zurückgewiesen.

Von den Kosten des Rechtsstreits erster Instanz haben der Kläger $^{3}/_{10}$ und der Beklagte $^{7}/_{10}$ zu tragen; die Kosten der Berufung werden gegeneinander aufgehoben.

e) Unbeschränkte Berufung des Klägers mit teilweisem Erfolg.

Klage auf Zahlung von 5.000,– €. Das Amtsgericht verurteilt zur Zahlung von 2.500,– €; im Übrigen weist es die Klage ab. Kläger legt wegen der Klageabweisung von 2.500,– € Berufung ein, die in Höhe von 1.250,– € Erfolg hat.

Das Urteil des Amtsgerichts … vom … – Aktenzeichen: … – wird teilweise abgeändert:

Der Beklagte wird verurteilt, an den Kläger 3.750,– € zu zahlen.

Im Übrigen wird die Klage abgewiesen.

Die weitergehende Berufung wird zurückgewiesen.

Von den Kosten des Rechtsstreits erster Instanz haben der Kläger $^{1}/_{4}$ und der Beklagte $^{3}/_{4}$ zu tragen; die Kosten der Berufung werden gegeneinander aufgehoben.

f) Aufrechnung.

Klage auf Zahlung von 5.000,– €. Der Beklagte bestreitet Klageforderung und rechnet hilfsweise mit einer vom Kläger bestrittenen Gegenforderung von 5.000,– € auf. Das Amtsgericht weist die Klage mit der Begründung ab, die Klageforderung habe bestanden, sei aber durch die Aufrechnung erloschen. Der Beklagte legt Berufung ein und wendet sich gegen das Bestehen der Klageforderung; hilfsweise rechnet er erneut auf. Das Berufungsgericht hält die Klageforderung für nicht gegeben.

Das Urteil des Amtsgerichts … vom … – Aktenzeichen: … – wird teilweise abgeändert:

Die Klage wird mit der Maßgabe abgewiesen, dass die Klageforderung nicht besteht.

Die Kosten der ersten Instanz werden gegeneinander aufgehoben. Die Kosten der Berufung hat der Kläger zu tragen.

IV. Grundtyp 4: Die Anschlussberufung

1. Hauptsache 4

Hier gibt es keine Besonderheiten zu den vorgenannten Grundtypen.

2. Kosten

Wird über die Anschlussberufung durch Urteil entschieden, geschieht dies regelmäßig durch gleichzeitige Entscheidung über die Berufung.[124] In diesem Fall ist über die

---

[124] Im Fall der gesonderten Entscheidung über die Anschlussberufung nach § 522 ZPO wird auch über deren Kosten gesondert, unabhängig von der Berufung entschieden. Die Kostenentscheidung basiert dann auf § 97 I ZPO.

Kosten beider Rechtsmittel einheitlich zu entscheiden. Die Streitwerte beider Berufungen werden nach § 45 II GKG zusammengerechnet.

3. Beispiele

a) Volles Obsiegen einer Partei.

Die Kosten der Berufungsinstanz trägt nach § 97 I ZPO die Partei, die in der Berufungsinstanz unterliegt. Über die Kosten der ersten Instanz ist neu zu entscheiden.

(1) Obsiegen des Berufungsklägers, Unterliegen des Anschlussberufungsberufungsklägers.

Klage auf Zahlung von 5.000,– €. Das Amtsgericht verurteilt zur Zahlung von 2.500,– €; im Übrigen weist es die Klage ab. Der Kläger legt wegen der abgewiesenen 2.500,– € Berufung ein; der Beklagte schließt sich wegen der Verurteilung zu 2.500,– € an. Das Berufungsgericht hält die Klage in Höhe von 5.000,– € für begründet.

Das Urteil des Amtsgerichts ... vom ... – Aktenzeichen: ... – wird teilweise abgeändert:

Der Beklagte wird verurteilt, an den Kläger 5.000,– € zu zahlen.

Die Anschlussberufung des Beklagten wird zurückgewiesen.

Die Kosten des Rechtsstreits trägt der Beklagte.

(2) Obsiegen des Anschlussberufungsklägers, Unterliegen des Berufungsklägers.

Klage auf Zahlung von 5.000,– €. Das Amtsgericht verurteilt zur Zahlung von 2.500,– €; im Übrigen weist es die Klage ab. Der Kläger legt wegen der abgewiesenen 2.500,– € Berufung ein; der Beklagte schließt sich wegen der Verurteilung zu 2.500,– € an. Das Berufungsgericht hält die Klage für unbegründet.

Die Berufung des Klägers gegen das Urteil des Amtsgerichts ... vom ...– Aktenzeichen: ... – wird zurückgewiesen.

Auf die Anschlussberufung des Beklagten wird das genannte Urteil abgeändert:

Die Klage wird abgewiesen.

Die Kosten des Rechtsstreits hat der Kläger zu tragen.

b) Berufung und Anschlussberufung bleiben ohne Erfolg.

In diesem Fall bleibt es hinsichtlich der Kosten der ersten Instanz bei der Entscheidung des Amtsgerichts. Die Kosten der Berufungsinstanz sind entsprechend dem Verhältnis von Berufung und Anschlussberufung zu verteilen.

Klage auf Zahlung von 5.000,– €. Das Amtsgericht verurteilt zur Zahlung von 1.250,– €; im Übrigen weist es die Klage ab. Der Kläger legt Berufung ein (Streitwert: 3.750,– €), der Beklagte legt Anschlussberufung ein (Streitwert: 1.250,– €). Das Berufungsgericht hält beide Berufungen für unbegründet.

Die Berufung des Klägers und die Anschlussberufung des Beklagten gegen das Urteil des Amtsgerichts ... vom ... – Aktenzeichen: ... – werden zurückgewiesen.

Von den Kosten der Berufung haben der Kläger $^3/_4$ und der Beklagte $^1/_4$ zu tragen.

c) Unterschiedliches Obsiegen und Unterliegen.

Die Kosten beider Rechtszüge werden nach § 92 I ZPO gequotelt. Ist eine oder sind beide Berufungen auf einen Teil des Streitgegenstandes erster Instanz beschränkt, müssen unterschiedliche Quoten ausgeworfen werden.

(1) Gleicher Streitwert in beiden Instanzen. Klage auf Zahlung von 5.000,– €. Widerklage auf Herausgabe einer Maschine (Wert: 7.500,– €). Das Amtsgericht weist Klage

und Widerklage ab. Der Beklagte legt Berufung, der Kläger legt Anschlussberufung ein. Das Berufungsgericht hält die Berufung des Beklagten (betreffend Widerklage) für begründet, die Anschlussberufung des Klägers in Höhe von 2.500,– € für begründet.

Das Urteil des Amtsgerichts … vom … – Aktenzeichen: … – wird teilweise abgeändert:

Der Beklagte wird verurteilt, an den Kläger 2.500,– € zu zahlen.

Der Kläger wird verurteilt, die Maschine … an den Beklagten herauszugeben.

Die weitergehende Anschlussberufung (des Klägers) wird zurückgewiesen.

Von den Kosten beider Rechtszüge haben der Kläger $^4/_5$ und der Beklagte $^1/_5$ zu tragen.

(2) Unterschiedlicher Streitwert in den Instanzen. Klage auf Zahlung von 5.000,– €, Widerklage auf Herausgabe einer Maschine (Wert: 7.500,– €). Das Amtsgericht verurteilt zur Zahlung von 4.000,– €; im Übrigen weist es Klage und Widerklage ab. Der Beklagte legt Berufung ein wegen Abweisung der Widerklage und beschränkt auf die Verurteilung von 2.000,– €. Der Kläger legt Anschlussberufung ein wegen der Klageabweisung von 1.000,– €. Das Berufungsgericht hält die Klageforderung in Höhe von insgesamt 3.000,– € für begründet, ebenso die Widerklage.

Das Urteil des Amtsgerichts … vom … – Aktenzeichen: … – wird teilweise abgeändert:

Der Beklagte wird verurteilt, an den Kläger 3.000,– € zu zahlen.

Der Kläger wird verurteilt, die Maschine … an den Beklagten herauszugeben.

Die weitergehende Berufung und die Anschlussberufung werden zurückgewiesen.

Von den Kosten des Rechtsstreits erster Instanz haben der Kläger $^{17}/_{25}$ und der Beklagte $^8/_{25}$ zu tragen, von den Kosten der zweiten Instanz der Kläger $^{19}/_{21}$ und der Beklagte zu $^2/_{21.}$

Zur Erläuterung: 1. Instanz: Streitwert: 5.000,– € (Klage) + 7.500,– € (Widerklage) = 12.500,– €. – Kläger unterliegt mit 1.000,– € (Klage) + 7.500,– € (Widerklage) = 8.500,– €; Beklagter unterliegt mit 4.000,– € (Klage). – Verhältnis von Obsiegen und Unterliegen: 8.500,– : 4.000,– = $^{85}/_{125}$: $^{40}/_{125}$ oder $^{17}/_{25}$: $^8/_{25.}$ 2. Instanz: Streitwert: 7.500,– € + 1.000,– € (Berufung) + 1.000,– € (Anschlussberufung) = 10.500,– €. – Kläger unterliegt mit 1.000,– € (Klage/Anschlussberufung) + 1.000,– € (Klage/Berufung) + 7.500,– € (Widerklage/Berufung) = 9.500,– €; Beklagter unterliegt mit 1.000,– € (Berufung). – Verhältnis von Obsiegen und Unterliegen 9.500,– : 1.000,– = $^{95}/_{105}$: $^{10}/_{105}$ oder $^{19}/_{21}$: $^2/_{21.}$

V. Grundtyp 5: Klageerweiterung und Widerklage

1. Hauptsache 5

Zweifelhaft ist die Tenorierungsfrage, wenn in der Berufungsinstanz neue Streitgegenstände in Form der Klageerweiterung oder Widerklage eingeführt werden. Dies geschieht durch Anschlussberufung. Stellt man sich auf den Standpunkt, dass die neuen Anträge nicht Gegenstand der ersten Instanz waren, so hat das Berufungsgericht über sie wie ein Gericht erster Instanz zu entscheiden. Es ist zweifelhaft, ob in diesem Fall bei Stattgeben das Urteil erster Instanz abzuändern ist, obwohl es sich zu diesen Anträgen nicht geäußert hat. Denknotwendig ist dies nicht, so dass es auch nicht zu beanstanden ist, wenn das Berufungsgericht bei Stattgeben eine neue Verurteilung ohne Abänderung des angefochtenen Urteils ausspricht. Wird die Klageerweiterung oder die Widerklage für unbegründet erachtet, ist es mehr eine Frage der Auffassung, ob man die Anträge oder die Berufung (bzw. Anschlussberufung) zurückweist. Für die Parteien verständlicher ist jedenfalls die Zurückweisung der Anträge bzw. der Widerklage.

2. Kosten

Hier gibt es keine Besonderheiten zu den vorgenannten Grundtypen.

3. Beispiele

a) Klage auf Zahlung von 5.000,– €. Das Amtsgericht gibt der Klage statt. Der Beklagte legt Berufung ein und erhebt Widerklage auf Zahlung von 5.000,– €. Das Berufungsgericht hält Berufung und Widerklage für unbegründet.

Die Berufung des Beklagten gegen das Urteil des Amtsgerichts … vom … – Aktenzeichen: … – wird zurückgewiesen.

Die Widerklage wird abgewiesen.

Die Kosten der Berufungsinstanz[125] trägt der Beklagte.

b) Klage auf Herausgabe eines Kraftfahrzeugs (Wert: 5.000,– €). Das Amtsgericht weist die Klage ab. Der Kläger legt Berufung ein. Der Beklagte erhebt Widerklage auf Zahlung von 2.500,– €. Das Berufungsgericht hält Berufung und Widerklage für unbegründet.

Die Berufung des Klägers gegen das Urteil des Amtsgerichts … vom … – Aktenzeichen: … – wird zurückgewiesen.

Die Widerklage wird abgewiesen.

Von den Kosten der Berufungsinstanz[126] haben der Kläger $^2/_3$ und der Beklagte $^1/_3$ zu tragen.

c) Klage auf Herausgabe eines Kraftfahrzeugs (Wert: 5.000,– €). Das Amtsgericht weist die Klage ab. Der Kläger legt Berufung ein. Der Beklagte erhebt Widerklage auf Zahlung von 2.500,– €. Das Berufungsgericht hält Berufung und Widerklage für begründet.

Das Urteil des Amtsgerichts … vom … – Aktenzeichen: … – wird abgeändert:

Der Beklagte wird verurteilt, das Kraftfahrzeug … an den Kläger herauszugeben.

Auf die Widerklage wird der Kläger verurteilt, an den Beklagten 2.500,– € zu zahlen.

Die Kosten des Rechtsstreits erster Instanz hat der Beklagte zu tragen, von den Kosten der Berufungsinstanz haben der Kläger $^1/_3$ und der Beklagte $^2/_3$ zu tragen.

d) Teilklage auf Zahlung von 5.000,– €. Das Amtsgericht gibt der Klage statt. Der Beklagte legt Berufung ein. Der Kläger erweitert – im Wege der Anschlussberufung – die Klage um weitere 5.000,– €. Das Berufungsgericht hält die Berufung des Beklagten für unbegründet, die Klageerweiterung für begründet.

Die Berufung des Beklagten gegen das Urteil des Amtsgerichts … vom … – Aktenzeichen: … – wird zurückgewiesen.

Der Beklagte wird verurteilt, an den Kläger weitere 5.000,– € zu zahlen.

Die Kosten der Berufungsinstanz[127] hat der Beklagte zu tragen.

e) Teilklage auf Zahlung von 5.000,– €. Das Amtsgericht gibt der Klage statt. Der Beklagte legt Berufung ein. Der Kläger erweitert – im Wege der Anschlussberufung –

---

[125] Die Formulierung unter Abhebung auf die „Berufungsinstanz" bringt zum Ausdruck, dass damit auch die Kosten der Widerklage erfasst werden.

[126] Die Formulierung unter Abhebung auf die „Berufungsinstanz" bringt zum Ausdruck, dass damit auch die Kosten der Widerklage erfasst werden.

[127] Die Formulierung unter Abhebung auf die „Berufungsinstanz" bringt zum Ausdruck, dass damit auch die Kosten der Klageerweiterung erfasst werden.

die Klage um weitere 5.000,– €. Das Berufungsgericht hält die Berufung des Beklagten für begründet, die Klageerweiterung für unbegründet.

Das Urteil des Amtsgerichts … vom … – Aktenzeichen: … – wird abgeändert:

Die Klage wird abgewiesen.

Die Anschlussberufung wird zurückgewiesen.

Die Kosten des Rechtsstreits trägt der Kläger.

VI. Grundtyp 6: Zurückverweisung und Weiterverweisung

1. Hauptsache und Kosten 6

In den Fällen der Zurückverweisung bleibt offen, wie der Rechtsstreit im Endergebnis ausgehen wird. Deshalb kann das Berufungsgericht noch nicht über die Kosten befinden. Vielmehr bleibt die Entscheidung über die Kosten – also auch der Berufung – dem erstinstanzlichen Gericht vorbehalten. Das gilt auch bei einer teilweisen Aufhebung und Zurückverweisung.

In den Fällen der Weiterverweisung wegen örtlicher, sachlicher oder funktioneller Unzuständigkeit (§§ 525, 281 ZPO) oder Verneinung des Rechtswegs (§ 17a GVG) wird das klageabweisende Urteil der ersten Instanz aufgehoben und der Rechtsstreit an das zuständige Gericht verwiesen. Dies geschieht durch Urteil, obwohl die maßgebenden Vorschriften den Erlass eines Beschlusses vorschreiben (§§ 525, 281 I 1 ZPO; § 17a II GVG). Diese Abweichung erklärt sich daraus, dass in der Berufungsinstanz das abweisende Urteil der ersten Instanz aufgehoben werden muss, was nur durch Urteil geschehen kann. In diesen Fällen steht fest, dass die Kosten der Berufungsinstanz dem Kläger anzulasten sind, weil er vor einem unzuständigen Gericht bzw. im falschen Rechtsweg die Klage erhoben hat. Insoweit kann das Berufungsgericht eine Kostenentscheidung treffen. Über die Kosten des Rechtsstreits erster Instanz wird dagegen keine Entscheidung getroffen, da diese von dem Ausgang des Verfahrens abhängig sind. Dabei kann das zuständige Gericht auch über die Kosten befinden, die der Kläger nach §§ 525, 281 III 2 ZPO, § 17b II 2 GVG zu tragen hat.

2. Beispiele

a) Zurückverweisung wegen Verfahrensmangels.

Das Urteil des Amtsgerichts … vom … – Aktenzeichen: … – wird aufgehoben.

Der Rechtsstreit wird zur erneuten Verhandlung und Entscheidung an das Amtsgericht zurückverwiesen, dem auch die Entscheidung über die Kosten der Berufung vorbehalten bleibt.[128]

b) Berufung gegen klageabweisendes Urteil, Grundurteil in der Berufungsinstanz, im Übrigen: Zurückverweisung.

Das Urteil des Amtsgerichts … vom … – Aktenzeichen: … – wird aufgehoben.

Der Klageanspruch wird dem Grunde nach für gerechtfertigt erklärt.

Der Rechtsstreit wird zur Verhandlung und Entscheidung über die Höhe des Klageanspruchs an das Amtsgericht zurückverwiesen, dem auch die Entscheidung über die Kosten vorbehalten bleibt.

---

[128] Hinzutreten kann ein Beschluss: Die Gerichtskosten der zweiten Instanz werden gemäß § 21 I GKG nicht erhoben.

c) Berufung gegen Grundurteil der ersten Instanz; die Berufung ist unbegründet.

Die Berufung des Beklagten gegen das Urteil des Amtsgerichts ... vom ... – Aktenzeichen: ... – wird zurückgewiesen.

Der Rechtsstreit wird zur Verhandlung und Entscheidung über die Höhe des Klageanspruchs an das Amtsgericht zurückverwiesen.

Die Kosten der Berufung trägt der Beklagte.

d) Berufung gegen klageabweisendes Urteil wegen Verneinung der Zuständigkeit oder wegen Verneinung des ordentlichen Rechtswegs.

Das Urteil des Amtsgerichts ... vom ... – Aktenzeichen: ... – wird aufgehoben.

Der Rechtsstreit wird an das gemäß ... zuständige ...gericht verwiesen.

Die Kosten der Berufung hat d... Kläger ... zu tragen. Die Entscheidung über die Kosten der ersten Instanz bleibt dem ...gericht vorbehalten.

VII. Sonderfälle

7 1. Kostentrennung in der Berufungsinstanz

Ebenso wie in der ersten Instanz kommen für die Berufungsinstanz Fälle der Kostentrennung zum Tragen. Dies gilt vor allem in den Fällen des Versäumnisurteils und des erfolglosen Angriffs- bzw. Verteidigungsmittels. Sie bieten gegenüber der ersten Instanz keine Besonderheiten.

2. Kostenlast des obsiegenden Berufungsklägers

§ 97 II ZPO gibt dem Berufungsgericht die Handhabe, dem obsiegenden Berufungskläger die Kosten der Berufung aufzuerlegen, wenn er aufgrund eines neuen Vorbringens in der Berufungsinstanz obsiegt, das er schon in erster Instanz hätte vorbringen können und ihm auch bei sorgfältiger Prozessführung zumutbar war. Sind die Voraussetzungen des § 97 II ZPO gegeben, so werden der Partei, die aufgrund des neuen Vorbringens in der Berufungsinstanz obsiegt, die Kosten der Berufung auferlegt, während die Kosten der ersten Instanz so verteilt werden, als sei der Prozess schon dort endgültig entschieden worden.

3. Erledigung der Hauptsache in der Berufungsinstanz

Auch in der Berufungsinstanz können beide Parteien übereinstimmend den Rechtsstreit in der Hauptsache für erledigt erklären, falls die Berufung zulässig ist. Das Gericht entscheidet sodann gemäß § 91a ZPO über die Kosten beider Rechtszüge nach den gleichen Gesichtspunkten wie in erster Instanz. Auf Antrag kann zusätzlich analog § 269 III ZPO ausgesprochen werden, dass die Entscheidung erster Instanz wirkungslos geworden ist.

Muster 211: Urteil der Berufungskammer (§ 540 I ZPO)

Landgericht Frankfurt am Main
Aktenzeichen: …

Urteil

Im Namen des Volkes

In dem Rechtsstreit 1
d… …,

… und Berufungskläger…,

Prozessbevollmächtigte…: Rechtsanwältin/Rechtsanwalt …,
gegen
d… …,

… und Berufungsbeklagte…,

Prozessbevollmächtigte…: Rechtsanwältin/Rechtsanwalt …,
hat die … Zivilkammer des Landgerichts Frankfurt am Main durch
☐ d… Vorsitzende… Richter… am Landgericht … und die Richter… am Landgericht … und …
☐ d… Richter… am Landgericht … als Einzelrichter…
☐ aufgrund der mündlichen Verhandlung vom …
☐ im schriftlichen Verfahren mit Schriftsatzfrist bis zum …
für Recht erkannt:

☐ Die Berufung d… ☐ Kläger… ☐ Beklagten
gegen das Urteil des Amtsgerichts … vom … – Aktenzeichen: … – wird zurückgewiesen.

Die Kosten der Berufung hat/haben d… … zu tragen.

☐ Das Urteil des Amtsgerichts … vom … – Aktenzeichen: … – wird abgeändert:
- ☐ Die Klage wird abgewiesen.
- ☐ D… Beklagte… wird/werden verurteilt …
- ☐ Im Übrigen wird die Klage abgewiesen.
- ☐ Die weitergehende Berufung wird zurückgewiesen.
- ☐ Die Anschlussberufung d… … wird zurückgewiesen.
- ☐ Die Kosten des Rechtsstreits hat/haben d… … zu tragen.
- ☐ Von den Kosten des Rechtsstreits haben d… … …% und d… … …% zu tragen.
- ☐ Von den Kosten des Rechtsstreits erster Instanz haben d… … …% und d… … …% zu tragen, von den Kosten des Rechtsstreits zweiter Instanz d… … …% und d… … …%.

☐ Das Urteil des Amtsgerichts … vom … – Aktenzeichen: … – wird aufgehoben.

Der Rechtsstreit wird an das Amtsgericht … zurückverwiesen, dem auch die Entscheidung über die Kosten der Berufung vorbehalten bleibt.

Das Urteil ist
☐ für d... ...
☐ gegen Sicherheitsleistung in Höhe von ...
☐ für d... ...
☐ gegen Sicherheitsleistung in Höhe von ...
vorläufig vollstreckbar.
☐ D... ... darf/dürfen die Vollstreckung durch Sicherheitsleistung oder Hinterlegung in Höhe von ... abwenden, wenn nicht d... ... vor der Vollstreckung Sicherheit in gleicher Höhe leistet/leisten.
☐ D... ... darf/dürfen die Vollstreckung durch Sicherheitsleistung oder Hinterlegung in Höhe von ... abwenden, wenn nicht d ... ... vor der Vollstreckung Sicherheit in gleicher Höhe leistet/leisten.

☐ Die Revision wird zugelassen.

Gründe

I.

Hinsichtlich der tatsächlichen Feststellungen wird zunächst Bezug genommen auf das angefochtene Urteil des Amtsgerichts ... vom ... (Bl. ... d.A.).

☐ Zweitinstanzlich haben sich folgende Änderungen ergeben: ... .

D... ... beantragt, ...

D... ... beantragt, ...

☐ Im Übrigen ist zweitinstanzlich Folgendes zu ergänzen: ... .

II.

Die Berufung ist zulässig, insbesondere form- und fristgerecht eingelegt.

2 ☐ In der Sache hat sie
☐ jedoch keinen Erfolg. ☐ allerdings nur teilweise Erfolg.
☐ ebenfalls Erfolg.

☐ Das Amtsgericht hat in dem angefochtenen Urteil zu Recht einen Anspruch d... ☐ Kläger... ☐ Beklagten auf ... aus ...
☐ bejaht ☐ verneint
☐ und einen Anspruch d... ☐ Kläger... ☐ Beklagten auf ... aus ...
☐ bejaht ☐ verneint.

Ergänzend ist noch Folgendes auszuführen: ... .[129]

☐ Das angefochtene Urteil war insgesamt abzuändern.
☐ D... Kläger... steht/stehen gegen d... Beklagte...
☐ ein ☐ kein Anspruch auf ... aus ... zu.
☐ D... Beklagte... steht/stehen gegen d... Kläger...
☐ ein ☐ kein Anspruch auf ... aus ... zu.

☐ Das angefochtene Urteil war aufzuheben und zurückzuverweisen.
Insoweit ist folgendes auszuführen: ... .[130]

Die Kostenentscheidung beruht auf
☐ § 97 I ZPO. ☐ § 91 I 1 ZPO.

---

[129] Vgl. hierzu insbesondere die §§ 529 bis 531 ZPO.
[130] Vgl. hierzu insbesondere die §§ 529 bis 531 ZPO.

☐ § 92 I 1 ZPO. ☐ § 92 II ZPO.

☐ Bei der Quotelung der Kosten war hinsichtlich der beiden Rechtszüge zu differenzieren.

Die Entscheidung zur vorläufigen Vollstreckbarkeit basiert auf

☐ den §§ 708, 711, 713 ZPO. ☐ den §§ 708, 711 ZPO.

☐ § 709 ZPO.

☐ Die Revision war gemäß § 543 I Nr. ZPO zuzulassen, weil

☐ die Rechtssache grundsätzliche Bedeutung hat (§ 543 II Nr. 1 ZPO).

☐ die Fortbildung des Rechts oder die Sicherung einer einheitlichen Rechtsprechung eine Entscheidung des Revisionsgerichts erfordert (§ 543 II Nr. 2 ZPO).

....

Muster 212: Urteil bei Berufung gegen ein zweites Versäumnisurteil (§ 514 II ZPO)

Landgericht Frankfurt am Main
Aktenzeichen: …

Urteil

Im Namen des Volkes

1 In dem Rechtsstreit
des …,

Beklagten und Berufungsklägers,

Prozessbevollmächtigter: …,
gegen
die …,

Klägerin und Berufungsbeklagte,

Prozessbevollmächtigter: …,

hat die … Zivilkammer des Landgerichts … durch die Vorsitzende Richterin am Landgericht … als Einzelrichterin aufgrund der mündlichen Verhandlung vom … für Recht erkannt:

Das Urteil des Amtsgerichts Frankfurt am Main vom … – Aktenzeichen: … – wird aufgehoben.

Der Rechtsstreit wird an das Amtsgericht Frankfurt am Main zurückverwiesen, dem auch die Entscheidung über die Kosten der Berufung vorbehalten bleibt.

Tatbestand

Die Klägerin macht gegen den Beklagten einen Anspruch auf Rückzahlung eines Darlehens in Höhe von 2.000,– € nebst 5 % Zinsen p.a. daraus über dem Basiszinssatz seit Rechtshängigkeit geltend.

Sie hat am 4.4.2022 einen Mahnbescheid und am 25.4.2022 einen Vollstreckungsbescheid erwirkt, gegen den der Beklagte Einspruch eingelegt hat. In dem daraufhin auf den 12.7.2022, 9 Uhr anberaumten Termin zur mündlichen Verhandlung hat das Amtsgericht um 9 Uhr 45 auf Antrag des Prozessbevollmächtigten der Klägerin den Einspruch des Beklagten durch zweites Versäumnisurteil verworfen.

Gegen dieses bisher nicht zugestellte Urteil hat der Beklagte am 26.7.2022 Berufung eingelegt und diese gleichzeitig begründet. Er trägt vor, er sei im Termin vom 12.7.2022 nicht säumig gewesen. Sein Prozessbevollmächtigter habe wegen einer bei ihm bestehenden Terminkollision telefonisch am 11.5.2022 mit dem Prozessbevollmächtigten der Beklagten vereinbart, dass dieser auf ihn bis um 10 Uhr warten werde. Er selbst habe sich ab 9 Uhr vor dem Sitzungssaal aufgehalten und auf seinen Prozessbevollmächtigten gewartet. Der Anwalt der Klägerin habe sodann das Versäumnisurteil genommen, ohne auf seinen Prozessbevollmächtigten zu warten, der um 9.55 Uhr erschienen sei.

Er beantragt,

das angefochtene Urteil aufzuheben und den Rechtsstreit an das Amtsgericht zurückzuverweisen.

Die Klägerin beantragt,

die Berufung zurückzuweisen.

Sie ist der Meinung, der Beklagte sei säumig gewesen, da er sich bei Anwendung gehöriger Sorgfalt selbst im Sitzungssaal hätte aufhalten müssen, um den Aufruf der Sache abzuwarten. Er habe sich nicht auf die Wartevereinbarung der beiden Prozessbevollmächtigten verlassen dürfen.

Entscheidungsgründe

Die Berufung ist zulässig, insbesondere nach § 514 II ZPO statthaft sowie form- und fristgerecht eingelegt.

In der Sache hat sie ebenfalls Erfolg.

Das angefochtene zweite Versäumnisurteil ist zu Unrecht ergangen, da ein Fall der 2
Säumnis nicht vorgelegen hat.

Der Beklagte war ohne sein Verschulden bei Aufruf der Sache am Erscheinen im Sitzungssaal verhindert (§ 337 ZPO). Wie die Anhörung der Parteien durch das Berufungsgericht sowie die anwaltlichen Versicherungen der Prozessbeteiligten ergeben haben, wurde zwischen diesen am 11.7.2022 eine Wartevereinbarung dahingehend getroffen, dass der Prozessbevollmächtigte der Klägerin auf den des Beklagten bis um 10 Uhr warten werde. Diese Vereinbarung sei aufgrund einer Terminkollision des Beklagtenvertreters erfolgt. Der Beklagte brauchte daher bei Anwendung der verkehrsüblichen Sorgfalt nicht damit rechnen, dass vor Ablauf der vereinbarten Zeit um 10 Uhr ein Versäumnisurteil gegen ihn ergehen werde. Daher war er auch nicht gehalten, selbst im Sitzungssaal zu warten.

Die Sache war demnach unter Aufhebung des angefochtenen Urteils gemäß § 538 II Nr. 2 ZPO auf Antrag der Beklagten an das Gericht des ersten Rechtszuges zurückzuverweisen.

Die Kostenentscheidung war dem Amtsgericht vorzubehalten.

....

Muster 213: Versäumnisurteil in der Berufungsinstanz (§ 539 ZPO)

Landgericht Frankfurt am Main
Aktenzeichen: …

Versäumnisurteil

Im Namen des Volkes

1 In dem Rechtsstreit
d… …,

… und Berufungskläger…,

Prozessbevollmächtigte…: …,
gegen
d… …,

… und Berufungsbeklagte…,

Prozessbevollmächtigte…: …,
hat die … Zivilkammer des Landgerichts … durch d… Richter… am Landgericht … als Einzelrichter… aufgrund der mündlichen Verhandlung vom … für Recht erkannt:

☐ Die Berufung d… … vom … gegen das Urteil des Amtsgerichts … vom … – Aktenzeichen: … – wird zurückgewiesen.

D… hat/haben die Kosten der Berufung zu tragen.

☐ Das Urteil des Amtsgerichts … vom … – Aktenzeichen: … – wird abgeändert:

☐ Die Klage wird abgewiesen.
☐ D… Beklagte… wird/werden verurteilt …
☐ …

Die Kosten des Rechtsstreits hat/haben d… … zu tragen.

Das Urteil ist vorläufig vollstreckbar.

…………………

Muster 214: Kostenbeschluss nach Erledigung der Hauptsache in der Berufungsinstanz (§ 91a ZPO)

Landgericht Frankfurt am Main
Aktenzeichen: …

Beschluss

In dem Rechtsstreit 1
des …,

Klägers und Berufungsklägers,

Prozessbevollmächtigte: Rechtsanwältin …,
gegen
die …,

Beklagte und Berufungsbeklagte,

Prozessbevollmächtigter: Rechtsanwalt …,
hat die … Zivilkammer des Landgerichts Frankfurt am Main durch den Richter am Landgericht … als Einzelrichter am … beschlossen:

> Die Beklagte hat die Kosten beider Instanzen zu tragen, mit Ausnahme der Kosten, die durch die Anrufung des örtlich unzuständigen Amtsgerichts … entstanden sind; diese hat der Kläger zu tragen.
>
> Es wird festgestellt, dass das Urteil des Amtsgerichts Frankfurt am Main vom … – Aktenzeichen: … – wirkungslos geworden ist.

Gründe

I.

Der Kläger buchte für sich und seine Begleiterin bei der Niederlassung der Beklagten in ... für die Zeit vom 20.7.2020 bis 27.7.2020 eine Pauschalreise nach … Gebucht war das Hotel „….“ mit Halbpension zu einem Reisepreis von 1.882,– €. Der Kläger und seine Begleiterin wurden entgegen dieser Buchung in einem anderen Hotel untergebracht, nämlich im Hotel „….“. Dort fehlte das Hallenbad; außerdem befand sich vor dem Hotel direkt unter dem Fenster des Hotelzimmers des Klägers eine Baustelle, auf der Tag und Nacht lärmintensiv gearbeitet wurde. Nachdem die Reiseleitung keine Abhilfe schaffen konnte, reisten der Kläger und seine Begleiterin nach drei Tagen wieder ab.

Nach dem Scheitern vorprozessualer Verhandlungen der Parteien über die angemeldeten Ansprüche zumindest in der Zeit von 19.8.2020 bis 21.12.2020 hat der Kläger mit seiner am 1.9.2022 bei dem Amtsgericht … eingereichten, gegen die Beklagte gerichteten Klage die Zahlung von … € mit der Begründung verlangt, er und seine Begleiterin seien wegen der genannten Reisemängel zur vorzeitigen Kündigung des Reisevertrages berechtigt gewesen. Er verlange Rückzahlung des gesamten Reisepreises sowie eine Entschädigung für vertanen Urlaub, die mit mindestens 500,– € zu bemessen sei.

Nach Zustellung der Klageschrift an die Niederlassung der Beklagten in … haben sich die Rechtsanwälte … und … aus … für die Beklagte gemeldet und die örtliche Zuständigkeit des Amtsgerichts … gerügt. Dieses hat den Rechtsstreit aufgrund der mündlichen Verhandlung vom … an das Amtsgericht Frankfurt am Main verwiesen. Dort hat die Beklagte durch ihren Frankfurter Prozessbevollmächtigten erklärt, sie erhebe die Einrede der Verjährung.

Das Amtsgericht Frankfurt am Main hat durch Urteil vom … (Bl. … . d. A.) die Klage abgewiesen: Die Ansprüche des Klägers seien verjährt. Gegen dieses ihm am … zugestellte Urteil hat der Kläger am … Berufung eingelegt und diese gleichzeitig begründet.

Im Termin vom … haben beide Parteien den Rechtsstreit in der Hauptsache für erledigt erklärt, nachdem die Beklagte am … die eingeklagte Summe an den Kläger gezahlt hatte. Die Beklagte erklärt hierzu, sie halte die Einrede der Verjährung nicht mehr aufrecht und wolle den Rechtsstreit nicht mehr fortführen, da sie aus dem Zielgebiet keine Informationen erhalte.

II.

Nachdem beide Parteien den Rechtsstreit in der Hauptsache für erledigt erklärt haben, war über die Kosten des Rechtsstreits gemäß § 91a ZPO unter Berücksichtigung des bisherigen Sach- und Streitstandes nach billigem Ermessen zu entscheiden. Dies führte zur Auferlegung der Kosten beider Instanzen auf die Beklagte, da sie ohne den Eintritt des erledigenden Ereignisses in dem Rechtsstreit aller Voraussicht nach unterlegen wäre.

Lediglich die durch die Anrufung des örtlich unzuständigen Amtsgerichts … entstandenen Kosten waren dem Kläger aufzuerlegen, da er diese auch bei streitiger Entscheidung gemäß § 281 III ZPO zu tragen gehabt hätte.

2 Dem Kläger stand gegen die Beklagte ein Anspruch auf Zahlung von … € zu.

Die Beklagte hat sich außer mit der Einrede der Verjährung nicht gegen Grund und Höhe des Klageanspruchs gewandt und nunmehr durch Zahlung der Klageforderung dieselbe auch anerkannt.

Im Übrigen war der Kläger nach § 651l BGB berechtigt, den Reisevertrag wegen erheblicher Reisemängel vorzeitig zu kündigen, so dass der gesamte Reisepreis zurückzuzahlen war. Da die erbrachten Reiseleistungen für den Kläger mit derart schweren Mängeln behaftet waren, war insoweit der Reisepreis auf 0 zu mindern, § 651m BGB). Daraus folgt auch die Begründetheit des Entschädigungsanspruchs aus § 651n II BGB, der mit 500,– € richtig berechnet war.

Die Ansprüche des Klägers waren entgegen der Ansicht der Beklagten nicht nach § 651j BGB verjährt.

Die mit dem vereinbarten Reiseende beginnende zweijährige Verjährungsfrist wurde durch die vorprozessualen Verhandlungen der Parteien über die angemeldeten Ansprüche zumindest für die Zeit vom 19.8.2020 bis 21.12.2020 gemäß § 203 BGB gehemmt. Demzufolge war zum Zeitpunkt der Klageeinreichung bei dem Amtsgericht … am 1.9.2022 die Verjährungsfrist noch nicht abgelaufen, so dass diese die Verjährung gemäß § 204 I Nr. 1 BGB erneut gehemmt hat, denn die Zustellung der Klageschrift erfolgte demnächst im Sinne von § 167 ZPO, nämlich am 8.9.2022.

Gleichzeitig war auf Antrag des Klägers analog § 269 III ZPO auszusprechen, dass das Urteil des Amtsgerichts … durch die beiderseitigen Erledigungserklärungen wirkungslos geworden ist.

…………………

§ 15. Das Verfahren der sofortigen Beschwerde

I. Zulässigkeit der sofortigen Beschwerde

1. Die Statthaftigkeit

a) Die sofortige Beschwerde findet statt gegen Beschlüsse und Verfügungen (Entscheidungen), wobei zwei Fallgruppen der Statthaftigkeit zu unterscheiden sind: 1

- Zum einen kann die sofortige Beschwerde in allen vom Gesetz ausdrücklich bestimmten Fällen eingelegt werden (§ 567 I Nr. 1 ZPO);
- zum anderen kann die sofortige Beschwerde eingelegt werden, wenn die angegriffene Entscheidung ohne mündliche Verhandlung ergehen konnte und ein das Verfahren betreffendes Gesuch zurückweist (§ 567 I Nr. 2 ZPO);

Darüber hinaus ist die sofortige Beschwerde selbst bei einer greifbar unrichtigen erstinstanzlichen Entscheidung nicht mehr statthaft (so genannte außerordentliche Beschwerde). Grund hierfür ist die Neuregelung des Beschwerderechts sowie die gleichzeitige Einführung des § 321a ZPO. Statthaft sind in diesem Fall die Rechtsbehelfe der Gehörsrüge (§ 321a ZPO) bzw. der Gegenvorstellung.[1] Nur im Rahmen des § 281 ZPO bleibt die sofortige Beschwerde statthaft, wenn der Beschluss nicht einmal den allgemeinen Anforderungen des Gesetzes genügt.[2]

b) Der Umfang der Statthaftigkeit der sofortigen Beschwerde erfährt allerdings eine Reihe von Einschränkungen. 2

- Mit der sofortigen Beschwerde können lediglich Entscheidungen der Amtsgerichte und der Landgerichte angefochten werden, die in erster Instanz ergangen sind (§ 567 I ZPO).
- Die sofortige Beschwerde kann nicht darauf gestützt werden, dass das erstinstanzliche Gericht seine Zuständigkeit zu Unrecht bejaht habe (§ 571 II 2 ZPO).
- Entscheidungen des beauftragten Richters, des ersuchten Richters und des Urkundsbeamten der Geschäftsstelle können nicht mit der sofortigen Beschwerde angegriffen werden, sondern mit der sogenannten sofortigen Erinnerung (§ 573 I ZPO); erst die hierauf ergehende Entscheidung des Prozessgerichts unterliegt dann unter den gegebenen Voraussetzungen der sofortigen Beschwerde (§ 573 II ZPO).
- Entscheidungen des Rechtspflegers, gegen die kein Rechtsmittel gegeben ist, können ebenfalls nicht mit der sofortigen Beschwerde angegriffen werden, sondern mit der sofortigen Erinnerung (§ 11 II 1 RPflG).

  Im Unterschied zu den Entscheidungen des beauftragten Richters, des ersuchten Richters und des Urkundsbeamten der Geschäftsstelle kann der Rechtspfleger der sofortigen Erinnerung allerdings abhelfen (§ 11 II 5 RPflG). Erinnerungen, denen er nicht abhilft, legt er dem Richter derselben Instanz vor (§ 11 II 6 RPflG). Die daraufhin ergehende Entscheidung des Prozessgerichts ist allerdings, anders als dessen Entscheidung über eine sofortige Erinnerung nach § 573 ZPO, nicht mehr

---

[1] Anders/Gehle/*Hunke* § 567 Rn. 12 „Außerordentliches Rechtsmittel/greifbare Gesetzwidrigkeit"; Thomas/Putzo/*Seiler* § 567 Rn. 7.

[2] Anders/Gehle/*Anders* § 281 Rn. 21; Thomas/Putzo/*Seiler* § 567 Rn. 7.

mit der sofortigen Beschwerde angreifbar, denn die sofortige Erinnerung nach § 11 II 1 RPflG setzt gerade voraus, dass gegen die Entscheidung des Rechtspflegers kein Rechtsmittel gegeben ist.[3]

2. Die Beschwerdebefugnis

3 Beschwerdebefugt sind in erster Linie die Parteien der ersten Instanz. Als weitere Personen mit Beschwerdebefugnis kommen in Frage: der Nebenintervenient (§ 67 ZPO), in Kostensachen die Staatskasse und die Rechtsanwälte, in sie tangierenden Fragen auch Zeugen und Sachverständige.[4]

3. Die Beschwer

4 Ebenso wie bei der Berufung muss der Beschwerdeführer durch die angefochtene Entscheidung beschwert sein. Dabei fordert das Gesetz im Falle von sofortigen Beschwerden gegen Entscheidungen über Kosten einen besonderen Beschwerdewert, denn gegen solche Entscheidungen ist die Beschwerde nur zulässig, wenn der Wert des Beschwerdegegenstands 200,– € übersteigt (§ 567 II ZPO). Maßgebend ist hierbei das Erreichen des Beschwerdewertes zum Zeitpunkt der Einlegung der Beschwerde; bei einer Herabsetzung durch teilweise Abhilfe kommt es darauf an, welche Beschwerdesumme verblieben ist.[5] Bei sofortigen Beschwerden gegen Entscheidungen über Kosten ist zudem der Wert der Hauptsache zu beachten: Ist die Hauptsache nicht berufungsfähig, so kann die Kostenentscheidung nicht mit der sofortigen Beschwerde angefochten werden. Dies gilt auch für isolierte Kostenentscheidungen nach §§ 91a, 99 II und 269 III ZPO.[6]

4. Das Rechtsschutzbedürfnis

5 Für die Durchführung der sofortigen Beschwerde muss ein Rechtsschutzbedürfnis bestehen. Hieran kann es ausnahmsweise fehlen, so z.B. bei Rechtsmissbrauch oder prozessualer Überholung.[7]

5. Verzicht, unzulässige Wiederholung

Ein Verzicht auf das Beschwerderecht ist möglich; eine sofortige Beschwerde ist aber nicht wiederholbar, also unzulässig, wenn das Anfechtungsrecht durch die materiell der Rechtskraft fähige Entscheidung des Beschwerdegerichts verbraucht ist.[8]

6. Formelle Einlegungserfordernisse

6 a) Die sofortige Beschwerde erfolgt durch Einreichung einer Beschwerdeschrift, die die angefochtene Entscheidung bezeichnen und die Erklärung enthalten muss, dass gegen die beanstandete Entscheidung Beschwerde eingelegt wird (§ 569 II 2 ZPO).

---

[3] Anders/Gehle/*Bünnigmann* § 104 Rn. 55; Thomas/Putzo/*Hüßtege* § 104 Rn. 41.
[4] Anders/Gehle/*Hunke* § 567 Rn. 23; Thomas/Putzo/*Seiler* § 567 Rn. 1.
[5] Anders/Gehle/*Hunke* § 567 Rn. 20; Thomas/Putzo/*Seiler* § 567 Rn. 15.
[6] Vgl. §§ 91a II 2, 99 II 2, 269 V 1 ZPO.
[7] Anders/Gehle/*Hunke* § 567 Rn. 25; Thomas/Putzo/*Seiler* § 572 Rn. 18.
[8] Anders/Gehle/*Hunke* § 567 Rn. 26; BeckOK ZPO/*Wulf* § 567 Rn. 7ff.

Gemäß § 571 I ZPO soll die Beschwerde zudem begründet werden. Die Begründung ist also nicht zwingend vorgeschrieben und anders als bei anderen Rechtsmitteln auch nicht Zulässigkeitsvoraussetzung der Beschwerde. Eine bestimmte Form oder einen Mindestinhalt der Begründung sieht das Gesetz ebenso wenig vor wie eine Begründungsfrist. Auch einen bestimmten Antrag muss die Beschwerdebegründung nicht enthalten. Fehlt eine Begründung, so kann das Gericht allerdings nach § 571 III ZPO dem Beschwerdeführer eine Frist für das Vorbringen von Angriffs- und Verteidigungsmitteln setzen und verspätetes Vorbringen bei Vorliegen der entsprechenden Voraussetzungen zurückweisen.[9]

Das Beschwerdegericht muss also dem Beschwerdeführer Gelegenheit geben, eine nachträgliche Begründung einzureichen. Wird von dem Gericht eine Frist zur Einreichung der Begründung gesetzt, so darf vor deren Ablauf nicht entschieden werden.

b) Die sofortige Beschwerde unterliegt in den Fällen des § 569 III Nr. 1–3 ZPO nicht dem Anwaltszwang (§ 569 III, § 78 III ZPO). Sie kann deshalb auch zu Protokoll der Geschäftsstelle erklärt werden.

c) Die sofortige Beschwerde ist, soweit keine andere Frist bestimmt ist,[10] binnen einer Notfrist von zwei Wochen einzulegen (§ 569 I 1 ZPO). 7

Die Notfrist beginnt, soweit nichts anderes bestimmt ist, mit der Zustellung der Entscheidung, spätestens mit dem Ablauf von fünf Monaten nach der Verkündung des Beschlusses. Liegen die Voraussetzungen der Nichtigkeits- oder der Restitutionsklage vor, so kann die sofortige Beschwerde auch nach Ablauf der Notfrist innerhalb der für diese Klagen geltenden Notfristen erhoben werden (§ 569 I 2, 3 ZPO). Für die Fristwahrung ist es gleichgültig, ob die Beschwerdeschrift an die erste oder zweite Instanz gerichtet wird (§ 569 I 1 ZPO).

Es handelt sich um eine Notfrist, so dass bei unverschuldeter Versäumung eine Wiedereinsetzung in den vorigen Stand möglich ist. Im Übrigen kann zur Fristwahrung auf die Ausführungen zur Berufung verwiesen werden.

7. Die Anschlussbeschwerde

Sie ist gemäß § 567 III ZPO zulässig. 8

II. Verfahren und Entscheidung des Beschwerdegerichts

1. Die Abhilfe durch erstinstanzliches Gericht

Bei der sofortigen Beschwerde muss das erstinstanzliche Gericht grundsätzlich entscheiden, ob es ihr abhelfen will (§ 572 ZPO). Ausnahmsweise anders ist dies bei sofortigen Beschwerden gegen ein Zwischenurteil, zum Beispiel nach § 387 III ZPO und bei sofortigen Beschwerden gegen Nebenentscheidungen von Endurteilen (§ 99 II ZPO): Hier ist eine Abhilfe nicht möglich, weil § 318 ZPO entgegen steht (§ 572 I 2 ZPO).[11] 9

a) Ist eine sofortige Beschwerde unzweifelhaft unzulässig, so sollte das erstinstanzliche Gericht den Beschwerdeführer darauf hinweisen, um ihm die Kosten einer Zurückweisung der unzulässigen Beschwerde zu ersparen.

---

[9] Anders/Gehle/*Hunke* § 571 Rn. 14; Thomas/Putzo/*Seiler* § 571 Rn. 1.

[10] Vgl. etwa § 127 II 3, III 3 ZPO, der für die sofortige Beschwerde gegen eine Entscheidung betreffend die Prozesskostenhilfe eine Frist von einem Monat bestimmt.

[11] Anders/Gehle/*Hunke* § 572 Rn. 6; Thomas/Putzo/*Seiler* § 572 Rn. 12.

Dies dient auch der Verfahrensbeschleunigung, da die Vorlage der Akten an die Beschwerdeinstanz den Ablauf des weiteren Verfahrens hindert. Ist die Zulässigkeit der sofortigen Beschwerde allerdings zweifelhaft, so sollte ein derartiger Hinweis unterbleiben und die Entscheidung über die Zulässigkeit der Beschwerde dem Beschwerdegericht überlassen werden. Auch bei der unzulässigen Beschwerde ist zu erwägen, ob diese nicht in eine (zulässige) Gegenvorstellung umzudeuten ist, so dass bei einer von der unteren Instanz erkannten Unrichtigkeit seiner Entscheidung eine Abänderung erfolgen kann.

b) Enthält die sofortige Beschwerde neue Angriffs- oder Verteidigungsmittel, so ist das erstinstanzliche Gericht verpflichtet, dieses zu prüfen (§ 571 II 1 ZPO). Für das Vorbringen von Angriffs- und Verteidigungsmitteln kann der Vorsitzende eine Frist setzen und verspätetes Vorbringen bei Vorliegen der entsprechenden Voraussetzungen zurückweisen (§ 571 III ZPO).

c) Bis zur Entscheidung über die sofortige Beschwerde kann das erstinstanzliche Gericht (bei einem Kollegialgericht auch der Vorsitzende, dessen Entscheidung angefochten wird) die Aussetzung der Vollziehung der angefochtenen Entscheidung anordnen (§ 570 II ZPO). Voraussetzung hierfür ist eine gewisse Erfolgsaussicht.[12]

d) Hilft das erstinstanzliche Gericht der Entscheidung ab, so wird der angefochtene Beschluss aufgehoben und anderweitig entschieden. Dies geschieht in jedem Falle durch einen mit Gründen versehenen Beschluss, der die abweichende Entscheidung rechtfertigen muss.

Wird der sofortigen Beschwerde nicht abgeholfen, so geschieht dies ebenfalls durch einen Beschluss.

Dieser Beschluss ist zu begründen, wenn er neues Vorbringen berücksichtigt oder wenn die Gründe gegenüber der angefochtenen Entscheidung verändert werden. Andernfalls kann auf die Begründung verzichtet werden; in diesem Falle wird lediglich auf die Gründe des angefochtenen Beschlusses verwiesen. Das setzt allerdings voraus, dass dieser angefochtene Beschluss mit einer ordnungsgemäßen Begründung versehen war.

2. Das Verfahren vor dem Beschwerdegericht

10 a) Hinsichtlich der Zuständigkeit ist Folgendes zu beachten: Wurde die angefochtene Entscheidung von einem Einzelrichter oder einem Rechtspfleger erlassen, so entscheidet das Beschwerdegericht durch eines seiner Mitglieder als Einzelrichter (§ 568 S. 1 ZPO). Im Übrigen entscheidet das Beschwerdegericht in der im GVG vorgesehenen Besetzung. Weist die Sache besondere Schwierigkeiten tatsächlicher oder rechtlicher Art auf oder hat sie grundsätzliche Bedeutung, so überträgt sie der Einzelrichter dem Beschwerdegericht zur Entscheidung in der im GVG vorgeschriebenen Besetzung (§ 568 S. 2 ZPO).

b) Die Zulässigkeit der sofortigen Beschwerde ist von dem Beschwerdegericht vorrangig vor Eintritt in die sachliche Erörterung zu prüfen (§ 572 II ZPO).[13]

Das Beschwerdegericht darf die Zulässigkeitsfrage jedoch offenlassen, wenn es die Beschwerde für unbegründet hält, da dies für die Rechtskraft der Entscheidung nichts ändert.[14]

c) Nach § 571 II 1 ZPO kann die sofortige Beschwerde auf neue Angriffs- und Verteidigungsmittel gestützt werden. Dies gilt auch für die Anfechtung der Kostenent-

[12] Anders/Gehle/*Hunke* § 570 Rn. 9; Thomas/Putzo/*Seiler* § 570 Rn. 3.
[13] Anders/Gehle/*Hunke* § 572 Rn. 20; Thomas/Putzo/*Seiler* § 572 Rn. 14ff.
[14] Anders/Gehle/*Hunke* § 572 Rn. 22; Thomas/Putzo/*Seiler* § 572 Rn. 13.

scheidung nach § 91a ZPO.[15] Für das Vorbringen von Angriffs- und Verteidigungsmitteln kann das Beschwerdegericht eine Frist setzen und verspätetes Vorbringen bei Vorliegen der entsprechenden Voraussetzungen zurückweisen (§ 571 III ZPO).

d) Eine Anhörung des Beschwerdegegners ist unter dem Gesichtspunkt des rechtlichen Gehörs (Art. 103 I GG) stets notwendig, wenn die Entscheidung zu seinem Nachteil geändert werden soll.[16]

Es gilt hier das Gleiche wie bei der Begründung der Beschwerde. Auch hier sollte im Interesse der Klarheit der Prozesslage dem Beschwerdegegner eine Frist zur Begründung gesetzt werden.

e) Das Beschwerdegericht kann vor der Entscheidung die Aussetzung der Vollziehung der angefochtenen Entscheidung anordnen und zudem im Wege der einstweiligen Anordnung auch andere Maßnahmen treffen, die es zur Sicherung eines wirksamen Rechtsschutzes für geboten hält (§ 570 III ZPO). Voraussetzung hierfür ist eine gewisse Erfolgsaussicht.[17]

f) Für schriftliche Äußerungen der Parteien ist im Fall des § 569 III ZPO der Anwaltszwang nach § 571 IV ZPO gelockert.

g) Eine mündliche Verhandlung ist für das Beschwerdeverfahren nicht vorgeschrieben, das Beschwerdegericht kann aber in Fällen, in denen es ihm notwendig erscheint, eine solche anordnen (§§ 572 IV, 128 IV ZPO). Zu diesem Termin können dann Parteien und Zeugen geladen werden (§ 273 ZPO). Für diese mündliche Verhandlung gilt Anwaltszwang.

3. Die Entscheidung des Beschwerdegerichts

a) Die Entscheidung ergeht gemäß § 572 IV ZPO stets durch Beschluss, auch wenn das Beschwerdegericht aufgrund mündlicher Verhandlung entscheidet oder die Beschwerde sich ausnahmsweise gegen ein Urteil richtet, zum Beispiel bei einer sofortigen Beschwerde nach § 99 II 1 ZPO gegen eine Kostenentscheidung nach § 93 ZPO. 11

b) In der Hauptsache kann eine Beschwerdeentscheidung lauten:
- auf Verwerfung der sofortigen Beschwerde als unzulässig (§ 572 II 2 ZPO);
- auf Zurückweisung der unbegründeten sofortigen Beschwerde;
- auf Abänderung der angefochtenen Entscheidung bei begründeter sofortiger Beschwerde. Hierbei kann das Beschwerdegericht der ersten Instanz auch die erforderliche Anordnung übertragen (§ 572 III ZPO). Der Grundsatz, dass die Entscheidung nicht zum Nachteil des Beschwerdeführers geändert werden darf, gilt auch für das Beschwerdeverfahren. Er greift allerdings nicht in Bezug auf von Amts wegen zu prüfender Umstände.[18]
- auf Aufhebung der angefochtenen Entscheidung und Zurückverweisung in die erste Instanz, die entsprechend § 538 II 1 Nr. ZPO bei einem wesentlichen Verfahrensmangel statthaft ist.[19]

c) Die Beschwerdeentscheidung enthält regelmäßig eine Begründung, die im Hinblick auf die Art der angefochtenen Entscheidung bzw. die Substanzlosigkeit der Beschwerde kurz ausfallen kann.

---

[15] Anders/Gehle/*Gehle* § 91a Rn. 175, 142; Thomas/Putzo/*Hüßtege* § 91a Rn. 52.
[16] Anders/Gehle/*Hunke* § 572 Rn. 11; Thomas/Putzo/*Seiler* § 572 Rn. 3.
[17] Anders/Gehle/*Hunke* § 570 Rn. 9; Thomas/Putzo/*Seiler* § 570 Rn. 3.
[18] Anders/Gehle/*Hunke* § 572 Rn. 29; Thomas/Putzo/*Seiler* § 572 Rn. 21.
[19] Anders/Gehle/*Hunke* § 572 Rn. 25; Thomas/Putzo/*Seiler* § 572 Rn. 20.

Die Notwendigkeit der Begründung folgt aus dem Grundsatz des rechtlichen Gehörs, bei Anfechtbarkeit der Beschwerdeentscheidung auch aus der Notwendigkeit, dem Gericht der Rechtsbeschwerde die Rechtsauffassung des Beschwerdegerichts darzulegen. Nur in Ausnahmefällen wird sich das Beschwerdegericht darauf beschränken können, die Beschwerde „aus den zutreffenden Gründen der angefochtenen Entscheidung“ zurückzuweisen.

12 d) Ob die Beschwerdeentscheidung eine Kostenentscheidung enthält, hängt sowohl von dem Inhalt der angefochtenen Entscheidung als auch von dem Inhalt der Beschwerdeentscheidung ab.[20]

(1) Besteht die Beschwerdeentscheidung in einer Aufhebung des angefochtenen Beschlusses mit Zurückverweisung, so entfällt in jedem Falle eine Kostenentscheidung, weil der Ausgang des Verfahrens und damit das Verhältnis des Obsiegens und Unterliegens noch offen sind.

(2) Die Beschwerdeentscheidung enthält in jedem Falle eine Kostenentscheidung, wenn die sofortige Beschwerde als unzulässig verworfen oder als unbegründet zurückgewiesen wird; in diesem Falle trägt der Beschwerdeführer nach § 97 I ZPO die Kosten.

(3) Bei erfolgreicher sofortiger Beschwerde enthält die Beschwerdeentscheidung eine Kostenregelung nur, wenn die angefochtene Entscheidung eine Kostenentscheidung enthalten durfte.

Das ist nur der Fall bei einem selbständigen oder vom Hauptprozess unabhängigen Verfahren; in diesem Fall erhält der Beschwerdegegner die Kosten der Beschwerde auferlegt. Handelt es sich dagegen um ein unselbständiges Verfahren, bei dem auch die angefochtene Entscheidung keine Kostenentscheidung enthalten durfte, so erhält auch die Beschwerdeentscheidung keine Kostenentscheidung. Die Kosten des Beschwerdeverfahrens sind dann Teil der Kosten des gesamten Rechtsstreits und werden von der nach §§ 91 ff. ZPO zu treffenden Gesamtkostenentscheidung erfasst.

(4) Bei teilweisem Erfolg der sofortigen Beschwerde sind die beiden vorgenannten Grundsätze zu kombinieren.

13 e) In der Beschwerdeentscheidung wird regelmäßig der Streitwert für das Beschwerdeverfahren festgesetzt. Dies gilt unabhängig von der Frage, ob die Beschwerdeentscheidung eine Kostenentscheidung enthält oder nicht, denn unabhängig von der Frage der Kostenerstattung kann der Rechtsanwalt von der vertretenen Partei eine Verfahrensgebühr in Höhe des 0,5-fachen Gebührensatzes nach § 2 II RVG, VV 3500 RVG und gegebenenfalls auch eine Terminsgebühr in Höhe des 0,5-fachen Gebührensatzes nach § 2 II RVG, VV 3513 RVG verlangen, für deren Berechnung der Streitwert der sofortigen Beschwerde maßgebend ist.

---

[20] Anders/Gehle/*Hunke* § 572 Rn. 30; Thomas/Putzo/*Seiler* § 572 Rn. 24.

Muster 215: Anschreiben bei unzulässiger sofortiger Beschwerde

☐ Amtsgericht Frankfurt am Main
☐ Landgericht Frankfurt am Main
Aktenzeichen: …

Verfügung

1. Schreiben an 1
☐ Kläger… (-Vertreter…) ☐ Beklagte… (-Vertreter…) ☐ (ZU/EB)[21]
In p.p.
haben Sie gegen die Entscheidung des Gerichts vom … betreffend … sofortige Beschwerde eingelegt.
☐ Sie werden darauf hingewiesen, dass diese sofortige Beschwerde unzulässig ist, weil
☐ die gemäß § 569 I ZPO einzuhaltende Frist von zwei Wochen für die Einlegung der sofortigen Beschwerde nicht gewahrt ist. Ausweislich der hier vorliegenden Zustellungsurkunde wurde Ihnen die angefochtene Entscheidung am … zugestellt. Ihre sofortige Beschwerde ging jedoch erst am … bei Gericht ein.
☐ die Unanfechtbarkeit des Beschlusses in § … ZPO ausdrücklich angeordnet ist.[22]
☐ es sich um eine Zwischenentscheidung handelt, die erst mit dem Rechtsmittel gegen die Entscheidung (Urteil) des Gerichts der ersten Instanz durch die höhere Instanz überprüft werden kann.
☐ Sie durch die angefochtene Entscheidung nicht beschwert sind, denn …
☐ der Beschwerdewert, der 200,– € übersteigen muss, in dieser Kostensache nicht erreicht ist.
☐ die Hauptsache zu dieser Kostensache nicht berufungsfähig ist.[23] Die maßgebende Beschwer in der Hauptsache beträgt unter Berücksichtigung des gestellten Antrages vom … nur … €. Der nach § 511 II ZPO erforderliche Beschwerdewert von über 600,– € für die Berufung ist damit nicht erreicht. Das Gericht hat die Berufung auch nicht zugelassen.
☐ eine bereits vorangegangene Beschwerde durch das Beschwerdegericht abschlägig beschieden worden ist.
☐ …
Es wird Ihnen Gelegenheit gegeben, binnen … Woche… nach Zugang dieses Schreibens Ihr Vorgehen zu überprüfen und die unzulässige sofortige Beschwerde zurückzunehmen. Sollte eine entsprechende Erklärung nicht fristgerecht eingehen, wird Ihre Beschwerde sodann gemäß § 572 ZPO dem Beschwerdegericht vorgelegt.
☐ Sie erhalten Gelegenheit, bis spätestens … 2
☐ sich zur Zulässigkeit der Beschwerde zu äußern,
☐ insbesondere

---

[21] Die förmliche Zustellung ist erforderlich, sobald eine Frist gesetzt wird.
[22] Siehe etwa §§ 225 III, 319 III ZPO.
[23] Siehe etwa §§ 91a II 2, 99 II 2, 127 II 2, 269 V ZPO.

☐ zum Beschwerdewert.
☐ zur Berufungsfähigkeit der Hauptsache.
☐ die Beschwerde zu begründen.
☐ ergänzende Ausführungen zur Begründung der Beschwerde zu machen.
☐ …
☐ D… Beschwerdegegner… erhält Gelegenheit, bis … zur Beschwerde Stellung zu nehmen.

2. Durchschrift dieses Schreibens
☐ und der sofortigen Beschwerde (Bl. … d. A.)
an ☐ Kläger (-Vertreter…) ☐ Beklagte (-Vertreter…):
☐ mit der Bitte um Kenntnisnahme.[24]
☐ zur Stellungnahme bis … .

3. Wiedervorlage: … .

Frankfurt am Main, den …
☐ Amtsgericht, Abteilung … ☐ Landgericht, … Zivilkammer
☐ D… Vorsitzende
☐ D… Einzelrichter…

…………………

[24] Auch im Falle einer offenbar unzulässigen sofortigen Beschwerde ist der Beschwerdegegner von der Beschwerde in Kenntnis zu setzten.

Muster 216: Nichtabhilfebeschluss betreffend die sofortige Beschwerde

☐ Amtsgericht Frankfurt am Main
☐ Landgericht Frankfurt am Main
Aktenzeichen: …

Beschluss

In
dem Rechtsstreit … gegen … ☐ … … gegen … 1
wird der sofortigen Beschwerde des … vom … gegen … aus den weiterhin zutreffenden Gründen der angefochtenen Entscheidung nicht abgeholfen und die Sache dem Beschwerdegericht vorgelegt.

☐ Der Beschluss vom … betreffend die einstweilige Einstellung der Vollziehung der angefochtenen Entscheidung wird
☐ aufgehoben. ☐ bleibt aufrechterhalten.

Gründe[25]

☐ …

Frankfurt am Main, den …
☐ Amtsgericht, Abteilung … ☐ Landgericht, … Zivilkammer
☐ D… Vorsitzende
☐ D… Einzelrichter…

…………………

Verfügung

1. Ausfertigung des Beschlusses an
   ☐ Kläger… (-Vertreter…) ☐ mit Abschriften der Beschwerdeschrift.
   ☐ Beklagte… (-Vertreter…) ☐ mit Abschriften der Beschwerdeschrift.
2. Urschrift mit Akten an das …gericht Frankfurt am Main, Beschwerde…
   mit der Bitte um Entscheidung über die sofortige Beschwerde (Bl … d. A.).
3. Wiedervorlage: … genau.

Frankfurt am Main, den …
☐ Amtsgericht, Abteilung … ☐ Landgericht, … Zivilkammer
☐ D… Vorsitzende
☐ D… Einzelrichter…

…………………

[25] Sie sind insbesondere bei neuen Angriffs- und Verteidigungsmitteln erforderlich.

Muster 217: Sofortige Beschwerde gegen die Ablehnung der Prozesskostenhilfe wegen fehlender Mittellosigkeit

Landgericht Frankfurt am Main
Aktenzeichen: …

Beschluss

1 In dem Rechtsstreit
d… …,
gesetzlich vertreten durch ihre Mutter …,

Klägerin und Beschwerdeführerin,

Prozessbevollmächtigter: Rechtsanwalt …,
gegen
d… …,

Beklagten und Beschwerdegegner,

Prozessbevollmächtigter: Rechtsanwalt …,
hat die … Zivilkammer des Landgerichts Frankfurt am Main durch den Richter am Landgericht … als Einzelrichter am … beschlossen:

> Der Beschluss des Amtsgerichts Frankfurt am Main vom 26.4.2022 – Aktenzeichen: … – wird abgeändert:
>
> Der Klägerin wird für die erste Instanz ratenfreie Prozesskostenhilfe bewilligt.
>
> Die Beiordnung eines Rechtsanwalts bleibt dem Amtsgericht vorbehalten.

Gründe

I.

Die 12-jährige Klägerin macht gegen den Beklagten einen Schmerzensgeldanspruch in Höhe von 3.000,– € aus dem Verkehrsunfall vom … geltend. Das Amtsgericht Frankfurt am Main hat die beantragte Prozesskostenhilfe mit Beschluss vom 26.4.2022 (Bl. … d. A.) versagt: Die Klägerin müsse sich auf ihren Anspruch auf Prozesskostenvorschuss gegen ihren vermögenden Vater verweisen lassen.

Gegen diesen ihr am 2.5.2022 (Bl. … d. A.) zugestellten Beschluss hat die Klägerin sofortige Beschwerde eingelegt, die am 5.5.2022 (Bl. … d. A.) bei Gericht einging. Mit Beschluss vom 9.5.2022 (Bl. … d. A.) hat es das Amtsgericht abgelehnt, der sofortigen Beschwerde abzuhelfen und die Sache dem Beschwerdegericht vorgelegt.

Die Klägerin, gesetzlich vertreten durch ihre Mutter, beantragt,

> unter Abänderung des Beschlusses vom 26.4.2022 die beantragte Prozesskostenhilfe zu bewilligen.

II.

Die Beschwerde ist gemäß § 127 II 2 ZPO zulässig, insbesondere form- und fristgerecht eingelegt.

In der Sache hat sie ebenfalls Erfolg.

Das Amtsgericht hat zu Unrecht die beantragte Prozesskostenhilfe abgelehnt.

Zwar ist die Ansicht des Amtsgerichts, dass das Kind nach § 1610 BGB einen Anspruch auf Prozesskostenvorschuss gegen seine Eltern für die Geltendmachung eines Schmerzensgeldanspruchs hat, im Ausgangspunkt nicht zu beanstanden. Gleichwohl kann die Klägerin hier nicht auf den Vorschussanspruch verwiesen werden, denn Voraussetzung hierfür wäre, dass ihr die Inanspruchnahme ihres Vaters zuzumuten ist, was dann der Fall wäre, wenn dieser Anspruch alsbald zu realisieren wäre (MüKoZPO/*Wache* § 115 Rn. 106). Das ist aber hier zu verneinen. 2

Nach dem glaubhaften Vortrag der Klägerin hält sich ihr Vater nach Scheidung der Ehe ihrer Eltern seit zwei Jahren im außereuropäischen Ausland auf und kommt seiner Unterhaltspflicht nur schleppend nach: Zwangsvollstreckungsversuche blieben bisher erfolglos.

In der Sache selbst hat die beabsichtigte Rechtsverfolgung hinreichend Aussicht auf Erfolg.

Die Klägerin hat substanziiert vorgetragen und unter Beweis gestellt, dass der Beklagte sie mit dem Kraftfahrzeug auf dem Fußgängerüberweg angefahren hat. Aus den beigezogenen Akten des Straßenverkehrsamts der Stadt … ergibt sich, dass der Beklagte mit aller Wahrscheinlichkeit zu schnell gefahren ist. Ein Schmerzensgeld von 3.000,– € ist bei den vorgetragenen und durch ärztliches Attest glaubhaft gemachten Verletzungen im Rahmen der Erfolgsaussicht als angemessen anzusehen.

Die beantragte Prozesskostenhilfe war ohne die Anordnung von Ratenzahlungen zu bewilligen, da die Klägerin nach den Angaben in dem eingereichten Vordruck offensichtlich einkommens- und vermögenslos ist.

…………………

Muster 218: Sofortige Beschwerde gegen die Ablehnung der Prozesskostenhilfe wegen fehlender Erfolgsaussicht

Landgericht Frankfurt am Main
Aktenzeichen: …

Beschluss

1 In dem Rechtsstreit
d… …,

Klägerin und Beschwerdeführerin,

Prozessbevollmächtigter: Rechtsanwalt …,
gegen
d… …,

Beklagten und Beschwerdegegner,

Prozessbevollmächtigte: Rechtsanwältin …,
hat die … Zivilkammer des Landgerichts Frankfurt am Main durch die Richterin am Landgericht … als Einzelrichterin am … beschlossen:

Der Beschluss des Amtsgerichts Frankfurt am Main vom 19.4.2022 – Aktenzeichen: … – wird abgeändert:

Der Klägerin wird für die Durchführung des Rechtsstreits gemäß dem Antrag in der Klageschrift Prozesskostenhilfe für den ersten Rechtszug bewilligt.

Die Beiordnung des Rechtsanwalts bleibt dem Amtsgericht vorbehalten.

Der Beschwerdewert wird auf ... €[26] festgesetzt.

Gründe

I.

Die Klägerin verlangt von dem Beklagten eine an diesen gezahlte Maklerprovision in Höhe von 1.600,– € für eine von dem Beklagten nachgewiesene Wohnung in …, … mit der Behauptung zurück, dass ein Mietvertrag nicht zustande gekommen sei. Der Beklagte verweigert die Rückzahlung mit der Behauptung, dass ein mündlicher Mietvertrag zustande gekommen sei.

Das Amtsgericht Frankfurt am Main hat durch Beschluss vom 19.4.2022 (Bl. … d. A.) der Klägerin die beantragte Prozesskostenhilfe verweigert: Die von ihr beabsichtigte Rechtsverfolgung biete keine hinreichende Aussicht auf Erfolg, da die Klägerin den verlangten Maklerlohn in Kenntnis der Sachlage bezahlt habe und deshalb § 814 BGB der Rückforderung entgegen stehe.

Gegen diesen ihr am 28.4.2022 (Bl. … d. A.) zugestellten Beschluss hat die Klägerin sofortige Beschwerde eingelegt, die am 5.5.2022 (Bl. … d. A.) bei Gericht einging. Mit Beschluss vom 9.5.2022 (Bl. … d. A.) hat es das Amtsgericht abgelehnt, der sofortigen Beschwerde abzuhelfen und die Sache dem Beschwerdegericht vorgelegt.

---

[26] Vgl. Anders/Gehle/*Gehle* Anh. § 3 Rn. 90 „Prozesskostenhilfe".

Die Klägerin beantragt,

den Beschluss des Amtsgerichts vom 19.4.2022 aufzuheben und ihr die beantragte Prozesskostenhilfe zu bewilligen.

Der Beklagte beantragt,

die Beschwerde zurückzuweisen.

II.

Die Beschwerde ist gemäß § 127 II 2 ZPO zulässig, insbesondere form- und fristgerecht eingelegt.

In der Sache hat sie ebenfalls Erfolg.

Die Voraussetzungen für eine Bewilligung der Prozesskostenhilfe gemäß § 114 ZPO sind gegeben. Das Amtsgericht hat zu Unrecht die Erfolgsaussichten der Klage verneint.

Nach dem bisherigen Sach- und Streitstand ist ein Anspruch auf Rückzahlung der 2
geleisteten Maklerprovision gemäß § 812 I 1 1. Alt. BGB nicht auszuschließen, sondern vielmehr mit der genügenden Wahrscheinlichkeit zu bejahen.

Für ein Nichtzustandekommen des Mietvertrages spricht, dass eine vereinbarte schriftliche Fixierung des Vertrages unterblieben und die Klägerin auch unstreitig nicht in die nachgewiesene Wohnung eingezogen ist. Es bedarf deshalb der Klärung dieser Frage durch Vernehmung der beiderseits benannten Zeugen. Der Beklagte kann sich nicht mit Erfolg auf § 162 BGB berufen.

Nach dem unstreitigen Vorbringen der Parteien ist zwar die schriftliche Fixierung des Mietvertrages unterblieben. Das besagt jedoch nicht, dass die Klägerin nur eine formale Rechtsposition ausnutzt, um den Beklagten um seine Maklerprovision zu bringen. Für die Weigerung können auf Seiten der Klägerin Gründe vorgelegen haben, die zumindest aus deren subjektiver Sicht als sachlich anzusehen sind und ein arglistiges Verhalten ausschließen. Dabei kann nicht unberücksichtigt bleiben, dass die Klägerin nicht in den Genuss des Mietobjekts gekommen ist und es dem Beklagten somit freistand, einen neuen Interessenten zu vermitteln.

Dem Rückzahlungsanspruch steht auch nicht § 814 BGB entgegen, denn ein solcher Ausschluss setzt positive Kenntnis der Nichtschuld voraus. Davon kann hier auf Seiten der Klägerin nicht ausgegangen werden, zumal sie nach ihrem unbestrittenen Vortrag die Provision vorschussweise vor der letzten Verhandlung mit dem Vermieter an den Beklagten gezahlt hat.

Nach den von der Klägerin durch den ausgefüllten Vordruck glaubhaft gemachten 3
Einkommens- und Vermögensverhältnissen ist weder einzusetzendes Einkommen noch einzusetzendes Vermögen vorhanden, so dass ihr ratenfreie Prozesskostenhilfe zu bewilligen ist.

Die Entscheidung über die Beiordnung des Rechtsanwalts (§ 121 ZPO) hat das Beschwerdegericht dem Amtsgericht vorbehalten.

Die Festsetzung des Beschwerdewertes beruht auf §§ 12 I GKG, 3 ZPO.

…………………

Muster 219: Sofortige Beschwerde gegen Ablehnung der Beiordnung eines Rechtsanwalts im Wege der Prozesskostenhilfe

Landgericht Frankfurt am Main
Aktenzeichen: …

Beschluss

1 In dem Rechtsstreit
d… …,

Klägers, Widerbeklagten und Beschwerdeführers,

Prozessbevollmächtigter: Rechtsanwalt …,
gegen
d… …,

Beklagten, Widerkläger und Beschwerdegegner,

Prozessbevollmächtigter: Rechtsanwalt …,

hat die … Zivilkammer des Landgerichts Frankfurt am Main durch den Richter am Landgericht … als Einzelrichter am … beschlossen:

> Der Beschluss des Amtsgerichts Frankfurt am Main vom 1.12.2022 – Aktenzeichen: … – wird abgeändert:
>
> Dem Kläger und Widerbeklagten wird mit Wirkung vom 25.5.2022 Rechtsanwalt … als Prozessbevollmächtigter im Wege der Prozesskostenhilfe für den ersten Rechtszug beigeordnet.

Gründe

I.

Der Kläger machte gegen den Beklagten einen Schadensersatzanspruch aus einem Verkehrsunfall geltend. Mit Schriftsatz vom 5.5.2022 hat er durch seinen Prozessbevollmächtigten Prozesskostenhilfe beantragt. Im Termin vom 25.5.2022 hat das Amtsgericht dem Kläger ratenfreie Prozesskostenhilfe für die erste Instanz bewilligt. Nach Abschluss der Instanz hat der Prozessbevollmächtigte des Klägers mit Schriftsatz vom 30.11.2022 beantragt, den Beschluss vom 25.5.2022 dahin zu ergänzen, dass er dem Kläger als Anwalt im Wege der Prozesskostenhilfe beigeordnet werde. Diesen Antrag hat das Amtsgericht Frankfurt am Main durch Beschluss vom 1.12.2022 (Bl. … d. A.) zurückgewiesen: Eine rückwirkende Bewilligung der Prozesskostenhilfe sei nicht zulässig.

Gegen diesen ihm am 6.12.2022 (Bl. … d. A.) zugestellten Beschluss hat der Kläger sofortige Beschwerde eingelegt, die am 12.12.2022 (Bl. … d. A.) bei Gericht einging. Mit Beschluss vom 14.12.2022 (Bl. … d. A.) hat es das Amtsgericht abgelehnt, der sofortigen Beschwerde abzuhelfen und die Sache dem Beschwerdegericht vorgelegt.

Der Kläger beantragt,

> den Beschluss des Amtsgerichts vom 1.12.2022 aufzuheben und ihm mit Wirkung vom 25.5.2022 Rechtsanwalt … als Prozessbevollmächtigten im Wege der Prozesskostenhilfe für den ersten Rechtszug beizuordnen.

II.

Die sofortige Beschwerde ist gemäß § 127 II 2 ZPO zulässig, insbesondere form- und fristgerecht eingelegt.

In der Sache hat sie ebenfalls Erfolg.

Zu Unrecht hat das Amtsgericht eine nachträgliche Beiordnung des Klägervertreters abgelehnt.

Zwar ist dem Amtsgericht im Ausgangspunkt zuzustimmen, dass eine rückwirkende 2
Bewilligung der Prozesskostenhilfe für die Zeit vor der Antragstellung grundsätzlich nicht erfolgen kann. Ein solcher Fall liegt jedoch nicht vor. In dem vom Prozessbevollmächtigten des Klägers gestellten Antrag auf Bewilligung von Prozesskostenhilfe vom 5.5.2022 ist konkludent ein Antrag auf Beiordnung zu sehen. Auch wenn der Antrag des Klägervertreters vom 5.5.2022 nur die Bewilligung der Prozesskostenhilfe erwähnt, ergibt eine verständige Würdigung dieses durch den Rechtsanwalt gestellten Begehrens, dass auch die Beiordnung des Prozessbevollmächtigten gewünscht war:

Der mittellosen Partei geht es darum, von den für eine zweckentsprechende Rechtsverfolgung erforderlichen Kosten befreit zu werden. Dazu gehören auch die Kosten des beauftragten Rechtsanwalts. Angesichts dieser eindeutigen Interessenlage hätte das Amtsgericht zumindest in Ausübung seiner Fragepflicht nach § 139 ZPO klären müssen, ob der Antrag vom 5.5.2022 nur auf die Bewilligung der Prozesskostenhilfe ohne Beiordnung des Klägervertreters beschränkt sein solle (vgl. Zöller/*Schultzky* § 119 Rn. 10).

Die rückwirkende Beiordnung erscheint hier auch aus Billigkeitsgründen geboten, denn aufgrund der Verkennung der Tragweite des Antrags vom 5.5.2022 konnte und musste der Kläger in dem Glauben sein, sein Prozessbevollmächtigter sei ihm bereits beigeordnet. Unter diesen Umständen würde es für den Kläger eine grob unbillige – weil nicht voraussehbare – Belastung bedeuten, wenn das Gericht von einer rückwirkenden Beiordnung absehen würde.

....

Muster 220: Sofortige Beschwerde gegen Kostenbeschluss nach § 91a ZPO

Landgericht Frankfurt am Main
Aktenzeichen: …

Beschluss

1 In dem Rechtsstreit
d… …,

Klägers und Beschwerdeführers,

Prozessbevollmächtigter: Rechtsanwalt …,
gegen
d… …,

Beklagten und Beschwerdegegner,

Prozessbevollmächtigte: Rechtsanwältin …,

hat die … Zivilkammer des Landgerichts Frankfurt am Main durch die Richterin am Landgericht … als Einzelrichterin am … beschlossen:

> Der Beschluss des Amtsgerichts Frankfurt am Main vom 7.4.2023 – Aktenzeichen : … – wird abgeändert:
>
> Die Kosten des Rechtsstreits hat der Beklagte zu tragen.
>
> Der Streitwert des Beschwerdeverfahrens wird auf ... €[27] festgesetzt.

Gründe

I.

Der Kläger hat gegen den Beklagten einen Anspruch auf Zahlung eines angemessenen Schmerzensgeldes mit der Behauptung geltend gemacht, der Beklagte habe ihn am 27.2.2022 nach einer Veranstaltung zu Boden geschlagen und mit dem Schuh gegen seinen Kopf getreten, so dass er eine Kopfplatzwunde und eine Gehirnerschütterung erlitten habe und 4 Wochen arbeitsunfähig gewesen sei; als angemessenen Betrag hat der Kläger in der Klagebegründung 1.500,– € genannt.

Die Parteien haben nach Beweisaufnahme über den Hergang des Vorfalls im Termin vom 24.3.2023 einen Vergleich geschlossen, wonach der Beklagte zur Abgeltung des Schmerzensgeldanspruchs des Klägers einen Betrag von 1.000,– € zahlt und das Gericht über die Kosten des Rechtsstreits nach § 91a ZPO entscheiden soll.

Das Amtsgericht Frankfurt am Main hat durch Beschluss vom 7.4.2023 (Bl. … d. A.) die Kosten des Rechtsstreits dem Kläger zu 1/3 und dem Beklagten zu 2/3 auferlegt: Diese Kostenquotelung entspreche der vergleichsweisen Regelung und billigem Ermessen.

Gegen diesen ihm am 13.4.2023 (Bl. … d. A.) zugestellten Beschluss hat der Kläger sofortige Beschwerde eingelegt, die am 14.4.2023 (Bl. … d. A.) bei Gericht einging. Mit Beschluss vom 17.4.2023 (Bl. … d. A.) hat es das Amtsgericht abgelehnt, der sofortigen Beschwerde abzuhelfen und die Sache dem Beschwerdegericht vorgelegt.

---

[27] Vgl. Anders/Gehle/*Gehle* Anh. § 3 Rn. 48 „Übereinstimmende Erledigterklärung".

Der Kläger beantragt,

in Abänderung des Beschlusses vom 7.4.2023 dem Beklagten die gesamten Kosten des Rechtsstreits aufzuerlegen.

Der Beklagte beantragt,

die Beschwerde zurückzuweisen.

II.

Die Beschwerde ist gemäß § 91a II ZPO zulässig, insbesondere form- und fristgerecht eingelegt.

In der Sache hat sie ebenfalls Erfolg.

Das Amtsgericht hat bei der von ihm getroffenen Quotelung die Grundsätze der Billigkeit nicht richtig angewandt.

Die Parteien können in einem Prozessvergleich die Kostenregelung ausklammern 2
und der Entscheidung des Gerichts nach § 91a ZPO überlassen. In einem solchen Fall hat die Kostenentscheidung dem Willen der Parteien zu entsprechen. Es ist hier jedoch weder billig, die Kosten grundsätzlich gegeneinander aufzuheben noch sie grundsätzlich nach dem gegenseitigen Nachgeben im Vergleich auszurichten:

Hätten die Parteien des Vergleichs den Umfang des gegenseitigen Nachgebens zur Richtschnur für die Kostenquotelung erheben wollen, so hätten sie die entsprechende Kostenverteilung gleich selbst im Vergleich vornehmen können. Hätten sie die Kosten gegeneinander aufheben wollen, so hätten sie dies entweder ebenfalls im Vergleich aussprechen können oder den Vergleich ohne Kostenregelung mit der gesetzlichen Folge des § 98 ZPO abgeschlossen.

Gerade die unterlassene Kostenregelung in Verbindung mit der Ermächtigung des Gerichts, nach § 91a ZPO über die Kosten zu entscheiden, spricht für den Willen der Parteien, die aus den erwähnten beiden Meinungen schematisch herzuleitenden Kostenquotelungen nicht zu akzeptieren, sondern die allgemein für § 91a ZPO geltenden Billigkeitsgrundsätze anzuwenden.

Das bedeutet, dass vor allem zu berücksichtigen ist, wie der Rechtsstreit ohne das erledigende Ereignis, hier also den Prozessvergleich, entschieden und auch kostenrechtlich beendet worden wäre. Dabei mag zusätzlich der Umfang des gegenseitigen Nachgebens eine sekundäre Rolle spielen, da in dem Zahlungsversprechen ein (Teil-)Anerkenntnis der Klage liegt, das ebenso wie die Zahlung des Beklagten als Eingeständnis des Anspruchs bei der Billigkeitsentscheidung berücksichtigt werden kann; dies jedoch nicht ausschließlich, da es dem bereits erwähnten mutmaßlichen Parteiwillen widersprechen würde. Auch kann die Klärung schwieriger Rechtsfragen im Einzelfall offenbleiben.

Unter Berücksichtigung dieses Grundsatzes entspricht es billigem Ermessen, dass der 3
Beklagte die gesamten Kosten des Rechtsstreits trägt. Denn er wäre nach dem bisherigen Sach- und Streitstand mit 1.000,– € unterlegen und hätte die gesamten Kosten des Rechtsstreits tragen müssen.

Nach dem Ergebnis der Beweisaufnahme war eindeutig nachgewiesen, dass der Beklagte den Kläger rechtswidrig und schuldhaft in seiner Gesundheit beschädigt hatte; greifbare Anhaltspunkte für die von dem Beklagten behauptete Provokation durch den Kläger hat die Beweisaufnahme nicht ergeben. Dem Beklagten mag zugutegehalten werden, dass er erheblich angetrunken war, obwohl ihn das nicht von seiner Verantwortlichkeit entbindet (§ 827 S. 2 BGB).

Der Kläger war nach dem vorgelegten ärztlichen Attest wegen der Kopfwunde und wegen der Gehirnerschütterung eine Woche bettlägerig krank und insgesamt vier Wochen arbeitsunfähig. Ein Schmerzensgeld von 1.000,– € hält das Gericht bei diesen Verletzungen und unter Berücksichtigung der vorsätzlichen Verletzungshandlung für angemessen.

Bei der Verurteilung zu einem Schmerzensgeld von 1.000,– € wären dem Beklagten die gesamten Kosten des Rechtsstreits auferlegt worden, da der Kläger einen unbezifferten Klageantrag gestellt hatte.

Dem steht nicht entgegen, dass der Kläger in der Klagebegründung einen Betrag von 1.500,– € als angemessen bezeichnet hat. Mit dieser Angabe hat der Kläger der Rechtsprechung Rechnung getragen, die eine solche Angabe zumindest für die Schaffung der Beschwer verlangt. Eine Zuvielforderung mit der Folge teilweiser Klageabweisung und entsprechender Kostenbelastung des Klägers kann in dieser Größenangabe nicht gesehen werden.

Dem Beklagten waren demnach in Abänderung des angefochtenen Beschlusses die gesamten Kosten des Rechtsstreits aufzuerlegen. Die Kosten der Beschwerde hat Beklagte ebenfalls zu tragen, da er unterlegen ist.

....

Muster 221: Sofortige Beschwerde gegen die Kostenentscheidung eines Anerkenntnisurteils

Landgericht Frankfurt am Main
Aktenzeichen: …

Beschluss

In dem Rechtsstreit 1
d… …,

Klägers und Beschwerdeführers,

Prozessbevollmächtigte: Rechtsanwältin …,
gegen
d… …,

Beklagten und Beschwerdegegner,

Prozessbevollmächtigter: Rechtsanwalt …,
hat die … Zivilkammer des Landgerichts Frankfurt am Main durch den Richter am Landgericht … als Einzelrichter am … beschlossen:

> Die Kostenentscheidung des Anerkenntnisurteils des Amtsgerichts Frankfurt am Main vom 21.4.2023 – Aktenzeichen: … – wird abgeändert:
> Der Beklagte hat die Kosten des Rechtsstreits zu tragen.
> Der Beschwerdewert wird auf ... €[28] festgesetzt.

Gründe

I.

Der Kläger als Vermieter hat gegen den Beklagten als Mieter einen Anspruch auf Renovierung der von diesem bewohnten Wohnung in der Liegenschaft …, in … mit der Behauptung geltend gemacht, der Beklagte sei trotz Fristsetzung bis zum 28.2.2023 seiner Pflicht zur Renovierung bis zur Klageeinreichung am 14.3.2023 nicht nachgekommen.

Der Beklagte, der in zwei vorprozessualen Schreiben vom 3.1.2023 und 15.2.2023 an den Kläger sich verpflichtet hatte, die Wohnung bei seinem in Kürze erfolgenden Auszug zu renovieren, hat im ersten Termin zur mündlichen Verhandlung am 21.4.2023 den Klageanspruch unter Verwahrung gegen die Kosten anerkannt.

Das Amtsgericht Frankfurt am Main hat in dem darauf erlassenen Anerkenntnisurteil (Bl. … d.A.) die Kosten des Rechtsstreits gemäß § 93 ZPO dem Kläger mit der Begründung auferlegt, der Beklagte habe keinen Anlass zur Klage gegeben, da es dem Kläger im Hinblick auf den baldigen Umzug zumutbar gewesen sei, mit der Renovierung noch zu warten.

---

[28] Vgl. Anders/Gehle/*Gehle* Anh. § 3 Rn. 7 „Anerkenntnis".

Gegen das Urteil hat der Kläger sofortige Beschwerde eingelegt, die am 28.4.2023 (Bl. … d.A.) bei Gericht einging. Mit Beschluss vom 4.5.2023 (Bl. … d.A.) hat es das Amtsgericht abgelehnt, der sofortigen Beschwerde abzuhelfen und die Sache dem Beschwerdegericht vorgelegt.

Der Kläger beantragt,

in Abänderung der Kostenentscheidung des Urteils vom 21.4.2023 dem Beklagten die Kosten des Rechtsstreits aufzuerlegen.

Der Beklagte beantragt,

die sofortige Beschwerde zurückzuweisen.

II.

Die sofortige Beschwerde ist gemäß § 99 II ZPO zulässig, insbesondere form- und fristgerecht eingelegt.

In der Sache hat sie ebenfalls Erfolg.

2 Der Beklagte hat die Kosten des Rechtsstreits gemäß § 91 ZPO als unterlegene Partei zu tragen. Die Voraussetzungen der Ausnahmevorschrift des § 93 ZPO sind nicht gegeben, da der Beklagte durch sein Verhalten Anlass zur Klage gegeben hat.

Der Kläger ist aufgrund seines Schreibens vom 7.2.2023 mit Fristsetzung bis zum 28.2.2023 berechtigt gewesen, den Anspruch auf Renovierung der vermieteten Wohnung im Klageweg geltend zu machen, denn der Beklagte ist mit seiner von ihm dem Grunde nach nicht in Abrede gestellten Pflicht zur Renovierung durch diese Schreiben in Verzug gesetzt worden.

Der Beklagte kann sich demgegenüber nur dann mit dem Hinweis auf den Grundsatz von Treu und Glauben verteidigen, wenn er dem Kläger im Einzelnen mitgeteilt hätte, wann er aus der Wohnung ausziehen werde. Dazu aber fehlt jeder Vortrag des Beklagten.

Aus den vorgelegten Schreiben vom 3.1.2023 und 15.2.2023 geht nur hervor, dass er die Wohnung „baldigst" bzw. „in Kürze" räumen werde. Ein genauerer Termin ist in diesen Schreiben ebenso wenig enthalten wie ein konkreter Hinweis, dass dem Beklagten eine bestimmte Ersatzwohnung sicher zur Verfügung stand.

Da der Kläger im Zeitpunkt der Klageerhebung im April 2023 nicht mit genügender Sicherheit erkennen konnte, ob und wann der Beklagte ausziehen und sodann auch seine Pflicht zur Renovierung erfüllen werde, musste er nach dem fruchtlosen Ablauf der mit Schreiben vom 7.2.2023 gesetzten Frist nicht mehr zuwarten, sondern konnte gegen den Beklagten Klage erheben.

Die Festsetzung des Beschwerdewerts richtet sich nach §§ 48 GKG, 3 ZPO, insoweit ist das Kosteninteresse maßgebend.

…………………

Muster 222: Sofortige Beschwerde gegen Kostenbeschluss nach Klagerücknahme

Landgericht Frankfurt am Main
Aktenzeichen: …

Beschluss

In dem Rechtsstreit 1
d… …,

Klägers und Beschwerdeführers,

Prozessbevollmächtigte: Rechtsanwältin …,
gegen
d… …,

Beklagten und Beschwerdegegner,

Prozessbevollmächtigte: Rechtsanwältin …,
hat die … Zivilkammer des Landgerichts Frankfurt am Main durch die Richterin am Landgericht … als Einzelrichterin am … beschlossen:

Der Beschluss des Amtsgerichts Frankfurt am Main vom 22.9.2022 – Aktenzeichen: … – wird aufgehoben.

Der Antrag des Beklagten vom 7.9.2022 wird zurückgewiesen.

Die Kosten des Beschwerdeverfahrens hat der Beklagte zu tragen.

Der Beschwerdewert wird auf ... €[29] festgesetzt.

Gründe

I.

Der Kläger hat gegen den Beklagten einen Anspruch auf Beteiligung an den Kosten für die Instandsetzung einer gemeinsamen Grenzmauer geltend gemacht. Nach einer Ortsbesichtigung ordnete das Amtsgericht auf Antrag der Parteien das Ruhen des Verfahrens wegen schwebender Vergleichsverhandlungen an.

Mit Schriftsatz vom 23.8.2022 hat der Kläger die Klage zurückgenommen. Das Amtsgericht Frankfurt am Main hat auf Antrag des Beklagten vom 7.9.2022 durch Beschluss vom 22.9.2022 (Bl. … d. A.) dem Kläger die Kosten des Rechtsstreits auferlegt.

Gegen diesen ihm am 29.9.2022 (Bl. … d. A.) zugestellten Beschluss hat der Kläger sofortige Beschwerde eingelegt, die am 4.10.2022 (Bl. … d. A.) bei Gericht einging. Mit Beschluss vom 10.10.2022 (Bl. … d. A.) hat es das Amtsgericht abgelehnt, der sofortigen Beschwerde abzuhelfen und die Sache dem Beschwerdegericht vorgelegt.

Der Kläger beantragt,

den Beschluss von 22.9.2022 aufzuheben und den Antrag des Beklagten vom 7.9.2022 zurückzuweisen.

Der Beklagte beantragt,

die sofortige Beschwerde zurückzuweisen.

---

[29] Vgl. Anders/Gehle/*Gehle* Anh. § 3 Rn. 104 „Sofortige Beschwerde“.

II.

Die sofortige Beschwerde ist gemäß § 269 V ZPO zulässig, insbesondere form- und fristgerecht eingelegt.

In der Sache hat sie ebenfalls Erfolg.

2 Die Kosten des Rechtsstreits sind – entgegen der Ansicht des Beklagten – nicht gemäß § 269 III 2 ZPO dem Kläger aufzuerlegen.

Zwar ist diese Rechtsfolge in § 269 III 2 ZPO für den Fall der Klagerücknahme vorgesehen, jedoch mit der Ausnahme, soweit nicht bereits rechtskräftig über sie erkannt ist.

Diesem Ausnahmefall einer anderweitigen rechtskräftigen Kostenentscheidung ist der Fall gleichzustellen, dass die Parteien in einem außergerichtlichen Vergleich eine von § 269 III 2 ZPO abweichende Kostenregelung getroffen haben. Eine solche abweichende Kostenregelung geht der gesetzlichen Kostenfolge vor. Die direkte Ausschaltung der Kostenfolge gilt jedenfalls dann, wenn die Verpflichtung zur Klagerücknahme unstreitig ist.

So liegen die Dinge hier.

Der Kläger hat mit der Beschwerde einen schriftlichen Vergleich vom 18.8.2022 vorgelegt, in welchem die Parteien die Reparatur der Grenzmauer und die Tragung der hierbei entstehenden Kosten geregelt haben. Der Beklagte hat in diesem Vergleich die Kosten des Rechtsstreits übernommen, was mit einer geringeren Beteiligung an den Kosten der Instandsetzung zusammenhängt. Der Kläger hat sich im Gegenzug dazu verpflichtet, die Klage zurückzunehmen.

Der Beklagte hat den Vergleichsabschluss nicht bestritten. Unter diesen Umständen kann der Beklagte jetzt nicht mehr auf die gesetzliche Kostenfolge in § 269 III 2 ZPO zurückgreifen.

Mit seiner Behauptung, er habe den Vergleich inzwischen wegen rechtswidriger Drohung angefochten, kann er nicht gehört werden. Abgesehen davon, dass er hierfür keine konkreten Tatsachen vorgetragen hat, verstößt er hiermit gegen Treu und Glauben, wenn er einerseits die Unwirksamkeit des Vergleichs geltend macht, andererseits aber den Kläger an der aufgrund des Vergleichs erfolgten Klagerücknahme festhalten will.

Die Kostenentscheidung beruht auf § 97 ZPO.

....

Muster 223: Sofortige Beschwerde des Zeugen gegen die Verhängung eines Ordnungsgeldes

Landgericht Frankfurt am Main
Aktenzeichen: …

Beschluss

In dem Rechtsstreit 1
d… …,

Klägerin,

Prozessbevollmächtigter: Rechtsanwalt …,
gegen
d… …,

Beklagte,

Prozessbevollmächtigter: Rechtsanwalt …,
hat die … Zivilkammer des Landgerichts Frankfurt am Main durch die Richterin am Landgericht … als Einzelrichterin am … beschlossen:

Der Ordnungsmittelbeschluss des Amtsgerichts Frankfurt am Main vom 4.8.2022 – Aktenzeichen: … – gegen den Zeugen … wird aufgehoben.

Der Beschwerdewert wird auf ... €[30] festgesetzt.

Gründe

I.

Das Amtsgericht Frankfurt am Main hat durch Beschluss vom 4.8.2022 (Bl. … d. A.) den Zeugen und Beschwerdeführer wegen unentschuldigten Ausbleibens im Termin vom 4.8.2022 gemäß § 380 I ZPO zu einem Ordnungsgeld von 200,– €, ersatzweise für je 50,– € ein Tag Ordnungshaft, verurteilt und ihm die durch sein Ausbleiben entstandenen Kosten auferlegt.

Gegen diesen ihm am 16.8.2022 (Bl. … d. A.) zugestellten Beschluss hat der Zeuge sofortige Beschwerde eingelegt, die am 17.8.2022 (Bl. … d. A.) bei Gericht einging. Mit Beschluss vom 22.8.2022 (Bl. … d. A.) hat es das Amtsgericht abgelehnt, der sofortigen Beschwerde abzuhelfen und die Sache dem Beschwerdegericht vorgelegt.

Der Beschwerdeführer beantragt,

den Ordnungsmittelbeschluss des Amtsgerichts Frankfurt am Main vom 4.8.2022 – Aktenzeichen: … – aufzuheben.

II.

Die Beschwerde ist gemäß § 380 III ZPO zulässig, insbesondere form- und fristgerecht eingelegt.

In der Sache hat sie ebenfalls Erfolg.

---

[30] Vgl. Anders/Gehle/*Gehle* Anh. § 3 Rn. 87 „Ordnungs- und Zwangsmittel".

2 Der Ordnungsmittelbeschluss ist aufzuheben, da den Zeugen nach seinem nachträglichen Vorbringen kein Verschulden hinsichtlich des Ausbleibens im Termin trifft.

Zu dem Termin vom 4.8.2022 war das persönliche Erscheinen der Klägerin, der Mutter des Zeugen, angeordnet worden. Auf eine Eingabe des Prozessbevollmächtigten der Klägerin, in der dieser mitteilte, die Klägerin könne wegen einer Urlaubsreise zum Termin nicht erscheinen, hat das Amtsgericht die Klägerin von dem persönlichen Erscheinen im Termin entbunden. Die Geschäftsstelle teilte der Klägerin mit, sie brauche zum Termin nicht zu erscheinen, da der Termin vom 4.8.2022 aufgehoben sei. Der Beschwerdeführer trägt glaubhaft vor, dass seine Mutter ihm diese Mitteilung gezeigt und er nun angenommen habe, sein Erscheinen erübrige sich ebenfalls.

Bei diesem glaubhaft gemachten Ablauf der Dinge ist der Zeuge nachträglich genügend entschuldigt. Die interne Differenz zwischen der Verfügung des Richters und der Ausführung durch die Kanzlei kann dem Zeugen nicht angelastet werden.

....

Muster 224: Sofortige Beschwerde gegen ein die Ablehnung eines Sachverständigen zurückweisendes Gesuch

Landgericht Frankfurt am Main
Aktenzeichen: …

Beschluss

In dem Rechtsstreit 1
d… …,

Klägers und Beschwerdeführers,

Prozessbevollmächtigter: Rechtsanwalt …,
gegen
d… …,

Beklagte und Beschwerdegegnerin,

Prozessbevollmächtigte: Rechtsanwältin …,
hat die … Zivilkammer des Landgerichts Frankfurt am Main durch die Richterin am Landgericht … als Einzelrichterin am … beschlossen:

> Der Beschluss des Amtsgerichts Frankfurt am Main vom 1.12.2022 – Aktenzeichen: … – wird aufgehoben.
>
> Die Ablehnung des Sachverständigen … wird für begründet erklärt.
>
> Der Beschwerdewert wird auf ... €[31] festgesetzt.

Gründe

I.

Der Kläger macht gegen die Beklagte Schadensersatzansprüche aus einem Verkehrsunfall vom 25.1.2022 in Höhe von 3.000,– € geltend. Dabei ist unter anderem streitig, welche gesundheitlichen Beeinträchtigungen des Klägers vorliegen, die auf den Unfall zurückzuführen sind.

Das Amtsgericht hat über diese Frage ein Gutachten des Sachverständigen … eingeholt. Der Kläger hat nach dessen Anhörung im Termin vom 24.11.2022 den Sachverständigen wegen Besorgnis der Befangenheit abgelehnt, nachdem dieser auf Befragen angegeben hatte, dass er für die beklagte Haftpflichtversicherung tätig ist. Das Amtsgericht Frankfurt am Main hat durch Beschluss vom 1.12.2022 (Bl. … d. A.) die Ablehnung für unbegründet erklärt.

Gegen diesen ihm am 6.12.2022 (Bl. … d. A.) zugestellten Beschluss hat der Kläger sofortige Beschwerde eingelegt, die am 8.12.2022 (Bl. … d. A.) bei Gericht einging. Mit Beschluss vom 15.12.2022 (Bl. … d. A.) hat es das Amtsgericht abgelehnt, der sofortigen Beschwerde abzuhelfen und die Sache dem Beschwerdegericht vorgelegt.

Der Kläger beantragt,

> die Ablehnung des Sachverständigen … unter Aufhebung des Beschlusses des Amtsgerichts Frankfurt am Main vom 1.12.2022 für begründet zu erklären.

---

[31] Vgl. Anders/Gehle/*Gehle* Anh. § 3 Rn. 104 „Sofortige Beschwerde“.

II.

Die sofortige Beschwerde ist gemäß § 406 V ZPO zulässig, insbesondere form- und fristgerecht eingelegt.

In der Sache hat sie ebenfalls Erfolg.

2 Die Voraussetzungen, unter denen vom Standpunkt einer vernünftigen Partei aus die Besorgnis der Befangenheit des Sachverständigen besteht, sind gegeben.

Ein Sachverständiger ist als befangen anzusehen, wenn hinreichende Gründe vorliegen, die vom Standpunkt einer vernünftigen Partei aus geeignet sind, Zweifel an seiner Unparteilichkeit zu wecken (BeckOK ZPO/*Scheuch* § 406 Rn. 19).

Dabei muss sich das Gericht in die Rolle der Partei versetzen, die die Fragen des Umfangs der Schäden und ihres Kausalzusammenhangs mit dem Unfall aus ihrer Sicht betrachtet und den oft abweichenden Gründen der beklagten Versicherungsgesellschaft nicht folgen kann. Ist nun der Sachverständige ständig für die beklagte Versicherung tätig, so kann vom Standpunkt des Klägers durchaus der Eindruck entstehen, der Sachverständige werde sich bei Entscheidung der ihm vom Gericht gestellten Fragen nicht völlig von der – sei es objektiv vorhandenen, sei es dem Anschein nach bestehenden – Abhängigkeit lösen können, um eine einträgliche Erwerbsquelle nicht zu verlieren.

Vorliegend hat der Sachverständige zwar versichert, dass er in der vorliegenden Sache für die beklagte Haftpflichtversicherung nicht als Privatgutachter tätig geworden sei und sich auch nicht befangen fühle. Er hat aber auch erklärt, dass er in der Vergangenheit in einer Vielzahl von Fällen für die beklagte Versicherung tätig gewesen sei und auch davon ausgehe, dass dies in Zukunft so bleiben werde.

Die Festsetzung des Beschwerdewerts richtet sich nach §§ 48 GKG, 3 ZPO.

....

Muster 225: Sofortige Beschwerde im Kostenfestsetzungsverfahren (§§ 104 III ZPO, 11 I RPflG)

Landgericht Frankfurt am Main
Aktenzeichen: …

Beschluss

In dem Rechtsstreit 1
d… …,

Klägerin und Beschwerdeführerin,

Prozessbevollmächtigter: Rechtsanwalt …,
gegen
d… …,

Beklagten und Beschwerdegegner,

Prozessbevollmächtigter: Rechtsanwalt …,
hat die … Zivilkammer des Landgerichts Frankfurt am Main durch den Richter am Landgericht … als Einzelrichter am … beschlossen:

Der Kostenfestsetzungsbeschluss vom 25.7.2022 – Aktenzeichen: … – wird abgeändert:

Der Beklagte hat aufgrund des Urteils des Amtsgerichts Frankfurt am Main vom 4.7.2022 – Aktenzeichen: … – an die Klägerin 2.903,30 € nebst Zinsen in Höhe von 5 Prozentpunkten über dem Basiszinssatz p.a. daraus seit dem 11.7.2022 zu erstatten.

Die Kosten des Beschwerdeverfahrens hat der Beklagte zu tragen.

Der Beschwerdewert wird auf ... €[32] festgesetzt.

Gründe

I.

Die anwaltlich vertretene Klägerin erwirkte am 4.1.2022 beim Amtsgericht Mayen einen Vollstreckungsbescheid über 4.000,– € gegen den Beklagten. Dieser erhob fristgerecht Einspruch.

Nach Abgabe der Sache an das Amtsgericht Frankfurt am Main hat dieses im Termin vom 3.3.2022 einen Beweisbeschluss erlassen. Zu dem Beweistermin vom 7.4.2022 hat es verschiedene Zeugen geladen und das persönliche Erscheinen des Beklagten angeordnet. Der Geschäftsführer der Klägerin nahm an der Beweisaufnahme ebenfalls teil. Nach Einholung eines Sachverständigengutachtens hat das Amtsgericht Frankfurt am Main durch Urteil vom 4.7.2022 den Beklagten unter Aufrechterhaltung des Vollstreckungsbescheids antragsgemäß verurteilt.

---

[32] Vgl. Anders/Gehle/*Gehle* Anh. § 3 Rn. 104 „Sofortige Beschwerde".

Der Rechtspfleger hat durch Kostenfestsetzungsbeschluss vom 25.7.2022 (Bl. … d. A.) die vom Beklagten zu erstattenden Kosten auf 2.654,30 € nebst Zinsen in Höhe von 5 Prozentpunkten über dem Basiszinssatz p. a. daraus seit dem 1017.2022 festgesetzt.

Gegen diesen ihr am 2.8.2022 (Bl. … d. A.) zugestellten Beschluss hat die Klägerin sofortige Beschwerde eingelegt, die am 8.8.2022 (Bl. … d. A.) bei Gericht einging. Die Klägerin begehrt damit die Festsetzung der Reisekosten des Geschäftsführers der Klägerin für die Teilnahme am Termin vom … in Höhe von 249,– €.

Mit Beschluss vom 15.8.2022 (Bl. … d. A.) hat es das Amtsgericht Frankfurt am Main abgelehnt, der sofortigen Beschwerde abzuhelfen und die Sache dem Beschwerdegericht vorgelegt.

Die Klägerin beantragt,

> dem Beklagten unter Abänderung des Kostenfestsetzungsbeschlusses vom 25.7.2022 – Aktenzeichen: … – aufzugeben, ihr aufgrund des Urteils des Amtsgerichts Frankfurt am Main vom 4.7.2022 – Aktenzeichen: … – 2.903,30 € nebst Zinsen in Höhe von 5 Prozentpunkten über dem Basiszinssatz p. a. hieraus seit dem 11.7.2022 zu erstatten.

II.

Die sofortige Beschwerde ist gemäß § 104 III ZPO zulässig, insbesondere form- und fristgerecht eingelegt.

In der Sache hat sie ebenfalls Erfolg.

2 Die Klägerin kann den Ersatz der Reisekosten für die Reise ihres Geschäftsführers von Mayen nach Frankfurt am Main und zurück verlangen. Auch diese Kosten waren zur zweckentsprechenden Rechtsverfolgung notwendig (§ 91 I 1 ZPO).

Zwar hatte das Amtsgericht im Auflagen- und Beweisbeschluss vom 3.3.2022 nur das persönliche Erscheinen des Beklagten angeordnet; der Geschäftsführer der Klägerin war freiwillig zu dem am 7.4.2022 stattgefundenen Beweistermin angereist. Gleichwohl war sein Erscheinen nach der Prozesslage geboten. Reisekosten der Gegenpartei sind selbst dann erstattungsfähig, wenn das Gericht das persönliche Erscheinen der anderen Partei nicht angeordnet hat (Thomas/Putzo/*Hüßtege* § 91 Rn. 16). Eine Erstattungsfähigkeit scheidet nur dann aus, wenn von vornherein erkennbar war, dass eine gütliche Einigung ausscheidet oder die Partei zur Klärung des Sachverhalts aus persönlicher Kenntnis nichts beitragen kann (Thomas/Putzo/*Hüßtege* a. a. O.). Die Höhe der erstattungsfähigen Reisekosten wurde nicht bestritten.

Die Kostenentscheidung folgt aus § 91 I ZPO.

Die Festsetzung des Beschwerdewerts beruht auf §§ 48 GKG, 3 ZPO.

…………………

Muster 226: Sofortige Beschwerde gegen die Ablehnung des dinglichen Arrestes – Zurückweisungsbeschluss

Landgericht Frankfurt am Main
Aktenzeichen: …

Beschluss

In dem Arrestverfahren 1
d… …,

Antragstellers und Beschwerdeführers,

Prozessbevollmächtigter: Rechtsanwalt …,

gegen

d… …,

Antragsgegner und Beschwerdegegner,

Prozessbevollmächtigte: Rechtsanwältin …,

hat die … Zivilkammer des Landgerichts Frankfurt am Main durch die Richterin am Landgericht … als Einzelrichterin am … beschlossen:

Die Beschwerde des Antragstellers gegen den Beschluss des Amtsgerichts Frankfurt am Main vom 2.8.2022 – Aktenzeichen: … – wird zurückgewiesen.

Die Kosten des Beschwerdeverfahrens hat der Antragsteller zu tragen.

Der Beschwerdewert wird auf … €[33] festgesetzt.

Gründe

I.

Das Amtsgericht Frankfurt am Main hat in dem angefochtenen Beschluss vom 2.8.2022 (Bl. … d. A.) den Antrag des Antragstellers auf Erlass eines dinglichen Arrestes gegen den Antragsgegner wegen einer Forderung von … € aus einer Teppichlieferung zurückgewiesen. Gegen diesen ihm am 8.8.2022 (Bl. … d. A.) zugestellten Beschluss hat der Antragsteller sofortige Beschwerde eingelegt, die am 11.8.2022 (Bl. … d. A.) bei Gericht einging. Mit Beschluss vom 15.8.2022 (Bl. … d. A.) hat es das Amtsgericht abgelehnt, der sofortigen Beschwerde abzuhelfen und die Sache dem Beschwerdegericht vorgelegt.

Der Antragsteller beantragt,

unter Abänderung des Beschlusses des Amtsgerichts Frankfurt am Main vom 2.8.2022 – Aktenzeichen: … – wegen und in Höhe eines Anspruchs des Antragstellers von … € den dinglichen Arrest in das Vermögen des Antragsgegners anzuordnen.

II.

Die sofortige Beschwerde ist nach § 567 I Nr. 2 ZPO zulässig, insbesondere form- und fristgerecht eingelegt.

In der Sache hat sie jedoch keinen Erfolg.

---

[33] Vgl. Anders/Gehle/*Gehle* Anh. § 3 Rn. 104 „Sofortige Beschwerde".

2 Das Amtsgericht hat zu Recht das Vorliegen eines Arrestgrundes verneint, denn nach § 917 I ZPO findet der dingliche Arrest statt, wenn zu besorgen ist, dass ohne dessen Verhängung die Vollstreckung des Urteils vereitelt oder wesentlich erschwert würde. Dies ist grundsätzlich nur dann der Fall, wenn nach objektiver Betrachtung eine Gefährdung besteht, die eine Sicherung durch Arrest rechtfertigt (Anders/Gehle/*Becker* § 917 Rn. 6). Die von dem Antragsteller bereits in erster Instanz vorgetragene Behauptung, dass der Gerichtsvollzieher bei dem Antragsgegner ein- und ausgehe, reicht deshalb zur Bejahung eines Arrestgrundes nicht aus.

Der in der Beschwerdeschrift enthaltene Vortrag, der Antragsgegner habe bei Anlieferung der Teppiche Zahlung binnen einer Woche versprochen und dadurch die Inbesitznahme der Teppiche ohne Hingabe eines wirtschaftlichen Gegenwerts herbeigeführt, reicht zur Annahme eines Arrestgrundes ebenfalls nicht aus: Nicht einmal vertragswidriges Verhalten des Schuldners genügt zur Bejahung eines Arrestgrundes. Voraussetzung ist vielmehr stets, dass aus seinem vertragswidrigen Verhalten für die Zukunft der Schluss gezogen werden kann, der Schuldner werde sein Vermögen dem drohenden Zugriff des Gläubigers entziehen. Die Nichterfüllung der Zahlungszusage reicht für eine solche Prognose nicht aus, zumal nach dem vom Gläubiger vorgelegten Kaufvertrag dem Schuldner ein Zahlungsziel von einem Monat eingeräumt war.

Schließlich hat der Antragsgegner die in der Beschwerdeschrift vorgetragene Behauptung, der Schuldner beabsichtige, sein Geschäftslokal zu schließen und sich ins außereuropäische Ausland abzusetzen, nicht glaubhaft gemacht. Diese Behauptung steht zudem in Widerspruch zu dem Vortrag des Antragsgegners in der ersten Instanz, wonach er Forderungen des Schuldners aus größeren Teppichverkäufen, die dieser in naher Zukunft abschließen werde, zu pfänden beabsichtige.

Die Kostenentscheidung folgt aus § 97 I ZPO.

Die Festsetzung des Beschwerdewertes beruht auf §§ 48 GKG, 3 ZPO.

....

Muster 227: Sofortige Beschwerde gegen die Ablehnung einer einstweiligen Verfügung – abänderndes Urteil

Landgericht Frankfurt am Main
Aktenzeichen: …

Urteil

Im Namen des Volkes
In dem einstweiligen Verfügungsverfahren 1
d… …,

Verfügungsklägers und Beschwerdeführers,

Prozessbevollmächtigter: …,
gegen
d… …,

Verfügungsbeklagten und Beschwerdegegner,

Prozessbevollmächtigter: …,
hat die … Zivilkammer des Landgerichts Frankfurt am Main durch den Vorsitzenden Richter am Landgericht … als Einzelrichter aufgrund der mündlichen Verhandlung vom … für Recht erkannt:

Der Beschluss des Amtsgerichts Frankfurt am Main vom 24.7.2017 – Aktenzeichen: … – wird abgeändert:

Dem Verfügungsbeklagten wird aufgegeben, Störungen der Nachtruhe der Bewohner des Hauses in …, … dadurch zu vermeiden, dass er in der Zeit von 22 Uhr bis 7 Uhr im Hof des Hauses in …, … nicht die ihm gehörigen Hunde (zwei Dobermänner und einen Schäferhund) in dem dort befindlichen Hundezwinger belässt.

Für jeden Fall der Zuwiderhandlung wird dem Verfügungsbeklagten die Verurteilung zu einem Ordnungsgeld in Höhe von bis zu 250.000,– €, ersatzweise Ordnungshaft, oder Ordnungshaft bis zu sechs Monaten angedroht.

Der Verfügungsbeklagte hat die Kosten des Verfahrens beider Instanzen zu tragen.

Tatbestand

Der Verfügungskläger ist Eigentümer der Liegenschaft in …, … Er betreibt dort im zweiten und dritten Geschoss ein Hotel mit 16 Zimmern. Der Verfügungsbeklagte ist Eigentümer des Nachbarhauses … Er bewohnt dort mit seiner Lebensgefährtin eine Vier-Zimmer-Wohnung im dritten Stock. Im Hof des Hauses befindet sich ein Hundezwinger, in welchem der Verfügungsbeklagte mehrere Hunde – einen Schäferhund und zwei Dobermänner – hält.

Der Verfügungskläger sieht sich und vor allem die Besucher seines Hotels durch nächtliches Gebell der Hunde in der Nachtruhe gestört. Er behauptet, die Beeinträchtigung der Nachtruhe sei unerträglich geworden, seit der Verfügungsbeklagte vor etwa sechs Wochen außer dem Schäferhund noch zwei Dobermänner dort untergebracht habe. Zahlreiche Besucher seiner Hotelpension, die ihre Zimmer nach hinten zum Hofe bewohnten, hätten sich beschwert und seien teilweise vorzeitig ausgezogen mit dem Hinweis, künftig das Hotel nicht mehr zu frequentieren.

Der Verfügungskläger hat mit Schriftsatz vom … (Bl. … d. A.) den Erlass einer einstweiligen Verfügung wegen Unterlassung ruhestörenden Lärms beantragt. Das Amtsgericht Frankfurt am Main hat den Antrag durch Beschluss vom 24.7.2017 (Bl. … d. A.) zurückgewiesen. Gegen diesen ihm am 4.8.2017 (Bl. … d. A.) zugestellten Beschluss hat der Verfügungskläger sofortige Beschwerde eingelegt, die am 11.8.2017 (Bl. … d. A.) bei Gericht einging. Mit Beschluss vom 15.8.2017 (Bl. … d. A.) hat es das Amtsgericht abgelehnt, der sofortigen Beschwerde abzuhelfen und die Sache dem Beschwerdegericht vorgelegt.

Der Verfügungskläger beantragt,

den Beschluss des Amtsgerichts Frankfurt am Main vom 24.7.2017 aufzuheben und dem Verfügungsbeklagten im Wege der einstweiligen Verfügung aufzugeben, den ruhestörenden Lärm dadurch zu unterbinden, dass er die Hunde während der Nachtzeit nicht im Zwinger des Hofes unterbringt.

Der Verfügungsbeklagte beantragt,

die Beschwerde zurückzuweisen.

Er behauptet das nächtliche Bellen komme nur gelegentlich vor, wenn Personen von der Straße aus den Durchgang zum Hof unbefugt betreten würden; dafür sei er nicht verantwortlich. Das Halten der Hunde sei aus Sicherheitsgründen erforderlich, um Einbruchsdiebstähle in seiner Wohnung zu verhindern. Im Übrigen handele es sich bei der Unterbringung der beiden Dobermänner nur um eine vorübergehende Maßnahme. Diese beiden Hunde würden in absehbarer Zeit wieder in ihr früheres Domizil, sein Wochenendhaus, verbracht, sobald dort ein neuer Hausmeister eingezogen sei.

Das Gericht hat im Rahmen der angeordneten mündlichen Verhandlung die Parteien angehört sowie die Ehefrau, den Hausmeister und den Rezeptionsangestellten des Verfügungsklägers sowie die Lebensgefährtin des Verfügungsbeklagten als Zeugen vernommen. Insoweit wird auf das Protokoll der mündlichen Verhandlung vom … (Bl. … d. A.) Bezug genommen.

Entscheidungsgründe

Die Beschwerde ist nach § 567 I Nr. 2 ZPO zulässig, insbesondere form- und fristgerecht eingelegt.

Auch in der Sache hat sie Erfolg.

2 Dem Verfügungskläger steht gegen den Verfügungsbeklagten nach dem Ergebnis der Anhörung der Parteien und der stattgefundenen Beweisaufnahme ein Anspruch auf Unterlassung ruhestörenden Lärms in dem beantragten Umfang – Nachtzeit – gemäß § 1004 I BGB zu.

Nach dem Ergebnis der Beweisaufnahme steht fest, dass der von den drei Hunden während der Nachtzeit ausgehende Lärm das Maß des Ortsüblichen und Zumutbaren bei weitem überschreitet (§ 906 BGB). Die von dem Verfügungskläger zum Termin gestellten Zeugen haben in Einzelheiten glaubhaft geschildert, dass von den drei Hunden eine erhebliche Beeinträchtigung der Nachtruhe ausgeht.

Nach den übereinstimmenden Bekundungen der Zeugen bellen die Hunde nicht nur „gelegentlich“, sondern im Laufe einer Nacht im Durchschnitt in jeder Stunde mindestens zweimal, wobei das Gebell in großer Lautstärke einsetzt und jeweils nach einigen Minuten wieder zum Stillstand kommt, offenbar, nachdem die auslösende Ursache – das Auftauchen von Personen auf der Straße oder in dem Durchgang zum Hof – beseitigt ist. Die von den Zeugen geschilderte Stärke des Lärms, die der Verfügungsbeklagte im Termin als stark übertrieben bezeichnet hat, sieht das Gericht bei der Art und Anzahl der Hunde als gegeben an. Das Gericht ist auch aufgrund der von dem Verfügungskläger vorgelegten Fotos und der damit glaubhaft gemachten Örtlichkeiten überzeugt, dass durch die nur geringe Entfernung zwischen dem Zwinger und den Hotelzimmern die Nachtruhe der Bewohner erheblich gestört ist. Der Zeuge …, der Rezeptionsangestellte des Verfügungsklägers, hat glaubhaft bekundet, dass sich Gäste des Hotels am nächsten Morgen, teilweise sogar schon in der Nacht wegen der gestörten Nachtruhe beschwert, ein anderes Zimmer verlangt und angedroht hätten, das Hotel künftig nicht mehr zu besuchen. Die von dem Verfügungsbeklagten gestellte Zeugin … konnte die Beweisführung des Verfügungsklägers nicht entkräften. Sie hat ausgesagt, sie habe von dem störenden Hundelärm nichts gemerkt, da das Schlafzimmer des Verfügungsbeklagten nach vorne, d.h. zur Straße gelegen sei.

Der Verfügungsbeklagte kann sich nicht darauf berufen, die Hunde würden nur bellen, wenn Passanten unbefugt den Durchgang zum Hof betreten würden. Das mag im Einzelfall zutreffen, vermag aber den Beklagten als Störer nicht zu entlasten. Er hat für den Lärm einzustehen, der von seinem Grundstück ausgeht und den er durch das Halten der Hunde im Zwinger verursacht. Ebenso wenig rechtfertigt der von dem Verfügungsbeklagten herausgestellte Zweck eines Schutzes vor Einbrechern das Halten der Hunde im Hof. Der Verfügungsbeklagte mag, wenn ihm hieran gelegen ist, die Tiere in der Wohnung halten, so dass andere Bewohner der Nachbarschaft nicht gestört werden.

Die für den Unterlassungsanspruch notwendige Wiederholungsgefahr ist gegeben, da der Verfügungsbeklagte auch für die Zukunft das Recht für sich in Anspruch nimmt, die Hunde nachts im Zwinger im Freien zu halten. Der Hinweis, es handele sich nur um eine vorübergehende Maßnahme, bis die zwei Dobermänner wieder ins Wochenendhaus zurückkehren könnten, hat sich in der mündlichen Verhandlung nicht bestätigt. Der Verfügungsbeklagte hat dort eingeräumt, dass dieser Aufenthalt nur für die Sommermonate geeignet sei und er noch nicht wisse, wo er die beiden Hunde dann im Winter unterbringen werde. Seine Absicht, im Herbst eine andere Bleibe für die Hunde zu finden, ist zu vage, um den Anspruch wegen fehlender Wiederholungsgefahr zu verneinen.

Entsprechend dem Antrag des Verfügungsklägers war anzuordnen, dass der Verfü- 3
gungsbeklagte den oder die Hunde nachts nicht mehr im Zwinger im Hofe seiner Liegenschaft unterbringt. Eine derartige Beschränkung des Unterlassungsgebots auf die Nachtzeit erachtet das Gericht für zulässig. Es hat im Rahmen des § 938 ZPO die Nachtzeit durch Angabe von Uhrzeiten eingegrenzt, um Streitigkeiten bei der Vollstreckung vorzubeugen. Dem Verfügungsbeklagten bleibt es überlassen, auf welche Weise er dem Unterlassungsgebot nachkommen will, sei es durch Weggabe der Hunde, Aufnahme in die Wohnung während der Nachtzeit oder Unterbringung an einem anderen Ort.

Die Androhung der Ordnungsmittel beruht auf § 890 I ZPO.

Die Kostenentscheidung folgt aus § 91 I ZPO.

…………………

Muster 228: Sofortige Beschwerde gegen die Ablehnung einer Vollstreckung nach § 887 ZPO – Zurückweisungsbeschluss

Landgericht Frankfurt am Main
Aktenzeichen: …

Beschluss

1 In dem Zwangsvollstreckungsverfahren
d… …,

Gläubigers und Beschwerdeführers,

Prozessbevollmächtigter: Rechtsanwalt …,
gegen
d… …,

Schuldner und Beschwerdegegner,

Prozessbevollmächtigter: Rechtsanwalt …,
hat die … Zivilkammer des Landgerichts Frankfurt am Main durch die Richterin am Landgericht … als Einzelrichterin am … beschlossen:

> Die Beschwerde des Gläubigers gegen den Beschluss des Amtsgerichts Frankfurt am Main vom 7.8.2017 – Aktenzeichen: … – wird zurückgewiesen.
>
> Die Kosten des Beschwerdeverfahrens hat der Gläubiger zu tragen.
>
> Der Beschwerdewert wird auf 1.022,15 € festgesetzt.

Gründe

I.

Der Rechtsvorgänger des Gläubigers erwirkte gegen den Schuldner ein Urteil des Amtsgerichts Frankfurt am Main vom … (Bl. … d. A.), in dem der Schuldner verurteilt wurde, den damaligen Kläger von seiner Verbindlichkeit gegenüber dem jetzigen Gläubiger in Höhe von 1.022,15 € freizustellen. Der Kläger hat die Rechte aus dem Urteil durch öffentlich beglaubigte Abtretungserklärung vom … an den Gläubiger abgetreten, dem der Rechtspfleger im Verfahren nach § 727 ZPO eine vollstreckbare Ausfertigung des Urteils erteilt hat.

Das Amtsgericht Frankfurt am Main hat durch Beschluss vom 7.8.2017 (Bl. … d. A.) den Antrag des Gläubigers zurückgewiesen, ihn nach § 887 ZPO zu ermächtigen, die Befreiung von der Verbindlichkeit vorzunehmen und den Schuldner vorschussweise zur Zahlung von 1.022,15 € zu verurteilen.

Gegen diesen ihm am 9.8.2017 (Bl. … d. A.) zugestellten Beschluss hat der Gläubiger sofortige Beschwerde eingelegt, die am 11.8.2017 (Bl. … d. A.) bei Gericht einging. Mit Beschluss vom 14.8.2017 (Bl. … d. A.) hat es das Amtsgericht abgelehnt, der sofortigen Beschwerde abzuhelfen und die Sache dem Beschwerdegericht vorgelegt.

Der Gläubiger beantragt,

> unter Abänderung des Beschlusses des Amtsgerichts Frankfurt am Main vom 7.8.2017 – Aktenzeichen: … – ihn zu ermächtigen, die Befreiung von der Ver-

bindlichkeit vorzunehmen und den Schuldner zu verurteilen, vorschussweise 1.022,15 € an ihn zu zahlen.

II.

Die Beschwerde ist nach § 793 ZPO zulässig, insbesondere form- und fristgerecht eingelegt.

In der Sache hat sie jedoch keinen Erfolg.

Das Amtsgericht hat im Ergebnis zu Recht eine Vollstreckung aus dem Urteil im Wege der Ersatzvornahme nach § 887 ZPO abgelehnt.

Der Gläubiger weist zwar mit Recht darauf hin, dass Ansprüche auf Befreiung von einer Verbindlichkeit nach § 887 ZPO und nicht wie Ansprüche auf Geldzahlung nach §§ 803 ff. ZPO zu vollstrecken sind (Anders/Gehle/*Schmidt* § 887 Rn. 32 „Befreiung von einer Schuld"; Zöller/*Seibel* § 887 Rn. 3.5). Diese Einordnung beruht auf der Erwägung, dass dem Schuldner die Erfüllung des Befreiungsanspruchs auch auf andere Weise als durch Zahlung, z. B. durch befreiende Schuldübernahme oder durch Verrechnung mit einem Anspruch gegen den Drittgläubiger offenbleiben muss. 2

Der vorliegende Fall weist aber die Besonderheit auf, dass der Befreiungsanspruch an den Drittgläubiger abgetreten worden ist und sich damit in einen Anspruch auf Geldzahlung umgewandelt hat (MüKoBGB/*Krüger* § 257 Rn. 9). In diesem Fall bestehen aber keine Bedenken, nunmehr auch die für die Vollstreckung von Geldforderungen maßgebenden Vorschriften der §§ 803 ff. ZPO zur Anwendung zu bringen.

Die Kostenentscheidung beruht auf § 97 I ZPO.

Der Beschwerdewert richtet sich nach §§ 48 GKG, 3 ZPO.

…………………

Muster 229: Sofortige Beschwerde gegen die Ablehnung einer Vollstreckung nach § 888 ZPO – abändernder Beschluss

Landgericht Frankfurt am Main
Aktenzeichen: …

Beschluss

1 In dem Zwangsvollstreckungsverfahren
d… …,

Gläubigers und Beschwerdeführers,

Prozessbevollmächtigter: Rechtsanwalt …,
gegen
d… …,

Schuldnerin und Beschwerdegegnerin,

Prozessbevollmächtigte: Rechtsanwältin …,
hat die … Zivilkammer des Landgerichts Frankfurt am Main durch die Richterin am Landgericht … als Einzelrichterin am … beschlossen:

Der Beschluss des Amtsgerichts Frankfurt am Main vom 19.7.2017 – Aktenzeichen: … – wird abgeändert:

Zur Erzwingung der im Urteil des Amtsgerichts Frankfurt am Main vom … – Aktenzeichen: … – festgelegten Handlung, nämlich den Schäferhund … aus der Wohnung in …, … zu entfernen, wird gegen die Schuldnerin ein Zwangsgeld von 500,– €, ersatzweise für den Fall der Nichtbeitreibbarkeit für je 50,– € ein Tag Zwangshaft, festgesetzt.

Die Vollstreckung des Zwangsmittels entfällt, falls die Schuldnerin der obigen Verpflichtung nachkommt.

Die Kosten des Verfahrens hat die Schuldnerin zu tragen.

Der Beschwerdewert wird auf 840,– € festgesetzt.

Gründe

I.

Durch das vollstreckbare und der Schuldnerin am … zugestellte Urteil des Amtsgerichts Frankfurt am Main vom … ist diese verurteilt worden, den Schäferhund … aus der Wohnung in …, … zu entfernen. Die Schuldnerin ist dieser Verpflichtung trotz mehrfacher Mahnungen nicht nachgekommen. Das Amtsgericht Frankfurt am Main hat den Antrag des Gläubigers, gegen die Schuldnerin zur Erzwingung der auferlegten Handlung ein Zwangsgeld gemäß § 888 ZPO festzusetzen, durch Beschluss vom 19.7.2017 (Bl. … d.A.) zurückgewiesen: Eine auf Entfernung von Haustieren lautende Verurteilung sei gemäß § 887 ZPO im Wege der Ersatzvornahme zu vollstrecken.

Gegen diesen ihm am 24.7.2017 (Bl. … d.A.) zugestellten Beschluss hat der Gläubiger sofortige Beschwerde eingelegt, die am 25.7.2017 (Bl. … d.A.) bei Gericht einging. Mit Beschluss vom 26.7.2017 (Bl. … d. A.) hat es das Amtsgericht abgelehnt, der sofortigen Beschwerde abzuhelfen und die Sache dem Beschwerdegericht vorgelegt.

II.

Die Beschwerde ist nach § 793 ZPO zulässig, insbesondere form- und fristgerecht eingelegt.

In der Sache hat sie ebenfalls Erfolg.

Der Anspruch auf Entfernung eines Haustieres aus der Wohnung ist zwar grundsätzlich gemäß § 887 ZPO zu vollstrecken. Anders ist dies jedoch dann, wenn im Einzelfall besondere Umstände vorliegen (Anders/Gehle/*Schmidt* § 887 Rn. 32 „Haustier"; Zöller/*Seibel* § 887 Rn. 3.13). Letzteres ist hier der Fall: **2**

Unstreitig hat die Schuldnerin in der Zwischenzeit einen Platz für den sehr alten, besonders pflegebedürftigen Schäferhund … in einem Pflegeheim gefunden, vermag sich jedoch nicht von ihm zu trennen.

Aus diesem Grunde erscheint es nicht zweckmäßig, die Vollstreckung gemäß § 887 ZPO im Wege der Ersatzvornahme durchzuführen. Angesichts des Alters und des Gesundheitszustandes des Schäferhundes … ist diesem wie der Schuldnerin eine Unterbringung des Hundes im Tierheim oder Tierasyl auf Kosten der Schuldnerin unzumutbar.

Die Kostenentscheidung beruht auf § 91 ZPO.

Der Beschwerdewert richtet sich nach §§ 48 GKG, 3, 9 ZPO, wobei sich das Gericht am wirtschaftlichen Wert der Tierhaltungserlaubnis, also an den Miet-Mehrkosten im Fall der vertraglichen Gestattung der Tierhaltung orientiert und diesen analog § 287 ZPO auf 20,– € monatlich geschätzt hat.

…………………

Muster 230: Sofortige Beschwerde gegen die Ablehnung der Wohnraumräumungsfristverlängerung – abändernder Beschluss

Landgericht Frankfurt am Main
Aktenzeichen: …

Beschluss

1 In dem Zwangsvollstreckungsverfahren
d… …,

Schuldner… und Beschwerdeführer…,

Prozessbevollmächtigter: Rechtsanwältin …,
gegen
d… …,

Gläubiger… und Beschwerdegegner…,

Prozessbevollmächtigter: Rechtsanwalt …,
hat die … Zivilkammer des Landgerichts Frankfurt am Main durch
☐ d… Vorsitzende… Richter… am Landgericht … und die Richter… am Landgericht … und …
☐ d… Richter… am Landgericht … als Einzelrichter…
am … beschlossen:

Der Beschluss des Amtsgerichts Frankfurt am Main vom … – Aktenzeichen: … – wird abgeändert:

D… Schuldner… wird zur Räumung der im Urteil des Amtsgerichts Frankfurt am Main vom … – Aktenzeichen: … – bezeichneten Wohnung eine – weitere – Räumungsfrist bis … bewilligt.

Die Kosten des Verfahrens hat/haben d… Gläubiger… zu tragen.

Der Beschwerdewert wird auf … € festgesetzt.

Gründe

I.

D… Schuldner… ist/sind gemäß
☐ Urteil des Amtsgerichts … ☐ Räumungsvergleich vom …
verpflichtet, die im Hause …, in … gelegene Wohnung, bestehend aus … bis … zu räumen und an d… Gläubiger herauszugeben.

Das Amtsgericht … hat durch Beschluss vom … (Bl. … . d. A.), d… Schuldner… zugestellt am … (Bl. … . d. A.), den Antrag auf Verlängerung der Räumungsfrist bis … zurückgewiesen. Gegen diesen ihm/ihr/ihnen am … (Bl. … . d. A.) zugestellten Beschluss hat/haben d… Schuldner… sofortige Beschwerde eingelegt, die am … (Bl. … d. A.) bei Gericht einging. Mit Beschluss vom … (Bl. … d. A.) hat es das Amtsgericht abgelehnt, der sofortigen Beschwerde abzuhelfen und die Sache dem Beschwerdegericht vorgelegt.

II.

Die sofortige Beschwerde ist nach § 721 VI ZPO zulässig, insbesondere form- und fristgerecht eingelegt.

In der Sache hat sie ebenfalls Erfolg, denn unter Abwägung der beiderseitigen Interessen der Parteien ist eine Verlängerung geboten. 2

☐ D... Schuldner... hat/haben konkret und glaubhaft dargelegt,
   ☐ dass er/sie sich nachhaltig um eine angemessene Ersatzwohnung bemüht hat/haben. So hat/haben er/sie ...
   ☐ dass ihm/ihr/ihnen ab ... eine Ersatzunterkunft zur Verfügung steht und die Räumung bis spätestens ... erfolgen wird.
   ☐ dass die Räumung bis ... für ihn/sie eine unzumutbare Härte darstellt, denn ... .

☐ Schwerwiegende entgegenstehende Interessen sind weder seitens d... Gläubiger... vorgetragen noch aus den Umständen ersichtlich.
   ☐ Nach den von d... Schuldner... vorgelegten Belegen steht fest, dass die Nutzungsentschädigung für die Wohnung gezahlt wird.
   ☐ Das Interesse d... Gläubiger... an der Eigennutzung bzw. Neuvermietung der Wohnung kann gegenüber den oben festgestellten schutzwürdigen Belangen d... Schuldner... nicht als so schwerwiegend anerkannt werden, dass eine sofortige Räumung der Wohnung zwingend geboten erscheint, denn ... .

☐ D... Schuldner... wird/werden darauf hingewiesen, dass eine nochmalige Verlängerung der Räumungsfrist
   ☐ unter Berücksichtigung der in diesem Beschluss angestellten Erwägungen nicht mehr in Betracht kommt.
   ☐ ausscheidet, da mit dieser Verlängerung die gesetzliche Höchstfrist von einem Jahr seit Rechtskraft der Entscheidung (§ 721 V 1 ZPO) voll ausgenutzt ist.

Die Kostenentscheidung beruht auf § 91 ZPO.

Bei der Festsetzung des Beschwerdewerts ist das Gericht von dem auf dem Verlängerungszeitraum entfallenden Mietzins bzw. Nutzungsentschädigung ausgegangen.

....

Muster 231: Sofortige Beschwerde gegen die Ablehnung der Wohnraumräumungsfristverlängerung – Zurückweisungsbeschluss

Landgericht Frankfurt am Main
Aktenzeichen: ...

Beschluss

1 In dem Zwangsvollstreckungsverfahren
d... ...,

Schuldner... und Beschwerdeführer...,

Prozessbevollmächtigter: Rechtsanwalt ...,
gegen
d... ...,

Gläubiger... und Beschwerdegegner...,

Prozessbevollmächtigter: Rechtsanwalt ...,
hat die ... Zivilkammer des Landgerichts Frankfurt am Main durch
☐ d... Vorsitzende... Richter... am Landgericht ... und die Richter... am Landgericht ... und ...
☐ d... Richter... am Landgericht ... als Einzelrichter...
am ... beschlossen:

Die sofortige Beschwerde d... Schuldner... gegen den Beschluss des Amtsgerichts ... vom ... – Aktenzeichen: ... – wird
☐ als unzulässig verworfen.
☐ als unbegründet zurückgewiesen.

Die Kosten des Beschwerdeverfahrens hat/haben d... Schuldner... zu tragen.

Der Beschwerdewert wird auf ... € festgesetzt.

Gründe

I.

D... Schuldner... ist/sind gemäß
☐ Urteil des Amtsgerichts ... ☐ Räumungsvergleich vom ...
verpflichtet, die im Hause ..., in ... gelegene Wohnung, bestehend aus ... bis ... zu räumen und an d... Gläubiger herauszugeben.

Das Amtsgericht ... hat durch Beschluss vom ... (Bl. ... . d. A.), d... Schuldner... zugestellt am ... (Bl. ... . d. A.), den Antrag auf Verlängerung der Räumungsfrist bis ... zurückgewiesen. Gegen diesen ihm/ihr/ihnen am ... (Bl. ... . d. A.) zugestellten Beschluss hat/haben d... Schuldner... sofortige Beschwerde eingelegt, die am ... (Bl. ... d. A.) bei Gericht einging. Mit Beschluss vom ... (Bl. ... d. A.) hat es das Amtsgericht abgelehnt, der sofortigen Beschwerde abzuhelfen und die Sache dem Beschwerdegericht vorgelegt.

II.

☐ Die sofortige Beschwerde ist zwar gemäß § 721 VI ZPO statthaft, jedoch unzulässig, da sie nicht innerhalb der Frist von zwei Wochen seit Zustellung des angefochtenen Beschlusses eingelegt worden ist, denn …

☐ Die sofortige Beschwerde ist gemäß §§ 721 VI ZPO zulässig, insbesondere form- und fristgerecht eingelegt.

In der Sache hat sie jedoch keinen Erfolg. 2

Unter Abwägung der beiderseitigen Interessen der Parteien ist eine Verlängerung nicht mehr geboten.

- ☐ Die bisher insgesamt gewährte Räumungsfrist erreicht bereits das gesetzlich vorgeschriebene Höchstmaß von einem Jahr seit Rechtskraft des Räumungsurteils (§ 721 V 1 ZPO).
- ☐ Der Antrag auf Verlängerung der Räumungsfrist ist nicht, wie in § 721 III 2 ZPO zwingend vorgeschrieben, spätestens zwei Wochen vor Ablauf der laufenden Räumungsfrist gestellt worden.
- ☐ D… Schuldner… hat/haben
  - ☐ keine Nutzungsentschädigung für die Wohnung gezahlt.
  - ☐ den Hausfrieden erheblich gestört, indem er/sie …
  - ☐ sich nicht nachhaltig um eine angemessene und zumutbare Ersatzwohnung bemüht.
- ☐ Einem Verbleiben in der Wohnung stehen die folgenden zugunsten d… Gläubiger… sprechenden Interessen entgegen: …

Die Kostenentscheidung beruht auf § 97 I ZPO.

Bei der Festsetzung des Beschwerdewerts ist das Gericht von dem auf den Verlängerungszeitraum entfallenden Mietzins bzw. Nutzungsentschädigung ausgegangen.

…………………

§ 16. Der Prozessvergleich

I. Die Bedeutung des Prozessvergleichs

Der Prozessvergleich ist ein bürgerlich-rechtlicher Vergleich (§ 779 BGB), der vor einem deutschen Gericht abgeschlossen wird (§ 794 I Nr. 1 ZPO).

Soweit ein außergerichtliches Güteverfahren vor einer durch die Landesjustizverwaltung eingerichteten oder anerkannten Gütestelle (§ 15a EGZPO) vorgesehen ist, kann ein Vergleich auch dort geschlossen werden.[1]

1. Die Vorteile des Vergleichs

Dem Prozessvergleich als mögliche Erledigung des Rechtsstreits kommt in der Praxis erhebliche Bedeutung zu. Er bringt gegenüber der Erledigung durch Urteil eine ganze Reihe von Vorteilen mit sich. 1

a) Er erspart für alle Beteiligten – Parteien, Anwälte und Gericht – Zeit- und Arbeitsaufwand, besonders, wenn er zu Beginn des Rechtsstreits abgeschlossen wird.

b) Er bedeutet eine zeitlich schnellere Regelung des Streites gegenüber einem Verfahren mit Beweisaufnahme und Urteil, das möglicherweise durch mehrere Instanzen betrieben wird.

c) Die im Vergleich getroffene Regelung kann gegenüber dem Urteil, das in vielen Fällen nur eine „Entweder-Oder"-Entscheidung erlaubt, eine flexiblere Regelung der Rechtsbeziehungen der Parteien herbeiführen.

Durch eine Quotelung der Streitsumme kann rechtlicher Unsicherheit und tatsächlichen Beweisschwierigkeiten Rechnung getragen werden. Durch Einbeziehung weiterer Fragen über den Streitgegenstand hinaus oder sogar weiterer Personen über die Parteien hinaus kann eine umfassende Regelung der Rechtsbeziehungen der an dem Konflikt Beteiligten und damit ein besonderer Befriedungseffekt erreicht werden. Bei weiter fortgeführten Dauerschuldverhältnissen kann durch eine Neuregelung der Rechtsverhältnisse für die Zukunft eine sichere Basis für die künftigen Vertragsbeziehungen gestaltet werden. Gerade bei Parteien, die auch in Zukunft weiter in Berührung bleiben, kann eine vergleichsweise Regelung eine versöhnende Funktion haben, die einem Urteil, das nur einer Partei Recht gibt, niemals zukommen kann.

d) Der Abschluss eines Vergleichs kann auch eine Kostenersparnis zur Folge haben. Dies gilt besonders dann, wenn er möglichst frühzeitig abgeschlossen wird, in einem Stadium, in dem noch nicht alle Gebühren und Auslagen, insbesondere Sachverständigenkosten angefallen sind.

2. Die Nachteile des Vergleichs

Demgegenüber kann der Vergleich aber auch eine Reihe von Nachteilen mit sich bringen. 2

a) Durch den Abschluss des Prozessvergleichs entsteht zwar keine Gerichtsgebühr, wenn der Vergleich nur den Streitgegenstand abdeckt. Anders ist dies jedoch bei ei-

---

[1] Anders/Gehle/*Schmidt* § 794 Rn. 3 f.; Thomas/Putzo/*Seiler* § 794 Rn. 2.

nem höheren Vergleichswert:[2] In diesem Fall entsteht grundsätzlich eine Vergleichsgebühr des Gerichts von einem Viertel aus dem Differenzwert zwischen Streitwert und Vergleichswert (§ 36 III, Anl. 1 Nr. 1900 GKG).

b) Außerdem entsteht durch den Abschluss eines Prozessvergleichs für jeden Rechtsanwalt eine Einigungsgebühr in Höhe des 1-fachen Gebührensatzes (§ 2 II RVG, VV 1003 RVG); soweit über den Gegenstand der Einigung kein gerichtliches Verfahren oder lediglich ein selbständiges Beweisverfahren anhängig war, entsteht die Einigungsgebühr in Höhe des 1,5-fachen Gebührensatzes (§ 2 II RVG, VV 1000 RVG).[3] Die Einigungsgebühr des Rechtsanwalts tritt zu den sonst im Prozess anfallenden Gebühren hinzu. Dem Rechtsanwalt soll sie eine zusätzliche Vergütung für die bei dem Vergleichsabschluss entstehende Mehrarbeit verschaffen und ihm gleichzeitig einen Anreiz geben, sich für eine gütliche Einigung einzusetzen.

Die zusätzliche Vergütung des Rechtsanwalts und gegebenenfalls des Gerichts führt im Regelfall zu einem höheren Kostenaufwand gegenüber der Erledigung durch Urteil, auch wenn man berücksichtigt, dass das Gesetz zwecks Förderung der Vergleichsbereitschaft – und auch im Interesse der Arbeitsersparnis – auf einen Teil der Gerichtsgebühren verzichtet. Im Prozessverfahren erster Instanz ermäßigt sich die 3fache Gebühr (§ 34 I, Anl. 1 Nr. 1210 GKG) auf eine einfache Gebühr, wenn ein Vergleich vor Gericht abgeschlossen wird (§ 34 I, Anl. 1 Nr. 1211 GKG).

Deshalb erscheint ein Vergleich am Ende eines Prozesses – zumal in einer höheren Instanz – nur sinnvoll, wenn durch seine Regelung das Streitverhältnis besser befriedet wird als durch ein Urteil; nur dann lohnt sich der höhere Kostenaufwand für die Zukunft.

Diese Überlegungen gelten natürlich nicht für eine Partei, die durch eine Rechtsschutzversicherung abgedeckt ist. Allerdings muss die Kostenregelung im Vergleich dem Verhältnis von Obsiegen und Unterliegen Rechnung tragen (§ 5 III lit. b ARB).

c) Der Prozessvergleich hat keine materielle Rechtskraft (§ 322 ZPO) und auch keine Interventionswirkung (§ 68 ZPO).

Die fehlende Rechtskraftwirkung bringt die Gefahr mit sich, dass dem Vergleich später durch Anfechtung, Rücktritt oder Berufung auf die Störung der Geschäftsgrundlage begegnet werden kann. Auch bei einem so genannten „Musterprozess“ ist der Abschluss eines Vergleichs wenig sinnvoll, es sei denn, die noch anstehenden „Parallelfälle“ werden im Vergleich mitgeregelt. Wegen der fehlenden Interventionswirkung kann eine Partei, die einem Dritten den Streit verkündet hat und gegen diesen Rückgriff nehmen will, sich gehindert sehen, einen Vergleich abzuschließen; im Einzelfall kann diesem Bedenken durch Einbeziehung des Dritten in den Vergleich Rechnung getragen werden.

II. Die Führung des Vergleichsgesprächs

1. Die Voraussetzungen

3 a) Der konkrete Fall muss nach den obigen Ausführungen zum Abschluss eines Vergleichs geeignet sein.

b) Die Parteien und ihre Anwälte müssen vergleichsbereit sein.

Das bedeutet zunächst die Bereitschaft, Erwägungen zum Abschluss eines Vergleichs anzustellen bzw. Vorschläge des Gerichts und der Gegenpartei über eine gütliche Bereinigung entgegenzunehmen, zu erwägen und sachlich hierüber zu diskutieren. Dem stehen oft erhebliche psychische Barrie-

[2] Schneider/Volpert/Fölsch/*Schneider* KV GKG Nr. 1900 Rn. 34ff.
[3] Schneider/Volpert/Fölsch/*Hoppe* VV RVG Nr. 1003 Rn. 1.

ren der Parteien, gelegentlich auch der Anwälte entgegen. Das Gericht muss versuchen, diese Hemmungen durch ein Eingehen auf die Interessen der Parteien abzubauen. In Einzelfällen wird jedoch bald erkennbar, dass die Bereitschaft einer oder beider Parteien, einer einvernehmlichen Verfahrensbeendigung näherzutreten, nicht gegeben ist; dann sollte man auf weitere Vergleichsgespräche verzichten, da sie unnützen Zeitaufwand verursachen und Missstimmung unter den Beteiligten hervorrufen.

c) Die Parteien müssen fähig sein, den im Vergleich übernommenen Verpflichtungen nachzukommen.

Nur dann kann der Gegenseite ein Nachgeben zugemutet werden. Ein Vergleich, bei dem von vornherein feststeht, dass eine Partei aller Voraussicht nach die eingegangene(n) Verpflichtung(en) nicht einhalten kann, ist keine sachgerechte Lösung des Rechtsstreits. In Zweifelsfällen kann solchen Bedenken durch besondere Klauseln (z. B. Wiederaufleben einer Restforderung, Verfallklauseln) Rechnung getragen werden.

2. Die am Vergleichsgespräch beteiligten Personen

a) Ein Vergleichsgespräch kann von den Parteien und ihren Prozessbevollmächtigten ausgehen und auch ausschließlich zwischen ihnen geführt werden. 4

Das kann so weit gehen, dass der Vergleich außergerichtlich abgeschlossen und diese Tatsache dem Gericht nur noch mitgeteilt wird; das Verfahren kommt dann ganz einfach zum Stillstand oder wird durch eine Klagerücknahme beendet. Soll nach dem Willen der Parteien ein Titel geschaffen werden, so kann der von den Parteien ausgehandelte Vergleich aber auch gerichtlich protokolliert werden; das Gericht ist in diesem Fall reine Urkundsperson ähnlich einem Notar. Das hat zur Folge, dass das Gericht auf den Vergleichsinhalt und seine Formulierung keinen Einfluss nimmt; in Ausnahmefällen könnte das Gericht – ebenso wie ein Notar nach § 17 II, III BeurkG – auf schwerwiegende Bedenken oder die Anwendbarkeit ausländischen Rechts hinweisen. In Analogie zu § 4 BeurkG kann das Gericht die Protokollierung ablehnen, wenn mit der Vereinbarung erkennbar unerlaubte oder unredliche Zwecke verfolgt werden.

b) Das Gericht kann gemäß § 278 V ZPO die Parteien für die Güteverhandlung sowie für weitere Güteversuche vor einen Güterichter verweisen. 5

Dabei handelt es sich um eine Form der gerichtsinternen Konfliktbeilegung. Der Güterichter ist also ein echter Richter, dessen Tätigkeit dem Bereich der Rechtsprechung zuzuordnen ist.[4] Erscheint dem Prozessgericht der Rechtsstreit für eine Güterichterverhandlung geeignet – was dem Ermessen des Gerichts obliegt -, kann es das Verfahren an den Güterichter verweisen. Eine Einwilligung der Parteien ist hierfür zwar formal nicht erforderlich, allerdings wird eine solche Verweisung zum Zweck eines Güteversuchs gegen den Willen einer oder beider Parteien nicht zielführend sein. Der Güterichter ist in der Wahl seiner Methode frei, er kann insbesondere auch die Mediation einsetzen, § 278 V 2 ZPO. Ein vor dem Güterichter geschlossener Vergleich kann vor diesem protokolliert werden. Sollte es nicht zu einer Einigung kommen, legt der Güterichter die Akten wieder dem zuständigen Prozessgericht vor.

c) Das Gericht kann den Parteien auch eine außergerichtliche Konfliktbeilegung, insbesondere eine Mediation vorschlagen, § 278a ZPO.

Welcher Fall hierfür als geeignet erscheint, ist vom Gericht zu beurteilen. Dabei sind zum einen objektive Kriterien wie Gegenstand und Natur des dem Rechtsstreit zugrunde liegenden Konflikts zu beachten. Insbesondere komplexe Rechtsbeziehungen, die sowohl von gewisser Dauer als auch auf eine Fortführung in der Zukunft angelegt sind, erscheinen hier geeignet.[5] Zum anderen ist in Bezug auf die subjektiven Kriterien von den Parteien die Bereitschaft erforderlich, in einer Mediation fair und konstruktiv an einer Konfliktlösung mitzuarbeiten.

---

[4] MüKoZPO/*Prütting* § 278 Rn. 33.
[5] MüKoZPO/*Ulrici* § 278a Rn. 9.

d) Das Vergleichsgespräch kann vom Prozessgericht selbst mit den Parteien in der Verhandlung geführt werden.

(1) Der Art nach lassen sich gewisse Phasen des gerichtlichen Vergleichsgesprächs feststellen.

- Das Gericht kann zunächst durch Befragen der Parteien und ihrer Anwälte die Bereitschaft der Parteien zu einer vergleichsweisen Regelung erkunden.
- Bei positivem Ergebnis wird das Gericht durch Befragen die Vorstellungen der Parteien und ihrer Anwälte über Ziel und Inhalt eines Vergleichs festzustellen versuchen.
- Anschließend wird das Gericht unter Berücksichtigung der Sach- und Rechtslage entsprechend dem jeweiligen Sach- und Streitstand seine eigenen Vorstellungen über den Inhalt des Vergleichs bekannt geben und versuchen, die unterschiedlichen Standpunkte der Parteien auf einen Nenner zu bringen.
- Dabei wird der Richter seine (vorläufige) Einschätzung der Rechtslage den Parteien mitteilen. Bei zweifelhafter Rechtslage sollte er auf das noch offene (Beratungs-)Ergebnis hinweisen und die Entscheidung über eine bestimmte Rechtsfrage offenlassen. Auch kann der Richter darauf verweisen, dass bei einer zweifelhaften Rechtslage es nicht nur auf die Entscheidung der ersten Instanz ankommt, sondern auf die der Berufungsinstanz und gegebenenfalls auch auf die der Revisionsinstanz. Bei einer noch nicht stattgefundenen Beweisaufnahme kann er auf das noch offene Beweisergebnis verweisen.
- Steht der Inhalt des in Frage kommenden Vergleichs im Wesentlichen fest, so kann das Gericht bei Zögern der einen oder anderen Partei versuchen, die Beweggründe zu ermitteln, die der endgültigen Annahme des Vergleichs entgegenstehen. In dieser Phase kann auch auf wirtschaftliche Vorteile des Vergleichs – Zeit- und Kostenersparnis – sowie auf die versöhnende Funktion bei Dauerschuldverhältnissen hingewiesen werden.

(2) Die zuvor geschilderten Arbeitsgänge des Gerichts erfolgen in der Regel in der Güteverhandlung, die nach § 278 II ZPO der mündlichen Verhandlung voraus geht, wobei die Anwesenheit der Parteien unbedingt zu empfehlen ist (§ 278 III ZPO).

In Einzelfällen kann es sowohl in der Güteverhandlung als auch bereits in deren Vorfeld zweckmäßig sein, dass das Gericht – auch auf Anregung einer oder beider Parteien – einen schriftlichen Vergleichsvorschlag formuliert, diesen den Parteien bekannt gibt und ihnen eine Frist zur schriftsätzlichen Äußerung setzt, ob sie den gerichtlichen Vergleichsvorschlag annehmen. Geschieht dies, so stellt das Gericht das Zustandekommen durch Beschluss fest (§ 278 VI ZPO), aus dem dann die Zwangsvollstreckung betrieben werden kann – die Protokollierung des Vergleichs ist in diesem Fall nicht mehr erforderlich.[6]

(3) Sehr unterschiedlich ist die Intensität der „Einwirkung" auf die Parteien zum Abschluss eines vorgeschlagenen Vergleichs.

Sie reicht von der bloßen Mitteilung des Vergleichs mit der Beschränkung auf die Frage, ob der Vergleich angenommen werde, über Diskussionen, Herausstellen der Vor- und Nachteile bis zum argumentativen Einwirken auf die Parteien. Dem einzelnen Richter bleibt hier ein Ermessensspielraum, ob und wie intensiv er sich um den Abschluss eines Vergleichs bemühen will. Allerdings ist eine wichtige Grenze unbedingt zu beachten: Der Vergleich muss in seinem Abschluss auf einem freiwillig geäußerten Willen der Parteien beruhen und darf nicht auf eine rechtswidrige Drohung des Gerichts zurückzuführen sein. Im Übrigen sollte man bei Schwanken der Partei die endgültige Beeinflussung dem beauftragten Rechtsanwalt überlassen, sei es durch eine kurze Unterbrechung der Sitzung oder durch einen schriftlichen Vergleichsvorschlag mit Äußerungsfrist.

6 e) Gelegentlich kann es zweckmäßig sein, in das Vergleichsgespräch weitere Personen einzuschalten.

[6] Anders/Gehle/*Anders* § 278 Rn. 74 f.; Thomas/Putzo/*Seiler* § 278 Rn. 15.

In Frage kommen: Sachbearbeiter einer aus einem Unternehmen oder einer Behörde bestehenden Partei, die sowohl Auskünfte geben als auch der für die Vergleichsannahme zuständigen Person berichten können; der Sachbearbeiter einer hinter der Partei stehenden Haftpflichtversicherung; ein Sachverständiger, der an der bereits stattgefundenen Beweisaufnahme mitgewirkt hat und hinsichtlich der Vergleichsabsprachen nach Inhalt und Formulierung Ratschläge erteilen kann; ein von der Partei mitgebrachter Privatsachverständiger; ein mit dem Unternehmen verbundener Steuer- oder Wirtschaftsberater.

Das Gericht kann ihr Erscheinen dadurch erreichen, dass es vor dem Termin die der Person nahestehende Partei bittet, dieselbe zum Termin mitzubringen, d.h. für ihr Erscheinen Sorge zu tragen – ein Zwang zum Erscheinen des Dritten kann nicht ausgeübt werden. Nur bei einem gerichtlich bestellten Sachverständigen könnte das Gericht diesen erneut direkt laden, wobei aber zusätzliche Kosten entstehen könnten, die einen Auslagenvorschuss erfordern.

f) Im Einzelfall kann es für eine endgültige Befriedung notwendig sein, dritte Personen in den Vergleichsabschluss einzubeziehen.

In Frage kommen: Weitere Gesamtschuldner, ausgleichs- und regresspflichtige Personen, persönlich haftende Gesellschafter, Ehegatten, die im Hintergrund stehende Versicherung. Formell kann diese Einbeziehung auch hier nur so geschehen, dass das Gericht einer Partei aufgibt, für das persönliche Erscheinen eines solchen Dritten Sorge zu tragen, um dann bei dessen Erscheinen die Angelegenheit mit ihm zu erörtern. Gelegentlich kann das Erscheinen eines solchen Dritten dadurch erreicht werden, dass er als Zeuge für ein von den Parteien benanntes Beweisthema zum Termin geladen wird und damit für ein anschließendes Gespräch zur Verfügung steht.

3. Der günstige Zeitpunkt der Vergleichsverhandlung

Nach § 278 I ZPO soll das Gericht „in jeder Lage des Verfahrens" auf eine gütliche Beilegung des Rechtsstreits bedacht sein. Damit steht theoretisch der Zeitraum von der Anhängigkeit der Sache bei Klageeingang[7] bis zu deren Wegfall durch Rechtskraft bzw. Einlegung eines Rechtsmittels für das Vergleichsgespräch zur Verfügung. Gleichwohl bestehen gewisse Einschränkungen: 7

a) Ein Vergleichsgespräch und -vorschlag des Gerichts kommen erst in Frage, wenn der Beklagte zur Klage Stellung genommen hat.

Der Grundsatz des „audiatur et altera pars" und die Unparteilichkeit des Gerichts verbieten eine Vergleichsverhandlung vor Eingang der Klageerwiderung. – Vor diesem Zeitpunkt kommt nur eine Protokollierung eines von den Parteien außergerichtlich ausgehandelten Vergleichs in Frage.

b) Dem frühzeitigen Vergleichsabschluss stehen psychologische Hemmungen der einen oder anderen Partei, gleich zu Beginn des Streits die Waffen zu strecken oder Schwächen aufzuzeigen, ebenso entgegen wie die Notwendigkeit, durch Schriftsatzwechsel, Anhörung der Parteien und Durchführung einer Beweisaufnahme die Sache so weit zu klären, dass ein einigermaßen fundierter Vergleichsvorschlag überhaupt gemacht werden kann. 8

Das bedeutet, dass regelmäßig frühestens in der ersten Güteverhandlung vor dem Haupttermin nach Anhörung der Parteien das Gericht die Bereitschaft zu einem Vergleich in einem mündlichen Gespräch abtasten kann.

In der Güteverhandlung vor dem frühen ersten Termin kommt ein Vergleich vor allem in folgenden Fällen in Frage: Die Rechtslage ist bei unstreitigem Sachverhalt sehr zweifelhaft; die notwendige Befriedung erfordert die Einbeziehung einer weiteren, durch das Urteil nicht zu erzielenden Rege-

[7] Es genügt auch die Anhängigkeit eines Prozesskostenhilfeverfahrens (§ 118 I 3 ZPO), wobei hier allerdings die noch offene Aufklärung des Sachverhalts und das Fehlen eines Anwalts Hinderungsgründe sein können.

lung (Beispiel: Ratenvergleich über eine unstreitige Forderung); die Sachlage ist so verworren und die Aufklärung erfordert so hohe Kosten (z. B. durch Sachverständigengutachten), dass eine pauschale, vernünftige Lösung akzeptabel erscheint.

In der Güteverhandlung vor dem Haupttermin können die eben erwähnten Fälle ebenfalls zu einer vergleichsweisen Regelung führen.

Ein weiterer günstiger Zeitpunkt ist die Beendigung der Beweisaufnahme, da dann die Parteien die Schwierigkeiten der Beweisführung erkennen und unter Berücksichtigung ihrer Beweislast eher zur Annahme eines Vergleichs geneigt sind.

In besonderen Prozesslagen kann auch bei und nach Durchführung einer Ortsbesichtigung ein Vergleichsgespräch zum Erfolg führen (Beispiel: Nachbarstreitigkeiten; Bausachen).

c) Auch die völlige Entscheidungsreife einer Sache schließt die Führung eines Vergleichsgesprächs nicht aus.

Mit dem Fortschreiten des Prozesses wird jedoch durch die Aufklärungstätigkeit des Gerichts und durch seine im Laufe der Verhandlung mehr oder minder mitgeteilte oder zutage getretene Rechtsauffassung der Spielraum für einen Vergleich enger. In diesem Fall kann die eindeutige Sach- und Rechtslage sowohl die Vergleichsbereitschaft der Partei beseitigen als es auch dem Gericht tatsächlich verbieten, eine Partei, die vor dem vollen Obsiegen steht, noch zu einem erheblichen Nachgeben zu veranlassen.

d) Nach Erlass des Urteils scheidet ein Vergleichsgespräch des Gerichts aus.

In Frage kommt hier nur noch die Protokollierung eines von den Parteien ausgehandelten Vergleichs, der allerdings an ein früheres gerichtliches Vergleichsgespräch oder einen gerichtlichen Vergleichsvorschlag anknüpfen kann. Eine solche Protokollierung ist bis zum Eintritt der Rechtskraft bzw. bis zur Einlegung eines Rechtsmittels noch möglich („Vergleich zwischen den Instanzen").

III. Der Inhalt gerichtlicher Vergleichsvorschläge

Seiner Rechtsnatur nach ist der Prozessvergleich sowohl ein Rechtsgeschäft des bürgerlichen Rechts (§ 779 BGB) als auch eine Prozesshandlung (§ 794 I Nr. 1 ZPO).[8]

1. Der materielle Inhalt des Prozessvergleichs

9 Als Rechtsgeschäft des bürgerlichen Rechts erfordert der Prozessvergleich ein gegenseitiges Nachgeben der Parteien, an das allerdings keine großen Anforderungen zu stellen sind.

2. Der formelle Inhalt des Prozessvergleichs

Formell lässt sich unterschieden, ob der Vergleich den gesamten Rechtsstreit beenden oder nur einzelne Streitpunkte regeln soll. Entsprechend dem Ziel des Prozessvergleichs, den Rechtsfrieden wiederherzustellen, ist zunächst zu versuchen, den gesamten Rechtsstreit vergleichsweise zu beenden, wobei unter Umständen auch nicht rechtshängig gemachte Ansprüche (z. B. bei einer Teilklage) oder andere Streitpunkte einzubeziehen sind.

10 a) Gelegentlich kommen Vergleiche in Betracht, die hinter der Erledigung des Streitgegenstandes zurückbleiben, also nur einzelne Streitpunkte regeln:

[8] Anders/Gehle/*Hunke* Anh. § 307 Rn. 3; Thomas/Putzo/*Seiler* § 794 Rn. 3.

(1) Ein Grundvergleich kommt – ebenso wie ein Grundurteil nach § 304 ZPO – in Frage, wenn ein Anspruch nach Grund und Betrag streitig ist, die Parteien aber zunächst nur den Grund des Anspruchs vergleichsweise regeln wollen, während die Höhe wegen zu großer Ungewissheit noch offenbleiben soll.

Im Anschluss an den Grundvergleich wird das Betragsverfahren fortgesetzt. Es kann – nach weiterer Aufklärung – durch Urteil abgeschlossen werden, wobei das Gericht an den Grundvergleich gebunden ist. Ebenso kann es natürlich durch einen Schlussvergleich erledigt werden.

(2) Ein Teilvergleich bezieht sich nur auf bestimmte Teile des Streitgegenstandes, meist auf bestimmte Positionen einer zusammengesetzten Forderung. Hinsichtlich der nicht verglichenen Teile wird der Rechtsstreit fortgesetzt.

(3) Ein Zwischenvergleich bereitet die spätere Entscheidung des Gerichts vor, indem bestimmte Punkte vorab geregelt werden.

In Frage kommen die Bewertung von Gegenständen durch einen Sachverständigen als Schiedsgutachter, die vorübergehende Regelung eines Zustandes bis zur Entscheidung des Rechtsstreits (z. B. Hinterlegung einer streitbefangenen Sache; Notverkauf und Hinterlegung des Erlöses; vorübergehende Regelung der Rechtsbeziehung im Rahmen eines Dauerschuldverhältnisses wie Gesellschaft, Mietverhältnis).

b) Im Einzelfall gibt es auch Vergleiche, die nicht nur den Streitgegenstand des zu- **11**
grundeliegenden Verfahrens erledigen, sondern auch die Erledigung anderer Verfahren einbeziehen.

3. Die inhaltliche Gestaltung des Prozessvergleichs

Die Maßstäbe für die inhaltliche Gestaltung eines Vergleichs richten sich vor allem nach dem voraussichtlichen Ausgang des Rechtsstreits bei urteilsmäßiger Erledigung, der entsprechend dem jeweiligen Sach- und Streitstand abgeschätzt wird. Gewissen Zweifeln in der Beurteilung der Rechtslage oder des voraussichtlichen Ergebnisses einer noch durchzuführenden Beweisaufnahme wird durch Abschläge oder Zubilligung einer bestimmten Quote des Streitgegenstandes Rechnung getragen.

Neben der Erfolgsaussicht kommen aber auch noch andere Gesichtspunkte für die inhaltliche Ausgestaltung in Frage:

a) Bestehen wirtschaftlich verschiedene Möglichkeiten der Regelung, so ist durch **12**
Befragen der Parteien festzustellen, welche für die Beseitigung des Konflikts als die bessere angesehen wird.

b) Würde die durch Urteil zu treffende Entscheidung den Rechtsfrieden wahrscheinlich nicht gewährleisten, so kommt auch eine vergleichsweise Regelung in Frage, die der Erledigung durch Urteil konträr entgegensteht; die ohne Rechtspflicht nachgebende Partei muss allerdings ein entsprechendes wirtschaftliches Äquivalent erhalten. Insoweit kann eine Partei auch auf durch das Gesetz eingeräumte soziale Schutzpositionen verzichten.

c) Ist eine Partei zur Zahlung der voraussichtlich geschuldeten Geldsumme keinesfalls in der Lage, kann auch der Vorschlag zur Zahlung einer geringeren Summe ein geeigneter Vergleichsvorschlag sein, wenn auf diese Weise der Gläubiger wenigstens teilweise Befriedigung erlangt.

d) Besondere Sorgfalt ist der Formulierung von Abfindungsklauseln zuzuwenden. **13**
Sie können einen verschieden weiten Umfang haben.

Entsprechend dem Ziel, den zwischen den Parteien bestehenden Konflikt umfassend zu regeln, sollte eine weitreichende Abfindungsklausel angestrebt werden. – Eine solche umfassende Abfindungsklausel könnte lauten: „Damit sind alle zwischen den Parteien bestehenden Ansprüche – gleich auf welchem Rechtsgrund sie beruhen mögen – erledigt."

Dem können im Einzelfall aber gewichtige Gesichtspunkte entgegenstehen. In Frage kommt die Schwierigkeit einer Prognose hinsichtlich der zukünftigen Entwicklung eines Schadens, z. B. bei Personenschäden in Unfallhaftpflichtsachen. Oft lassen sich weitere zwischen den Parteien bestehende Ansprüche mangels Kenntnis der Streitlage durch das Gericht oder die Prozessbevollmächtigten nicht überblicken. Dann muss die Abfindungsklausel auf bestimmte Forderungen oder auch Positionen beschränkt werden.

e) Bei einer Einbeziehung von Ansprüchen aus anderen anhängigen Verfahren sollten diese mit Aktenzeichen genau bezeichnet werden.

4. Die Kostenregelung

Besondere Bedeutung kommt der Kostenregelung des Vergleichs zu. Sie ist maßgebend dafür, ob für den Kläger nach Abzug der übernommenen Kosten überhaupt noch etwas übrigbleibt. Sie ist regelmäßig ein erhebliches Hemmnis für den Abschluss, oft sogar der springende Punkt für das Scheitern des Vergleichs, es sei denn, dass eine bewilligte Prozesskostenhilfe oder das Bestehen einer Rechtsschutzversicherung einer oder beiden Parteien das Kostenrisiko abnimmt.

14 a) Grundlage eines Vergleichs und einer vernünftigen Kostenregelung ist der Umstand, dass der Streitwert des Rechtsstreits und ein etwaiger höherer Wert des Vergleichs feststehen. Denn nur dann können die Parteien wissen, welche Kostenlast sie mit einer bestimmten Regelung übernehmen.

Ist der Streitwert zweifelhaft, so muss diese Frage zwischen Gericht und Parteien erörtert werden; eventuell ist eine Streitwertfestsetzung vorab, d. h. vor Protokollierung des Vergleichs notwendig.

15 b) Für die vergleichsweise Regelung der Kosten kommen insbesondere folgende Varianten in Betracht:

(1) Die Kosten des Rechtsstreits und des Vergleichs werden gegeneinander aufgehoben; dies entspricht der gesetzlichen Regelung (§ 98 ZPO).

Diese Kostenregelung liegt nahe, wenn die vergleichsweise Regelung annähernd auf der Basis einer Teilung des Streitobjekts fußt oder wenn nicht anhängige Komplexe in die Regelung einbezogen werden.

(2) Die Kosten des Rechtsstreits werden entsprechend dem gegenseitigen Nachgeben quotenmäßig verteilt.

Hierbei können – wie in der Kostenentscheidung des Urteils – die Kosten einzelner Rechtszüge unterschiedlich gequotelt und die Fälle der Kostentrennung berücksichtigt werden. Bei Einbeziehung nicht rechtshängiger Ansprüche kann es auch angezeigt sein, die Kosten des Vergleichs gegenüber den übrigen Kosten des Rechtsstreits einer gesonderten Quotelung zu unterwerfen, da insoweit ein höherer Vergleichswert in Betracht kommen kann.

Die Kostenregelung kann über die Kostenentscheidung eines Urteils hinausgehen, indem sie bereits die Frage der Erstattungsfähigkeit einzelner Kostenpositionen regelt, z. B. der Kosten eines Privatgutachtens, Reisekosten, Kosten des Beweissicherungsverfahrens und der Zwangsvollstreckung.

(3) Die Parteien können die Kostenfrage ausklammern und die Entscheidung hierüber dem Gericht gemäß § 91a ZPO überlassen. Dies ist oft der letzte Rettungsanker, um einen Vergleich nicht an der Kostenfrage scheitern zu lassen. Das Gericht hat

dann bei der Kostenentscheidung auf den voraussichtlichen Ausgang des Rechtsstreits abzustellen.

Bei dem Kostenbeschluss nach § 91a ZPO ist aber folgendes zu beachten: Das Gericht sollte sich bei Mitteilung des voraussichtlichen Prozessausgangs nicht in völligen Widerspruch zu seinem früheren Vergleichsvorschlag und den bei den Vergleichsverhandlungen geäußerten Rechtsansichten setzen; sonst verliert es bei den Parteien und den Anwälten seine Glaubwürdigkeit. Auch kann bei Dauerrechtsverhältnissen – z. B. Nachbarschaftsverhältnissen, verfeindeten Parteien – die Mitteilung des voraussichtlichen Ausgangs des Rechtsstreits Anlass für eine Verärgerung der durch den Vergleich benachteiligten Partei und damit zu neuem Streit sein. Je mehr sich allerdings der Inhalt des Vergleichs einem Nachgeben zur Hälfte nähert oder die Rechtslage völlig im ungewissen liegt, umso mehr sollte dies Anlass sein, die Kosten salomonisch gegeneinander aufzuheben.

(4) Bei Vergleichen im Arrest- und einstweiligen Verfügungsverfahren, die nur eine vorläufige Regelung treffen, wird eine Kostenregelung oft dahingehend vereinbart, dass die Kosten (des Sicherungsverfahrens) „der Kostenentscheidung in der Hauptsache folgen sollen". 16

Eine solche Regelung erscheint den Parteien oft gerechter als eine isolierte Entscheidung über die Kosten des Sicherungsverfahrens ohne Rücksicht auf den Ausgang der Hauptsache. Allerdings können sich später Auslegungsschwierigkeiten ergeben, wenn der Hauptsacheprozess mit einem anderen Streitwert geführt worden ist, so dass die daran ausgerichtete Kostenentscheidung nicht ohne weiteres für das Sicherungsverfahren passt. Ähnliche Schwierigkeiten tauchen auf, wenn der Hauptprozess nicht durch eine Kostenentscheidung des Gerichts, sondern durch einen Vergleich erledigt wird.

c) Bei einem Grund- oder Zwischenvergleich wird ebenso wie im Grund- oder Zwischenurteil keine Kostenentscheidung getroffen; das Gericht befindet im Endurteil über die Kosten des Rechtsstreits. Bei einem Teilvergleich können die Parteien die Kostenentscheidung dem Schlussurteil vorbehalten; das Gericht wird dann insoweit gemäß § 91a ZPO über die Kosten des erledigten Teils entscheiden.

d) Bei einem Vergleich, der über den Gegenstand des zugrunde liegenden Verfahrens hinausgeht, ist bei der Kostenregelung zu beachten, dass grundsätzlich eine Vergleichsgebühr des Gerichts von einem Viertel aus dem Differenzwert zwischen Streitwert und Vergleichswert entsteht (§ 34 I, Anl. 1 Nr. 1900 GKG) und die Anwälte zusätzlich zu den sonst im Prozess anfallenden Gebühren sowohl eine Einigungsgebühr in Höhe des 1fachen Gebührensatzes aus dem Streitwert. als auch eine Einigungsgebühr in Höhe des 1,5fachen Gebührensatzes aus dem Differenzwert zwischen Streitwert und Vergleichswert erhalten (§ 2 II RVG, VV 1000, 1003 RVG). 17

Werden in den Gesamtvergleich Ansprüche aus anderen anhängigen Verfahren einbezogen, so können die Parteien die Kosten dieser Verfahren in dem Vergleich mitregeln oder aber deren Regelung einer dortigen Entscheidung (z. B. Klagerücknahme mit der Folge des § 269 III ZPO oder Erledigung der Hauptsache mit Beschluss nach § 91a ZPO) oder einem dort zu schließenden Kostenvergleich überlassen.

e) Wird ein Vergleich zwischen den Parteien ohne Beteiligung eines Nebenintervenienten geschlossen, so ist für ihn grundsätzlich die im Vergleich zwischen den Parteien getroffene Kostenregelung maßgebend.[9] 18

Maßgebend ist insoweit die Verweisung in § 101 ZPO auf § 98 ZPO, wonach bei vereinbarter Kostenaufhebung dies auch für die Kosten des Streitgehilfen gilt, er also die Hälfte seiner Kosten von dem Gegner der Hauptpartei ersetzt verlangen kann, und zwar selbst dann, wenn die Parteien des Vergleichs die Kosten der Nebenintervention ausdrücklich ausgeklammert haben.

---

[9] Anders/Gehle/*Göertz* § 101 Rn. 32ff.; Thomas/Putzo/*Hüßtege* § 101 Rn. 4a.

5. Die Begründung des Vergleichsvorschlages

19 Unterschiedlich ist die Handhabung der Gerichte in der Frage, in welchem Umfang eine Begründung für einen Vergleichsvorschlag gegeben werden soll.

Bei mündlichen Erörterungen im Termin versteht es sich von selbst, dass das Gericht die Erwägungen – wenigstens in den Grundzügen – bekannt gibt, die seinem Vergleichsvorschlag zugrunde liegen. Gleiches gilt für den schriftlichen Vergleichsvorschlag des Gerichts (§ 278 VI ZPO).

Zurückhaltung dürfte geboten sein gegenüber den Wünschen der Parteien und Anwälte, einen Vergleichsvorschlag „schriftlich zu begründen". Das Gericht muss sich hierbei festlegen, was die Partei oft zu einem neuen Sachvortrag veranlasst; auch ist der Arbeitsaufwand oft größer als bei einem Urteil.

6. Der Vergleich nach Erlass eines Urteils

20 Bei der Formulierung des Vergleichs nach Erlass eines Urteils, also insbesondere in der Berufungsinstanz aber auch nach Erlass eines Versäumnis- oder eines Vorbehaltsurteils ist darauf zu achten, dass der Vergleich – ganz oder teilweise – an die Stelle des angefochtenen Urteils tritt. Der Prozessvergleich nimmt diesem Urteil die Wirkung,[10].

Zweckmäßig ist es, im Vergleich zu vereinbaren, dass der Kläger auf seine Rechte aus dem ergangenen Urteil verzichtet. Künftiger Vollstreckungstitel ist dann nur noch der Prozessvergleich. Hat der Kläger aufgrund des ergangenen Urteils allerdings eine Sicherung seiner Forderung im Rahmen der Zwangsvollstreckung (Pfändungspfandrecht) erlangt, dann kommt als Alternative in Frage, dass zwecks Bewahrung der Sicherheit der frühere Titel aufrechterhalten bleibt und die Parteien demnach vereinbaren, dass der Kläger einen teilweisen Verzicht auf seine Forderung aus diesem Titel erklärt. In diesem Fall ist und bleibt das frühere Urteil der Vollstreckungstitel, während der Prozessvergleich nur den Teilverzicht auf die Forderung enthält.

Ist aufgrund des Urteils erster Instanz zur Abwendung der Vollstreckung bereits gezahlt worden, so sollte der Vergleich – ebenso wie das Berufungsurteil – die gesamte zu zahlende Forderung nennen. Dabei kann zur Klarstellung die Feststellung hinzugefügt werden, dass der genannte Betrag bzw. ein bestimmter (in der Feststellung zu beziffernder) Teil dieses Betrages bereits vom Beklagten gezahlt ist oder dass etwaige, aufgrund des erstinstanzlichen Urteils gezahlte oder beigetriebene Beträge anzurechnen sind.

IV. Die Protokollierung des Vergleichs

1. Die Notwendigkeit der Protokollierung

21 Der Prozessvergleich bedarf grundsätzlich der Protokollierung (§§ 160 III Nr. 1, 162 ZPO), um die prozessualen Folgen der Verfahrensbeendigung und der Vollstreckbarkeit herbeizuführen. Nur ausnahmsweise, nämlich bei Annahme eines schriftlichen Vergleichsvorschlags durch Schriftsatz, genügt hierfür die Feststellung des Zustandekommens durch Beschluss (§ 278 VI ZPO).

Auch dem Beschluss nach § 278 VI ZPO kommt die beurkundungsersetzende Wirkung nach § 127a BGB zu, der Beschluss hat dieselbe Funktion wie ein Protokoll.[11]

---

[10] Thomas/Putzo/*Seiler* § 794 Rn. 8.
[11] MüKoZPO/*Wolfsteiner* § 794 Rn. 86.

2. Der Anwaltszwang

Im Anwaltsprozess muss sich jeder Vergleichspartner grundsätzlich von einem postulationsfähigen Rechtsanwalt vertreten lassen und zwar auch vor dem Einzelrichter, nicht aber vor dem beauftragten oder ersuchten Richter; der lediglich dem Prozessvergleich beitretende Dritte braucht sich auch im Anwaltsprozess nicht von einem postulationsfähigen Rechtsanwalt vertreten zu lassen.[12] 22

3. Die Formulierung des Vergleichs

In der Praxis steht die Formulierung des Vergleichs durch das Gericht im Vordergrund, sei es, dass das Gericht einen schriftlichen Vergleichsvorschlag formuliert, den die Parteien dann annehmen und der sodann bei der Protokollierung übernommen bzw. dessen Zustandekommen sodann durch Beschluss festgestellt wird, sei es, dass ein in der mündlichen Verhandlung „ausgehandelter" Vergleich von dem Richter in das Protokoll diktiert wird. 23

In diesen Fällen übernimmt der Richter – neben den Parteien und ihren Anwälten – eine Verantwortung für die sachgerechte Formulierung. Der Richter wird es deshalb ablehnen, an einem Vergleich mitzuwirken, wenn der Vergleichsinhalt nicht genügend abgeklärt ist und seine Formulierung auf Schwierigkeiten stößt.

Anders ist die Handhabung, wenn die Parteien vor Gericht erscheinen, um einen außerprozessual ausgehandelten Vergleich protokollieren zu lassen, den sie meist wörtlich ausformuliert mitbringen. Hier wird das Gericht als Beurkundungsperson tätig und grundsätzlich den Vergleichsabschluss nur durch Verlesen entgegennehmen. Nur soweit dazu Anlass besteht, wird es auf Bedenken hinweisen.

4. Das Bestimmtheitserfordernis

Der Vergleich bedarf einer klaren Formulierung, um künftigen Streitigkeiten vorzubeugen. Soweit in dem Vergleich Leistungspflichten übernommen werden, sind an ihn die gleichen Voraussetzungen wie an ein Urteil als Vollstreckungstitel zu stellen. Es gilt das Erfordernis der Bestimmtheit. 24

Umfang und Inhalt des zu vollstreckenden Anspruchs müssen sich aus dem Prozessvergleich selbst ergeben; eine Bezugnahme auf außerhalb des Vergleichs befindliche Urkunden, z.B. ein in den Gerichtsakten befindliches Sachverständigengutachten, genügt nicht. Solche Urkunden müssen dem Vergleichsprotokoll nach Maßgabe des § 160 V ZPO beigefügt werden. Besonderes Augenmerk ist darauf zu richten, ob mehrere Zahlungspflichtige als Teil- oder Gesamtschuldner haften sollen, dass bei wiederkehrenden Leistungen die Zulässigkeit und Voraussetzungen einer Abänderungsbefugnis genau festgelegt und bei Übertragung von Grundbesitz die genauen Grundstücksbezeichnungen (§ 28 GBO) angegeben werden. Bei der Verpflichtung von Erben muss der Vorbehalt der beschränkten Erbenhaftung (§ 780 I ZPO) in den Vergleich aufgenommen werden.

5. Die Abgabe von Willenserklärungen

Es ist schließlich zu beachten, dass für die Abgabe von Willenserklärungen § 894 ZPO nicht auf den Vergleich anwendbar ist. 25

Nehmen die Parteien eine Verpflichtung zur späteren Abgabe einer Willenserklärung auf, so muss die Partei, die diese Verpflichtung übernommen hat, bei notarieller Formbedürftigkeit der Erklärung diese bei einem Notar abgeben, was weitere Kosten verursachen kann. Die Vollstreckung dieser Verpflichtung aus dem Vergleich muss nach §§ 887, 888 ZPO erzwungen werden. Unter diesen Umstän-

[12] Anders/Gehle/*Hunke* Anh. § 307 Rn. 27; Thomas/Putzo/*Seiler* § 794 Rn. 12.

den ist zu überlegen, ob nicht die Abgabe der Willenserklärung selbst in den Vergleich aufzunehmen ist, wobei bei der Auflassung deren Bedingungsfeindlichkeit zu beachten ist.

6. Die Mitwirkung Dritter

26 Der Vergleich setzt eine Beteiligung der Prozessbeteiligten (sämtlicher Kläger und Beklagten) voraus. Der Nebenintervenient kann, muss aber nicht mitwirken. Daneben können auch Dritte in den Vergleich einbezogen werden.[13]

7. Der Prozessvergleich zugunsten Dritter

Zu unterscheiden von der formellen Beteiligung eines Dritten am Prozessvergleich ist der Abschluss eines Prozessvergleichs zugunsten eines Dritten (§ 328 BGB).

Soll dem nicht am Prozess beteiligten Dritten auch die Vollstreckungsbefugnis zugewendet werden, so empfiehlt es sich, den Dritten formell unter Hinzuziehung eines Rechtsanwalts an dem Abschluss des Prozessvergleichs zu beteiligen.

8. Der Widerrufsvorbehalt

27 a) Im Prozessvergleich – nicht nachträglich – kann einer oder beiden Parteien der Widerruf des Vergleichs binnen einer bestimmten Frist vorbehalten werden.[14]

Hauptanlass dafür ist die fehlende Anwesenheit einer Partei oder eines abschlussbevollmächtigten Vertreters einer Partei bei Protokollierung; der abschließende Rechtsanwalt will sich der Zustimmung der Partei versichern, um unliebsamen Vorwürfen oder gar einem Regressanspruch vorzubeugen. Bei Anwesenheit der Partei sollte man einen Widerrufsvorbehalt, den diese gelegentlich – zwecks „Überlegung“, insgeheim oft zwecks Rücksprache mit anderen Personen (z. B. Ehegatten) oder insgeheim schon in der Absicht des Widerrufs – wünscht, nach Möglichkeit vermeiden; die anwesende Partei sollte sich in der Sitzung endgültig für oder gegen die vergleichsweise Regelung entscheiden („hic Rhodus, hic salta“).

Eine besonders schwierige Lage entsteht, wenn in einem Beweistermin ein Vergleich mit Widerruf geschlossen wird und zu diesem Termin zahlreiche Zeugen und Sachverständige erschienen sind. Gegen ihre vorherige Vernehmung spricht meist der möglicherweise unnütze Arbeitsaufwand aber auch die Erwägung, dass bei vorheriger Vernehmung durch Aufdeckung neuer Tatsachen und Beweisergebnisse dem Vergleich die Grundlage entzogen werden kann. Es spricht deshalb viel dafür, im Regelfall von einer Vernehmung abzusehen, selbst auf die Gefahr hin, dass die Beweispersonen bei Widerruf nochmals erscheinen müssen.

28 b) Hinsichtlich der Ausübung des Widerrufs ist Folgendes zu beachten:

(1) Entsprechend der Doppelnatur des Vergleichs als materiell-rechtliches Geschäft und Prozesshandlung hat auch der Widerruf des Vergleichs bei einem Widerrufsvorbehalt eine Doppelnatur bezüglich der materiell-rechtlichen und der prozessbeendenden Wirkung.[15] Bei der Formulierung des Widerrufsvorbehaltes sollte klargestellt werden, dass der Widerruf (nur) durch schriftliche Anzeige gegenüber dem Gericht erfolgen kann.

Dabei genügt der Eingang bei der zuständigen Geschäftsstelle oder einer zuständigen Briefannahmestelle. Haben die Parteien im Interesse der Rechtsklarheit im Vergleich vereinbart, dass der Widerruf gegenüber dem Gericht erfolgen soll, so kann das gegenteilige Ergebnis – Zulässigkeit eines Widerrufs gegenüber der anderen Partei – nicht durch Auslegung des Vergleichs erreicht werden.

---

[13] Anders/Gehle/*Hunke* Anh. § 307 Rn. 26; Thomas/Putzo/*Seiler* § 794 Rn. 9.
[14] Anders/Gehle/*Hunke* Anh. § 307 Rn. 12; Thomas/Putzo/*Seiler* § 794 Rn. 19f.
[15] Anders/Gehle/*Hunke* Anh. § 307 Rn. 15.

(2) Die Erklärung des Widerrufs ist grundsätzlich formfrei, eine für den Widerruf vereinbarte Form muss für dessen Wirksamkeit aber eingehalten werden.[16]

c) Der rechtzeitige Widerruf beseitigt die Wirksamkeit des Vergleichs endgültig. Es ist nicht möglich, durch Rücknahme des Widerrufs den Vergleich wiederherzustellen. Vielmehr muss dann der Vergleich neu abgeschlossen werden.

d) Ist der Widerruf verspätet eingegangen, so ist der Vergleich rechtskräftig geworden. Eine Wiedereinsetzung in den vorigen Stand nach § 233 ZPO scheidet aus, da es sich bei der Widerrufsfrist nicht um eine richterliche und erst recht nicht um eine gesetzliche Notfrist handelt.[17]

9. Die äußere Form der Protokollierung

Der Vergleich bedarf der Aufnahme in das Sitzungsprotokoll (§ 160 III Nr. 1 ZPO). Dabei ist auf folgende Punkte zu achten:

a) Da der Prozessvergleich einen Vollstreckungstitel darstellt, ist das Protokoll mit einem vollen, den Erfordernissen des § 313 I Nr. 1, 2 ZPO genügenden Rubrum zu versehen. **29**

b) Im Hinblick auf den Anwaltszwang ist darauf zu achten, dass im Protokoll die Anwesenheit der Rechtsanwälte vermerkt ist.

Anwesend müssen postulationsfähige, d.h. zugelassene Anwälte sein. Die Anwesenheit eines Assessors oder eines Stationsreferendars genügt nicht.

c) Der Vergleich muss wörtlich in das Protokoll aufgenommen werden. Dies kann geschehen:

(1) Durch wörtliches Niederschreiben, was in der Praxis so gut wie nicht mehr vorkommt.

(2) Im Wege der Aufzeichnung des Wortlauts mittels Kurzschrift, verständlicher Abkürzungen oder mittels eines Ton- oder Datenträgers (§ 160a I ZPO) durch Diktat des Richters oder durch eigene Aufnahme durch den Richter. Die Übertragung hat in diesem Fall unverzüglich nach der Sitzung zu erfolgen (§ 160a II 1 ZPO); die vorläufigen Aufzeichnungen sind zu den Prozessakten zu nehmen oder, falls sie hierzu nicht geeignet sind, aufzubewahren (§ 160a III ZPO). Daten- und Tonträger können allerdings nach Maßgabe des § 160a III Nr. 1 bzw. Nr. 2 ZPO gelöscht werden.

Um Übertragungsfehlern und späteren bei einer etwa notwendigen Protokollberichtigung auftauchenden Erinnerungslücken vorzubeugen, sollte sich der Richter im Vergleich vorkommende Zahlen (Geldbeträge, Daten etc.) notieren und vor der endgültigen Unterzeichnung des Protokolls diese nochmals vergleichen.

(3) Durch Beifügung einer Anlage zu dem Protokoll, in der der Vergleich verschriftlich enthalten ist (§ 160 V ZPO). Eine derartige Handhabung kommt in Frage, wenn die Parteien einen außerprozessual ausgehandelten Vergleich schon aufgezeichnet mit wörtlicher Formulierung zum Termin mitbringen.

d) In jedem der drei zuvor genannten Fälle ist der Vergleich den Beteiligten vorzulesen bzw. vorzuspielen oder zur Durchsicht vorzulegen und sodann von ihnen zu genehmigen. In dem Protokoll ist zu vermerken, dass dies geschehen und die Genehmigung erfolgt ist (§ 162 I 3 ZPO).

e) Das Protokoll ist von dem Richter und Protokollführer zu unterschreiben (§ 163 I ZPO).

---

[16] Musielak/Voit/*Lackmann* § 794 Rn. 13; Thomas/Putzo/*Seiler* § 794 Rn. 21.

[17] Anders/Gehle/*Becker* § 233 Rn. 11 „Vergleich"; Thomas/Putzo/*Seiler* § 794 Rn. 23.

V. Die Tätigkeit des Gerichts nach Abschluss des Prozessvergleichs

1. Die Wertfestsetzung

30 Ist der Gegenstand des Rechtsstreits mit dem Gegenstand des Vergleichs identisch, so bedarf es neben der Festsetzung des Streitwerts keiner besonderen Festsetzung des Vergleichswerts.[18]

In diesem Fall richten sich die durch den Abschluss des Prozessvergleichs zusätzlich entstehenden Gebühren nach dem Streitwert des Verfahrens. Insoweit kann durch Beschluss höchstens eine Klarstellung dahingehend erfolgen, dass Streitwert und Vergleichswert einheitlich … € betragen.

Geht dagegen der Wert des Vergleichs über den Streitwert des Verfahrens hinaus, so ist eine gesonderte Wertfestsetzung notwendig.

Ein geringerer Wert des Vergleichs gegenüber dem des Verfahrens kommt in Betracht, wenn die Parteien einen Teilvergleich schließen oder sich nach Erledigung der Hauptsache über die Kosten des Rechtsstreits vergleichen.

2. Das weitere Verfahren bei Vergleich mit Widerrufsvorbehalt

31 a) Wird der Vergleich unter Widerrufsvorbehalt abgeschlossen; so wird üblicherweise bestimmt, wie bei Erklärung des Widerrufs das Verfahren fortgesetzt werden soll. In Frage kommen:

(1) Die sofortige Anberaumung eines Verkündungstermins für den Fall des Widerrufs.

Die Überschreitung der in § 310 I 2 ZPO als Richtlinie vorgesehenen Dreiwochenfrist ist im Hinblick auf die Widerrufsfrist gerechtfertigt. In der Regel wird man den Verkündungstermin drei Wochen nach Ablauf der Widerrufsfrist anberaumen.

(2) Der Erlass einer Entscheidung im schriftlichen Verfahren im Einverständnis der Parteien (§ 128 II ZPO).

Die Fristgrenze von drei Monaten (§ 128 II 3 ZPO) ist zu beachten.

(3) Wird nichts beschlossen, so wird von Amts wegen neuer Termin anberaumt; dies kann ein Beweistermin oder ein Haupttermin sein.

b) Bei Eingang des Widerrufs prüft das Gericht, ob dieser form- und fristgerecht eingegangen ist.

Wird dies bejaht, richtet sich das Verfahren nach der für diesen Fall getroffenen Regelung. Ist der Widerruf verspätet, so wird das Gericht dies der widerrufenden Partei mit dem Hinweis mitteilen, dass der Vergleich wegen des verspäteten Widerrufs rechtskräftig geworden ist. Nur wenn die Partei diese Rechtsfolge nicht anerkennen will, wird das Gericht neuen Termin anberaumen, um sodann nach Anhörung des Gegners über die Frage der Wirksamkeit des Prozessvergleichs eine Entscheidung zu treffen.

---

[18] Anders/Gehle/*Gehle* Anh. § 3 Rn. 127 f. „Vergleich"; Thomas/Putzo/*Hüßtege* § 3 Rn. 157 „Vergleich".

3. Die Mitteilungspflichten

Abschluss und Inhalt gewisser Prozessvergleiche sind nach der „Anordnung über Mitteilungen in Zivilsachen“ (MiZi) in der jeweils aktuellen Fassung anderen Gerichten und Behörden mitzuteilen. Vor allem gilt dies für die Beurkundung von Rechtsvorgängen, die sich auf Grundstücke oder grundstücksgleiche Rechte beziehen, auf Schenkungen und Zweckzuwendungen unter Lebenden, sowie die Beurkundung von Erbeinsetzungen und sonstigen erbrechtlichen Erklärungen. 32

4. Die Geltendmachung von Mängeln des Prozessvergleichs

Mängel des Prozessvergleichs, die zu seiner Unwirksamkeit führen, sind in dem bisherigen Prozess vor dem bisherigen Prozessgericht geltend zu machen. Dies ergibt sich daraus, dass der Prozess bei einem Streit über die Wirksamkeit sowohl in prozessualer wie in materiell-rechtlicher Hinsicht nicht beendet ist.[19] 33

Wird die Unwirksamkeit geltend gemacht, so ist Termin zur mündlichen Verhandlung zu bestimmen. Der Antrag setzt als Prozesshandlung die Prozessfähigkeit der antragstellenden Partei voraus, im Anwaltsprozess Postulationsfähigkeit, so dass Eingaben der Partei selbst, die die Wirksamkeit des Prozessvergleichs anzweifelt, unbeachtlich sind. Der Antrag der Partei, die sich auf die Unwirksamkeit des Prozessvergleichs beruft, lautet auf Feststellung, dass der Rechtsstreit durch den Prozessvergleich nicht erledigt ist. Hält das Gericht den Vergleich für wirksam, so wird dieser Antrag zurückgewiesen; hält dagegen das Gericht den Vergleich für unwirksam, so wird festgestellt, dass der Rechtsstreit durch den Vergleich nicht erledigt ist, und sodann das Verfahren fortgesetzt. Bis zur Entscheidung über den Antrag kann das Gericht die Zwangsvollstreckung aus dem Prozessvergleich analog § 707 ZPO einstweilen einstellen.

5. Sonstige Rechtsbehelfe

Einwendungen gegen den durch Prozessvergleich begründeten Anspruch sind im Wege der Vollstreckungsgegenklage[20] geltend zu machen (§§ 795, 767 ZPO). Mangels Rechtskraft des Vergleichs gilt dabei die Präklusionswirkung des § 767 II ZPO nicht. 34

Sind im Vergleich wiederkehrende Leistungen vereinbart worden, so kann bei wesentlicher Veränderung der Verhältnisse Abänderungsklage nach § 323a ZPO erhoben werden. Wird über die Auslegung eines unstreitig wirksamen Prozessvergleichs gestritten, so ist eine Feststellungsklage[21] nach § 256 ZPO zulässig.

---

[19] Anders/Gehle/*Hunke* Anh. § 307 Rn. 51 ff.; Thomas/Putzo/*Seiler* § 794 Rn. 36 ff.
[20] Anders/Gehle/*Hunke* Anh. § 307 Rn. 58 ff.; Thomas/Putzo/*Seiler* § 794 Rn. 61.
[21] Anders/Gehle/*Hunke* Anh. § 307 Rn. 60.

Muster 232: Protokollierter Zahlungsvergleich

☐ Amtsgericht Frankfurt am Main
☐ Landgericht Frankfurt am Main
Aktenzeichen: …

1 Niederschrift über die öffentliche Sitzung[22]
☐ der … Zivilkammer
☐ der … Kammer für Handelssachen
vom …
Gegenwärtig: Vorsitzende…: …
Beisitzer…: …
☐ …
☐ Urkundsbeamt… der Geschäftsstelle …
☐ Von der Zuziehung eines Urkundsbeamten der Geschäftsstelle wurde abgesehen.[23]

In dem Rechtsstreit
d… …,

Kläger…,

Prozessbevollmächtigte…: Rechtsanwältin/Rechtsanwalt …,
gegen
d… …,

Beklagte…,

Prozessbevollmächtigter: Rechtsanwältin/Rechtsanwalt …,
erschienen … und schlossen folgenden Vergleich:

1. D… Beklagte… verpflichtete/verpflichten sich, an d… Kläger…
☐ als Gesamtschuldner
einen Betrag von … €
☐ nebst …% Zinsen p.a. daraus seit …
☐ abzüglich am … gezahlter … €
zu zahlen
☐ und zwar
☐ bis spätestens …
☐ binnen … . Wochen nach Rechtskraft des Vergleichs.
☐ … € sofort, den Rest in monatlichen Raten von … €, beginnend am …, fällig jeweils am … eines jeden Monats.
☐ Die Zahlung soll erfolgen an
☐ d… Kläger… direkt.
☐ zu Händen de… Prozessbevollmächtigten d… Kläger…

---

22 Wird neben dem Abschluss des Vergleichs mündlich verhandelt, so handelt es sich nicht um ein Sitzungsprotokoll, sondern um ein Verhandlungsprotokoll.
23 § 159 I 2 ZPO.

2. ☐ Bei nicht fristgerechter Zahlung ist die Summe ab Fälligkeit mit …% zu verzinsen.

3. ☐ Kommt/Kommen d… Beklagte… mit einem Betrag in Höhe von mehr als einer Rate länger als … Tage in Rückstand, so ist der jeweils geschuldete Restbetrag auf einmal fällig.

4. ☐ Zahlt/Zahlen d… Beklagte… bis spätestens … einen Betrag von … €, so verzichtet/verzichten d… Kläger… auf die gemäß Ziffer 1 bestehende Mehrforderung.
   ☐ Für die Rechtzeitigkeit der Zahlung soll die Gutschrift auf dem Konto d… Kläger… maßgebend sein.
   ☐ Den Nachweis der rechtzeitigen Zahlung hat/haben d… Beklagte… zu führen.

5. ☐ Damit sind abgegolten
   ☐ alle gegenseitigen Ansprüche der Parteien
   ☐ alle Ansprüche d… Kläger… .
   ☐ aus diesem Rechtsstreit
   ☐ aus dem Rechtsstreit … gegen … (…gericht, …, Aktenzeichen: …).

6. ☐ Vorbehalten und durch diesen Vergleich nicht berührt werden
   ☐ Ansprüche d… Kläger… auf … aus … .
   ☐ Ansprüche d… Beklagten auf … aus … .

7. ☐ D … Kläger…/Beklagte… verzichtet auf die Rechte aus dem
   ☐ Versäumnisurteil vom …
   ☐ Urteil des …gerichts … vom …

8. ☐ Die Kosten des Rechtsstreits ☐ und dieses Vergleichs 2
   ☐ werden gegeneinander aufgehoben.
   ☐ tragen die Parteien je zur Hälfte.
   ☐ tragen d… Kläger… zu … (Bruchteil), d… Beklagte… zu … (Bruchteil)
   ☐ als Gesamtschuldner.
   ☐ werden in diesem Vergleich nicht geregelt; hierüber soll das Gericht gemäß § 91a ZPO entscheiden;
   ☐ nach Rechtskraft des Vergleichs.

   ☐ Die Kosten des Vergleichs
   ☐ werden gegeneinander aufgehoben.
   ☐ tragen die Parteien je zur Hälfte.
   ☐ tragen d… Kläger… zu … (Bruchteil), d… Beklagte… zu … (Bruchteil)
   ☐ als Gesamtschuldner.

   ☐ Die Parteien sind sich einig, dass bei der Kostenausgleichung 3
   ☐ die durch die Anrufung des unzuständigen
      ☐ Amtsgerichts ☐ Landgerichts …
      entstandenen Mehrkosten unberücksichtigt bleiben, also von d… Kläger… vorab allein getragen werden.
   ☐ die Kosten des selbständigen Beweisverfahrens … gegen … (… gericht, Aktenzeichen: …)
      ☐ als erstattungsfähige Kosten voll einzubeziehen sind.
      ☐ als erstattungsfähige Kosten mit einem Streitwert von … € einzubeziehen sind.

☐ als erstattungsfähige Kosten außer Betracht bleiben, also von d… ☐ Kläger… ☐ Beklagten alleine getragen werden.

☐ die Kosten des von d… ☐ Kläger… ☐ Beklagten hinzugezogenen Privatgutachters

☐ als erstattungsfähige Kosten einzubeziehen sind.

☐ außer Betracht bleiben.

9. ☐ D… ☐ Kläger… ☐ Beklagte… ☐ Beiden Parteien
bleibt der Widerruf dieses Vergleichs durch schriftliche Anzeige bei Gericht bis spätestens … vorbehalten.

☐ vorgelesen und genehmigt ☐ vorgespielt und genehmigt

☐ Zugleich für die Richtigkeit der Übertragung vom Tonband:[24]

………………………… …………………………
(☐ D… Vorsitzende) (Urkundsbeamt… der Geschäftsstelle)
(☐ D… Einzelrichter…)

…………………

[24] § 163 I 2 ZPO.

Muster 233: Protokollierter Zahlungsvergleich nach Erlass eines Urteils

☐ Amtsgericht Frankfurt am Main
☐ Landgericht Frankfurt am Main
Aktenzeichen: …

Niederschrift über die öffentliche Sitzung[25] 1
☐ der … Zivilkammer
☐ der … Kammer für Handelssachen
vom …

Gegenwärtig: Vorsitzende…: …
Beisitzer…: …
☐ …
☐ Urkundsbeamt… der Geschäftsstelle …
☐ Von der Zuziehung eines Urkundsbeamten der Geschäftsstelle wurde abgesehen.[26]

In dem Rechtsstreit
d… …,

Kläger…,

Prozessbevollmächtigte…: Rechtsanwältin/Rechtsanwalt …,
gegen
d… …,

Beklagte…,

Prozessbevollmächtigte…: Rechtsanwältin/Rechtsanwalt …,
erschienen … und schlossen folgenden Vergleich:

1. Die Parteien sind sich einig, dass d… Beklagte… anstelle der im
☐ Versäumnisurteil ☐ Vorbehaltsurteil
☐ Urteil des Amtsgerichts … vom …
genannten Summe den Betrag von … € nebst … Zinsen p.a. daraus seit … zu zahlen hat/haben;
☐ abzüglich am … gezahlter … €; ☐ als Gesamtschuldner.
☐ D… Beklagte… verpflichtet/verpflichten sich, diesen Betrag
☐ bis spätestens … zu zahlen.
☐ in monatlichen Raten von … €, beginnend am …, fällig jeweils am … eines jeden Monats zu zahlen.
D… Kläger… verzichtet/verzichten auf seine/ihre Rechte aus dem obengenannten Urteil.

2. ☐ Die Parteien sind sich einig, dass die Vollstreckung aus dem
☐ Versäumnisurteil ☐ Vorbehaltsurteil
☐ Urteil des …gerichts … vom …
nur noch in Höhe eines Betrages von … € nebst … Zinsen p.a. daraus seit … stattfinden soll. Der genannte Betrag ist

---

[25] Wird neben dem Abschluss des Vergleichs mündlich verhandelt, so handelt es sich nicht um ein Sitzungsprotokoll, sondern um ein Verhandlungsprotokoll.
[26] § 159 I 2 ZPO.

☐ bis spätestens … zu zahlen.
☐ in monatlichen Raten von … €, beginnend am …, fällig jeweils am … eines jeden Monats zu zahlen.

D… Kläger… verzichtet/verzichten auf seine/ihre darüber hinausgehende, in dem obengenannten Urteil titulierte Forderung. Die aufgrund des genannten Urteils vollzogenen Vollstreckungsmaßnahmen bleiben aufrechterhalten.

3. ☐ Die Parteien sind sich darüber einig, dass auf die obengenannte Vergleichssumme etwaige aufgrund des Urteils bereits beigetriebene oder freiwillig gezahlte Beträge anzurechnen sind.

2 4. ☐ Die Kosten des Rechtsstreits erster Instanz
☐ werden gegeneinander aufgehoben.
☐ tragen d… Kläger… zu … (Bruchteil), d… Beklagte… zu … (Bruchteil) ☐ als Gesamtschuldner.

☐ Die Kosten des Rechtsstreits zweiter Instanz
☐ werden gegeneinander aufgehoben.
☐ tragen d… Kläger… zu … (Bruchteil), d… Beklagte… zu … (Bruchteil) ☐ als Gesamtschuldner.

☐ Die Kosten des Vergleichs
☐ werden gegeneinander aufgehoben.
☐ tragen d… Kläger… zu … (Bruchteil), d… Beklagte… zu … (Bruchteil) ☐ als Gesamtschuldner.

☐ vorgelesen und genehmigt ☐ vorgespielt und genehmigt
☐ Zugleich für die Richtigkeit der Übertragung vom Tonband:[27]

……………………… …………………………
(☐ D… Vorsitzende) (Urkundsbeamt… der Geschäftsstelle)
(☐ D… Einzelrichter…)

…………………

[27] § 163 I 2 ZPO.

Muster 234: Räumungsvergleich betreffend eine Mietwohnung – Feststellungsbeschluss (§ 278 VI ZPO)

□ Amtsgericht Frankfurt am Main
□ Landgericht Frankfurt am Main
Aktenzeichen: …

Beschluss

In dem Rechtsstreit 1
d… …,

Kläger…,

Prozessbevollmächtigte…: Rechtsanwältin/Rechtsanwalt …,
gegen
d… …,

Beklagte…,

Prozessbevollmächtigte…: Rechtsanwältin/Rechtsanwalt …,
□ hat das Amtsgericht Frankfurt am Main durch d… Richter… am Amtsgericht …
□ hat die … Zivilkammer des Landgerichts Frankfurt am Main durch
□ d… Vorsitzende… Richter… am Landgericht … und die Richter… am Landgericht … und …
□ d… Richter… am Landgericht … als Einzelrichter…
am … beschlossen:

Es wird festgestellt, dass folgender Vergleich zwischen den Parteien zustande gekommen ist:

1. Die Parteien sind sich darüber einig, dass das zwischen ihnen bestehende Mietverhältnis betreffend die Wohnung … bestehend aus … Zimmer …, … Keller …, … Diele …, … Mansarde …, … Garage …, …
□ mit sofortiger Wirkung □ mit Wirkung vom …
aufgehoben wird.
2. D… Beklagte… verpflichtet/verpflichten sich, die in Ziffer 1 genannte Wohnung bis spätestens … zu räumen und an d… Kläger… herauszugeben.
3. □ D… Beklagte… verzichtet/verzichten auf die Bewilligung einer weiteren Räumungsfrist, die über den in Ziffer 2 genannten Zeitpunkt hinausgeht.
4. □ D… Beklagte… ist/sind berechtigt, bei dem Auszug folgende von ihnen eingebaute Sachen wieder auszubauen und mitzunehmen: …
□ Er/sie verpflichtet/verpflichten sich, den bei Einzug vorhandenen Zustand wiederherzustellen, insbesondere …
5. □ D… von d… Beklagten eingebaute … Sache …, nämlich … soll/sollen in der Wohnung verbleiben.
□ D… Beklagte… verzichtet/verzichten auf eine Entschädigung für den Verbleib dieser Sachen.

☐ D... Kläger... verpflichtet/verpflichten sich, als Ausgleich für diesen Verbleib an d... Beklagte... eine Abfindung in Höhe von ... € zu zahlen.

6. ☐ D... Kläger... verzichtet/verzichten auf die Durchführung von ☐ Schönheitsreparaturen ☐ Renovierungsarbeiten.
☐ Er/Sie behält/behalten sich jedoch die Geltendmachung einer Entschädigung vor, wenn sich bei Räumung herausstellen sollte, dass Schäden an der Mietsache vorhanden sind, die offensichtlich über die normale Abnutzung hinausgehen.

2 7. ☐ Bis zur endgültigen Räumung gelten für das bestehende Nutzungsverhältnis die Bestimmungen des bisherigen Mietvertrages vom ... nebst Zusätzen vom ... weiter;
☐ jedoch mit folgenden Änderungen:
☐ Die Nutzungsentschädigung beträgt ab ... monatlich ... €
☐ zuzüglich folgender Betriebskosten: ...
☐ Die Mitbenutzung
☐ der Waschküche ☐ des Gartens ☐ ...
☐ entfällt ab sofort.
☐ wird ab sofort wie folgt geregelt: ...
☐ ... .

8. ☐ D... Kläger... verpflichtet/verpflichten sich, bis ... an d... Beklagte... einen Beitrag in Höhe von ... € zu den Umzugskosten zu zahlen,
☐ falls die Räumung fristgerecht zum ... erfolgt.
☐ falls d... Beklagte... durch Vorlage von Rechnungen nachweist/nachweisen, dass an Umzugskosten ein Betrag in dieser Höhe mindestens entstanden ist.

9. ☐ D... Kläger... verpflichtet/verpflichten sich, nach der Räumung
☐ unverzüglich ☐ spätestens bis zum ...
eine Gesamtabrechnung der noch offenen Nutzungsentschädigung und der Betriebskosten durchzuführen
☐ und hierbei in die Abrechnung einzubeziehen
☐ die geleistete Mietkaution.
☐ den gezahlten Betriebskostenvorschuss.
☐ den Umzugskostenbeitrag nach Ziffer 8.

3 10. ☐ Die Kosten des Rechtsstreits und dieses Vergleichs
☐ werden gegeneinander aufgehoben.
☐ tragen die Parteien je zur Hälfte.
☐ tragen d... Kläger... zu ... (Bruchteil), d... Beklagte... zu ... (Bruchteil) ☐ als Gesamtschuldner.
☐ werden in diesem Vergleich nicht geregelt; hierüber soll das Gericht gemäß § 91a ZPO entscheiden;
☐ nach Rechtskraft des Vergleichs.
☐ Die Kosten des Vergleichs
☐ werden gegeneinander aufgehoben.
☐ tragen die Parteien je zur Hälfte.
☐ tragen d... Kläger... zu ... (Bruchteil), d... Beklagte... zu ... (Bruchteil) ☐ als Gesamtschuldner.

....

Muster 235: Protokollierter Vergleich im Bauprozess

Landgericht Frankfurt am Main
Aktenzeichen: …

Niederschrift über die öffentliche Sitzung[28] 1
☐ der … Zivilkammer
☐ der … Kammer für Handelssachen
vom …

Gegenwärtig: Vorsitzende…: …
Beisitzer…: …
☐ …
☐ Urkundsbeamt… der Geschäftsstelle …
☐ Von der Zuziehung eines Urkundsbeamten der Geschäftsstelle wurde abgesehen.[29]

In dem Rechtsstreit
d… …,

Kläger…,

Prozessbevollmächtigte…: Rechtsanwältin/Rechtsanwalt …,
gegen
d… …,

Beklagte…,

Prozessbevollmächtigte…: Rechtsanwältin/Rechtsanwalt …,
erschienen … und schlossen folgenden Vergleich:

1. D… Kläger… verpflichtet/verpflichten sich,
   ☐ bei dem Bauvorhaben … folgende Arbeiten bis spätestens … durchzuführen: …
   ☐ bei dem Bauvorhaben … die im Gutachten des Sachverständigen … vom … genannten Arbeiten durchzuführen. Das Gutachten wird dem Vergleich als Protokollanlage beigefügt.
2. D… Beklagte… verpflichtet/verpflichten sich, nach Durchführung der in Ziffer 1 genannten Arbeiten an d… Kläger… … € zu zahlen.
3. ☐ Besteht zwischen den Parteien Streit darüber, ob d… Kläger… die in Ziffer 1 genannten Arbeiten ordnungsgemäß ausgeführt hat/haben, soll d… Architekt… … diese Frage als Schiedsgutachter… endgültig entscheiden. 2
   ☐ D… Schiedsgutachter… kann im Einzelfall auch feststellen, welche der unter Ziffer 1 genannten Arbeiten noch nicht ausgeführt sind. Soweit

---

[28] Wird neben dem Abschluss des Vergleichs mündlich verhandelt, so handelt es sich nicht um ein Sitzungsprotokoll, sondern um ein Verhandlungsprotokoll.
[29] § 159 I 2 ZPO.

d… Schiedsgutachter… feststellt, dass die Arbeiten nicht oder mangelhaft ausgeführt sind, setzt sie/er nach freiem Ermessen die Kosten der noch auszuführenden Arbeiten fest. Der von d… Schiedsgutachter… festgesetzte Betrag ist von der in Ziffer 2 genannten Summe abzuziehen; d… Beklagte… hat/haben dann binnen zwei Wochen nach Eingang der Erklärung d… Schiedsgutachter… die Restsumme an d… Kläger… zu zahlen.

☐ Hinsichtlich der Kosten des Schiedsgutachtens[30] wird folgendes vereinbart:

- ☐ Beide Parteien verpflichten sich, auf einen von d… Schiedsgutachter… angeforderten Kostenvorschuss jeweils die Hälfte zu zahlen.
- ☐ Die Kosten des Schiedsgutachtens tragen die Parteien je zur Hälfte.
- ☐ Die Kosten des Schiedsgutachtens trägt diejenige Partei, die nach dem Ergebnis des Schiedsgutachtens unterlegen ist, gegebenenfalls sind die Kosten zu teilen.

4. ☐ D… Kläger… übernimmt hinsichtlich der unter Ziffer 1 genannten Arbeiten eine Gewährleistung für die Zeit bis … . Zeigt sich während dieser Zeit ein Sachmangel im Sinne von § 633 BGB, so steht d… Beklagten das Recht zu, die zur Beseitigung dieses Mangels erforderlichen Arbeiten auf Kosten d… Kläger… durch eine andere Firma vornehmen zu lassen. Voraussetzung für die Geltendmachung des Anspruchs ist lediglich, dass der Mangel binnen zwei Monaten nach Kenntnisnahme, spätestens bis zum Ablauf der Gewährleistungsfrist d… Kläger… schriftlich angezeigt wird. D… Kläger… hat/haben das Recht, die gerügten Mängel zu besichtigen, jedoch nicht das Recht auf eigene Nachbesserung.

5. ☐ Zur Sicherung des Gewährleistungsanspruchs wird/werden d… Beklagte… einen Betrag von … € bis zum Ablauf der Gewährleistungsfrist einbehalten und bei der … Bank auf ein Sperrkonto einzahlen.

3 6. Von den Kosten des Rechtsstreits tragen d… Kläger… (Bruchteil), d… Beklagte… (Bruchteil).

☐ Die Parteien sind sich darüber einig, dass die Kosten

- ☐ des selbstständigen Beweisverfahrens vor dem Amtsgericht …, Aktenzeichen: …
  ☐ in voller Höhe ☐ in Höhe eines Streitwerts von … €[31]
- ☐ des von dem Beklagten eingeholten Privatgutachtens d… Sachverständigen
- ☐ in die obige Kostenquotelung einzubeziehen sind.
- ☐ alleine zu tragen sind von d… ☐ Kläger… ☐ Beklagte…

7. ☐ D… ☐ Kläger… ☐ Beklagte… ☐ Beiden Parteien
bleibt der Widerruf dieses Vergleichs durch schriftliche Anzeige bei Gericht bis spätestens … vorbehalten.

☐ vorgelesen und genehmigt ☐ vorgespielt und genehmigt

---

[30] Die Kosten des Schiedsgutachtens gehören nicht zu den Kosten des Rechtsstreits, die nach § 91 ZPO festgesetzt werden können.

[31] Eine derartige Einschränkung kann notwendig werden, wenn die Streitwerte von Beweisverfahren und Hauptsache nicht identisch sind.

☐ Zugleich für die Richtigkeit der Übertragung vom Tonband:[32]

....

(☐ D… Vorsitzende) (Urkundsbeamt… der Geschäftsstelle)

(☐ D… Einzelrichter…)

....

[32] § 163 I 2 ZPO.

Muster 236: Protokollierter Vergleich betreffend Auflassung eines Grundstücks

Landgericht Frankfurt am Main
Aktenzeichen: …

1 Niederschrift über die öffentliche Sitzung[33]
☐ der … Zivilkammer
☐ der … Kammer für Handelssachen
vom …

Gegenwärtig: Vorsitzende…: …
Beisitzer…: …
☐ …
☐ Urkundsbeamt… der Geschäftsstelle …
☐ Von der Zuziehung eines Urkundsbeamten der Geschäftsstelle wurde abgesehen.[34]

In dem Rechtsstreit
d… …,

Kläger…,

Prozessbevollmächtigte…: Rechtsanwältin/Rechtsanwalt …,
gegen
d… …,

Beklagte…,

Prozessbevollmächtigte…: Rechtsanwältin/Rechtsanwalt …,
erschienen … und schlossen folgenden Vergleich:

1. Die Parteien sind sich darüber einig, dass das Eigentum an dem Grundstück in …, …, eingetragen im Grundbuch von …, Band …, Blatt …, bestehend aus den Flurstücken …, …, … und … von d… Beklagte… auf d… Kläger… als Miteigentümer… zu $^1/_2$ übergeht. D… Beklagte… bewilligt/bewilligen und beide Parteien beantragen die Umschreibung der Eigentumsänderung im Grundbuch.
2. D… Kläger… bewilligt/bewilligen und beide Parteien beantragen die gleichzeitige Löschung der zugunsten d… Kläger… auf dem in Ziffer 1 genannten Grundstück in Abt. II lfd. Nr. … eingetragenen Auflassungsvormerkung.
3. D… Kläger… erklärt/erklären, dass der gemäß Kaufvertrag des Notars …, in … vom … Nr. … geschuldete Kaufpreis in Höhe von … € bei dem genannten Notar auf Anderkonto hinterlegt ist. Er/Sie weist/weisen den Notar unwiderruflich an, den Kaufpreis an d… Beklagte… auszuzahlen, sobald die Umschreibung des Eigentums im Grundbuch nachgewiesen ist.

---

[33] Wird neben dem Abschluss des Vergleichs mündlich verhandelt, so handelt es sich nicht um ein Sitzungsprotokoll, sondern um ein Verhandlungsprotokoll.
[34] § 159 I 2 ZPO.

4. D… Kläger… verpflichtet/verpflichten sich, d… Beklagte… von etwaigen Ansprüchen der … GmbH, …, auf Auflassung des Grundstücks bzw. Schadensersatz wegen nicht erfolgter Auflassung freizustellen.
5. Damit sind die Ansprüche d… Kläger… auf Auflassung des Grundstücks aus dem Kaufvertrag vom … erledigt. D… Kläger… verzichtet/verzichten auf Ersatz des mit dieser Klage geltend gemachten Verzugsschadens.
6. Die Kosten der Grundbucheintragungen übernehmen d… Kläger… 2
7. Die Kosten des Rechtsstreits und dieses Vergleichs werden gegeneinander aufgehoben.
8. ☐ D… ☐ Kläger… ☐ Beklagte… ☐ Beiden Parteien
   bleibt der Widerruf dieses Vergleichs durch schriftliche Anzeige bei Gericht bis spätestens … vorbehalten.

☐ vorgelesen und genehmigt ☐ vorgespielt und genehmigt
☐ Zugleich für die Richtigkeit der Übertragung vom Tonband:[35]

……………………… …………………………
(☐ D… Vorsitzende) (Urkundsbeamt… der Geschäftsstelle)
(☐ D… Einzelrichter…)

…………………

[35] § 163 I 2 ZPO.

Muster 237: Protokollierter Vergleich betreffend die Auseinandersetzung unter Miterben

Landgericht Frankfurt am Main
Aktenzeichen: …

1 Niederschrift über die ☐ öffentliche
☐ nicht-öffentliche
Sitzung[36] der … Zivilkammer
vom …

Gegenwärtig: Vorsitzende…: …
Beisitzer…: …
☐ …
☐ Urkundsbeamt… der Geschäftsstelle …
☐ Von der Zuziehung eines Urkundsbeamten der Geschäftsstelle wurde abgesehen.[37]

In dem Rechtsstreit
der …,

Klägerin,

Prozessbevollmächtigter: Rechtsanwalt …,
gegen
den …,

Beklagter zu 1),

die …,

Beklagter zu 2),

Prozessbevollmächtigte: Rechtsanwältin …,
erschienen … und schlossen folgenden Vergleich:

I. Die Parteien setzen sich hinsichtlich des Nachlasses des am … verstorbenen … nach Maßgabe dieses Vergleichs auseinander.
II. Die der Klägerin und den Beklagten zu 1) und zu 2) als Miterben zur gesamten Hand zustehenden Grundstücke werden den einzelnen Miterben wie folgt zugewiesen:
   1. Das Grundstück …, Band …, Blatt …, …, soll in das Alleineigentum der Klägerin übergehen.
   2. Das Grundstück …, Band …, Blatt …, …, soll in das Alleineigentum des Beklagten zu 1) übergehen.
   3. Das Grundstück …, Band …, Blatt …, …, soll in das Alleineigentum der Beklagten zu 2) übergehen.

---

[36] Wird neben dem Abschluss des Vergleichs mündlich verhandelt, so handelt es sich nicht um ein Sitzungsprotokoll, sondern um ein Verhandlungsprotokoll.
[37] § 159 I 2 ZPO.

Die Grundstücke werden mit den jeweiligen Belastungen übernommen, die den Parteien bekannt sind. Für Rechts- und Sachmängel wird nicht gehaftet.

Stichtag für den Übergang der Nutzungen und Lasten ist … . Der Beklagte zu 1) wird zu diesem Stichtag eine Abrechnung der drei Grundstücke erstellen und bis spätestens … übersenden. Der aus dieser Abrechnung sich ergebende Überschuss gebührt zu je $^1/_3$ den Vergleichsparteien. Der Beklagte zu 1) verpflichtet sich, die der Klägerin und der Beklagten zu 2) zustehenden Anteile binnen zwei Wochen nach Vorlage der Abrechnung, spätestens bis … zu überwiesen.

Die Parteien erklärten die Auflassung wie folgt: Wir sind uns darüber einig, dass die obengenannten drei Grundstücke von der Erbengemeinschaft … in das jeweilige Alleineigentum der oben genannten Personen übergehen und bewilligen und beantragen die Umschreibung der Eigentumsänderung im Grundbuch.

III. Hinsichtlich der vorhandenen Sparkonten wird folgende Regelung getroffen: 2

1. Die Parteien sind sich darüber einig, dass folgende Konten des Erblassers in die Erbauseinandersetzung einzubeziehen sind:

   a) …,
   b) …,
   c) … ..

2. Die Parteien sind sich weiterhin darüber einig, dass aus den Guthaben dieser Konten zunächst die mit … € pauschal veranlagten Beerdigungskosten und das Vermächtnis des Erblassers an … in Höhe von … € zu erfüllen sind.

3. Das nach Erfüllung der Verbindlichkeiten unter Ziffer 2 verbleibende Guthaben wird wie folgt auf die Parteien verteilt: Die Klägerin erhält $^3/_8$; der Beklagte zu 1) erhält $^5/_{16}$; die Beklagte zu 2) erhält $^5/_{16}$.

IV. Die Parteien sind sich darüber einig, dass der gesamte Hausrat in das Alleineigentum der Beklagten zu 2) übergeht. Die Beklagten zu 1) und 2) verpflichten sich jedoch, bis … an die Klägerin folgende Sachen herauszugeben: … .

V. Der Beklagte zu 1) erklärt, dass er als Testamentsvollstrecker bereits die Erbschaftsteuer an das Finanzamt … bezahlt hat. Etwaige Nachforderungen des Finanzamts sind so umzulegen, dass die Klägerin $^3/_8$, die Beklagten zu 1) und zu 2) jeweils $^5/_{16}$ zu zahlen haben.

VI. Von den Kosten des Rechtsstreits und dieses Vergleichs tragen jede Partei $^1/_3$. Die Parteien sind sich darüber einig, dass die Kosten des von der Klägerin eingeholten Wertgutachtens des Architekten … vom … in die Kostenausgleichung einzubeziehen sind. 3

☐ vorgelesen und genehmigt ☐ vorgespielt und genehmigt
☐ Zugleich für die Richtigkeit der Übertragung vom Tonband:[38]

……………………… ………………………
(☐ D… Vorsitzende) (Urkundsbeamt… der Geschäftsstelle)
(☐ D… Einzelrichter…)

…………………

[38] § 163 I 2 ZPO.

Muster 238: Protokollierter Vergleich im einstweiligen Verfügungsverfahren – Sicherungshypothek des Bauunternehmers

☐ Amtsgericht Frankfurt am Main
☐ Landgericht Frankfurt am Main
Aktenzeichen: …

1 Niederschrift über die öffentliche Sitzung[39]
☐ der … Zivilkammer
☐ der … Kammer für Handelssachen
vom …

Gegenwärtig: Vorsitzende…: …
Beisitzer…: …
☐ …
☐ Urkundsbeamt… der Geschäftsstelle …
☐ Von der Zuziehung eines Urkundsbeamten der Geschäftsstelle wurde abgesehen.[40]

In dem einstweiligen Verfügungsverfahren
d… …,

Verfügungskläger…,

Prozessbevollmächtigte…: Rechtsanwältin/Rechtsanwalt …,
gegen
d… …,

Verfügungsbeklagte…,

Prozessbevollmächtigte…: Rechtsanwältin/Rechtsanwalt …,
erschienen … und schlossen folgenden Vergleich:

1. Die Parteien sind sich darüber einig, dass die aufgrund der einstweiligen Verfügung des …gerichts … vom … im Grundbuch von …, Band …, Blatt … in Abt. III, lfd. Nr. … eingetragene Vormerkung zur Sicherung des Anspruchs des/der Verfügungskläger… auf Eintragung einer Sicherungshypothek des Bauunternehmers in Höhe eines Betrages von … € weiter eingetragen bleibt, bis der Hauptprozess vor dem …gericht … Aktenzeichen … rechtskräftig entschieden ist.
2. Wegen der darüber hinausgehenden Eintragung der Vormerkung in Höhe weiterer … € erklärt/erklären d… Verfügungskläger… hiermit Löschungsbewilligung.
3. D… Verfügungskläger… verpflichtet/verpflichten sich, hinsichtlich der in Ziffer 1 eingetragenen Vormerkung ganz oder teilweise eine Löschungsbewilligung zu erteilen, soweit d… Verfügungsbeklagte… eine schriftliche, unwiderrufliche, unbedingte und unbefristete Bürgschaft eines im Inland zum Geschäftsbetrieb befug-

---

[39] Wird neben dem Abschluss des Vergleichs mündlich verhandelt, so handelt es sich nicht um ein Sitzungsprotokoll, sondern um ein Verhandlungsprotokoll.
[40] § 159 I 2 ZPO.

ten Kreditinstituts zur Absicherung der behaupteten Forderung d... Verfügungskläger... vorlegt/vorlegen.

4. Die Kosten der Eintragung und der Löschung der Vormerkung trägt/tragen d... Verfügungskläger...
5. Die Kosten dieses Vergleichs und der einstweiligen Verfügung folgen dem Rechtsstreit in der Hauptsache. 2

☐ vorgelesen und genehmigt ☐ vorgespielt und genehmigt

☐ Zugleich für die Richtigkeit der Übertragung vom Tonband:[41]

....

(☐ D... Vorsitzende) (Urkundsbeamt... der Geschäftsstelle)

(☐ D... Einzelrichter...)

....

[41] § 163 I 2 ZPO.

Muster 239: Protokollierter Vergleich im einstweiligen Verfügungsverfahren – Wettbewerbsrecht/Markenrecht

Landgericht Frankfurt am Main
Aktenzeichen: …

1 Niederschrift über die öffentliche Sitzung[42]
☐ der … Zivilkammer
☐ der … Kammer für Handelssachen
vom …

Gegenwärtig: Vorsitzende…: …
Beisitzer…: …
☐ …
☐ Urkundsbeamt… der Geschäftsstelle …
☐ Von der Zuziehung eines Urkundsbeamten der Geschäftsstelle wurde abgesehen.[43]

In dem einstweiligen Verfügungsverfahren
d… …,

Verfügungskläger…,

Prozessbevollmächtigte…: Rechtsanwältin/Rechtsanwalt …,
gegen
d… …,

Verfügungsbeklagte…,

Prozessbevollmächtigte…: Rechtsanwältin/Rechtsanwalt …,
erschienen … und schlossen folgenden Vergleich:

1. D… Verfügungsbeklagte… verpflichtet/verpflichten sich, es ab sofort zu unterlassen,
   ☐ bis zur Entscheidung erster Instanz im Hauptsacheverfahren
   ☐ bis zur rechtskräftigen Entscheidung in der Hauptsache
   ☐ im geschäftlichen Verkehr zu Wettbewerbszwecken
   ☐ mit folgender Behauptung zu werben: …
   ☐ das Unternehmenskennzeichen für den Vertrieb der Produkte … zu benutzen
   ☐ unter der Bezeichnung … ...-Produkte anzubieten oder anbieten zu lassen.
   ☐ …
2. ☐ D… Verfügungsbeklagten wird hinsichtlich der bisher bei der Werbung benutzten
   ☐ Preislisten ☐ Prospekte ☐ Bestellscheine

---

[42] Wird neben dem Abschluss des Vergleichs mündlich verhandelt, so handelt es sich nicht um ein Sitzungsprotokoll, sondern um ein Verhandlungsprotokoll.
[43] § 159 I 2 ZPO.

☐ Rechnungsformulare ☐ Kataloge
☐ mit der Firmenbezeichnung versehenen Produkte … eine
☐ Aufbrauchsfrist ☐ Umstellungsfrist ☐ Beseitigungsfrist bis … zugebilligt.

3. ☐ D… Verfügungsbeklagte… verpflichtet/verpflichten sich, für jeden Fall der Zuwiderhandlung gegen die in Ziffer 1 genannte Unterlassungsverpflichtung an d… Verfügungskläger… eine Vertragsstrafe von … € zu zahlen.
☐ Die Parteien sind sich darüber einig, dass die hiermit vereinbarte Vertragsstrafe
☐ ein Ordnungsmittelverfahren nach § 890 ZPO ausschließt.
☐ d… Verfügungskläger… nicht hindert, das Ordnungsmittelverfahren nach § 890 ZPO zu betreiben.

4. ☐ D… Verfügungskläger… erklärt/erklären, 2
☐ dass sie sich vorbehält/vorbehalten, wegen der beanstandeten Werbung d… Verfügungsbeklagten Auskunfts- und Schadensersatzansprüche gegen d… Verfügungsbeklagte… geltend zu machen.
☐ Hierfür steht d… Verfügungskläger… eine Frist bis … zur Verfügung. Ist die Auskunfts- und/oder Schadensersatzklage nicht bis zu diesem Zeitpunkt bei Gericht eingegangen, so sind Auskunfts- und Schadensersatzansprüche ausgeschlossen.
☐ dass sie auf Auskunfts- und Schadensersatzansprüche aus dem in Ziffer 1 genannten Verhalten d… Verfügungsbeklagten für die Vergangenheit verzichtet.

5. ☐ Die Parteien erklären:
☐ Wir verzichten auf Durchführung des Hauptsacheverfahrens.
☐ D… Verfügungskläger… verpflichtet/verpflichten sich, die bereits anhängig gemachte Hauptsacheklage (Landgericht …, Aktenzeichen …) zurückzunehmen.
☐ Das bereits anhängige Hauptsacheverfahren (Landgericht …, Aktenzeichen: …) soll durchgeführt werden.
☐ Ein Hauptsacheverfahren soll durchgeführt werden.
☐ D… Verfügungskläger… behält/behalten sich für die Hauptsacheklage eine Erweiterung ihrer Ansprüche über den Streitgegenstand des vorliegenden Verfahrens hinaus vor.
☐ D… Verfügungskläger… verpflichtet/verpflichten sich, die Hauptsacheklage bis spätestens … bei Gericht einzureichen und den vom Gericht angeforderten Kostenvorschuss unverzüglich einzuzahlen. Wird die Klage nicht fristgerecht eingereicht oder der angeforderte Kostenvorschuss nicht unverzüglich eingezahlt, so entfällt der Hauptsacheprozess.
☐ Es soll dann bei der Regelung in diesem Vergleich verbleiben.
☐ In diesem Fall verzichtet/verzichten d… Verfügungskläger… auf seine/ihre Rechte aus diesem Vergleich.
☐ …

6. ☐ Die Kosten des einstweiligen Verfügungsverfahrens 3
☐ und dieses Vergleichs
☐ werden gegeneinander aufgehoben.
☐ trägt/tragen d… Verfügungsbeklagte… .
☐ sollen der Kostenentscheidung in der Hauptsache folgen.

☐ Die Kosten dieses Vergleichs werden gegeneinander aufgehoben.
☐ D... Verfügungsbeklagte... übernimmt/übernehmen die d... Verfügungskläger... entstandenen Kosten der Abmahnung
☐ in Höhe von ... €.
☐ berechnet nach einem Streitwert von ... €.

7. ☐ Beide Parteien geben als Streitwert für das einstweilige Verfügungsverfahren ... € an.

☐ vorgelesen und genehmigt ☐ vorgespielt und genehmigt
☐ Zugleich für die Richtigkeit der Übertragung vom Tonband:[44]

....
(☐ D... Vorsitzende) (Urkundsbeamt... der Geschäftsstelle)
(☐ D... Einzelrichter...)

....

[44] § 163 I 2 ZPO.

Muster 240: Protokollierter Grundvergleich betreffend einen Verkehrsunfall

☐ Amtsgericht Frankfurt am Main
☐ Landgericht Frankfurt am Main
Aktenzeichen: …

Niederschrift über die öffentliche Sitzung[45] 1
☐ der … Zivilkammer
vom …

Gegenwärtig: Vorsitzende…: …
Beisitzer…: …
☐ …
☐ Urkundsbeamt… der Geschäftsstelle …
☐ Von der Zuziehung eines Urkundsbeamten der Geschäftsstelle wurde abgesehen.[46]

In dem Rechtsstreit
d… …,

Kläger…,

Prozessbevollmächtigte…: Rechtsanwältin/Rechtsanwalt …,
gegen
d… …,

Beklagte…,

Prozessbevollmächtigte…: Rechtsanwältin/Rechtsanwalt …,
erschienen … und schlossen folgenden Grundvergleich:

1. Die Parteien sind sich darüber einig, dass d… Beklagte… verpflichtet ist/sind, d… Kläger… als Gesamtschuldner
   ☐ den gesamten Schaden aus dem Verkehrsunfall vom … zu ersetzen, und zwar einschließlich eines Schmerzensgeldes,
   ☐ jeweils … (Bruchteil) des (materiellen und immateriellen) Schadens aus dem Verkehrsunfall vom … zu ersetzen,
   ☐ den materiellen Schaden aus dem Verkehrsunfall vom … innerhalb der Höchstgrenzen des § 12 StVG zu ersetzen,
   ☐ jeweils … (Bruchteil) des materiellen Schadens aus dem Verkehrsunfall vom … innerhalb der Höchstgrenzen des § 12 StVG zu ersetzen,
   ☐ vorbehaltlich des Übergangs der Ansprüche auf
     ☐ den Arbeitgeber nach § 6 EFZG.
     ☐ den Dienstherrn nach § 76 S. 1 BBG.[47]
     ☐ den Sozialversicherungsträger nach § 116 SGB X.
     ☐ den Privatversicherer nach § 86 VVG.

---

[45] Wird neben dem Abschluss des Vergleichs mündlich verhandelt, so handelt es sich nicht um ein Sitzungsprotokoll, sondern um ein Verhandlungsprotokoll.
[46] § 159 I 2 ZPO.
[47] In Frage kommen auch die entsprechenden Vorschriften der Landesbeamtengesetze.

2. ☐ Die Parteien sind sich weiter darüber einig, dass die von d… Beklagten… gezahlten … € als à-conto-Zahlung
   ☐ auf den Gesamtanspruch
   ☐ auf die Schadenspositionen …
   zu verrechnen sind.
3. Das Gericht soll im anschließenden Betragsverfahren über die Höhe der geltend gemachten Ansprüche unter Bindung an die vorstehend getroffene Regelung entscheiden.

2 4. ☐ Über die Kosten dieses Vergleichs soll das Gericht im Schlussurteil gemäß § 91a ZPO entscheiden.

☐ vorgelesen und genehmigt ☐ vorgespielt und genehmigt
☐ Zugleich für die Richtigkeit der Übertragung vom Tonband:[48]

………………………	………………………
(☐ D… Vorsitzende)	(Urkundsbeamt… der Geschäftsstelle)
(☐ D… Einzelrichter…)	

…………………

[48] § 163 I 2 ZPO.

Muster 241: Protokollierter Zwischenvergleich betreffend den Verkauf streitiger Sachen mit Hinterlegung des Erlöses

☐ Amtsgericht Frankfurt am Main
☐ Landgericht Frankfurt am Main
Aktenzeichen: …

Niederschrift über die öffentliche Sitzung[49] 1
☐ der … Zivilkammer
☐ der … Kammer für Handelssachen
vom …

Gegenwärtig: Vorsitzende…: …
Beisitzer…: …
☐ …
☐ Urkundsbeamt… der Geschäftsstelle …
☐ Von der Zuziehung eines Urkundsbeamten der Geschäftsstelle wurde abgesehen.[50]

In dem Rechtsstreit
d… …,

Kläger…,

Prozessbevollmächtigte…: Rechtsanwältin/Rechtsanwalt …,
gegen
d… …,

Beklagte…,

Prozessbevollmächtigte…: Rechtsanwältin/Rechtsanwalt …,
erschienen … und schlossen folgenden Zwischenvergleich:

1. Die Parteien sind sich darüber einig, dass die im Besitz d… Beklagte… als Insolvenzverwalter… über das Vermögen d… … befindlichen Sachen, nämlich … von d… Beklagte… verkauft werden und der Erlös auf einem bei d… Beklagte… zu errichtenden Anderkonto hinterlegt wird.
2. Der Rechtsstreit wird über die Frage fortgesetzt werden, welcher Partei der gemäß Ziffer 1 dieses Vergleichs hinterlegte Erlös gebührt. Das Gericht soll hierüber entscheiden unter Berücksichtigung der Tatsache, dass der Erlös als Surrogat an die Stelle der bisher streitbefangenen Sachen getreten ist.

---

[49] Wird neben dem Abschluss des Vergleichs mündlich verhandelt, so handelt es sich nicht um ein Sitzungsprotokoll, sondern um ein Verhandlungsprotokoll.
[50] § 159 I 2 ZPO.

☐ vorgelesen und genehmigt ☐ vorgespielt und genehmigt
☐ Zugleich für die Richtigkeit der Übertragung vom Tonband:[51]

....
(☐ D… Vorsitzende) (Urkundsbeamt… der Geschäftsstelle)
(☐ D… Einzelrichter…)

....

[51] § 163 I 2 ZPO.

Muster 242: Protokollierter Teilvergleich – Stufenklage

Landgericht Frankfurt am Main
Aktenzeichen: …

Niederschrift über die öffentliche Sitzung[52] 1
☐ der … Zivilkammer
☐ der … Kammer für Handelssachen
vom …

Gegenwärtig: Vorsitzende…: …
Beisitzer…: …
☐ …
☐ Urkundsbeamt… der Geschäftsstelle …
☐ Von der Zuziehung eines Urkundsbeamten der Geschäftsstelle wurde abgesehen.[53]

In dem Rechtsstreit
d… …,

Kläger…,

Prozessbevollmächtigte…: Rechtsanwältin/Rechtsanwalt …,
gegen
d… …,

Beklagte…,

Prozessbevollmächtigte…: Rechtsanwältin/Rechtsanwalt …,
erschienen … und schlossen folgenden Teilvergleich:

1. D… Beklagte… verpflichtet/verpflichten sich, d… Kläger… bis spätestens … eine Aufstellung über sämtliche den Bezirk d… Kläger… betreffenden Rechtsgeschäfte, die in der Zeit vom … bis … abgeschlossen wurden, zu übersenden.
2. D… Beklagte… erklärt/erklären sich bereit, d… Kläger… auf Verlangen binnen einem Monat nach Zugang der Aufstellung Einsicht in sämtliche Geschäftsunterlagen betreffend die in dieser Zeit abgeschlossenen und den Bezirk … betreffenden Rechtsgeschäfte zu gewähren.

   Die Einsichtnahme hat in den Geschäftsräumen d… Beklagte… innerhalb der üblichen Geschäftszeiten zu erfolgen, wobei d… Kläger… sein Erscheinen drei Tage vorher mitzuteilen hat.

   D… Beklagte… erklärt/erklären ihr Einverständnis, dass d… Kläger… bei der Einsichtnahme in die Geschäftsunterlagen
   ☐ seine…/ihre… Prozessbevollmächtigte… …
   ☐ d… Steuerbevollmächtigte… …
   ☐ d… Wirtschaftsprüfer… …
   hinzuziehen darf/dürfen.

---

[52] Wird neben dem Abschluss des Vergleichs mündlich verhandelt, so handelt es sich nicht um ein Sitzungsprotokoll, sondern um ein Verhandlungsprotokoll.
[53] § 159 I 2 ZPO.

2 3. Die Kosten für die Erstellung des Buchauszuges gemäß Ziffer 1 übernimmt/übernehmen d… Beklagte… . D… Kläger… trägt die mit der Einsichtnahme entstehenden Kosten.

4. Über die Kosten des Rechtsstreits, soweit er den durch diesen Teilvergleich erledigten Klageantrag Ziffer 1 betrifft, und die Kosten dieses Vergleichs soll das Gericht gemäß § 91a ZPO im Schlussurteil entscheiden.

☐ vorgelesen und genehmigt ☐ vorgespielt und genehmigt

☐ Zugleich für die Richtigkeit der Übertragung vom Tonband:[54]

……………………… …………………………

(☐ D… Vorsitzende) (Urkundsbeamt… der Geschäftsstelle)

(☐ D… Einzelrichter…)

…………………

[54] § 163 I 2 ZPO.

Muster 243: Protokollierter Vergleich mit Beitritt eines Dritten zum Vergleich betreffend die Auseinandersetzung einer oHG

Landgericht Frankfurt am Main
Aktenzeichen: …

Niederschrift über die öffentliche Sitzung[55] 1
☐ der … Zivilkammer
☐ der … Kammer für Handelssachen
vom …

Gegenwärtig: Vorsitzende…: …
Beisitzer…: …
☐ …
☐ Urkundsbeamt… der Geschäftsstelle …
☐ Von der Zuziehung eines Urkundsbeamten der Geschäftsstelle wurde abgesehen.[56]

In dem Rechtsstreit
d… …,

Kläger… zu 1),

d… … .,

Kläger… zu 2),

Prozessbevollmächtigte…: Rechtsanwältin/Rechtsanwalt …,
gegen
d… …,

Beklagte…,

Prozessbevollmächtigte…: Rechtsanwältin/Rechtsanwalt …,
erschienen …

Die Parteien und die … oHG, gesetzlich vertreten durch die Kläger zu 1) und 2), Prozessbevollmächtigter: Rechtsanwalt …, schlossen folgenden Vergleich:

1. D… Beklagte… scheidet mit Wirkung vom … aus der Gesellschaft aus. Sein Gesellschaftsanteil soll den übrigen Gesellschaftern anwachsen.
2. D… Beklagte… erhält als Abfindung für seinen Gesellschaftsanteil einen Betrag von … €. Beide Kläger sowie die dem Vergleich beigetretene … oHG verpflichten sich als Gesamtschuldner, an d… Beklagte… diesen Betrag zu zahlen.
3. Beide Kläger sowie die dem Vergleich beigetretene … oHG stellen d… Beklagte… von allen Gesellschaftsverbindlichkeiten frei; sie verpflichten sich, etwaige von d… Beklagte… auf Gesellschaftsverbindlichkeiten geleistete Zahlungen als Gesamtschuldner zu erstatten.

---

[55] Wird neben dem Abschluss des Vergleichs mündlich verhandelt, so handelt es sich nicht um ein Sitzungsprotokoll, sondern um ein Verhandlungsprotokoll.
[56] § 159 I 2 ZPO.

4. Die Parteien sind sich darüber einig, dass d... Beklagte... ab sofort für die ... oHG keine Tätigkeit mehr ausübt/ausüben. Auf die Abrechnung seines/ihres Kapitalkontos per ... hat dies keinen Einfluss.
5. D... Beklagte... verpflichtet/verpflichten sich, für die Zeit bis ... keine Rechtsgeschäfte mit den Kunden der ... oHG abzuschließen oder zu vermitteln.
6. Damit sind alle gegenseitigen Ansprüche der am Vergleich Beteiligten aus dem Gesellschaftsverhältnis abgegolten.

2 7. Die Kosten dieses Vergleichs tragen die ... oHG und d... Beklagte... je zur Hälfte. Die übrigen Kosten des Rechtsstreits tragen die Kläger zu 1) und 2) zu je $^1/_4$, der Beklagte zu $^1/_2$.

☐ vorgelesen und genehmigt ☐ vorgespielt und genehmigt
☐ Zugleich für die Richtigkeit der Übertragung vom Tonband:[57]

....
(☐ D... Vorsitzende) (Urkundsbeamt... der Geschäftsstelle)
(☐ D... Einzelrichter...)

....

[57] § 163 I 2 ZPO.

Muster 244: Zwischenurteil im Streit um die Wirksamkeit eines Prozessvergleichs

Amtsgericht Frankfurt am Main
Aktenzeichen: …

Zwischenurteil

Im Namen des Volkes

In dem Rechtsstreit 1
des …,

Kläger zu 1),

der …,

Kläger zu 2),

Prozessbevollmächtigte…: …,
gegen
den …

Beklagter zu 1),

die …,

Beklagter zu 2),

Prozessbevollmächtigte…: …,
hat das Amtsgericht Frankfurt am Main durch den Richter am Amtsgericht … aufgrund der mündlichen Verhandlung vom … für Recht erkannt:

Es wird festgestellt, dass der Prozessvergleich vom … unwirksam ist.

Die Kostenentscheidung bleibt dem Schlussurteil vorbehalten.

Tatbestand

Die Kläger sind Eigentümer des Zweifamilienhauses in …, … . Die Beklagten haben mit schriftlichem Vertrag vom … (Bl. … d. A.) die im zweiten Stock gelegenen Dreizimmerwohnung von den Klägern angemietet.

Mit Schreiben vom … (Bl. … d. A.) kündigten die Kläger das Mietverhältnis zum 31.12.2022. In dem Kündigungsschreiben wurde zur Begründung angegeben, die Wohnung werde für Tochter und Schwiegersohn der Kläger dringend benötigt. Beide hielten sich zurzeit im Ausland auf, wo der Schwiegersohn als Wirtschaftsberater und Entwicklungshelfer tätig sei, nun aber zum 31.12.2022 zurückkehre und künftig bei seiner Arbeitgeberin, der Firma … in … im Innendienst beschäftigt werde.

Die Beklagten widersprachen der Kündigung unter Hinweis auf ihr hohes Alter und bestritten vorsorglich den Eigenbedarf der Kläger.

Die Kläger haben Räumungsklage erhoben mit dem Antrag,

die Beklagten zu verurteilen, die Dreizimmerwohnung im Hause …, …, 2. Stock, bestehend aus drei Zimmern, Flur, Küche und einem Kellerraum zu räumen und an die Kläger herauszugeben.

Die Beklagten haben beantragt,
die Klage abzuweisen.

Im Termin vom 20.10.2022 haben die Parteien einen Vergleich geschlossen, in dem die Beklagten sich zur Räumung der Wohnung bis spätestens 31.12.2022 verpflichteten. Die Kläger haben in dem Vergleich die Kosten des Rechtsstreits übernommen und sich zur Zahlung eines Umzugskostenbeitrages von ... € bereit erklärt. Vor Abschluss des Vergleichs hatten die Kläger im Termin ein Schreiben der Arbeitgeberin ihres Schwiegersohns vom ... (Bl. ... d. A.) vorgelegt, in dem bestätigt wurde, der Schwiegersohn werde ab 2.1.2023 wieder in der Zentrale der Firma in ... tätig sein.

Mit Schriftsatz vom 6.12.2022 haben die Beklagten den Vergleich vom ... wegen arglistiger Täuschung angefochten und die Fortsetzung des Rechtsstreits beantragt.

Sie behaupten, die Kläger hätten die streitige Dreizimmerwohnung in der ... Zeitung vom ... zur Vermietung angeboten. Daraus ergebe sich, dass der behauptete Eigenbedarf nur vorgetäuscht worden sei. Eine diskrete Nachfrage bei der Arbeitgeberin des Schwiegersohns der Kläger habe ergeben, dass dessen Auslandsaufenthalt bis Ende 2023 verlängert worden sei.

Die Beklagten beantragen,
festzustellen, dass der Prozessvergleich vom 20.10.2022 infolge Anfechtung unwirksam sei.

Die Kläger beantragen,
den Feststellungsantrag zurückzuweisen,
hilfsweise, dem früheren Klageantrag stattzugeben.

Sie behaupten, erst Mitte November 2022 habe sich herausgestellt, dass ihr Schwiegersohn noch ein weiteres Jahr im Ausland bleiben müsse, weil der vorgesehene Nachfolger infolge schwerer Erkrankung seinen Dienst dort nicht antreten könne. Ursprünglich sei der Eigenbedarf vorhanden gewesen. Im Zeitpunkt des Vergleichsabschlusses seien sie jedenfalls noch davon ausgegangen, dass Tochter und Schwiegersohn Ende des Jahres 2022 nach Deutschland zurückkehren würden.

Das Gericht hat Beweis erhoben gemäß Beweisbeschluss vom ... (Bl. ... d. A.). Hinsichtlich des Ergebnisses der Beweisaufnahme wird auf das Protokoll der mündlichen Verhandlung vom ... (Bl. ... d. A.) Bezug genommen.

Entscheidungsgründe

Der Feststellungsantrag ist zulässig.

Die Beklagten sind berechtigt nach der erfolgten Anfechtungserklärung die Unwirksamkeit des Prozessvergleichs durch Fortsetzung des bisherigen Räumungsrechtsstreits geltend zu machen.

Auch in der Sache hat der Antrag Erfolg.

2 Der Vergleich vom 20.10.2022 ist aufgrund der Anfechtungserklärung der Beklagten vom 6.12.2022 gemäß §§ 123 I, 142 I BGB nichtig.

Nach dem Ergebnis der Beweisaufnahme steht für das Gericht fest, dass im Zeitpunkt des Vergleichsschlusses vom 20.10.2022 der geltend gemachte Eigenbedarf nicht mehr bestand und die Kläger dessen Fortbestehen vorgetäuscht haben.

Es mag richtig sein, dass ursprünglich, nämlich bei Abgabe der Kündigungserklärung vom ... und bei Einreichung der Räumungsklage die Kläger wegen der bevorstehenden Rückkehr von Tochter und Schwiegersohn nach Deutschland einen solchen Eigenbedarf geltend machen konnten. Entscheidend ist aber, dass dieser Eigenbedarf bei Abschluss des Vergleichs vom 20.10.2022 nicht mehr vorhanden war:

Der Zeuge …, Prokurist und Personalsachbearbeiter bei der Arbeitgeberin des Schwiegersohns der Kläger, hat bei seiner Vernehmung glaubhaft bekundet, dass bereits im September 2022 dem Schwiegersohn der Kläger mitgeteilt worden sei, seine Tätigkeit im Ausland müsse um ein weiteres Jahr verlängert werden, und dieser sich mit dieser Verlängerung einverstanden erklärt habe.

Das Gericht geht davon aus, dass diese Veränderung der Sachlage den Klägern mitgeteilt worden ist und sie deshalb bei Abschluss des Vergleichs hiervon wussten. Es erscheint dem Gericht ausgeschlossen, dass Tochter und Schwiegersohn die Kläger nicht unterrichtet haben, zumal diese im Schriftsatz vom … noch vorgetragen hatten, der Schwiegersohn dränge laufend auf eine Klärung der Frage, ob er bei Rückkehr in die Wohnung einziehen könne. Daraus schließt das Gericht im Rahmen der freien Beweiswürdigung, dass die Kläger mit Tochter und Schwiegersohn in Verbindung standen und diese bei Abschluss des Vergleichs über die Verlängerung des Auslandsaufenthalts unterrichtet waren. Ihr Vorbringen, erst Mitte November 2022 hiervon erfahren zu haben, hält das Gericht für widerlegt.

Indem die Kläger im Termin vom 20.10.2022 das überholte Schreiben der Arbeitgeberin ihres Schwiegersohns vom … über die Bestätigung der Rückkehr zum 31.12.2022 vorlegten, haben sie durch aktives Tun die Beklagten über den fortbestehenden Eigenbedarf getäuscht. Außerdem haben sie die Beklagten durch Unterlassen der Aufklärung über die veränderte Sachlage getäuscht. Den Klägern als Vermietern oblag nämlich eine Informationspflicht dahin, dass infolge veränderter Umstände der ursprünglich geltend gemachte Eigenbedarf nicht mehr vorhanden war.

Das Gericht ist auch überzeugt davon, dass die Beklagten bei Kenntnis der veränderten Sachlage den Räumungsvergleich nicht abgeschlossen hätten, denn bei ihrem fortgeschrittenen Alter und den Schwierigkeiten, im Raum … eine angemessene und zumutbare Ersatzwohnung zu finden, hatten sie keine Veranlassung, angesichts der eindeutigen Rechtslage den Klägern entgegenzukommen und diesen eine Neuvermietung an Dritte zu ermöglichen.

Das Gericht hat davon abgesehen, zugleich über den ursprünglichen Klageantrag zu entscheiden, da über die Frage der Wirksamkeit der Eigenbedarfskündigung im letzten Termin nicht verhandelt worden ist und den Klägern insoweit noch rechtliches Gehör gewährt werden soll.

…………………

§ 17. Die Grundzüge der Relationstechnik

I. Das Gutachten

1. Zweck, Aufbau und Stil des Gutachtens

a) Das Gutachten besteht in einer geordneten, prüfenden Bewertung des Akteninhalts mit dem Ziel, die dem jeweiligen Prozessstand entsprechende Entscheidung zu finden. Dies ist bei Entscheidungsreife ein Urteil, bei fehlender Entscheidungsreife eine das Urteil vorbereitende Entscheidung (Hinweis-, Aufklärungs-, Beweisschluss). 1

Da das Gutachten den Akteninhalt werten soll, wird dieser bei dem Leser als bekannt vorausgesetzt. Es ist deshalb Aufgabe des Verfassers des Gutachtens, den „Stoff" für das Gutachten durch Lesen der Akten zu sammeln und zu sichten, nicht jedoch den Akteninhalt (z. B. Parteivortrag, Ergebnis einer Beweisaufnahme) im Gutachten ohne Wertung nur zu referieren. Meist wird dieser Fehler noch damit verbunden, dass die eigentliche Wertung in Form der rechtlichen Subsumtion bzw. der Beweiswürdigung unterbleibt und nur das jeweilige Ergebnis mitgeteilt wird. Was nach Streichung der fehlerhaften Aktenwiedergabe übrig bleibt, sind pauschal ohne Begründung behauptete Ergebnisse. – Zulässig ist es dagegen, im Zusammenhang mit der Prüfung stichwortartig auf einen bestimmten Teil des Akteninhalts hinzuweisen, damit der Leser weiß, was jeweils Gegenstand der gutachterlichen Prüfung ist.

b) Anknüpfungspunkt für die gutachterliche Prüfung ist zunächst das Vorbringen der Parteien. Dieses wird bei einem streitigen Sachverhalt in zwei Stufen – Klägerstation und Beklagtenstation – untersucht.

Es spielt hierbei keine Rolle, ob dieses Vorbringen richtig ist oder nicht; seine Richtigkeit wird vielmehr unterstellt. Ebenso wenig spielt es im Rahmen der Prüfung des Vorbringens einer Partei eine Rolle, ob der Gegner es bestritten hat oder nicht. Zweck dieser „Schlüssigkeitsprüfung" ist es, unschlüssiges Parteivorbringen als unwesentlich festzustellen und nicht weiter zu verfolgen.

(1) Das Vorbringen des Klägers wird daraufhin untersucht, ob es, als richtig unterstellt, den Klageantrag rechtfertigt (§ 331 I 1, II ZPO). 2

Ist die Schlüssigkeit des Klagevorbringens zu verneinen, so ist der Prozess entscheidungsreif; die Klage ist abzuweisen. Eine Prüfung des Vorbringens des Beklagten findet dann nicht mehr statt. Grundsätzlich wird hier auch nicht geprüft, ob das Vorbringen des Klägers der Wahrheit entspricht, also mit der Wirklichkeit übereinstimmt. Ausnahmsweise gilt dies nicht in denjenigen Fällen, in denen ein Geständnis gemäß § 288 ZPO keine Wirkung hätte, weil das Behauptete unmöglich ist oder das Gegenteil offenkundig richtig ist.[1] Nur bei Bejahung der Schlüssigkeit des Klägervorbringens wird in den nächsten Prüfungsabschnitt übergegangen.

Die Bedeutung der Schlüssigkeitsprüfung liegt in der Arbeitsersparnis: Ist das Klagevorbringen unschlüssig, so entfällt nicht nur die Prüfung des Beklagtenvorbringens, sondern auch eine womöglich zeitraubende und kostenaufwendige Beweisaufnahme.

Erörterungen darüber, ob der Beklagte das Vorbringen bestritten hat oder nicht, sind im Rahmen der Schlüssigkeitsprüfung fehlerhaft, da hier das Vorbringen des Klägers grundsätzlich als richtig unterstellt wird, es sei denn, es ist ausnahmsweise offenkundig unwahr. Ausführungen zur von der Partei vorgetragenen Rechtslage sind im Rahmen der Schlüssigkeitsprüfung ebenfalls fehlerhaft, denn die Schlüssigkeitsprüfung bezieht sich auf die vom Kläger vorgebrachten Tatsachen; Rechtsausführungen

---

[1] MüKoZPO/*Prütting* § 331 Rn. 20; Thomas/Putzo/*Seiler* § 331 Rn. 8, § 288 Rn. 6.

der Partei sind Hilfestellungen für den Richter hinsichtlich der Rechtslage, die er auch ohne die Rechtsausführungen der Partei zu überprüfen hat.

Da die Schlüssigkeitsprüfung in einer Subsumtion der von dem Kläger vorgetragenen Tatsachen unter die maßgebenden Rechtsnormen besteht, sind Hilfstatsachen (Indizien) in der Schlüssigkeitsprüfung außer Betracht zu lassen; sie dienen lediglich der Tatsachenfeststellung und sind deshalb in der sich an die Beklagtenstation anschließenden Beweisstation auf ihre Beweisbedürftigkeit und Überzeugungskraft zu überprüfen. Gleiches gilt für die sogenannten Beweiseinreden, mit denen eine Partei die Eignung und Überzeugungskraft eines Beweismittels angreift.

3 (2) Das Vorbringen des Beklagten wird darauf überprüft, ob es – seine Richtigkeit unterstellt – den Klageantrag zu Fall bringt oder nicht.

Es geht hier um die Frage, ob der Beklagte sich überhaupt rechtserheblich verteidigt. Verteidigt er sich nur mit Rechtsausführungen, so schmilzt dieser Prüfungsabschnitt zu Nichts zusammen, da die erheblichen Rechtsfragen zu dem Tatsachenvortrag des Klägers ja schon in der Klägerstation geprüft und entschieden werden.

Einen eigenen Stellenwert hat die Beklagtenstation nur, wenn der Beklagte das schlüssige Klagevorbringen bestreitet oder wenn er seinerseits Einwendungen oder Einreden vorträgt. In beiden Fällen wird geprüft, ob der Klageantrag immer noch gerechtfertigt ist, wenn man die tatsächliche Schilderung des Beklagten zugrunde legt. Ist dies der Fall, dann ist der Prozess im Sinne des Stattgebens der Klage entscheidungsreif. Eine tatsächliche Aufklärung ist nicht notwendig. Wenn dagegen der Klageantrag nach dem Vorbringen des Beklagten nicht (mehr) gerechtfertigt ist, dann erfolgt die entscheidende Weichenstellung bei der nun folgenden tatsächlichen Aufklärung. – Im Übrigen gilt das oben hinsichtlich Wahrunterstellung, Rechtsausführungen und Hilfstatsachen Gesagte hier entsprechend.

4 (3) Die Beweisstation kommt erst zum Zuge, wenn die rechtliche Würdigung beider Parteivorbringen hinsichtlich des Klageantrags eine unterschiedliche Entscheidungslage ergibt.

In diesem Fall entscheidet sich das Obsiegen und Unterliegen im Prozess auf der tatsächlichen Ebene: Die Entscheidung hängt davon ab, wie es tatsächlich gewesen ist.

Die Durchführung der Beweisaufnahme hängt davon ab, ob die streitigen Tatsachen beweisbedürftig sind und ob hierfür Beweis angetreten ist. Ist die Beweisaufnahme durchgeführt, sind die erhobenen Beweise dahin zu würdigen, ob der Beweis geführt ist oder nicht, gegebenenfalls bei einer Unaufklärbarkeit der Sachlage („non-liquet"), wer nach der Beweislast diesen Nachteil zu tragen hat.

Am Schluss des Gutachtens steht das jeweilige Ergebnis in Form eines Entscheidungsvorschlags.

c) Die sonstigen Grundsätze für die Abfassung des Gutachtens ergeben sich aus Gesetzesregeln und praktischen Erfordernissen.

5 (1) In gewissen Fällen ergibt sich die Notwendigkeit, bestimmte Fragen vorrangig zu prüfen (Prinzip der Vorrangigkeit). Dies gilt vor allem für die Prozessvoraussetzungen, also die Zulässigkeit der Klage.

Erst wenn die Zulässigkeit der Klage feststeht, darf das Gericht zu der Frage der Begründetheit der Klage Stellung nehmen. Daraus ergibt sich, dass die Zulässigkeit der Klage vorrangig – nach dem oben erläuterten Aufbau – zu prüfen ist und erst nach ihrer Bejahung die Prüfung der Begründetheit der Klage zu beginnen hat.[2]

Über die Reihenfolge der Prüfung der einzelnen Prozessvoraussetzungen besteht grundsätzlich keine festgelegte Rangfolge. Es dürfte jedoch dem Gebot des gesetzlichen Richters (Art. 101 I 2 GG) entsprechen, zunächst die örtliche, die sachliche und die funktionelle Zuständigkeit des Gerichts zu prüfen. Dann sollten die an die Parteistellung anknüpfenden Prozessvoraussetzungen (Partei-, Prozess-, Postulationsfähigkeit) und die Prozessführungsbefugnis folgen. Anschließend kommen die ordnungsgemäße Klageerhebung sowie die an den Streitgegenstand anknüpfenden Prozessvoraussetzungen (entgegenstehende Rechtskraft und Rechtshängigkeit). Am Schluss stehen – soweit erforder-

[2] *Oberheim* § 9 Rn. 415.

lich – die Erörterung des Rechtsschutzbedürfnisses sowie besondere Zulässigkeitsvoraussetzungen besonderer Klagen (z.B. Widerklage, Abänderungsklage, Klage im Urkunden- und Wechselprozess). Die Frage der Rangfolge spielt in der Praxis kaum eine Rolle, da eine Häufung fehlender Prozessvoraussetzungen selten ist.

Weitere Fälle vorrangiger Prüfung sind:
- die Prüfung der Aufrechnungsforderung bei bestrittener Klageforderung und hilfsweise erfolgter Aufrechnung – erst wenn feststeht, dass die Klageforderung zu bejahen ist, kann die hilfsweise geltend gemachte Aufrechnung geprüft werden.[3]
- die Prüfung des Hauptantrages vor dem Hilfsantrag – erst wenn feststeht, dass der Hauptantrag als unzulässig oder unbegründet abzuweisen ist, kann der Hilfsantrag geprüft werden.[4]
- die Prüfung der Zulässigkeit eines Rechtsmittels.

Dagegen ist es den Parteien verwehrt, durch bedingtes Vorbringen das Gericht in der Reihenfolge der Prüfung einzelner Anspruchsgrundlagen oder Einwendungen bzw. Einreden festzulegen.

(2) Das Gutachten hat den Akteninhalt zu erschöpfen (Erschöpfungsgrundsatz). 6
Dies folgt aus der Tatsache, dass das Gutachten nur ein Vorschlag an das Gericht ist, den Rechtsstreit in einem bestimmten Sinne zu erledigen. Ist der Vorschlag des Gutachtens nicht zweifelsfrei, so kann es sein, dass das Gericht im Rahmen der Beratung zu einem anderen Ergebnis kommt. Für diesen Fall muss aus dem Gutachten ersichtlich sein, wie bei Zugrundelegung der abweichenden Ansicht der Rechtsstreit nunmehr weiter zu behandeln und zu entscheiden ist. Dies gilt vor allem für folgende Weichenstellungen:
- Verneinung der Zulässigkeit der Klage;
- Verneinung der Schlüssigkeit des Klagevortrages;
- Verneinung der Erheblichkeit des Beklagtenvortrages;
- Bejahung der Schlüssigkeit von Einwendungen oder Einreden des Beklagten;
- Würdigung einzelner Beweisthemen;
- Verneinung der Begründetheit des Hauptantrages bei gestelltem Hilfsantrag.

Die weitere – vom Standpunkt des Verfassers des Gutachtens überflüssige – Prüfung erfolgt formell in verschiedener Weise, je nachdem, ob durch die weitere Prüfung der bisherige Entscheidungsvorschlag nicht mehr aufrechterhalten werden kann.

Falls die weitere Prüfung zu dem gleichen Ergebnis führt, wird im Gutachten sogleich fortgefahren (Formulierungsvorschlag: „Wenn man diese Auffassung nicht teilen sollte, so wäre nunmehr zu prüfen, ob …") und am Schluss der nach beiden Auffassungen übereinstimmende Entscheidungsvorschlag gebracht. Würde dagegen bei Zugrundelegung der abweichenden Auffassung der Rechtsstreit in anderem Sinne zu entscheiden sein, so ist zunächst das Gutachten mit dem nach Ansicht des Verfassers richtigen Entscheidungsvorschlag abzuschließen und der restliche Akteninhalt mit einem zweiten Entscheidungsvorschlag in einem Hilfsgutachten zu behandeln.[5]

(3) Die Darstellung der Prüfung erfolgt im sogenannten Gutachtenstil. Bei ihm wird 7
zunächst die Problemstellung aufgezeigt, anschließend die Rechts- oder Beweislage mit den gegenteiligen Argumenten dargestellt und abgewogen und zum Schluss das Ergebnis festgestellt.

---

[3] *Oberheim* § 23 Rn. 1218.
[4] *Oberheim* § 19 Rn. 1100.
[5] *Oberheim* § 9 Rn. 451.

Dies folgt aus dem Zweck des „gerichtsinternen", nicht für die Parteien bestimmten Gutachtens, die zu treffende Entscheidung erst zu finden. Der Gutachtenstil steht im Gegensatz zum „Urteilsstil", bei dem die Entscheidung bereits feststeht und nunmehr durch überzeugungskräftige Argumente nach außen für die Parteien begründet werden soll. Der sogenannte Gutachtenstil (Problemstellung – Erörterung – Ergebnis) gilt sowohl für das gesamte Gutachten als auch – pyramidenförmig nach unten verzweigend – für die einzelnen Abschnitte und Fragestellungen.

Allerdings darf der Gutachtenstil nicht übertrieben werden.

So kann bei völlig klar liegenden Fragen – besonders, wenn sie zwischen den Parteien zu keinen rechtlichen Kontroversen geführt haben – von dem Gutachtenstil abgesehen und sogleich das Ergebnis mit Begründung festgestellt werden. Ferner muss der Verfasser des Gutachtens nach Darstellung der Sach- und Rechtslage bei Begründung der eigenen Meinung die dafür sprechenden Argumente nunmehr überzeugend und apodiktisch darlegen.

(4) Das Gutachten soll einen Einzelfall praktisch brauchbar lösen. Es ist weder ein Lehrbuch noch eine gelehrte Abhandlung zur Lösung allgemeiner Rechtsprobleme. Daraus folgt:

- Das Gutachten soll zwar den Gedankengang des Verfassers in der logisch richtigen Weise erkennen lassen. Es dürfen aber für einen vernünftigen Juristen völlig klare Rechtsfragen, die auch von den Parteien nicht angegangen werden, nicht in gleicher Ausführlichkeit wie die eigentlichen Kernfragen des Prozesses behandelt werden. Der Verfasser hat vielmehr hinsichtlich der eigentlichen Kernfragen des Prozesses Schwerpunkte zu bilden und dort seine Erörterungen ausführlich zu gestalten, während er klar liegende Dinge kurz behandeln kann.
- Das Gutachten ist keine wissenschaftliche Arbeit zur Lösung allgemeiner Rechtsprobleme. Theoretische Streitfragen können und müssen dahingestellt bleiben, wenn es für die Entscheidung des Rechtsstreites nicht auf sie ankommt.
- Die neuere Rechtsprechung ist zu verarbeiten. Von einer festen Rechtsprechung des BGH sollte nur abgegangen werden, wenn dafür gewichtige Gründe sprechen. Allerdings ist vorweg durch Analyse der vorliegenden Entscheidungen zu prüfen, ob sie für den konkreten Fall überhaupt einschlägig sind oder ob nicht mit einer Differenzierung auch seitens des BGH gerechnet werden kann. Schließlich kann eine zeitlich weit zurückliegende Entscheidung des BGH durch die spätere Rechtsentwicklung überholt sein.

8 (5) Die Gutachtenmethode ist die notwendige Denkmethode für den Zivilrichter. Die schriftliche Fixierung im Gutachten zeichnet den Weg nach, den der Richter in der gerichtlichen Praxis gedanklich im Kopf bei jeder Fallbehandlung zu gehen hat. Die Relationstechnik kann dabei nur gewisse allgemeine Aufbauregeln geben. Innerhalb dieser Aufbaugrundsätze verbleibt dem Bearbeiter ein Spielraum für die Gestaltung des Gutachtens, oft auch zu Alternativen im Aufbau und der Darstellung, die von dem Leser (und Prüfer) zu akzeptieren ist, soweit sie sich im Rahmen des Vertretbaren hält und keine Widersprüche aufweist.

2. Die Schlüssigkeitsprüfung des Klägervorbringens

9 a) Vor Beginn der Prüfung ist festzustellen, was zum Klagevorbringen gehört.

(1) Naturgemäß gehört zum Klagevorbringen alles, was der Kläger in seinen Schriftsätzen vorgetragen hat, unabhängig davon, ob es für ihn günstig oder ungünstig ist. Hinzu kommt, was der Kläger in der mündlichen Verhandlung zusätzlich – z.B. im Rahmen einer Anhörung nach § 141 ZPO – vorgetragen hat; die Protokolle über die mündliche Verhandlung geben hierüber Auskunft.

(2) Außerdem gehört zum Vorbringen des Klägers dasjenige Vorbringen des Beklagten, das der Kläger durch ausdrückliche Übernahme in einem Erwiderungsschriftsatz oder durch Erklärung in der mündlichen Verhandlung zu seinem eigenen Vorbringen macht oder nicht genügend im Sinne des § 138 ZPO bestreitet. Der Kläger kann sich hierbei auch ein Vorbringen des Beklagten hilfsweise zu Eigen machen.[6] In letzterem Falle ist die Unterbringung dieses Vortrages den Aufbau betreffend allerdings zweifelhaft. Im Regelfall empfiehlt sich die Einbeziehung in die Klägerstation. Aus Gründen der Verständlichkeit kann es aber angebracht sein, die Prüfung an späterer Stelle des Gutachtens vorzunehmen; in Frage kommt die Beklagtenstation unter dem Gesichtspunkt des gleichwertigen Parteivorbringens oder eine besondere Replik des Klägers.

(3) Schließlich gehört zum Vorbringen des Klägers, was Zeugen und Sachverständige als zusätzlichen Tatsachenstoff in das Verfahren einführen, soweit der Kläger es nicht bestreitet, sondern es sich – ausdrücklich oder stillschweigend – zu Eigen macht. Rechtserheblicher Tatsachenstoff ist dabei nicht etwa – entsprechend seiner Herkunft – in der Beweisstation zu prüfen, sondern in dem Vortrag der Parteien, die sich den Tatsachenstoff – ausdrücklich oder stillschweigend – zu eigen machen, denn ihnen obliegt aufgrund des Verhandlungsgrundsatzes allein die Aufgabe der Beibringung der Tatsachen.

(4) Das gesamte Vorbringen des Klägers ist in der Klägerstation zu prüfen, hierzu gehört der streitige Klägervortrag als auch der unstreitige Vortrag der Parteien.

Auch solche vom Kläger vorgetragene Tatsachen sind zu prüfen, die seinen Anspruch wieder zu Fall bringen, sogenannte anspruchsfeindliche Tatsachen.[7]

(5) Auch das möglicherweise verspätete Vorbringen des Klägers ist grundsätzlich in die Schlüssigkeitsprüfung einzubeziehen. Dabei ist die Frage der Verspätung nicht zu untersuchen; für diese gilt vielmehr folgendes: 10

- Ist das möglicherweise verspätete Vorbringen nach der in der Klägerstation vorgenommenen Prüfung nicht schlüssig, so scheidet es von vornherein aus; mangels Berücksichtigung kann es den Rechtsstreit nicht verzögern und bedarf also keiner Zurückweisung als verspätet.
- Ist das möglicherweise verspätete Vorbringen schlüssig, so ist in der Beklagtenstation zu untersuchen, ob es bestritten wird. Wird es nicht bestritten, so kann es als unstreitige Tatsache den Rechtsstreit nicht verzögern; es bedarf dann ebenfalls keiner Prüfung der Zurückweisungsvoraussetzungen. Wird es bestritten, so kann es nur dann zu einer Verzögerung kommen, wenn das Bestreiten erheblich ist. Ist das Bestreiten nicht erheblich, so bleibt es einfach unberücksichtigt. Ist das Bestreiten erheblich, dann bleibt die Frage der Verspätung noch offen.
- In der Beweisstation ist nunmehr zu klären, ob für das möglicherweise verspätete Vorbringen von dem beweispflichtigen Kläger Beweis angetreten ist. Ist das nicht der Fall, scheidet das Vorbringen aus, ohne dass die Frage der Verspätung erheblich wird. Hat der Kläger allerdings Beweis für die verspätet vorgetragene Tatsache angetreten, dann ist an dieser Stelle zu untersuchen, ob die §§ 296, 530 ZPO zum Zuge kommen. In Frage kommt sowohl eine Zurückweisung, weil das Vorbringen verspätet ist als auch eine Zurückweisung, weil der Beweisantritt verspätet erfolgt ist.

---

[6] *Oberheim* § 8 Rn. 354.
[7] *Oberheim* § 9 Rn. 431.

– Wird die Zurückweisungsbefugnis verneint, dann ist die Frage zugunsten des Klägers geklärt und das schlüssige Vorbringen endgültig in den Prozess einbezogen; es ist Beweis zu erheben.
– Wird dagegen das Vorbringen als zurückweisungsbedürftig anerkannt, dann muss in einer zusätzlichen rechtlichen Prüfung im Anschluss an die Beweisstation nunmehr untersucht werden, welche Auswirkungen dies auf die zunächst in der Klägerstation bejahte Schlüssigkeit der Klage hat.

Eine Ausnahme hiervon besteht allerdings in der Berufungsinstanz. Hat die erste Instanz ein bestimmtes Vorbringen als verspätet zurückgewiesen, so ist es nach § 531 I ZPO nicht mehr zu berücksichtigen. In diesem Falle kann und muss in der Klägerstation bereits geprüft werden, ob die Zurückweisung zu Recht erfolgt ist oder nicht. Ist das der Fall, so scheidet das Vorbringen grundsätzlich von vornherein aus. Anders ist dies ausnahmsweise nur dann, wenn das Vorbringen nunmehr unstreitig geworden ist. Ist es zu Unrecht zurückgewiesen worden, ist es in die Schlüssigkeitsprüfung der Klage einzubeziehen.

11 (6) Bei der Prüfung der Anträge ist der Richter nicht an eine übereinstimmende Rechtsauffassung der Parteien gebunden. Ausnahmsweise kann sich allerdings eine Bindung ergeben, wenn
– das Gericht an die präjudizielle Wirkung der materiellen Rechtskraft eines Urteils im Vorprozess gebunden ist;
– nach erfolgter Streitverkündung im Vorprozess nunmehr die Interventionswirkung des § 68 ZPO durchgreift;
– das Gericht im Betragsverfahren an ein Grundurteil bzw. im Urkunden- und Wechselprozess an ein Vorbehaltsurteil gebunden ist (§ 318 ZPO).[8]

12 b) Anzuknüpfen hat die Schlüssigkeitsprüfung an den vom Kläger – im Schriftsatz angekündigten bzw. in der letzten mündlichen Verhandlung gestellten – Klageantrag.

(1) Der Kläger bestimmt mit dem Klageantrag den Streitgegenstand. Nur über ihn hat das Gericht zu entscheiden (§ 308 I ZPO).

Im Gegensatz zu einem Gutachten in einer an der Universität gestellten Aufgabe ist nicht die gesamte Rechtslage zu untersuchen, sondern nur, ob der Klageantrag gerechtfertigt ist. Allerdings ist der gesamte Klageantrag zu prüfen, also auch dort geltend gemachte Nebenansprüche, wie Zinsen, Mahnkosten etc. Unklare Anträge sind analog § 140 BGB umzudeuten. Bei nicht sachdienlichen Anträgen ist ggf. zu erörtern, inwieweit durch einen Hinweis nach § 139 ZPO der Kläger zu einer Änderung des Klageantrags zu veranlassen ist. Bei mehreren – kumulativ gestellten – Anträgen ist jeder Antrag zu untersuchen; dabei ist je nach Lage des Einzelfalles nach Zweckmäßigkeitsgesichtspunkten zu entscheiden, ob die Anträge völlig getrennt oder so lange gemeinsam zu untersuchen sind, bis die unterschiedliche Rechts- oder Sachlage zu einer Trennung führt. Ein Hilfsantrag ist erst und nur dann zu untersuchen, wenn der Hauptantrag durch alle Stationen geprüft ist und für unbegründet erachtet wird.

13 (2) In der Regel ist bei einer Leistungsklage die Prüfung an den möglichen Anspruchsgrundlagen auszurichten.

Dabei sind alle in Frage kommenden Anspruchsgrundlagen in die Prüfung einzubeziehen. Dies folgt aus der Überlegung, dass der Beklagte sich gegenüber einzelnen Anspruchsgrundlagen unterschiedlich verteidigen kann. Es ist deshalb falsch, die Schlüssigkeit des Klagevorbringens nur unter Zugrundelegen einer einzigen Anspruchsgrundlage zu bejahen, bei der Prüfung des Beklagtenvorbringens ein erhebliches Verteidigungsvorbringen festzustellen, um nunmehr erneut den Klagevortrag

[8] *Oberheim* § 10 Rn. 486.

unter dem Gesichtspunkt einer zweiten Anspruchsgrundlage zu prüfen; ein solches „Hin- und Herspringen" zwischen Kläger- und Beklagtenvorbringen entspricht nicht der Fragestellung und wirkt zudem umständlich. Macht sich der Kläger ein tatsächliches Vorbringen des Beklagten, das er in erster Linie bestreitet, hilfsweise zu eigen, so ist dieses bereits in der Klägerstation zu berücksichtigen; es dürfte aber bei einiger Toleranz auch erlaubt sein, in der Beklagtenstation die rechtliche Unerheblichkeit des Bestreitens festzustellen.

Die Reihenfolge der Prüfung der einzelnen Anspruchsgrundlagen richtet sich nach den Prinzipien der Konkurrenz, sowie der logischen und prozess-ökonomischen Vorrangigkeit. Bei anderen als Leistungsklagen richtet sich die Prüfung nach den jeweiligen materiellen Voraussetzungen.

So sind bei einer Gestaltungsklage die materiellrechtlichen Voraussetzungen für die Gestaltung zu prüfen (z. B. Ehescheidungsgründe, Gründe für die Auflösung einer Gesellschaft nach § 133 HGB, der Wegfall eines Anspruchs durch Einwendungen und Einreden bei einer Vollstreckungsgegenklage nach § 767 ZPO). Bei der Feststellungsklage sind die Voraussetzungen für das Bestehen bzw. Nichtbestehen des festzustellenden Rechtsverhältnisses zu untersuchen.

(3) Im Anschluss an die Prüfung der Anspruchsgrundlagen ist gegebenenfalls zu untersuchen, ob aus dem Klagevorbringen Tatsachen ersichtlich sind, nach denen der Anspruch wieder erloschen oder mit einer Einrede behaftet ist.[9]

Die Berücksichtigung derartiger „anspruchsfeindlicher Tatsachen" in der Schlüssigkeitsprüfung folgt aus der Erwägung, dass das gesamte Klagevorbringen als Einheit aufzufassen ist. Solche anspruchsfeindlichen Tatsachen gelangen in den Klagevortrag, indem der Kläger sie – in falscher Würdigung der Rechtslage – selbst vorträgt oder aber einen entsprechenden Vortrag des Beklagten nicht bestreitet. Als Beispiele seien erwähnt: Teilweise Erfüllung bei Vorlage entsprechender Zahlungsbelege durch den Beklagten, die Einrede der Verjährung bei unstreitig erfolgter Geltendmachung durch den Beklagten.

Allerdings kann der Kläger die Schlüssigkeit des Klagevorbringens wiederherstellen, indem er anspruchserhaltende Tatsachen vorträgt, z. B. Verrechnung der unstreitigen Zahlungen auf eine andere Forderung (§§ 366, 367 BGB), Neubeginn der Verjährung durch Anerkenntnis (§ 212 BGB). Diese anspruchserhaltenden Tatsachen sind im Hinblick auf die Einheitlichkeit des Klagevorbringens im Anschluss an die Untersuchung der anspruchsfeindlichen Tatsachen ebenfalls in die Prüfung einzubeziehen.

(4) Die Prüfung der Anspruchsgrundlagen sowie der anspruchsfeindlichen und an- 14
spruchserhaltenden Tatsachen erfolgt durch Subsumtion der vorgetragenen Tatsachen unter die entsprechenden Rechtsnormen.

Dies bedeutet auf der rechtlichen Seite Auswahl und Auslegung der in Frage kommenden Rechtsnormen, auf der tatsächlichen Seite eine Selektion des Klagevorbringens unter Berücksichtigung dieser in Frage kommenden Normen. Der Kläger muss sämtliche abstrakten Tatbestandsmerkmale der anspruchsbegründenden Norm, soweit er die Darlegungslast trägt, mit dem entsprechenden Tatsachenvortrag ausfüllen; hierzu gehören die normalen Entstehungsvoraussetzungen einschließlich der Aktiv- und Passivlegitimation. Bei Auslegung von Willenserklärungen, insbesondere von Verträgen, sind außer dem Vertragsinhalt auch die sonstigen, von dem Kläger vorgetragenen, für die Auslegung maßgeblichen Umstände in die Prüfung einzubeziehen.

Was zur Darlegungslast des Klägers steht, ergibt sich – ebenso wie die parallel laufende Beweislast – aus der entsprechenden Fassung des Gesetzes. Im Einzelfall kann sich die Darlegungslast des Klägers in den Fällen des Anscheinsbeweises verschieben: Bei einem typischen Geschehensablauf genügt der Kläger seiner Darlegungslast, wenn er – neben dem Erfahrungssatz – die Tatsachen für dessen Anwendung vorträgt; allerdings dürfen sich aus seinem Vorbringen auch keine Tatsachen für einen atypischen Geschehensablauf ergeben.[10]

---

[9] *Oberheim* § 5 Rn. 202 ff.
[10] *Oberheim* § 28 Rn. 1339 ff.

15 (5) Der notwendige Umfang der tatsächlichen Darlegung im Einzelnen richtet sich nach der Substanziierungslast. Der Kläger muss seinen Vortrag so detailliert gestalten, dass das Gericht in der Lage ist zu entscheiden, ob die gesetzlichen Voraussetzungen für das Bestehen des geltend gemachten Anspruchs vorliegen.

Dabei dürfen allerdings die Anforderungen nicht überspannt werden. Danach hängt die Substanziierungslast im Wesentlichen davon ab, ob der Beklagte den Vortrag des Klägers bestreitet oder nicht; insoweit kann bereits in der Schlüssigkeitsprüfung des Klägervorbringens ein vorgreifender Hinweis auf das Beklagtenvorbringen im Einzelfall notwendig sein. Hat der Beklagte einen bestimmten Vortrag des Klägers nicht beachtlich bestritten, so sind an die Substanziierungslast des Klägers geringere Anforderungen zu stellen.[11] Dies folgt aus der Erwägung, dass bei einem übereinstimmenden Vortrag der Parteien eine weitere Substanziierung des Vorbringens überflüssig erscheint und man anderenfalls die Akten mit Dingen anreichern würde, um die die Parteien überhaupt nicht streiten. Anders dagegen, wenn der Beklagte einen pauschalen Vortrag des Klägers bestreitet mit der Folge, dass der Klagevortrag nunmehr unklar wird und nun nicht mehr den Schluss auf die Entstehung des geltend gemachten Rechts zulässt; nunmehr ist der Kläger aufgrund der Substanziierungslast gehalten, seinen pauschalen – und zunächst auch schlüssigen – Vortrag in einzelne Tatsachen aufzugliedern.

16 c) Das Ergebnis der Schlüssigkeitsprüfung steht am Ende der Klägerstation und kann folgenden Inhalt haben:

(1) Das Klagevorbringen ist nicht schlüssig.

In diesem Fall folgt der Entscheidungsvorschlag, dass die Klage abzuweisen ist. Auf das Beklagtenvorbringen wird nicht mehr eingegangen, es sei denn, dass – ausnahmsweise – ein Hilfsgutachten in Frage kommt.

(2) Das Klagevorbringen ist in der einen oder anderen Hinsicht unklar oder ergänzungsbedürftig.

Das kann über § 139 ZPO zu einer Erörterung dieses unklaren Punktes in der mündlichen Verhandlung, gegebenenfalls zu einem Auflagenbeschluss führen. Dann ist im Gutachten auf die Notwendigkeit der Aufklärung hinzuweisen.

(3) Das Klagevorbringen ist schlüssig.

In diesem Fall ist nunmehr das Beklagtenvorbringen zu untersuchen. Bei Säumnis des Beklagten kann – bei Vorliegen der sonstigen Voraussetzungen – Versäumnisurteil nach § 331 II ZPO ergehen.

(4) Die vorgenannten drei Fälle können sich auf Teile des Klägervorbringens beschränken und hinsichtlich verschiedener Teile miteinander kombiniert werden.

Bei einer Kombination von nicht schlüssigem und schlüssigem Klagevorbringen ist – wenn der Beklagte das Klagevorbringen nicht bestreitet – die Klage teilweise abzuweisen, teilweise ist ihr stattzugeben. Bei teilweiser Entscheidungsreife ist der Erlass eines Teilurteils zu erwägen (§ 301 ZPO).

3. Die Prüfung des Beklagtenvorbringens (Erheblichkeitsprüfung)

17 a) Eine Prüfung des Beklagtenvorbringens erübrigt sich, wenn das Vorbringen des Klägers bereits nicht schlüssig ist oder der Beklagte sich lediglich mit Rechtsausführungen verteidigt.

Letztere hat das Gericht bereits bei der Prüfung der Schlüssigkeit des Klagevorbringens mit in seine rechtlichen Überlegungen einzubeziehen. Ein bestimmter Tatsachenvortrag kann nur entweder schlüssig oder nicht schlüssig sein. Es ist deshalb falsch, wenn nach Bejahung der Schlüssigkeit des Klägervorbringens in einer Beklagtenstation der gleiche – unbestrittenen – Klagevortrag nochmals unter Berücksichtigung rechtlicher Ausführungen des Beklagten rechtlich gewürdigt wird.

---

[11] *Oberheim* § 5 Rn. 198.

b) Gegenstand der Prüfung sind die unstreitigen Tatsachen und die von dem Kläger bestrittenen Tatsachenbehauptungen des Beklagten. Dabei lautet die Fragestellung, ob der Klageantrag nach dem abweichenden Vortrag des Beklagten immer noch schlüssig erscheint.

Spiegelbildlich dem Klägervortrag wird in der Beklagtenstation von dem einheitlichen Vorbringen des Beklagten ausgegangen. Hinsichtlich der Frage, ob ein Vorbringen des Beklagten verspätet im Sinne der §§ 296, 530 ZPO ist, gelten die gleichen Erwägungen, die zum Vorbringen des Klägers dargestellt sind: Das Vorbringen ist in die Prüfung einzubeziehen; die Frage der Zurückweisung ist gegebenenfalls später zu entscheiden. Im Regelfall wird an die in der Klägerstation bejahten schlüssigen Anspruchsgrundlagen als Gliederung angeknüpft.

c) Die Prüfung des Beklagtenvorbringens erfolgt unter drei Gesichtspunkten: 18

(1) Zunächst ist zu untersuchen, ob überhaupt ein Bestreiten vorliegt.

Dabei ist das Vorbringen der Partei nach § 138 II, III ZPO auszulegen. Die Partei hat sich nach § 138 II ZPO über die von dem Gegner behaupteten Tatsachen zu erklären, d. h. sie muss „Farbe bekennen". Das erfordert im Regelfall ein ausdrückliches Bestreiten. Nach § 138 III ZPO kann allerdings auch ein Bestreiten aus den übrigen Erklärungen der Partei entnommen werden. In der Praxis klären sich diese Zweifelsfälle durch Ausübung des Fragerechts in der mündlichen Verhandlung oder durch eine schriftliche Auflage zur Vorbereitung des Termins (§ 273 II Nr. 1 ZPO).

(2) Ein vorliegendes Bestreiten ist daraufhin zu untersuchen, ob es prozessual beachtlich ist. Im Regelfall ist ein Bestreiten prozessual beachtlich.

Ausnahmsweise ist die Beachtlichkeit des Bestreitens zu verneinen:
- Bei Erklärungen mit Nichtwissen über Tatsachen, die eigene Handlungen der Partei oder Gegenstand ihrer eigenen Wahrnehmung gewesen sind (§ 138 IV ZPO).
- Bei einfachem (pauschalen) Bestreiten, wenn aufgrund der gesamten prozessualen Sachlage, insbesondere bei substanziiertem Vortrag des Klägers der Beklagte gehalten ist, ebenfalls „substanziiert" zu bestreiten, d. h. im Einzelnen darzulegen, wie sich nach seiner Auffassung der betreffende, vom Kläger vorgetragene Sachverhalt abgespielt hat. Das gilt insbesondere, wenn zu den anspruchsbegründenden Tatsachen Negativa gehören; hier sind vom Beklagten substanziiert die gegenteiligen positiven Tatsachen vorzutragen. Ferner muss der Beklagte von dem Kläger vorgelegte Aufstellungen (Rechnungen, Abrechnungen, Aufmaße etc.) substanziiert bestreiten, d. h. angeben, an welchen Positionen er etwas auszusetzen hat und worauf sich die Abweichung bezieht.
- Wenn die fraglichen Tatsachen aufgrund einer Interventionswirkung nach § 68 ZPO nicht mehr bestritten werden können.
- Im Einzelfall kann es angezeigt sein, im Gutachten die Zulässigkeit und Notwendigkeit eines Hinweises nach § 139 ZPO zu erörtern. Insoweit gilt das Gleiche wie in der Klägerstation.

(3) Bei einem prozessual beachtlichen Bestreiten ist zu prüfen, ob es – nach materiellem Recht – erheblich ist. Dies ist der Fall, wenn es die Schlüssigkeit des Klägervorbringens zu Fall bringt, was hinsichtlich sämtlicher in der Klägerstation bejahten Anspruchsgrundlagen zu untersuchen ist.

Das Bestreiten ist danach insbesondere nicht erheblich, wenn
- es nur eine von mehreren Anspruchsgrundlagen beseitigt, z. B. Bestreiten der Verschuldenstatsachen bei § 823 I BGB lässt den Anspruch aus § 7 I StVG unberührt;
- der Beklagte einen Tatsachenvortrag des Klägers bestreitet, der nicht von diesem, sondern vom Beklagten vorzutragen ist, z. B. Bestreiten der Verschuldenstatsachen bei einem vertraglichen Schadensersatzanspruch (§ 280 BGB);
- der Beklagte nur einen Teil der Tatsachen bestreitet, der restliche (unbestrittene) Teil der Tatsachen aber zur Schlüssigkeit der Klage ausreicht, z. B. bei einer auf mehrere Gründe gestützten Kündigung wird nur ein Teil der Gründe bestritten;
- das Bestreiten zwar die in der Schlüssigkeitsprüfung bejahte Anspruchsgrundlage zu Fall bringt, dafür aber unter Zugrundelegung der abweichenden Darstellung des Beklagten eine andere Anspruchsgrundlage zum Tragen kommt (so genanntes gleichwertiges Parteivorbringen), z. B. Be-

streiten des Vertragsschlusses führt zu einem Anspruch aus §§ 812ff. BGB oder §§ 677ff. BGB. Hat sich der Kläger das Vorbringen des Beklagten allerdings zu Eigen gemacht, so ist dieser Tatsachenvortrag des Beklagten bereits in der Klägerstation zu berücksichtigen.[12]
- der Beklagte bei einem schlüssig vorgetragenen Anscheinsbeweis nur die Haupttatsache bestreitet, nicht aber die Anwendungstatsachen für den Erfahrungssatz, oder aber nur den Erfahrungssatz in Abrede stellt, der aber nach Auffassung des Gutachters zu bejahen ist.

19 d) Gegenstand der Prüfung kann zudem die Prüfung von Einwendungen und Einreden sei. Dabei handelt es sich um folgende Fälle:
- Rechtshindernde Einwendungen; es geht hier um Gegennormen, die die Entstehung eines Rechts verhindern. Bei ihnen kommt es vor allem auf die sachgerechte Abgrenzung gegenüber den anspruchsbegründenden Tatsachen an. Beispiele: Geschäftsunfähigkeit, Sittenwidrigkeit, Entlastungsbeweis nach § 831 BGB oder § 7 II StVG;
- Rechtsvernichtende Einwendungen; es geht hier um Gegennormen, die ein entstandenes Recht (oder Rechtsverhältnis) nachträglich wieder zum Erlöschen bringen. Beispiele: Erfüllung, Erlass, Aufrechnung, Rücktritt, Kündigung;
- Peremptorische Einreden; ihre Ausübung führt zu einem Recht auf endgültige Leistungsverweigerung. Beispiel: Einrede der Verjährung;
- Dilatorische Einreden; sie geben ein Recht zu vorübergehender Leistungsverweigerung (Beispiel: Einrede der Stundung) oder führen zu einer eingeschränkten Verurteilung (Beispiel: Einrede des nicht erfüllten Vertrages oder des Zurückbehaltungsrechts);
- Vortrag eines atypischen Geschehensablaufs bei dem Anscheinsbeweis; der Beklagte muss die Tatsachen vortragen, aus denen sich der atypische Ablauf ergibt.

(1) Eine Prüfung der vorgenannten Einwendungen und Einreden erfolgt nur dann in der Beklagtenstation, wenn die zugrunde liegenden Tatsachen von dem Kläger bestritten worden sind.

Hat der Kläger die maßgebenden Tatsachen nicht bestritten, so sind sie Teil seines Klagevortrages und bereits in der Schlüssigkeitsprüfung als anspruchsfeindliche Tatsachen zu würdigen.

(2) Der Inhalt der Prüfung besteht in der Untersuchung, ob die von dem Beklagten vorgetragenen Tatsachen geeignet sind, die in der Klägerstation bejahte(n) Anspruchsgrundlage(n) ganz oder teilweise zu Fall zu bringen. Es gilt – mit umgekehrten Vorzeichen – das gleiche wie in der Schlüssigkeitsprüfung des Klägers.

Daraus folgt: Anzuknüpfen ist an die in der Klägerstation bejahte(n) Anspruchsgrundlage(n). Es sind sämtliche Einwendungen und Einreden zu prüfen; auch hier folgt dies aus der Überlegung, dass der Kläger sich gegenüber einzelnen schlüssig vorgetragenen Einwendungen oder Einreden mit unterschiedlicher Wirksamkeit verteidigen kann. Auch hier kann die Schlüssigkeit einer Einwendung oder Einrede daran scheitern, dass nach dem eigenen Vorbringen des Beklagten eine rechtserhaltende Tatsache die Einwendung zu Fall bringt (Beispiel: Neubeginn der Verjährung durch Anerkenntnis nach § 212 BGB). Die Prüfung der Schlüssigkeit von Einwendungen und Einreden besteht auch hier in einer Subsumtion der vorgetragenen Tatsachen unter die entsprechenden Rechtsnormen, wobei Darlegungs- und Substanziierungslast zu beachten sind.

(3) Besonderen Aufbauregeln unterliegt die von dem Beklagten geltend gemachte Aufrechnung. Dies gilt sowohl hinsichtlich der Berufung auf eine vorprozessual erklärte als auch hinsichtlich der im Prozess erklärten Aufrechnung. In beiden Fällen handelt es sich der Sache nach nicht nur um ein Erfüllungssurrogat, das die eingeklagte Forderung zum Erlöschen bringen soll (§ 389 BGB), sondern um einen „Ge-

[12] *Oberheim* § 9 Rn. 431.

genangriff" des Beklagten mit einer eigenen Forderung, die einer von der Klageforderung losgelösten Untersuchung bedarf.

Daraus folgt, dass die Prüfung dieser Gegenforderung im Gutachten erstmals in der Beklagtenstation auf ihre Schlüssigkeit zu erfolgen hat und dann – im Falle bejahter Schlüssigkeit – eine Prüfung des Klägervorbringens zur Gegenforderung in einer Replik sich anschließt. Innerhalb der Beklagtenstation wird man die Prüfung der Gegenforderung an das Ende stellen, d.h. erst beginnen, wenn die gegenüber der Klageforderung erhobenen Einwendungen und Einreden behandelt sind.

Besonderheiten ergeben sich bei einer von dem Beklagten erklärten Hilfsaufrechnung, die erst zum Zuge kommen soll, wenn das Gericht die Klageforderung für begründet erachtet. Da die Klageforderung logischen Vorrang vor der Gegenforderung hat, kann die Prüfung der Gegenforderung erst erfolgen, nachdem die Klageforderung in allen drei Stationen (also einschließlich Beweisstation) erfolgt ist. Wird die Klageforderung verneint, unterbleibt eine Prüfung der Gegenforderung, da die Klage dann bereits abweisungsreif ist. Wird die Klageforderung bejaht, so ist nunmehr auf die Gegenforderung einzugehen. Dabei wird zunächst die Zulässigkeit der Aufrechnung untersucht. Ist die Aufrechnung zulässig, erfolgt sodann in einer zweiten Beklagtenstation die Prüfung ihrer Schlüssigkeit und bei deren Bejahung das Vorbringen des Klägers zur Gegenforderung in einer Replik.[13]

e) Das Ergebnis der Erheblichkeitsprüfung steht am Ende der Beklagtenstation und kann folgenden Inhalt haben: 20

(1) Der Beklagte hat sich nicht wirksam verteidigt:
- Er hat das schlüssige Klagevorbringen nicht bestritten.
- Er hat das schlüssige Klagevorbringen nicht (prozessual) beachtlich bestritten.
- Er hat das schlüssige Klagevorbringen nicht (materiell) erheblich bestritten.
- Er hat keine Einwendungen oder Einreden vorgetragen.
- Er hat Einwendungen oder Einreden nicht schlüssig vorgetragen.
- Den schlüssig vorgetragenen Einwendungen oder Einreden steht eine von dem Beklagten gleichzeitig vorgetragene rechtserhaltende Tatsache entgegen.

In diesem Fall folgt der Entscheidungsvorschlag, dass der Beklagte antragsgemäß zu verurteilen ist.

(2) Der Beklagte hat sich wirksam verteidigt, indem er das schlüssige Klagevorbringen beachtlich und erheblich bestritten, d.h. alle in der Klägerstation als schlüssig bejahte Anspruchsgrundlagen zu Fall gebracht hat.

In diesem Fall ist in der Regel zur Beweisstation überzugehen, da es auf die Aufklärung des Sachverhalts ankommt. Eine Ausnahme gilt, wenn der Kläger hilfsweise einen anderen Sachverhalt vorträgt oder sich hilfsweise einen in erster Linie bestrittenen Beklagtenvortrag zu Eigen macht; in diesem Fall ist nochmals in die Klägerstation zurückzugehen.

(3) Der Beklagte hat sich wirksam verteidigt, indem er schlüssige Einwendungen oder Einreden vorgetragen hat, die gegenüber allen in der Klägerstation bejahten Anspruchsgrundlagen durchgreifen.

In diesem Fall darf noch nicht in die Beweisstation übergegangen werden. Vielmehr ist nunmehr in einer Replik das Vorbringen des Klägers gegenüber den Einwendungen und Einreden zu untersuchen, denn es ist noch nicht geklärt, ob sich der Kläger gegenüber den Einwendungen bzw. Einreden wirksam verteidigt.

4. Die Replik und Duplik

a) Eine erneute Prüfung des Klägervorbringens findet nur statt, wenn es noch nicht Gegenstand der Schlüssigkeitsprüfung war. Dies wird in folgenden Fällen notwendig: 21

[13] *Oberheim* § 9 Rn. 440.

– Der Beklagte hat schlüssig Einwendungen oder Einreden vorgetragen.[14]
– Der Beklagte hat sich wirksam durch beachtliches und erhebliches Bestreiten verteidigt. Der Kläger hat hilfsweise für diesen Fall einen anderen Sachverhalt vorgetragen, der eine neue Anspruchsgrundlage rechtfertigt oder er hat sich das Vorbringen des Beklagten hilfsweise zu Eigen gemacht.

Eine Replik erübrigt sich, wenn der Verfasser den maßgebenden Klägervortrag in die Schlüssigkeitsprüfung der ersten Station einbezieht. Ob man eine solche Vorwegnahme wählt oder sich für eine Replik entscheidet, ist eine – nach dem Grundsatz der Verständlichkeit zu entscheidende – Frage des Einzelfalls.

b) Inhaltlich ist bei der Prüfung der Replik wie folgt vorzugehen:

(1) Gegenüber schlüssig vorgetragenen Einwendungen oder Einreden ist zunächst zu prüfen, ob der Kläger sie überhaupt und, wenn ja, ob er sie beachtlich und erheblich bestritten hat.

(2) Vorgetragene anspruchserhaltende Tatsachen sind auf ihre Schlüssigkeit zu untersuchen. Eine Tatsache, die bereits Gegenstand der Schlüssigkeitsprüfung war, ist nicht mehr Gegenstand der Replik.

(3) Ein hilfsweise vorgetragener Sachverhalt ist auf seine Schlüssigkeit zu untersuchen.

(4) Bei der Aufrechnung ist zu prüfen, ob der Kläger den Tatsachenvortrag des Beklagten zur Gegenforderung beachtlich und erheblich bestritten hat. Anschließend ist auf Einwendungen und Einreden des Klägers gegenüber der Gegenforderung einzugehen.

22 c) Eine erneute Prüfung des Beklagtenvorbringens im Rahmen einer Duplik wird ausnahmsweise notwendig, soweit der Kläger laut Replik schlüssig anspruchserhaltende Tatsachen oder neue Tatsachen für eine neue Anspruchsgrundlage vorgetragen hat.

Inhaltlich geht die Duplik zunächst wieder auf die Prüfung der Beachtlichkeit und Erheblichkeit des Bestreitens, sodann auf die Untersuchung der Schlüssigkeit neuer Tatsachen betreffend Gegennormen gegenüber den anspruchserhaltenden Tatsachen bzw. der in der Duplik erstmals geprüften, eine neue Anspruchsgrundlage begründenden Tatsachen.

Bei der Aufrechnung ist wiederum zu prüfen, ob der Beklagte die von dem Kläger vorgetragenen und in der Replik für schlüssig befundenen Einwendungs- und Einredetatsachen beachtlich und erheblich bestritten hat. Anschließend ist gegebenenfalls auf anspruchserhaltende Tatsachen (betreffend die Gegenforderung) einzugehen.

5. Die Tatsachenfeststellung (Beweisstation)

Sie schließt sich an die Schlüssigkeits- und Erheblichkeitsprüfung an und dient der Klärung der dort als rechtserheblich erkannten und als bestritten festgestellten Tatsachen. Zu unterscheiden sind hier folgende Abschnitte:

23 a) Als Abschluss der vorangegangenen Abschnitte der Kläger- und Beklagtenstation hat zunächst eine Zusammenstellung der beweiserheblichen Tatsachen zu erfolgen.

Die katalogartige Zusammenstellung der Beweisthemen, die nach logischen Gesichtspunkten erfolgen sollte, ist sodann die Gliederung für die nachfolgende Behandlung der Beweisthemen in der Beweisstation. In die Zusammenstellung der Beweisthemen können bei einem substanziierten Bestreiten auch im Wege des Gegenbeweises von dem Beweisgegner aufgestellte Tatsachenbehauptungen

[14] *Oberheim* § 9 Rn. 440.

aufgenommen werden; im Hinblick auf die Beweislast sollten sie jedoch besonders gekennzeichnet werden.

b) Sodann ist eine Prüfung der Beweisbedürftigkeit vorzunehmen, da zwar die als beweiserheblich festgestellten Beweisthemen in der Regel einer Beweisaufnahme zur Klärung ihres Vorliegens bedürfen, eine Beweisaufnahme aber ausnahmsweise in den folgenden Fällen nicht erforderlich ist:

(1) Offenkundige Tatsachen bedürfen keines Beweises (§ 291 ZPO).

Es handelt sich hierbei um die allgemeinkundigen und die gerichtskundigen Tatsachen.

(2) Tatsachen, von deren Wahrheit oder Unwahrheit das Gericht bereits überzeugt ist, bedürfen keines Beweises.

Das Gericht kann im Rahmen der freien Beweiswürdigung aus dem beiderseitigen Parteivorbringen und dem persönlichen Eindruck der Parteien in der mündlichen Verhandlung eine streitige Tatsache auch ohne förmliche Beweisaufnahme als erwiesen ansehen.[15] Im Hinblick auf das Verbot der Beweisantizipation und die Regeln der Beweislast dürfte dies allerdings nur in seltenen Ausnahmefällen in Betracht kommen und nur dann, wenn bezüglich der streitigen Tatsache keine Beweisantritte erfolgt sind.

(3) Die im Rahmen des Anscheinsbeweises heranzuziehenden Erfahrungssätze kann das Gericht selbst feststellen, wenn es hierfür die erforderliche Sachkunde besitzt.

Diese Sachkunde kann das Gericht aus der umfangreichen Rechtsprechung zum Anscheinsbeweis schöpfen oder aus eigener Erfahrung herleiten. Es kann aber auch einen Sachverständigen zur Erläuterung heranziehen, inwieweit es auf dem betreffenden Gebiet Erfahrungssätze gibt.

(4) Im Rahmen des Indizienbeweises ist zu prüfen, ob die von der beweisführenden Partei vorgetragenen Hilfstatsachen – allein oder in ihrem Zusammenhang – geeignet sind, den Schluss auf die Hauptsache zur vollen richterlichen Überzeugung zu begründen. Die von dem Beweisgegner vorgetragenen Hilfstatsachen sind darauf zu überprüfen, ob sie geeignet sind, den Schluss auf die Haupttatsache zu verhindern oder doch die Überzeugung des Gerichts zu erschüttern. Diese „indiziellen Schlüsse" müssen sich auf bestimmte Erfahrungssätze stützen können.[16]

Nach dieser Selektion der beweiserheblichen Hilfstatsachen ist sodann zusätzlich festzustellen, ob sie bestritten sind oder nicht. Sind sämtliche Indizien unstreitig, so kann sogleich die Beweiswürdigung vorgenommen werden. Soweit die beweiserheblichen Indizien bestritten sind, sind sie wie die übrigen Beweisthemen zu behandeln.

(5) Hat der Gegner der beweisführenden Partei die Beweisführung schuldhaft vereitelt oder erschwert, kann dies im Rahmen der freien Beweiswürdigung zu Beweiserleichterungen bis hin zur Beweisumkehr führen.[17] Ein Teil der Fälle ist gesetzlich geregelt (§§ 427 S. 1; 441 III 3; 444; 446; 453 II ZPO). Der Rest ist im Wege der Analogie zu behandeln.

(6) Tatsachen, die eine Beweiseinrede enthalten, sind – ebenso wie die Indizien – nur beweisbedürftig, wenn sie geeignet sind, den Wert des Beweismittels entscheidend zu erschüttern.

c) Anschließend ist die Zulässigkeit der Beweiserhebung zu prüfen: 24

(1) Grundsätzlich setzt die Erhebung eines Beweises einen Beweisantrag voraus, der folgenden Anforderungen genügen muss:

---

[15] Anders/Gehle/*Nober* § 286 Rn. 20.

[16] *Oberheim* § 28 Rn. 1332 ff.

[17] Anders/Gehle/*Nober* § 286 Rn. 79 ff.; Thomas/Putzo/*Seiler* § 286 Rn. 17 ff.

- Der Beweisantritt muss von der beweisbelasteten Partei ausgehen.
- Der Beweisantritt muss die bestimmte Behauptung des Beweisthemas zum Inhalt haben; unzulässig sind Beweisantritte, die ohne bestimmte Behauptungen erst aus der Beweisaufnahme Anhaltspunkte für bestimmte Tatsachen gewinnen wollen (Ausforschungsbeweis).[18]
- Das Beweismittel darf nicht völlig ungeeignet sein.
- Der Beweisantrag muss das Beweismittel genau bezeichnen.
- Das angegebene Beweismittel muss in dem konkreten Verfahren zulässig sein.[19]
- Der Verwertung des Beweises dürfen keine gesetzlichen Verbote entgegenstehen.
- Die unter Beweis gestellte Tatsache darf nicht verspätet im Sinne der §§ 296, 530 ZPO sein und darf das weitere Verfahren nicht verzögern.
- Der Beweisantrag darf nicht verspätet sein.

(2) Ausnahmsweise kann auch ohne Beweisantrag von Amts wegen eine Beweisaufnahme angeordnet werden.

Es geht hier vor allem um die Augenscheinseinnahme (§ 144 ZPO) und die Einholung von Sachverständigengutachten (§ 144 ZPO) sowie die Beiziehung von Urkunden (§ 273 II Nr. 2 ZPO). Freier ist das Gericht außerdem im Rahmen des Freibeweises gestellt, der vor allem für das Vorliegen der Prozessvoraussetzungen und die Feststellung der Zulässigkeit eines Rechtsmittels in Frage kommt.

Ist kein zulässiger Beweis angetreten und besteht auch kein Anlass zu einer Beweisaufnahme von Amts wegen, so bleibt die beweisbelastete Partei beweisfällig und der Rechtsstreit wird entscheidungsreif. Liegt dagegen ein zulässiger Beweisantritt vor, so ist, falls noch keine Beweisaufnahme stattgefunden hat, ein Beweisbeschluss vorzuschlagen.

25 d) Die Würdigung einer stattgefundenen Beweisaufnahme erfolgt nach den einzelnen Beweisthemen. Es ist also falsch, die Beweiswürdigung nach den einzelnen Beweismitteln zu gliedern, denn Ziel der Beweiswürdigung ist die Feststellung der einzelnen Beweisthemen. Bei der Würdigung der Beweisaufnahme ist Folgendes zu beachten:

(1) Die Beweiswürdigung besteht nicht in der Wiederholung des Beweisergebnisses, sondern in einer wertenden Überprüfung des Beweisergebnisses mit dem Ziel der Feststellung, ob der Beweis geführt, d.h. dem Gericht die Überzeugung von der Wahrheit der streitigen Tatsache verschafft ist.

Maßstab für diese Feststellung ist die persönliche Gewissheit des entscheidenden Tatrichters, die aber mit den Denk- und Naturgesetzen sowie den Erfahrungssätzen übereinstimmen muss.

(2) Einzubeziehen in die Beweiswürdigung ist nicht nur das Ergebnis der Beweisaufnahme, sondern auch sonstige Umstände, da die Beweiswürdigung den gesamten Inhalt der Verhandlungen zu berücksichtigen hat (§ 286 I ZPO).[20]

Das bedeutet die Einbeziehung des beiderseitigen Parteivorbringens, des Inhalts beigezogener Akten und behördlicher Auskünfte sowie die Berücksichtigung der Denkgesetze, allgemeiner Erfahrungssätze und Sätze der allgemeinen Lebenserfahrung. Ferner ist der – unstreitig oder aus Zeugenaussagen bzw. Sachverständigengutachten gewonnene – übliche Geschehensablauf, wie er in anderen Fällen gehandhabt wurde, einzubeziehen, vor allem mit der Fragestellung, ob in dem vorliegenden Fall Anhaltspunkte für eine abweichende Handhabung ersichtlich sind.

---

[18] Anders/Gehle/*Anders* Vor § 284 Rn. 52f.; Thomas/Putzo/*Seiler* § 284 Rn. 3.
[19] §§ 592, 595 II, 920 II, 936 ZPO.
[20] *Oberheim* § 7 Rn. 329.

(3) Es ist erforderlich, sich mit dem Beweiswert einzelner Beweismittel auseinanderzusetzen.

Das bedeutet beim Zeugenbeweis ein Eingehen auf mögliche Fehlerquellen unter Berücksichtigung der Psychologie der Zeugenaussage.[21] Außerdem ist eine Auseinandersetzung mit einzelnen, von einer Partei vorgetragenen Beweiseinreden, die die Zulässigkeit eines Beweismittels rügen oder dessen Glaubwürdigkeit in Frage stellen sollen, notwendig.

Auch ein Sachverständigengutachten ist auf seine Überzeugungskraft zu überprüfen, wobei vor allem zu klären ist, ob der Sachverständige sich im Rahmen seiner Kompetenz gehalten hat, von einer einwandfreien – d.h. unstreitigen oder nachgewiesenen – Tatsachenbasis ausgegangen ist und ob seine Darlegungen überzeugend sind.

(4) Beim Indizienbeweis erfolgt die Beweiswürdigung in zwei Stufen:

Zunächst sind die einzelnen Indiztatsachen zusammenzustellen und jeweils klarzustellen, ob die einzelne Tatsache unstreitig oder aufgrund welcher Beweismittel sie bewiesen ist; unstreitige bzw. voll nachgewiesene Indizien können im Rahmen des Indizienbeweises in den nachfolgenden zweiten Arbeitsgang einbezogen werden.

In einem zweiten Arbeitsgang ist dann zu der Frage Stellung zu nehmen, inwieweit aus den zusammengestellten Indizien der Schluss auf die Haupttatsache zur Überzeugung des Gerichts gezogen werden kann. Dabei ist erforderlich, dass alle „schlüssigen Indizien" in die Gesamtschau einbezogen werden.[22]

Ist allerdings die Haupttatsache unmittelbar bewiesen, kann auf den Indizienbeweis verzichtet werden.

(5) Im Rahmen des Anscheinsbeweises kommen folgende Arbeitsgänge in Frage:

Zunächst sind die Anwendungstatsachen für den Erfahrungssatz festzustellen, soweit sie bestritten sind.

Anschließend sind sie unter den Erfahrungssatz zu subsumieren, um dann den Schluss auf die Rechtsfolge zu ziehen, die in der Schlüssigkeitsprüfung vorbereitet worden ist.

In Ausnahmefällen kann auch der Erfahrungssatz durch eine Beweisaufnahme (in der Regel Sachverständigengutachten, eventuell auch Augenschein und behördliche Auskünfte) festgestellt werden.

Schließlich kommt eine Feststellung der Tatsachen in Frage, die den Anscheinsbeweis erschüttern können, soweit diese Tatsachen bestritten sind.

e) Erörterungen zur Beweislast werden notwendig, wenn **26**
- zu entscheiden ist, ob die beweisbelastete Partei einen notwendigen Beweisantrag gestellt hat;
- nach Durchführung einer Beweisaufnahme noch unerledigte Beweisantritte vorliegen;
- das Ergebnis der Beweisaufnahme zu keinem eindeutigen Ergebnis, sondern zu einem non-liquet geführt hat;
- die beweisbelastete Partei nach dem Ergebnis der Beweisaufnahme den Beweis nicht geführt hat.

Keiner Beweislast zugänglich sind Rechtsfragen.

Zu diesen gehört auch die Auslegung einer Urkunde.

---

[21] *Oberheim* § 7 Rn. 332ff.

[22] *Oberheim* § 28 Rn. 1335.

Inhaltlich ist von der allgemeinen Beweislastregel auszugehen, dass der Kläger die Tatsachen, die für die Entstehung des Anspruchs notwendig sind, nachzuweisen hat, der Beklagte dagegen die Tatsachen, die den Eintritt dieser Rechtsfolge ausnahmsweise hindern, vernichten oder hemmen (sogenannte Normentheorie). Auf die Parteistellung im Prozess kommt es hierbei nicht an. Dieser Grundsatz erfährt aber zahlreiche Modifikationen[23] durch

- abweichende gesetzliche Regelungen, z. B. Fassung des Gesetzes in Form eines Ausnahmetatbestandes oder gesetzliche Vermutungen;
- Grundsätze des Anscheinsbeweises;
- den Grundsatz der Beweisvereitelung;
- besondere von der Rechtsprechung entwickelte Grundsätze zu typischen Bereichen; beispielhaft seien erwähnt: die Bereiche der Arzthaftung, des Verbrauchsgüterverkaufs, die Verletzung von Berufspflichten, die Beweislastverteilung bei Verkehrsunfällen sowie die Vermutung für die Vollständigkeit der Vertragsurkunde bei behaupteten Nebenabreden;
- das Vorliegen von Beweislastverträgen;
- die freiere Stellung des Richters im Rahmen der freien Schadensschätzung nach § 287 ZPO.

Die Erörterungen über die Beweislast sind in einem praktischen Gutachten auf das unumgängliche Maß zu beschränken.

Im Regelfall handelt es sich bei der Beweislast um die Feststellung einer klaren Rechtslage. Nur in Ausnahmefällen ist eine eingehendere Erörterung notwendig, die an die gesetzlichen Vorschriften und die vorhandene Rechtsprechung anzuknüpfen hat.

27 f) Das Ergebnis der Beweisstation kann lauten:

(1) Die (bestrittenen) anspruchsbegründenden Tatsachen sind nicht bewiesen.

In diesem Fall wird die Klage abgewiesen.

(2) Die (bestrittenen) anspruchsbegründenden Tatsachen sind bewiesen.

In diesem Fall wird der Klage stattgegeben.

(3) Die (bestrittenen) Einwendungs- oder Einredetatsachen sind bewiesen.

In diesem Fall wird die Klage abgewiesen.

(4) Die (bestrittenen) Einwendungs- oder Einredetatsachen sind nicht bewiesen.

In diesem Fall wird der Klage stattgegeben.

6. Das Ergebnis des Gutachtens (Tenorierungsstation)

28 a) Am Ende des Gutachtens ist festzustellen, zu welchem Ergebnis der Verfasser gelangt, d. h. welche Entscheidung vorgeschlagen wird. In Frage kommen:

- ein Endurteil,
- ein Zwischenurteil, vor allem ein Grundurteil,
- ein Vorbehaltsurteil,
- ein Kostenbeschluss nach §§ 91a oder § 269 IV ZPO,
- ein Beweisbeschluss,
- ein Aufklärungs- oder Hinweisbeschluss.

---

[23] Anders/Gehle/*Nober* Anh. § 286 Rn. 2 ff.; Thomas/Putzo/*Seiler* Vorb. § 284 Rn. 22 ff.

b) Im Anschluss an die Feststellung des Ergebnisses der Entscheidung ist auf die Formulierung der zu treffenden Entscheidung einzugehen.

(1) Der Tenor in der Hauptsache bedarf nur dann einer ausdrücklichen Erörterung, wenn hierzu besonderer Anlass besteht. Dies kann der Fall sein, wenn der Tenor einer besonderen Formulierung bedarf.

(2) Bei der Kostenentscheidung ist in eindeutigen Fällen lediglich die maßgebende Vorschrift mit dem Hinweis auf das Obsiegen bzw. Unterliegen zu zitieren (§§ 91, 92 ZPO). Sonderfälle, besonders die Fälle des § 93 ZPO und der Kostentrennung, bedürfen einer kurzen Begründung. In verwickelten Fällen, z.B. Kostenentscheidung bei Streitgenossen oder bei Teilobsiegen mit unterschiedlichen Streitwerten ist der Gedankengang kurz zu erläutern, wie der Verfasser zu der vorgeschlagenen Kostenentscheidung gekommen ist; im Einzelfall kann eine Berechnung der angefallenen Kosten erforderlich werden, da nur dann die Kostenquotelung für den Leser verständlich wird.

(3) Bei der Entscheidung zur vorläufigen Vollstreckbarkeit sind auf jeden Fall die maßgebenden Vorschriften (§ 708 Nr. 1–3, § 708 Nr. 4–11 i.V.m. § 711 ZPO; § 709 ZPO) zu zitieren. Zudem ist die Höhe der ausgeworfenen Sicherheitsleistung in einer kurzen Berechnung darzulegen.

c) Bei Vorschlag eines Beweisbeschlusses sind kurze Hinweise hinsichtlich des Auslagenvorschusses, der Person des Sachverständigen, der Art der Durchführung der Beweisaufnahme etc. angebracht.

7. Der wörtliche Entscheidungsvorschlag

Er steht am Schluss des Gutachtens und besteht 29
- bei dem Vorschlag eines Urteils aus dem wörtlichen Tenor hinsichtlich Hauptsache, Kostenentscheidung, vorläufiger Vollstreckbarkeit und eventueller sonstiger Nebenentscheidungen;
- bei dem Vorschlag eines Beweisbeschlusses aus dem wörtlichen Beweisbeschluss einschließlich der Nebenanordnungen.

II. Das Kurzvotum

1. Die Aufgabe des Kurzvotums

In der gerichtlichen Praxis ist es dem Richter nicht möglich, Gutachten in der oben 30 dargestellten Art anzufertigen. An ihre Stelle tritt das schriftliche Kurzvotum, das folgende Aufgaben zu erfüllen hat:
- Für den Berichterstatter ist es ein Leitfaden für den mündlichen Vortrag in der Beratung und die spätere Abfassung der Entscheidung.
- Das Kurzvotum des Berichterstatters dient gleichzeitig im Rahmen der Kammerarbeit der Unterrichtung des Vorsitzenden über den Entscheidungsvorschlag des Berichterstatters.
- Für den Einzelrichter ist das Kurzvotum ein Leitfaden für die Führung der mündlichen Verhandlung und die spätere Abfassung der Entscheidung.

2. Der Inhalt des Kurzvotums

31 Das Kurzvotum hat keinen festgeschriebenen Inhalt.[24] Üblicherweise besteht es aus folgenden Abschnitten:

a) Das Kurzvotum beginnt mit einer Einführung, in der der Streitgegenstand schlagwortartig bezeichnet und die Parteien genannt werden.

b) Es folgen die Formalien, also vor allem die (angekündigten bzw. bereits gestellten) Anträge der Parteien, die erlassenen Beweisbeschlüsse sowie die Ergebnisse der Beweisaufnahme (Sitzungsprotokolle, Sachverständigengutachten sowie etwaige Beiakten).

Nach Erlass eines Versäumnisurteils und in der Berufungsinstanz werden die erlassenen Vorentscheidungen sowie Datum des Eingangs des Einspruchs bzw. der Berufung und ihrer Begründung (eventuell auch der Verfügung über die Verlängerung der Begründungsfrist) angegeben, damit in der Verhandlung die Zulässigkeit des Rechtsbehelfs leicht überprüft werden kann. Die jeweiligen Daten und Blattzahlen der Akte sollten zur besseren Übersichtlichkeit angegeben werden.

c) Sodann schließt sich der Sach- und Streitstand an, der in seiner Funktion dem schriftlichen Urteilstatbestand entspricht.

Umfang und Aufbau richten sich nach den Gepflogenheiten des einzelnen Gerichts. Vielfach ist es nicht üblich, den Sach- und Streitstand in wörtlich ausgefeilten Sätzen wiederzugeben, sondern stichwortartig zu erfassen, wobei jeweils die Blattzahlen angegeben werden, auf denen sich der entsprechende Parteivorgang befindet. Was den Aufbau betrifft, empfiehlt es sich, den unstreitigen Sachverhalt voranzustellen, wobei im Einzelfall auch eine chronologische Übersicht über einen Geschehensablauf in Frage kommen kann. Im Streitstand sind bei jeder Partei die einzelnen Angriffs- und Verteidigungsmittel kurz anzugeben. Hat eine Beweisaufnahme stattgefunden, sollten die Beweisbeschlüsse und die einzelnen Beweismittel zusammengestellt werden.

d) Danach folgt die gutachterliche Stellungnahme, also die kurz gefasste Stellungnahme des Berichterstatters zu dem jeweiligen Aktenstand.

Was den Aufbau betrifft, wird entgegen dem Gutachten nicht zwischen den drei Stationen getrennt, sondern die Sach- und Rechtslage nach den einzelnen rechtlichen Gesichtspunkten skizziert. Der Umfang der Stellungnahme richtet sich einmal nach der Schwierigkeit des Falles, zum andern nach dem jeweiligen Verfahrensstand.

(1) Ist das Verfahren noch im Anfangsstadium, so ist kurz zu skizzieren, ob die Klage schlüssig ist, der Beklagte sich wirksam verteidigt und ob Beweis zu erheben ist.

32 Auch kann es zweckmäßig sein, für eine bevorstehende mündliche Verhandlung einen „Fahrplan" zu entwerfen, in welchem die zu erörternden Fragen aufgeführt sind, z. B.

- Ergänzungen des Klagerubrums;
- Hinweise zur Stellung eines sachdienlichen Antrags, wenn der angekündigte Antrag auf Bedenken stößt;
- Vorgesehene Fragen an die eine oder andere Partei, wie ein bestimmter Vortrag zu verstehen ist und ob er in einer bestimmten Richtung ergänzt werden kann;
- Frage an die eine oder andere Partei, ob sie für eine bestimmte Behauptung Beweis antreten kann und will;
- Frage an die eine oder andere Partei, ob sie eine bestimmte Urkunde vorlegen kann;
- Anhörung der einen oder anderen Partei zu einem bestimmten Vorgang zwecks Aufklärung des Sachverhalts;
- Erörterung rechtlicher Zweifelsfragen gegebenenfalls einschließlich eines Hinweises auf bestimmte Gerichtsentscheidungen und/oder Literaturstellen;

---

[24] *Oberheim* § 9 Rn. 455 ff.

- Notwendigkeit, beigezogene Akten zum Gegenstand der mündlichen Verhandlung zu machen;
- Erörterung von Fragen des weiteren Verfahrensablaufs (z.B. Abgabe an Einzelrichter, Vernehmung von Zeugen vor dem Prozessgericht oder dem ersuchten Richter, Einholung einer schriftlichen Zeugenaussage, Rechtshilfeersuchen im Ausland);
- Vorschlag eines gerichtlichen Vergleichs.

(2) Ist beabsichtigt, einen Beweisbeschluss vorzuschlagen, so ist derselbe kurz zu skizzieren und es sind die einzelnen Beweisthemen stichwortartig unter Angabe der Beweismittel zu bezeichnen.

(3) Steht ein Beweistermin an, so sollte das Kurzvotum einen „Fahrplan" für den Beweistermin enthalten.

Ein solcher Fahrplan kann sich vor allem zu folgenden Punkten äußern: 33
- Reihenfolge der Vernehmung der Parteien und Zeugen;
- hinsichtlich des einzelnen Zeugen die Angabe der Beweisthemen, besondere an ihn zu stellende Fragen und Vorhaltungen aus den Akten (mit Angabe der Blattzahlen); eventuell ist bei dem einzelnen Zeugen zu notieren, ob er schon einmal zu dem gleichen Beweisthema gehört worden ist (Vorinstanz, Beiakten), damit ihm diese Aussage vorgehalten werden kann;
- bei Vernehmung eines Sachverständigen der Vermerk, wo sich das schriftlich erstattete Gutachten in den Akten befindet und wie sich seine Vernehmung im Einzelnen gestalten soll, insbesondere welche Fragen an ihn zu richten sind;
- Vermerke über wichtige Daten und Urkunden, die bei der Vernehmung eine Rolle spielen, eventuell auch der Fotos und Skizzen, die dem Zeugen oder Sachverständigen aus den Gerichtsakten oder Beiakten vorzuhalten sind;
- erörterungsbedürftige Punkte betreffend den weiteren Verfahrensablauf (Vernehmung weiterer Zeugen, Sachverständigengutachten).

(4) Ist die Sache entscheidungsreif, so sind in einer kurzen gutachterlichen Stellungnahme stichwortartig die Entscheidungsgründe zu skizzieren.

Es sollte sich um ein kurzes Konzept der Entscheidungsgründe handeln. Daraus folgt, dass es sich im Wesentlichen wie die Entscheidungsgründe des Urteils aufbaut und sowohl zur Rechtslage als auch zur Sachaufklärung in Form einer stichwortartigen Würdigung der Beweisaufnahme äußern sollte. Am Schluss folgt ein wörtlicher Entscheidungsvorschlag hinsichtlich des gesamten Tenors (Hauptsache, Kostenentscheidung und vorläufige Vollstreckbarkeit).

e) Im Einzelfall kann je nach Gestaltung des Falles ein Anhang zum Kurzvotum angebracht sein.

In Frage kommen beispielsweise:
- bei „Punktesachen" (zum Beispiel in Bauprozessen) eine gegliederte Aufstellung der streitigen Positionen unter Angabe des Betrages, des Inhalts, des jeweiligen Vortrags beider Parteien, der jeweils zu der Position erhobenen Beweise und der jeweiligen Beurteilung der Position; in diesem Fall werden Sach- und Streitstand sowie Stellungnahme in diese nach Spalten gegliederte Aufstellung verlagert, während sich die Darstellung des Sach- und Streitstandes sowie die gutachterliche Stellungnahme auf die Erörterung allgemeiner Punkte und Fragen beschränken;
- bei schwierigen Rechtsfragen: Exzerpte aus Entscheidungen oder Literaturstellen;
- bei schwierigen Fragen Vorschläge zu wörtlichen Formulierungen bestimmter Teile der Entscheidungsgründe.

3. Die Fortschreibung des Kurzvotums

Das Kurzvotum ist ein die Erinnerung des Einzelrichters oder Berichterstatters, 34
eventuell auch des Vorsitzenden, stützendes Gedankenpapier, das den gesamten Rechtsstreit begleitet. Es ist deshalb entsprechend dem Fortgang des Verfahrens jeweils zu ergänzen, so dass aus ihm rückblickend der Verfahrensgang ersichtlich ist.

4. Die Aufbewahrung des Kurzvotums

35 Das Kurzvotum ist als gerichtsinternes Papier nicht Bestandteil der Gerichtsakten; die Parteien haben insoweit kein Einsichtsrecht (§ 299 IV ZPO). Das Kurzvotum wird entweder von dem Berichterstatter außerhalb der Gerichtsakten verwahrt und nur zu den einzelnen Terminen in die Gerichtsakten gelegt oder aber in einer besonderen Hülle der Gerichtsakten verwahrt; in letzterem Falle ist die Geschäftsstelle angewiesen, vor Aushändigung der Akten an die Parteien bzw. ihre Vertreter sowie bei Versendung der Akten an Sachverständige oder Rechtshilfegerichte diese Aufzeichnungen in einem besonderen Retent in Verwahrung zu nehmen.

III. Der Vortrag des Berichterstatters

1. Zweck und Inhalt des Vortrags

36 Der mündliche Vortrag besteht in einem kurzgefassten Bericht über den Akteninhalt und einem begründeten Entscheidungsvorschlag des Berichterstatters gegenüber dem Kollegium zwecks Beratung über die zu treffende Entscheidung.[25]

Der Vortrag soll die Mitglieder des Gerichts, soweit sie die Akten noch nicht kennen, über den Sach- und Streitstand des Rechtsstreits sowie die von dem Berichterstatter beabsichtigte Entscheidung unterrichten, um auf dieser Grundlage die Beratung und Abstimmung aufzubauen. Daraus folgt im Grundsatz, dass der Vortrag alle Punkte enthalten muss, die für die Beratung und Abstimmung wesentlich sind.

Der mündliche Vortrag steht seinem Zweck nach zwischen dem Gutachten und dem Urteil.

Das Gutachten soll die zu treffende Entscheidung finden, das Urteil soll die getroffene Entscheidung begründen. Der Vortrag ist zwar – ebenso wie das Gutachten – ein gerichtsinterner Vorgang, bei dem die abschließende Entscheidung noch offensteht. Andererseits soll durch den mündlichen Vortrag die von dem Berichterstatter ins Auge gefasste Entscheidung dem Kollegium vorgestellt werden; insofern nähert sich der Vortrag den Entscheidungsgründen des Urteils, die er als „Konzept" zur Abstimmung stellt. Diese „Zwitterstellung" macht sich in der Begründung des Entscheidungsvorschlags bemerkbar: Bei Vorschlag eines Urteils nähern sich Aufbau und Begründung den Entscheidungsgründen des Urteils; andererseits zeichnet sich der interne Vorschlag des Berichterstatters dadurch aus, dass die zweifelhaften Gesichtspunkte stärker herausgestellt werden als bei den für die Parteien bestimmten Entscheidungsgründen. Jedenfalls entspricht es dem Konzept eines Urteils, die Begründung nicht „dreischichtig" wie im Gutachten aufzubauen, sondern entsprechend den Entscheidungsgründen „einschichtig" unter Einteilung nach den einzelnen rechtlichen Gesichtspunkten.

Anders ist der Aufbau, wenn der Berichterstatter bei einem im Anfangsstadium befindlichen Prozess einen Beweisbeschluss vorschlägt; in diesem Fall entspricht es dem logischen Gedankengang, die Schlüssigkeit des Klagevorbringens und die Erheblichkeit der Verteidigung des Beklagten darzulegen, um anschließend entsprechend den gestellten Beweisanträgen den Beweisbeschluss vorzuschlagen.

In der Art seiner Gestaltung hat der mündliche Vortrag auf das begrenzte Erinnerungs- und Erfassungsvermögen des Zuhörers Rücksicht zu nehmen.

Auch insoweit besteht ein Unterschied gegenüber dem Gutachten und dem Urteil, bei dem der Leser jederzeit zurück- und nachschlagen kann, wenn er etwas nicht verstanden hat. Der mündliche Vortrag muss sich deshalb auf die wesentlichen Gesichtspunkte sowohl hinsichtlich des Sach- und

[25] *Oberheim* § 9 Rn. 462 ff.

Streitstandes als auch der Begründung des Entscheidungsvorschlages beschränken. Dem Zuhörer bleibt es überlassen, in bestimmten Fällen im Anschluss an den Vortrag durch Fragen eine Ergänzung für ihn unklarer Punkte zu erreichen.

Ferner führt die hier behandelte Forderung zu einer Auflockerung in der Trennung zwischen Bericht und Entscheidungsvorschlag; um den Zuhörer gedächtnismäßig nicht zu strapazieren, ist es zulässig, gewisse Teile des Sach- und Streitstandes, die der Zuhörer doch nicht behält, zunächst wegzulassen, um sie dann in dem begründeten Entscheidungsvorschlag nachzutragen und gleichzeitig die dazu gehörende Bewertung anzuschließen; das gilt vor allem für Daten, Zahlen, Wortlaut von Urkunden sowie die Wiedergabe von Zeugenaussagen und Sachverständigengutachten.

2. Der Aufbau des mündlichen Vortrags

a) Der mündliche Vortrag des Berichterstatters beginnt mit dem Bericht über den 37
Sach- und Streitstand. Er entspricht im Grundriss dem Tatbestand des schriftlichen Urteils, ist allerdings entsprechend dem Zweck des Vortrags in einzelnen Punkten modifiziert und gliedert sich in folgende Abschnitte:

(1) Die Einleitung ist – im Gegensatz zum schriftlichen Urteilstatbestand – im mündlichen Vortrag unbedingt erforderlich.

Durch die Einleitung wird der Zuhörer kurz mit dem Kern des Rechtsstreits bekannt gemacht, so dass er bei dem folgenden Bericht bereits rechtlich mitdenken kann. Erforderlich ist deshalb neben der Angabe der Parteien die Bekanntgabe des Streitgegenstandes unter kurzem Hinweis, worum der eigentliche Streit der Parteien geht.

(2) Das unstreitige Parteivorbringen.

Insoweit gilt das zum Tatbestand des schriftlichen Urteils dargestellte entsprechend mit der Maßgabe, dass die Darstellung sich im Interesse des Zuhörers auf ein „Gerippe" des Geschehens zu beschränken hat. Sämtlicher gedankliche „Ballast" wie Zahlen, Daten, Wortlaute von Urkunden sind auf das unumgänglich Notwendige zu beschränken; sie können gegebenenfalls in der Begründung des Entscheidungsvorschlags nachgeholt werden.

(3) Das Vorbringen des Klägers.

Auch hier ist größte Beschränkung am Platze. Im Regelfall sind die einzelnen Angriffsmittel zu kennzeichnen. Gelegentlich kann es angebracht sein, darüber hinaus das eine oder andere Hauptargument des Klägers wiederzugeben, das später in dem Entscheidungsvorschlag behandelt wird.

(4) Die Anträge der Parteien zur Hauptsache.

Sie sind in jedem Falle wörtlich wiederzugeben.

(5) Das Vorbringen des Beklagten.

Hier gilt das Gleiche wie bei dem Vorbringen des Klägers. In der Regel sind die einzelnen Verteidigungsmittel kurz zu kennzeichnen, gelegentlich einige Hauptargumente.

(6) Die Replik des Klägers.

Sie dürfte nur in seltenen Fällen zum Zuge kommen. Auch hier ist Beschränkung auf eine kurze Kennzeichnung notwendig.

(7) Darstellung der Beweisaufnahme.

Sie besteht zunächst in einer kurzen Mitteilung, über welche Beweisthemen Beweis erhoben worden ist und welche Beweismittel hierbei eingesetzt worden sind. Im Interesse der Kürze ist es nicht angebracht, die Beweisthemen so ausführlich wie in einem in den Akten befindlichen Beweisbeschluss vorzutragen; es genügt und ist meist verständlicher, die einzelnen Beweisthemen „schlagwortartig" zu bezeichnen (über den Unfallhergang, über die Frage des Vertragsschlusses, über die Höhe des Verdienstausfalls etc.). Ebenso sind die benutzten Beweismittel nicht in allen Einzelheiten aufzuzählen, z.B. sämtliche Zeugen namentlich anzuführen. Es genügt die Mitteilung, dass über ein bestimmtes Beweisthema Beweis erhoben worden ist durch Vernehmung verschiedener Zeugen, gelegentlich unter Angabe der Stellung des einen oder anderen Zeugen (z.B. durch Vernehmung des bauleitenden Architekten).

Das Ergebnis der Beweisaufnahme, also der Inhalt der Zeugenaussagen oder eines Sachverständigengutachtens, wird an dieser Stelle nicht wiedergegeben, sondern seine spätere Mitteilung im Entscheidungsvorschlag angekündigt, soweit es darauf ankommen sollte. Alles dies dient dazu, den Zuhörer nicht unnötig zu belasten, aber auch um Zeit für den Entscheidungsvorschlag zu gewinnen.

b) Sodann folgt der Entscheidungsvorschlag, der ebenfalls aus einzelnen Abschnitten besteht:

(1) Der vorangestellte Entscheidungsvorschlag.

Er besteht in einer kurzen Mitteilung, zu welchem Ergebnis der Berichterstatter kommt (Beispiel: „Ich schlage vor, die Klage abzuweisen; ... der Klage stattzugeben; ... der Klage in Höhe von ... € stattzugeben und sie im Übrigen abzuweisen; Beweis über folgende Punkte zu erheben: ...“). Er soll dem Zuhörer die gedankliche Nachvollziehung der nun folgenden Begründung im Einzelnen erleichtern.

(2) Die Begründung des Entscheidungsvorschlags.

Sie besteht, soweit ein Urteil vorgeschlagen wird, in einer skizzenartigen Darstellung der von dem Berichterstatter vorgesehenen Entscheidungsgründe.

Daraus folgt hinsichtlich des Aufbaus die gleiche Gliederung wie bei den Entscheidungsgründen des schriftlichen Urteils. Weiterhin folgt hieraus die Beschränkung der Begründung auf die „tragenden Entscheidungsgründe“; nur auf diese Weise lässt sich der mündliche Vortrag zeitgerecht gestalten. Dies schließt allerdings nicht aus, dass der Vortragende im Hinblick auf den „aufgelockerten Stil“ kurz – meist in einem Satz – mitteilt, dass auch noch andere Anspruchsgrundlagen bzw. Einwendungen in Frage kommen, auf die wegen des Durchgreifens der im Entscheidungsvorschlag gebrachten Gesichtspunkte aber nicht eingegangen werde. Außerdem muss der Berichterstatter in der Lage sein, hilfsweise eine andere Entscheidung vorzuschlagen und zu begründen, wenn sein ursprünglicher Vorschlag in der Beratung und Abstimmung nicht akzeptiert wird; in diesem Falle kann es notwendig werden, nun weitere rechtliche oder tatsächliche Gesichtspunkte in die Erörterung einzubeziehen, die nach Ablehnung der ursprünglich vorgesehenen Gründe zu tragenden Entscheidungsgründen werden.

Im Übrigen ist die Begründung des Entscheidungsvorschlags gegenüber den schriftlichen Gründen dadurch modifiziert, dass an der jeweils maßgeblichen Stelle Teile des Sachverhalts oder der Beweisaufnahme, die zunächst aus Gründen der Übersichtlichkeit weggelassen wurden, hier referierend nachgeholt werden.

Bei der Diktion der Begründung sind schließlich die zweifelhaften Gesichtspunkte stärker als bei den schriftlichen Entscheidungsgründen hervorzuheben, damit der Zuhörer sie erkennt und sein besonderes Augenmerk auf sie richten kann; eventuell muss der Berichterstatter für ergänzende Fragen zur Verfügung stehen.

Zum Schluss der Begründung sind auch die Nebenentscheidungen des vorgeschlagenen Urteils (Kosten, vorläufige Vollstreckbarkeit) kurz zu begründen.

Soweit ein Beweisbeschluss vorgeschlagen wird, ist die Darstellung wie im Gutachten nach Stationen aufzubauen.

Es ist also die Schlüssigkeit des Klagevorbringens und die Erheblichkeit des Bestreitens des Beklagten festzustellen. Sodann ist kurz anzugeben, dass die beweispflichtige Partei Beweis für die streitige Tatsache angetreten hat und die Notwendigkeit der vorgeschlagenen Beweisaufnahme zu begründen.

(3) Der wörtliche Entscheidungsvorschlag.

Er steht am Schluss des mündlichen Vortrags und besteht in einem wörtlich formulierten Urteilstenor, bei Vorschlag eines Beweisbeschlusses in einer wörtlichen Wiedergabe der Beweisthemen und der Aufzählung der vorgeschlagenen Beweismittel, während Anordnungen betreffend die nähere Durchführung nur angedeutet werden.

3. Kunst und Technik des mündlichen Vortrags

Der Vortrag ist in freier Rede zu halten. 38

Er sollte weder abgelesen noch auswendig gelernt wiedergegeben werden; in diesen Fällen kann der Zuhörer kaum mitdenken. Letzteres ist nur möglich, wenn der Berichterstatter die Sätze aus dem Stegreif formuliert. Deshalb brauchen sie auch nicht formvollendet und druckreif zu sein.

Dieses Postulat schließt die wörtliche Wiedergabe von Urkunden und Anträgen aus den Akten durch Vorlesen sowie die Benutzung in den Akten befindlicher Fotos, Skizzen etc. durch Vorlage zur Erläuterung des Tatbestandes nicht aus.

Die Dauer des Vortrags sollte 10 Minuten nicht übersteigen.

Die Erfahrung lehrt, dass die zeitlich darüber hinausgehenden Vorträge in der Regel eine schlechtere Qualität haben, da sie Wiederholungen und zu viele Einzelheiten aufweisen und deshalb den Zuhörer ermüden.

Die Zeitgrenze erfordert, den mündlichen Vortrag auf seine Länge genau zu kontrollieren und im Falle einer Überlänge auf das notwendige Maß zu kürzen. Dabei ist vor allem auf eine angemessene Gewichtsverteilung zwischen dem Bericht und dem Entscheidungsvorschlag nebst Begründung zu achten. Es ist sicher falsch, auf den Bericht zwei Drittel der Redezeit zu verwenden und dem Entscheidungsvorschlag das restliche Drittel zu widmen. Ohne verbindliche Richtlinien zu geben, die im Hinblick auf die Situation des Einzelfalles nicht möglich sind, sollte doch der Bericht in der Regel nicht mehr als ein Drittel, maximal die Hälfte der Redezeit umfassen.

Die Ausdrucksweise des mündlichen Vortrags sollte ruhig und sachlich sein sowie überzeugend wirken.

Das schließt eine leicht belebte Sprechweise nicht aus; auch kann im Einzelfall eine betonte Hervorhebung von aus der Sicht des Redners wichtigen Punkten das Interesse des Zuhörers wecken. Zu schnelles Sprechen ist ebenso von Übel wie langsames Reden mit ständigen „Kunstpausen“. Kurze Pausen – von ca. ein bis drei Sekunden – sollten eingelegt werden, wenn zu einem neuen Abschnitt übergegangen wird; solche Pausen sind an den Stellen einzufügen, an denen im schriftlichen Urteil ein Absatz gemacht wird.

Muster 245: Aktenauszug, Gutachten, Kurzvotum und mündlicher Vortrag betreffend privaten Gebrauchtwagenkauf

I. Aktenauszug

1 Rechtsanwalt … Frankfurt am Main, den …

An das
Landgericht …
… Frankfurt am Main

Klage

des … Klägers,
Prozessbevollmächtigter: Rechtsanwalt …, Frankfurt am Main,
gegen
den … Beklagten.

Namens des Klägers und unter Beifügung einer elektronischen Kostenmarke für die Gerichtskosten von ... erhebe ich Klage mit der Bitte um Anberaumung eines frühen ersten Termins zur mündlichen Verhandlung, in dem ich beantragen werde,

> den Beklagten zu verurteilen, Zug um Zug gegen Rückgabe des Kraftfahrzeugs Marke Porsche …, amtliches Kennzeichen … an den Kläger 12.178,60 € nebst 14,75 % Zinsen p. a. daraus seit Zustellung der Klage zu zahlen.

Begründung

Die Parteien schlossen am … einen schriftlichen Kaufvertrag, wonach der Beklagte an den Kläger einen PKW Marke Porsche, Typ …, Baujahr … zum Preis von 9.500,– € verkaufte. In den schriftlichen Kaufvertrag wurde unter anderem die Motornummer aufgenommen. Das Fahrzeug wurde „in gebrauchtem Zustand, wie besichtigt und unter Ausschluss jeglicher Gewährleistung" verkauft.

Beweis: Fotokopie des Kaufvertrages in Anlage 1.

Vor und während des Abschlusses des Kaufvertrages sicherte der Beklagte dem Kläger mehrfach zu, dass der Wagen zwar insgesamt 77.000 km gelaufen sei, dass aber bei 50.000 km ein Austauschmotor in das Fahrzeug eingebaut worden sei.

Beweis: Zeugnis der …, zu laden bei dem Kläger.

Etwa zwei Wochen nach Abschluss des Kaufvertrages musste der Kläger eine größere Reparatur an dem Motor vornehmen lassen, der in kurzem Abstand zwei weitere Reparaturen folgten. Dabei ergaben sich Zweifel an der Wahrheit der Zusicherung des Beklagten, es sei in den Wagen ein Austauschmotor eingebaut worden. Der Kläger ließ deshalb den Motor durch den vereidigten Sachverständigen Dipl. Ing… in … untersuchen. Dabei stellte sich heraus, dass sich in dem Fahrzeug kein Austauschmotor befindet; es fehlt nämlich die KD-Bezeichnung.

Beweis: Gutachten des Sachverständigen Dipl.-Ing… vom … in Anlage 2.

Aufgrund dieser Tatsachen hat der Kläger durch Schreiben seines Prozessbevollmächtigten vom … unter Setzung einer Frist von 14 Tagen vom Beklagten verlangt, einen Austauschmotor mit einer Laufleistung von 27.000 km in den Porsche einzubauen.

Beweis: Schreiben des Unterzeichneten vom …, das im Termin vorgelegt wird.

Der Beklagte ist dieser Aufforderung jedoch nicht nachgekommen.

Der dem Kläger verkaufte Porsche ist mangelhaft, weshalb der Kläger nunmehr, nach erfolglosem Fristablauf, berechtigt ist, Schadensersatz zu fordern. Nach den Angaben des Beklagten soll in das Kraftfahrzeug ein Austauschmotor eingebaut worden sei, was tatsächlich nicht der Fall ist. Unter einem Austauschmotor wird landläufig ein gebrauchter Originalmotor verstanden, der im Herstel-

lerwerk von Grund auf überholt wurde und den entsprechenden Vermerk „KD“ trägt. Da der Beklagte die meisten Reparaturen nach seinen eigenen Angaben an dem Fahrzeug selbst vorgenommen hat und er zudem Angestellter bei der Firma Porsche ist, muss er von diesem Umstand gewusst haben. Dennoch hat er zugesichert, dass sich in dem Fahrzeug ein Austauschmotor befindet.
Durch das Verhalten des Beklagten ist dem Kläger folgender Schaden entstanden:

1. Gezahlter Kaufpreis	9.500,00 €
2. Reparatur vom …	984,90 €
3. Reparatur vom …	265,26 €
4. Reparatur vom …	702,44 €
5. Kosten für Sachverständigengutachten	726,00 €
Klageforderung:	12.178,60 €

Der Kläger benötigt mindestens in Höhe der Klageforderung einen jederzeit rückführbaren Bankkredit, für den er 14,75 % Zinsen p. a. zu zahlen hat.

Beweis: Vorlage einer Bankbestätigung im Termin.

Da der Beklagte trotz des Schreibens des Prozessbevollmächtigten des Klägers vom … bislang keinen Schadensersatz gezahlt hat, ist Klage geboten.

…………………
Rechtsanwalt

Anlage 1 2

Kaufvertrag

Zwischen Herrn … als Verkäufer und Herrn … als Käufer ist heute dieser Kaufvertrag geschlossen worden.

Kaufgegenstand: Pkw Porsche …, TÜV bis …, Motornummer …., Fahrgestellnummer …., Baujahr …, amtliches Kennzeichen …

Kaufpreis: 9.500,– €.

Das Fahrzeug wird verkauft in gebrauchtem Zustande, wie besichtigt, unter Ausschluss jeglicher Gewährleistung. Mitverkauft sind folgende Zubehörteile: Hardtop mit Kasten, ein Satz Winterräder.
Die Zahlung des Kaufpreises erfolgt in bar bei Übergabe. Die Fahrzeugübergabe erfolgt am … in Frankfurt am Main bei dem Verkäufer. Ebenso wird der Kraftfahrzeugbrief am … übergeben.

Frankfurt am Main, den …

Verkäufer: ………………… Käufer: …………………

Anlage 2 3

Dipl. Ing. … …, den …
Sachverständiger für Kfz-Wesen Aktenzeichen …
Herrn …
… Frankfurt am Main.

Gutachten

Fahrzeugdaten:

Fabrikat: Porsche	Farbe: …
Amtl. Kennzeichen: …	Hubraum und PS/KW: …
Gattung: Pkw/Motor	Tag der 1. Zulassung: …
Leergewicht: …	Fahrgestellnr.: …
Typ: …	Bereifung: …

Zul. Gesamtgewicht: … Motornr.: …
Aufbau: … km-Stand: …
Nächster TÜV: …

Auftragsgemäß wurde das oben näher bezeichnete Fahrzeug am … auf dem Gelände der Firma Autohaus … besichtigt. Die Überprüfung ergab, dass die in den Motorblock eingeschlagene Motornummer mit der im Kraftfahrzeugschein eingetragenen Motornummer übereinstimmt. Es handelt sich jedoch um keine Originalmotornummer. Die Originalmotornummer dieses Motors wurde abgeschliffen und die jetzige Motornummer nachträglich eingeschlagen. Offenbar wurde der ursprüngliche Motor des Fahrzeugs ausgebaut und ein anderer Motor mit nachträglich geänderter Motornummer in das Fahrzeug eingebaut. Aufgrund der Kennzeichnung handelt es sich im vorliegenden Fall um keinen Austauschmotor; es fehlt die KD-Bezeichnung.

Dipl. Ing. ....

4 Landgericht Frankfurt am Main
Aktenzeichen: …

Verfügung

1. Das schriftliche Vorverfahren wird angeordnet.
2. Dem Beklagten wird aufgegeben,
   a) binnen einer Notfrist von zwei Wochen nach Zustellung der Klageschrift dem Gericht schriftlich anzuzeigen, ob er sich gegen die Klage verteidigen will oder ob er den Anspruch ganz oder teilweise anerkennt.
   b) für den Fall, dass er sich gegen die Klage verteidigen will, binnen einer weiteren Frist von zwei Wochen zur Klage schriftlich durch einen zugelassenen Rechtsanwalt Stellung zu nehmen.
   c) binnen der unter b) genannten Frist sich insbesondere hinsichtlich des Motors zu erklären, welcher Herkunft dieser gewesen ist.
3. Beglaubigte Abschrift von Ziffer 1 und 2 an
   a) Klägervertreter (EB);
   b) Beklagten mit Abschriften der Klage (ZU).
4. Wiedervorlage: 3 Wochen.

Frankfurt am Main, den …
Landgericht, … Zivilkammer

Der Einzelrichter: ....
Vermerk: Laut Zustellungsurkunde wurde die Klageschrift dem Beklagten am … zugestellt.

5 Rechtsanwalt … Frankfurt am Main, den …

An das
Landgericht, … Zivilkammer
in Frankfurt am Main

Eilt sehr!
Bitte sofort vorlegen!

In dem Rechtsstreit

… gegen …
Aktenzeichen: …

zeige ich an, dass ich den Beklagten vertrete. Dieser will sich gegen die Klage verteidigen.

Ich werde beantragen,
die Klage abzuweisen.

Begründung

Es ist zwar richtig, dass die Parteien den Kaufvertrag vom … geschlossen haben. Nicht richtig ist jedoch, dass der Beklagte dem Kläger ein Fahrzeug mit einem Austauschmotor verkauft hat. Von einem Austauschmotor war bei den gesamten Verhandlungen nie die Rede. Der Beklagte hat vielmehr den Kläger ausdrücklich darauf hingewiesen, dass er den Motor selbst zusammengebaut hat. Er hat dem Kläger sogar einen dicken Ordner gezeigt, in welchem die Rechnungen enthalten waren, die die Einzelteile des Motors enthielten. Hier waren auch alle Reparaturen, die jemals an dem Fahrzeug ausgeführt wurden, aufgeführt.

Beweis: 1. …, 2. …, als Zeugen.

Es kann daher keine Rede davon sein, dass der Beklagte dem Kläger einen Austauschmotor zugesichert hat.

Das Fahrzeug und der Motor waren auch in Ordnung, als der Beklagte dieses an den Kläger verkaufte. Der Beklagte ist selbst mit dem von ihm gebauten Motor 27.000 km gefahren. Nachdem der Beklagte so lange, ohne Fehler festzustellen, mit dem Motor gefahren ist, muss davon ausgegangen werden, dass der Motor ausschließlich durch das Fahrverhalten des Klägers nach Übergabe reparaturbedürftig geworden ist. Schon bei der Probefahrt musste der Beklagte feststellen, dass der Kläger sehr merkwürdig, d. h. verschleißfördernd gefahren ist. Der Kläger hat unter Missachtung des Drehzahlmessers den Wagen sofort auf Höchstleistung gebracht.

Beweis: Zeuge …, bereits benannt.

Auch ist noch zum Beweis dafür, dass das Fahrzeug bei Übergabe in Ordnung war, hervorzuheben, dass der Beklagte etwa 14 Tage vor Abschluss des Kaufvertrags bei dem Technischen Überwachungsverein war und dort das Fahrzeug für in Ordnung befunden wurde.

Beweis: Vorlage des Kraftfahrzeugscheins durch den Kläger.

Letztlich wird darauf hingewiesen, dass im Kaufvertrag jegliche Gewährleistung ausgeschlossen wurde.

…………………
Rechtsanwalt

Landgericht Frankfurt am Main 6
Aktenzeichen: …

Verfügung

1. Termin zur Güteverhandlung und evtl. anschließendem Haupttermin zur mündlichen Verhandlung vor dem Einzelrichter wird anberaumt auf …, den …, … Uhr, Raum … .
2. Das persönliche Erscheinen der Parteien wird angeordnet (§ 278 III 1 ZPO).
3. Zu dem Termin sollen im Wege der prozessleitenden Anordnung als Zeugen geladen werden:
   a) Frau …, zu laden bei dem Kläger;
   b) Herr …;
   c) Herr …
   Voraussichtlicher Vernehmungsgegenstand:
   Inhalt und Umfang der anlässlich des Kaufvertrages vom … betreffend den Pkw Porsche abgegebenen Erklärungen.
   Die Ladung der Zeugen ist davon abhängig, dass der Kläger für die Zeugin zu a), der Beklagte für die Zeugen b) und c) bis spätestens … einen Auslagenvorschuss von 100,– € je Zeuge einzahlen oder Gebührenverzichtserklärung vorlegen, jeweils binnen einer Frist von 2 Wochen.
4. Beglaubigte Abschrift der Verfügung an beide Parteivertreter (EB).
5. Parteien gemäß Ziffer 2 mit ZU laden.
6. Zeugen nach Eingang des Auslagenvorschusses/Gebührenverzichtserklärung laden (ZU).
7. Wiedervorlage: Zum Termin.

Frankfurt am Main, den …
Landgericht, … . Zivilkammer

Der Einzelrichter: ....

7 Landgericht Frankfurt am Main
Aktenzeichen: …

Niederschrift über die öffentliche Verhandlung der … Zivilkammer vom …

Gegenwärtig: Richter am Landgericht …
als Einzelrichter.

Von der Zuziehung eines Urkundsbeamten der Geschäftsstelle wurde abgesehen.

In dem Rechtsstreit
… gegen …
erschienen bei Aufruf der Sache:
der Kläger in Person und Rechtsanwalt …,
der Beklagte in Person und Rechtsanwalt …
sowie folgende Zeugen: Frau …, Herr …, Herr ….

Die Zeugen verließen den Sitzungssaal.

Im Rahmen des Gütetermins wurde der Sach- und Streitstand mit den Parteien erörtert. Die Parteien wurden hierzu persönlich gehört.

Der Kläger erklärte auf Befragen: Der Beklagte hat stets davon gesprochen, dass der Pkw einen Austauschmotor habe, mit dem er bereits 27.000 km gefahren sei. Der Beklagte hat im Laufe der Verhandlungen auf einen Ordner hingewiesen, der auf dem Tisch lag und bemerkt, darin seien alle Rechnungen über die von ihm aufgeführten Wartungen und Reparaturen. Er hat nicht gesagt, darin seien Rechnungen über Einzelteile des Motors. Hineingeschaut habe ich in den Ordner nicht.

Der Beklagte erklärte auf Befragten: Ich habe dem Kläger bei den Vertragsverhandlungen mehrfach gesagt, dass ich einen Motor aus Einzelteilen zusammengesetzt und in den Pkw eingebaut habe. Ich habe dem Kläger anhand des Ordners belegen wollen, was die Einzelteile gekostet haben. Der Kläger hat aber gesagt, für diese Einzelheiten interessiere er sich nicht.

Das Gericht unterbreitete den Parteien folgenden Vergleichsvorschlag: …
Beide Parteien erklärten, den seitens des Gerichts vorgeschlagenen Vergleich nicht annehmen zu wollen.

Beschlossen und verkündet:
Die mündliche Verhandlung schließt sich unmittelbar an.

Der Klägervertreter nahm Bezug auf den Antrag der Klageschrift (Bl. … d. A.).
Der Beklagtenvertreter nahm Bezug auf den Antrag des Schriftsatzes vom … (Bl. … d. A.).

Sodann wurde in die Beweisaufnahme eingetreten. Die Zeugen wurden hereingerufen, zur Wahrheit ermahnt und auf die Strafbarkeit falscher eidlicher und uneidlicher Aussagen hingewiesen. Anschließend wurden sie einzeln und in Abwesenheit der übrigen Zeugen und wie folgt vernommen:

8 1. Zeugin:

Zur Person:
Ich heiße …, bin … Jahre alt, von Beruf … und wohne in …; ich bin die Ehefrau des Klägers. Nach besonderer Belehrung: Ich will aussagen.

Zur Sache:
Ich war bei den Kaufverhandlungen, soweit sie bei uns zu Hause stattgefunden haben, zugegen. Bei diesen Verhandlungen, die sich über drei Wochen hinzogen, sprach der Beklagte ständig von einem

Austauschmotor, der in den Porsche eingebaut sein sollte. Dieser Motor soll 27.000 km gelaufen sein. Auf die Versicherung des Beklagten bezüglich der Kilometerzahl des Austauschmotors haben wir uns überhaupt erst entschlossen, diesen Wagen zu kaufen. In meiner Gegenwart war niemals die Rede davon, dass der Motor von dem Beklagten aus einzelnen Teilen zusammengesetzt worden sei. Darauf hätten wir uns niemals eingelassen. Ein weiteres Kaufmotiv für uns war auch, dass der Beklagte bei der Firma Porsche angestellt war.

Laut diktiert und genehmigt; auf nochmaliges Vorspielen wird allseits verzichtet.

2. Zeuge: 9

Zur Person:
Ich heiße ..., bin ... Jahre alt, von Beruf ... und wohne in ...; nicht verwandt oder verschwägert mit den Parteien.

Zur Sache:
Ich war mit dem Beklagten befreundet und habe mit ihm sehr häufig an Automotoren herumgebastelt. Bezüglich des hier streitigen Porsche war mir bekannt, dass der Wagen sehr gut lief. Er hatte keinen Austauschmotor im eigentlichen Sinne. Es handelte sich um einen völlig neuen Motor, der von dem Beklagten aus alten Teilen zusammengebaut worden war. Mit dem Verkauf des Porsche war ich wie folgt befasst: Ich hatte in der Anzeige meine Telefonnummer angegeben und Interessenten meldeten sich zunächst bei mir. So auch der Kläger. Auf dessen Frage erklärte ich ihm, dass der Motor von dem Beklagten aus einzelnen Teilen zusammengebaut worden sei. Ich kann mich nicht mehr genau daran erinnern, ich glaube aber, dass der Kläger mich auch ausdrücklich danach gefragt hat, ob der Wagen einen Austauschmotor enthalte und dass ich diese Frage verneint habe. Aber wie gesagt, letzteres vermag ich heute nicht mehr mit Sicherheit zu sagen.

Auf Vorhalt des Beklagtenvertreters:
Meiner Erinnerung nach war vorerwähntes Telefongespräch im ... vergangenen Jahres. Ich habe dem Kläger bei diesem Telefongespräch auch erklärt, dass der Beklagte bei Porsche in der Versuchsabteilung beschäftigt sei. Ich hatte den Eindruck, dass dieser Umstand den Kläger eher zum Kauf ermunterte. Es ist nicht über die erwartete Lebensdauer des Motors gesprochen worden.

Auf Vorhalt des Klägervertreters:
Es kamen bei mir sehr viele Anrufe bezüglich des Porsche an. Ich kann mich aber an den Kläger deshalb noch genau erinnern, weil die anderen Interessenten lediglich nach dem Preis gefragt haben. Ich hatte keinerlei Vollmacht, verbindliche Erklärungen für den Beklagten abzugeben.

Auf Vorhalt des Beklagtenvertreters:
Ich habe den Kläger darauf hingewiesen, dass ich nicht persönlich den Wagen zu verkaufen beabsichtige, sondern dass Verkäufer der Beklagte sein solle. Ich habe dem Kläger dann die Adresse des Beklagten mitgeteilt und ihn auch darauf hingewiesen, dass der Beklagte am günstigsten am Wochenende zu erreichen sei.

Auf Vorhalt des Klägervertreters:
Ich glaube mich erinnern zu können, dass der Kläger zweimal mit mir telefoniert hat. Genau kann ich das aber nicht mehr sagen. Jedenfalls ist nichts anderes gesprochen worden, als was ich vorstehend ausgeführt habe.

Laut diktiert und genehmigt; auf nochmaliges Vorspielen wird allseits verzichtet.

3. Zeuge: 10

Zur Person:
Ich heiße ..., bin ... Jahre alt, von Beruf ... und wohne in ..., ...; nicht verwandt oder verschwägert mit den Parteien.

Zur Sache:
Ich bin mit dem Beklagten befreundet. Bei den eigentlichen Vertragsverhandlungen war ich nicht zugegen. Der Beklagte bat mich jedoch eines Tages, den Kläger anzurufen und ihm mitzuteilen, dass er einen bestimmten Termin nicht einhalten könne. Bei dieser Gelegenheit fragte mich der Kläger, was ich von dem Wagen halte. Da ich mich speziell mit Porschemotoren als Hobby beschäftige und ich auch den Motor des fraglichen Porsche kannte, erklärte ich ihm, dass der Wagen sich in gutem

Zustand befinde und der Beklagte einen aus alten Teilen zusammengebauten neuen Motor eingebaut habe. Letzteres hatte mir der Beklagte einmal erzählt.

Kurz vor dem Verkauf des Porsche kamen die Parteien zu einer Tankstelle, um den Wagen genau zu besichtigen und Probe zu fahren. Bei dieser Gelegenheit, ich war zugegen, fragte der Kläger den Beklagten nach dem Zustand des Motors. Der Beklagte erklärte, dass der neue Motor bereits 27.000 km gelaufen sei. Er gab zum Motor selbst Erläuterungen dahin, dass er den Motor aus Einzelteilen zusammengebaut habe. Der Beklagte hatte mir früher einmal erklärt, dass er den Motor aus einer Kurbelwelle plus Kolben und Zylinder und Zylinderköpfen usw. zusammengebaut habe.
Auf Vorhalt des Klägers:
Alles das hat der Beklagte dem Kläger auch bei dem Gespräch an der Tankstelle bezüglich des Motors erklärt.

Vorgespielt und genehmigt.

Die Parteivertreter wiederholten die obigen Anträge und verhandelten zum Ergebnis der Beweisaufnahme.
Beschlossen und verkündet:
Termin zur Verkündung einer Entscheidung wird anberaumt auf …, den …, … Uhr, Raum … .

Das Protokoll wurde zunächst auf ein Tonaufnahmegerät aufgenommen und später übertragen. Der unterzeichnende Urkundsbeamte der Geschäftsstelle bestätigt hiermit die Richtigkeit der Übertragung.

……………………… ………………………
(Der Einzelrichter) (Der Urkundsbeamte der Geschäftsstelle)

II. Gutachten

Ich schlage vor, die Klage abzuweisen.

1. Der Klageantrag ist auf Rückzahlung des Kaufpreises, Ersatz von Reparaturkosten und der Kosten für das eingeholte Sachverständigengutachten gerichtet.

11 a) Als mögliche Anspruchsgrundlage für das Klagebegehren kommen zunächst die §§ 437 Nr. 3, 280 III, 281 BGB in Betracht.

(1) Voraussetzung hierfür ist das Bestehen eines Schuldverhältnisses zwischen den Parteien, genauer eines Kaufvertrages im Sinne von § 433 BGB. Der Kläger erwarb von dem Beklagten mit schriftlichem Vertrag vom … einen Pkw Marke Porsche. Ein Kaufvertrag im Sinne von § 433 BGB ist folglich zwischen den Parteien zustande gekommen.

(2) Weiter setzt § 437 Nr. 3 BGB voraus, dass die verkaufte Sache mangelhaft ist. Dies ist gemäß § 434 BGB unter anderem der Fall, wenn sie bei Gefahrübergang, also bei Übergabe (§ 446 I 1 BGB), von der vereinbarten Beschaffenheit abweicht. In Betracht kommt hier die Vereinbarung der Ausstattung des Porsche mit einem Austauschmotor.

Zweifelhaft könnte insoweit sein, ob der Vereinbarung der Beschaffenheit „Austauschmotor“ die Tatsache entgegensteht, dass sie nicht in die schriftliche Vertragsurkunde aufgenommen worden ist. Eine Vertragsurkunde hat zwar die Vermutung für die Vollständigkeit der Abreden für sich; es handelt sich insoweit – von den Fällen des Formzwangs (§ 125 BGB) abgesehen – jedoch lediglich um eine widerlegbare Vermutung. Daraus folgt, dass auch mündliche Zusicherungen außerhalb der Vertragsurkunde zu berücksichtigen sind. Es bestehen deshalb keine Bedenken dagegen, das Vorliegen einer mündlichen Vereinbarung der Beschaffenheit „Austauschmotor“ zu bejahen.

Anders als von den Parteien vereinbart, verfügte der Porsche bei Übergabe an den Kläger nicht über einen Austauschmotor. Der Porsche weicht damit von der vereinbarten Beschaffenheit ab und ist folglich mangelhaft.

(3) Die Mangelhaftigkeit hat der Beklagte auch zu vertreten (§ 276 BGB). Er wusste, dass der Porsche nicht über einen Austauschmotor, sondern über einen von ihm aus Einzelteilen zusammen gebauten Motor verfügt, handelte also mit Vorsatz.

(4) Weiter müsste der Kläger dem Beklagten erfolglos eine angemessene Frist zur Leistung oder Nacherfüllung bestimmt haben (§ 281 I BGB). Durch Schreiben seines Prozessbevollmächtigten vom ... ließ der Kläger den Beklagten unter Setzung einer Frist von 14 Tagen zum Einbau eines Austauschmotors mit einer Laufleistung von 27.000 km in den Porsche auffordern. Die Aufforderung hatte keinen Erfolg. Eine angemessene, jedoch erfolglose Fristsetzung zur Nacherfüllung ist damit ebenfalls gegeben.

(5) Es fragt sich, ob sich der Beklagte gegenüber dem Fehlen des Austauschmotors auf den im Kaufvertrag enthaltenen Gewährleistungsausschluss berufen kann. Dies ist gemäß § 444 BGB nicht er Fall, wenn er den Mangel arglistig verschwiegen hat. Der Beklagte wusste, dass der Porsche über einen von ihm aus Einzelteilen zusammen gebauten Motor verfügt und nicht über einen Austauschmotor. Dem Kläger hat er dies nicht offenbart. Er handelte damit arglistig und kann sich nicht auf den im Kaufvertrag enthaltenen Gewährleistungsausschluss berufen.

(6) Schließlich ist zu prüfen, ob die von dem Kläger mit der Klage geltend gemachten Positionen als ersatzfähiger Schaden anzusehen sind.

Der Käufer kann bei Vorliegen der tatbestandlichen Voraussetzungen der §§ 437 Nr. 3, 280 III, 281 BGB Schadensersatz statt Leistung wegen nicht erbrachter Leistung verlangen. Hierbei kann er zwischen dem sogenannten „kleinen Schadensersatz", bei dem er die Kaufsache behält, und dem „großen Schadensersatz", bei dem er die Kaufsache zur Verfügung stellt, wählen; für die Geltendmachung des „großen Schadensersatzes" braucht er nicht nachzuweisen, dass er an dem Behalten der Kaufsache kein Interesse mehr hat. Der Mindestschaden besteht in dem gezahlten Kaufpreis; hinzutreten die Kosten für das nach Vertragsschluss eingeholte Sachverständigengutachten und die Kosten der auf die Sache gemachten notwendigen Verwendungen (BeckOK BGB/*Lorenz* § 281 Rn. 41 ff.). Die von dem Kläger geltend gemachten Reparaturkosten sind zwar nicht im Einzelnen aufgeschlüsselt; da der Beklagte jedoch diese Positionen nicht substanziiert bestritten hat, hat der Kläger seiner Darlegungs- und Substanziierungslast genügt, indem er vorgetragen hat, die Kosten seien für die Reparatur des Motors notwendig gewesen. Damit sind sämtliche in der Klage geltend gemachten Positionen als ersatzfähig anzusehen.

(7) Abschließend ist zu prüfen, ob der Kläger 14,75 % Zinsen p.a. aus dem verlangten Betrag seit Zustellung der Klage verlangen kann.

Dem Grunde nach ist ein Ersatzanspruch gemäß §§ 291, 288 I BGB gerechtfertigt. Allerdings gibt die Vorschrift nur einen Anspruch in Höhe der gesetzlichen Zinsen von 5 Prozentpunkten über dem Basiszinssatz (§ 247 BGB) p.a. Einen höheren Zinssatz kann der Gläubiger jedoch unter dem Gesichtspunkt des Verzugsschadens verlangen. Der Beklagte ist durch die Zustellung der Klage gemäß § 286 I 2 BGB spätestens am ... in Verzug gekommen. Dem Kläger steht deshalb gegen ihn auch ein Anspruch auf die gezahlten Bankzinsen zu (§§ 280 II, 286 I 2, 288 III BGB); der Kredit ist jederzeit rückführbar, hätte also im Falle einer Zahlung des Beklagten getilgt werden können.

b) Als weitere Anspruchsgrundlage für einen Schadensersatzanspruch des Klägers kommt § 823 II BGB in Verbindung mit § 263 StGB in Betracht. **12**

(1) Dann müsste der Beklagte bei Abschluss des Kaufvertrages einen Betrug im Sinne des § 263 StGB begangen haben.

Die für einen Betrug erforderliche Täuschungshandlung liegt in der Erklärung des Beklagten, der Wagen habe einen Austauschmotor, die nicht den Tatsachen entsprach. Aufgrund dieser Erklärung ist bei dem Kläger ein Irrtum erregt und er zum Abschluss des Kaufvertrages als Vermögensverfügung veranlasst worden. Der Vermögensschaden liegt in dem Minderwert der Kaufsache bei fehlendem Austauschmotor, und in der mit finanziellen Belastungen verbundenen Notwendigkeit, einen Austauschmotor einzubauen, der dem versprochenen Austauschmotor entspricht. Der Beklagte müsste vorsätzlich und in Bereicherungsabsicht gehandelt haben. Der Vorsatz ist zu bejahen, weil der Beklagte über die Art des Motors aufgrund seines eigenen Verhaltens unterrichtet war. Aufgrund der gesamten Sachlage kann nach dem Klagevorbringen auch davon ausgegangen werden, dass der Beklagte in Bereicherungsabsicht gehandelt hat.

(2) Es fragt sich aber, ob der aus Delikt dem Grunde nach gegebene Schadensersatzanspruch die mit der Klage geltend gemachten Positionen auf Rückzahlung des Kaufpreises, Ersatz der Reparaturkosten und der Sachverständigenkosten deckt. Dies könnte fraglich sein, da der Anspruch aus Delikt grundsätzlich nur auf Ersatz des negativen Interesses geht.

Gleichwohl hat die Rechtsprechung einen Anspruch auf Ersatz des positiven Interesses dann bejaht, wenn die für den Schadenseintritt ursächliche unerlaubte Handlung zugleich die Voraussetzungen für einen vertraglichen Gewährleistungsanspruch erfüllt (*BGH*, NJW 1998, 983).

(3) Hinsichtlich Höhe und Verzinsung des Anspruchs kann auf die obigen Ausführungen verwiesen werden.

13 c) Zusammenfassend lässt sich zum Vorbringen des Klägers feststellen: Das Klagevorbringen ist in der Hauptsache schlüssig aus

(1) §§ 437 Nr. 3, 280 III, 281 BGB;

(2) § 823 II BGB in Verbindung mit § 263 StGB.

Der Zinsanspruch ist schlüssig aus §§ 280 II, 286 I 2, 288 III BGB.

2. Es ist nunmehr zu prüfen, inwieweit gegenüber dem schlüssigen Klagebegehren die Einlassung des Beklagten erheblich ist, die im Kern dahin geht, er habe den Kläger bei den Vertragsverhandlungen darüber aufgeklärt, dass sich in dem Fahrzeug ein von ihm selbst aus alten Teilen zusammengebauter Motor befinde.

14 a) Der Anspruchsgrundlage aus §§ 437 Nr. 3, 280 III, 281 BGB gegenüber liegt in der Einlassung des Beklagten, er habe den Kläger über die Art des Motors aufgeklärt, ein Bestreiten der Erklärung über die Vereinbarung der Ausstattung des Porsche mit einem Austauschmotor. Unter Zugrundelegung der Einlassung des Beklagten liegt eine solche Vereinbarung nicht vor. Das Bestreiten des Beklagten ist erheblich, da mit dem Fehlen der Vereinbarung der Tatbestand der §§ 437 Nr. 3, 280 III, 281 BGB entfällt.

b) Der Anspruchsgrundlage aus § 823 II BGB in Verbindung mit § 263 StGB gegenüber liegt ebenfalls ein Bestreiten der Tatsachen vor, die die Vorspiegelung des Vorliegens eines Austauschmotors und die Erregung eines Irrtums bei dem Kläger zum Inhalt haben. Das Bestreiten ist ebenfalls erheblich, da mit dem Wegfall von Täuschung und Irrtumserregung der Tatbestand des Betruges entfällt.

Zusammenfassend ist zum Beklagtenvorbringen festzustellen: Hat der Beklagte nicht von einem Austauschmotor gesprochen, sondern erklärt, dass er einen aus alten Teilen selbst zusammen gesetzten Motor in das Fahrzeug eingebaut habe, so entfallen sämtliche Anspruchsgrundlagen.

Das Beklagtenvorbringen ist somit erheblich.

3. Es bedarf mithin in tatsächlicher Hinsicht der Aufklärung über folgende tatsächliche Umstände:

a) Hat der Beklagte bei den Vertragsverhandlungen erklärt, in dem Fahrzeug befinde 15
sich ein Austauschmotor?

b) Hat der Beklagte bei den Vertragsverhandlungen erklärt, in dem Fahrzeug befinde sich ein von ihm selbst aus alten Teilen zusammengebauter Motor (Gegenbeweis)?

Da die beiden Darstellungen sich gegenseitig ausschließen, ist eine zusammenfassende Würdigung der Beweisaufnahme angezeigt.

Die Beweisaufnahme hat zu keinem eindeutigen Ergebnis geführt. Die Ehefrau des Klägers hat das von dem Kläger genannte Beweisthema bestätigt. Die Zeugen … und … haben demgegenüber die Darstellung des Beklagten bestätigt. Es fragt sich, welcher Darstellung der Zeugen zu folgen ist, welchen Zeugen also die größere Glaubwürdigkeit zukommt.

Die Darstellung der einzelnen Zeugenaussagen ist in sich stimmig und schlüssig; sie enthalten in sich keine Widersprüche. Auf der anderen Seite unterliegt die Glaubwürdigkeit der Zeugen auf beiden Seiten gewissen Zweifeln. Bei der Ehefrau des Klägers besteht die Möglichkeit, dass sie die Darstellung zugunsten ihres Ehemannes färbt. Demgegenüber sind die Zeugen … und … mit dem Beklagten befreundet; der letztgenannte Zeuge war zudem im Auftrag des Beklagten in die Suche nach Interessenten eingeschaltet. Auch bei ihnen lässt sich nicht von der Hand weisen, dass ihre Aussagen eine Tendenz – hier zugunsten des Beklagten – aufweisen. Konkrete Anhaltspunkte, wer hier die Wahrheit oder Unwahrheit gesagt hat, sind nicht erkennbar. Immerhin spricht gegen den Kläger, dass er die von ihm behauptete Vereinbarung der Beschaffenheit nicht in den Kaufvertrag hat aufnehmen lassen. Schließlich spricht die verhältnismäßig geringe Höhe des Kaufpreises gegen die Zusicherung eines Austauschmotors. All dies spricht dafür, dass die Beweisaufnahme zu einem non liquet geführt hat. Diese Unaufklärbarkeit geht zu Lasten des beweispflichtigen Klägers.

Zusammenfassend ist zur Beweisaufnahme festzustellen, dass der Kläger für die behauptete Vereinbarung der Ausstattung des Porsche mit einem Austauschmotor beweisfällig geblieben ist.

4. Aus den vorangegangenen Ausführungen ergibt sich, dass die Klage abzuweisen 16
ist. Der Kläger hat als unterliegende Partei gemäß § 91 I ZPO die Kosten des Rechtsstreits zu tragen. Das Urteil ist nach § 709 S. 1 ZPO gegen Sicherheitsleistung für vorläufig vollstreckbar zu erklären. Die Voraussetzungen für eine vorläufige Vollstreckbarkeit ohne Sicherheitsleistung nach § 708 Nr. 11 ZPO liegen nicht vor, da die zugunsten des Beklagten vollstreckbaren Kosten den Betrag von 1.500,– € übersteigen, wie nachstehende Berechnung ergibt:

Anwaltskosten des Beklagten (Streitwert: 12.178,60 €)		
– Anwaltsgebühren, § 2 II RVG, VV 3100, 3104 (1,3 + 1,2) × 666,– €	1.665,00 €	
– Auslagenpauschale, § 2 II RVG, VV 7002:	20,00 €	
Zwischensumme:	1.685,00 €	
Zuzüglich 19 % Mehrwertsteuer:	320,15 €	2.005,15 €
Auslagenvorschuss für zwei Zeugen		200,00 €
Vollstreckbare Kosten:		2.205,15 €
aufgerundet:		2.300,00 €

5. Ich schlage deshalb folgendes Urteil vor:

Die Klage wird abgewiesen.

Der Kläger hat die Kosten des Rechtsstreits zu tragen.

Das Urteil ist gegen Sicherheitsleistung in Höhe von 2.300,– € vorläufig vollstreckbar.

III. Kurzvotum

17 1. Formalien

Antrag des Klägers: Schriftsatz vom … (Bl. … d. A.)
Antrag des Beklagten: Schriftsatz vom … (Bl. … d. A.)

Beweisaufnahme im Haupttermin vom … (Bl. … d. A.)

2. Sach- und Streitstand

Klage auf Zahlung von 12.178,60 € nebst 14,75 % Zinsen p. a. daraus seit Klagezustellung.

Streitgegenstand:

Rückgewähr des Kaufpreises sowie Ersatz von Reparatur- und Sachverständigenkosten aus einem Gebrauchtwagenkauf.

Unstreitiger Sachverhalt:

Kläger kaufte von dem Beklagten gemäß schriftlichem Kaufvertrag vom … (Bl. … d. A.) einen gebrauchten Pkw Porsche zum Preis von 9.500,– €. Die Gewährleistung wurde im Kaufvertrag ausgeschlossen. Der Wagen enthielt einen von dem Beklagten aus alten Einzelteilen selbst „zusammen gebastelten" Motor mit einer Laufleistung von 27.000 km. Kläger verlangte mit Schreiben vom … unter Setzung einer Frist von 14 Tagen den Einbau eines Austauschmotors mit einer Laufleistung von 27.000 km.

Behauptung des Klägers:

Beklagte habe vor und bei Abschluss des Kaufvertrages erklärt, der Wagen habe einen „Austauschmotor"; diese Zusicherung sei falsch gewesen.

Behauptung des Beklagten:

Er habe den Kläger über Art und Herkunft des Motors aufgeklärt.

Beweisaufnahme im Haupttermin vom …:

Zeugin … (Bl. … d. A.), Zeuge … (Bl. … d. A.), Zeuge … (Bl. … d. A.).

3. Vorschlag

Klage abweisen.

Die Klage ist unbegründet. Dem Kläger steht gegen den Beklagten weder gemäß §§ 437 Nr. 3, 280 III, 281 BGB noch gemäß § 823 II BGB in Verbindung mit § 263 StGB ein Anspruch auf Zahlung von Schadensersatz zu.

Die Klage könnte nach den obigen Anspruchsgrundlagen nur dann begründet sein, wenn die Parteien die Ausstattung des Porsche mit einem Austauschmotor vereinbart hätten. Dies aber ist nach dem Ergebnis der Beweisaufnahme nicht bewiesen.

Zwar hat die Ehefrau des Klägers dessen Vortrag bestätigt (Bl. … d. A.). Dagegen haben beide von dem Beklagten benannten Zeugen dessen Einlassung bestätigt, wonach er den Kläger über Art und Herkunft des Motors unterrichtet hat (Bl. … d. A.). Sichere Anhaltspunkte für die eine oder andere Art der Version sind nicht ersichtlich. Gegen die Darstellung des Klägers spricht, dass er die behauptete Zusicherung nicht hat in den Kaufvertrag aufnehmen lassen. Der Kläger bleibt mithin beweisfällig.

4. Urteil

Die Klage wird abgewiesen.

Der Kläger hat die Kosten des Rechtsstreits zu tragen.

Das Urteil ist gegen Sicherheitsleistung in Höhe von 2.300,– € vorläufig vollstreckbar.

IV. Vortrag

Es handelt sich um die Klage des … aus … gegen den ebenda wohnhaften … auf Rückzahlung des Kaufpreises aus einem Gebrauchtwagenkauf sowie Erstattung von Kosten für Reparaturen und Sachverständigengutachten. 18

Der Kläger kaufte gemäß Kaufvertrag vom … von dem Beklagten einen gebrauchten Pkw, Marke Porsche zum Preis von 9.500,– €. Die Gewährleistung wurde im Kaufvertrag ausgeschlossen. Der Wagen enthielt einen von dem Beklagten aus alten Einzelteilen selbst zusammengebauten Motor mit einer Laufleistung von 27.000 km. Mit Schreiben vom … verlangte der Kläger vom Beklagten unter Setzung einer Frist von 14 Tagen in den Wagen einen Austauschmotor mit einer Laufleistung von 27.000 km einzubauen.

Mit der am … zugestellten Klage verlangt der Kläger Rückzahlung des Kaufpreises sowie Erstattung der Kosten für drei an dem Motor vorgenommene Reparaturen und für ein von ihm eingeholtes Sachverständigengutachten. Er behauptet, der Beklagte habe vor und während des Abschlusses des Kaufvertrages ihm mehrfach zugesichert, der Wagen enthalte einen Austauschmotor mit einer Laufleistung von ca. 27.000 km. Um einen solchen Austauschmotor handele es sich aber nach der Einlassung des Beklagten gerade nicht; ein Austauschmotor sei nur gegeben, wenn ein Originalmotor im Herstellerwerk serienmäßig überholt worden sei, während hier ein aus alten Einzelteilen zusammen gebastelter Motor vorliege.

Der Kläger beantragt,

> den Beklagten zu verurteilen, Zug um Zug gegen Rückgabe des Kraftfahrzeugs …, amtliches Kennzeichen … an den Kläger 12.178,60 € nebst 14,75 % Zinsen p.a. daraus seit Zustellung der Klage zu zahlen.

Der Beklagte beantragt,

> die Klage abzuweisen.

Er behauptet, er habe den Kläger während der Vertragsverhandlungen über Art und Herkunft des Motors aufgeklärt. Zudem beruft er sich auf den im Kaufvertrag vereinbarten Gewährleistungsausschluss und die Tatsache, dass in der schriftlichen Vertragsurkunde keine Zusicherung enthalten sei.

Das Gericht hat über Inhalt und Umfang der anlässlich des Abschlusses des Kaufvertrags abgegebenen Erklärungen im Haupttermin die Parteien angehört und sodann Beweis erhoben durch Vernehmung von drei Zeugen, nämlich der Ehefrau des Klägers und zwei Bekannten des Beklagten. Auf das Ergebnis der Beweisaufnahme werde ich in meinem Entscheidungsvorschlag zurückkommen.

Ich schlage vor, 19

> die Klage abzuweisen.

Nach dem Ergebnis der Beweisaufnahme steht dem Kläger kein Anspruch auf Rückzahlung des Kaufpreises sowie Erstattung der Kosten für Reparaturen und Sachverständigengutachten zu. Die Voraussetzungen für einen Schadensersatzanspruch nach §§ 437 Nr. 3, 280 III, 281 BGB bzw. § 823 II BGB in Verbindung mit § 263 StGB sind nicht gegeben.

Nach dem unstreitigen Parteivorbringen hatte das Fahrzeug keinen Motor, der nach der Verkehrsauffassung als Austauschmotor bezeichnet werden könnte. Als Austauschmotor wird ein Originalmotor verstanden, der – entweder im Herstellerwerk oder einer vom Herstellerwerk autorisierten Spezialwerkstatt – nach den Methoden der Serienanfertigung überholt worden ist. Davon kann bei einem aus alten Einzelteilen von einem Hobby-Kraftfahrzeug-Spezialisten zusammengebauten Motor keine Rede sein.

Der Kläger hat aber nach dem Ergebnis der Beweisaufnahme nicht bewiesen, dass der Porsche nach der Vereinbarung der Parteien mit einem Austauschmotor ausgestattet sein sollte. Vielmehr spricht die gleiche Wahrscheinlichkeit für die Darstellung des Beklagten: Zwar hat die Ehefrau des Klägers, die Zeugin …, ausgesagt, der Beklagte habe während der Vertragsverhandlungen ständig von einem Austauschmotor gesprochen; von einem aus einzelnen Teilen zusammengesetzten Motor sei nie die Rede gewesen. Demgegenüber haben die Zeugen … und … die Darstellung des Beklagten bestätigt, wonach der Beklagte den Kläger bei den Vertragsverhandlungen über Art und Herkunft des Motors aufgeklärt hat. Der Zeuge … bekundete, dass er den sich auf die Verkaufsanzeige telefonisch meldenden Kläger entsprechend unterrichtet habe. Ebenso bekundete der Zeuge …, dass er den Kläger über die Art des Motors aufgeklärt habe; ferner war er nach seiner Aussage zugegen, als der Beklagte dem Kläger erläuterte, er habe den Motor aus Einzelteilen zusammengesetzt. Für die Darstellung des Beklagten spricht zum einen, dass die angebliche Zusicherung nicht in die schriftliche Vertragsurkunde aufgenommen wurde, obwohl dies nahegelegen hätte. Zum anderen spricht der verhältnismäßig geringe Preis von 9.500,– € gegen den Verkauf eines Porsche mit Austauschmotor. Unter diesen Umständen hat der Kläger den ihm obliegenden Beweis dafür nicht geführt, dass der Porsche nach der Vereinbarung der Parteien mit einem Austauschmotor ausgestattet sein sollte.

Die Klage ist demnach abzuweisen.

Der Kläger hat als unterliegende Partei gemäß § 91 I ZPO die Kosten des Rechtsstreits zu tragen. Das Urteil ist nach § 709 S. 1 ZPO gegen Sicherheitsleistung für vorläufig vollstreckbar zu erklären. Die Höhe der zu leistenden Sicherheit beläuft sich nach der mir vorliegenden Berechnung auf 2.300,– €.

Ich schlage deshalb folgendes Urteil vor:

Die Klage wird abgewiesen.

Der Kläger hat die Kosten des Rechtsstreits zu tragen.

Das Urteil ist gegen Sicherheitsleistung in Höhe von 2.300,– € vorläufig vollstreckbar.

Muster 246: Aktenauszug, Gutachten, Kurzvotum und mündlicher Vortrag betreffend privaten Möbelkauf

I. Aktenauszug

Rechtsanwältin … Frankfurt am Main, den … 1

An das Amtsgericht …
… Frankfurt am Main

Klage

des … Klägers,

Prozessbevollmächtigte: Rechtsanwältin …, Frankfurt am Main,
gegen
den … Beklagten.

Namens der Klägerin und unter Beifügung einer elektronischen Kostenmarke für die Gerichtskosten von ... erhebe ich Klage mit der Bitte um Anberaumung eines frühen ersten Termins zur mündlichen Verhandlung, in dem ich beantragen werde,

> den Beklagten zu verurteilen, an die Klägerin 2.700,– € nebst Zinsen in Höhe von 5 Prozentpunkten über dem Basiszinssatz p. a. aus je 100,– € seit dem 2.3.2021 fortlaufend bis 1.5.2023 zu zahlen.

Begründung

Am 16.2.2021 erwarb der Beklagte gemäß dem in Kopie beigefügten Kaufvertrag von der Klägerin verschiedene Einrichtungsgegenstände zum Preise von 2.700,– €. Der Beklagte hatte damals zusammen mit seiner Ehefrau … versprochen, diesen Betrag in 27 Monatsraten ab 2.3.2021 zu zahlen. Eine Zahlung hat er indessen nicht geleistet. Demzufolge muss der Beklagte 2.700,– € sowie ab Fälligkeit jeder Rate in Höhe von 100,– € Verzugszinsen zahlen.

…………………
Rechtsanwältin

Anlage

Kaufvertrag (handschriftlich)

Verkäufer: …	Käufer: … und …	
Gegenstände:	1 Berberteppich (hell), Größe 250 × 350	1.200,– €
	1 Esstisch (Eiche) 160 × 100 × 71	1.000,– €
	6 Stühle gepolstert (Eiche)	500,– €
	Insgesamt:	2.700,– €

Die Gegenstände werden bis 2.3.2021 abgeholt. Sie bleiben bis zur vollständigen Bezahlung Eigentum der Verkäuferin.

Zahlungsbedingung: 100,– € monatlich × 27 Monatsraten, zahlbar ab 2.3.2021.

…, den 16.2.2021

Verkäufer: ………………… Käufer: …………………

2 Amtsgericht Frankfurt am Main
Aktenzeichen: …

Verfügung

1. Gütetermin und früher erster Termin zur mündlichen Verhandlung werden anberaumt auf …, den …, … Uhr, Raum ….
2. Das persönliche Erscheinen der Parteien wird angeordnet.
3. Dem Beklagten wird aufgegeben, bis spätestens … zur Klageschrift Stellung zu nehmen.
4. Beglaubigte Abschrift von Ziffer 1.–3. dieser Verfügung an Beklagten zusammen mit Klageabschriften (ZU).
5. Beglaubigte Abschrift von Ziffer 1.–3. dieser Verfügung an Klägervertreterin (EB).
5. Parteien gemäß Ziffer 2 mit ZU laden.
6. Wiedervorlage: Zum Termin.

Frankfurt am Main, den …
Amtsgericht, Abteilung …

………………………
Richterin am Amtsgericht

3 Amtsgericht Frankfurt am Main
Aktenzeichen: …

Niederschrift über die öffentliche Verhandlung vom …

Gegenwärtig: Richterin am Amtsgericht.
Von der Zuziehung eines Urkundsbeamten der Geschäftsstelle wurde abgesehen.

In dem Rechtsstreit
… gegen …
erschienen bei Aufruf der Sache:
die Klägerin in Person und Rechtsanwältin …,
der Beklagte in Person und Rechtsanwalt …

mit Klageerwiderung vom heutigen Tag.

Rechtsanwalt … entschuldigte den verspäteten Schriftsatz mit dem Hinweis, dass der Beklagte bis vorgestern auf einer Auslandsreise gewesen sei.

Im Rahmen des Gütetermins wurde der Sach- und Streitstand mit den Parteien erörtert. Die Parteien wurden hierzu persönlich gehört.

Der Beklagte erklärte auf Befragten: Ich habe damals auf Veranlassung meines Bruders die im Kaufvertrag genannten Sachen gekauft. Die Klägerin hat damals ausdrücklich zu mir gesagt, dass ich das Geld an meinen Bruder zahlen kann. Ich sehe meinen Bruder nämlich häufiger. Ich habe ihn in der damaligen Zeit etwa alle 4 Wochen gesehen, nicht dagegen seine Frau. An Einzelheiten des Gesprächs anlässlich des Kaufs der Möbel kann ich mich nicht mehr erinnern. Ich weiß jedoch genau, dass gesagt worden ist, das Geld könne auch an meinen Bruder gezahlt werden.

Die Klägerin erklärte auf Befragen: Im Februar 2021 stand die Trennung von meinem Ehemann bevor. Unsere Ehe ist inzwischen geschieden worden. Die gemeinschaftliche Wohnung sollte per 2.3.2021 aufgelöst werden. Mein Mann und ich haben uns über die Auflösung des Hausrats verständigt. Mein Mann ist dann Ende Februar mit den Möbeln ausgezogen, die er erhalten sollte. Die mir zugeteilten Möbel konnte ich nicht gebrauchen, da ich zu einem anderen Mann in dessen möblierte Wohnung gezogen bin. Auf Vorschlag meines Mannes habe ich diese Möbel an dessen Bruder, den Beklagten, verkauft. Bei Abschluss des Kaufvertrages vom 16.2.2021 wurde nichts darüber gesagt, dass der Beklagte den Kaufpreis auch an meinen damaligen Ehemann, seinen Bruder, zahlen dürfe.

Auf Vorhalt: Wenn ich gefragt werde, warum ich mehr als zwei Jahre gewartet habe bis zur Klage, so kann ich nur sagen: Ich habe den Beklagten im April 2022 anlässlich des Scheidungstermins wegen der Zahlung erstmals angesprochen. Da sagte er, er sei zurzeit in Geldnöten und ich solle mich bis Ende 2022 gedulden. Im Frühjahr 2023 bin ich dann zum Anwalt gegangen. Meine Rechtsanwältin hat den Beklagten dann zweimal ohne Erfolg angeschrieben.

Das Gericht unterbreitete den Parteien folgenden Vergleichsvorschlag: …
Beide Parteien erklärten, den seitens des Gerichts vorgeschlagenen Vergleich nicht annehmen zu wollen.

Beschlossen und verkündet:
Die mündliche Verhandlung schließt sich unmittelbar an.

Die Klägervertreterin nahm Bezug auf den Antrag der Klageschrift (Bl. … d. A.).

Der Beklagtenvertreter nahm Bezug auf den Antrag des soeben überreichten Schriftsatzes vom … (Bl. … d. A.).

Es wurde ein Beweisbeschluss seinem wesentlichen Inhalt verkündet.

Das Protokoll wurde zunächst auf ein Tonaufnahmegerät aufgenommen und später übertragen. Der unterzeichnende Urkundsbeamte der Geschäftsstelle bestätigt hiermit die Richtigkeit der Übertragung.

……………………………… ……………………………
(Der Einzelrichter) (Der Urkundsbeamte der Geschäftsstelle)

Rechtsanwalt … Frankfurt am Main, den … 4

An das Amtsgericht …
… Frankfurt am Main

In dem Rechtsstreit

… gegen …
Aktenzeichen: …

zeige ich an, dass ich den Beklagten vertrete. Dieser will sich gegen die Klage verteidigen.
Ich werde beantragen,
die Klage abzuweisen.

Begründung

Die geltend gemachte Kaufpreisforderung besteht nicht. Der Beklagte hat den geschuldeten Kaufpreis voll entrichtet.

Beweis: Anliegende 5 Quittungen.

Der Kaufpreis wurde an den Ehemann der Klägerin entrichtet. Damit hatte sich die Klägerin bei Abschluss des Kaufvertrages einverstanden erklärt.

Beweis: … als Zeuge.

Die Klage ist demnach abzuweisen.

…………………
Rechtsanwalt

Anlage:

5 Quittungen über zusammen 2.700,– € (mit handschriftlichen Eintragungen).

5 Amtsgericht Frankfurt am Main
Aktenzeichen: …

Auflagen- und Beweisbeschluss

in dem Rechtsstreit … gegen … .

I. Es soll Beweis erhoben werden
über die Behauptungen des Beklagten,
1. die Klägerin habe sich bei Abschluss des Kaufvertrages damit einverstanden erklärt, dass der Kaufpreis an ihren (damaligen) Ehemann gezahlt werde;
2. er habe den gemäß Kaufvertrag vom 16.2.2021 geschuldeten Kaufpreis von 2.700,– € in vollem Umfang durch Zahlungen an seinen Bruder, den nachbenannten Zeugen … entrichtet;
durch Vernehmung des Zeugen …, von dem Beklagten benannt.

II. Die Ladung des Zeugen ist davon abhängig, dass der Beklagte binnen 3 Wochen einen Auslagenvorschuss von 100,– € bei Gericht einzahlt oder eine Gebührenverzichtserklärung des Zeugen vorlegt.

III. Termin zur Beweisaufnahme und Haupttermin werden anberaumt auf …, den …, … Uhr, Raum … .

Frankfurt am Main, den …
Amtsgericht, Abteilung …

Richterin am Amtsgericht

6 Amtsgericht Frankfurt am Main
Aktenzeichen: …

Niederschrift über die öffentliche Verhandlung vom …

Gegenwärtig: Richterin am Amtsgericht.
Von der Zuziehung eines Urkundsbeamten der Geschäftsstelle wurde abgesehen.

In dem Rechtsstreit
… gegen …
erschienen bei Aufruf der Sache:
die Klägerin in Person und Rechtsanwältin …,
für den Beklagten Rechtsanwalt …
sowie der Zeuge ….

Der Zeuge wurde zur Wahrheit ermahnt und auf die Strafbarkeit falscher eidlicher und uneidlicher Aussagen hingewiesen. Sodann wurde er wie folgt vernommen:

Zur Person:
Ich heiße …, bin … Jahre alt, von Beruf … und wohne in …, …; ich bin der geschiedene Ehemann der Klägerin. Nach besonderer Belehrung: Ich will aussagen.

Zur Sache:
Wir sind seit dem 2.3.2021 getrennt, meine frühere Frau und ich. Ich sehe meinen Bruder nicht sehr häufig; ich habe ihn immer gesehen, wenn zu kassieren war.
Es ist nicht richtig, dass die hier streitigen Möbel bei unserer Trennung der Klägerin gehören sollten. Die Klägerin hat vielmehr erklärt, sie verzichte auf alles, wenn ich nur in die Scheidung einwillige.

Es war von vornherein vereinbart, dass das Geld an mich zu bezahlen ist. Später kam dann die Klägerin auf die Idee, dass das Geld an sie zu bezahlen sei. Wir waren ja damals verheiratet, es gab keine Diskussion, dass das Geld an mich zu bezahlen sei.

Auf Vorhalt:
Es ist doch egal, wer den Kaufvertrag unterzeichnet, die Gegenstände waren in der Ehegemeinschaft drin. Wenn ich danach gefragt werde, warum die Klägerin in dem Kaufvertrag als Verkäuferin erscheint, so muss ich sagen, dass ich das nicht für so wichtig gehalten habe. Es war doch egal, wer verkauft. Es ist aber darüber gesprochen worden, dass nur ich das Geld erhalten sollte, gleich als der Kaufvertrag zwischen den Parteien abgeschlossen worden ist.

Auf weiteren Vorhalt:
Das Geld hat mir ganz einfach zugestanden; deshalb haben wir geregelt, dass das Geld an mich zu bezahlen ist. Wir haben es nicht für nötig gehalten, in den Kaufvertrag hereinzuschreiben, dass ich das Geld bekommen sollte. Mein Bruder durfte nicht an meine frühere Frau zahlen, sondern nur an mich. Ich muss klarstellen, dass zu dem Zeitpunkt, als wir noch zusammen waren, es natürlich gegangen wäre, dass mein Bruder an meine frühere Frau zahlt.
Mein Bruder hat an mich gezahlt. Die Quittungen habe ich ausgestellt. Ich habe es immer gleich mit einem Besuch bei meinem Bruder verbunden, wenn ich das Geld abgeholt habe. Ich habe das Geld bei ihm in der Wohnung abgeholt. Ich bin immer um den 1. herum hinmarschiert, da musste ich mich nicht besonders bei meinem Bruder anmelden.

Auf Vorhalt:
Ab dem 2.3.2021 habe ich nicht mehr in unserer gemeinsamen Wohnung gewohnt, sondern in … Als ich das Geld abholte, wohnte mein Bruder in … Ich bin, wie gesagt, immer um den 2. herum zu meinem Bruder gefahren, es kann auch mal am 1. gewesen sein. Ich habe die Quittungen immer bei meinem Bruder ausgestellt, ich habe dann den Quittungsblock mitgenommen. Ich nehme an, dass ich dann seinen Wohnort in die Quittungen eingetragen habe, es kann aber auch mein Wohnort gewesen sein. Ich habe jeweils das Datum eingetragen, an welchem ich bei meinem Bruder war. Jedes Mal an dem Tag, an dem ich bei meinem Bruder war, habe ich die Quittung ausgestellt. Mein Bruder hatte immer 100,– € zur Hand, wenn ich gekommen bin, denn er wusste ja, dass ich immer Ende des Monats bzw. Anfang des folgenden Monats zu ihm kommen würde, um das Geld zu holen. Ich war damals selbständig und habe bei meiner neuen Bekanntschaft gearbeitet.

Auf weiteren Vorhalt:
Wenn mir vorgehalten wird, dass die Quittungen alle auf den 1. des Monats lauten, so muss es auch so gewesen sein, dass ich immer am 1. dort war. Es ist nicht so, dass mein Bruder manchmal weg war, wenn ich bei ihm aufgetaucht bin. Ich hatte auch immer um den 1. herum Zeit, das Geld zu holen. Als Arbeitsloser hat man Zeit und mein Bruder hatte auch immer die 100,– € da. Mein Bruder hat Verpflichtungen seinen Kindern gegenüber, er ist immer zu Hause. Ich habe das Geld geholt, denn ich hatte nichts anderes vor. Es war nicht so, dass ich etwas anderes vorhatte und deshalb das Geld nicht holen konnte.
Es kann sein, dass ich aus Versehen meinen Wohnort auf die Quittungen geschrieben habe, weil ich ja in … wohne. Die Quittungen wurden aber am Wohnort meines Bruders ausgestellt. Es kann auch sein, dass ich manchmal auch den Wohnort meines Bruders auf die Quittungen geschrieben habe, so genau erinnere ich mich nicht mehr. Wichtig war für mich, dass ich das Geld bekommen habe. Es war für mich nicht so wichtig, welche Ortsangabe auf der Quittung steht.

Auf Vorhalt:
Wenn mir vorgehalten wird, dass alle Quittungen identisch ausgestellt worden sind, so muss ich dazu sagen, dass ich trotzdem dabei bleibe, dass die Quittungen jeweils vor Ort an dem angegebenen Datum ausgestellt worden sind. Sie wurden nicht alle zusammen ausgestellt.

Auf Vorhalt des Beklagtenvertreters:
Wenn ich danach gefragt werde, ob Durchschläge in dem Quittungsblock vorhanden waren und ich mich bei der Ausstellung der Quittungen jeweils an den vorhandenen Durchschlägen orientiert habe, so muss ich dazu sagen, dass dies durchaus der Fall sein kann.

Auf Vorhalt des Gerichts:
In dem Quittungsblock waren Durchschläge vorhanden; ich habe sie aber nicht mehr.

Auf Vorhalt der Klägervertreterin:
Von dem Geld, was ich bekommen habe, habe ich meiner Frau nichts abgegeben. Wir hatten Gütertrennung vereinbart. Die Gegenstände wurden aber gemeinsam angeschafft, bevor Gütertrennung vereinbart worden ist. Es kann nicht sein, dass die Gegenstände erst später gekauft worden sind. Es trifft nicht zu, dass die Möbel verkauft worden sind, weil eine Trennung ins Haus stand. Die Möbel

gehörten auch mir. Allerdings hat der Erlös nur mir zugestanden, das war so vereinbart. Ich wiederhole nochmals: Wir fanden es damals nicht so wichtig, wer als Verkäufer in dem Vertrag erscheint.

Laut diktiert und genehmigt.

Der Zeuge wurde unbeeidigt entlassen.

Die Parteivertreter wiederholten die Anträge wie in der Sitzung vom … und verhandelten zum Ergebnis der Beweisaufnahme.

Beschlossen und verkündet:
Termin zur Verkündung einer Entscheidung wird anberaumt auf …, den …, … Uhr, Raum ….

Das Protokoll wurde zunächst auf ein Tonaufnahmegerät aufgenommen und später übertragen. Der unterzeichnende Urkundsbeamte der Geschäftsstelle bestätigt hiermit die Richtigkeit der Übertragung.

…………………	…………………
(Der Einzelrichter)	(Der Urkundsbeamte der Geschäftsstelle)

Rechtsanwältin … Frankfurt am Main, den …

An das Amtsgericht …
… Frankfurt am Main

In dem Rechtsstreit

… gegen …
Aktenzeichen: …

wird noch Folgendes vorgetragen:

Es war offensichtlich, dass der Zeuge … die Unwahrheit gesagt hat.
Ich beantrage,

> eine amtliche Auskunft bei der Staatsanwaltschaft Frankfurt einzuholen, ob der Zeuge … wegen Meineids oder falscher uneidliche Aussage vorbestraft ist.

Die Klägerin, die immerhin mit dem Zeugen verheiratet war, weiß, dass dieser ein erhebliches Vorstrafenkonto für verschiedenste Delikte hat, so dass auch Delikte der oben genannten Art dabei sein können.
Die Klägerin ist im 8. Monat schwanger. Sie fürchtet sich vor ihrem geschiedenen Ehemann und dessen Jähzorn. Ich bitte daher, von diesem Schreiben der Gegenseite oder gar dem Zeugen keine Kenntnis zu geben.

…………………
Rechtsanwältin

II. Gutachten

Ich schlage vor, der Klage stattzugeben.

1. Die Klage ist auf Zahlung eines Kaufpreises gerichtet.

Als mögliche Anspruchsgrundlage kommt § 433 BGB in Frage.

7 a) Nach dem Klagevorbringen ist zwischen den Parteien ein Kaufvertrag abgeschlossen worden, der den Beklagten zur Zahlung des verlangten Kaufpreises von 2.700,– € verpflichtet.

Der Anspruch auf Zahlung ist auch fällig. Die einzelnen Kaufpreisraten wurden in dem Zeitraum vom 2.3.2021 bis 2.5.2023 fällig. Im Zeitpunkt der letzten mündlichen Verhandlung ist demnach das Datum der letzten Fälligkeit bereits eingetreten.

b) Es fragt sich, ob der Anspruch auf Verzugszinsen aus jeweils 100,– € ab 2.3.2021 fortlaufend bis 2.5.2023 gerechtfertigt ist.

Als Anspruchsgrundlage kommen die §§ 280 II, 286 II Nr. 1, 288 I BGB in Betracht. Der Verzug ist nach § 286 II Nr. 1 BGB mit dem Fälligkeitsdatum der jeweiligen Rate eingetreten, ohne dass es einer besonderen Mahnung bedurfte. Der Zinssatz von 5 % über dem Basiszinssatz ist nach § 288 I BGB gerechtfertigt.

Das Klagevorbringen ist demnach schlüssig.

2. Es ist nunmehr zu prüfen, inwieweit gegenüber dem schlüssigen Klagebegehren die Einlassung des Beklagten erheblich ist. Diese geht dahin, er habe den Kaufpreis an seinen Bruder, den früheren Ehemann der Klägerin, mit deren Einverständnis entrichtet.

a) Der Einwand der Zahlung ist der Höhe nach schlüssig dargetan. 8

Der Beklagte hat durch Vorlage von Quittungen Zahlungen in Höhe von insgesamt 2.700,– € behauptet. Zwar hat er die Zahlungen nicht entsprechend den vereinbarten Ratenterminen geleistet. Da jedoch der Schuldner nach § 271 II BGB die Leistung auch vor einem vereinbarten Fälligkeitstermin bewirken kann, ist die Erfüllung mit den behaupteten Zahlungen eingetreten.

b) Es fragt sich, ob der Beklagte mit befreiender Wirkung an seinen Bruder, den Zeugen … leisten konnte.

(1) Nach § 362 I BGB erlischt das „Schuldverhältnis", wenn die geschuldete Leistung an den Gläubiger bewirkt wird. Gläubiger in diesem Sinne ist die im Kaufvertrag als Verkäuferin ausgewiesene Klägerin. An sie ist die Leistung nicht erfolgt, so dass das Erlöschen durch Leistung nicht nach § 362 I BGB eintreten konnte.

(2) Der Beklagte wäre aber nach § 362 II BGB in Verbindung mit § 185 BGB von seiner Zahlungspflicht befreit worden, wenn er den Kaufpreis an den Zeugen … mit Zustimmung der Klägerin gezahlt hätte. Dahin geht seine Behauptung, da er vorträgt, bei Abschluss des Kaufvertrages habe sich die Klägerin mit seiner Verfahrensweise einverstanden erklärt.

c) Das Vorbringen des Beklagten, er habe den Kaufpreis im Einverständnis der Klägerin an seinen Bruder geleistet, stellt in der kumulativen Verbindung beider Behauptungen einen schlüssigen Einwand dar.

3. Es ist zu prüfen, ob die Einlassung der Klägerin zu diesem Verteidigungsvorbringen erheblich ist.

a) Die Klägerin bestreitet, dass der Beklagte überhaupt den Kaufpreis an seinen Bruder geleistet hat. 9

Sie hat zwar nicht ausdrücklich vorgetragen, dass der Kaufpreis nicht an den Bruder gezahlt worden ist. Aus ihrem gesamten prozessualen Verhalten muss aber geschlossen werden, dass sie diesen Vortrag des Beklagten bestreitet. Das Bestreiten der Klägerin ergibt sich aus den entsprechenden Vorhalten ihrer Prozessbevollmächtigten im Beweistermin vom … Wenn der Kaufpreis noch nicht gezahlt ist, steht der Klägerin die eingeklagte Summe zu. Ihr Bestreiten ist demnach erheblich.

b) Die Klägerin hat laut Protokoll vom … bei ihrer Anhörung ausdrücklich bestritten, dass sie sich bei Kaufabschluss mit einer Zahlung des Kaufpreises an ihren Ehemann einverstanden erklärt hatte.

Da der Beklagte in diesem Falle nicht von seiner Zahlungspflicht nach §§ 362 II, 185 BGB befreit wurde, ist das Bestreiten der Klägerin erheblich.

4. Die Entscheidung des Rechtsstreits hängt demnach von der Aufklärung folgender streitiger Tatsachen ab:

a) Hat die Klägerin bei Abschluss des Kaufvertrages erklärt, die Kaufpreisraten dürfen von dem Beklagten auch an dessen Bruder, ihren früheren Ehemann … geleistet werden?

b) Hat der Beklagte die geschuldeten 2.700,– € an seinen Bruder … entrichtet?

5. Es ist zu prüfen, ob die vorgenannten Tatsachen durch die Beweisaufnahme in einem bestimmten Sinne geklärt sind.

10 a) Dabei ist vorweg festzustellen, dass der Beklagte für beide Behauptungen die Beweislast trägt.

Für den Einwand der Erfüllung bedarf dies keiner näheren Begründung. Da der Schuldner aber auch beweisen muss, dass er gemäß dem Inhalt der Leistungspflicht erfüllt hat, obliegt ihm auch der Nachweis dafür, dass er an einen Dritten mit befreiender Wirkung leisten durfte. Aus dem Kaufvertrag kann der Beklagte insoweit nichts herleiten, da er die behauptete Absprache nicht enthält. Vielmehr spricht die Kaufvertragsurkunde, die nach der Rechtsprechung die Vermutung der Vollständigkeit für sich hat, zunächst gegen den Beklagten. Er muss die mündliche Nebenabrede beweisen.

b) Hinsichtlich des erstgenannten Beweisthemas, ist als einziges Beweismittel die Aussage des Zeugen … vorhanden. Dieser hat nach dem Kern seiner Aussage die Behauptung des Beklagten, es habe Einverständnis darüber bestanden, dass der Beklagte auch an seinen Bruder leisten dürfe, bestätigt. Es fragt sich, ob dieser Aussage in dem Sinne gefolgt werden kann, dass das Gericht die volle Überzeugung von der Richtigkeit dieser Darstellung gewinnt. Bei näherer Analyse der Aussage ergeben sich jedoch erhebliche Zweifel an dem Wahrheitsgehalt derselben.

(1) Zunächst ist festzustellen, dass der Zeuge der geschiedene Ehemann der Klägerin und der Bruder des Beklagten ist.

Bei der Aussage des Zeugen lässt sich nicht ausschließen, dass er dem Beklagten als seinem Bruder helfen und der Klägerin als dessen früherer Ehefrau schaden will. Außerdem würde er bei einer der Klägerin günstigen Aussage die Gefahr herauf beschwören, dass er selbst auf Herausgabe des Kaufpreises in Anspruch genommen wurde (§§ 816 II, 185 BGB). Insofern hat er ein eigenes Interesse an dem Ausgang des Rechtsstreits. Diese Umstände erfordern eine besonders kritische Würdigung seiner Aussage.

(2) Der Zeuge hat bei seiner Schilderung der Vorgänge die Bedeutung des Vertrages heruntergespielt.

So sagte er aus, „es sei doch egal, wer den Kaufvertrag unterschreibt, die Gegenstände waren in der Ehegemeinschaft drin“, er „habe es nicht für wichtig gehalten, wer im Kaufvertrag als Verkäufer erscheint.“ Das widerspricht zunächst der im Übrigen doch sehr förmlichen Vertragsgestaltung, die die Vertragsparteien herausstellt und die verkauften Sachen genau umschreibt. Es muss ferner berücksichtigt werden, dass der Zeuge die konkrete Schilderung der Klägerin bei ihrer Anhörung, wonach die Trennung der Parteien unmittelbar bevorstand, nicht in Abrede stellt, sondern umgekehrt einräumt, dass er seit 2.3.2021 von der Klägerin getrennt lebt. Damit gewinnt die Schilderung der Klägerin, sie habe die ihr intern zugeteilten Möbel verkauft, erheblich an Gewicht. Wäre es wirklich so gewesen, dass die Klägerin erklärt hat, „sie verzichte auf alles, wenn nur der Zeuge in die Scheidung einwillige“, dann ist es nicht verständlich, warum die Klägerin überhaupt im Kaufvertrag als Verkäuferin aufgeführt wird. Dann hätte es vielmehr näher gelegen, dass der Zeuge selbst die Möbel mitgenommen und sie an seinen Bruder verkauft hätte.

(3) Im Übrigen hat der Zeuge hinsichtlich der behaupteten Zahlungsabrede in seiner Aussage sich widersprechende Angaben gemacht.

- Zunächst erklärte er, es sei von vornherein vereinbart gewesen, dass das Geld an ihn zu zahlen sei. Später sei dann die Klägerin auf die Idee gekommen, dass das Geld an sie zu bezahlen sei.

- In gleichem Atemzug erklärt der Zeuge, es habe keine Diskussion gegeben, dass das Geld an ihn zu bezahlen sei. Das könnte bedeuten, dass über diese Frage überhaupt nicht gesprochen wurde.
- Im weiteren Verlauf seiner Aussage sagte der Zeuge, es sei darüber gesprochen worden, dass nur er das Geld erhalten sollte, gleich als der Kaufvertrag abgeschlossen worden sei.
- Auf weiteren Vorhalt erklärte der Zeuge, das Geld habe ihm „ganz einfach zugestanden"; „deshalb haben wir geregelt, dass das Geld an mich zu zahlen ist."
- Zur Erläuterung der Abrede fügte der Zeuge hinzu, „mein Bruder durfte nur an mich zahlen, nicht an meine frühere Frau." Dabei stellte er anschließend sofort klar: „Zu dem Zeitpunkt, als wir noch zusammen waren, wäre es natürlich gegangen, dass mein Bruder an meine frühere Frau zahlt." Hierbei übersieht der Zeuge jedoch den Umstand, dass der Kaufvertrag am 16.2.2021 geschlossen wurde und die Trennung unmittelbar bevorstand, wobei die erste Rate laut Kaufvertrag erst am 2.3.2021, also bei Trennung fällig wurde.
- Am Ende seiner Aussage bekundete der Zeuge, die Gegenstände seien gemeinsam angeschafft worden, bevor Gütertrennung vereinbart worden sei. Dies spricht allerdings sehr für die von der Klägerin glaubhaft geschilderte Auseinandersetzung des Hausrats, bei der ihr die verkauften Sachen zugeteilt wurden.

Insgesamt enthält die Aussage des Zeugen … zu dem Beweisthema „Zahlungsabrede" so viele Widersprüche und Unklarheiten, dass ihr unter Berücksichtigung der Stellung des Zeugen kein entscheidender Beweiswert zukommt. Aus ihr kann das Gericht nicht die Überzeugung von dem Vorliegen der Absprache gewinnen.

c) Hinsichtlich der behaupteten Zahlungen liegen als Beweismittel zunächst die Quittungen vor. Diese haben zwar nach § 416 ZPO die Beweiskraft, dass die in ihnen enthaltenen Erklärungen über den Empfang des Geldes abgegeben worden sind. Die Beweiskraft der Quittungen kann jedoch durch jeden Gegenbeweis entkräftet werden. Dabei spielt zunächst eine Rolle, dass die Quittungen nach dem zuvor dargestellten Ergebnis der Beweisaufnahme von einem nicht empfangsberechtigten Dritten ausgestellt worden sind. Außerdem ergeben sich bei der nach § 286 ZPO zu treffenden Gesamtwürdigung eine ganze Reihe von Detailgesichtspunkten, die den nicht fernliegenden Verdacht aufkommen lassen, dass die Quittungen nachträglich von dem Zeugen in Zusammenarbeit mit dem Beklagten angefertigt worden sind. 11

(1) Einmal ist auffallend, dass die Quittungen sämtlich am 2. des betreffenden Monats ausgestellt worden sind.

Das entspricht zwar dem vertraglich vorgesehen Fälligkeitszeitpunkt. Es widerspricht aber der Lebenserfahrung, dass der Zahlungsvorgang immer genau am 2. eines Monats erfolgt. Die Aussage des Zeugen …, er sei eben immer am 2. des Monats zu seinem Bruder hinmarschiert und habe ihn auch immer zahlungsbereit angetroffen, erscheint wenig wahrscheinlich.

(2) Weiter ist auffallend, dass als Ausstellungsort in den Quittungen immer …, der Wohnort des Zeugen eingetragen ist, obwohl nach den Bekundungen des Zeugen das Geld jeweils in …, dem Wohnort des Beklagten, übergeben wurde.

(3) Bei den Quittungen fällt weiterhin auf, dass sie im handschriftlichen Duktus – wortgetreu und in der Zeileneinteilung – übereinstimmen.

Es widerspricht der Lebenserfahrung, dass bei fünf zu verschiedenen Zeitpunkten ausgestellten Quittungen immer die haargenau gleiche Ausfüllung der Quittung hinsichtlich des Zahlungsempfängers und des Zahlungsgrundes erfolgt. Vielmehr lässt dies den Verdacht aufkommen, dass sie alle auf einmal ausgefüllt wurden. Die von dem Prozessbevollmächtigten des Beklagten auf Vorhalt ins Spiel gebrachte Erklärung, der Zeuge habe wohl Durchschläge in dem Quittungsblock gehabt, so dass er jeweils von der vorangegangenen Quittung abgeschrieben habe, ist von dem Zeugen nur sehr vage aufgegriffen worden; er sagte, dass dies durchaus der Fall gewesen sein könne; er will aber die Durchschläge nicht mehr im Besitz haben.

(4) Laut den vorgelegten Quittungen sind an fünf verschiedenen Zeitpunkten jeweils höhere Beträge als die vereinbarten Raten von 100,– €, nämlich 4 mal 500,– €, einmal 700,– € gezahlt worden.

Der Zeuge spricht dagegen in seiner Aussage davon, „sein Bruder habe immer 100,– € zur Hand gehabt, wenn er zu ihm gekommen sei."

(5) Der Zeuge sagt – zur Bekräftigung seiner Vorsprache immer um den 2. herum – aus, er sei damals selbständig gewesen, da er bei seiner neuen Bekannten gearbeitet habe.

Ein paar Sätze weiter gibt er aber zu Protokoll, er sei damals arbeitslos gewesen. Auch dies zeigt, dass der Zeuge es mit der Wahrheit nicht so genau nimmt, wie es von einem gewissenhaften Zeugen erwartet werden muss.

Insgesamt muss aufgrund dieser Umstände der Beweiswert der Quittungen als erschüttert gelten. Der Beweis der Zahlung ist demnach nicht erbracht.

12 d) Auf den im nicht nachgelassenen Schriftsatz vom ... gestellten Antrag der Klägerin auf Einholung einer Auskunft bei der Staatsanwaltschaft Frankfurt am Main betreffend etwaige Vorstrafen des Zeugen hinsichtlich Aussagedelikten kommt es bei der dargestellten Beweislage nicht mehr an.

Insoweit ist hilfsweise zu erwähnen, dass der Beweisantrag nach Schluss der letzten mündlichen Verhandlung gestellt worden ist und deshalb nicht berücksichtigt werden kann (§ 296a ZPO). Eine Wiedereröffnung der mündlichen Verhandlung nach § 156 ZPO ist angesichts der dargestellten Beweislage nicht angezeigt. Zudem soll der Beweisantrag nach den ausdrücklichen Erklärungen der Klägerin dem Gegner nicht zur Kenntnis gebracht werden, was dem Grundsatz des rechtlichen Gehörs widerspricht.

13 6. Der Klage ist demnach stattzugeben. Der Beklagte hat nach § 91 I ZPO als unterlegene Partei die Kosten des Rechtsstreits zu tragen. Das Urteil ist nach § 709 S. 1 ZPO gegen Sicherheitsleistung für vorläufig vollstreckbar zu erklären. Die erforderliche Sicherheitsleistung ist wie folgt zu schätzen:

Hauptforderung		2.700,– €
Zinsen		500,– €
Gerichtskostenvorschuss der Klägerin 3 × 119,– €		357,– €
Anwaltskosten der Klägerin (Streitwert: 2.700,– €)		
– Anwaltsgebühren, § 2 II RVG, VV 3100, 3104 (1,3 + 1,2) × 222,– €	555,00 €	
– Auslagenpauschale, § 2 II RVG, VV 7002:	20,00 €	
Zwischensumme:	575,00 €	
Zuzüglich 19 % Mehrwertsteuer:	109,25 €	684,25 €
Vollstreckbare Kosten:		4.241,25 €
aufgerundet:		4.300,00 €

7. Ich schlage folgendes Urteil vor:

Der Beklagte wird verurteilt, an die Klägerin 2.700,– € nebst Zinsen in Höhe von 5 Prozentpunkten über dem Basiszinssatz p.a. aus jeweils 100,– €, fällig ab 2.3.2021, im Folgenden jeweils am 1. eines jeden Monats fällig, letztmals am 2.5.2023, zu zahlen.

Der Beklagte hat die Kosten des Rechtsstreits zu tragen.

Das Urteil ist gegen Sicherheitsleistung in Höhe von 4.300,– € vorläufig vollstreckbar.

III. Kurzvotum

1. Formalien 14

Antrag des Klägers: Schriftsatz vom … (Bl. … d. A.)
Antrag des Beklagten: Schriftsatz vom … (Bl. … d. A.)

Beweisbeschluss vom … (Bl. … d. A.)
Beweisaufnahme im Haupttermin vom … (Bl. … d. A.)

2. Sach- und Streitstand

Klage auf Zahlung von 2.700,– € nebst gestaffelten Zinsen in Höhe von 5 Prozentpunkten über Basiszinssatz p. a. entsprechend den vereinbaren Raten.
Streitgegenstand:

Kaufpreiszahlung aus einem Kaufvertrag betreffend Gebrauchtmöbel (Bl. … d. A.).

Unstreitiger Sachverhalt:

Die Klägerin verkaufte laut Kaufvertrag vom 16.2.2021 an den Beklagten, ihren Schwager, verschiedene Einrichtungsgegenstände aus der Ehewohnung (1 Tisch, 6 Stühle, 1 Teppich) zum Preis von 2.700,– €. Der Kaufpreis sollte laut Kaufvertrag in monatlichen Raten von 100,– € ab 2.3.2021 getilgt werden. Anwesend waren bei Kaufabschluss auch der Ehemann der Klägerin, der Zeuge … Die Eheleute trennten sich am 2.3.2021. Die Ehe wurde später geschieden.

Behauptungen des Beklagten:

Er habe den Kaufpreis in der Zwischenzeit an seinen Bruder entrichtet. Hierzu legt er 5 Quittungen vor (Bl. … d. A.), die von dem Ehemann der Klägerin stammen. Die Klägerin habe sich bei Kaufabschluss mit dieser Zahlungsweise einverstanden erklärt.

Die Klägerin bestreitet diese mündliche Nebenabrede und die erfolgten Zahlungen an den Bruder.

Beweisaufnahme
– im Frühen ersten Termin vom … :

Anhörung der Klägerin (Bl. … d. A.), Anhörung des Beklagten (Bl. … d. A.)

– im Haupttermin vom …:

Zeuge … (Bl. … d. A.).

3. Vorschlag

Klage stattgeben.

Der Anspruch auf Kaufpreiszahlung ist nach § 433 BGB begründet.
Der Klägerin steht der Zahlungsanspruch aus dem schriftlichen Kaufvertrag vom 16.2.2021 zu. Die Beweisaufnahme ist zu Lasten des beweispflichtigen Beklagten ausgegangen.

Der Beklagte hat nicht den Nachweis geführt, dass die Klägerin sich bei Kaufabschluss mit Zahlungen an ihren Ehemann einverstanden erklärt hat.

Der Zeuge … hat dies zwar so ausgesagt. Seine Aussage ist aber aus verschiedenen Gründen nicht glaubhaft. Er ist als geschiedener Ehemann der Klägerin und Bruder des Beklagten am Ausgang des Rechtsstreits mutmaßlich interessiert. Die behauptete Nebenabrede erscheint auch unwahrscheinlich, da sie als wesentlicher Punkt nicht im Kaufvertrag erscheint. Der Zeuge hat sich zudem bei seiner

Aussage in zahlreiche Widersprüche verwickelt. Die von der Klägerin bei ihrer Anhörung gegebene Darstellung, man habe kurz vor Auflösung der ehelichen Lebensgemeinschaft den gemeinsamen Hausrat aufgeteilt und ihr seien die hier verkauften Möbel zugefallen, erscheint glaubhaft. Der Zeuge hat keine plausible Erklärung dafür, weshalb die Klägerin im Kaufvertrag als Verkäuferin erscheint, wenn er verfügungsbefugt gewesen wäre, geben können. Unter diesen Umständen ist der Beweis für die vom wesentlichen Inhalt des Kaufvertrages abweichende Nebenabrede nicht geführt.

Es ist auch nicht erwiesen, dass der Kaufpreis an den Zeugen ... bezahlt worden ist.

Zwar liegen insoweit Quittungen des Zeugen vor (siehe Bl. ... d. A.); außerdem hat der Zeuge die Entrichtung des Kaufpreises bestätigt. Auch insoweit ergeben sich aber zahlreiche Bedenken gegen den Beklagtenvortrag. Die Quittungen sind alle am 1. des betreffenden Monats ausgestellt, was zwar den Fälligkeitsterminen im Kaufvertrag entspricht, aber doch nach der Lebenserfahrung unwahrscheinlich ist. Außerdem weisen die Quittungen eine auffallende Übereinstimmung im Zeilenduktus auf, so dass der Verdacht besteht, sie seien alle fünf nachträglich ausgefüllt worden. Sie lauten im Übrigen auf fünf höhere Beträge und stehen im Widerspruch nicht nur zu den Fälligkeitsterminen im Kaufvertrag, sondern auch zur Aussage des Zeugen, der in seiner Aussage von monatlichen Zahlungen von 100,– € spricht.

4. Urteil:

Der Beklagte wird verurteilt, an die Klägerin 2.700,– € nebst Zinsen in Höhe von 5 Prozentpunkten über dem Basiszinssatz p.a. aus jeweils 100,– €, fällig ab 2.3.2021, im Folgenden jeweils am 1. eines jeden Monats fällig, letztmals am 2.5.2023, zu zahlen.

Der Beklagte hat die Kosten des Rechtsstreits zu tragen.

Das Urteil ist gegen Sicherheitsleistung in Höhe von 4.300,– € vorläufig vollstreckbar.

IV. Vortrag

15 Es handelt sich um eine Klage der ... aus ... gegen ihren Schwager, den ... aus ... auf Zahlung eines Kaufpreises von 2.700,– € nebst Zinsen aus einem Verkauf von gebrauchten Möbeln.

Die Klägerin schloss am 16.2.2021 mit ihrem Schwager einen schriftlichen Kaufvertrag ab, wonach sie an ihn einen Esstisch, sechs Stühle und einen Berberteppich, zum Preis von 2.700,– € verkaufte. Der Kaufpreis sollte in monatlichen Raten von 100,– € ab 2.3.2021 entrichtet werden. Die Möbel und der Teppich stammten aus der ehelichen Wohnung der Klägerin, die wegen Trennung der Eheleute per 2.3.2021 aufgelöst wurde. Bei dem Abschluss des Kaufvertrages war der – damalige – Ehemann der Klägerin und Bruder des Beklagten anwesend.

Die Klägerin verlangt von dem Beklagten die Zahlung des Kaufpreises, der bis heute jedenfalls nicht an sie gezahlt wurde.

Sie beantragt,

den Beklagten zu verurteilen, an sie 2.700,– € nebst Zinsen in Höhe von 5 Prozentpunkten über dem Basiszinssatz p.a. aus jeweils 100,– € seit dem 2.3.2021 fortlaufend bis 2.5.2023 zu zahlen.

Der Beklagte beantragt,

die Klage abzuweisen.

Er behauptet unter Vorlage von fünf Quittungen, den Kaufpreis voll an seinen Bruder entrichtet zu haben. Mit der Zahlung an ihren früheren Ehemann habe sich die Klägerin bei Kaufabschluss einverstanden erklärt.

Das Gericht hat über beide streitige Tatsachen – nämlich die Kaufpreiszahlungen und die Ermächtigung zur Entgegennahme der Zahlungen – Beweis erhoben durch Einvernahme des Zeugen .... Außerdem hat es beide Parteien vorher informatorisch angehört. Auf das Ergebnis der Beweisaufnahme werde ich in meinem Entscheidungsvorschlag zurückkommen.

Ich schlage vor, **16**

der Klage stattzugeben.

Die Klage ist begründet.

Der Klägerin steht der eingeklagte Kaufpreisanspruch gemäß § 433 BGB zu.

Der Beklagte hat hinsichtlich beider Einwendungen, die nach §§ 362, 185 BGB geeignet sind, den Klageanspruch zu Fall zu bringen, den ihm obliegenden Beweis nicht geführt.

Nach dem Ergebnis der Beweisaufnahme steht nicht mit genügender Sicherheit fest, dass die Klägerin sich bei Kaufabschluss damit einverstanden erklärt hat, der geschuldete Kaufpreis könne statt an sie auch an ihren Ehemann gezahlt werden. Die Kaufvertragsurkunde, die nach der Rechtsprechung die Vermutung der Vollständigkeit der Vertragsabreden für sich hat, enthält eine derartige Ermächtigung nicht.

Zwar hat der Zeuge ... eine solche Absprache in seiner Aussage bestätigt. Seinen Bekundungen kann aber bei einer kritischen Würdigung seiner Aussage nicht gefolgt werden. Der Zeuge ist der geschiedene Ehemann der Klägerin und der Bruder des Beklagten. Er hat mutmaßlich ein erhebliches Interesse an dem Ausgang des Rechtsstreits zugunsten seines Bruders. Zudem hat er sich bei seiner Aussage in zahlreiche Widersprüche verwickelt. Einerseits hat er davon gesprochen, es sei ausdrücklich vereinbart worden, dass das Geld an ihn zu zahlen sei. Andererseits hat er die Sachlage so dargestellt, dass es selbstverständlich gewesen sei, dass das Geld ihm zugestanden habe, also eigentlich ohne besondere Absprache. Gegen diese Darstellung spricht aber der von der Klägerin bei ihrer Anhörung glaubhaft dargestellte Umstand, der Hausrat sei zuvor zwischen ihr und dem Ehemann auseinandergesetzt und ihr die hier verkauften Möbel zugeteilt worden. Für diese Darstellung spricht, dass die eheliche Wohnung kurze Zeit nach dem Kaufabschluss vom 16.2.2021 aufgelöst worden ist und die Parteien dies bei Kaufabschluss durch Vereinbarung einer Abholfrist per 2.3.2021 in ihre Erwägung einbezogen haben. Dann aber ist es unverständlich, dass die Klägerin einerseits als Verkäuferin aufgetreten ist, wenn sie andererseits ihren Ehemann ermächtigt haben sollte, den Kaufpreis für sich zu kassieren. Es hätte bei Zugrundelegung der Aussage des Zeugen dann nahegelegen, dass er selbst die Angelegenheit mit seinem Bruder regelt.

Außerdem ist die Zahlung des Kaufpreises an den früheren Ehemann der Klägerin nicht bewiesen.

Zwar hat der Beklagte fünf Quittungen über insgesamt 2.700,– € vorgelegt, die unstreitig die Unterschrift des Zeugen ... tragen, und der Zeuge ... hat die Entgegennahme des Kaufpreises in seiner Aussage bestätigt. Das reicht aber bei einer kritischen Würdigung der gesamten Umstände nicht aus, um dem Gericht die notwendige Überzeugung von der Richtigkeit dieser Tatsache zu verschaffen. Der Beweiswert der Quittungen ist als widerlegt anzusehen. So fällt zunächst auf, dass der Kaufpreis in fünf größeren Beträgen ab 2.5.2021 bezahlt worden sein soll, während laut Kaufvertrag monatliche Raten von 100,– € ab Abholung der Möbel vereinbart worden waren, wahrscheinlich in der damals eingeschätzten geringen Zahlungsfähigkeit des

Beklagten. Merkwürdig ist auch, dass der Zeuge in seiner Vernehmung zunächst gar nicht auf die durch die Quittungen belegte Zahlungsweise eingegangen ist, sondern davon sprach, er sei immer am 1. eines jeden Monats zu seinem Bruder gegangen, um die fälligen 100,– € abzuholen. Die Quittungen selbst sind insofern auffällig, als alle fünf haargenau in ihrem Wortlaut und dem Zeichenduktus übereinstimmen. Es besteht der dringende Verdacht, dass sie allesamt nachträglich zu einem Zeitpunkt ausgefüllt worden sind. Schließlich enthält die Aussage des Zeugen auch zu diesem Beweisthema weitere Ungereimtheiten und Widersprüche, auf die hier zunächst nicht eingegangen werden soll.

Unter diesen Umständen ist der Beklagte als beweisfällig für beide Einwendungen anzusehen. Auf einen von der Klägerin in einem – nach Schluss der letzten mündlichen Verhandlung – eingegangenen und nicht nachgelassenen Schriftsatz mit dem Antrag, bei der Staatsanwaltschaft Frankfurt eine Auskunft über etwaige Vorstrafen des Zeugen hinsichtlich Aussagedelikten einzuholen, kommt es demnach nicht mehr an. Es sei aber erwähnt, dass dieser Antrag gemäß § 296a ZPO nicht zu berücksichtigen ist.

Der Zinsanspruch ist in der gestaffelten Form entsprechend den im Kaufvertrag vereinbarten Fälligkeitsterminen unter dem Gesichtspunkt des Verzugs nach §§ 280 II, 286 II Nr. 1, 288 I BGB gerechtfertigt.

Dem Beklagten sind als unterlegene Partei nach § 91 I ZPO die Kosten des Rechtsstreits aufzuerlegen. Das Urteil ist nach § 709 Satz 1 ZPO gegen Sicherheitsleistung für vorläufig vollstreckbar zu erklären. Als Sicherheit dürfte unter Berücksichtigung von Hauptforderung, Zinsen und erstattungsfähigen Kosten ein Betrag von 4.300,– € angemessen sein.

Ich schlage deshalb folgendes Urteil vor:

Der Beklagte wird verurteilt, an die Klägerin 2.700,– € nebst Zinsen in Höhe von 5 Prozentpunkten über dem Basiszinssatz p. a. aus jeweils 100,– €, fällig ab 2.3.2021, im Folgenden jeweils am 1. eines jeden Monats fällig, letztmals am 2.5.2023, zu zahlen.
Der Beklagte hat die Kosten des Rechtsstreits zu tragen.

Das Urteil ist gegen Sicherheitsleistung in Höhe von 4.300,– € vorläufig vollstreckbar.

Sachverzeichnis

Magere Zahlen = Paragraf.Randnummern.
Fette Zahlen = Muster.Randnummern.